2024
国家统一法律职业资格考试

主观50题

评分细则+案情结构图

主编 桑 磊
编著 吴志伟 颜 飞 任启明
　　　郑玉双 柯勇敏 闫尔宝
　　　贾 健

内含民事综合大题、刑事综合大题

透析解题思路：深度分析主观题解题要领，点拨答题方法

直击增分热点：多年试题命制经验，预测考查重点

赠送讲解视频：附赠配套讲解视频，扫码即可观看

中国法制出版社
CHINA LEGAL PUBLISHING HOUSE

图书在版编目（CIP）数据

2024国家统一法律职业资格考试主观50题/桑磊主编.—北京：中国法制出版社，2024.6
ISBN 978-7-5216-4456-2

Ⅰ.①2… Ⅱ.①桑… Ⅲ.①法律工作者-资格考试-中国-习题集 Ⅳ.①D92-44

中国国家版本馆CIP数据核字（2024）第075722号

策划编辑：李连宇
责任编辑：李连宇　黄丹丹　刘海龙　　　　　　　　封面设计：拓　朴

2024国家统一法律职业资格考试主观50题
2024 GUOJIA TONGYI FALÜ ZHIYE ZIGE KAOSHI ZHUGUAN 50 TI

主编/桑　磊
经销/新华书店
印刷/三河市华润印刷有限公司
开本/787毫米×1092毫米　16开　　　　　　　　印张/20.5　字数/500千
版次/2024年6月第1版　　　　　　　　　　　　　2024年6月第1次印刷

中国法制出版社出版
书号 ISBN 978-7-5216-4456-2　　　　　　　　　　定价：61.00元

北京市西城区西便门西里甲16号西便门办公区
邮政编码：100053　　　　　　　　　　　　　　　传真：010-63141600
网址：http://www.zgfzs.com　　　　　　　　　编辑部电话：010-63141811
市场营销部电话：010-63141612　　　　　　　　　印务部电话：010-63141606

（如有印装质量问题，请与本社印务部联系。）
本书二维码内容由桑磊法考提供，用于服务广大考生，有效期截至2024年12月31日。

主编寄语

为满足广大考生的高效备考需求，本书自 2019 年组织编写并出版第一版，之后每年根据主观题考试的命题趋势修订再版。此次 2024 版修订，我们更新了 50 道题中的 20 多道题，新题新面貌，也就是说，这是一本不同于 2023 版的新书，希望能给 2024 年的考生们以更大助力。本版图书具有如下特点：

1. 新增评分细则

主观题人工批改的关键在于"采点给分"。本书中的每一道题我们都科学制定了评分细则，给出了所有采分点，供考生们自我评测时参考。通过这 50 道题的评分细则，考生们可以详细了解主观题的得分标准是什么样子，从而在作答时有的放矢：不需要写太多字，不需要写出完整法条内容，也不需要写出法条序号，只要答出采分点就可得到相应的分数。

2. 新增案情结构图

对于案例题而言，画出案情结构图（人物关系图）是有效的解题方式，可以明晰各方面关系，理顺案情发展的逻辑结构。为此，我们为 50 道题中的所有案例题绘制了结构图，希望有助于考生快速分析解答试题。

3. 内含"民事综合大题""刑事综合大题"两大板块

在 50 道模拟题中，除了 7 个学科的单科板块，我们特设了"民事综合大题"和"刑事综合大题"两大板块。民事综合大题已连续六年出现，成为主观题考试的重中之重，我们判断，从命题规律和趋势来看，以后也有可能出现刑事综合大题。为此，在本书中，既有民法、商法和民事诉讼法的融合，也有刑法和刑事诉讼法的碰撞。这些多学科交叉的题目，可以更好地培养考生的主观题思维，为拿下法考主观题做好充足准备。

4. 命题考点的预测性

本书各学科作者依据其多年的试题命制经验，对每一学科的命题重点及本年度新增命题热点有着敏锐的感知力，书中试题所涉考点均在本年度有较高的考查概率，有助于考生们在备考冲刺阶段高效备考，快速提分。

5. 高水准的仿真试题命制标准

各学科作者以其渊博的法学知识、丰富的试题命制经验、精益求精的治学精神，使得本书模拟试题以接近真题水平的质量在同类书中脱颖而出。试题案例材料选材渠道权威，问题设置与命题角度严谨、适当。

6. 超实用的编写体例

考生在使用本书时，可以根据自身的学习情况有针对性地进行自我测试，并且自测结束后，可以通过试题后的"命题和解题思路""答案解析"等来对试题进行整体把握。同时，本书中的模拟题都取材于真实案例材料改编而成，多数试题注明了案例来源，除特别说明外，案例均来源于中国裁判文书网，考生可以根据"案例来源"查找具体案例来进一步加深对题目的理解。这些内容和体例上的设计都为本书的实用性提供了有力保障。

7. 附赠讲解视频

为便于考生随时随地备考复习，充分利用碎片化学习时间，本书附赠相关试题的同步讲解视频（"习近平法治思想"部分除外），使用手机扫码即可观看。

对于这 50 道模拟题，建议考生根据自身情况分别做 2 至 3 遍。并且严格按照考场上的答题规范完成每一道题目，切忌眼高手低。做完题目，一定按照答案进行批改，找到自己的失分点，同时规范自己的答题步骤。不仅要深入分析每道题的每一问，还要自觉掌握与此相关的考点，做到融会贯通，举一反三。

鉴于时间有限，书中难免存有错误或不妥之处，敬请广大读者不吝斧正。

最后，祝愿大家 2024 年圆梦法考！

桑 磊

2024 年 5 月于北京

目 录

习近平法治思想 …………………………（ 1 ）
 第一题 / 1
 第二题 / 6
 第三题 / 11
 第四题 / 17
 第五题 / 22
 第六题 / 27

民事综合大题 ……………………………（ 34 ）
 第一题 / 34
 第二题 / 44
 第三题 / 54
 第四题 / 62

刑事综合大题 ……………………………（ 72 ）
 第一题 / 72
 第二题 / 80
 第三题 / 89
 第四题 / 96

民法 ………………………………………（ 105 ）
 第一题 /105
 第二题 /111
 第三题 /117
 第四题 /123
 第五题 /130
 第六题 /137

民事诉讼法 ………………………………（ 144 ）
 第一题 /144
 第二题 /149
 第三题 /153
 第四题 /158

 第五题 /162
 第六题 /167

商法 ………………………………………（ 172 ）
 第一题 /172
 第二题 /180
 第三题 /186
 第四题 /192
 第五题 /200
 第六题 /208

刑法 ………………………………………（ 217 ）
 第一题 /217
 第二题 /221
 第三题 /225
 第四题 /230
 第五题 /235
 第六题 /240

刑事诉讼法 ………………………………（ 249 ）
 第一题 /249
 第二题 /256
 第三题 /263
 第四题 /266
 第五题 /272
 第六题 /277

行政法与行政诉讼法 ……………………（ 283 ）
 第一题 /283
 第二题 /289
 第三题 /296
 第四题 /302
 第五题 /308
 第六题 /314

习近平法治思想

第一题（本题35分）

材料一：制定和实施宪法，是人类文明进步的标志，是人类社会走向现代化的重要支撑。近代以来，中国人民苦苦寻找改变中华民族前途命运的道路。一些政治势力试图按照西方政治制度模式对我国封建专制制度进行改良，都宣告失败。中国共产党登上中国历史舞台后，经过艰辛探索和实践，成功在中华大地上制定和实施具有鲜明社会主义性质的宪法、真正意义上的人民宪法，在我国宪法发展史乃至世界宪法制度史上都具有开创性意义，为人类法治文明进步贡献了中国智慧、中国方案。（摘自习近平《谱写新时代中国宪法实践新篇章——纪念现行宪法公布施行40周年》）

材料二：党领导健全保证宪法全面实施的体制机制，确立宪法宣誓制度，弘扬社会主义法治精神，提高国家机构依法履职能力，提高各级领导干部运用法治思维和法治方式解决问题、推动发展的能力，增强全社会法治意识。通过宪法修正案，制定民法典、外商投资法、国家安全法、监察法等法律，修改立法法、国防法、环境保护法等法律，加强重点领域、新兴领域、涉外领域立法，加快完善以宪法为核心的中国特色社会主义法律体系。党领导深化以司法责任制为重点的司法体制改革，推进政法领域全面深化改革，加强对执法司法活动的监督制约，开展政法队伍教育整顿，依法纠正冤错案件，严厉惩治执法司法腐败，确保执法司法公正廉洁高效权威。（摘自《中共中央关于党的百年奋斗重大成就和历史经验的决议》）

材料三：完善以宪法为核心的中国特色社会主义法律体系。坚持依法治国首先要坚持依宪治国，坚持依法执政首先要坚持依宪执政，坚持宪法确定的中国共产党领导地位不动摇，坚持宪法确定的人民民主专政的国体和人民代表大会制度的政体不动摇。加强宪法实施和监督，健全保证宪法全面实施的制度体系，更好发挥宪法在治国理政中的重要作用，维护宪法权威。（摘自习近平《高举中国特色社会主义伟大旗帜　为全面建设社会主义现代化国家而团结奋斗——在中国共产党第二十次全国代表大会上的报告》）

问题：

根据材料，结合宪法是治国理政的总章程，谈谈你对新时代全面贯彻实施宪法的任务要求和根本保障的理解。

答题要求：

1. 无观点或论述、照搬材料原文的不得分；
2. 观点正确，表述完整、准确；
3. 总字数不少于600字。

> 根据材料，结合宪法是治国理政的总章程，谈谈你对新时代全面贯彻实施宪法的任务要求和根本保障的理解。

参考答案：一、宪法是国家的根本大法，是治国理政的总章程，是党和人民意志的集中体现，具有最高的法律地位、法律权威和法律效力。如材料所示，我国宪法是中国共产党带领人民改变前途命运、实现伟大复兴的根本性创举，以根本法的形式确立了中国特色社会主义道路、中国特色社会主义理论体系、中国特色社会主义制度的发展成果。基于习近平法治思想的核心要义，坚持依法治国首先要坚持依宪治国，坚持依法执政首先要坚持依宪执政。

二、宪法的生命在于实施，全面贯彻实施宪法，是建设社会主义法治国家的首要任务和基础性工作。切实维护宪法尊严和权威，是维护国家法制统一、尊严、权威的前提，也是维护最广大人民根本利益、确保国家长治久安的重要保障。新时代推进全面依法治国，必须更加坚定维护宪法尊严和权威，加强宪法实施和监督。

三、全面贯彻实施宪法需要加强宪法实施和监督，健全保证宪法全面实施的制度体系，如材料所示，这一制度体系的构建包括以下几个方面：

1. 坚持把宪法作为根本活动准则。全国各族人民、一切国家机关和武装力量、各政党和各社会团体、各企业事业组织，都负有维护宪法尊严、保证宪法实施的职责，都不得有超越宪法法律的特权。

2. 要全面推进中国特色社会主义法治体系建设，形成宪法在立法、执法、司法、法治监督、法治保障等各个领域、环节、层面充分得到实施的工作总布局。要按照宪法要求推动重点领域、新兴领域和涉外领域的立法。

3. 健全以合宪性审查为中心的宪法监督制度体系，完善和加强备案审查制度，加强中国特色的合宪性事前审查机制，进一步探索合宪性、涉宪性问题咨询、论证、解释程序机制。

4. 推进宪法学习宣传教育。在全社会深入开展尊崇宪法、学习宪法、遵守宪法、维护宪法、运用宪法的宪法学习宣传教育活动，普及宪法知识，弘扬宪法精神。

四、坚持和加强党对宪法工作的全面领导，是全面贯彻实施宪法的根本保证。我国宪法是我们党领导人民长期奋斗历史逻辑、理论逻辑、实践逻辑的必然结果。没有中国共产党领导，就无法保证我国宪法得到全面贯彻和有效实施。要坚持和加强党对宪法工作的全面领导，确保我国宪法发展的正确政治方向，确保我国宪法得到全面贯彻和有效实施，更好发挥宪法在社会主义现代化建设和社会主义法治国家建设进程中的重要作用。

全面贯彻和实施宪法是中国式现代化的重要支撑，在全面推进依法治国的伟大征程中，应以习近平法治思想为指引，贯彻党的二十大精神，强化宪法意识，弘扬宪法精神，推动宪法实施，更好发挥宪法在治国理政中的重要作用，为全面建设社会主义现代化国家、全面推进中华民族伟大复兴提供坚实保障。

难度：难

考点：健全党领导全面依法治国的制度和工作机制；宪法是治国理政的总章程；全面贯彻实施宪法；坚持建设中国特色社会主义法治体系

命题和解题思路：党的二十大报告中提出，"加强宪法实施和监督，健全保证宪法全面实施的制度体系，更好发挥宪法在治国理政中的重要作用，维护宪法权威"。从党的十八届三中全会提出"要进一步健全宪法实施监督机制和程序"，到党的十九届四中全会提出"健全保证宪法全面实施的体制机制"，再到党的二十大正式明确提出"健全保证宪法全面实施的制度体系"，从"宪法实施监督"到"宪法全面实施"，从"健全机制和程序""健全体制机制"到"健全制度体系"，中国宪法实施进入以"全面实施"为目标，以"实施和监督实施"为内容，以"制度体系建设"为总抓手的历史新阶段，形成了富有中国原创性、独创性的宪法实践，也贡献了宪法实施原理的中国思想和中国方案，为中国式现代化的整体布局和全面开展提供了宪法意义上的助推剂。

"健全保证宪法全面实施的制度体系"这一表述，是习近平法治思想之核心要义"坚持依宪治国、依宪执政"的思想成果，具有原创性和重大实践意义。党的十八大以来，习近平总书记在深刻把握中国宪法的历史逻辑、理论逻辑、实践逻辑的前提下，在深刻阐释中国宪法的先进性质、独特地位、显著优势、重大作用的基础上，提出"宪法的生命在于实施，宪法的权威也在于实施"这一重大论断，深入分析了中国宪法实施和监督的历史、现状与问题，并坚持系统观念，对加强宪法实施和监督进行了贯通性思考、一体化建构和整体性谋划，又创造性地提出"健全保证宪法全面实施的制度体系"这一全新论断。这一论断具有丰富的内涵：加强宪法实施和监督，必须加快形成完备的法律规范体系、高效的法治实施体系、严密的法治监督体系、有力的法治保障体系，形成完善的党内法规体系，用科学有效、系统完备的制度体系保证宪法实施。这意味着"全面实施宪法"既包含宪法实施，也包含以对宪法实施的监督为核心的完整的宪法保障体系；同时，保证全面实施宪法，是在法治轨道上、以法治体系为依托、有机贯通国家制度体系的整体，是一个与中国特色社会主义制度及国家治理体系相互保障、相互促进、相得益彰的动态过程。

在习近平法治思想的宏大理论体系之中，宪法处于特殊的地位。"十一个坚持"中的前三个"坚持"涉及党的领导、以人民为中心、中国特色社会主义法治道路，这三个"坚持"强调的是全面依法治国的价值追求和路径方向。第四个"坚持"则是坚持依宪治国、依宪执政，这一"坚持"从法治的价值追求转向法治的实体内容，即宪法是中国共产党带领人民所制定的一部规定我国根本政治制度和社会发展方向的基础性规范，全面依法治国的各项安排和行动都以这一规范作为基础性依据，由此可见宪法在法治事业中的重要地位。党的二十大报告对全面实施宪法进行了最新布局，宪法实施的重大意义极为显著，所以考生应当结合党的二十大精神，对宪法在全面依法治国中的地位和宪法实施的制度体系进行充分掌握。

本题以党的二十大报告关于宪法实施的最新精神进行命制，考查内容在考试大纲的基础上略有提升，要求考生对全面实施宪法有更深入的理解和掌握，特别是能够跟进国家关于宪法实施的最新安排和布局。本题是理论分析题，采取材料分析的命题形式，重点考查考生对全面实施宪法这一考点的理解。考生需要遵循"三步四阶法"答题。在解题阶段，考生应根据"认真阅读材料，准确解读内容；完整理解问题，把握逻辑关系；列出结构层次，展开逻辑分析"的"三步解题法"，梳理材料重点，提炼主要考点，理顺要点之间的逻辑关系。在答题阶段，考生应根据"一阶开题，开宗明义；二阶升级，主题进阶；三阶立意，画龙点睛；四阶收官，补强升华"的"四阶答题法"，层次分明、主题突出地进行作答。

具体来说，在解题阶段，分三步走。

第一步：认真阅读材料，准确解读内容。材料一摘自习近平总书记于2022年12月19日发表的署名文章《谱写新时代中国宪法实践新篇章——纪念现行宪法公布施行40周年》。文章强调以纪念现行宪法公布施行40周年为契机，贯彻党的二十大精神，强化宪法意识，弘扬宪法精神，推动宪法实施，更好发挥宪法在治国理政中的重要作用，为全面建设社会主义现代化国家、全面推进中华民族伟大复兴提供坚实保障。材料二摘自《中共中央关于党的百年奋斗重大成就和历史经验的决议》，其中关于宪法实施的内容深刻体现出宪法实施的重要意义和路径方案，材料内容主要展示的是通过完善中国特色社会主义法治体系来实施宪法。材料三摘自党的二十大报告，报告用专门章节"坚持全面依法治国，推进法治中国建设"对全面依法治国作出部署，体现出全面依法治国在中国式现代化建设中的分量。所引材料强调了依宪治国和依宪执政的重要意义，特别是全面实施宪法需要党的领导这一坚实保障。从三段材料来看，其核心是全面实施宪法，包括宪法实施的意义、方案和保障等方面。

第二步：完整理解问题，把握逻辑关系。本题提问的要点有"宪法是治国理政的总章程""全面贯彻实施宪法的任务要求和根本保障"等。从问题来看，考点主要围绕"十一个坚持"中的第四个"坚持"，比较聚焦，但考查的角度较为多元，涉及对宪法属性的理解、宪法实施的要求等。由于本题设定在党的二十大的背景之下，所以考生应当从最新法治动态来理解这个问题的逻辑关系。宪法是国家的根本大法，是治国理政的总章程，因此在全面依法治国中应把宪法作为根本规范，在法治实践的方方面面贯彻落实宪法。因此，全面实施宪法成为依宪治国和依宪执政的必然要求。

第三步：列出结构层次，展开逻辑分析。在理顺逻辑关系之后，考生需要对考查要点的结构层次进行清晰建构，厘清各个要点之间的逻辑关联。从本题考查要点来看，需要回答的问题结构和层次是：如何理解宪法是治国理政的总章程？全面实施宪法的动力是什么？宪法作为一部规定国家根本政治和社会制度的规范，如何全面实施？全面实施宪法和党的领导之间是什么关系？

在答题阶段，考生应按照"四阶答题法"进行论述。

第一阶：开题，开宗明义。本阶开题，展示题目的限定条件，即宪法是治国理政的总章程，考生需要对宪法的性质作出清楚界定，强调宪法的根本法属性和总章程定位，特别是要从习近平法治思想的理论角度对中国宪法的历史发展和主要特色作出清晰阐述，为全面实施宪法做好铺垫。

第二阶：升级，主题进阶。对考查要点进行提升，展示全面实施宪法的逻辑必要性。本阶需要结合习近平法治思想的核心要义，阐明全面实施宪法的必要性。考生需要从宪法自身的性质，宪法实施与宪法权威、法治建设和人民利益的关系等角度加以阐释。

第三阶：立意，画龙点睛。本阶是答题的核心内容，主要涉及全面实施宪法的任务要求。考生需注意，由于党的二十大报告将全面实施宪法提升到一个新的高度，所以对教材中的内容需要进行重新整合和补充。考生需要从宪法的根本法地位、中国特色社会主义法治体系、宪法监督和宪法宣传教育等方面对宪法实施的任务要求进行作答。

第四阶：收官，补强升华。本题考查两个要点，一是宪法实施的任务要求，是本题考查的主体内容；二是宪法实施的根本保障，这个要点需要结合第一个"坚持"作答，即党的领导是中国特色社会主义法治之魂，只有坚持党的领导才能保障宪法得到全面实施。在这一部分，考生首先要针对全面实施宪法的根本保障进行补强论证，论述党领导宪法实施的路径和意义，其次要对作答内容进行升华，最后从整体上强调全面实施宪法对中国式现代化的重要意义。

答案解析：第一阶是开题阶段，按照题目要求，应根据习近平法治思想核心要义中第四个"坚持"的内容，阐述宪法是治国理政的总章程的基本内涵。主要强调三点内容：一是宪法是根本大法，具有最高性；二是宪法是中国共产党带领人民改变前途命运、实现伟大复兴的根本性创举；三是点明基于习近平法治思想的核心要义，坚持依法治国首先要坚持依宪治国，坚持依法执政首先要坚持依宪执政。

第二阶进行升级，简明陈述如何从宪法作为总章程的属性和地位推导出要全面实施宪法。首先，考生需要强调宪法实施是建设社会主义法治国家的首要任务和基础性工作。其次，要展示宪法实施的政治和法治意义，即切实维护宪法尊严和权威、维护最广大人民根本利益、确保国家长治久安。因此，全面实施宪法在全面依法治国中成为一项重要的基础性工作，贯穿依法治国的全局。

第三阶画龙点睛，考生需针对全面实施宪法的任务要求进行具体阐释。党的二十大之后，习近平法治思想中关于宪法实施的内容更为丰富，考生需要进行知识更新，从更为立体的角度理解宪法实施这个问题。宪法是比较抽象的规范，要实施起来，需要通过具体的制度设计和立法、执法、司法等各个实施过程加以落实，也需要宪法监督制度的完善，发挥宪法统领全局的规范意义。除了制度设计，也需要通过宪法宣传教育让宪法深入人心。具体如下：

1. 坚持把宪法作为根本活动准则。全国各族人民、一切国家机关和武装力量、各政党和各社会团体、各企业事业组织，都负有维护宪法尊严、保证宪法实施的职责，都不得有超越宪法法律的特权。

2. 要全面推进中国特色社会主义法治体系建设，形成宪法在立法、执法、司法、法治监督、法治保障等各个领域、环节、层面充分得到实施的工作总布局。要按照宪法要求推动重点领域、新兴领域和涉外领域的立法。

3. 健全以合宪性审查为中心的宪法监督制度体系，完善和加强备案审查制度，加强中国特色的合宪性事前审查机制，进一步探索合宪性、涉宪性问题咨询、论证、解释程序机制。

4. 推进宪法学习宣传教育。在全社会深入开展尊崇宪法、学习宪法、遵守宪法、维护宪法、运用宪法的宪法学习宣传教育活动，普及宪法知识，弘扬宪法精神。

第四阶进行补强升华，在全面实施宪法的任务要求基础上进一步论述宪法实施的根本保障。全面依法治国的灵魂是党的领导，中国式现代化的关键也在于党的领导。因此，宪法实施需要坚持和加强党对宪法工作的全面领导。考生可以从两个方面来展开，一是强调宪法是我们党领导人民长期奋斗历史逻辑、理论逻辑、实践逻辑的必然结果，二是通过坚持和加强党对宪法工作的全面领导，更好发挥宪法在社会主义现代化建设和社会主义法治国家建设进程中的重要作用。最后，对答题内容进行升华，强调以习近平法治思想为指引，贯彻党的二十大精神，强化宪法意识，弘扬宪法精神，推动宪法实施，更好发挥宪法在治国理政中的重要作用。

评分细则（共35分）

一、内容分：28分（6分、4分、12分、6分）

第一段，宪法是治国理政的总章程，具有最高的法律地位、法律权威和法律效力（2分）；宪法是中国共产党带领人民改变前途命运、实现伟大复兴的根本性创举（2分）；坚持依法治国首先要坚持依宪治国，坚持依法执政首先要坚持依宪执政（2分）。

第二段，全面贯彻实施宪法，是建设社会主义法治国家的首要任务和基础性工作（2分），是维护最广大人民根本利益、确保国家长治久安的重要保障（2分）。

第三段，坚持把宪法作为根本活动准则（3分）；要全面推进中国特色社会主义法治体系建设（3分）；健全以合宪性审查为中心的宪法监督制度体系（3分）；推进宪法学习宣传教育（3分）。

第四段，坚持和加强党对宪法工作的全面领导，是全面贯彻实施宪法的根本保证（2分）。确保我国宪法发展的正确政治方向（2分）。全面贯彻和实施宪法是中国式现代化的重要支撑（2分）。

二、语言分：2分

能够使用规范语言且简练（2分）；能够使用规范语言但语言不简洁（1分）；没有使用规范语言，存在大量生活语言（0分）。

三、结构分：3分

各部分全面涉及，结构完整（3分）；涉及其中两部分（2分）；涉及其中一部分（1分）；答案不能清晰看出结构（0分）。

四、材料分：2分

充分结合材料阐述观点（2分）；提及材料但未深入结合（1分）；未提及材料（0分）。

五、错别字

每三个错别字扣1分，同一个字在不同地方重复错误不累计扣分。

六、字数要求

每少100字扣2分。本题要求不少于600字，如答题字数为500-599字，应扣2分；答题字数为400-499字，应扣4分；以此类推。

第二题（本题35分）

材料一："天下之事，不难于立法，而难于法之必行。"推进法治体系建设，重点和难点在于通过严格执法、公正司法、全民守法，推进法律正确实施，把"纸上的法律"变为"行动中的法律"。要健全法律面前人人平等保障机制，维护国家法制统一、尊严、权威，一切违反宪法法律的行为都必须予以追究。各级党组织和领导干部都要旗帜鲜明支持司法机关依法独立行使职权，绝不容许利用职权干预司法、插手案件。（摘自习近平《坚持走中国特色社会主义法治道路　更好推进中国特色社会主义法治体系建设》）

材料二：高举中国特色社会主义伟大旗帜，坚持以马克思列宁主义、毛泽东思想、邓小平理论、"三个代表"重要思想、科学发展观、习近平新时代中国特色社会主义思想为指导，全面贯彻党的十九大和十九届二中、三中、四中、五中全会精神，全面贯彻习近平法治思想，增强"四个意识"、坚定"四个自信"、做到"两个维护"，把法治政府建设放在党和国家事业发展全局中统筹谋划，加快构建职责明确、依法行政的政府治理体系，全面建设职能科学、权责法定、执法严明、公开公正、智能高效、廉洁诚信、人民满意的法治政府，为全面建设社会主义现代化国家、实现中华民族伟大复兴的中国梦提供有力法治保障。（摘自《法治政府建设实施纲要（2021-2025年）》）

材料三：优化民营企业发展环境，依法保护民营企业产权和企业家权益，促进民营经济发展壮大。完善中国特色现代企业制度，弘扬企业家精神，加快建设世界一流企业。支持中小微企业发展。深化简政放权、放管结合、优化服务改革。构建全国统一大市场，深化要素市场化改革，建设高标准市场体系。完善产权保护、市场准入、公平竞争、社会信用等市场经济基础制度，优化营商环境。（摘自习近平《高举中国特色社会主义伟大旗帜　为全面建设社会主义现代化国家而团结奋斗——在中国共产党第二十次全国代表大会上的报告》）

问题：

请根据上述材料，结合法治政府是建设法治国家的主体，谈谈推进严格执法的任务要求及其对经济发展的意义。

答题要求：

1. 无观点或论述、照搬材料原文的不得分；
2. 观点正确，表述完整、准确；
3. 总字数不得少于600字。

> 请根据上述材料，结合法治政府是建设法治国家的主体，谈谈推进严格执法的任务要求及其对经济发展的意义。

参考答案：一、全面依法治国是一个系统工程，要坚持法治国家、法治政府和法治社会一体建设。法治政府是建设法治国家的主体，对法治国家、法治社会建设具有示范带动作用。如材料所示，全面依法治国必须深入推进依法行政、加快建设法治政府，构建职责明确、依法行政的政府治理体系。各级政府应当在党的领导下，建立权责统一、权威高效的依法行政体制，通过法治划定行政权力的边界，正确处理政府和市场的关系，健全依法决策机制。

二、法律的生命在于实施，实施的关键在于执法。要加强宪法和法律实施，维护社会主义法制的统一、尊严、权威，形成人们不愿违法、不能违法、不敢违法的法治环境，做到有法必依、执法必严、违法必究。执法是行政机关履行行政府职能、管理经济社会事务的主要方式。严格执法是建设法治政府的重要内容。依法行政、建设法治政府，既包含行政立法、制度建设、程序规范，也包含严格执法。严格执法有助于促进社会公平正义，维护人民群众的切身利益。没有执法的规范化和程序化，法治政府建设就会存在缺陷。

三、严格执法应当以宪法和法律为依据，以人民为中心，努力提高行政执法水平，实现严格规范公正文明执法。具体包括以下几个方面：

1. 深化行政执法体制改革。完善权责清晰、运转顺畅、保障有力、廉洁高效的行政执法体制机制，大力提高执法执行力和公信力。

2. 加大重点领域执法力度。加大关系群众切身利益的重点领域执法力度，分领域梳理群众反映强烈的突出问题，开展集中专项整治。

3. 完善行政执法程序。全面严格落实行政执法公示、执法全过程记录、重大执法决定法制审核制度。

4. 创新行政执法方式。广泛运用说服教育、劝导示范、警示告诫、指导约谈等方式，努力做到宽严相济、法理相融，让执法既有力度又有温度。

四、法治对经济社会发展具有重要的保障作用，厉行法治是社会主义市场经济的内在要求。如材料所示，要推动高质量发展、构建新发展格局，就应加快转变政府职能，加快打造市场化、法治化、国际化营商环境。推进严格执法对于保障经济发展具有重要意义。严格执法程序、强化执法监督、创新执法方式，依法平等保护各类市场主体合法权益，清晰划定政府和市场边界，能够营造公平有序的经济发展法治环境，为构建以国内大循环为主体、国内国际双循环相互促进的新发展格局保驾护航。

在中国式现代化的伟大建设征程中，应当继续以习近平法治思想为根本遵循和思想旗帜，坚持党的全面领导，坚持以人民为中心，积极探索具有中国特色的法治政府建设模式和路径。坚持推进严格执法，构建职责明确、依法行政的政府治理体系，为在法治轨道上全面建设社会主义现代化国家助力。

难度：难

考点：建设高效的法治实施体系；法治政府是建设法治国家的主体；科学立法、严格执

法、公正司法、全民守法是推进全面依法治国的重要环节；推进严格执法；以法治保障经济发展

命题和解题思路：习近平法治思想作为全面依法治国的根本遵循和行动指南，为法律实践的方方面面描绘了清晰的蓝图。在实践中，科学立法、严格执法、公正司法、全民守法是全面依法治国这一系统工程的重要环节，贯穿于法治的全过程，其中严格执法是法律实施中覆盖面最广的一个环节，与人民群众利益和政府权威息息相关。严格执法也是中国特色社会主义法治体系中"高效的法治实施体系"的具体体现，是全面依法治国重要目标的一部分。2021年，中共中央、国务院印发了《法治政府建设实施纲要（2021-2025年）》，为法治政府建设描绘了清晰的蓝图。

法律的生命和权威在于实施，执法主体是否严格按照法律办事是提高行政执法效能的关键。建设法治政府，推进严格执法是推进中国式现代化的重点任务，是衡量法治国家发展程度的标准之一。严格执法就是要坚决严厉打击危害人民群众生命财产安全、侵犯人民利益的行为，违法必究、执法必严。新时代，人民群众法律意识逐渐提高，亟需政府提高行政服务水平，加快职能转变、加大执法力度、创新执法新方式、严格执法标准、落实行政执法责任制，进一步建设职能科学、权责法定、执法严明、公开公正、智能高效、廉洁诚信、人民满意的法治政府。

党的二十大报告提出，"完善产权保护、市场准入、公平竞争、社会信用等市场经济基础制度，优化营商环境""营造市场化、法治化、国际化一流营商环境"。我国正迈上全面建设社会主义现代化国家新征程，高质量发展是全面建设社会主义现代化国家的首要任务，一流营商环境是支撑高质量发展的沃土。高质量发展需要配套高效能和高水准的执法体制。然而，当前执法工作与党的要求和高质量发展的需求相比，还有较大差距。既有该严不严、该重不重、查处不力问题，也有执法不规范、"一刀切"、简单粗暴、选择性执法、层层加码等问题，直接损害了人民群众合法权益，破坏了党和政府公信力，必须以"刀刃向内"的勇气，下大决心、大气力彻底扭转。推进严格执法，重点是解决执法不规范、不严格、不透明、不文明以及不作为、乱作为等突出问题。

本题以此背景进行命制，考查考生领会《法治政府建设实施纲要（2021-2025年）》和党的二十大精神的能力，以及深刻理解法治政府的内涵和严格执法对经济发展的意义的程度。严格执法是中国式现代化的要求，反过来也能为中国式现代化保驾护航。借助于材料所展示的打造法治化营商环境这一实践议题，可以充分衡量考生对习近平法治思想的领悟力。由于涉及法治社会、严格执法、法治对经济发展的作用等多个考点，且要以《法治政府建设实施纲要（2021-2025年）》作为重要素材，所以该题难度较高，需要考生充分理解不同知识要点之间的逻辑关联。

本题采取材料分析题的命题形式，内容上则较为微观地考查考生对推进严格执法这一法治重要环节的把握。考生在作答该题时，应当遵循"三步四阶法"的解题答题方法，按步骤解题，全方位答题。在解题阶段，考生应"认真阅读材料，准确解读内容；完整理解问题，把握逻辑关系；列出结构框架，区分逻辑层次"。在答题过程中，考生应按照"四阶法"层层推进，步步为营，遵循"一阶开题，开宗明义；二阶升级，主题进阶；三阶立意，画龙点睛；四阶收官，补强升华"。本题紧密结合时政，命题形式灵活，答案需要与《法治政府建设实施纲要（2021-2025年）》相结合。考生应当结合基础知识点，紧跟时代脉搏，从容作答。

具体来说，在解题阶段，分三步走。

第一步：认真阅读材料，准确解读内容。材料一引自习近平总书记发表于《求是》杂志

上的重要文章《坚持走中国特色社会主义法治道路　更好推进中国特色社会主义法治体系建设》。文章强调更好发挥法治固根本、稳预期、利长远的作用，建设中国特色社会主义法治体系，要顺应事业发展需要，坚持系统观念，全面加以推进。引文突出了法治体系建设需要加强法律实施，特别是严格执法。材料二引自 2021 年中共中央、国务院印发的《法治政府建设实施纲要（2021-2025 年）》。这一纲要体现出，政府是与市场主体和全体公民切身利益影响更为直接的主体，法治政府建设无疑是全面依法治国的重点任务和主体工程，用法治给行政权力定规矩、划界限，规范行政决策程序，加快转变政府职能，是建设法治政府应当优先解决的关键问题。材料三引自党的二十大报告，体现出法治在服务经济社会发展中的重要作用，以及打造法治化的营商环境的时代意义，为推进严格执法在经济发展中的意义提供了展示平台。

第二步：完整理解问题，把握逻辑关系。推进严格执法是本题考查的核心内容，是全面依法治国的重要环节之一，对于中国式现代化和高质量发展有着举足轻重的作用。结合材料可以看出，这一作用是法治在经济社会发展中的保障作用的体现，可以借助于严格执法在打造法治化的营商环境中的促进作用加以具体呈现。考生可以结合习近平法治思想的理论逻辑，对严格执法在全面依法治国中的逻辑地位作出清晰界定。

第三步：列出结构框架，区分逻辑层次。推进严格执法是全面依法治国的重要环节，也是法治固根本、稳预期、利长远的保障作用的体现。考生需要完整建立起严格执法在习近平法治思想的理论体系和法治实践中的逻辑关联，可以从以下问题出发，展现其逻辑层次：法治政府建设的主要意义是什么？法治政府建设为何要推进严格执法？执法如何体现出严格规范公正文明的要求？推进严格执法在哪些方面可以促进高质量发展和打造法治化的营商环境？

在答题阶段，考生应熟练使用"四阶法"，综合运用所学基础知识点，充分展示答题的逻辑关系和层次，以四段内容全面呈现知识要点，层层进阶，逻辑闭环，完成一份结构立体、层次分明、内容充实的出色答卷。

具体而言，"四阶法"展现为四段内容，以下述方式展开。

第一阶：开题，开宗明义。重点展示题目的限定条件，主要涉及法治政府是建设法治国家的主体。考生需要将法治政府建设在一体建设中的地位加以阐明，并结合《法治政府建设实施纲要（2021-2025 年）》的精神，较为充分地展示出法治政府建设在全面依法治国中的重要地位，为严格执法的具体要求提供背景支持。

第二阶：升级，主题进阶。本题的考查要点是推进严格执法。严格执法属于全面依法治国的重要环节之一，是法治政府在执法领域的具体落实。考生需要在限定条件之下，充分展现严格执法对于法治政府的重要意义，借助于执法这个概念实现完美的过渡。考生应该明晰法治政府和严格执法之间的关系，并在这一阶之中交代清楚。

第三阶：立意，画龙点睛。本阶是答题的主要内容，需要考生进行充分论述。本题主要考查推进严格执法的具体要求，考生需要结合教材和《法治政府建设实施纲要（2021-2025 年）》，具体论述严格规范公正文明执法的体现。需注意的是，关于严格执法的内容，在《法治政府建设实施纲要（2021-2025 年）》中作了更为系统和全面的规定，考生应当结合相关知识点，全面作答。

第四阶：收官，补强升华。本题有两问，第一问是推进严格执法的任务要求，第二问与之相关，即推进严格执法对经济发展的意义。第二问可以作为补强内容，展示严格执法如何能够对经济社会发展作出贡献。考生需要结合材料内容，聚焦于严格执法对新发展格局和营商环境的独特意义，对推进严格执法进行补强。在此基础上，对全篇内容进行升华，再次强调推进严格执法对中国式现代化的制度保障意义。

答案解析：第一阶的内容应展示法治政府是建设法治国家主体的内涵。考生需要在这一部分作出限定，强调法治政府建设是全面依法治国的重点任务和主体工程，对法治国家和法治社会建设具有重要意义。在此基础上展开论述法治政府的内涵，即职责明确、依法行政的政府治理体系，其具体体现包括党领导下的依法行政体制和依法决策机制。

第二阶进行升级，由法治政府转向推进严格执法。考生需要展示出这个过渡过程。首先，要对执法的内涵作出界定，即执法是行政机关履行政府职能、管理经济社会事务的主要方式。其次，提出执法是法治政府的必然要求和重要内容，依法行政、建设法治政府，既包含行政立法、制度建设、程序规范，也包含严格执法。最后，对严格执法的意义进行简述，强调其有助于促进社会公平正义，维护人民群众的切身利益。

第三阶论述严格执法的具体任务要求。考生应当结合《法治政府建设实施纲要（2021-2025年）》，从执法体制改革、执法力度、执法程序和执法方式等四个方面对严格规范公正文明执法的具体内涵进行论述，包括以下几个方面：

1. 深化行政执法体制改革。完善权责清晰、运转顺畅、保障有力、廉洁高效的行政执法体制机制，大力提高执法执行力和公信力。

2. 加大重点领域执法力度。加大关系群众切身利益的重点领域执法力度，分领域梳理群众反映强烈的突出问题，开展集中专项整治。

3. 完善行政执法程序。全面严格落实行政执法公示、执法全过程记录、重大执法决定法制审核制度。

4. 创新行政执法方式。广泛运用说服教育、劝导示范、警示告诫、指导约谈等方式，努力做到宽严相济、法理相融，让执法既有力度又有温度。

第四阶是补强升华的内容，考生需对严格执法的经济发展意义作出论述。首先，展示法治对经济社会发展的保障作用，以此作为背景框架。考生应强调打造市场化、法治化、国际化营商环境的必要性。其次，论述严格执法对于经济发展的具体意义，从微观层面切入，阐明严格执法，依法平等保护各类市场主体合法权益，清晰划定政府和市场边界，能够营造公平有序的经济发展法治环境。最后，结合党的二十大精神，对全部内容进行升华，提出应当坚持以习近平法治思想为指导，积极探索具有中国特色的法治政府建设模式和路径，推进严格执法。由此，完成一份高质量的答卷。

评分细则（共35分）

一、内容分：28分（6分、6分、10分、6分）

第一段，法治固根本、稳预期、利长远的保障作用：法治政府是建设法治国家的主体（2分）；构建职责明确、依法行政的政府治理体系（2分）；建立权责统一、权威高效的依法行政体制和依法决策机制（2分）。

第二段，建设法治政府要求推进严格执法：法律的生命在于实施，实施的关键在于执法（2分）；严格执法是建设法治政府的重要内容（2分）；严格执法有助于促进社会公平正义，维护人民群众的切身利益（2分）。

第三段，推进严格执法的任务要求：以宪法和法律为依据，以人民为中心，努力提高行政执法水平，实现严格规范公正文明执法（2分）；深化行政执法体制改革（2分）；加大重点领域执法力度（2分）；完善行政执法程序（2分）；创新行政执法方式（2分）。

第四段，推进严格执法对经济发展的作用：加快转变政府职能，加快打造市场化、法治化、国际化营商环境（2分）；依法平等保护各类市场主体合法权益，清晰划定政府和市场边界（2分）。推进严格执法，构建职责明确、依法行政的政府治理体系（2分）。

二、语言分：2分

能够使用规范语言且简练（2分）；能够使用规范语言但语言不简洁（1分）；没有使用规范语言，存在大量生活语言（0分）。

三、结构分：3分

各部分全面涉及，结构完整（3分）；涉及其中两部分（2分）；涉及其中一部分（1分）；答案不能清晰看出结构（0分）。

四、材料分：2分

充分结合材料阐述观点（2分）；提及材料但未深入结合（1分）；未提及材料（0分）。

五、错别字

每三个错别字扣1分，同一个字在不同地方重复错误不累计扣分。

六、字数要求

每少100字扣2分。本题要求不少于600字，如答题字数为500-599字，应扣2分；答题字数为400-499字，应扣4分；以此类推。

第三题（本题35分）

材料一：古人讲："立善法于天下，则天下治；立善法于一国，则一国治。"要加强国家安全、科技创新、公共卫生、生物安全、生态文明、防范风险等重要领域立法，加快数字经济、互联网金融、人工智能、大数据、云计算等领域立法步伐，努力健全国家治理急需、满足人民日益增长的美好生活需要必备的法律制度。要发挥依规治党对党和国家事业发展的政治保障作用，形成国家法律和党内法规相辅相成的格局。（摘自习近平《坚持走中国特色社会主义法治道路 更好推进中国特色社会主义法治体系建设》）

材料二：建立健全政务数据共享协调机制，进一步明确政务数据提供、使用、管理等各相关方的权利和责任，推动数据共享和业务协同，形成高效运行的工作机制，构建全国一体化政务大数据体系，加强政务信息系统优化整合。加快推进身份认证、电子印章、电子证照等统一认定使用，优化政务服务流程。加强对大数据的分析、挖掘、处理和应用，善于运用大数据辅助行政决策、行政立法、行政执法工作。建立健全运用互联网、大数据、人工智能等技术手段进行行政管理的制度规则。在依法保护国家安全、商业秘密、自然人隐私和个人信息的同时，推进政府和公共服务机构数据开放共享，优先推动民生保障、公共服务、市场监管等领域政府数据向社会有序开放。（摘自《法治政府建设实施纲要（2021-2025年）》）

材料三：到2025年，基本建成较为完备的司法人工智能技术应用体系，为司法为民、公正司法提供全方位智能辅助支持，显著减轻法官事务性工作负担，有效保障廉洁司法，提高司法管理水平，创新服务社会治理。到2030年，建成具有规则引领和应用示范效应的司法人工智能技术应用和理论体系，为司法为民、公正司法提供全流程高水平智能辅助支持，应用规范原则得到社会普遍认可，大幅减轻法官事务性工作负担，高效保障廉洁司法，精准服务社会治理，应用效能充分彰显。（摘自最高人民法院《关于规范和加强人工智能司法应用的意见》）

问题：

请根据上述材料，结合习近平法治思想的重大意义，谈谈数字法治的基本要义及其对经济发展的保障作用。

答题要求：

1. 无观点或论述、照搬材料原文的不得分；
2. 观点正确，表述完整、准确；
3. 总字数不得少于600字。

> 请根据上述材料，结合习近平法治思想的重大意义，谈谈数字法治的基本要义及其对经济发展的保障作用。

参考答案： 习近平法治思想内涵丰富、论述深刻、逻辑严密、系统完备，是马克思主义法治理论同中国法治建设具体实际相结合、同中华优秀传统法律文化相结合的最新成果，是党领导法治建设丰富实践和宝贵经验的科学总结，是全面依法治国的根本遵循和行动指南，具有重大理论意义和现实意义。如材料所述，习近平法治思想针对全面依法治国中的新兴科技问题和挑战不断进行理论创新和科学总结，为解决国家治理中的数字挑战提供了固根本、稳预期、利长远的保障作用，为促进数字经济高质量发展提供了有力的思想武器。

习近平法治思想是数字法治的理论指南和实践依据。数字法治是将数字经济发展和数字社会建设纳入法治轨道的治理模式。如材料所示，数字法治应数字经济和人工智能等新兴技术的社会背景而生，是在党的全面领导下，以维护人民利益、保障公民数字权利为目标追求，通过探索数字治理的中国模式来为数字时代高质量发展保驾护航的治理过程。

数字法治是全面依法治国在数字时代的重大推进，内涵丰富，体系完备，其基本要义体现在以下几个方面：

数字法治是数字治理体系和治理能力的重要依托，为国家在数字经济发展和数字科技创新中的制度安排提供规范化和程序化支持，充分发挥法治在数字经济发展中固根本、稳预期、利长远的保障作用。

数字法治包含着中国特色社会主义的数字法治体系，包括完备的数字法律规范体系、高效的数字法治实施体系、有力的数字法治保障体系等。

数字法治具有系统性和体系性，以数字法治中国建设为目标，以数字法治社会建设为基础，数字政府建设是建设网络强国、数字中国的基础性和先导性工程。

数字法治建设以推进数字领域法律体系不断完善、提高政府数字化治理和执法水平、推进智慧司法转型、提高全民数字法治素养作为重要环节，形成数字驱动和赋能的智能化和信息化法治格局。

数字法治是数字经济发展的根本保障。数字经济发展中的数据资源配置、数字市场秩序维护、数字产权保护、平台经济监管等，都离不开健全的数字法治保障。打造法治化的数字市场环境，完善数据资源配置、数字产权保护的规则体系，提升政府数字化治理能力，有助于建设公平公正的数字市场环境，为数字经济健康、有序、高质量发展保驾护航。

数字经济发展、数字社会治理呼唤加强数字法治。要坚持以习近平法治思想为指导，不断完善数字法治体系；适应数字中国和法治中国建设的新要求，不断推进数字法治理论创新；充分发挥立法、执法和司法的保障作用，探索为数字中国建设保驾护航、维护人民群众数字权利的数字正义机制。

难度：难

考点：建设高效的法治实施体系；法治政府是建设法治国家的主体；科学立法、严格执法、公正司法、全民守法是推进全面依法治国的重要环节；推进严格执法；以法治保障经济发展

命题和解题思路：21世纪是数字经济时代，数字技术驱动的数字经济是继农业经济、工业经济之后的主要经济形态，是以数据资源为关键要素，以现代信息网络为主要载体，以信息通信技术融合应用、全要素数字化转型为重要推动力，促进公平与效率更加统一的新经济形态。数字经济发展速度之快、辐射范围之广、影响程度之深前所未有，正推动生产方式、生活方式和治理方式深刻变革，成为重组全球要素资源、重塑全球经济结构、改变全球竞争格局的关键力量。在数字经济的蓬勃发展之下，其法律挑战也日益严峻。互联网的迅速发展、平台经济的迅速扩张、人工智能技术的广泛应用等，对个人数据信息权益保护和政府监管造成很大冲击。习近平总书记指出，对人民群众反映强烈的电信网络诈骗、新型毒品犯罪和"邪教式"追星、"饭圈"乱象、"阴阳合同"等娱乐圈突出问题，要从完善法律入手进行规制，补齐监管漏洞和短板，决不能放任不管。这些年来，资本无序扩张问题比较突出，一些平台经济、数字经济野蛮生长、缺乏监管，带来了很多问题。要加快推进反垄断法、反不正当竞争法等修订工作，加快完善相关法律制度。

习近平法治思想包含着应对数字挑战的丰富智慧，提炼出关于数字法治的一系列基本命题。党的十八大以来，以习近平同志为核心的党中央高度重视数字化发展，不断加强数字中国建设的顶层设计。党的十九大报告明确提出建设网络强国、数字中国、智慧社会的战略目标。《法治社会建设实施纲要（2020-2025年）》提出推动大数据、人工智能等科技创新成果同司法工作深度融合，并指出要加强对大数据、云计算和人工智能等新技术研发应用的规范引导。2020年，中共中央、国务院发布的《关于构建更加完善的要素市场化配置体制机制的意见》首次将数据与土地、劳动力、资本、技术等传统要素相并列，指出了五个要素领域的改革方向。2021年9月26日，习近平主席在致世界互联网大会乌镇峰会的贺信中强调，"让数字文明造福各国人民，推动构建人类命运共同体"。我国数字化覆盖程度、经济体量、产业样态均处于全球领先地位，需要具备与综合国力和国际地位相匹配的数字法治软实力。数字中国建设法治化是法治中国建设的题中应有之义。党的二十大报告提出，"深化科技体制改革，深化科技评价改革，加大多元化科技投入，加强知识产权法治保障，形成支持全面创新的基础制度"。

数字法治是全面依法治国伟大工程在数字领域的具体体现，其基本原理、实践逻辑及社会意义与全面依法治国是高度一致的。数字法治是习近平法治思想的具体实践，其特殊性体现在以数字化的方式进行治理，构建起数字化的法治体系，推进数字法律体系的完善，打造数字政府，以智能司法驱动公平正义。数字法治是展现习近平法治思想之根本遵循与思想旗帜意义的新兴领域，也是全面依法治国实践的新试验田。随着习近平法治思想不断进行理论创新，以数字法治为题进行考查符合最新的命题趋势。本题以此背景进行命制，考查考生将习近平法治思想的一般原理运用于数字法治这一具体领域的能力。数字法治体现出习近平法治思想的核心要义，但如何将这些核心要义进行转化，用于对数字法治的基本要义进行提炼，对考生提出了较高的要求。

本题采取材料分析题的命题形式，内容上涉及习近平法治思想的核心要义的很多内容，要点跨度较大，需要考生充分运用所学知识点灵活作答。考生在作答该题时，应当遵循"三步四阶法"的解题答题方法，按步骤解题，全方位答题。在解题阶段，考生应"认

真阅读材料，准确解读内容；完整理解问题，把握逻辑关系；列出结构框架，区分逻辑层次"。在答题过程中，考生应按照"四阶法"层层推进，步步为营，遵循"一阶开题，开宗明义；二阶升级，主题进阶；三阶立意，画龙点睛；四阶收官，补强升华"。本题需要考生对材料内容仔细审读，结合数字经济和数字科技的最新发展动态，灵活整合所学知识点，从容作答。

具体来说，在解题阶段，分三步走。

第一步：认真阅读材料，准确解读内容。材料一引自习近平总书记《坚持走中国特色社会主义法治道路　更好推进中国特色社会主义法治体系建设》一文，突出了数字技术对法治保障的迫切需求，反映出"加强重点领域、新兴领域、涉外领域立法"的现实意义。数字经济的迅速发展带来一系列涉及数据和信息、互联网治理、数据出境等的重大难题，成为法治建设的重点领域、新兴领域，需要进行立法上的完善，即打造数字法治体系。材料二引自《法治政府建设实施纲要（2021-2025年）》，体现出进一步完善数字政府建设体系框架、构筑协同高效的政府数字化履职能力体系、提升政府公共服务能力和推进国家治理体系和治理能力现代化的重要意义。材料三引自最高人民法院发布的《关于规范和加强人工智能司法应用的意见》，其前瞻性地提出智慧司法的理念，旨在推动大数据、人工智能等科技创新成果同司法工作深度融合，创新互联网司法模式，推动司法质量、司法效率和司法公信力的不断提升。从这三段材料可以看出，数字法治在立法、执法和司法的各个过程中不断凸显，建设中国特色社会主义的数字法治体系势在必行。

第二步：完整理解问题，把握逻辑关系。本题考查的重心是数字法治。数字法治的内涵需要在习近平法治思想的框架之中展现，因此本题首先从习近平法治思想的重大意义方面作出限定。其次，让考生论述数字法治的基本要义和对经济发展的保障作用。考生基于习近平法治思想的核心要义，可以判断出这个问题实际上是考查对数字法治如何体现习近平法治思想的核心要义的理解。但考生所学知识要点之中并无关于数字法治的直接论述，所以需要把握好这个问题的逻辑关系，即习近平法治思想是对全面依法治国伟大实践的科学总结，反过来又能为全面依法治国提供根本遵循和科学指南。在习近平法治思想的指引下，从数字经济发展中可以总结出数字法治这一治理方式，又可以基于习近平法治思想的核心要义对数字法治的内涵进行论述。

第三步：列出结构框架，区分逻辑层次。数字法治是全面依法治国在新时代面对数字经济发展的具体体现，实际上是习近平法治思想的核心要义在数字问题上的具体化。考生应充分运用所学基础知识，按照以下逻辑层次进行清晰作答：从材料所展示的数字法治的发展状况来看，习近平法治思想的重大意义是什么？数字法治的提出，如何体现习近平法治思想的根本遵循和思想旗帜意义？习近平法治思想的核心要义如何贯彻到数字法治的基本要义之中？全面依法治国对于经济社会发展的保障作用在数字法治上如何体现出来？

在答题阶段，考生应熟练使用"四阶法"，灵活转化所学基础知识点，充分展示答题的逻辑关系和层次。具体而言，"四阶法"展现为四段内容，以下述方式展开。

第一阶：开题，开宗明义。重点展示题目的限定条件，主要涉及习近平法治思想的重大意义。由于这部分内容要点较多，考生可以结合数字法治的实践动态进行转化，强调习近平法治思想如何对数字法治实践的宝贵经验进行总结，以及如何能够对数字法治提供根本遵循等。

第二阶：升级，主题进阶。本阶对考查要点进行升级提炼。本题的主要考点是数字法治，考生需要从习近平法治思想的重大意义转向数字法治的内涵，在这一阶之中进行过渡，论述从习近平法治思想的角度如何清楚地对数字法治进行界定。考生应结合对全面依法治国的理解，对数字法治的基本内涵作出界定，为数字法治的基本要义做好铺垫。

第三阶：立意，画龙点睛。本阶是答题的主要内容，也是考验考生能力的主要板块。数字法治是"新兴事物"，但其内涵完全来自习近平法治思想的核心要义。只要考生掌握了这些核心要义，则数字法治的基本要义就能清晰地呈现出来。基于数字法治的实践特征，限于篇幅，考生可从在法治轨道上推进国家治理体系和治理能力现代化，中国特色社会主义法治体系，法治国家、法治政府和法治社会一体建设，坚持全面推进科学立法、严格执法、公正司法、全民守法等方面出发，对数字法治的基本要义进行界定，展示数字法治之全貌。

第四阶：收官，补强升华。本题有两问，第一问是数字法治的基本要义，对应全面依法治国的核心要义。第二问是数字法治对经济发展的保障作用，显然对应习近平法治思想的实践要求。第二问可以作为补强内容，考生应从数字法治对经济发展特别是数字经济发展的保障作用的角度进行作答，突出数字法治对数字市场经济的重大影响。在补强论证之后，考生可对答题内容进行升华，对数字法治在全面依法治国宏大格局中的前景进行展望，完成一份高质量的答卷。

答案解析：第一阶的内容需要阐明习近平法治思想是理解数字法治的前提，并对习近平法治思想的重大意义进行简要总结，提出习近平法治思想是马克思主义法治理论同中国法治建设具体实际相结合、中华优秀传统法律文化相结合的最新成果，是党领导法治建设丰富实践和宝贵经验的科学总结，是全面依法治国的根本遵循和行动指南。在此基础上，指出习近平法治思想为数字法治提供了科学指引，针对全面依法治国中的新兴科技问题和挑战不断进行理论创新和科学总结，为解决国家治理中的数字挑战提供了固根本、稳预期、利长远的保障作用。

第二阶进行升级，由习近平法治思想的重大意义转向数字法治的基本内涵。习近平法治思想具有旺盛的生命活力和理论创新的充足动力，是数字法治的理论指南和实践依据。基于习近平法治思想的理论格局和实践内涵，可以对数字法治的内涵作出如下界定，即在党的全面领导下，以维护人民利益、保障公民数字权利为目标追求，通过探索数字治理的中国模式来为数字时代高质量发展保驾护航的治理过程。通过这一界定，可以为数字法治的基本要义的展开做好铺垫。

第三阶具体论述数字法治的基本要义，考生应该灵活运用习近平法治思想的核心要义的内容，将数字法治作为全面依法治国的具体体现。但由于"十一个坚持"内容丰富，不能在答题中全部呈现，所以考生可以灵活选取与数字法治实践状况最为密切的几个"坚持"进行作答，这部分内容具有一定的开放性，考生可以从下述几个方面展开：

数字法治是数字治理体系和治理能力的重要依托，为国家在数字经济发展和数字科技创新中的制度安排提供规范化和程序化支持，充分发挥法治在数字经济发展中固根本、稳预期、利长远的保障作用。

数字法治包含着中国特色社会主义的数字法治体系，包括完备的数字法律规范体系、高效的数字法治实施体系、有力的数字法治保障体系等。

数字法治具有系统性和体系性，以数字法治中国建设为目标，以数字法治社会建设为基础，数字政府建设是建设网络强国、数字中国的基础性和先导性工程。

数字法治建设以推进数字领域法律体系不断完善、提高政府数字化治理和执法水平、推进智慧司法转型、提高全民数字法治素养作为重要环节，形成数字驱动和赋能的智能化和信息化法治格局。

第四阶是补强升华的内容，需强调数字经济的发展离不开数字法治的根本保障。考生应从两个方面进行阐述：一是强调数字经济发展中的数据资源配置、数字市场秩序维护、数字产权保护、平台经济监管等，都离不开健全的数字法治保障；二是突出数字法治体系有助于建设公平公正的数字市场环境，为数字经济健康、有序、高质量发展保驾护航。在对数字法治进行补强之后，考生应进一步升华提炼，强调以习近平法治思想为指导，不断完善数字法治体系，不断推进数字法治理论创新。

评分细则（共35分）

一、内容分：28分（6分、4分、12分、6分）

第一段，习近平法治思想的重大意义：习近平法治思想是马克思主义法治理论同中国法治建设具体实际相结合、中华传统法律文化相结合的最新成果，是党领导法治建设丰富实践和宝贵经验的科学总结（2分）；习近平法治思想针对全面依法治国中的新兴科技问题和挑战不断进行理论创新和科学总结（2分）；为解决国家治理中的数字挑战提供了固根本、稳预期、利长远的保障作用（2分）。

第二段，数字法治的基本内涵：数字法治是将数字经济发展和数字社会建设纳入法治轨道的治理模式（2分）；数字法治是通过探索数字治理的中国模式来为数字时代高质量发展保驾护航的治理过程（2分）。

第三段，数字法治的基本要义：数字法治是数字治理体系和治理能力的重要依托（3分）；数字法治包含着中国特色社会主义的数字法治体系（3分）；数字法治具有系统性和体系性（3分）；数字法治建设以推进数字领域法律体系不断完善、提高政府数字化治理和执法水平、推进智慧司法转型、提高全民数字法治素养作为重要环节（3分）。

第四段，数字法治对经济发展的作用：数字经济离不开健全的数字法治保障（2分）；打造法治化的数字市场环境（2分）。要坚持以习近平法治思想为指导，不断完善数字法治体系（2分）。

二、语言分：2分

能够使用规范语言且简练（2分）；能够使用规范语言但语言不简洁（1分）；没有使用规范语言，存在大量生活语言（0分）。

三、结构分：3分

各部分全面涉及，结构完整（3分）；涉及其中两部分（2分）；涉及其中一部分（1分）；答案不能清晰看出结构（0分）。

四、材料分：2分

充分结合材料阐述观点（2分）；提及材料但未深入结合（1分）；未提及材料（0分）。

五、错别字

每三个错别字扣1分，同一个字在不同地方重复错误不累计扣分。

六、字数要求

每少100字扣2分。本题要求不少于600字，如答题字数为500-599字，应扣2分；答题字数为400-499字，应扣4分；以此类推。

第四题（本题 35 分）

材料一： 古人讲："立善法于天下，则天下治；立善法于一国，则一国治。"要加强国家安全、科技创新、公共卫生、生物安全、生态文明、防范风险等重要领域立法，加快数字经济、互联网金融、人工智能、大数据、云计算等领域立法步伐，努力健全国家治理急需、满足人民日益增长的美好生活需要必备的法律制度。要发挥依规治党对党和国家事业发展的政治保障作用，形成国家法律和党内法规相辅相成的格局。要聚焦人民群众急盼，加强民生领域立法。（摘自习近平《坚持走中国特色社会主义法治道路 更好推进中国特色社会主义法治体系建设》）

材料二： 加强重点领域、新兴领域、涉外领域立法，统筹推进国内法治和涉外法治，以良法促进发展、保障善治。推进科学立法、民主立法、依法立法，统筹立改废释纂，增强立法系统性、整体性、协同性、时效性。完善和加强备案审查制度。坚持科学决策、民主决策、依法决策，全面落实重大决策程序制度。（摘自习近平《高举中国特色社会主义伟大旗帜 为全面建设社会主义现代化国家而团结奋斗——在中国共产党第二十次全国代表大会上的报告》）

材料三： 全面发挥宪法在立法中的核心地位功能，每一个立法环节都把好宪法关。推进合宪性审查制度化、规范化，健全法律草案的合宪性审查程序机制，提高合宪性审查工作质量，明确在草案说明、统一审议等环节的合宪性审查要求，积极回应涉及宪法有关问题的关切。加强对宪法法律实施情况的监督检查，坚决纠正违宪违法行为，维护宪法权威和国家法治统一。加强宪法实施和监督制度理论研究和宣传。强化宪法意识，弘扬宪法精神，推动宪法观念、宪法知识的普及深入。（摘自《全国人大常委会 2023 年度立法工作计划》）

问题：

请根据上述材料，结合习近平法治思想关于科学立法的基本原则，谈谈新兴领域立法的实践要求及其在宪法实施中的法治意义。

答题要求：

1. 无观点或论述、照搬材料原文的不得分；
2. 观点正确，表述完整、准确；
3. 总字数不得少于 600 字。

> 请根据上述材料，结合习近平法治思想关于科学立法的基本原则，谈谈新兴领域立法的实践要求及其在宪法实施中的法治意义。

参考答案：

习近平法治思想是新时代推进全面依法治国的根本遵循和行动指南，为全面依法治国这一伟大事业提供了系统性和全方位的路线图。习近平法治思想的核心要义包括"十一个坚持"，其中要求坚持全面推进科学立法、严格执法、公正司法、全民守法。科学立法的核心在于尊重和体现客观规律。应当完善立法规划，突出立法重点，坚持立改废并举，提高立法科学化、民主化水平，提高法律的针对性、及时性和系统性。优化立法工作机制和程序，使立法准确反映经济社会发展要求，以良法促进善治，为中国式现代化建设事业提供充分保障。

科学立法是建设完备的法律规范体系的基本要求。如材料所示，科学立法要求深入分析中国式现代化的立法需求，把立法决策同改革发展决策更好结合起来，加强重点领域、新兴领域、涉外领域立法。在社会主义现代化建设进程中，数字经济、科技发展和社会建设领域出现了大量新兴问题和风险，如材料所示的互联网金融、人工智能、大数据、云计算等。对此，需要提高立法质量和效率，不断通过新兴领域立法防范潜在的新兴风险、破解社会矛盾，充分发挥立法在数字经济发展和科技进步上的"固根本、稳预期、利长远"的作用。

新兴领域立法应当紧密跟进新兴领域的发展动态，遵循客观规律，做到如下要求：

1. 坚持党的领导，充分发挥党在新兴领域立法上的引领作用，健全党在立法工作上的总揽全局、协调各方的作用。明确党在新兴领域中的重大事项立法决定权，包括重大事项的范围、立法决定权的权限、立法决定权的行使程序等。

2. 坚持以人民为中心，聚焦群众所盼，努力健全国家治理急需、满足人民日益增长的美好生活需要必备的法律制度。充分保障人民在新兴领域的权利和利益，提高民众参与立法的水平，健全民众参与立法的程序。

3. 加快推进数字经济、互联网金融、人工智能、大数据、云计算等新兴领域的立法工作，补齐法律短板，以良法善治保障新业态新模式健康发展。

4. 提高立法的针对性、及时性和系统性等，健全立法起草、论证、协调和审议机制，提高新兴领域法律法规的可执行性和可操作性。将包容开放和底线约束相结合，在法治框架内做好新兴领域的风险防范与应对。

新兴领域立法是促进宪法实施、完善社会主义法律体系、保障宪法权威的重要路径。新兴领域立法是应对新兴领域挑战，为数字经济和科技发展保驾护航的制度保障。在立法过程中应当严格遵循宪法和立法程序，严守立法权限，防范部门利益和地方保护主义法律化。推进新兴领域法律法规的合宪性审查，完善新兴领域立法的备案审查制度。通过完善实施机制推动新兴领域立法的不断深化完善，能够更好地发挥法治在促进高质量发展、科技创新和数字繁荣上的保障作用，助力中国式现代化的全面建设。

难度：难

考点： 习近平法治思想是在法治轨道上全面建设社会主义现代化国家的根本遵循；坚持以人民为中心；坚持依宪治国、依宪执政；坚持建设中国特色社会主义法治体系；推进科学立法

命题和解题思路： 习近平法治思想是新时代新征程推进全面依法治国的根本遵循。伟大时代孕育伟大思想，伟大思想引领伟大征程。新时代全面依法治国之所以能取得历史性成就、发生历史性变革，根本在于有习近平总书记作为党中央的核心、全党的核心领航掌舵，在于有习近平新时代中国特色社会主义思想特别是习近平法治思想的科学指引。党的二十大开启了以中国式现代化全面推进中华民族伟大复兴的新征程。同时，世界百年未有之大变局加速演进，我国发展进入战略机遇和风险挑战并存、不确定难预料因素增多的时期。结合上述背景，必须更好发挥法治"固根本、稳预期、利长远"的保障作用。

习近平总书记在党的二十大报告中强调，要在法治轨道上全面建设社会主义现代化国家，全面推进国家各方面工作法治化。习近平总书记关于全面依法治国的新思想新论断、作出的新部署新要求，深刻回答了全面依法治国的方向性、根本性、战略性重大问题，进一步丰富和发展了习近平法治思想。习近平法治思想不仅针对时代和实践提出的重大任务、重大问题、重大挑战提供了法治解决之道，并且为统筹推进国内法治和涉外法治，维护国家主权、安全、发展利益提供了强有力的思想引领。习近平法治思想是顺应实现中华民族伟大复兴时代要求应运而生的重大战略思想，是新时代全面依法治国必须长期坚持的指导思想，必将引领法治中国建设在新征程实现更大发展。

习近平法治思想

我国进入新发展阶段、贯彻新发展理念、构建新发展格局，推动经济高质量发展，在法治轨道上推进国家治理体系和治理能力现代化，赋予立法鲜明的时代特色。立法必须紧跟时代步伐，回应实践需要。面对广泛的立法需求，如何加强立法，解决立法需求和立法供给的主要矛盾和矛盾的主要方面，习近平总书记作出了深刻论述，指出了立法的重点方向。

当前在全面依法治国实践中，在中国特色社会主义法治体系建设中，仍然存在一些短板和不足，特别是在立法领域，存在一些立法空白，立法供给跟不上，无法满足社会发展的需求。习近平总书记强调，"要加强重点领域立法，及时反映党和国家事业发展要求、人民群众关切期待，对涉及全面深化改革、推动经济发展、完善社会治理、保障人民生活、维护国家安全的法律抓紧制订、及时修改"。加强重点领域立法，就是要突出重点，区分轻重缓急，在立法资源、立法力量有限的情况下，着力推进重点领域立法，重点突破，并以此带动其他领域的立法。重点领域在不同时期不同阶段会有所不同，与党中央确定的战略目标、中心工作和重大决策部署密切联系。习近平总书记指出，"要积极推进国家安全、科技创新、公共卫生、生物安全、生态文明、防范风险、涉外法治等重要领域立法，健全国家治理急需的法律制度、满足人民日益增长的美好生活需要必备的法律制度，以良法善治保障新业态新模式健康发展"。

在这一实践和思想背景下，本题以"新兴领域立法"为考点，深入细致地考查考生宏观把握习近平法治思想的逻辑能力和微观理解立法在全面依法治国中的重要地位的判断力。立法是全面依法治国的重要环节，立法范围比较宽泛，而新兴领域立法是立法的一个特殊领域，其面对的挑战和实现路径与其他领域存在较大差异。为新兴领域立法提供根本性指引，为中国式现代化保驾护航，是习近平法治思想的魅力所在。通过本题的考查，可以展现考生对习近平法治思想的掌握水平。

在命题类型上，这道题属于理论分析阐述题。围绕新兴领域立法，考查科学立法原则和宪法实施的要求。考点虽然不多，但涉及党的领导、以人民为中心、社会主义法治体系等基础考点，需要考生充分地展示问题的逻辑，全方位进行作答。

考生应当按照"三步四阶法"的解题答题方法，破解题目的逻辑关系，充分展示题目考查的各个要点。在解题阶段，考生应遵循"认真阅读材料，准确解读内容；完整理解问题，把握逻辑关系；列出结构层次，展开逻辑分析"的方式，正确解题，即材料限定了答题方向，问题则指引了答题要点，框定了答题结构和层次。在答题阶段，考生应按照"四阶法"层层推进，步步为营，遵循，"一阶开题，开宗明义；二阶升级，主题进阶；三阶立意，画龙点睛；四阶收官，补强升华"。充分展示答案的格局和层次，交出一份高质量的答卷。

第一步：认真阅读材料，准确解读内容。材料一引自习近平总书记《坚持走中国特色社会主义法治道路 更好推进中国特色社会主义法治体系建设》一文。这篇文章非常重要，已经在客观题和主观题中多次考查。习近平总书记对中国特色社会主义法治体系建设的最新表述鞭辟入里，对科学立法的原则和实践要求的阐释高屋建瓴。本段材料强调科学立法，以及新兴领域立法的重要意义。材料二引自党的二十大报告，材料突出了重点领域、新兴领域、涉外领域立法的具体要求。材料三引自《全国人大常委会2023年度立法工作计划》，该计划针对重点领域、新兴领域、涉外领域立法进行了谋篇布局，本段材料强调了立法过程中的合宪性要求，体现了对宪法权威的维护和尊重。

第二步：完整理解问题，把握逻辑关系。本题的限定是"科学立法的基本原则"，问题则是谈谈对"新兴领域立法的实践要求及其在宪法实施中的法治意义"。限定和问题之间存在着密切的关系，考生不要偏离命题人的考查方向。科学立法是全面依法治国的工作环节，新兴领域立法是受科学立法所指导的实践体现。新兴领域立法与宪法实施的关系则是比较新颖的角度,考生需要准确把握。综观题目要求,问题的逻辑关系是科学立法要求新兴领域立法,在新兴领域立法的过程中应当体现宪法实施的要求。

第三步:列出结构层次,展开逻辑分析。在理顺题目考查的要点后,考生可以清晰地展现出答案的结构层次。问题围绕"科学立法的基本原则"而设定,考生需要结合科学立法的内涵和基本原则进行作答,并充分展现科学立法与新兴领域立法之间的关系。在法考大纲中,新兴领域立法的内容并不多,需要考生结合立法实践进行充实。需要回答的问题结构和层次是:习近平法治思想关于科学立法的基本原则是什么?新兴领域立法包含哪些内容?依据科学立法,新兴领域立法应当如何进行?新兴领域立法与宪法实施之间是什么关系?新兴领域立法如何纳入宪法实施的框架中,并与合宪性审查相衔接?

在答题阶段,考生应当严格遵循"四阶法",破解问题的内在逻辑,充分展示答案的不同逻辑层次,写出一份层次分明、结构清晰、要点丰富的答卷。具体如下:

第一阶:开题,开宗明义。本阶需要围绕题目的限定条件展开。题目要求考生从习近平法治思想关于科学立法的基本原则出发展开论述。科学立法是全面依法治国的工作环节之一,要求通过立法打造良法善治。考生在作答本部分内容时,应当结合习近平法治思想的重大意义和理论定位,对科学立法原则进行阐释,自然地将论述视角转向立法问题。

第二阶:升级,主题进阶。本阶需要围绕"新兴领域立法"的具体实践要求展开。科学立法是全面依法治国的重要工作环节,而新兴领域立法与重点领域、涉外领域立法同属于当前立法的迫切事务。因此考生应当在此阶段将科学立法转向新兴领域立法,论述新兴领域立法的社会背景、必要性及其法治意义,从而将论述的重点转向新兴领域立法的实践要求。

第三阶:立意,画龙点睛。本阶是答题的核心内容,也是主要考点所在。新兴领域立法虽然是科学立法的重要内容,但法考中涉及内容比较少,考生需要综合习近平法治思想的核心要义,结合最新立法动态,进行综合性论述。本部分内容具有一定的开放性,考生应当注意突出新兴领域立法的核心要求,涉及党的领导、保障人民利益、中国特色社会主义法治体系的完善与新兴领域的行业发展特征等。因此,考生需要在实践要求上体现出新兴领域立法的独特性,而非泛泛而谈。

第四阶:收官,补强升华。本题涉及新兴领域立法与宪法实施之间的关系,较有新意。考生应当将宪法实施的知识点与立法相结合,从两个方面展开:一是宪法实施要求完善法律规范体系,新兴领域立法是重要的实施路径;二是为了维护宪法权威,实现社会主义法律体系之间的协调统一,需要强化合宪性审查,保证新兴领域的立法质量,从而服务于高质量发展的现代化建设大局。考生通过论述新兴领域立法在宪法实施中的法治意义,将答题内容提升到新的高度,从而完成一份高质量的答卷。

答案解析:第一部分首先对习近平法治思想进行整体定位,展示其重大意义和核心内容。在此基础上提出科学立法是"十一个坚持"的重要环节,其核心内涵是尊重和体现客观规律。科学立法的科学性体现为多项原则,具体包括完善立法规划,提高立法科学化、民主化水平,提高法律的针对性、及时性和系统性,优化立法程序等。

第二部分从科学立法出发,论述新兴领域立法的必要性。科学立法是完善中国特色社会主义法治体系的重要路径,也是保障中国式现代化和实现高质量发展的重要环节。贯彻科学立法原则,应当加强重点领域、新兴领域、涉外领域立法。新兴领域立法是当前立法环节中的一项迫切任务,是保障数字经济、人工智能技术、生物安全等各个领域健康发展的防火墙。因此,需要不断通过新兴领域立法防范新兴风险、破解社会矛盾,充分发挥立法在科技发展和社会建设上的"固根本、稳预期、利长远"的作用。

第三部分针对新兴领域立法的实践要求进行作答。考生应当结合完善的法律规范体系、新兴领域立法的特点、新兴领域发展所面对的挑战和风险等进行综合作答。本部分具有一定的开放性，考生应当结合材料从多个方面展开，尤其是要突出新兴领域立法的特殊性，可以从以下几点作答：

1. 坚持党的领导，充分发挥党在新兴领域立法上的引领作用，健全党在立法工作上的总揽全局、协调各方的作用。明确党在新兴领域中的重大事项立法决定权，包括重大事项的范围、立法决定权的权限、立法决定权的行使程序等。

2. 坚持以人民为中心，聚焦群众所盼，努力健全国家治理急需、满足人民日益增长的美好生活需要必备的法律制度，充分保障人民在新兴领域的权利和利益，提高民众参与立法的水平，健全民众参与立法的程序。

3. 在数字经济、互联网金融、人工智能、大数据、云计算等新兴领域加快推进立法，补齐法律短板，以良法善治保障新业态新模式健康发展。

4. 提高立法的针对性、及时性和系统性等，健全立法起草、论证、协调和审议机制，提高新兴领域法律法规的可执行性和可操作性。将包容开放和底线约束相结合，在法治框架内做好新兴领域的风险防范与应对。

第四部分进行补强升华，考生应论述新兴领域立法与宪法实施之间的关系。首先，强调新兴领域法律规范的完善是宪法实施的重要体现。再次，由于新兴领域立法对经济发展、社会进步和科技创新意义重大，因此应该严格遵守宪法，彰显宪法权威。其次，正如材料三所示，立法必须符合合宪性审查的要求，使每个环节都展现出宪法的色彩，完善新兴领域立法的备案审查制度。最后，对全篇内容进行总结，强调新兴领域立法对高质量发展的助力作用。

评分细则（共35分）

一、内容分：28分（4分、6分、12分、6分）

第一部分：科学立法的基本原则：尊重和体现客观规律（2分），应当完善立法规划或者突出立法重点（2分）。

第二部分：科学立法是建设完备的法律规范体系的基本要求（2分）；加强重点领域、新兴领域、涉外领域立法（2分）；通过新兴领域立法防范潜在的新兴风险、破解社会矛盾（2分）。

第三部分：新兴领域立法的实践要求：坚持党的领导（2分），健全党在立法工作上的总揽全局、协调各方的作用（2分）；坚持以人民为中心，充分保障人民在新兴领域的权利和利益或者健全民众参与立法的程序（2分）；加快新兴领域的立法工作（2分）；提高新兴领域立法的针对性、及时性和系统性（2分），在法治框架内做好新兴领域的风险防范与应对（2分）。

第四部分：宪法实施中的法治意义：应当严格遵循宪法和立法程序（2分），推进新兴领域法律法规的合宪性审查（2分）。更好发挥法治在促进高质量发展、科技创新和数字繁荣上的保障作用（2分）。

二、语言分：2分

能够使用规范语言且简练（2分），能够使用规范语言但语言不简洁（1分），没有使用规范语言，存在大量生活语言（0分）。

三、结构分：3分

各部分全面涉及，结构完整（3分）；涉及其中两部分（2分）；涉及其中一部分（1分）；答案不能清晰看出结构（0分）。

四、材料分：2分

充分结合材料阐述观点（2分）；提及材料但未深入结合（1分）；未提及材料（0分）。

五、错别字

每三个错别字扣1分，同一个字在不同地方重复错误不累计扣分。

六、字数要求

每少100字扣2分。本题要求不少于600字，如答题字数为500-599字，应扣2分；答题字数400-499字，应扣4分；以此类推。

第五题（本题35分）

材料一：法治社会是构筑法治国家的基础。弘扬社会主义法治精神，传承中华优秀传统法律文化，引导全体人民做社会主义法治的忠实崇尚者、自觉遵守者、坚定捍卫者。建设覆盖城乡的现代公共法律服务体系，深入开展法治宣传教育，增强全民法治观念。推进多层次多领域依法治理，提升社会治理法治化水平。发挥领导干部示范带头作用，努力使尊法学法守法用法在全社会蔚然成风。（摘自习近平《高举中国特色社会主义伟大旗帜　为全面建设社会主义现代化国家而团结奋斗——在中国共产党第二十次全国代表大会上的报告》）

材料二：要推动更多法治力量向引导和疏导端用力，完善预防性法律制度，坚持和发展新时代"枫桥经验"，完善社会矛盾纠纷多元预防调处化解综合机制，更加重视基层基础工作，充分发挥共建共治共享在基层的作用，推进市域社会治理现代化，促进社会和谐稳定。（摘自习近平《坚定不移走中国特色社会主义法治道路　为全面建设社会主义现代化国家提供有力法治保障》）

材料三：深度应用司法大数据，并与其他信息数据资源开展对接，加强对诉讼高发领域、新类型纠纷、涉诉信访案件，以及社会治理动态和热点问题的分析研判，对发现的普遍性、倾向性、趋势性问题提出司法建议，并向有关部门提供大数据分析报告，督促有关部门和企业主动承担出台政策、完善规则、风险评估、合规审查、安全生产等责任。（摘自最高人民法院《关于深化人民法院一站式多元解纷机制建设推动矛盾纠纷源头化解的实施意见》）

问题：

请根据以上材料，结合法治社会的内涵，论述多元化纠纷解决机制对于传统司法的创新和超越。

答题要求：

1. 无观点或论述、直接照搬材料原文的不得分；
2. 观点正确，表达完整、准确；
3. 总字数不少于600字。

请根据以上材料，结合法治社会的内涵，论述多元化纠纷解决机制对于传统司法的创新和超越。

参考答案：

一、在国家治理和社会发展进程中，不断出现重大风险、重大矛盾、重大挑战和重大阻力，全面依法治国是应对风险、保障国家治理和实现社会和谐的制度性和系统性机制。习近平法治思想是全面依法治国的根本指引，为实现国家治理体系和治理能力现代化、充分应对社会风险提供了理论指导和科学遵循。依据习近平法治思想关于法治国家、法治政府、法治社会一体建设的系统性理论指南，法治社会是法治国家和法治政府建设的基础。全面依法治国需要全社会共同参与，需要增强全社会法治观念，必须在全社会弘扬社会主义法治精神，建设社会主义法治文化。

二、法治社会建设要求以社会治理来解决社会发展中的风险和矛盾，将社会治理纳入法治化轨道，依法防范风险、化解矛盾、维护权益，营造公平、透明、可预期的法治环境。如材料所示，社会治理需要多层次多领域参与。多元化纠纷解决机制是建设法治社会的重要途径，强调和解、调解、仲裁、公证、行政裁决、行政复议与诉讼有机衔接、相互协调，让社会主体充分共建共治共享，提高社会矛盾纠纷解决能力，形成全社会尊法、学法、守法、用法的法治氛围。

三、传统司法注重对抗性和程序性，以法官为中心，诉讼成本较高。多元化纠纷解决机制相比于传统司法具有以下几个方面的创新和突破：

（1）多元化纠纷解决机制更好地体现以人民为中心的思想，完善了人民群众参与矛盾化解的制度化渠道，创造更多依靠基层、发动群众、就地化解矛盾的办法，最大限度满足群众多层次、多样化的司法需求。

（2）多元化纠纷解决机制有助于减轻司法机关的诉讼负担。如材料所示，创新司法纠纷解决方式，让法院更加能动地运用多元化手段参与社会治理，提升社会治理的法治化水平。

（3）多元化纠纷解决机制能够更好地提升公共法律服务水平，充分发挥德才兼备的法治工作队伍在法治建设中的重要作用，提升社会主体共建共治共享水平，构建多元化纠纷解决机制格局。

（4）多元化纠纷解决机制能够更好地发挥和解、调解、仲裁、公证、行政裁决、行政复议等多元化纠纷解决方式的治理意义，特别是充分发挥"枫桥经验"在基层社会治理中的积极作用，有效化解社会矛盾，维护社会和谐。

（5）多元化纠纷解决机制创造出法治与德治相互促进和相互作用的广阔空间。把法治建设和道德建设、自律和他律紧密结合起来，做到法治和德治相辅相成、相互促进，提升全民守法水平。

四、多元化纠纷解决机制是在全面依法治国中党支持司法的重要体现，是党领导法治事业的重大制度创新，体现了中国特色社会主义法治道路的显著优势。在中国式现代化的伟大征程中，更好地发挥多元化纠纷解决机制在建设法治社会、化解社会纠纷、解决社会矛盾上的巨大优势，能够进一步实现法治对改革发展稳定的引领、规范与保障作用，推动高质量发展，让人民群众更深切地感受到公平正义，提升社会获得感和幸福感。

难度：难

考点：坚持以人民为中心；更好发挥法治固根本、稳预期、利长远的保障作用；法治国家、法治政府、法治社会一体建设；推进全民守法；依法治国和以德治国；以法治保障社会和谐

命题和解题思路：党的十八大以来，我国将推进国家治理体系和治理能力现代化，着力提升国家治理效能作为经济社会发展的主要目标之一。纠纷解决机制作为国家治理体系的重要组成部分，自最高人民法院在"二五改革纲要"中拉开改革的序幕以来，在多年的改革过程中，不断吸纳新的理论成果与实践成果进行调适完善，赋予新的时代内涵，以治理效能为核心，逐渐构建起具有中国特色的多元化纠纷解决机制。

纠纷的发展一般要经历潜伏、被认识、被感觉、处理和结局五个阶段，从纠纷解决的成本和效果来看，越早处理成本越低，难度越小，效果越好。2014年党的十八届四中全会将"源头治理"作为提升社会治理水平的重要举措；2019年最高人民法院在"五五改革纲要"中将"诉源治理"列为法院的重要工作任务；2020年印发的《法治社会建设实施纲要（2020—2025年）》明确提出要完善社会矛盾纠纷多元预防调处化解综合机制，努力将矛盾纠纷化解在基层；2021年中央全面深化改革委员会第十八次会议强调，"把非诉讼纠纷解决机制挺在前面，加强矛盾纠纷源头预防、前端化解、关口把控"。

这一系列的部署决策均体现了中央对于纠纷解决架构作出的战略调整，符合"上医治未病"的科学理念，是新时代下对于"枫桥经验"的坚持和传承。在这种发展方向的指导下，我国在解纷资源的配置上，加大向纠纷前端的投入，构建基层治理新体系，激发基层治理新动能；在解纷程序的安排上，建立调解等非诉机制先行或前置的原则，将诉讼作为纠纷化解的最后一道防线。

多元化纠纷解决机制的重大特色包含两个方面：一是强调非诉的前端意义。习近平总书记指出，要把非诉讼纠纷解决机制挺在前面，推动更多法治力量向引导和疏导端用力。这是推进法治建设、推进社会治理现代化的重大理论和实践创新。诉讼是化解矛盾的必要手段，但不是唯一手段。人民法院要坚持把非诉讼纠纷解决机制挺在前面，推动完善预防性法律制度，形成矛盾纠纷化解的"多车道"。加强诉讼与仲裁、公证、行政裁决、行政复议等非诉讼解纷方式衔接，完善人民调解、行政调解、司法调解联动工作体系，充分发挥替代性纠纷解决机制和在线纠纷解决机制作用，为群众提供方便快捷、诉非衔接、线上线下联动的多元化纠纷解决方式。

二是改变了人民法院的传统司法形象，打造出更为积极能动、更加充满活力的司法功能。习近平总书记指出，要深化诉讼制度改革，推进案件繁简分流、轻重分离、快慢分道，推动大数据、人工智能等科技创新成果同司法工作深度融合。人民法院要把司法体制改革和智慧法院建设作为推动法院工作高质量发展的车之两轮、鸟之双翼。通过司法改革为一站式多元纠纷解决机制建设赋能，通过一站式多元纠纷解决机制建设推动改革成果系统集成，使司法改革的成果更多更好惠及群众。推进"互联网+枫桥经验"创新实践，全面升级在线多元解纷和智慧诉讼服务，不断完善中国特色、世界领先的互联网司法模式，努力为人民群众创造更高水平的数字正义。

多元化纠纷解决机制对于社会治理和法治社会建设具有重大意义，也是习近平法治思想原创性的重要体现。多元化纠纷解决机制对于传统司法的创新和超越，体现出习近平法治思想的实践伟力，有助于更好地保障人民利益，促进社会公平正义的实现。本题在此背景下，重点考查考生对法治社会这一要点的掌握。考生不仅需要熟知法治社会、全民守法、社会治理等知识点，还要灵活地运用这些知识点来判断多元化纠纷解决机制与传统司法之间的关系，因此难度系数较高。

本题采取材料分析题的命题形式，内容上则具体地考查考生对法治社会的理解及其在多元化纠纷解决机制上的意义。考生在作答该题时，应当遵循"三步四阶法"的解题答题方法，按步骤解题，全方位答题。在解题阶段，考生应"认真阅读材料，准确解读内容；完整理解问题，把握逻辑关系；列出结构框架，区分逻辑层次"。在答题过程中，考生应按照"四阶法"层层推进，步步为营，遵循"一阶开题，开宗明义；二阶升级，主题进阶；三阶立意，画龙点睛；四阶收官，补强升华"。本题材料要点较为明确，但考生不仅需要作答多元化纠纷解决机制如何体现法治社会的要求，还要层次分明地展现出多元化纠纷解决机制对传统司法的创新。

具体来说，在解题阶段，分三步走：

第一步：认真阅读材料，准确解读内容。材料一选自党的二十大报告。习近平总书记阐述了全面依法治国中的法治社会，强调了多层次多领域依法治理。党的二十大报告指明了全面依法治国征程的坚定方向，为法治社会建设进行了更深层的谋篇布局。材料二选自习近平总书记的文章《坚定不移走中国特色社会主义法治道路 为全面建设社会主义现代化国家提供有力法治保障》。文章强调了中国特色社会主义法治道路的唯一性和正确性，引文体现出"枫桥经验"在中国特色社会主义法治建设中的独特魅力，是习近平法治思想的原创性和实践性的鲜活体现。材料三引自最高人民法院于2021年发布的《关于深化人民法院一站式多元解纷机制建设推动矛盾纠纷源头化解的实施意见》。该意见强调要加强诉源治理工作，推动更多法治力量向引导和疏导端用力，缓解审判机关案多人少的矛盾，让人民法院在纠纷解决中发挥更为能动的司法角色。

第二步：完整理解问题，把握逻辑关系。题干中的问题是从法治社会的角度来理解多元化纠纷解决机制对于传统司法的创新和超越。法治社会是本题的限定条件，多元化纠纷解决机制是法治社会建设的具体体现。从法治社会角度很容易理解多元化纠纷解决机制的定位和意义。多元化纠纷解决机制对于传统司法的创新，恰恰是法治社会建设所取得的重大成就。这个逻辑关系理清楚之后，考生可以准确地理解本题的逻辑关系：习近平法治思想要求法治国家、法治政府和法治社会一体建设，多元化纠纷解决机制体现了法治社会建设的要求和成就，在传统司法基础上形成了巨大的创新和突破，促进了社会公平正义和社会和谐的实现。

第三步：列出结构框架，区分逻辑层次。从上一步的问题分析来看，本题的逻辑层次比较清晰，难点在于如何论述多元纠纷解决机制对传统司法的创新。显然，本题的论述重点并不仅限于多元化纠纷解决机制，而是多元化纠纷解决机制对于传统司法的创新和突破。考生可以从下述几个方面进行追问：习近平法治思想对于法治社会建设的理论指南是什么？法治社会建设和多元化纠纷解决机制之间是什么关系？多元化纠纷解决机制的内涵是什么，与传统司法有何不同？多元化纠纷解决机制对传统司法的创新和突破是什么？

在答题阶段，考生应熟练使用"四阶法"，综合运用所学基础知识点，充分展示答题的逻辑关系和层次，以四段内容全面展示多元化纠纷解决机制在法治社会建设中的创新和成就，完成一份结构立体、层次分明、内容充实的出色答卷。

具体而言，四阶法展现为四段内容，以下述方式展开。

第一阶：开题，开宗明义。重点展示题目的限定条件，主要展现法治社会在习近平法治思想中的理论定位与内涵。由于本题要求考生结合法治社会的内涵，所以考生不能空泛地论述习近平法治思想的内涵和意义，而要重点突出法治社会在法治思想中的地位和意义。

第二阶：升级，主题进阶。本题的考查要点是多元化纠纷解决机制，考生应当在第二阶中论述多元化解决机制与法治社会的关系，其如何体现出法治社会的要求。但本题的问题设定比较巧妙，需要论述多元化纠纷解决机制和传统司法的关系，所以考生在本阶中可以先对多元化纠纷解决机制在全面依法治国中的内涵和定位进行展示，在第三阶时再重点论述多元化纠纷解决机制对传统司法的超越。

第三阶：立意，画龙点睛。本阶是答题的核心内容，也是本题着力考查之处。考生既要充分熟悉多元化纠纷解决机制的运行原理和法治意义，也要对这一机制相比于传统司法的创新和突破加以呈现。命制本题的良苦用心也体现在这里。考生不仅要熟知知识点，还要灵活地运用知识点。考生在本阶中，应当结合多元化纠纷解决机制的丰富内涵，展示出这一机制对于传统司法的优势。这部分内容具有一定的灵活性，考生需要将法治社会和全民守法的丰富内容进行适当转化，同时结合材料，围绕多元化纠纷解决机制对于传统司法的优势进行论述，切不可偏离。

第四阶：收官，补强升华。本阶内容针对第三阶的论述进行升华，完成论述。既然多元化纠纷解决机制相比于传统司法具有如此鲜明的法治优势，那么在全面依法治国的进程中应当更好地发挥这一机制的法治作用。考生可以结合国家治理、社会和谐等要点，进一步补强升华，完成论述。

答案解析：第一阶的内容主要围绕法治社会展开。考生需要提出法治社会建设的背景，即存在重大风险、重大矛盾、重大挑战和重大阻力。而全面依法治国是应对风险、保障国家治理和实现社会和谐的制度性和系统性机制。习近平法治思想针对法治社会建设提出了科学理论。在此基础上，继续论述法治国家、法治政府、法治社会建设之间的关系。基于上述论据，提出需要法治社会建设的观点。

法治社会建设要求以社会治理来解决社会发展中的风险和矛盾，将社会治理纳入法治化轨道，依法防范风险、化解矛盾、维护权益，营造公平、透明、可预期的法治环境。如材料所示，社会治理需要多层次多领域参与。多元化纠纷解决机制是建设法治社会的重要途径，强调和解、调解、仲裁、公证、行政裁决、行政复议与诉讼有机衔接、相互协调，让社会主体充分共建共治共享，提高社会矛盾纠纷解决能力，形成全社会尊法、学法、守法、用法的法治氛围。

第二阶重点论述法治社会要求如何打造多元化纠纷解决机制。首先对法治社会的内涵进行界定（这一点可以在第一阶中加以论述，但需要考虑篇幅因素），即法治社会建设要求以社会治理来解决社会发展中的风险和矛盾，将社会治理纳入法治化轨道，依法防范风险、化解矛盾、维护权益，营造公平、透明、可预期的法治环境。在此基础上，展开多元化纠纷解决机制的内涵，即强调和解、调解、仲裁、公证、行政裁决、行政复议与诉讼有机衔接、相互协调的机制。

第三阶针对多元化纠纷解决机制的创新和超越进行重点论述，考生既要展现多元化纠纷解决机制的丰富内涵，也要在对比中进行论述，展示其对于传统司法的巨大优势。本阶内容考生可以适度发挥，只要在法治社会和全民守法的框架下，围绕多元化纠纷解决机制相比于传统司法的突破即可。考生可以从以下几个方面作答：

（1）多元化纠纷解决机制更好地体现以人民为中心的思想，完善了人民群众参与矛盾化解的制度化渠道，创造更多依靠基层、发动群众、就地化解矛盾的办法，最大限度满足群众多层次、多样化的司法需求。

（2）多元化纠纷解决机制有助于减轻司法机关的诉讼负担。如材料所示，创新司法纠纷解决方式，让法院更加能动地运用多元化手段参与社会治理，提升社会治理的法治化水平。

（3）多元化纠纷解决机制能够更好地提升公共法律服务水平，充分发挥德才兼备的法治工作队伍在法治建设中的重要作用，提升社会主体共建共治共享水平，构建多元化纠纷解决机制格局。

（4）多元化纠纷解决机制能够更好地发挥和解、调解、仲裁、公证、行政裁决、行政复议等多元化纠纷解决方式的治理意义，特别是充分发挥"枫桥经验"在基层社会治理中的积极作用，有效化解社会矛盾，维护社会和谐。

（5）多元化纠纷解决机制创造出法治与德治相互促进和相互作用的广阔空间。把法治建设和道德建设、自律和他律紧密结合起来,做到法治和德治相辅相成、相互促进,提升全民守法水平。

第四阶进行补强升华,考生可围绕多元化纠纷解决机制在中国式现代化、高质量发展和社会治理中的重要意义进行提升论证,强调多元化纠纷解决机制是在全面依法治国中党支持司法的重要体现,是党领导法治事业的重大制度创新,体现了中国特色社会主义法治道路的显著优势。因此应当更好地发挥多元化纠纷解决机制的社会意义,提高社会治理的法治化水平,促进社会和谐的实现。

评分细则(共35分)

一、内容分:28分(6分、6分、12分、4分)

第一部分:法治社会内涵:是法治国家和法治政府建设的基础(2分),习近平法治思想是全面依法治国的根本指引(2分)。法治社会是法治国家和法治政府建设的基础(2分)。

第二部分:要求以社会治理来解决社会发展中的风险和矛盾(2分),社会治理需要多层次多领域参与(2分);多元化纠纷解决机制是建设法治社会的重要途径(2分)。

第三部分:多元化纠纷解决机制相比于传统司法的创新和突破:更好地体现以人民为中心的思想(2分),最大限度满足群众多层次、多样化的司法需求(2分);有助于减轻司法机关的诉讼负担(2分);能够更好地提升公共法律服务水平(2分);能够更好地发挥多元化纠纷解决方式的治理意义,有效化解社会矛盾(2分);创造出法治与德治相互促进和相互作用的广阔空间(2分)。

第四部分:多元化纠纷解决机制意义:是党领导法治事业的重大制度创新(2分),能够进一步实现法治对改革发展稳定的引领、规范与保障作用(2分)。

二、语言分:2分

能够使用规范语言且简练(2分);能够使用规范语言但语言不简洁(1分);没有使用规范语言,存在大量生活语言(0分)。

三、结构分:3分

各部分全面涉及,结构完整(3分);涉及其中两部分(2分);涉及其中一部分(1分);答案不能清晰看出结构(0分)。

四、材料分:2分

充分结合材料阐述观点(2分);提及材料但未深入结合(1分);未提及材料(0分)。

五、错别字

每三个错别字扣1分,同一个字在不同地方重复错误不累计扣分。

六、字数要求

每少100字扣2分。本题要求不少于600字,如答题字数为500-599字,应扣2分;答题字数400-499字,应扣4分;以此类推。

第六题(本题35分)

材料一:党领导人民制定和实施宪法,最根本的目的是维护人民利益、反映人民意愿、保障人民权益、增进人民福祉。只有坚持党的领导、人民当家作主、依法治国有机统一,发展全过程人民民主,把以人民为中心的发展思想贯穿立法、执法、司法、守法各个环节,加快完善体现权利公平、机会公平、规则公平的法律制度，保障公民人身权、财产权、人格权和基本政治权利不受侵犯，保障公民经济、文化、社会等各方面权利得到落实，才能确保法律面前人人平等。（摘自习近平《谱写新时代中国宪法实践新篇章——纪念现行宪法公布施行40周年》）

材料二：当前，法治领域存在的一些突出矛盾和问题，原因在于改革还没有完全到位。要围绕让人民群众在每一项法律制度、每一个执法决定、每一宗司法案件中都感受到公平正义这个目标，深化司法体制综合配套改革，加快建设公正高效权威的社会主义司法制度。要健全社会公平正义法治保障制度，完善公益诉讼制度，健全执法权、监察权、司法权运行机制，加强权力制约和监督。（摘自习近平《坚持走中国特色社会主义法治道路　更好推进中国特色社会主义法治体系建设》）

材料三：始终保护人民权益。民之所向，政之所行。习近平总书记明确指出，"保护人民权益，这是法治的根本目的"。在习近平法治思想指引下，社会主义法治建设使人民的权利和自由得到更加充分、更加有效的保障，人民政治、经济、文化、社会、生态文明等方面的权利得以协调增进，权益保护的力度、广度和深度全面提升。（摘自孙迪《习近平法治思想的真理力量》，载《瞭望》2023年第17期）

问题：

请根据以上材料，结合习近平法治思想的形成和发展，谈谈我国的全面依法治国事业在实现公平正义上的巨大优势。

答题要求：

1. 无观点或论述、直接照搬材料原文的不得分；
2. 观点正确，表达完整、准确；
3. 总字数不少于600字。

> 请根据以上材料，结合习近平法治思想的形成和发展，谈谈我国的全面依法治国事业在实现公平正义上的巨大优势。

参考答案：

一、当前中国的发展面临着百年未有之大变局，如何更好地应对国际国内形势中的重大风险和重大矛盾，成为国家治理的一项迫切任务。习近平法治思想在马克思主义法治理论和中国传统法律文化的基础上，综合中国共产党进行法治建设的丰富经验，创造性地提出了通过全面依法治国来保障国家治理的科学性和系统性思想体系。习近平法治思想兼具历史逻辑、理论逻辑和实践逻辑，具有鲜明的理论特色，针对全面依法治国的谋篇布局提出了系统完备的理论方案，成为推进国家治理体系和治理能力现代化的根本遵循，具有重大的理论和实践意义。

二、习近平法治思想的核心要义包含"十一个坚持"，全面且深刻地回答了新时代为什么要推进全面依法治国、怎样推进全面依法治国等一系列重大问题。如材料一所示，在习近平法治思想的科学指引之下，全面依法治国事业坚持党的领导和人民当家作主，从全局和长远进行工作布局，以人民利益和人民福祉为根本追求。在中国特色社会主义法治道路的行进过程中，以人民为中心贯穿中国特色社会主义法治体系建设和立法、执法、司法、守法的全过程，集中地体现为依法治国对公平正义的追求。

三、公平正义体现了习近平法治思想的鲜明理论特色，也是中国特色社会主义的内在要求。公平正义指的是在法治实践中，人民的合法利益得到充分的保障，人民的合法权利得到充分实现,人民的获得感和满足感不断提升。习近平法治思想包含着在全面依法治国中实现公平正义的巨大优势,具体体现在以下方面:

(1)在全面依法治国中,党与人民的利益是高度一致的,党发挥的总揽全局、协调各方的作用最终是为了更好地在法治建设的各个领域和层次中实现公平正义,保障人民权益。

(2)宪法是治国理政的总章程,也是公平正义的根本保障。加强宪法实施和推进合宪性审查的各项举措都是为了更好地彰显宪法权威,释放宪法对公平正义的引领作用。

(3)我国的社会主义法治体系建设以公平正义作为根本价值追求。通过科学立法不断完善法律规范体系,为公平正义提供规范基础。如材料所示,通过不断推进严格执法、公正司法和权力监督等法律实施机制,让人民群众切身感受到公平正义,促使人民群众的权益得到充分保障。

(4)在全面依法治国中,通过不断打造德才兼备的法治工作队伍、抓住领导干部这个关键少数,不断提升法律保障水平和领导干部的法治思维,为公平正义的实现建立外部保障。

(5)在法治社会建设中,通过推进多层次多领域治理,打造多元化纠纷解决机制,充分贯彻落实社会主义核心价值观,将法治和德治相结合,提升全社会的法治观念,为公平正义夯实社会根基。

四、公平正义是中国特色社会主义法治建设的根本价值追求,对于充分保障人民权益、维护社会稳定、促进高质量发展具有重大意义。在中国式现代化的伟大征程之中,应当在习近平法治思想的指引之下,不断完善国家治理体系和治理能力的制度建设和法治保障,通过彰显公平正义和保障权利来促进经济社会发展,提升社会活力,建设社会主义法治国家。

难度:难

考点:习近平法治思想的形成发展;坚持党对全面依法治国的领导;坚持以人民为中心;坚持建设中国特色社会主义法治体系;坚持全面推进科学立法、严格执法、公正司法、全民守法

命题和解题思路:全面依法治国,必须紧紧围绕保障和促进社会公平正义来进行。要坚持和完善人民当家作主制度体系,健全社会公平正义法治保障制度,使法律及其实施有效地体现人民意志、保障人民权益、激发人民创造力。党的十八大召开后不久,针对司法不公严重侵害人民群众合法权益和司法公信力不高等问题,习近平总书记先后在首都各界纪念现行宪法公布施行三十周年大会、十八届中央政治局第四次集体学习、中央政法工作会议、庆祝全国人民代表大会成立六十周年大会、十八届中央政治局第二十一次集体学习等多个重要场合,以及在对做好新形势下政法工作作出的重要批示中强调,司法是维护社会公平正义的最后一道防线,公正是司法的灵魂和生命,要努力让人民群众在每一个司法案件中都能感受到公平正义。

习近平总书记还多次引用英国哲学家培根的名言说明司法不公的危害性:"一次不公正的审判,其恶果甚至超过十次犯罪。因为犯罪虽是无视法律——好比污染了水流,而不公正的审判则毁坏法律——好比污染了水源。"党的十九大对全面依法治国作出战略部署,2018年首次成立中央全面依法治国委员会,2020年11月16日首次召开中央全面依法治国工作会议,习近平总书记先后发表重要讲话,针对社会公平正义的实现需要系统法治保障,将公平正义从对司法的要求,深入拓展到对立法、执法的要求,进一步指出"必须牢牢把握社会公平正义这一法治价值追求,努力让人民群众在每一项法律制度、每一个执法决定、每一宗司法案件中都感受到公平正义"。习近平总书记在党的二十大报告中强调,要"围绕保障和促进社会公平正义,坚持依法治国、依法执政、依法行政共同推进,坚持法治国家、法治政

府、法治社会一体建设,全面推进科学立法、严格执法、公正司法、全民守法,全面推进国家各方面工作法治化"。

习近平总书记不仅指出了社会公平正义在全面依法治国中的重要性,还深刻阐述了实现社会公平正义的体制机制。习近平总书记在中央全面依法治国工作会议上指出,要健全社会公平正义法治保障制度,并在多个重要场合提出了一系列维护、保障和促进社会公平正义的重要举措。习近平总书记强调,要加强人权法治保障,保证人民依法享有广泛的权利和自由、承担应尽的义务,引导全体人民做社会主义法治的忠实崇尚者、自觉遵守者、坚定捍卫者;强调要加强权力制约和监督,加强对立法权、执法权、监察权、司法权的监督,加快构建系统完备、规范高效的执法司法制约监督体系,确保执法司法各环节、全过程在有效制约监督下进行,确保严格规范公正文明执法、司法公正高效权威;强调要坚持建设德才兼备的高素质法治工作队伍,加强理想信念教育,深入开展社会主义核心价值观和社会主义法治理念教育,推进法治专门队伍革命化、正规化、专业化、职业化,确保做到忠于党、忠于国家、忠于人民、忠于法律。这些重要论述,涵盖了科学立法、严格执法、公正司法、全民守法,切实回应了人民群众反映强烈的突出问题,明确指出了实现社会公平正义的重点难点,科学谋划了促进社会公平正义的改革举措,是习近平法治思想的重大原创性贡献。[1]

本题以此背景进行命制,考查考生对习近平法治思想进行宏观把控和提炼核心要素的能力。尽管考生对习近平法治思想如何通过全面依法治国的谋篇布局来实现公平正义非常熟悉,但单独地考查公平正义价值理念在习近平法治思想的理论体系中的定位,考生可能会无从下手。因此,本题具有一定难度,对考生举一反三的能力提出较高要求,考查效果突出。考生需要从"十一个坚持"中提炼出公平正义的结合点,并清楚明确地论述"十一个坚持"的要点如何能够具体地体现出对公平正义的保障。

本题采取材料分析题的命题形式,内容上则具体地考查考生对公平正义在全面依法治国中的定位的理解。考生在作答该题时,应当遵循"三步四阶法"的解题答题方法,按步骤解题,全方位答题。在解题阶段,考生应"认真阅读材料,准确解读内容;完整理解问题,把握逻辑关系;列出结构框架,区分逻辑层次"。在答题过程中,考生应按照"四阶法"层层推进,步步为营,遵循"一阶开题,开宗明义;二阶升级,主题进阶;三阶立意,画龙点睛;四阶收官,补强升华"。本题材料要点较为明确,问题设定也比较简单,但对考生解题和思路设计提出了较高要求。

具体来说,在解题阶段,分三步走。

第一步:认真阅读材料,准确解读内容。材料一引自习近平总书记在纪念现行宪法公布施行四十周年时发表的《谱写新时代中国宪法实践新篇章——纪念现行宪法公布施行40周年》。引文材料体现出党对法治的总揽全局、协调各方作用的根本目标是为了人民,让人民群众的合法权利和权益得到充分保障,满足公平正义的要求。材料二引自习近平总书记发表的《坚持走中国特色社会主义法治道路 更好推进中国特色社会主义法治体系建设》一文。该文深刻地体现出习近平法治思想的理论精髓。引文材料强调了通过执法和司法体制改革实现公平正义的迫切要求。材料三引自《瞭望》杂志发表的《习近平法治思想的真理力量》一文。引文材料强调了习近平法治思想的人民性理论特色,这一特色体现出中国特色社会主义法治建设充分地保障了人民权利。

---

[1] 许安标:《健全社会公平正义法治保障制度》,载《民主与法制》周刊2023年第25期。http://e.mzyfz.com/mag/index_29333_626.html,最后访问日期:2024年4月29日。

第二步：完整理解问题，把握逻辑关系。题干中的问题是从习近平法治思想的形成发展角度来理解全面依法治国中的公平正义。习近平法治思想的形成发展表明习近平法治思想的应运而生解决了全面依法治国的根本理论难题，为全面依法治国提供了根本指引。本题的问题是全面依法治国事业在实现公平正义上的巨大优势。习近平法治思想包含着关于全面依法治国的全方位和系统性方案，必然也包含着全面依法治国如何更好地实现公平正义的原创性内容。因此，本题的逻辑关系较为简单，即习近平法治思想的形成发展表明了习近平法治思想是全面依法治国的根本遵循和科学指南，在实现公平正义上具有巨大的优势。这一优势体现为全面依法治国的"十一个坚持"是以人民为中心进行整体规划的，在根本保证、道路方向、工作布局、法治保障等方面能够鲜明地体现出公平正义的价值理念。

第三步：列出结构框架，区分逻辑层次。从上一步的问题分析来看，本题的逻辑层次比较简单，但涉及的要点却较难把握。这是一个简单的"根据A论述B"的问题，但考生也容易在答题内容上出现偏差。根据前述逻辑分析，考生应当围绕"十一个坚持"如何体现公平正义而展开。可以从以下几个方面进行追问：习近平法治思想是如何形成和发展的？习近平法治思想如何对全面依法治国进行谋篇布局？"十一个坚持"所包含的道路方向、首要任务、工作环节等，如何具体地体现出实现公平正义的巨大优势？如何在中国式现代化进程中更好地通过法治实现公平正义？

在答题阶段，考生应熟练使用"四阶法"，综合运用所学基础知识点，充分展示答题的逻辑关系和层次，以四段内容全面展示习近平法治思想的公平正义观，完成一份系统完备、结构立体、层次分明、内容充实的出色答卷。

具体而言，"四阶法"展现为四段内容，以下述方式展开。

第一阶：开题，开宗明义。重点展示题目的限定条件，主要涉及习近平法治思想的形成发展。这部分知识点较多，考生只需要简要论述，为后面的内容作出预备便可。本题的重点内容落脚在通过法治实现公平正义上，因此考生在本阶可以对其形成发展做概览式总结，并强调习近平法治思想对于国家治理和社会发展的意义。

第二阶：升级，主题进阶。本题的考查要点是全面依法治国如何体现出实现公平正义的优势，因此本阶应当从习近平法治思想转向全面依法治国，强调全面依法治国是习近平法治思想的真理性和科学性的实践体现，也是实现公平正义的必然途径。考生可对"十一个坚持"进行宏观总结，并将公平正义问题引出，为第三阶做准备。

第三阶：立意，画龙点睛。本阶是答题的核心内容，需要考生重点用力。习近平法治思想是追求人民利益和实现公平正义的伟大思想体系。在全面依法治国的谋篇布局之中，习近平法治思想将公平正义烙在了每一个布局和环节之中。考生在本阶中应当具体细致地论述全面依法治国各个环节的制度设计中如何呈现出公平正义的要求。在本阶中，考生不能仅论述全面依法治国的内涵或者公平正义的要求，而要把全面依法治国的具体要求和公平正义进行有机结合，才能符合命题人之立意。

第四阶：收官，补强升华。本阶内容针对第三阶的论述进行升华补强，主要强调全面依法治国应当更加全面和深入地推动公平正义的实现，以体现出习近平法治思想的时代性和人民性特征，为中国式现代化和国家治理体系现代化提供更为坚实的价值支撑，为和谐社会的实现打下坚实的基础。

答案解析： 第一阶从宏观上对习近平法治思想进行高度定位，强调习近平法治思想的原创性、时代性，在马克思主义法治理论和中国传统法律文化的基础上，综合中国共产党进行法治建设的丰富经验，创造性地提出了通过全面依法治国来保障国家治理的科学性和系统性思想体系。在此基础上论述习近平法治思想的重大意义，其丰富的逻辑层次使得该思想能够成为全面依法治国和国家治理的根本遵循。

第二阶需要在习近平法治思想的理论框架下，展开全面依法治国与公平正义之间的关系。首先需要提出习近平法治思想全面且深刻地回答了新时代为什么要推进全面依法治国、怎样推进全面依法治国等一系列重大问题；其次论述习近平法治思想的人民性贯穿法治建设全过程；最后强调公平正义是人民性的反映和要求，以人民为中心贯穿中国特色社会主义法治体系建设和立法、执法、司法、守法的全过程，集中地体现为依法治国对公平正义的追求。

第三阶重点论述全面依法治国在实现公平正义上的巨大优势。首先应当对公平正义进行界定，强调公平正义体现为人民的合法利益得到充分保障，人民的合法权利得到充分实现，人民的获得感和满足感不断提升。在此基础上，对全面依法治国如何体现出公平正义的追求进行具体细致论述。这部分内容需要对"十一个坚持"进行整合，具有一定的开放性，但考生不能脱离核心要点，而且不能泛泛而谈，必须体现出巨大优势。具体可从以下几个方面展开：

（1）在全面依法治国中，党与人民的利益是高度一致的，党发挥的总揽全局、协调各方的作用最终是为了更好地在法治建设的各个领域和层次实现公平正义，保障人民权益。

（2）宪法是治国理政的总章程，也是公平正义的根本保障。加强宪法实施和推进合宪性审查的各项举措都是为了更好地彰显宪法权威，释放宪法对公平正义的引领作用。

（3）我国的社会主义法治体系建设以公平正义作为根本价值追求。通过科学立法不断完善法律规范体系，为公平正义提供规范基础。如材料所示，通过不断推进严格执法、公正司法和权力监督等法律实施机制，让人民群众切身感受到公平正义，权益得到充分保障。

（4）在全面依法治国中，通过不断打造德才兼备的法治工作队伍、抓住领导干部这个关键少数，不断提升法律保障水平和领导干部的法治思维，为公平正义的实现建立外部保障。

（5）在法治社会建设中，通过推进多层次多领域治理，打造多元化纠纷解决机制，充分贯彻落实社会主义核心价值观，将法治和德治相结合，提升全社会的法治观念，为公平正义夯实社会根基。

第四阶进行补强升华，对全面依法治国事业如何更深入全面地实现公平正义进行展望。公平正义是习近平法治思想的价值优势和特色，因此应当在中国式现代化的进程中，高举习近平法治思想的旗帜，不断完善国家治理体系和治理能力的制度建设和法治保障，在更高层次上实现公平正义。

评分细则（共35分）

一、内容分：28分（6分、6分、12分、4分）

第一部分：习近平法治思想创造性地提出了通过全面依法治国来保障国家治理的科学性和系统性思想体系（2分）。习近平法治思想具有鲜明的理论特色（2分），成为推进国家治理体系和治理能力现代化的根本遵循（2分）。

第二部分：习近平法治思想核心要义包含着"十一个坚持"（2分），全面依法治国事业坚持党的领导和人民当家作主（2分），集中地体现为依法治国对公平正义的追求（2分）。

第三部分：在全面依法治国中实现公平正义的巨大优势：坚持党的领导是为了更好地在法治建设的各个领域和层次中实现公平正义（3分）；加强宪法实施和推进合宪性审查的各项举措释放宪法对公平正义的引领作用（3分）；社会主义法治体系建设以公平正义作为根本价值追求（2分）；不断提升法律保障水平和领导干部的法治思维为公平正义的实现建立外部保障（2分）；法治和德治相结合为公平正义夯实社会根基（2分）。

第四部分：公平正义是中国特色社会主义法治建设的根本价值追求（2分），不断完善国家治理体系和治理能力的制度建设和法治保障（2分）。

二、语言分：2分

能够使用规范语言且简练（2分）；能够使用规范语言但语言不简洁（1分）；没有使用规范语言，存在大量生活语言（0分）。

三、结构分：3分

各部分全面涉及，结构完整（3分）；涉及其中两部分（2分）；涉及其中一部分（1分）；答案不能清晰看出结构（0分）。

四、材料分：2分

充分结合材料阐述观点（2分）；提及材料但未深入结合（1分）；未提及材料（0分）。

五、错别字

每三个错别字扣1分，同一个字在不同地方重复错误不累计扣分。

六、字数要求

每少100字扣2分。本题要求不少于600字，如答题字数为500-599字，应扣2分；答题字数400-499字，应扣4分；以此类推。

民事综合大题

第一题（本题56分）

一、试题（本题系民法、民诉法融合试题）

2015年8月28日，卓博公司（乙方）与宏图公司（甲方）签订《销售合同》，约定：（1）甲方向乙方采购500套蓝印工程图纸打印系统V2.0软件，每套单价为2万元，货款总计1000万元；（2）自签订之日起5个工作日内，甲方向乙方支付定金900万元。乙方按照本合同完成交货、培训等服务。甲方验收无误后，甲方将不晚于自本合同签订之日起一年内支付剩余尾款100万元，乙方须同时提交相应金额的合法增值税发票。同日，双方签订《补充协议一》，对乙方提供的一项软件著作权申请所需资料和购货价格体系等内容作出补充约定。

2015年9月2日，宏图公司向卓博公司汇款900万元。此后，卓博公司按约向宏图公司提供了500套软件。后宏图公司未按期支付合同尾款。卓博公司在2017年向宏图公司催要尾款时，宏图公司提出免费升级500套软件系统的要求，双方对补充协议的内容进行了磋商，并按照卓博公司提出的条件签订《补充协议二》，约定：（1）卓博公司应根据甲方的需要按期、保质完成已交付的500套软件的升级。（2）货物验收及尾款支付。宏图公司收到卓博公司开具的增值税发票后10个工作日内支付尾款的50%，合计50万元；宏图公司验收合格后10个工作日内支付尾款的50%，合计50万元。（3）违约条款。如果卓博公司未能按照宏图公司的要求完成500套软件的升级，应按照《销售合同》金额的70%赔偿宏图公司的损失。如果验收不合格，卓博公司应按照《销售合同》金额的50%赔偿宏图公司。

2017年8月底，宏图公司就《销售合同》《补充协议一》与《补充协议二》提起民事诉讼，请求：（1）确认卓博公司构成违约；（2）卓博公司向宏图公司支付违约金700万元。诉讼中，卓博公司提出反诉，请求：（1）基于显失公平撤销《补充协议二》，理由是该补充协议是在宏图公司掌握100万元尾款未支付这一优势下签订，且《补充协议二》中的违约金过高；（2）宏图公司按原《销售合同》支付100万元尾款。诉讼中，法院查明：卓博公司未进行软件升级，亦未开具增值税发票。

2018年11月12日，宏图公司的法定代表人方城（住所地在甲县）与天鹏公司签订《商品房买卖合同（预售）》，购买天鹏庄园住宅小区1号楼商品房一套，购房款总计400万元。12月1日，方城与农业银行A市支行签订《个人购房担保借款合同》，贷款290万元用以支付剩余购房款，同日，各方合并申请办理商品房预告登记与抵押权预告登记。贷款发放后，方城按约还贷。2019年9月23日，天鹏公司与临江公司签订《购房协议书》，将前述商品房卖给临江公司并交付。2020年10月23日，方城起诉临江公司，请求：（1）临江公司返还涉案商品房；（2）确认天鹏公司与临江公司的《购房协议书》无效。

2021年8月9日，方城向乙县的刘恒借款50万元，借期半年，按年利率10%计算利息。

· 34 ·

次日，丙县的张春与刘恒在丁县签订《保证协议》，约定：（1）张春为方城的债务本息提供连带保证；（2）本协议的效力具有独立性，不受借款协议的效力影响；（3）保证期间至债务履行期届满后1年；（4）因合同履行发生纠纷应向丁县法院起诉。2022年3月，方城未按约偿还借款，刘恒起诉方城与张春。诉讼中，法院查明：刘恒未取得任何贷款业务的资格，并在近几年内多次反复从事有偿民间借贷行为以牟利。

问题：

1. 卓博公司的反诉请求（1）能否得到法院的支持？为什么？
2. 卓博公司的反诉请求（2）能否得到法院的支持？为什么？
3. 对于方城的诉讼请求（1），临江公司有权提出何种抗辩？为什么？
4. 对于方城的诉讼请求（2），临江公司有权提出何种抗辩？为什么？
5. 方城是否有权解除《商品房买卖合同（预售）》？为什么？
6. 刘恒是否有权请求方城返还借款本金？为什么？刘恒是否有权请求方城按年利率10%支付利息？为什么？
7. 刘恒是否有权请求张春承担保证责任？为什么？
8. 卓博公司提起的诉讼属于何种诉的类型？为什么？
9. 对于方城的起诉，当事人确定是否正确？为什么？
10. 刘恒提起的诉讼，应由哪个（些）法院管辖？为什么？
11. 若张春主张《保证协议》上其签名系伪造，法院应当如何处理？为什么？

二、总体命题思路

本题由三则实务案例融合改编而来，系民法与民诉法的两科融合题，难度中上。

就民法部分，本题以多个合同关系为基础，将软件销售合同、预售商品房买卖合同以及借款合同、保证合同作为主要的法律事实，考查了民法上可撤销的民事法律行为、违约金、合同的效力、合同的履行、预告登记、返还原物、占有的保护、合同解除、借款合同、保证合同等考点，主要分布于物权与合同部分，需要考生对相关知识点有较好的基础。需要指出的是，本题中有几问是从抗辩的角度进行考查，考生需要厘清此种命题的含义与答题时的思路与方法。总体而言，本题对考生的知识储备、分析思路以及语言表达都提出了一定要求。

就民诉法部分，主要对诉的分类、当事人确定、特殊地域管辖以及鉴定意见等考点予以综合考查。其中，诉的分类属于理论型考点，需结合具体诉讼请求以及各类诉的内涵作答；当事人确定和特殊地域管辖制度属于主观题命题的重点。各问题设问表述直白，考查意图明确，难度不高。

三、案例来源

1. 北京市第一中级人民法院（2019）京01民终4660号民事判决书：北京××世纪科技有限公司与北京××天陆科技发展有限公司买卖合同纠纷案

2. 黑龙江省鸡西市中级人民法院（2020）黑03民终880号民事判决书：王某霞、冷某民间借贷纠纷案

3. 吉林省高级人民法院（2020）吉民再50号民事判决书：吉林某银行股份有限公司与曹某一返还原物纠纷案

四、答案精讲

> **1. 卓博公司的反诉请求（1）能否得到法院的支持？为什么？**

答案：（1）基于显失公平撤销《补充协议二》的请求不能得到支持。因为卓博公司并不存在危困或者缺乏判断能力等情形，显失公平的构成要件并不满足。

（2）违约金过高的主张可以得到支持。因为双方当事人约定的违约金为700万元，过分高于卓博公司违约行为造成的损失，符合违约金酌减的构成要件。

考点：可撤销的民事法律行为、违约金

难度：难

命题和解题思路：结合题干中卓博公司反诉请求（1）的具体内容，本题一方面考查显失公平这一民事法律行为的可撤销事由，另一方面也考查违约金，尤其是违约金酌减问题，有一定难度。尽管表述上本题只有1问，但从卓博公司反诉请求（1）的具体内容来看，其反诉请求（1）包含两个独立内容：其一，基于显失公平撤销《补充协议二》；其二，约定的违约金数额过高。考生应拆分二者并分别评价是否成立。对于显失公平这一可撤销事由，考生在分析时需注意其必须同时满足主客观方面的构成要件；对于违约金是否过高，考生需要比较当事人约定的违约金数额与违约行为造成的实际损失，大致上判断是否过分高于造成的实际损失。

答案解析：将本题拆解后，具体涉及两个问题：（1）基于显失公平撤销《补充协议二》是否成立；（2）约定的违约金数额过高是否成立。

就第一个问题，《民法典》第151条规定，一方利用对方处于危困状态、缺乏判断能力等情形，致使民事法律行为成立时显失公平的，受损害方有权请求人民法院或者仲裁机构予以撤销。该条规定了显失公平作为民事法律行为的可撤销事由。显失公平的构成需要满足主客观两个方面的构成要件，主观方面：存在一方利用对方处于危困状态、缺乏判断能力等情形；客观方面：民事法律行为成立时显失公平。本题中，《补充协议二》的合同条款由卓博公司提出，且《补充协议二》正是为了解决100万元尾款未付的问题，卓博公司并不存在危

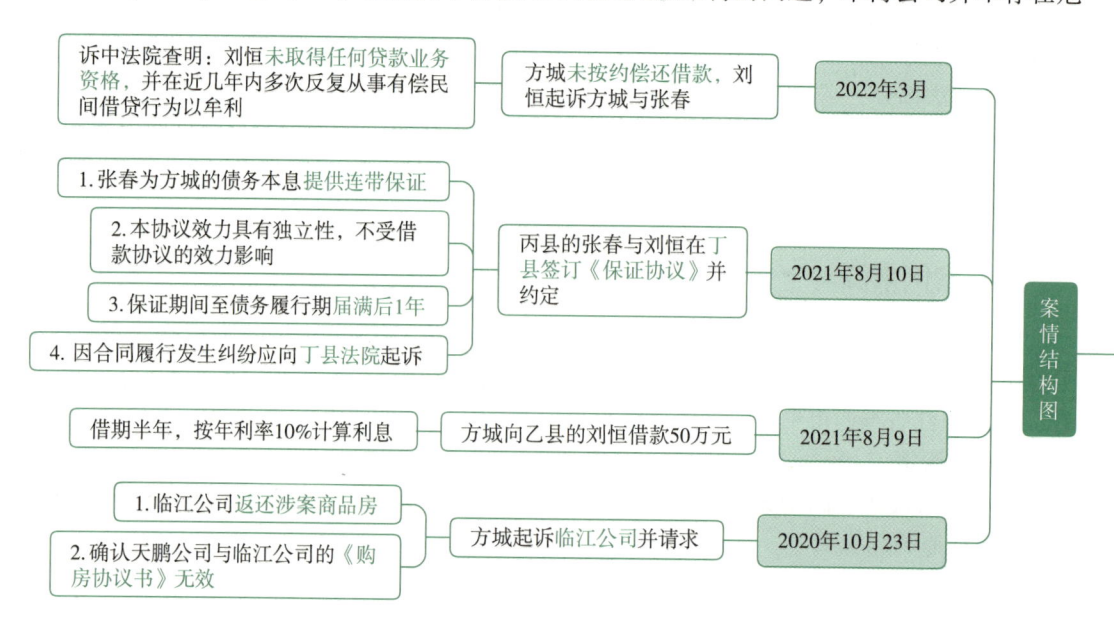

民事综合大题

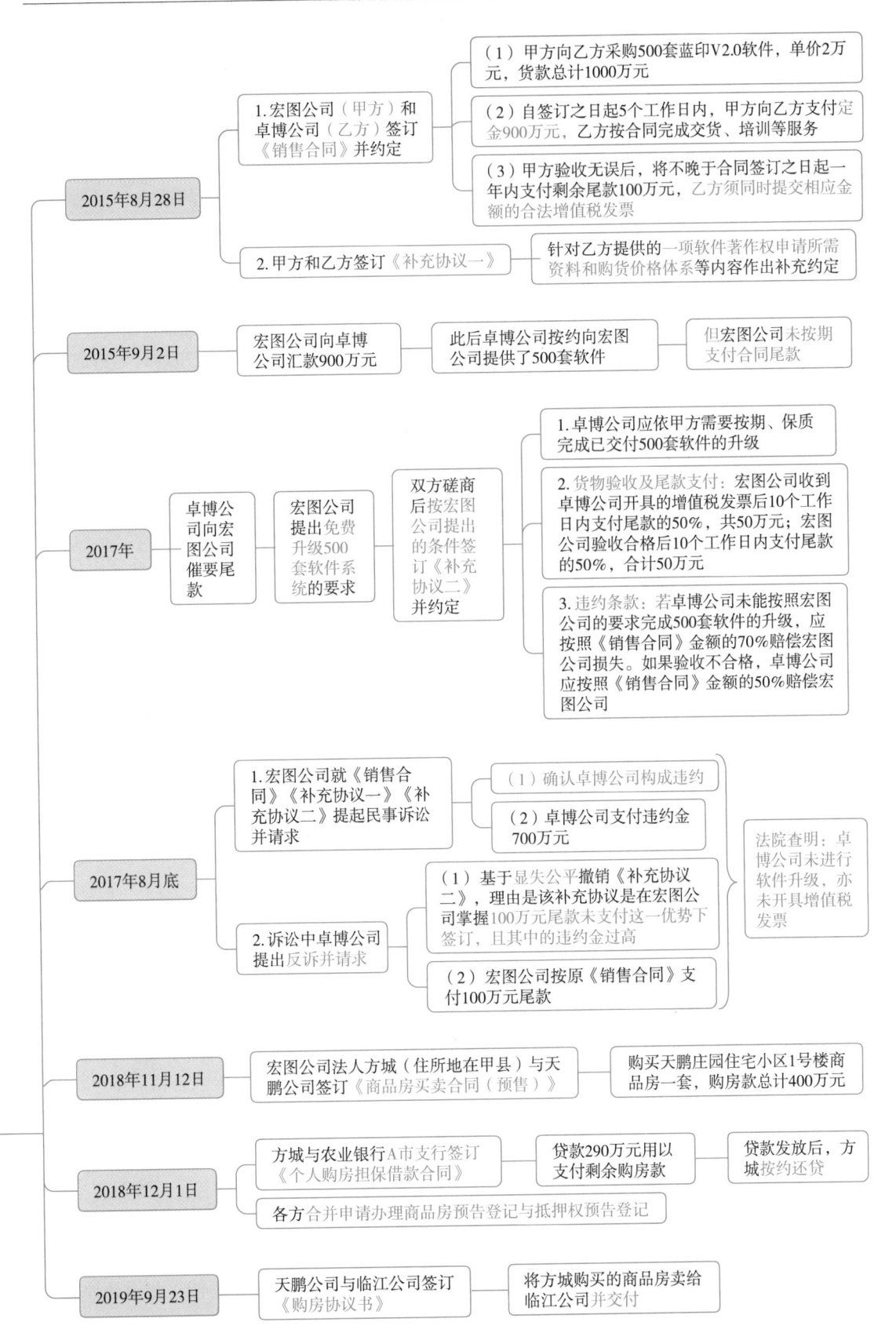

2015年8月28日

1. 宏图公司（甲方）和卓博公司（乙方）签订《销售合同》并约定

- （1）甲方向乙方采购500套蓝印V2.0软件，单价2万元，货款总计1000万元
- （2）自签订之日起5个工作日内，甲方向乙方支付定金900万元，乙方按合同完成交货、培训等服务
- （3）甲方验收无误后，将不晚于合同签订之日起一年内支付剩余尾款100万元，乙方须同时提交相应金额的合法增值税发票

2. 甲方和乙方签订《补充协议一》

针对乙方提供的一项软件著作权申请所需资料和购货价格体系等内容作出补充约定

2015年9月2日

宏图公司向卓博公司汇款900万元 → 此后卓博公司按约向宏图公司提供了500套软件 → 但宏图公司未按期支付合同尾款

2017年

卓博公司向宏图公司催要尾款 → 宏图公司提出免费升级500套软件系统的要求 → 双方磋商后按宏图公司提出的条件签订《补充协议二》并约定：

1. 卓博公司应依甲方需要按期、保质完成已交付500套软件的升级
2. 货物验收及尾款支付：宏图公司收到卓博公司开具的增值税发票后10个工作日内支付尾款的50%，共50万元；宏图公司验收合格后10个工作日内支付尾款的50%，合计50万元
3. 违约条款：若卓博公司未能按照宏图公司的要求完成500套软件的升级，应按照《销售合同》金额的70%赔偿宏图公司损失。如果验收不合格，卓博公司应按照《销售合同》金额的50%赔偿宏图公司

2017年8月底

1. 宏图公司就《销售合同》《补充协议一》《补充协议二》提起民事诉讼并请求

- （1）确认卓博公司构成违约
- （2）卓博公司支付违约金700万元

2. 诉讼中卓博公司提出反诉并请求

- （1）基于显失公平撤销《补充协议二》，理由是该补充协议是在宏图公司掌握100万元尾款未支付这一优势下签订，且其中的违约金过高
- （2）宏图公司按原《销售合同》支付100万元尾款

法院查明：卓博公司未进行软件升级，亦未开具增值税发票

2018年11月12日

宏图公司法人方城（住所地在甲县）与天鹏公司签订《商品房买卖合同（预售）》 → 购买天鹏庄园住宅小区1号楼商品房一套，购房款总计400万元

2018年12月1日

- 方城与农业银行A市支行签订《个人购房担保借款合同》 → 贷款290万元用以支付剩余购房款 → 贷款发放后，方城按约还贷
- 各方合并申请办理商品房预告登记与抵押权预告登记

2019年9月23日

天鹏公司与临江公司签订《购房协议书》 → 将方城购买的商品房卖给临江公司并交付

· 37 ·

困或者缺乏判断能力等情形，显失公平的构成要件并不满足，因此基于显失公平撤销《补充协议二》这一反诉请求，并不成立。

就第二个问题，《民法典》第585条规定，当事人可以约定一方违约时应当根据违约情况向对方支付一定数额的违约金，也可以约定因违约产生的损失赔偿额的计算方法。约定的违约金低于造成的损失的，人民法院或者仲裁机构可以根据当事人的请求予以增加；约定的违约金过分高于造成的损失的，人民法院或者仲裁机构可以根据当事人的请求予以适当减少。当事人就迟延履行约定违约金的，违约方支付违约金后，还应当履行债务。本题中，双方签订的违约金条款内容是：如果卓博公司未能按照宏图公司的要求完成500套软件的升级，应按照《销售合同》金额的70%赔偿宏图公司的损失。如果验收不合格，卓博公司应按照《销售合同》金额的50%赔偿宏图公司。卓博公司未进行软件升级，触发了该违约金条款，但违约金的数额700万元（1000万元×70%），明显过分高于卓博公司违约行为造成的损失，属于违约金过高的情形。

综上，反诉请求（1）中基于显失公平撤销《补充协议二》的请求不能得到支持，请求确认违约金过高的请求可以得到支持。

2. 卓博公司的反诉请求（2）能否得到法院的支持？为什么？

答案：不能。因为《补充协议二》是有效的，对卓博公司具有拘束力。《补充协议二》中约定了100万元尾款的支付条件，但该条件尚未成就。

考点：合同的效力、合同的履行

难度：中

命题和解题思路：结合题干中关于卓博公司的反诉请求（2）的具体内容可知，本题涉及合同的效力判断与履行，难度适中。解题时，考生不妨采取反向思考的路径，如果卓博公司的反诉请求（2）能够得到支持，需要哪些条件？在此基础上展开分析可知，卓博公司的反诉请求（2）能否得到法院支持，一方面取决于《补充协议二》是否有效，另一方面取决于该协议中约定的尾款付款条件是否满足。考生依次分析这两个问题即可。此外，需要注意的是，本题实际上并未以某个具体的法条为依据，而是结合合同的基本原理，对当事人的合同内容安排进行解释与推理。

答案解析：由上题可知，《补充协议二》并不构成显失公平，是有效的，该协议对双方当事人均有拘束力。从《补充协议二》的内容看，该补充协议对原《销售合同》中的100万元尾款部分作出了变更，关于该100万元尾款的支付问题，应以《补充协议二》的相关条款为准。

《补充协议二》明确约定："（2）货物验收及尾款支付。宏图公司收到卓博公司开具的增值税发票后10个工作日内支付尾款的50%，合计50万元；宏图公司验收合格后10个工作日内支付尾款的50%，合计50万元。"据此可知，剩余的100万元尾款支付有严格的条件，而该条件并未成就，因此卓博公司无权请求支付剩余100万元尾款。

3. 对于方城的诉讼请求（1），临江公司有权提出何种抗辩？为什么？

答案：（1）若方城基于所有权主张案涉商品房的返还，临江公司有权抗辩：返还原物请求权并不成立。因为方城并非该商品房的所有权人，基于预告登记也并不能主张返还原物请求权，因此方城无权主张返还原物请求权。

(2) 若方城基于占有主张案涉商品房的返还，临江公司有权抗辩：占有物返还请求权并不成立。因为方城并非该商品房的前占有人，且并不存在占有的侵夺行为，方城无权基于占有主张占有物返还请求权。

考点：预告登记、返还原物、占有的保护

难度：难

命题和解题思路：本题从抗辩的角度对预告登记、返还原物等考点展开考查，考查方式新颖且带有一定的开放性，颇具难度，需要考生具备清晰的分析思路。本题的核心问题就在于如何确定分析思路。解题时，考生应先确定方城可能依据何种请求权主张案涉商品房的返还。本题中，方城的返还请求至少可能有两种请求依据：基于所有权的返还原物请求权（《民法典》第235条）以及基于占有的占有物返还请求权（《民法典》第462条），考生可以分别结合二者的构成要件确定可能的抗辩。

答案解析：本题中，方城的返还请求至少可能有两种请求依据：基于所有权的返还原物请求权（《民法典》第235条）以及基于占有的占有物返还请求权（《民法典》第462条）。对于这二者，临江公司均可以针对性地提出相应的抗辩。

如果方城以返还原物请求权为依据提出返还请求，可以结合《民法典》第235条分析临江公司可能的抗辩。《民法典》第235条规定，无权占有不动产或者动产的，权利人可以请求返还原物。据此，返还原物请求权的构成要件有二：（1）请求权人为有占有权能的物权人；（2）相对方为无权占有人。本题中，方城并非案涉商品房的所有权人，并不享有返还原物请求权。不过，尽管方城不是案涉商品房的所有权人，但其享有预告登记的保护，需要分析的是方城可否基于预告登记享有返还原物请求权。《民法典》第221条规定，当事人签订买卖房屋的协议或者签订其他不动产物权的协议，为保障将来实现物权，按照约定可以向登记机构申请预告登记。预告登记后，未经预告登记的权利人同意，处分该不动产的，不发生物权效力。预告登记后，债权消灭或者自能够进行不动产登记之日起90日内未申请登记的，预告登记失效。据此可知，预告登记后的主要效力在于：未经预告登记的权利人同意，处分该不动产的，不发生物权效力。但这一效力并不意味着预告登记的权利人有权基于物权人的身份主张物权请求权，因此预告登记权利人并不享有返还原物请求权。因此，如果方城以返还原物请求权为依据提出返还请求，则临江公司有权提出抗辩：方城并非所有权人，只是预告登记权利人，无权主张返还原物请求权。

如果方城以占有物返还请求权为依据提出返还请求，可以结合《民法典》第462条分析临江公司可能的抗辩。《民法典》第462条第1款规定，占有的不动产或者动产被侵占的，占有人有权请求返还原物；对妨害占有的行为，占有人有权请求排除妨害或者消除危险；因侵占或者妨害造成损害的，占有人有权依法请求损害赔偿。据此，基于占有的占有物返还请求权，需要满足以下构成要件：（1）请求权人为前占有人；（2）存在占有的侵夺；（3）相对方为现占有人。本题中，方城从未占有该商品房，也不存在占有的侵夺，占有物返还请求权并不成立。临江公司可以据此提出抗辩：方城从未占有该商品房，也不存在占有的侵夺，其无权主张占有物返还请求权。

4. 对于方城的诉讼请求（2），临江公司有权提出何种抗辩？为什么？

答案：临江公司有权提出抗辩：《购房协议书》的效力不受预告登记的影响，是有效的。因为预告登记具有限制物权处分的效力，但并不影响买卖合同等负担行为的效力，而《购房协议书》并非物权处分，其效力不受预告登记的影响。

考点：合同的效力、预告登记

难度：中

命题和解题思路：结合方城的诉讼请求（2）以及《购房协议书》可能的效力瑕疵点可知，本题主要考查预告登记的效力，考点虽与上题有所重复，但考查的侧重点不同。本题的核心问题在于把握预告登记的法律效力，即如何理解其限制物权处分的效力。就此而言，考生需要区分物权层面（处分行为）与债权层面（负担行为）。此外，在审题时，考生需要准确判断：既然方城的诉讼请求（2）是确认《购房协议书》无效，那么临江公司的抗辩应从论证《购房协议书》有效的角度展开。

答案解析：方城的诉讼请求（2）是确认《购房协议书》无效，其可能的核心理由是自己为该商品房的预告登记权利人，《购房协议书》构成一房二卖，侵害其权利。临江公司的抗辩应从论证《购房协议书》有效的角度展开，这就涉及一房二卖以及预告登记是否会影响《购房协议书》的效力。一房二卖本身并非合同效力瑕疵事由，因此不构成《购房协议书》的无效事由，这点不难分析。需要重点分析的是预告登记。《民法典》第221条规定，当事人签订买卖房屋的协议或者签订其他不动产物权的协议，为保障将来实现物权，按照约定可以向登记机构申请预告登记。预告登记后，未经预告登记的权利人同意，处分该不动产的，不发生物权效力。预告登记后，债权消灭或者自能够进行不动产登记之日起90日内未申请登记的，预告登记失效。据此可知，预告登记的核心效力是限制物权处分，这一效力仅发生于物权层面（处分行为层面）。换言之，预告登记本身对负担行为的效力是没有影响的，而《购房协议书》是典型的负担行为，即使违反预告登记，也是有效的。

> **5. 方城是否有权解除《商品房买卖合同（预售）》？为什么？**

答案：有权解除。因为天鹏公司已经通过自己的行为表明不履行主要债务，方城据此享有法定解除权。

考点：合同解除

难度：中

命题和解题思路：本题以预售商品房买卖交易为事实背景考查合同解除这一考点，难度适中。本题解答的关键在于分析方城的合同解除权是否存在以及基于何种理由存在。在解题时，考生需要把握《商品房买卖合同（预售）》的合同类型，并在此基础上分析方城如果可以解除，应基于何种事由，如何解除。

答案解析：《商品房买卖合同（预售）》是典型的商品房买卖合同，双方当事人并未约定合同的解除条件，也并未达成合同解除的合意，且对于商品房买卖合同，现行法也并未规定一方或双方的任意解除权。此时方城若要解除《商品房买卖合同（预售）》，需要基于对方的根本违约行为，通过行使法定解除权来解除。《民法典》第563条第1款规定："有下列情形之一的，当事人可以解除合同：……（二）在履行期限届满前，当事人一方明确表示或者以自己的行为表明不履行主要债务；……"本题中，商品房出卖人天鹏公司实施了一房二卖的行为，且已将该房交付临江公司。这些行为都明确地表明，出卖人天鹏公司不会再履行《商品房买卖合同（预售）》，方城的合同目的已经无法实现，据此，方城有权依据《民法典》第563条行使法定解除权。

6. 刘恒是否有权请求方城返还借款本金？为什么？刘恒是否有权请求方城按年利率 10%支付利息？为什么？

答案：（1）有权请求。因为刘恒未取得任何贷款业务的资格，并在近几年内多次从事有偿民间借贷行为牟利，依据现行法，其签订的民间借贷合同无效，因此刘恒与方城之间的借款合同无效，但刘恒支付的本金，方城仍需返还。

（2）无权请求。因为刘恒与方城之间的借款合同无效，利率条款也随之无效，刘恒无权请求方城按合同约定的10%年利率支付利息。

考点： 借款合同、无效的民事法律行为

难度： 中

命题和解题思路： 本题有两个小问，均围绕借款合同展开，核心问题都是方城与刘恒之间的借款合同效力如何。对于这一问题，题干最后一段的最后一句信息十分关键，刘恒作为职业放贷人，其签订的借款合同是无效的。两个小问的问题都应据此展开分析。第1小问还涉及合同无效后的法律效果，考生需要注意，合同被认定无效后会发生相互返还的法律效果。

答案解析：《最高人民法院关于审理民间借贷案件适用法律若干问题的规定》第13条规定："具有下列情形之一的，人民法院应当认定民间借贷合同无效：……（三）未依法取得放贷资格的出借人，以营利为目的向社会不特定对象提供借款的；……"据此，刘恒未取得任何贷款业务的资格，并在近几年内多次反复从事有偿民间借贷行为以牟利，其签订的借款合同是无效的。刘恒与方城之间的借款合同无效，刘恒自然无权依据借款合同按照10%的年利率请求方城支付利息。

《民法典》第157条规定，民事法律行为无效、被撤销或者确定不发生效力后，行为人因该行为取得的财产，应当予以返还；不能返还或者没有必要返还的，应当折价补偿。据此，尽管刘恒与方城之间的借款合同无效，但刘恒支付给方城的借款本金，方城需向刘恒返还，因此刘恒有权请求方城返还借款本金。

7. 刘恒是否有权请求张春承担保证责任？为什么？

答案： 无权请求。因为刘恒与张春之间的保证合同从属于刘恒与方城之间的借款合同，刘恒与方城之间的借款合同无效，则刘恒与张春之间的保证合同随之无效，且双方关于保证合同效力独立于借款合同的约定是无效的。

考点： 保证合同

难度： 难

命题和解题思路： 结合问题的表述不难推断，本题围绕保证合同展开。解答本题的关键在于明确可能会影响张春保证责任承担与否的因素，并对其一一分析。结合对应的题干部分可知，可能影响张春保证责任是否承担的因素在于：（1）主债权债务合同（刘恒与方城之间的借款合同）无效，可能会导致保证合同无效；（2）刘恒与张春在保证合同中明确约定：本协议的效力具有独立性，不受借款协议的效力影响。如果这一约定有效，则即使主合同无效，保证合同的效力也不受影响，张春仍需承担保证责任。因此，解答本题时，考生不仅需要识别出上述两个因素，也需要在说理时分别回应。

答案解析：《民法典》第682条第1款规定，保证合同是主债权债务合同的从合同。主债权债务合同无效的，保证合同无效，但是法律另有规定的除外。据此，刘恒与方城之间的

借款合同是主合同，刘恒与张春之间的保证合同属于从合同，既然上题中已经明确，刘恒与方城之间的借款合同是无效的，那么刘恒与张春之间的保证合同也应无效，据此张春无需承担保证责任。在下结论之前，还需要分析一个因素，即刘恒与张春在保证合同中明确约定：本协议的效力具有独立性，不受借款协议的效力影响。如果这一约定有效，则即使主合同无效，保证合同的效力也不受影响，张春仍需承担保证责任。对此，《最高人民法院关于适用〈中华人民共和国民法典〉有关担保制度的解释》（以下简称《民法典担保制度解释》）第2条第1款规定，当事人在担保合同中约定担保合同的效力独立于主合同，或者约定担保人对主合同无效的法律后果承担担保责任，该有关担保独立性的约定无效。主合同有效的，有关担保独立性的约定无效不影响担保合同的效力；主合同无效的，人民法院应当认定担保合同无效，但是法律另有规定的除外。据此，刘恒与张春之间关于保证合同效力独立于借款合同的条款，是无效的，张春无需承担保证责任。

8. 卓博公司提起的诉讼属于何种诉的类型？为什么？

答案：卓博公司请求撤销《补充协议二》属于形成之诉。因为撤销权属于典型的形成诉权，当事人基于形成诉权起诉，构成形成之诉。卓博公司请求宏图公司按原《销售合同》支付100万元尾款属于给付之诉。因为卓博公司请求宏图公司完成特定的给付义务，属于给付之诉。

考点：诉的分类

难度：中

命题和解题思路：为顺应法考理论化命题趋势，本题对诉的分类理论予以考查。注意诉的分类针对的是具体诉讼请求而非案件，解答此类试题，一定要将原告提出的具体诉讼请求结合各类诉的内涵逐一作出判断。判断是否构成形成之诉，要注意形成诉权和一般形成权的区别，原告基于形成诉权起诉为形成之诉，而基于一般形成权起诉为确认之诉。

答案解析：形成之诉，又称为变更之诉，是指原告请求法院以判决改变或消灭既存的某种民事法律关系的诉。根据大陆法系理论，形成之诉必须是原告基于形成诉权提起的诉讼，撤销权属于典型的形成诉权，因此卓博公司请求撤销《补充协议二》属于形成之诉。

给付之诉，是指原告请求法院判令被告向其履行特定给付义务的诉。据此，卓博公司请求宏图公司支付100万元尾款，是请求宏图公司完成特定的给付义务，属于给付之诉。

9. 对于方城的起诉，当事人确定是否正确？为什么？

答案：

（1）方城作为原告正确。因为天鹏公司与临江公司签订《购房协议书》并交付房屋，使方城利益受损，其与本案有直接利害关系。

（2）临江公司作为被告正确。因为方城起诉确认天鹏公司与临江公司签订的《购房协议书》无效，临江公司是《购房协议书》的签约主体。

（3）遗漏天鹏公司作为共同被告错误。因为天鹏公司也是方城起诉确认无效的《购房协议书》的签约主体。

考点：当事人适格、原告和被告地位的确定

难度：中

命题和解题思路：当事人确定是民诉法主观题考查重点。本题以他人起诉确认民事法律

行为无效为素材，对当事人确定予以考查。解题时应注意审题，本案当事人包括原告和被告，应逐一作出判断，避免遗漏失分。

答案解析：《民法典》第 154 条规定，行为人与相对人恶意串通，损害他人合法权益的民事法律行为无效。据此，若方城认为天鹏公司与临江公司恶意串通，通过签订《购房协议书》损害其作为购房者的合法权益，有权起诉确认民事法律行为无效。方城应为案件原告，天鹏公司与临江公司作为《购房协议书》的双方签约主体，应为案件被告。

10. 刘恒提起的诉讼，应由哪个（些）法院管辖？为什么？

答案：应由甲县或乙县法院管辖。因为刘恒起诉方城与张春，应依照主合同确定管辖法院，从合同约定的丁县法院并无管辖权。借款合同纠纷应由被告住所地或者合同履行地法院管辖，被告方城的住所地在甲县，双方未约定合同履行地，本案争议标的为给付货币，接收货币一方刘恒所在地乙县视为合同履行地。

考点：特殊地域管辖

难度：中

命题和解题思路：特殊地域管辖是主观题命题的重点，本题以借款合同纠纷为素材，对合同纠纷的管辖法院予以考查。本题中债权人一并起诉债务人和保证人，应根据主合同确定管辖法院，据此可排除从合同协议管辖的干扰；再根据《民事诉讼法》和《民诉解释》有关被告住所地和合同履行地的确定规则即可准确作答。

答案解析：《民法典担保制度解释》第 21 条第 2 款规定，债权人一并起诉债务人和担保人的，应当根据主合同确定管辖法院。据此，保证协议中双方约定由丁县法院管辖无效，应根据主合同借款合同确定管辖法院。《民事诉讼法》第 24 条规定，因合同纠纷提起的诉讼，由被告住所地或者合同履行地人民法院管辖。据此，本案借款合同被告方城住所地在甲县。又根据《最高人民法院关于适用〈中华人民共和国民事诉讼法〉的解释》（以下简称《民诉解释》）第 18 条第 2 款规定，合同对履行地点没有约定或者约定不明确，争议标的为给付货币，接收货币一方所在地为合同履行地；交付不动产的，不动产所在地为合同履行地；其他标的，履行义务一方所在地为合同履行地。即时结清的合同，交易行为地为合同履行地。据此，双方在借款合同中并未约定合同履行地，争议标的为给付货币，接收货币一方刘恒所在地乙县视为合同履行地。因此，本案应由甲县或乙县法院管辖。

11. 若张春主张《保证协议》上其签名系伪造，法院应当如何处理？为什么？

答案：法院应向刘恒释明，就签名是否真实申请鉴定，并指定提出鉴定申请的期间。因为有签名的私文书被推定真实的前提条件是该签名的真实性，如果签名为伪造则不能推定《保证协议》形式真实，刘恒作为援引《保证协议》的一方应对其真实性承担举证责任，应通过申请鉴定确定签名的真实性。

考点：鉴定意见

难度：中

命题和解题思路：证据和证明是主观题命题的重点，私文书证的审核认定规则是《最高人民法院关于民事诉讼证据的若干规定》（以下简称《民事证据规定》）的新增内容。本题以主张私文书上伪造签名为素材，对鉴定启动方式和期间予以考查。《民事证据规定》对此有明文规定，结合案情表述作答即可得分。

答案解析：《民事证据规定》第 92 条第 2 款规定，私文书证由制作者或者其代理人签名、盖章或捺印的，推定为真实。据此，私文书证推定形式真实性的前提是不存在瑕疵，张春主张签名被伪造，此时不能适用私文书证形式真实性推定规则，私文书证应由援引一方对其真实性负有举证责任，因此申请鉴定的义务通常在援引私文书证的一方当事人。《民事证据规定》第 30 条第 1 款规定，人民法院在审理案件过程中认为待证事实需要通过鉴定意见证明的，应当向当事人释明，并指定提出鉴定申请的期间。据此，法院应向刘恒释明申请笔迹鉴定，并指定提出鉴定申请的期间。

评分细则（满分 56 分）

1-11 题满分为：6 分、4 分、4 分、4 分、4 分、6 分、6 分、6 分、6 分、6 分、4 分。

1. 撤销《补充协议二》的请求不能得到支持（1 分），不存在危困或者缺乏判断能力等情形（2 分）；违约金过高的主张可以得到支持（1 分），违约金过分高于实际损失（2 分）。
2. 不能（2 分），100 万元尾款的支付条件尚未成就（2 分）。
3. 基于所有权主张返还：方城并非该商品房的所有权人（2 分）；基于占有主张返还：方城并非该商品房的前占有人或者不存在占有的侵夺行为（2 分）。
4. 合同效力不受预告登记影响（2 分），预告登记仅限制物权变动（2 分）。
5. 有权（2 分），对方通过自己的行为表明不履行主要债务或者构成预期违约（2 分）。
6. 有权要求返还本金（1 分），借款合同无效可以要求返还不当得利（2 分）；无权请求返还利息（1 分），借款合同无效，利息条款也无效（2 分）。
7. 无权（2 分），主合同无效，保证合同随之无效（2 分），保证合同独立性约定无效（2 分）。
8. 撤销合同属于形成之诉（2 分），撤销权属于形成诉权（1 分）；支付 100 万元尾款属于给付之诉（2 分），完成特定给付义务（1 分）。
9. 方城作为原告正确（1 分），利益受到了损害或者与本案有直接利害关系（1 分）；临江公司作为被告正确（1 分），临江公司是《购房协议书》的合同当事人（1 分）；遗漏天鹏公司作为共同被告错误（1 分），天鹏公司也是合同相对人（1 分）。
10. 甲县（1 分）或乙县（1 分）法院管辖，应依照主合同确定管辖法院（2 分），甲县是被告住所地（1 分），乙县是接收货币一方所在地或者合同履行地（1 分）。
11. 释明签名是否伪造需要申请鉴定（1 分），指定鉴定期间（1 分）。需要通过鉴定维系私文书形式真实性推定（2 分）。

第二题（本题 56 分）

扫码看视频

一、试题（本题系民法、民诉法融合试题）

2018 年 4 月至 8 月，利波公司分 6 次向金凯公司签订工矿产品购销合同，分别向金凯公司购买异丙醇 600 吨、600 吨、600 吨、700 吨、500 吨、300 吨（合计 3300 吨），并分别支付金凯公司 396 万元、408 万元、420 万元、455 万元、345 万元、216 万元。每次交易过程中，金凯公司均向辉达公司出具货权转移证明，明确将存放于辉达公司的上述数量异丙醇转让给利波公司；辉达公司均向利波公司出具货权证明，确认上述数量的异丙醇所有权已转移给利波公司。8月25日，利波公司与金凯公司、辉达公司签订《借款及担保合同》，确认上述交易情况，并约定：6笔借款期限均为1年，借款期限内月利率为1%，利息于还本当日一次性支付；借款到期后，须按照月利率1%标准支付违约金，金凯公司以其所有的存放于辉达公司的异丙醇就本合同项下债务向利波公司提供担保。金凯公司未在一定期限内以同等市场价格回收担保物，利波公司可及时处理，所得款项与尚欠借款本息即时结算。

9月1日，金凯公司与南海公司签订《信托贷款合同》，约定：南海公司发放信托贷款人民币2000万元至金凯公司，作为其流动资金周转。贷款期限为1年，自2018年9月1日起算，贷款年利率10%，按季度结息，到期后一次性偿还贷款本金及剩余利息。9月2日，南海公司与奥莱公司签订《抵押合同》，抵押财产为奥莱公司名下A宗地的建设用地使用权，担保《信托贷款合同》项下的借款本息，合同签订后双方一直未办理抵押权登记。

9月5日，在奥莱公司的撮合下，新昌集团与南海公司签订《保证合同》，约定担保的主债权为《信托贷款合同》项下的本息，贷款年利率按13%执行；担保方式为连带保证。双方另行书面约定，若保证合同履行发生纠纷向甲仲裁委员会申请仲裁。

10月5日，金凯公司的法定代表人黄某向蓝地公司购买预售商品房，因资金紧张，与蓝地公司、华商银行签订《个人购房借款/担保合同》约定：（1）借款金额为200万元，借款用于购买第一套住房，借款期限为20年；（2）黄某以所购预售商品房抵押；（3）蓝地公司自愿向贷款人提供阶段性连带责任保证，但正式抵押登记手续办理完毕后，免除保证责任。2018年11月2日，当事人办理了抵押权预告登记。

2019年10月，金凯公司多笔债务逾期且无力偿还，利波公司将金凯公司诉至法院；南海公司以金凯公司与奥莱公司、新昌集团为共同被告提起诉讼。据查，A宗地的建设用地使用权一直登记在奥莱公司名下，且该宗地上并无其他权利负担。

2021年2月，黄某的个人购房还款开始逾期。据查，涉案商品房于2020年10月办理所有权首次登记，蓝地公司多次发函通知黄某办理房屋所有权转移登记，黄某一直拖延未办。2021年10月，华商银行起诉黄某，请求：（1）判令黄某支付截至2021年10月的逾期本息；（2）就涉案商品房优先受偿。黄某聘请蔡律师作为诉讼代理人，授权委托书上的代理权限仅写明"全权代理"。一审法院仅对支付逾期本息的诉讼请求作出判决，华商银行不服提起上诉。

问题：

1. 金凯公司向利波公司提供的是何种担保？为什么？
2. 利波公司是否有权就3300吨异丙醇优先受偿？为什么？
3. 南海公司有权向奥莱公司提出何种诉讼主张？为什么？
4. 南海公司是否有权请求新昌集团按13%年利率承担保证责任？为什么？
5. 如果新昌集团为金凯公司承担了债务，其是否有权向奥莱公司追偿？为什么？
6. 华商银行的诉讼请求（1）与（2）是否能够得到法院的支持？为什么？
7. 法院能否将利波公司与南海公司的诉讼合并审理？为什么？
8. 若南海公司申请实现对A宗地建设用地使用权的抵押权，应向哪个（些）法院提出？法院应如何处理？为什么？
9. 南海公司无视仲裁条款，对新昌集团提起诉讼，法院应如何处理？
10. 在诉讼过程中，蔡律师是否有权作出认诺？为什么？
11. 二审法院对华商银行的上诉应当如何处理？为什么？

案情结构图

2018年4月至8月
利波公司与金凯公司签订了矿产品购销合同
- 1. 分别购买异丙醇600吨、500吨、300吨、600吨（合计3300吨）
- 2. 分别支付金凯公司700万、420万元、455万元、345万元、408万元、216万元

每次交易过程中
- 1. 金凯公司均向辉达公司出具负债转移证明，明确将放于辉达公司的上述数量的异丙醇转让给利波公司
- 2. 辉达公司均向利波公司出具负债转让证明，确认上述数量的异丙醇所有权已转移给利波公司

2018年8月25日
利波公司分6次向金凯公司上述交易情况，并约定
- 1. 6笔借款到期后，须按照月利率1%标准支付违约金
- 2. 借款到期后，须按照月利率1%标准支付违约金，金凯公司下债务向利波公司提供担保
- 3. 金凯公司未在一定期限内，以同等市场价格回收担保物，利波公司可及时处理，所得款项与尚欠借款息即时结算

2018年9月1日
金凯公司与南海公司签订《信托贷款合同》
- 1. 贷款金额为南海公司发放贷款2000万元至金凯公司名下宗地的建设用地使用权
- 2. 贷款期限自2018年9月1日至2019年9月1日，贷款年利率10%，按季度结息，到期后一次性偿还贷款本金及剩余利息
- 3. 贷款年利率按13%执行

2018年9月2日
南海公司与奥莱公司签订《抵押合同》
- 1. 抵押财产为奥莱公司名下宗地的建设用地使用权，作为其向南海公司《信托贷款合同》项下的借款本息
- 2. 合同签订后双方一直未办理抵押权登记

2018年9月5日
新昌集团与南海公司签订《保证合同》
- 1. 奥莱公司操合
- 2. 黄某以所购预售商品房抵押
- 3. 蓝地公司自愿向贷款人提供阶段性连带责任保证，登记手续办理完毕后，免除保证责任
- 4. 担保方式为连带保证
- 5. 双方于合同约定：若保证合同履行发生纠纷向甲仲裁委员会申请仲裁

2018年10月5日
金凯公司与奥莱公司诉至法院
- 1. 借款金额为200万元，借款人提供第一套住房
- 2. 黄某一直拖延未办

2019年10月
购买所有权首次登记
- A宗地的建设用地使用权、购商品房，因资金紧张，与蓝地公司华商银行签订《个人购房借款担保合同》

2020年10月
黄某购买的商品房办理所有权首次登记

2021年2月起
黄某一个人购房贷款逾期

2021年10月
华商银行起诉黄某
- 1. 请求判令黄某支付截至2021年10月的逾期本息
- 2. 请求就涉案商品房优先受偿

蓝地公司多次发函通知黄某办理房屋所有权转移登记在奥莱公司名下，且该宗地上并无其他权利负担

A宗地的建设用地使用权一直登记在奥莱公司名下

黄某以所购商品房抵押

蓝地公司自愿向贷款人提供阶段性连带责任保证，登记手续办理完毕后，免除保证责任

仅对第一项诉讼请求作出判决 ← 一审法院

黄某聘请蔡律师为诉讼代理人
授权委托书的代理权限填写"全权代理"

华商银行不服提起上诉

黄某不服提起上诉

2018年11月2日，当事人办理了抵押权预告登记

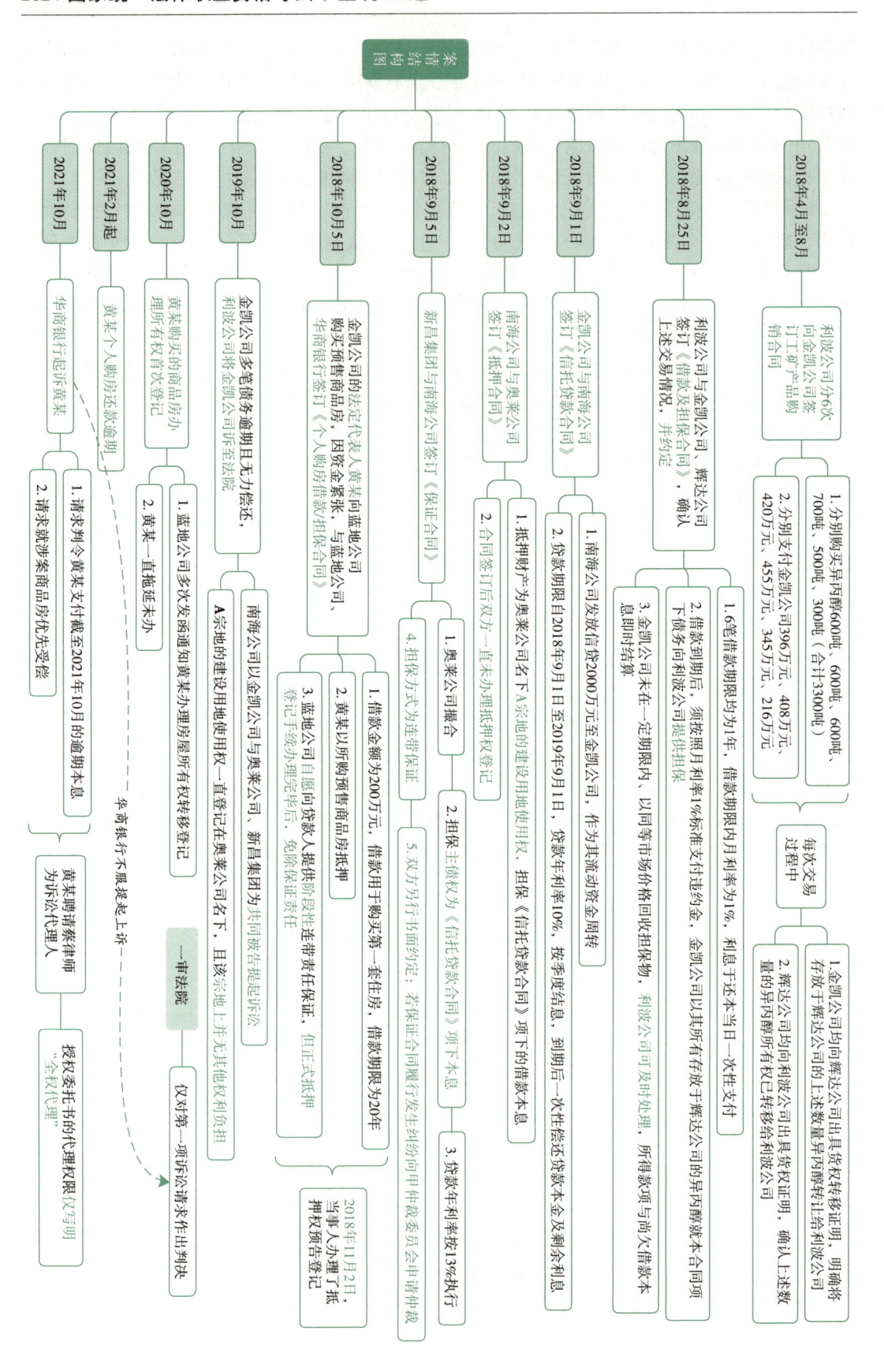

二、总体命题思路

本题是民法与民诉法的融合题，改编自三则实务案例，总体难度中等偏上。在民法方面，本题较为集中地围绕主观题考试中的重要知识板块——担保制度展开命题，分别涉及非典型担保（让与担保）、不动产抵押合同的效力、保证、共同担保等知识点，在此基础上还兼顾对抵押权预告登记的考查，需要考生不仅掌握相关基础知识，而且具备一定的思辨与分析能力。此外，担保制度中多个知识点对考生的语言表达能力也提出了较高的要求，需要考生在复习时针对性地提升自己的说理与表达能力。在民事诉讼法方面，本题主要对诉的合并、实现担保物权程序、仲裁和诉讼的适用关系、认诺的内涵、委托代理人的权限、上诉案件的调解等知识点予以考查。其中，第七问考查的诉的合并属于理论型考点，顺应了法考理论化命题趋势；第九问涉及约定仲裁条款后起诉，法院的处理方式应根据法律规定分情况作出讨论，避免遗漏采分点失分。其余三问相对简单，通过定位法条可准确作答。

三、案例来源

1. 最高人民法院（2019）最高法民终 1806 号民事判决书：天津某企业管理有限公司、某置业广东有限公司等金融借款合同纠纷案
2. 浙江省宁波海事法院（2020）浙 72 民初 40 号民事判决书：某实业集团有限公司与山东某化工有限公司、汪某海事海商纠纷案
3. 江苏省盐城市中级人民法院（2021）苏 09 民终 3525 号民事判决书：某银行与陈某某等金融借款预抵押权人优先受偿案

四、答案精讲

> **1. 金凯公司向利波公司提供的是何种担保？为什么？**

答案：是让与担保，属于非典型担保。因为本题中金凯公司将异丙醇的所有权以指示交付的方式转移给利波公司，其目的在于担保金凯公司对利波公司的债务，符合让与担保的构成要件。

考点：非典型担保

难度：中

命题和解题思路：从设问的表述方式可以推知本题考查的是担保制度，具体涉及金凯公司提供的担保的性质。对此可能有两个常见的思考方向，一是人保，在人保内部区分一般保证与连带责任保证，并识别金凯公司提供的是何种类型；二是物保，在物保内部区分担保物权与非典型担保。由于本题中金凯公司提供了担保财产——3300 吨异丙醇，因此金凯公司提供的担保在大类上应属于物保而非人保。因此本题的分析关键是判断金凯公司提供的是何种物保，对此考生需要结合金凯公司与利波公司之间的整体交易结构进行观察与分析。

答案解析：从利波公司与金凯公司签订的借款及担保合同内容可知，金凯公司以其所有的异丙醇就《借款及担保合同》项下的债务向利波公司提供担保，其提供的担保在大类上应属于物保而非人保。具体属于何种物保，则需要结合工矿产品购销合同的合同内容及其履行情况进行分析。2018 年 4 月至 8 月期间，利波公司分 6 次向金凯公司签订工矿产品购销合同，分别向金凯公司购买异丙醇 600 吨、600 吨、600 吨、700 吨、500 吨、300 吨（合计 3300 吨），并分别支付金凯公司 396 万元、408 万元、420 万元、455 万元、345 万元、216 万

元。这一工矿产品购销合同的法律目的并不在于买卖，而是在于担保。此外，每次交易过程中，金凯公司均向辉达公司出具货权转移证明，明确将存放于辉达公司的上述数量异丙醇转让给利波公司；辉达公司均向利波公司出具货权证明，确认上述数量的异丙醇所有权已转移给利波公司。结合《民法典》第227条可知，金凯公司通过指示交付的方式将异丙醇的所有权转移给债权人利波公司。《民法典担保制度解释》第68条第3款规定："债务人与债权人约定将财产转移至债权人名下，在一定期间后再由债务人或者其指定的第三人以交易本金加上溢价款回购，债务人到期不履行回购义务，财产归债权人所有的，人民法院应当参照第二款规定处理。回购对象自始不存在的，人民法院应当依照民法典第一百四十六条第二款的规定，按照其实际构成的法律关系处理。"据此结合本题，金凯公司提供的担保符合让与担保的交易结构，因此金凯公司提供的担保是让与担保，性质上属于非典型担保。

2. 利波公司是否有权就3300吨异丙醇优先受偿？为什么？

答案：有权。因为金凯公司已经通过指示交付的方式完成了让与担保的公示，金凯公司的借款债权已经陷入迟延，让与担保权实现的条件已经成就，债权人利波公司有权就3300吨异丙醇优先受偿。

考点：非典型担保

难度：中

命题和解题思路：本题是上一题的延续，继续针对非典型担保中的让与担保进行考查。上一题中已经明确金凯公司提供的担保属于让与担保，性质上是一种非典型担保。本题需要考生在此基础上判断债权人利波公司的让与担保权是否具有优先受偿效力。理论上，非典型担保的优先受偿效力以公示为前提，因此本题分析的关键问题在于，利波公司的让与担保是否已经公示。既然金凯公司提供的是动产的让与担保，那么利波公司是否能优先受偿取决于其是否已经交付。在此基础上，考生需要结合题干事实分析金凯公司提供的担保物是否已经交付以及以何种方式交付。此外，考生也需要说明让与担保权的实现条件已经成就。

答案解析：上一题中已经明确金凯公司提供的担保属于让与担保，性质上是一种非典型担保。本题考生需要在此基础上判断债权人利波公司的让与担保权是否具有优先受偿效力。担保物权的核心法律效力是优先受偿效力，而优先受偿效力以公示为前提。《民法典担保制度解释》第68条第1款规定："债务人或者第三人与债权人约定将财产形式上转移至债权人名下，债务人不履行到期债务，债权人有权对财产折价或者以拍卖、变卖该财产所得价款偿还债务的，人民法院应当认定该约定有效。当事人已经完成财产权利变动的公示，债务人不履行到期债务，债权人请求参照民法典关于担保物权的有关规定就该财产优先受偿的，人民法院应予支持。"据此可知，动产的让与担保通过交付获得优先受偿效力。本题中，结合《民法典》第227条，金凯公司已经通过指示交付的方式完成了让与担保的公示，且金凯公司的借款债权已经陷入履行迟延，让与担保权的实现条件已经成就，据此债权人利波公司有权就3300吨异丙醇优先受偿。

3. 南海公司有权向奥莱公司提出何种诉讼主张？为什么？

答案：（1）南海公司有权请求奥莱公司办理A宗地建设用地使用权及其上建筑物的抵押权登记。因为南海公司与奥莱公司之间存在有效的《抵押合同》，结合房地一并抵押规则，债权人南海公司有权依据该合同请求抵押人奥莱公司办理抵押权登记。

（2）南海公司有权请求就 A 宗地的建设用地使用权及其上的现有建筑物变价受偿。因为南海公司与奥莱公司之间存在有效的《抵押合同》，奥莱公司以 A 宗地的建设用地使用权作为抵押财产，结合房地一并抵押规则，南海公司有权请求就 A 宗地的建设用地使用权及其上的建筑物变价受偿。

考点：抵押合同、房地一并抵押

难度：难

命题和解题思路：本题的提问方式具有开放性，其考查的知识点需要结合题干部分的相关信息才能确定。结合题干信息可知，南海公司与奥莱公司之间存在有效的不动产抵押合同，且尚未办理登记，结合第 5 段中交代的 A 宗地建设用地使用权一直登记在奥莱公司名下的信息可知，《抵押合同》还有履行的可能。因此，本题中南海公司的诉讼主张围绕双方签订《抵押合同》而展开，一方面，南海公司有权主张办理抵押权登记，促使抵押权成立，至于抵押权登记的范围，考生需要结合房地一并抵押规则进行分析；另一方面，南海公司可以考虑不办理抵押权登记，而直接执行担保财产，即 A 宗地的建设用地使用权及其上的建筑物。不过需要注意的是，如果南海公司直接申请执行 A 宗地的建设用地使用权及其上的建筑物，其有权受偿但无权优先受偿，因为抵押权尚未成立。

答案解析：本题中，南海公司与奥莱公司之间存在有效的《抵押合同》，约定的抵押财产为 A 宗地的建设用地使用权。南海公司的诉讼主张应围绕这一抵押合同关系展开。

题干中第 5 段交代，A 宗地的建设用地使用权一直登记在奥莱公司名下，且该宗地上并无其他权利负担。据此可知，《抵押合同》还有履行的可能。《民法典担保制度解释》第 46 条第 1 款规定："不动产抵押合同生效后未办理抵押登记手续，债权人请求抵押人办理抵押登记手续的，人民法院应予支持。"据此结合本题，南海公司有权请求奥莱公司办理抵押权登记。就具体的抵押权登记范围而言，《民法典》第 397 条规定："以建筑物抵押的，该建筑物占用范围内的建设用地使用权一并抵押。以建设用地使用权抵押的，该土地上的建筑物一并抵押。抵押人未依据前款规定一并抵押的，未抵押的财产视为一并抵押。"据此可知，南海公司有权请求奥莱公司办理 A 宗地建设用地使用权及其上建筑物的抵押权登记。

此外，南海公司也可以放弃设立抵押权的主张，直接将抵押财产变价受偿，这也是《抵押合同》作为担保合同的效力之一。结合《民法典》第 397 条，南海公司有权请求就 A 宗地建设用地使用权及其上建筑物变价受偿。不过需要注意的是，因为不动产抵押权尚未成立，南海公司无权主张优先受偿。

4. 南海公司是否有权请求新昌集团按 13% 年利率承担保证责任？为什么？

答案：无权。因为保证责任具有从属性，不得超过债务人应当承担的责任范围，而本题中债务人金凯公司的贷款年利率为 10%，新昌集团只需按照 10% 的年利率标准承担保证责任。

考点：保证合同

难度：中

命题和解题思路：本题中有一个关键的数字信息，即 13% 年利率。考生需要将其与债务人金凯公司在《信托贷款合同》中约定的年利率进行比对，比对后不难发现，《保证合同》约定的年利率高于主债权债务合同中约定的年利率。如果南海公司有权请求新昌集团按 13% 年利率承担保证责任，就意味着保证人新昌集团承担的保证责任会高于债务人的责任。据此，本题的关键问题在于，保证责任能否大于债务人的责任范围？这就与保证责任的从属性相关，考生应从保证责任的从属性入手进行分析。

答案解析：上文已述，本题的关键问题在于，保证责任能否大于债务人的责任范围？对此，《民法典担保制度解释》第3条第1款规定："当事人对担保责任的承担约定专门的违约责任，或者约定的担保责任范围超出债务人应当承担的责任范围，担保人主张仅在债务人应当承担的责任范围内承担责任的，人民法院应予支持。"该条不仅适用于物保，也适用于人保。据此，保证责任的范围不得超过债务人的责任范围，换言之，保证责任不能大于债务人的责任范围。这也是保证责任从属性的体现，具体是内容上的从属性。因此本题中，债务人金凯公司的贷款年利率为10%，新昌集团只需按照10%的年利率标准承担保证责任。

5. 如果新昌集团为金凯公司承担了债务，其是否有权向奥莱公司追偿？为什么？

答案：无权。因为依据现行法，担保人之间原则上不得互相追偿，且本题中新昌集团与奥莱公司既没有约定可以互相追偿，也没有约定连带共同担保，也没有在同一份合同书上签字、盖章或者按指印，并不符合法定可以互相追偿的情形。

考点：共同担保

难度：中

命题和解题思路：结合新昌集团与奥莱公司担保人的法律地位可知，本题考查的问题是共同担保中担保人之间的追偿权问题。不过，本题题干中也存在一定的干扰因素，考生在解题时需要注意甄别。题干中提及，2018年9月5日，在奥莱公司的撮合下，新昌集团与南海公司签订《保证合同》，介绍与撮合因素是否构成新昌集团与奥莱公司可以互相追偿的依据？对此考生仍需严格按照《民法典担保制度解释》第13条的内容展开分析，切勿受其他因素的干扰。

答案解析：本题中，南海公司对金凯公司的债权之上存在两个担保，且均由第三人提供：（1）奥莱公司提供的不动产抵押，但抵押权尚未成立；（2）新昌集团提供的连带责任保证。本题涉及的核心问题就是担保人之间的互相追偿问题。依据《民法典担保制度解释》第13条，担保人之间原则上不得互相追偿，除非存在法定的可以互相追偿的情形之一：（1）担保人之间约定了可以互相追偿；（2）担保人之间约定承担连带共同担保；（3）各担保人在同一份合同书上签字、盖章或者按指印。本题中并不存在上述三种法定可以互相追偿的情形之一。需要注意的是，2018年9月5日，在奥莱公司的撮合下，新昌集团与南海公司签订《保证合同》，尽管有撮合的事实，但这一事实并不符合上述三种法定可以互相追偿的情形之一，考生切勿受其影响。因此本题中，如果新昌集团为金凯公司承担了债务，其无权向奥莱公司追偿。

6. 华商银行的诉讼请求（1）与（2）是否能够得到法院的支持？为什么？

答案：诉讼请求（1）能够得到法院的支持。因为黄某与华商银行之间存在有效的借款合同，且黄某已经陷入履行迟延，华商银行有权请求黄某支付截至2021年10月的逾期本息。

诉讼请求（2）能够得到法院的支持。因为尽管华商银行仅办理了抵押权预告登记，但该建筑物已经办理所有权首次登记，且不存在预告登记失效的情形，依据现行法应认为抵押权自预告登记之日起设立，华商银行有权就涉案商品房优先受偿。

考点：借款合同、违约责任、预告登记

难度：难

命题和解题思路：结合题干事实可知，华商银行的两个诉讼请求，一个围绕与黄某之间的借款关系展开，难度不大，基于黄某陷入履行迟延的事实，不难推断出诉讼请求（1）可以得到支持。本题的难点在于诉讼请求（2），这一诉讼请求与抵押权的预告登记紧密相关。华商银行从始至终未办理抵押权登记，而仅办理了抵押权预告登记。据此本题的关键问题在于，华商银行所享有的抵押权预告登记能否直接产生抵押权的优先受偿效力？对此，《民法典担保制度解释》从保护债权人，并兼顾其他各方主体利益的角度出发，在满足特定条件的基础上赋予抵押权预告登记以优先受偿的效力。

答案解析：华商银行的诉讼请求（1）涉及与黄某之间的借款关系。黄某与华商银行在《个人购房借款/担保合同》中约定，借款金额为200万元，借款用于购买第一套住房，借款期限为20年。据此黄某有义务按约还款，而黄某的还款义务已经陷入迟延履行的违约状态，华商银行作为债权人自然有权请求黄某支付截至2021年10月的逾期本息。

华商银行的诉讼请求（2）涉及抵押权预告登记的法律效力。《民法典担保制度解释》第52条第1款规定："当事人办理抵押预告登记后，预告登记权利人请求就抵押财产优先受偿，经审查存在尚未办理建筑物所有权首次登记、预告登记的财产与办理建筑物所有权首次登记时的财产不一致、抵押预告登记已经失效等情形，导致不具备办理抵押登记条件的，人民法院不予支持；经审查已经办理建筑物所有权首次登记，且不存在预告登记失效等情形的，人民法院应予支持，并应当认定抵押权自预告登记之日起设立。"据此可知，在满足一定条件后，抵押权预告登记也可具备抵押权的效力，即优先受偿效力。本题中，涉案商品房于2020年10月办理所有权首次登记，蓝地公司多次发函通知黄某办理房屋所有权转移登记，黄某一直拖延未办。这一事实表明，建筑物首次登记已经办理，且并不存在抵押权预告登记失效的情形。据此华商银行的抵押权预告登记具备优先受偿效力，且应认为抵押权自预告登记之日起设立。

7. 法院能否将利波公司与南海公司的诉讼合并审理？为什么？

答案：不能合并审理。两个案件的诉讼标的既不同一，也不属于同一种类，不符合共同诉讼的构成要件；两个案件也并非基于同一事实而发生。因此法院不能合并审理。

考点：诉的合并

难度：中

命题和解题思路：法考时代理论化命题趋势明显，本题考查诉的合并的适用条件。诉的合并属于理论型考点，根据大陆法系民诉理论，诉的合并分为诉的客体合并和诉的主体合并。《民诉解释》第221条将诉的客体合并标准界定为"基于同一事实"，诉的主体合并主要涉及共同诉讼，可根据上述规定推导作答。

答案解析：诉的合并分为诉的客体合并和诉的主体合并。其中，诉的客体合并的法律依据是《民诉解释》第221条，诉的主体合并的法律依据是《民事诉讼法》第55条。《民诉解释》第221条规定："基于同一事实发生的纠纷，当事人分别向同一人民法院起诉的，人民法院可以合并审理。"据此，两个案件虽然都涉及金凯公司的违约行为，但显然并非基于同一事实发生的纠纷，不符合诉的客体合并适用情形。而《民事诉讼法》第55条第1款规定："当事人一方或者双方为二人以上，其诉讼标的是共同的，或者诉讼标的是同一种类、人民法院认为可以合并审理并经当事人同意的，为共同诉讼。"据此，诉讼标的共同或者诉讼标的为同一种类的共同诉讼，法院可以合并审理。本案中，利波公司起诉金凯公司基于借款合同法律关系；南海公司起诉金凯公司、奥莱公司和新昌集团基于借款合同、抵押合同和保证合同法律关系。两个案件的诉讼标的既不同一，也不属于同一种类，不符合共同诉讼的构成要件。因此，法院不能将两个案件合并审理。

8. 若南海公司申请实现对 A 宗地建设用地使用权的抵押权，应向哪个（些）法院提出？法院应如何处理？为什么？

答案：应向 A 宗土地所在地的基层法院提出申请，法院应裁定驳回申请。因为该抵押未办理抵押权登记，抵押权尚未成立，不符合实现担保物权的法定条件。

考点：实现担保物权案件的审理

难度：中

命题和解题思路：实现担保物权是实体法和程序法存在天然联系的考点，本题对实现担保物权的管辖法院及处理方式进行考查。题目设问直接，考查内容及解题依据明确，难度不高。解题应紧扣"合同签订后双方一直未办理抵押权登记"这一关键信息，从实体法上判断该抵押权尚未成立，再结合《民事诉讼法》的规定不难准确作答。

答案解析：《民事诉讼法》第 207 条规定："申请实现担保物权，由担保物权人以及其他有权请求实现担保物权的人依照民法典等法律，向担保财产所在地或者担保物权登记地基层人民法院提出。"据此，根据材料表述"合同签订后双方一直未办理抵押权登记"，南海公司申请实现担保物权，应向担保财产即 A 宗土地所在地基层法院提出。

《民事诉讼法》第 208 条规定："人民法院受理申请后，经审查，符合法律规定的，裁定拍卖、变卖担保财产，当事人依据该裁定可以向人民法院申请执行；不符合法律规定的，裁定驳回申请，当事人可以向人民法院提起诉讼。"据此，因该宗土地建设用地使用权抵押未办理登记，抵押权尚未成立，不符合实现担保物权的法定条件，法院应裁定驳回南海公司的申请。

9. 南海公司无视仲裁条款对新昌集团提起诉讼，法院应如何处理？

答案：（1）如南海公司起诉时声明存在仲裁协议，法院应裁定不予受理，告知南海公司对新昌集团向甲仲裁委员会申请仲裁。

（2）如南海公司起诉时未声明存在仲裁协议，法院受理后，新昌集团在首次开庭前提交仲裁协议，法院应裁定驳回对新昌集团的起诉。

（3）如南海公司起诉时未声明存在仲裁协议，法院受理后，新昌集团在首次开庭前未对法院受理该案提出异议，视为放弃仲裁协议，法院应当继续审理。

考点：仲裁协议的法律效力、起诉和立案登记

难度：中

命题和解题思路：本题以约定仲裁协议后起诉为素材，对不予受理的法定情形以及仲裁协议的摒弃予以考查。题目虽有明确的法律依据，但采用半开放式设问形式，难度较高。解答处理类试题，应根据法律规定自行设定条件分情况作答。理解有效的仲裁协议排斥法院的司法管辖权，是解答本题的关键。

答案解析：《民事诉讼法》第 127 条第 2 项规定，依照法律规定，双方当事人达成书面仲裁协议申请仲裁、不得向人民法院起诉的，告知原告向仲裁机构申请仲裁。据此，如果南海公司起诉时声明存在仲裁协议，因有效的仲裁协议可以排除法院的司法管辖权，法院应裁定不予受理，告知南海公司对新昌集团向甲仲裁委员会申请仲裁。《仲裁法》第 26 条规定："当事人达成仲裁协议，一方向人民法院起诉未声明有仲裁协议，人民法院受理后，另一方在首次开庭前提交仲裁协议的，人民法院应当驳回起诉，但仲裁协议无效的除外；另一方在

首次开庭前未对人民法院受理该案提出异议的,视为放弃仲裁协议,人民法院应当继续审理。"据此,南海公司起诉时未声明存在仲裁协议,法院在受理前不知道仲裁协议的存在,如果新昌集团在首次开庭前提交仲裁协议,法院应裁定驳回对新昌集团的起诉。而南海公司起诉时未声明存在仲裁协议,法院受理后,新昌集团在首次开庭前未对法院受理该案提出异议,视为放弃仲裁协议,法院自然获得案件管辖权,应当继续审理。

10. 在诉讼过程中,蔡律师是否有权作出认诺?为什么?

答案:无权。因为认诺是对对方提出诉讼请求的承认,而蔡律师的授权委托书仅写明"全权代理",视为一般授权,无权承认对方提出的诉讼请求,因此蔡律师无权作出认诺。

考点:委托诉讼代理人的权限、免于证明的事实

难度:中

命题和解题思路:本题以"全权代理"律师能否认诺为素材,对认诺的内涵以及"全权代理"的委托代理权限予以考查。解题的关键是了解认诺的内涵,认诺不同于自认,是对对方提出诉讼请求的承认。再结合《民诉解释》的规定,了解授权委托书仅写明"全权代理"的授权权限,即可准确作答。

答案解析:《民诉解释》第89条第1款规定:"当事人向人民法院提交的授权委托书,应当在开庭审理前送交人民法院。授权委托书仅写'全权代理'而无具体授权的,诉讼代理人无权代为承认、放弃、变更诉讼请求,进行和解,提出反诉或者提起上诉。"据此,蔡律师属于一般授权,无权代为承认诉讼请求,而认诺是对对方提出诉讼请求的承认。因此蔡律师无权作出认诺。

11. 二审法院对华商银行的上诉应当如何处理?为什么?

答案:应当就涉案商品房优先受偿的诉讼请求依自愿组织调解,调解不成,裁定撤销原判、发回重审。因为一审判决遗漏了诉讼请求,调解无须考虑审级利益,二审法院可就此依自愿组织调解,若调解不成,为了维护华商银行的审级利益,二审法院应裁定撤销原判、发回重审。

考点:上诉案件的调解

难度:易

命题和解题思路:上诉案件的调解是以往主观题命题的重点,本题以遗漏诉讼请求为素材,对二审中调解的适用予以考查。考查情形在题干中有明确交代,结合《民诉解释》规定不难准确作答。在提供法条的法考时代,这属于典型的送分题。

答案解析:《民诉解释》第324条规定:"对当事人在第一审程序中已经提出的诉讼请求,原审人民法院未作审理、判决的,第二审人民法院可以根据当事人自愿的原则进行调解;调解不成的,发回重审。"据此,一审法院仅对华商银行的第一项诉讼请求作出判决,第二项诉讼请求未予判决,这属于遗漏诉讼请求。就该请求,可依自愿组织调解,调解不成,裁定撤销原判、发回重审。

评分细则(共56分)

1—11题满分为:4分、5分、6分、4分、5分、7分、5分、5分、6分、4分、5分
1. 让与担保(2分)(答非典型担保得1分)。所有权以指示交付的方式转移给债权人担保债务(2分)。

2. 有权（2分）。通过指示交付的方式完成了让与担保的公示（2分），债务已经到期或者担保权实现条件成就（1分）。

3. 办理A宗地建设用地使用权及其上建筑物的抵押权登记（2分），就A宗地的建设用地使用权及其上的现有建筑物变价受偿（2分）。抵押合同有效（1分），房地一并抵押（1分）。

4. 无权（2分）。保证责任不得超过债务人应当承担的责任范围（1分），主债务年利率只有10%（1分）。

5. 无权（2分）。没有约定可以互相追偿（1分），没有约定连带共同担保（1分），没有在同一份合同书上签字、盖章或者按指印（1分）。

6. 诉讼请求（1）能够得到支持（1分）。存在有效借款合同（1分），已经履行迟延（1分）。
诉讼请求（2）能够得到支持（1分）。建筑物已经办理所有权首次登记（1分），预告登记没有失效（1分），抵押权自预告登记之日起设立（1分）。

7. 不能合并（2分）。诉讼标的不同一且不同种类（或者不属于必要共同诉讼和普通共同诉讼）（2分），并非基于同一事实而发生（1分）。

8. A宗土地所在地的基层法院（2分），裁定驳回申请（2分）。未办理抵押登记或者抵押权未成立（1分）。

9. 起诉时声明存在仲裁协议，法院应裁定不予受理（2分）；对方在首次开庭前提交仲裁协议，法院应裁定驳回起诉（2分）；未声明且对方未异议，应当继续审理（2分）。

10. 无权（2分）。"全权代理"为一般授权（1分），无权承认诉讼请求（1分）。

11. 依自愿组织调解（1分），调解无须考虑审级利益（1分）；调解不成，裁定撤销原判、发回重审（2分），维护华商银行的审级利益（1分）。

第三题（本题56分）

一、试题（本题系民法、民诉、商法融合试题）

案情： A市B区的杜兴公司于2014年成立，法定代表人为谢某。2014年10月，谢某与A市C区的恒业公司签订《厂房租赁合同》，约定谢某将杜兴公司位于A市D区的库房出租给经营仓储业务的恒业公司使用，期限为5年，每年租金为100万元，期满后恒业公司在同等条件下享有优先续租的权利；若合同履行发生纠纷，可向B区法院起诉或向A仲裁委员会申请仲裁。该合同加盖了杜兴公司的公章。2019年9月28日，杜兴公司向恒业公司发出通知，表明库房不再续租，要求恒业公司在租期届满后15日内将所有物品移出库房并付清欠付的租金30万元。2019年11月初，杜兴公司在未通知恒业公司的情况下与福尔公司签订租赁合同，约定杜兴公司将库房出租给福尔公司，租期为3年，租金标准为每年130万元。恒业公司知晓后，认为杜兴公司侵犯其优先承租权，欲按照双方约定的方式解决纠纷。

2020年3月1日，杜兴公司向甲市村镇银行借款500万元用于周转，双方签订《借款合同》，约定该笔借款的还款期限为1年，年利率为8%。对于该笔借款，金鼎公司出具《担保函》，表示愿意为该笔500万元借款承担连带共同保证责任。3月10日，金鼎公司、王某与俊杰公司三方签订《反担保合同1》，约定王某以其持有的俊杰公司的20%股权质押担保，俊杰公司以市值100万元的商品房一套为金鼎公司提供担保，担保范围为金鼎公司履行保证义务向甲市村镇银行代偿的全部款项、利息、违约金、实现债权的费用等。3月15日，王某与金鼎公司办理了股权质押登记。3月20日，杜兴公司与金鼎公司签订《反担保合同2》，约定杜兴公司以其现有的5台设备质押，担保范围为金鼎公司履行保证义务向甲市村镇银行代偿的全部款项、利息、违约金、实现债权的费用等。同日，杜兴公司将5台设备运至金鼎公司的仓库。

2020年5月，福尔公司与江明公司签订《木材仓储合同》，约定江明公司将价值1000万元的木材存放于福尔公司的仓库，每月仓储费5万元，福尔公司凭江明公司签发的提单原件放货。2020年6月起，福尔公司的仓储员吴某在履行管理职责的过程中伙同朋友陈某私刻江明公司的公章，通过签发假提单的方式陆续将该批木材私下卖出，造成江明公司800万元的损失。因协商无果，江明公司提起诉讼。在诉讼过程中，公安机关对吴某涉嫌犯罪行为立案侦查，并将其刑事拘留。

2021年3月1日，杜兴公司的借款到期，但因经营困难无力还款。金鼎公司代杜兴公司偿付欠付的本息合计540万元。2021年10月，杜兴公司被法院裁定重整。

问题：

1. 恒业公司欠付的30万元租金应向谁支付？为什么？
2. 杜兴公司与福尔公司之间的租赁合同效力如何？恒业公司是否有权主张该租赁合同无效？为什么？
3. 若恒业公司向B区法院起诉，B区法院应如何处理？为什么？
4. 若恒业公司向A仲裁委员会申请仲裁，A仲裁委员会应如何处理？
5. 金鼎公司何时取得股权质权？
6. 金鼎公司代杜兴公司偿付本息后，应当如何实现担保权利？
7. 王某承担担保责任后是否有权请求俊杰公司分担向杜兴公司不能追偿的部分？为什么？
8. 江明公司的800万元损失应由谁承担？为什么？
9. 诉讼过程中，吴某被刑事拘留，法院应否裁定诉讼中止？为什么？
10. 法院裁定杜兴公司重整后，福尔公司应如何维护自己的权益？
11. 杜兴公司重整后，金鼎公司是否有权直接拍卖5台设备以清偿其为杜兴公司支付的代偿款？为什么？

二、案例来源

1. 广西壮族自治区柳州市柳江区人民法院（2019）桂0221民初1259号民事判决书：柳州市某担保有限公司与柳州某贸易有限公司、柳州市某汽配制造有限公司追偿权纠纷案
2. 河南省焦作市中级人民法院（2019）豫08民终2264号民事判决书：冯某某、焦作市某汽车驾驶员培训有限公司合同纠纷案
3. 福建省泉州市安溪县人民法院（2019）闽0524民初793号民事判决书：泉州某投资开发有限公司、谢某某、福建省某生物科技有限公司房屋租赁合同纠纷案

三、总体命题思路

本题由三个实务案例改编而来，是民法、民诉与商法的三科融合题。题干部分的前三段包含三大法律事实板块：厂房租赁、借款与担保融资、木材仓储。在此基础上，本题较为综

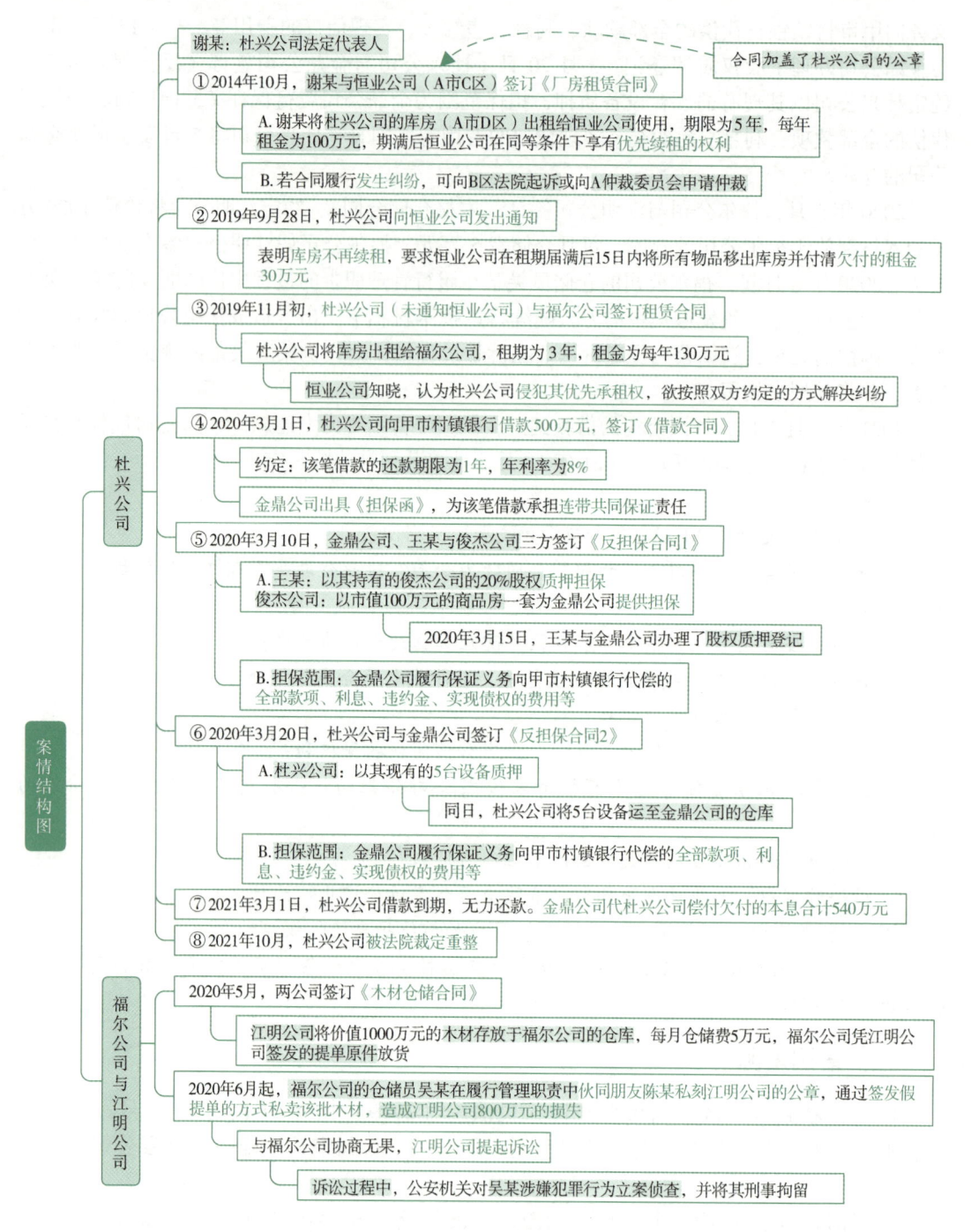

```
                    谢某：杜兴公司法定代表人
                    ① 2014年10月，谢某与恒业公司（A市C区）签订《厂房租赁合同》          合同加盖了杜兴公司的公章
                          A.谢某将杜兴公司的库房（A市D区）出租给恒业公司使用，期限为5年，每年
                          租金为100万元，期满后恒业公司在同等条件下享有优先续租的权利
                          B.若合同履行发生纠纷，可向B区法院起诉或向A仲裁委员会申请仲裁
                    ② 2019年9月28日，杜兴公司向恒业公司发出通知
                          表明库房不再续租，要求恒业公司在租期届满后15日内将所有物品移出库房并付清欠付的租金
                          30万元
                    ③ 2019年11月初，杜兴公司（未通知恒业公司）与福尔公司签订租赁合同
                          杜兴公司将库房出租给福尔公司，租期为3年，租金为每年130万元
                          恒业公司知晓，认为杜兴公司侵犯其优先承租权，欲按照双方约定的方式解决纠纷
            杜       ④ 2020年3月1日，杜兴公司向甲市村镇银行借款500万元，签订《借款合同》
            兴            约定：该笔借款的还款期限为1年，年利率为8%
            公            金鼎公司出具《担保函》，为该笔借款承担连带共同保证责任
            司       ⑤ 2020年3月10日，金鼎公司、王某与俊杰公司三方签订《反担保合同1》
                          A.王某：以其持有的俊杰公司的20%股权质押担保
                            俊杰公司：以市值100万元的商品房一套为金鼎公司提供担保
                                    2020年3月15日，王某与金鼎公司办理了股权质押登记
     案                   B.担保范围：金鼎公司履行保证义务向甲市村镇银行代偿的
     情                     全部款项、利息、违约金、实现债权的费用等
     结       ⑥ 2020年3月20日，杜兴公司与金鼎公司签订《反担保合同2》
     构            A.杜兴公司：以其现有的5台设备质押
     图                   同日，杜兴公司将5台设备运至金鼎公司的仓库
                          B.担保范围：金鼎公司履行保证义务向甲市村镇银行代偿的全部款项、利
                            息、违约金、实现债权的费用等
                    ⑦ 2021年3月1日，杜兴公司借款到期，无力还款。金鼎公司代杜兴公司偿付欠付的本息合计540万元
                    ⑧ 2021年10月，杜兴公司被法院裁定重整
            福    2020年5月，两公司签订《木材仓储合同》
            尔           江明公司将价值1000万元的木材存放于福尔公司的仓库，每月仓储费5万元，福尔公司凭江明公
            公           司签发的提单原件放货
            司    2020年6月起，福尔公司的仓储员吴某在履行管理职责时伙同朋友陈某私刻江明公司的公章，通过签发假
            与    提单的方式私卖该批木材，造成江明公司800万元的损失
            江           与福尔公司协商无果，江明公司提起诉讼
            明           诉讼过程中，公安机关对吴某涉嫌犯罪行为立案侦查，并将其刑事拘留
            公
            司
```

合性地考查了三科中的多个考点。在民法部分，本题考查了法定代表人、租赁合同、权利质权的设立、共同担保等问题，考点主要集中于《民法典》合同编与物权编；在民诉法部分，本题考查了管辖问题、请求仲裁的意思表示、诉讼中止等问题；在商法部分，本题集中考查了破产法中的待履行合同的选择权、债权申报以及重整期间的营业保护。上述考点绝大多数属于法考主观题考试的重要考点，也符合三科融合题的常见命题思路，需要考生在三科知识储备的基础上融会贯通。

四、答案精讲

> 1. 恒业公司欠付的 30 万元租金应向谁支付？为什么？

答案：向杜兴公司支付。因为《厂房租赁合同》虽由谢某与恒业公司签订，但该合同加盖了杜兴公司的公章，且租赁物为杜兴公司所有，谢某是以杜兴公司的名义签订《厂房租赁合同》，杜兴公司是出租人。

难度：易

考点：法定代表人

命题和解题思路：公司法定代表人签订的合同究竟是由自己承受的合同还是由公司承受的合同，有时存在区分的困难。本题就考查对于法定代表人签订的合同，其当事人如何识别。解答本题时，考生需要结合合同签订的综合情况分析法定代表人究竟是以自己的名义签订合同还是以公司的名义签订合同。本题中，尽管《厂房租赁合同》是由谢某与恒业公司签订，但合同中加盖了杜兴公司的公章，意味着谢某是以杜兴公司的名义签订该合同。

答案解析：恒业公司欠付的 30 万元租金应向谁支付的问题，取决于谁是《厂房租赁合同》的出租人。本题中，尽管《厂房租赁合同》是由谢某与恒业公司签订，但是该《厂房租赁合同》中加盖了杜兴公司的公章，结合租赁物为杜兴公司所有的事实可知，谢某是以杜兴公司的名义签订《厂房租赁合同》，该合同的出租人是杜兴公司，而非谢某个人，因此恒业公司欠付的 30 万元租金应向杜兴公司支付。

> 2. 杜兴公司与福尔公司之间的租赁合同效力如何？恒业公司是否有权主张该租赁合同无效？为什么？

答案：（1）有效。

（2）无权。因为恒业公司所享有的优先承租权仅具有相对性效力，其无法对抗第三人福尔公司。

难度：中

考点：租赁合同

命题和解题思路：本题围绕租赁合同中约定的优先承租权展开，考查的知识点较为冷僻。《民法典》在租赁合同中赋予承租人优先购买权（《民法典》第 726 条）与优先承租权（《民法典》第 734 条）。这两个权利的共同点在于，二者都是相对性的权利，只能对抗出租方，无法对抗交易第三人。把握了这一点，本题即可从容应对。

答案解析：恒业公司主张该租赁合同无效的可能理由在于：杜兴公司与福尔公司之间的租赁合同侵犯了恒业公司的优先承租权。本题的关键在于恒业公司的优先承租权的性质。《民法典》第 734 条第 2 款规定："租赁期限届满，房屋承租人享有以同等条件优先承租的权利。"本题中，《厂房租赁合同》中也约定了承租人的优先承租权。无论是法定的优先承租权还是当事人自行约定的优先承租权，该权利在性质上都仅具有相对性效力，无法对抗第三人福尔公司。恒业公司无权以其优先承租权主张杜兴公司与福尔公司之间的租赁合同无效。与此同时，杜兴公司与福尔公司之间的租赁合同并不存在其他效力瑕疵事由，因而是有效的。

3. 若恒业公司向 B 区法院起诉，B 区法院应如何处理？为什么？

答案：（1）若 B 区法院未受理案件，应告知恒业公司向 D 区法院起诉，其坚持起诉，裁定不予受理；（2）若 B 区法院受理案件，应将案件裁定移送 D 区法院审理。

难度：中

考点：专属管辖、协议管辖、起诉和立案登记、移送管辖

命题和解题思路：管辖制度向来是主观题命题的重点，本题以厂房租赁合同纠纷为切入点，对专属管辖的识别、协议管辖的适用条件、原告起诉法院无管辖权的处理方式等知识点予以综合考查。解答本题的关键是先识别厂房租赁合同适用专属管辖制度，再结合专属管辖和协议管辖的适用关系作出判断；原告向无管辖权的法院起诉如何处理，应根据法院是否立案分情况依次作答。

答案解析：《民诉解释》第 28 条第 2 款规定，农村土地承包经营合同纠纷、房屋租赁合同纠纷、建设工程施工合同纠纷、政策性房屋买卖合同纠纷，按照不动产纠纷确定管辖。本案属于房屋租赁合同纠纷，应由不动产所在地的 D 区法院专属管辖。又根据《民事诉讼法》第 35 条规定，协议管辖不得违反本法对级别管辖和专属管辖的规定。可见，双方约定由 B 区法院管辖，因违反专属管辖而无效。此外，《民诉解释》第 211 条规定，对本院没有管辖权的案件，告知原告向有管辖权的人民法院起诉；原告坚持起诉的，裁定不予受理；立案后发现本院没有管辖权的，应当将案件移送有管辖权的人民法院。据此，B 区法院立案前发现无管辖权，应告知恒业公司向有管辖权的 D 区法院起诉，恒业公司坚持起诉，则裁定不予受理；B 区法院立案后发现无管辖权，无论杜兴公司是否应诉还是提出管辖异议，均应将案件移送 D 区法院审理。

4. 若恒业公司向 A 仲裁委员会申请仲裁，A 仲裁委员会应如何处理？

答案：（1）若杜兴公司在仲裁庭首次开庭前提出异议，A 仲裁委员会应不予受理，当事人通过诉讼方式解决纠纷；（2）若杜兴公司未在仲裁庭首次开庭前提出异议，该案应由 A 仲裁委员会仲裁解决。

难度：中

考点：请求仲裁的意思表示

命题和解题思路：《最高人民法院关于适用〈中华人民共和国仲裁法〉若干问题的解释》（以下简称《仲裁法解释》）对当事人约定"或裁或诉"的法律效力有明确规定，本题没有直白设问仲裁协议的效力，而是对仲裁机构如何处理进行设问。注意"如何处理"类试题的答题方法，应在法律规定的基础上，按照原则规定和例外规定分情况作答。

答案解析：《仲裁法解释》第 7 条规定，当事人约定争议可以向仲裁机构申请仲裁也可以向人民法院起诉的，仲裁协议无效。但一方向仲裁机构申请仲裁，另一方未在仲裁庭首次开庭前提出异议的除外。据此，原则上仲裁协议无效，A 仲裁委员会应不予受理本案；但如果对方当事人杜兴公司未在仲裁庭首次开庭前提出异议，A 仲裁委员会则获得案件仲裁管辖权。

5. 金鼎公司何时取得股权质权？

答案：金鼎公司于办理出质登记时取得股权质权。

难度：中

考点：权利质权的设立

命题和解题思路：本题属于送分题，涉及对权利质权设立时点的简单考查，考生直接依照现行法回答即可。

答案解析：《民法典》第443条第1款规定："以基金份额、股权出质的，质权自办理出质登记时设立。"据此，金鼎公司于办理出质登记时取得股权质权。

> 6. 金鼎公司代杜兴公司偿付本息后，应当如何实现担保权利？

答案：金鼎公司代杜兴公司偿付本息后，应先实现杜兴公司提供的设备质权，对于追偿债权中仍未受清偿的部分，金鼎公司可以选择请求实现俊杰公司提供的不动产抵押权，也可以选择请求实现王某提供的股权质权。

难度：中

考点：共同担保

命题和解题思路：本题和第7题一起考查了共同担保里的相关问题。解答这两题时考生要注意别被反担保的事实背景所迷惑，尽管本题融合了反担保的事实情节，但在具体考查时，与反担保关系不大。本题中金鼎公司的追偿债权存在多个担保：（1）债务人杜兴公司自己提供的设备质权；（2）第三人王某提供的股权质权；（3）第三人俊杰公司提供的不动产抵押权。由于存在债务人自己提供的物保，因此该物保应优先实现。至于第三人提供的担保，债权人可以自由选择。需要指出的是，本题的难度并不在于知识点本身，而在于表达。由于本题中牵涉三个担保，在描述债权人实现担保权的顺序时，考生需要注意措辞和表达方式。

答案解析：本题中金鼎公司的追偿债权存在多个担保：（1）债务人杜兴公司自己提供的设备质权；（2）第三人王某提供的股权质权；（3）第三人俊杰公司提供的不动产抵押权。结合《民法典》第392条规定的债务人物保优先规则，金鼎公司应先实现杜兴公司提供的设备质权。对于追偿债权中仍未受清偿的部分，金鼎公司可以选择请求实现俊杰公司提供的不动产抵押权，也可以选择请求实现王某提供的股权质权。

> 7. 王某承担担保责任后是否有权请求俊杰公司分担向杜兴公司不能追偿的部分？为什么？

答案：有权。因为王某与俊杰公司在同一份合同书上签字、盖章或者按指印，属于担保人之间可以互相追偿的法定情形，因此王某承担担保责任后有权请求俊杰公司分担向杜兴公司不能追偿的部分。

难度：中

考点：共同担保

命题和解题思路：本题在上一题的基础上考查共同担保中担保人之间的追偿权。尽管这一问题目前学理上争议很大，但是《民法典担保制度解释》第13条给出了明确的立场。对于担保人之间的追偿问题，考生在分析时应重点审查是否构成该条规定的三种可以追偿的法定情形。

答案解析：对于共同担保中担保人之间的追偿问题，根据《民法典担保制度解释》第13条规定，原则上担保人之间不得互相追偿，除非存在三种法定的可以追偿的情形：（1）担保人之间约定相互追偿；（2）担保人之间约定承担连带共同担保；（3）各担保人在同一份合同书上签字、盖章或者按指印。本题中，2020年3月10日，金鼎公司、王某与俊杰公司三方签订《反担保合同1》，属于上述第（3）种情形，因此王某承担担保责任后有权请求俊杰公司分担向杜兴公司不能追偿的部分。

> **8. 江明公司的800万元损失应由谁承担？为什么？**

答案：从合同的角度，江明公司有权请求福尔公司就800万元损失承担违约责任；从侵权的角度，江明公司有权就800万元损失请求福尔公司与陈某承担连带责任。

难度：难

考点：仓储合同、违约责任、共同侵权行为、用人者责任

命题和解题思路：本题以较为宽泛的措辞将仓储合同、违约责任、共同侵权行为与用人者责任等考点巧妙地结合在一起考查，需要考生有缜密的思维，同时对相关知识点融会贯通。既然本题并未明确指向违约或者侵权，因此考生在分析时应兼顾这两个思路。从合同的角度，考生应重点分析福尔公司是否成立违约责任；从侵权的角度，考生应先分析吴某与陈某的侵权类型，在确定其属于共同侵权行为并承担连带责任的基础上，分析福尔公司是否需要为吴某承担替代责任。

答案解析：先从合同的角度分析。本题中，福尔公司与江明公司之间存在有效的《木材仓储合同》，但福尔公司并未尽到保管义务，造成江明公司800万元的损失。结合《民法典》第917条，福尔公司应就其保管不善的违约行为承担违约责任。

再从侵权的角度分析。吴某伙同陈某私刻江明公司的公章，通过签发假提单的方式陆续将该批木材私下卖出，造成江明公司800万元的损失。这一行为符合《民法典》第1168条规定的共同侵权行为，吴某与陈某应承担连带责任。《民法典》第1191条第1款规定："用人单位的工作人员因执行工作任务造成他人损害的，由用人单位承担侵权责任。用人单位承担侵权责任后，可以向有故意或者重大过失的工作人员追偿。"据此结合本题，吴某的侵权行为发生于执行工作任务（履行保管职责）的过程中，其侵权行为与其工作职责之间存在内在的紧密联系，应由福尔公司承担无过错的替代责任。因此，从侵权的角度，江明公司有权请求福尔公司与陈某承担连带责任。

> **9. 诉讼过程中，吴某被刑事拘留，法院应否裁定诉讼中止？为什么？**

答案：法院不应裁定诉讼中止。因为江明公司索赔案件并不以吴某是否承担刑事责任作为裁判依据。

难度：易

考点：诉讼中止

命题和解题思路：本题以民事案件审理过程中启动刑事诉讼程序为切入点，考查诉讼中止的法定情形。解题时应避免受到司法实践中"先刑后民"错误观念的影响。只有民事案件的审理要以刑事案件的裁判结果作为依据，则在刑事案件审结前，民事案件应裁定诉讼中止。

答案解析：《民事诉讼法》第153条第1款第5项规定，本案必须以另一案的审理结果为依据，而另一案尚未审结的，中止诉讼。据此，无论吴某是否承担刑事责任，均不影响江明公司因仓储木材被盗卖索赔案件的审理。因此，即使吴某被刑事拘留，法院也应继续审理江明公司索赔一案并作出判决。

10. 法院裁定杜兴公司重整后，福尔公司应如何维护自己的权益？

答案：福尔公司和杜兴公司的租赁协议是待履行的双务合同。杜兴公司破产后，福尔公司可催告杜兴公司管理人选择是否继续履行合同；如管理人选择继续履行合同，福尔公司还有权要求管理人提供担保。

难度：中

考点：待履行合同的选择权

命题和解题思路：本题考查的是破产后的法律效果，具体是破产后，待履行的双务合同管理人的选择权及对相对人的保护。考生在解答此题时，应先识别福尔公司和杜兴公司之间的法律关系，即是否属于待履行的双务合同。在此基础上，还应当准确在法律规则中识别出对相对人的权利保护。

答案解析：《企业破产法》第18条规定，法院受理破产申请后，管理人对破产申请受理前成立而债务人和对方当事人均未履行完毕的合同有权决定解除或者继续履行，并通知对方当事人。管理人自破产申请受理之日起2个月内未通知对方当事人，或者自收到对方当事人催告之日起30日内未答复的，视为解除合同。管理人决定继续履行合同的，对方当事人应当履行；但是，对方当事人有权要求管理人提供担保。管理人不提供担保的，视为解除合同。福尔公司和杜兴公司2019年11月签订的租赁合同，根据第2问的分析，是有效的，且租赁期为3年。因此，在2021年10月杜兴公司破产时，该协议为待履行的双务合同。根据前述法条，福尔公司可以催告管理人尽快作出选择，同时在管理人选择继续履行后，还可以要求其提供担保。

11. 杜兴公司重整后，金鼎公司是否有权直接拍卖5台设备以清偿其为杜兴公司支付的代偿款？为什么？

答案：无权。金鼎公司应先申报债权，说明有无财产担保并提供证据；同时，重整期间，对债务人的特定财产享有的担保权暂停行使，除非担保物有损坏或者价值明显减少的可能，足以危害担保权人的权利，因此金鼎公司申报债权后也不得在重整期间主张实现质权。

难度：难

考点：债权申报、重整期间的营业保护

命题和解题思路：本题综合考查了债权申报和重整期间的担保权的行使。本题的难度在于考生需要先分析设问。考生要抓住两个关键词：第一个关键词是直接清偿其代偿款；第二个关键词是直接拍卖5台设备。如果考生能够解析出上述两个问题，答案也就自明了：破产后，债权人是否可以要求直接清偿其债权呢？显然不行，需要先申报债权。申报债权后，有担保权的债权人是否就可以要求直接实现担保权了呢？显然也是不行的，因为本案涉及的是重整程序，而在重整期间担保权应当暂停行使。

答案解析：《企业破产法》第16条规定，人民法院受理破产申请后，债务人对个别债权人的债务清偿无效。第44条规定，人民法院受理破产申请时对债务人享有债权的债权人，依照本法规定的程序行使权利。第49条规定，债权人申报债权时，应当书面说明债权的数额和有无财产担保，并提交有关证据。申报的债权是连带债权的，应当说明。第51条规定，债务人的保证人或者其他连带债务人已经代替债务人清偿债务的，以其对债务人的求偿权申报债权。在本案中，金鼎公司代杜兴公司偿付欠付的本息合计540万元，就该笔款项，金鼎

公司应当申报债权，同时说明有无财产担保并提交有关证据。

同时，根据《企业破产法》第75条规定，在重整期间，对债务人的特定财产享有的担保权暂停行使。但是，担保物有损坏或者价值明显减少的可能，足以危害担保权人权利的，担保权人可以向人民法院请求恢复行使担保权。因此，即使金鼎公司申报债权后，在重整期间一般也不得要求实现担保权，所以不能要求直接拍卖质押物。

评分细则（共56分）

1-11题满分为：6分、5分、5分、4分、4分、6分、5分、6分、5分、4分、6分
1. 向杜兴公司支付（2分）。该合同加盖了杜兴公司的公章（或者以杜兴公司名义承担）（2分），且租赁物为杜兴公司所有（2分）。
2. 有效（2分）。无权主张（1分），优先承租权不能对抗第三人（2分）。
3. 如果未受理案件应告知恒业公司向D区法院起诉（2分），坚持起诉不予受理（1分）；如果已经受理案件，应将案件裁定移送D区法院审理（2分）。
4. 杜兴公司在仲裁庭首次开庭前提出异议，A仲裁委员会应不予受理（2分）；未在仲裁庭首次开庭前提出异议，A仲裁委员会应当受理该案（2分）。
5. 办理出质登记（2分），股权质权自登记时设立（2分）。
6. 先实现杜兴公司提供的设备质权（2分），之后可以选择实现俊杰公司提供的不动产抵押权（1分），也可以选择请求实现王某提供的股权质权（1分），混合担保先实现债务人提供的物保（2分）。
7. 有权（2分）。王某与俊杰公司在同一份合同书上签字、盖章或者按指印（3分）。
8. 合同：福尔公司承担违约责任（2分），福尔公司违反了仓储合同（1分）；侵权：福尔公司与陈某承担连带责任（2分），构成共同侵权（1分）。
9. 不应裁定诉讼中止（2分）。该民事案件不以吴某是否承担刑事责任作为裁判依据（3分）。
10. 可催告杜兴公司管理人选择是否继续履行合同（2分），管理人主张继续履行的，可要求提供担保（2分）。
11. 无权（2分）。破产中别除权的行使应先申报债权（2分），重整期间担保权原则暂停行使（2分）。

第四题（本题56分）

一、试题（本题系民法、民诉融合试题）

案情：2020年5月20日，甲市乙区的广隆公司向某村镇银行（以下简称村镇银行）借款，双方签订《抵押合同1》，约定：广隆公司将其名下位于丙区的商业用地A地块的使用权抵押，用于担保2020年6月1日起1年内总额不超过3000万元的债权；合同履行发生纠纷向甲仲裁委员会申请仲裁。次日，双方办理了抵押权登记手续。村镇银行此后陆续向广隆公司发放多笔借款，截至6月1日，村镇银行向广隆公司合计发放9笔借款，总额为2500万元。2020年12月，村镇银行将其中一笔200万元的债权转让给嘉美公司并通知了广隆公司，但并未办理抵押权的转移登记手续。

2020年下半年，广隆公司有意引入新技术与新设备以更新产品。2020年7月，广隆公司向丁区的海格公司订购一台差示扫描量热仪，价款为50万元。双方约定：合同签订后，广

隆公司向海格公司支付合同总额30%的货款,设备发货前再支付60%,设备在广隆公司安装调试完毕,双方验收合格之日起12个月后的7个工作日内付清10%余款。2020年7月20日,该设备交付后在广隆公司位于乙区的厂房安装调试完毕。广隆公司合计已经支付45万元货款。

2020年8月,广隆公司向维米公司订购旋转流变仪一台,价款为40万元。双方约定:合同签订之日广隆公司支付10万元,待设备交付后分四期结清余款,货款结清时广隆公司取得设备的所有权。合同签订后,广隆公司又以35万元的价格向梅利公司订购了品质相近的旋转流变仪一台,双方约定:广隆公司在合同签订之日先行支付5万元后,梅利公司即交付设备,2021年10月、2022年10月各支付15万元货款,货款结清后广隆公司取得设备所有权。双方办理了登记,广隆公司支付5万元货款后,梅利公司将旋转流变仪交付给广隆公司。广隆公司拿到设备后,有意解除与维米公司的合同。2020年8月20日,维米公司将旋转流变仪运送至广隆公司指定的地点,广隆公司的工作人员出于毁约目的,故意以交付的旋转流变仪型号与约定不符为由拒绝受领。维米公司在当地办理了提存手续,将该仪器提存。提存后因发生地震,提存部门所在办公楼倒塌,该旋转流变仪随之毁损。广隆公司支付首期10万元货款后未再向维米公司支付货款。

广隆公司的法定代表人兼总经理胡某名下有一辆婚前全款购买的奥迪轿车,系其个人财产。2020年9月,胡某的朋友张某以帮助补办车辆保险为由,从胡某处取得该车的机动车登记证书和胡某的身份证复印件。张某假冒胡某的签名填写授权委托书,以买卖之名将车辆转移登记至不知情的刘某名下,并将车牌号变更,但刘某未支付购车款。胡某知道后要求张某尽快将该车要回。

2021年2月,因公司经营业绩不佳,广隆公司选任朱某为新的总经理兼法定代表人。胡某离职后与佐悦公司接触并参与该公司安排的面试。3月1日,佐悦公司向胡某发送《录用通知书》,明确胡某入职后担任公司华南市场的负责人,3月25日前往公司人力资源部门报到。胡某选择入职佐悦公司并拒绝了其他公司的工作机会。3月24日,胡某询问入职体检相关事宜时,佐悦公司人力资源部门告知其由于公司目前尚未计划开拓华南市场,入职时间需要推迟,同时建议胡某可另行选择其他工作机会。2021年5月,胡某入职创迪科技有限公司。2021年6月,胡某起诉佐悦公司,请求佐悦公司赔偿其恶意反悔所造成的各项损失2万元。

2021年8月,广隆公司陷入经营困难,无力偿还村镇银行的借款。村镇银行向丙区法院申请适用特别程序实现对A地块使用权的抵押权,广隆公司以双方约定有仲裁条款为由提出异议。海格公司与维米公司均发函要求广隆公司支付余款,广隆公司均未予回应。8月15日,海格公司对差示扫描量热仪采取了远程锁定的措施,导致广隆公司无法使用该设备,造成损失10万元。2021年9月,为追索货款,海格公司、维米公司将广隆公司诉至乙区法院。诉讼过程中,广隆公司起诉海格公司,要求解除对设备的远程锁定,并赔偿损失10万元。

问题:
1. 嘉美公司是否有权就A地块的使用权优先受偿?为什么?
2. 广隆公司是否有权请求海格公司解除远程锁定措施?为什么?
3. 维米公司是否有权请求广隆公司支付剩余货款?为什么?
4. 张某与刘某之间的机动车买卖合同最终效力如何?为什么?
5. 胡某是否有权请求刘某返还奥迪轿车?为什么?
6. 胡某起诉佐悦公司的诉讼请求能否得到法院的支持?为什么?

7. 对广隆公司提出的异议，丙区法院应当如何处理？

8. 2022年1月，法院执行时扣押了广隆公司手中的旋转流变仪，对相关当事人应如何救济？

9. 乙区法院能否将海格公司、维米公司提起的诉讼合并审理？为什么？

10. 广隆公司起诉海格公司，应由哪个（些）法院管辖？为什么？

二、案例来源

1. 2021年浙江省海盐县适用民法典典型案例之三：儿子擅自过户父亲车辆案①

2. 山东省东营市中级人民法院（2022）鲁05民终867号民事判决书：北京某科技有限公司、山东某复合材料有限公司物权保护纠纷案

3. 广东省广州市中级人民法院（2022）粤01民终12866号民事判决书：广州市某整体家居有限公司、李某某缔约过失责任纠纷案

三、总体命题思路

本题由三则实务案例改编而成，题干较长，较为综合地考查了民法和民事诉讼法的诸多

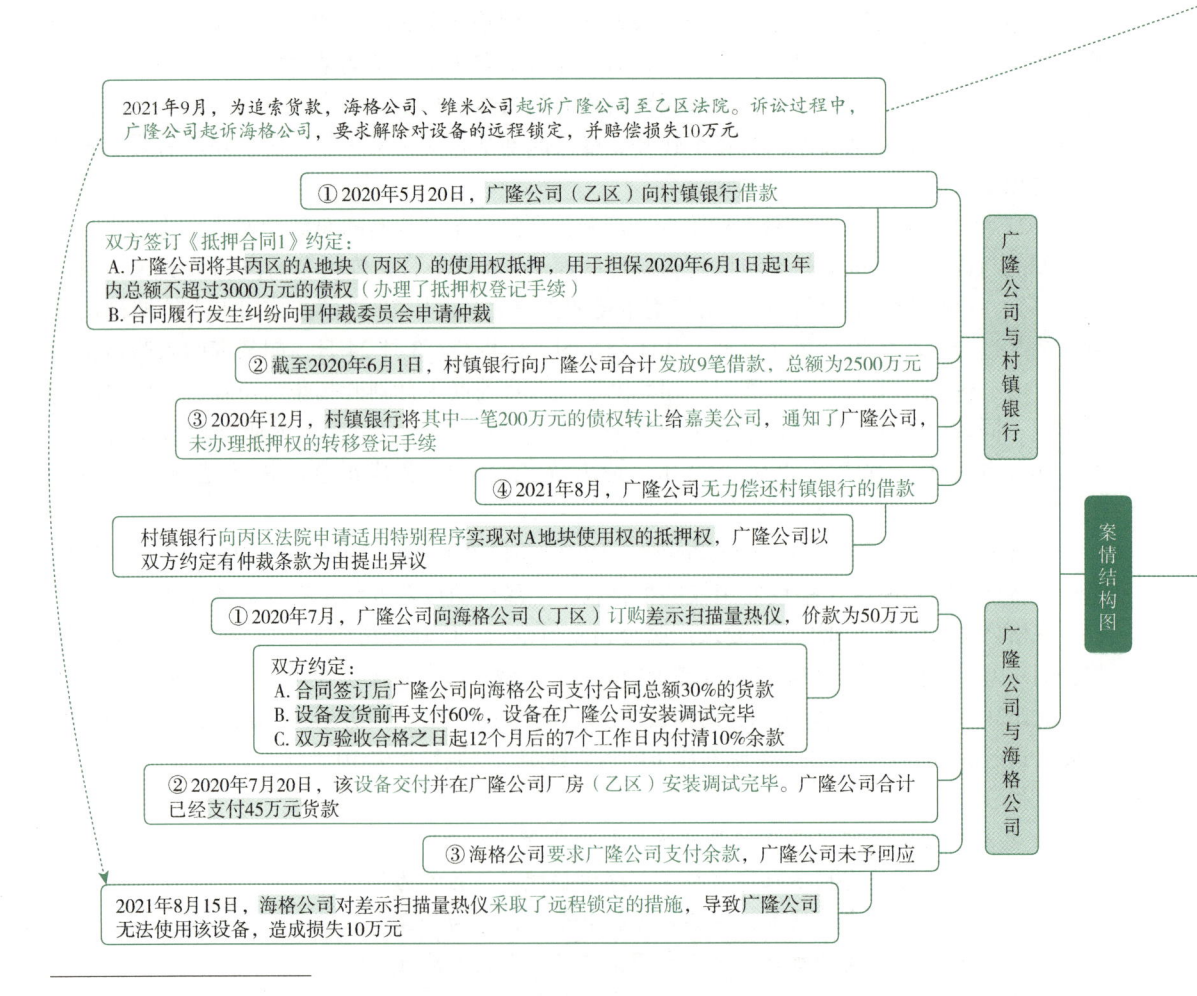

```
2021年9月，为追索货款，海格公司、维米公司起诉广隆公司至乙区法院。诉讼过程中，
广隆公司起诉海格公司，要求解除对设备的远程锁定，并赔偿损失10万元
```

广隆公司与村镇银行：
① 2020年5月20日，广隆公司（乙区）向村镇银行借款
双方签订《抵押合同1》约定：
  A. 广隆公司将其丙区的A地块（丙区）的使用权抵押，用于担保2020年6月1日起1年内总额不超过3000万元的债权（办理了抵押权登记手续）
  B. 合同履行发生纠纷向甲仲裁委员会申请仲裁
② 截至2020年6月1日，村镇银行向广隆公司合计发放9笔借款，总额为2500万元
③ 2020年12月，村镇银行将其中一笔200万元的债权转让给嘉美公司，通知了广隆公司，未办理抵押权的转移登记手续
④ 2021年8月，广隆公司无力偿还村镇银行的借款
村镇银行向丙区法院申请适用特别程序实现对A地块使用权的抵押权，广隆公司以双方约定有仲裁条款为由提出异议

广隆公司与海格公司：
① 2020年7月，广隆公司向海格公司（丁区）订购差示扫描量热仪，价款为50万元
双方约定：
  A. 合同签订后广隆公司向海格公司支付合同总额30%的货款
  B. 设备发货前再支付60%，设备在广隆公司安装调试完毕
  C. 双方验收合格之日起12个月后的7个工作日内付清10%余款
② 2020年7月20日，该设备交付并在广隆公司厂房（乙区）安装调试完毕。广隆公司合计已经支付45万元货款
③ 海格公司要求广隆公司支付余款，广隆公司未予回应
2021年8月15日，海格公司对差示扫描量热仪采取了远程锁定的措施，导致广隆公司无法使用该设备，造成损失10万元

案情结构图

---

① "海盐法院发布适用民法典典型案例"，载嘉兴日报－嘉兴在线 https://www.hubpd.com/hubpd/rss/yidianzixun/index.html?contentId=8935141660704026603，最后访问日期：2024年5月31日。

民事综合大题

广隆公司与维米公司

① 2020年8月,广隆公司向维米公司订购旋转流变仪一台,价款为40万元
- 双方约定:
  - A. 合同签订之日广隆公司支付10万元
  - B. 待设备交付后分四期结清余款
  - C. 货款结清时广隆公司取得设备的所有权
- 广隆公司支付首期10万元货款后未再向维米公司支付货款

② 2020年8月20日,维米公司将旋转流变仪运送至广隆公司指定的地点
- 广隆公司工作人员出于毁约目的,故意以交付的旋转流变仪型号与约定不符为由拒绝受领
- 维米公司在当地办理了提存手续,将该仪器提存
  - 提存后因发生地震,提存部门所在办公楼倒塌,该仪器毁损

③ 维米公司要求广隆公司支付余款,广隆公司未予回应

广隆公司与梅利公司

广隆公司向梅利公司订购了品质相近的旋转流变仪,价款35万元
- 双方约定:
  - A. 广隆公司在合同签订之日先行支付5万元后,梅利公司即交付设备
  - B. 2021年10月、2022年10月各支付15万元货款
  - C. 货款结清后广隆公司取得设备所有权
- 双方办理了登记,广隆公司支付5万元货款后,梅利公司将旋转流变仪交付给广隆公司
  - 广隆公司拿到设备后,欲解除与维米公司的合同

胡某与张某、刘某

- 胡某:广隆公司的法定代表人兼总经理
- 张某:胡某朋友
- 奥迪轿车:胡某个人财产

2020年9月,张某以帮助胡某补办车辆保险为由,从胡某处取得该奥迪轿车的机动车登记证书和胡某的身份证复印件
- 张某假冒胡某的签名填写授权委托书,以买卖之名将车辆转移登记至不知情的刘某名下,并将车牌号变更,但刘某未支付购车款
  - 胡某知道后要求张某尽快将该车要回

胡某与佐悦公司

2021年2月,朱某成为广隆公司新的总经理兼法定代表人(胡某离职)

① 2021年3月1日,佐悦公司向胡某发送《录用通知书》,明确胡某入职后担任公司华南市场的负责人,3月25日前往公司人力资源部门报到
- 胡某选择入职佐悦公司并拒绝了其他公司的工作机会

② 2021年3月24日,佐悦公司人力资源部门告知胡某由于公司目前尚未计划开拓华南市场,入职时间需要推迟,同时建议胡某另行选择其他工作机会
- 2021年6月,胡某起诉佐悦公司,请求佐悦公司赔偿其恶意反悔所造成的各项损失2万元

③ 2021年5月,胡某入职创迪科技有限公司

· 65 ·

考点，总体难度适中。民法学科考查了最高额抵押、双务合同履行抗辩权、提存、风险负担、无权代理、返还原物、缔约过失责任等考点，聚焦于合同与物权两个领域，需要考生熟悉相关考点背后的知识。民事诉讼法学科则考查了仲裁与实现担保物权的适用关系、对所有权保留标的物的执行、普通共同诉讼的识别以及侵权纠纷的管辖法院等知识点。既包括管辖、执行等常规重点内容，也涉及普通共同诉讼、实现担保物权等相对冷僻的知识。命题角度很细，对基础知识运用的熟练度要求较高。

四、答案精讲

1. 嘉美公司是否有权就 A 地块的使用权优先受偿？为什么？

答案：无权。因为村镇银行的抵押权属于最高额抵押权，在最高额抵押权所担保的债权确定前，部分债权转让的，原则上最高额抵押权不得转让。

难度：中

考点：最高额抵押

命题和解题思路：本题考查了一种特殊的抵押权——最高额抵押。与一般的抵押权相比，最高额抵押权包含一些特殊规则，本题就是考查考生是否掌握最高额抵押权的特别规则，这也是本题的难点所在。考生应先确定村镇银行对 A 地块使用权所享有的抵押权属于最高额抵押，进而从最高额抵押权的特殊规则入手进行分析。最高额抵押权的法律特征之一就是抵押权成立后担保的是未来一段时期内不特定的债权，其并不从属于某一笔债权，因此在最高额抵押担保的债权确定前，部分债权转让的，最高额抵押权原则上并不随之转让。

答案解析：结合《民法典》第 420 条以及题干内容，不难分析出村镇银行对 A 地块使用权所享有的是最高额抵押权。最高额抵押权与普通抵押权相比有一些特殊规则，其中之一就是最高额抵押权并不从属于个别债权。《民法典》第 421 条规定："最高额抵押担保的债权确定前，部分债权转让的，最高额抵押权不得转让，但是当事人另有约定的除外。"据此结合本题，2020 年 12 月，村镇银行将其中一笔 200 万元的债权转让给嘉美公司，此时最高额抵押权担保的债权尚未确定，最高额抵押权并不随该笔债权移转。换言之，嘉美公司受让的 200 万元债权并没有抵押担保。因此，嘉美公司无权就 A 地块的使用权优先受偿。

2. 广隆公司是否有权请求海格公司解除远程锁定措施？为什么？

答案：有权。因为海格公司的出卖人义务已经履行完毕，不再享有合同履行的抗辩权，其远程锁定措施没有合法依据。

难度：中

考点：双务合同履行抗辩权

命题和解题思路：本题在买卖合同的交易背景下考查双务合同的履行抗辩权，解题的难点在于判断海格公司的远程锁定措施是否有合法的依据。考生在解答时要抓住本题的关键问题——海格公司的远程锁定措施是否有合法的依据。如果有合法依据，则广隆公司无权请求解除远程锁定措施；如果没有合法依据，则广隆公司有权请求解除远程锁定措施。海格公司的远程锁定措施，其合法依据可能来自双务合同的履行抗辩权，考生应从这个角度入手分析海格公司是否享有相应的抗辩权。

答案解析：广隆公司与海格公司之间的交易属于买卖合同，这是典型的双务合同。本题的关键在于分析海格公司的远程锁定措施是否有合法的依据。《民法典》针对双务合同规定了三种履行抗辩权——同时履行抗辩权、先履行抗辩权、不安抗辩权,这三种抗辩权都有一个共同的前提,即主张一方的合同义务尚未履行完毕。如果合同义务已经履行完毕,则不再享有这三种履行抗辩权。本题中,海格公司作为出卖方,交付标的物后在广隆公司安装调试完毕,其作为出卖方的义务已经履行完毕,不再享有双务合同的履行抗辩权,因此海格公司的远程锁定措施并没有合法的依据,广隆公司有权请求海格公司解除远程锁定措施。

3. 维米公司是否有权请求广隆公司支付剩余货款?为什么?

答案:有权。因为标的物提存后,毁损、灭失的风险由债权人承担。本题中旋转流变仪的毁损发生于提存后,应由债权人广隆公司负担风险。

难度:中

考点:提存、标的物风险负担

命题和解题思路:本题较为巧妙地将提存与标的物风险负担这两个考点结合在一起考查。本题的关键是结合题目本身和旋转流变仪毁损的事实分析出出题人想要考查的知识点是提存时的标的物风险负担问题。维米公司是否有权请求广隆公司支付剩余货款,这一问题的回答取决于旋转流变仪毁损的风险由哪一方承担,若由维米公司承担,则广隆公司无须支付;若由广隆公司承担,则仍须支付。就提存而言,它是法定的债权债务终止事由之一,合法的提存行为与交付的功能相当,因此提存行为会导致标的物风险负担的移转。如果考生能明确这一点,本题即可得到准确解答。

答案解析:根据《民法典》第570条,债权人无正当理由拒绝受领时,债务人可以将标的物提存。结合本题,维米公司将旋转流变仪运送至广隆公司指定的地点,广隆公司的工作人员出于毁约目的,故意以交付的旋转流变仪型号与约定不符为由拒绝受领,符合提存的前提,维米公司有权将旋转流变仪提存。关于提存的法律效果,《民法典》第573条规定:"标的物提存后,毁损、灭失的风险由债权人承担。提存期间,标的物的孳息归债权人所有。提存费用由债权人负担。"这意味着,旋转流变仪因地震而毁损的风险应由债权人广隆公司负担,广隆公司有义务按照合同约定支付剩余货款。

4. 张某与刘某之间的机动车买卖合同最终效力如何?为什么?

答案:无效。因为张某与刘某之间的机动车买卖合同属于无权代理行为,被代理人胡某对代理权外观不具有可归责性,因此不符合表见代理的构成要件,该合同属于狭义的无权代理行为,因胡某拒绝追认而无效。

难度:难

考点:无权代理

命题和解题思路:本题以机动车买卖为事实背景考查无权代理制度。解题时考生要抓住"张某假冒胡某的签名填写授权委托书"这一事实,明确张某所实施的是代理行为,且张某并没有代理权。进而本题的关键问题就在于,考生需要结合表见代理的构成要件分析张某签订的机动车买卖合同是否构成表见代理。只要表见代理的构成要件中有一个不符合,就不构成表见代理,进而构成狭义的无权代理,而狭义的无权代理行为效力如何,最终取决于被代理人是否追认。此外考生需要注意,既然本题中张某的行为是无权代理行为,那就不能适用善意取得制度。表见代理与善意取得都具有信赖保护的制度功能,但二者适用的前提是截然不同的，考生在做题时须明确区分：表见代理适用于无权代理的情形，而善意取得则以无权处分为前提。

答案解析：从"张某假冒胡某的签名填写授权委托书"这一事实不难分析出，张某是以胡某的名义签订机动车买卖合同，属于代理行为。由于张某并未真正获得授权，该代理行为属于无权代理。进而需要分析张某的代理行为是否构成表见代理。结合《民法典》第172条，表见代理的构成要件有四：（1）代理人欠缺代理权；（2）存在代理权外观；（3）被代理人具有可归责性；（4）相对方善意。就本题而言，要件（3）并不符合，因为授权委托书是张某单方伪造的，对此胡某作为被代理人没有可归责性，因此张某的代理行为不构成表见代理，属于狭义的无权代理。结合《民法典》第171条，狭义的无权代理行为，其效力最终取决于被代理人是否追认。本题中，胡某知道后要求张某尽快将该车要回，表明胡某拒绝追认，因而该机动车买卖合同最终是无效的。

5. 胡某是否有权请求刘某返还奥迪轿车？为什么？

答案：有权。因为刘某不能取得奥迪轿车的所有权，其对奥迪轿车的占有是无权占有，胡某作为所有权人有权基于返还原物请求权请求刘某返还。

难度：易

考点：返还原物

命题和解题思路：本题事实上是第4问的逻辑延伸，是对返还原物请求权的直接考查。结合第4问的分析，张某与刘某之间的机动车买卖合同是狭义的无权代理，且胡某拒绝追认，最终该合同无效，这也意味着刘某并不能取得奥迪轿车的所有权。在此基础上，结合返还原物请求权的构成要件分析即可。

答案解析：结合第4问的相关分析可知，刘某并未取得奥迪轿车的所有权，胡某仍是该车的所有权人。《民法典》第235条规定："无权占有不动产或者动产的，权利人可以请求返还原物。"据此，返还原物请求权的构成要件有二：（1）请求方为具有占有权能的物权人；（2）相对方为现时的无权占有人。本题中，胡某是奥迪轿车的所有权人，而刘某对奥迪轿车的占有属于无权占有。这两个要件均符合，胡某有权基于返还原物请求权请求刘某返还奥迪轿车。

6. 胡某起诉佐悦公司的诉讼请求能否得到法院的支持？为什么？

答案：能够得到法院的支持。因为佐悦公司违反了诚信磋商的先合同义务，存在主观过错，导致胡某错失了其他工作机会，对胡某造成了损失，佐悦公司应承担相应的缔约过失责任。

难度：中

考点：缔约过失责任

命题和解题思路：本题以胡某求职过程为背景事实考查缔约过失责任。解答本题时，考生需要抓住最终双方未缔结劳动合同这一关键事实，从中判断胡某所主张的损害赔偿是缔约过失责任还是违约责任。由于违约责任以有效的合同为前提，因此胡某的主张在性质上属于缔约过失责任。在此基础上，考生结合缔约过失责任的构成要件分析即可。

答案解析：《民法典》第500条规定："当事人在订立合同过程中有下列情形之一，造成对方损失的，应当承担赔偿责任：（一）假借订立合同，恶意进行磋商；（二）故意隐瞒与订立合同有关的重要事实或者提供虚假情况；（三）有其他违背诚信原则的行为。"结合该条可知，缔约过失责任的构成要件有四：（1）一方违反先合同义务；（2）该方存在过错；（3）造成对方损失；（4）存在因果关系。本题中，佐悦公司向胡某发送《录用通知书》后，无正当理由又终止缔约，属于典型的恶意磋商行为，导致胡某错失了其他工作机会，对胡某造成了损失，佐悦公司的缔约过失责任成立。因此，胡某的诉讼请求能够得到法院的支持。

7. 对广隆公司提出的异议，丙区法院应当如何处理？

答案：（1）若当事人对担保物权无实质性争议且实现担保物权条件已经成就，丙区法院裁定准许拍卖、变卖 A 地块的使用权；（2）若当事人对实现担保物权有部分实质性争议，可以就无争议的部分裁定准许拍卖、变卖 A 地块的使用权，并告知可以就有争议的部分申请仲裁；（3）若当事人对实现担保物权有实质性争议，丙区法院裁定驳回申请，并告知可以向甲仲裁委员会申请仲裁。

难度：易

考点：对申请实现担保物权案件的审理与裁定

命题和解题思路：《民法典担保制度解释》对实现担保物权与仲裁程序的适用关系作出规定，本题对此予以考查。题目未设置陷阱，有明确的解题依据，分情况作答即可得分。未能准确定位法条，根据诉讼原理亦可推导作答。仲裁是纠纷解决方式之一，其适用排斥诉讼；而非讼程序并不解决纠纷，因此仲裁条款约定并不排斥非讼程序的适用。

答案解析：《民法典担保制度解释》第 45 条第 2 款规定，当事人依照民事诉讼法有关"实现担保物权案件"的规定，申请拍卖、变卖担保财产，被申请人以担保合同约定仲裁条款为由主张驳回申请的，人民法院经审查后，应当按照以下情形分别处理：（1）当事人对担保物权无实质性争议且实现担保物权条件已经成就的，应当裁定准许拍卖、变卖担保财产；（2）当事人对实现担保物权有部分实质性争议的，可以就无争议的部分裁定准许拍卖、变卖担保财产，并告知可以就有争议的部分申请仲裁；（3）当事人对实现担保物权有实质性争议的，裁定驳回申请，并告知可以向仲裁机构申请仲裁。据此，作为纠纷解决方式的仲裁排斥诉讼，但其并不排斥非讼程序。若双方不存在纠纷，并不因仲裁协议存在而影响实现担保物权程序的适用；若双方存在纠纷，则应通过仲裁解决。

8. 2022 年 1 月，法院执行时扣押了广隆公司手中的旋转流变仪，对相关当事人应如何救济？

答案：（1）若梅利公司是被执行人，广隆公司可要求继续履行合同，向法院交付全部余款后，法院裁定解除对旋转流变仪的扣押；（2）若广隆公司是被执行人，旋转流变仪的变价款应优先支付梅利公司的剩余货款；梅利公司主张取回旋转流变仪，可向执行法院提出执行标的异议。

难度：中

考点：对财产的执行措施

命题和解题思路：本题考查的是对所有权保留买卖合同中标的物采取执行措施后，对相关当事人的救济措施。根据案情表述不难判断双方当事人对旋转流变仪采取了所有权保留的约定，设问句只是提出法院对所有权保留的标的物采取了执行措施，但并未言明被执行人是出卖人还是买受人，因此应分两种情况结合《最高人民法院关于人民法院民事执行中查封、扣押、冻结财产的规定》（以下简称《查封扣押冻结规定》）分别作答。

答案解析：梅利公司和广隆公司对旋转流变仪的买卖约定了所有权保留，法院对所有权保留的标的物采取了扣押措施，应根据被执行人不同分两种情况进行讨论。

首先，被执行人是出卖人。《查封扣押冻结规定》第14条规定，被执行人将其财产出卖给第三人，第三人已经支付部分价款并实际占有该财产，但根据合同约定被执行人保留所有权的，人民法院可以查封、扣押、冻结；第三人要求继续履行合同的，向人民法院交付全部余款后，裁定解除查封、扣押、冻结。据此，若梅利公司是被执行人，广隆公司可要求继续履行合同，向法院交付全部余款后，法院裁定解除对旋转流变仪的扣押。

其次，被执行人是买受人。《查封扣押冻结规定》第16条规定，被执行人购买第三人的财产，已经支付部分价款并实际占有该财产，第三人依合同约定保留所有权的，人民法院可以查封、扣押、冻结。保留所有权已办理登记的，第三人的剩余价款从该财产变价款中优先支付；第三人主张取回该财产的，可以依据《民事诉讼法》第238条规定提出异议。据此，若广隆公司是被执行人，旋转流变仪的变价款应优先支付梅利公司的剩余货款；梅利公司主张取回旋转流变仪，可向执行法院提出执行标的异议。

9. 乙区法院能否将海格公司、维米公司提起的诉讼合并审理？为什么？

答案：可以合并审理。因为两个案件均为买卖合同纠纷，诉讼标的是同一种类，法院和各方当事人均同意后可以合并审理，成为普通共同诉讼。

难度：中

考点：普通共同诉讼

命题和解题思路：相较于必要共同诉讼，普通共同诉讼在主观题中极少考查。本题独辟蹊径，对普通共同诉讼的识别和适用条件予以考查。解题的关键是判断海格公司、维米公司起诉的诉讼标的属于同一种类，再结合普通共同诉讼的适用条件即可对理由予以完整阐述。

答案解析：《民事诉讼法》第55条第1款规定，当事人一方或者双方为二人以上，其诉讼标的是共同的，或者诉讼标的是同一种类、人民法院认为可以合并审理并经当事人同意的，为共同诉讼。据此，海格公司、维米公司分别起诉广隆公司，两个案件的诉讼标的均为买卖合同法律关系，属于同一种类，法院和各方当事人均同意后可以合并审理，本案成为普通共同诉讼。

10. 广隆公司起诉海格公司，应由哪个（些）法院管辖？为什么？

答案：应由乙区或丁区法院管辖。因为本案为侵权纠纷，应由被告住所地或侵权行为地法院管辖。丁区为被告住所地和侵权行为实施地，乙区为侵权结果发生地。

难度：中

考点：特殊地域管辖

命题和解题思路：管辖制度向来是法考主观题命题的重点，本题对侵权纠纷的管辖法院予以考查。解题的关键是判断案由，因海格公司远程锁定已出售给广隆公司的设备，侵犯了广隆公司对设备享有所有权的使用权能且造成损失，因此属于侵权纠纷，进而结合侵权纠纷的管辖规定即可准确作答。

答案解析：海格公司出售给广隆公司的设备已交付，广隆公司获得所有权。海格公司将该设备远程锁定，妨害了广隆公司对设备的使用且造成损失，因此本案属于侵权纠纷。《民事诉讼法》第29条规定，因侵权行为提起的诉讼，由侵权行为地或者被告住所地人民法院管辖。据此，被告海格公司所在地以及侵权行为实施地的丁区、侵权结果发生地的乙区对案件均享有管辖权。

评分细则（共56分）

1-10题满分为：4分、5分、4分、7分、6分、6分、6分、6分、6分、6分

1. 无权（2分）。担保债权确定前，部分债权转让的，最高额抵押权不得转让（2分）。

2. 有权（2分）。出卖人义务已经履行完毕（1分），不再享有双务合同的履行抗辩权（2分）。

3. 有权（2分）。提存后标的物毁损、灭失的风险由债权人承担（2分）。

4. 无效（2分）。属于无权代理行为（2分），被代理人对代理权外观不具有可归责性因而不构成表见代理（2分），因被代理人拒绝追认而无效（1分）。

5. 有权（2分）。合同无效导致刘某不能取得轿车所有权（2分），胡某作为所有权人可以主张返还原物（2分）。

6. 能够得到支持（2分）。佐悦公司违反了诚信磋商的先合同义务（1分），存在过错（1分），导致胡某遭受损失（1分），应当承担缔约过失责任（1分）。

7. 当事人对担保物权无实质性争议，裁定准许拍卖、变卖A地块的使用权（2分）；部分存在争议，就无争议的部分裁定准许拍卖、变卖A地块的使用权（1分），并告知可以就有争议的部分申请仲裁（1分）；存在争议，裁定驳回申请，并告知可以申请仲裁（2分）。

8. 如果梅利公司是被执行人，广隆公司可在支付全部价款后，由法院裁定解除扣押（2分）；如果广隆公司是被执行人，应优先支付梅利公司的剩余货款（2分），梅利公司主张取回旋转流变仪，可提出执行标的异议（2分）。

9. 可以合并审理（2分）。诉讼标的同一种类（2分），法院和当事人均同意合并审理（1分），构成普通共同诉讼（1分）。

10. 乙区（1分）或丁区法院管辖（1分）。侵权纠纷，应由被告住所地或侵权行为地法院管辖（2分），丁区为被告住所地和侵权行为实施地（1分，答对一个可得分），乙区为侵权结果发生地（1分，答侵权行为地也可得分）。

刑事综合大题

第一题（本题53分）

一、试题

案情：2020年5月，李四向毒贩王五表示能低成本运输王五在网络上贩卖出去的海洛因，但要以换取免费毒品为报酬，王五同意。李四找来开快递网点的表哥张三，表示自己在做面粉生意，请其代为发货，张三欣然答应。李四让王五将袋装海洛因塞进面粉袋，再交给张三由其运输，运费由王五支付。（事实一）

2021年2月，张三搬运面粉时，不小心将一袋面粉划破，发现了其中所藏的5g毒品。张三并未将此事告知李四，而是在之后运输面粉时，经常偷偷拿走几袋混有毒品的面粉，换上普通面粉，并将毒品偷藏起来。（事实二）

2021年5月，公安机关发现李四运输毒品线索，便对其立案侦查。当月，在李四将装有毒品的面粉交给张三时，两名便衣民警将其查获。民警现场对李四立即进行讯问，当得知系王五托李四运输毒品时，便决定安排李四联系王五并前往王五住处"取货"。（事实三）

2021年6月5日，张三因服食海洛因药性发作，出现精神病症状，举起电脑砸向正在熟睡的合租室友吴某，致吴某重伤。张三打电话找刘某寻求帮助，刘某便开车送张三回老家"避风头"。途中有警察设卡查处酒驾，刘某想起早饭时喝了半斤白酒（此时血液中酒精浓度为60mg/50ml），慌忙掉头。之后为尽快逃跑，刘某无视红灯信号，将过马路的田某撞成重伤。（事实四）

刘某本想下车查看，但张三急于逃跑，让刘某不要管田某，催促其逃离现场。田某因得不到及时救治而死亡。警察杨某在勘查现场时调取了附近天眼的监控录像，当场询问了目击证人钱某，钱某准确说出了肇事车的车牌号。警方通过查询监控录像，认为刘某有重大作案嫌疑，便对其立案侦查。刘某在被公安机关抓获后，供认驾车撞倒田某并逃离的事实，后刘某在审查起诉阶段与田某的近亲属达成和解并立即作出赔偿。（事实五）

2021年8月，张三再次服食海洛因，出现精神病症状后在马路上乱跑，被热心群众当作智障人士送到公安局。民警在张三身上搜出10g毒品。张三清醒后误认为自己被警察抓获，于是交代了吸毒、砸伤吴某的事实，但声称自己当时精神病发作，砸伤吴某纯属意外。但关于交通肇事逃逸一事，张三所述与刘某不同。（事实六）

问题：

1. 就事实一，对王五和李四的行为应如何定性？理由是什么？
2. 就事实二，关于张三的行为定性，可能存在哪几种意见？各自理由是什么？
3. 就事实三，民警在查获毒品的现场对李四进行讯问的做法是否正确？为什么？
4. 就事实三，民警安排李四联系王五并前往王五住处"取货"的做法是否正确？为什么？

5. 就事实四，对张三、刘某的行为应如何定性？理由是什么？
6. 就事实五，关于张三的行为定性，可能存在哪几种意见？各自理由是什么？
7. 就事实五，公安机关对刘某立案后，可否立即对其采取通信监控？为什么？
8. 就事实五，侦查人员组织钱某对肇事车辆进行辨认时，对于混杂的同类物品数量有何要求？
9. 就事实六，对张三的行为应如何定性？理由是什么？
10. 在审查起诉阶段，如刘某认为应对自己涉嫌交通肇事的行为作认罪认罚从宽处理，这一诉求可否得到支持？为什么？
11. 检察院先后将刘某和张三起诉至法院，法院能否对两人并案审理？为什么？

二、案例来源

1. 彭某故意杀人案[①]
2. 杜某交通肇事案[②]

三、总体命题思路

本题改编自两则实务案例，系刑法和刑事诉讼法的交叉融合试题。关于刑法学科，本题结合犯罪认定的问题，综合考查犯罪基础理论与犯罪构成要件的识别与判断，主要考查了共同犯罪、自首、罪数、故意杀人罪、交通肇事罪、肇事后逃逸情形判断、危险驾驶罪等往年考查频次较高的考点，以及原因自由行为、封缄物占有等考生容易忽略的考点。部分题目还设置了对观点表述的开放式考查，需要考生有较强的逻辑分析能力和较高的表达能力。关于刑事诉讼法学科，本题灵活考查多个侦查的知识点，涉及讯问、辨认、技术侦查、秘密侦查等多项侦查行为的规定，同时考查认罪认罚从宽和并案审理的相关知识。考生应准确解读案件材料的相关情况，从而准确判断相关诉讼行为是否符合规定。比如，依据所给案情，是否可以现场讯问？是否可以采取技术侦查？等等。答对这些问题的关键在于考生对案情把握的全面度和细致度。

四、答案精讲

1. 就事实一，对王五和李四的行为应如何定性？理由是什么？

答案：王五利用信息网络贩卖毒品，构成贩卖毒品罪。王五与李四达成利用张三运输毒品的合意，具备共同犯罪故意，且利用不知情的人实施运输行为成立间接正犯，构成运输毒品罪。因此，对王五应以贩卖、运输毒品罪定罪。

李四利用张三帮助王五运输毒品，属于间接正犯，构成运输毒品罪。并且李四与王五达成合意，具有共同犯罪故意，构成共同犯罪。

难度：中

考点：贩卖、运输毒品罪；间接正犯

命题和解题思路：本题考查考生阅读资料分析案件的能力，重点考查对贩卖、运输毒品

[①] 参见中华人民共和国最高人民法院刑事审判第一、二、三、四、五庭主办：《刑事审判参考》（总第55集），法律出版社2007年版，第431号案。

[②] 参见中华人民共和国最高人民法院刑事审判第一、二、三、四、五庭主办：《刑事审判参考》（总第94集），法律出版社2014年版，第907号案。

案情结构图

事实一：网上贩卖、运输海洛因

行为人：李四、王五、张三

行为：
① 王五在网络上贩卖海洛因
② 李四表示可以提供帮助：2020年5月，李四向毒贩王五表示能低成本运输王五在网络上贩卖出去的海洛因，但要以换取免费毒品为报酬，王五同意
③ 李四欺骗张三声称做面粉生意，请其代为发货：李四找来开快递网点的表哥张三，表示自己在做面粉生意，请其代为发货，张三欣然答应

具体操作：李四让王五将袋装海洛因塞进面粉袋，再交给张三由其运输，运费由王五支付

事实二：张三偷偷将含有海洛因的面粉置换

行为人：张三

行为：
① 张三无意间发现面粉中含有海洛因：2021年2月，张三搬运面粉时，不小心将一袋面粉划破，发现了其中所藏的5g毒品
② 张三偷偷拿走混有毒品的面粉：张三并未将此事告知李四，而是在之后运输面粉时，经常偷偷拿走几袋混有毒品的面粉，换上普通面粉，并将毒品偷藏起来

事实三：李四被抓获，帮助民警联系王五

行为人：李四

背景：2021年5月，公安机关发现李四运输毒品线索，便对其立案侦查

李四被警察抓获：当月，在李四将装有毒品的面粉交给张三时，两名便衣民警将其查获

李四成为"线人"：民警现场对李四立即进行讯问，当得知系王五托李四运输毒品时，便决定安排李四联系王五并前往王五住处"取货"

事实四：张三吸毒后殴打他人，刘某酒后开车帮助张三逃跑引发交通肇事

行为人：张三

行为（因服毒出现幻觉，攻击他人致人重伤）：2021年6月5日，张三因服食海洛因药性发作，出现精神病症状，举起电脑砸向正在熟睡的合租室友吴某，致吴某重伤

行为人：刘某

行为：
① 刘某帮助张三逃跑：张三打电话找刘某寻求帮助，刘某便开车送张三回老家"避风头"
② 酒后驾驶闯红灯，交通肇事致人重伤：途中有警察设卡查处酒驾，刘某想起早饭时喝了半斤白酒（此时血液中酒精浓度为60mg/50ml），慌忙掉头。之后为尽快逃跑，刘某无视红灯信号，将过马路的田某撞成重伤

事实五：张三唆使刘某肇事后逃逸，被害人因得不到救治死亡，后刘某归案

行为人：张三、刘某

行为及结果（交通肇事后，张三唆使刘某逃跑，被害人死亡）：刘某本想下车查看，但张三急于逃跑，让刘某不要管田某，催促其逃离现场。田某因得不到及时救治而死亡

证人证言及其他证据：警察杨某在勘查现场时调取了附近天眼的监控录像，当场询问了目击证人钱某，钱某准确说出了肇事车的车牌号

警方通过查阅监控录像，认为刘某有重大作案嫌疑，便对其立案侦查

刘某被抓后的行为：刘某在被公安机关抓获后，供认驾车撞倒田某并逃离的事实，后刘某在审查起诉阶段与田某的近亲属达成和解并立即作出赔偿

事实六：张三被送公安局，误以为案发，供述案件相关事实

行为人：张三

背景：2021年8月，张三再次服食海洛因，出现精神病症状后在马路上乱跑，被热心群众当作智障人士送到公安局

物证：民警在张三身上搜出10g毒品

张三供述：张三清醒后误认为自己被警察抓获，于是交代了吸毒、砸伤吴某的事实，但声称自己当时精神病发作，砸伤吴某纯属意外。但关于交通肇事逃逸一事，张三所述与刘某不同

罪的犯罪构成的理解与运用。贩卖毒品罪的核心行为特征为有偿转让毒品的行为。部分考生会落入共同犯罪的陷阱,但只要抓住贩卖毒品的行为特征这一点就可以破题。

答案解析:李四利用张三帮助王五运输毒品,实际实施运输行为的张三并不知情,因此李四属于间接正犯。此外,考生可能会误认为李四收取毒品作为报酬,还构成贩卖毒品的共犯,但事实上收取的报酬对应的是运输行为。贩卖毒品是指有偿转让毒品的行为,而李四是在王五已经从网上卖出毒品后,为王五运输毒品出谋划策、提供帮助。

王五利用信息网络贩卖毒品,构成贩卖毒品罪。王五与李四达成合意,共同利用张三运输毒品,属于间接正犯,构成运输毒品罪。由于走私、贩卖、运输、制造毒品罪是择一的罪名,因此在贩卖毒品后进行运输的,以贩卖、运输毒品罪定罪。

2. 就事实二,关于张三的行为定性,可能存在哪几种意见?各自理由是什么?

答案:张三在最初帮助李四运输面粉时,并不知道面粉中藏有毒品,因此不具有运输毒品的故意,不构成犯罪。但张三在发现面粉中藏有毒品后,仍继续帮助李四运输面粉,具有帮助他人运输毒品的故意,属于片面的共同正犯,构成运输毒品罪。

针对张三受委托运输面粉,从中获取毒品的行为,可能存在如下观点。

观点一:构成盗窃罪。根据区别说,封缄物整体由受托人占有,内容物由委托人占有,则张三获取内容物毒品的行为构成盗窃罪。

观点二:成立侵占罪与盗窃罪的想象竞合,以盗窃罪论处。根据修正区别说,封缄物整体由受托人占有,内容物由受托人和委托人共同占有,则张三成立侵占罪与盗窃罪的想象竞合,以盗窃罪论处。

观点三:构成侵占罪。根据非区别说,封缄物整体与内容物性质相同,张三受委托运输面粉,占有面粉和其中的毒品,因此张三构成侵占罪。

难度:难

考点:运输毒品罪、盗窃罪、侵占罪、片面共犯

命题和解题思路:本题结合共同犯罪理论中的片面共同犯罪考查运输毒品罪,另外考查了非法占有代为保管的封缄物的认定。解答本题时,需先明确行为人最初的行为不具有犯罪的故意,再分析其他的行为。

答案解析:张三发现面粉中藏有毒品后,具有帮助李四运输毒品的故意,属于片面的共同正犯,构成运输毒品罪。考生可能会得出构成运输毒品罪的结论,但对于片面共同正犯的认定往往会遗漏。

针对张三受委托运输面粉,从中获取毒品的行为,需根据三种学说分别作答。

3. 就事实三,民警在查获毒品的现场对李四进行讯问的做法是否正确?为什么?

答案:正确。根据《公安机关办理刑事案件程序规定》第198条,紧急情况下可以在现场讯问犯罪嫌疑人。本案中,李四在邮寄毒品时被民警查获,民警当务之急是了解基本情况,以便合理采取下一步措施,因此在现场紧急讯问李四并无不当。

难度:中

考点:讯问场所

命题和解题思路:本题考查侦查人员讯问犯罪嫌疑人的场所要求,相关知识点系2020年《公安机关办理刑事案件程序规定》的新增内容。考生应注意在公安机关执法办案场所的

讯问室或看守所讯问室对犯罪嫌疑人进行讯问是原则，但例外情形下存在其他讯问场所。

答案解析：根据《公安机关办理刑事案件程序规定》第198条第1款规定，讯问犯罪嫌疑人，应当在公安机关执法办案场所的讯问室进行，紧急情况下在现场进行讯问属于例外情形之一。根据该条规定，在现场进行讯问就需要判断是否属于"紧急情况"。本案中，民警查获李四时，需要进一步确认周边是否存在涉案人员和毒品，以防止证据灭失和涉案人逃跑，所以有必要在现场进行讯问。

> 4. 就事实三，民警安排李四联系王五并前往王五住处"取货"的做法是否正确？为什么？

答案：不正确。民警得知李四系为王五运输毒品时，王五并不知道实情，民警安排李四联系王五并前往王五住处"取货"的做法属于指定其他人员隐匿身份实施侦查。根据《刑事诉讼法》第153条和《公安机关办理刑事案件程序规定》第271条规定，采取隐匿身份实施侦查，须经县级以上公安机关负责人决定，所以民警自行安排李四隐匿身份实施侦查的做法是错误的。

难度：难

考点：隐匿身份实施侦查

命题和解题思路：本题考查隐匿身份实施侦查的程序要求。考生应认识到民警并非简单地抓捕重大嫌疑分子王五，而是对王五开展秘密侦查，所以需要按照相关要求进行审批后才可采取。

答案解析：根据《公安机关办理刑事案件程序规定》第271条第1款规定，为了查明案情，在必要的时候，经县级以上公安机关负责人决定，可以由侦查人员或者公安机关指定的其他人员隐匿身份实施侦查。本案中，李四已经被侦查人员控制，在侦查人员的安排下继续进行"毒品犯罪"行为，实际上是侦查人员采取隐匿身份的方式进一步查明王五的罪证并将其抓获。采取这种措施存在一定风险，因此需要经过严格的审批。

> 5. 就事实四，对张三、刘某的行为应如何定性？理由是什么？

答案：张三构成故意伤害罪。吸食毒品的行为是原因自由行为，张三过失地使自己陷入丧失或者尚未完全丧失辨认、控制能力的状态，并在该状态下实施了符合犯罪构成的行为，依法应当承担刑事责任。

刘某在道路上醉酒驾驶机动车帮助张三逃匿，构成危险驾驶罪和窝藏罪的想象竞合，应从一重罪论处。刘某无视信号灯，违反了交通运输法规，将田某撞成重伤。根据《最高人民法院关于审理交通肇事刑事案件具体应用法律若干问题的解释》第2条第2款规定，酒后、吸食毒品后驾驶机动车，致1人以上重伤，负全部或者主要责任的，以交通肇事罪定罪处罚。其中致田某重伤的交通事故不是由醉酒驾驶行为引起的，而是由无视信号灯的行为引起的，应以危险驾驶罪和交通肇事罪数罪并罚。因此，对刘某应以危险驾驶罪或窝藏罪与交通肇事罪实行数罪并罚。

难度：难

考点：故意伤害罪、原因自由行为、窝藏罪、交通肇事罪、危险驾驶罪、肇事后逃逸、共同犯罪

命题和解题思路：本题主要考查对交通肇事罪和危险驾驶罪的判断。解答本题，首先应

掌握"原因自由行为"的相关知识，其次需分析危险驾驶罪和窝藏罪的想象竞合问题，最后还要注意分析交通肇事罪和危险驾驶罪的竞合关系。

答案解析：张三吸食毒品的行为是原因自由行为，张三过失地使自己陷入丧失或者尚未完全丧失辨认、控制能力的状态，并在该状态下实施了符合犯罪构成的行为，依法应当承担刑事责任，因此张三构成故意伤害罪。如果考生只答出构成故意伤害罪，而不能答出"原因自由行为理论"，则无法获得满分。

此处考生可能会对醉驾的计算出现失误：醉驾标准为每 100ml 血液中含有 80mg 以上的酒精。刘某醉酒驾车帮助张三逃跑，构成危险驾驶罪，但考生可能会忽视这一行为同时构成窝藏罪。张三无视信号灯，违反了交通运输法规，将田某撞成重伤。可见，致田某重伤的交通事故不是由醉酒驾驶行为引起的，而是由无视信号灯的行为引起的，因此对刘某应以危险驾驶罪和交通肇事罪实行数罪并罚。此处考生需分析出交通事故的发生与哪一个行为具有因果关系，然后再进行作答。

6. 就事实五，关于张三的行为定性，可能存在哪几种意见？各自理由是什么？

答案：
观点一：构成交通肇事罪的共犯。张三在刘某交通肇事后，指使刘某逃逸，构成交通肇事罪的共犯。
观点二：成立遗弃罪的教唆犯。交通肇事罪为过失犯罪，不能成立共同犯罪，视本案情形，张三应成立遗弃罪的教唆犯。

难度：中

考点：肇事后逃逸、共同犯罪

命题和解题思路：本题考查对交通肇事罪能否成立共同犯罪的分析。首先，该题的分析前提是刘某构成交通肇事罪犯罪。其次，应具体考察张三是否在此过程中与刘某形成共同犯罪关系。

答案解析：观点一认为张三在刘某交通肇事后，指使刘某逃逸，构成交通肇事罪的共犯。《最高人民法院关于审理交通肇事刑事案件具体应用法律若干问题的解释》第5条第2款规定："交通肇事后，单位主管人员、机动车辆所有人、承包人或者乘车人指使肇事人逃逸，致使被害人因得不到救助而死亡的，以交通肇事罪的共犯论处。"观点二主张，交通肇事罪为过失犯罪，不能成立共同犯罪，视本案情形张三应成立遗弃罪的教唆犯。

7. 就事实五，公安机关对刘某立案后，可否立即对其采取通信监控？为什么？

答案：不能。通信监控属于技术侦查措施，根据《公安机关办理刑事案件程序规定》第263条规定，交通肇事案件并非技术侦查措施适用的案件范围，且刘某并未被通缉或批准、决定逮捕，因此不能立即对其采取通信监控。

难度：难

考点：技术侦查的适用条件

命题和解题思路：本题考查技术侦查的适用条件。解答该题，考生不仅要认识到技术侦查的严格适用体现在案情和程序等多个方面，也需清楚造成被害人死亡的案件不一定是严重危害社会的犯罪案件。

答案解析：根据《公安机关办理刑事案件程序规定》第263条第1款规定，公安机关在立案后，根据侦查犯罪的需要，可以对部分严重危害社会的犯罪案件采取技术侦查措施，但交通肇事案件未被纳入技术侦查的案件范围。因此，从案件类型的角度判断，本案不能对刘某采取技术侦查措施。又根据《公安机关办理刑事案件程序规定》第 263 条第 2 款规定，公安机关追捕被通缉或者批准、决定逮捕的在逃的犯罪嫌疑人、被告人，可以采取追捕所必需的技术侦查措施。第 2 款规定意味着，在某些情形下技术侦查的适用不受案件类型的限制。但根据案例材料，刘某刚被立案，还未被通缉或批准、决定逮捕，即使在逃，也不能立即对其进行通信监控。

8. 就事实五，侦查人员组织钱某对肇事车辆进行辨认时，对于混杂的同类物品数量有何要求？

答案：不受混杂的同类物品的数量限制。本案中，钱某在接受询问时准确说出了肇事车辆车牌号，表明其准确描述了物品独有特征，根据《公安机关办理刑事案件程序规定》第 260 条第 4 款规定，辨认时的陪衬物不受数量的限制。

难度：难

考点：辨认

命题和解题思路：本题考查辨认时辨认对象的混杂要求。解答该题，考生需仔细阅读材料，准确判断辨认人在接受询问时是否准确描述待辨认物品的独有特征。

答案解析：根据《公安机关办理刑事案件程序规定》第 260 条第 3 款和第 4 款规定，辨认物品时，混杂的同类物品不得少于 5 件；对物品的照片进行辨认的，不得少于 10 个物品的照片。对场所、尸体等特定辨认对象进行辨认，或者辨认人能够准确描述物品独有特征的，陪衬物不受数量的限制。根据案例材料，肇事车辆的车牌号是独一无二的，显然可以视为该肇事车辆的独有特征，钱某准确说出车牌号，可以认为其描述了该车的独有特征。因此，在安排钱某辨认肇事车辆时，陪衬物不受数量的限制。

9. 就事实六，对张三的行为应如何定性？理由是什么？

答案：张三构成一般自首。虽然张三被动到达公安局，但其并未被采取强制措施或讯问，他如实供述了伤害他人的犯罪事实，虽然对自己行为的性质进行了辩解，但不影响自首的成立。

难度：中

考点：自首

命题和解题思路：该题主要涉及对自首成立条件的考查。解答该题时，要注意行为人如实供述犯罪事实的核心在于"事实"，而非拘泥于"犯罪"性质的认识和承认。

答案解析：关于张三是否成立自首的问题，《最高人民法院关于被告人对行为性质的辩解是否影响自首成立问题的批复》明确规定，被告人对行为性质的辩解不影响自首的成立。此处考生需要特别注意。

10. 在审查起诉阶段，如刘某认为应对自己涉嫌交通肇事的行为作认罪认罚从宽处理，这一诉求可否得到支持？为什么？

答案：不应得到支持。本案中，刘某除了涉嫌交通肇事罪，还涉嫌窝藏罪，但刘某只供认了交通肇事的犯罪事实。根据《关于适用认罪认罚从宽制度的指导意见》第 6 条规定，犯数罪的刘某仅如实供述其中一罪和部分罪名事实,全案不作"认罪"的认定,不适用认罪认罚从宽制度。

难度:难

考点:认罪认罚从宽

命题和解题思路:本题考查适用认罪认罚从宽制度的"认罪"要求。解答该题,考生不能顾此失彼,首先应当对刘某的涉罪情况有全面把握,然后根据刘某的认罪情况判断是否达到适用认罪认罚从宽制度的"认罪"要求。

答案解析:根据《关于适用认罪认罚从宽制度的指导意见》第6条规定,犯罪嫌疑人、被告人犯数罪,仅如实供述其中一罪或部分罪名事实的,全案不作"认罪"的认定,不适用认罪认罚从宽制度,但对如实供述的部分,人民检察院可以提出从宽处罚的建议,人民法院可以从宽处罚。本案中,刘某在被抓获后仅供认了交通肇事的犯罪事实,未供认其窝藏张三以及张三指使其交通肇事逃逸的事实,导致公安机关一直未抓获张三。所以本案不应对刘某涉嫌交通肇事罪作认罪认罚从宽处理,如果刘某在后续程序中对窝藏张三一事认罪认罚,可以对其作认罪认罚从宽处理。

11. 检察院先后将刘某和张三起诉至法院,法院能否对两人并案审理?为什么?

答案:可以。本案中,刘某和张三对于肇事逃逸致田某死亡都应承担刑事责任。就该事实而言,两人的案件属于共同犯罪或者关联犯罪案件。根据《最高人民法院关于适用〈中华人民共和国刑事诉讼法〉的解释》(以下简称《法院解释》)第220条第2款规定,合并审理有利于查明案件事实,法院可以并案审理。

难度:中

考点:并案审理

命题和解题思路:本题考查法院对并案审理的适用。解答该题,考生应准确判断两人案件存在密切关联,且两人对于交通肇事后逃逸一事的供认存在差别。

答案解析:根据《法院解释》第220条第2款规定,对分案起诉的共同犯罪或者关联犯罪案件,人民法院经审查认为,合并审理更有利于查明案件事实、保障诉讼权利、准确定罪量刑的,可以并案审理。根据案例材料,刘某在供认交通肇事事实时未提到张三,张三关于交通肇事逃逸一事的供述与刘某存在差别。在这种情况下,合并审理更有利于法院查明两人的该项犯罪事实,因此法院可以对两人并案审理。

评分细则(共53分)

1-11题满分为:7分、8分、3分、3分、8分、6分、4分、4分、3分、3分、4分。

1. 王五:利用信息网络贩卖毒品,构成贩卖毒品罪(2分)。利用张三运输毒品构成运输毒品罪,应以贩卖、运输毒品罪定罪(2分)。

    李四:利用张三帮助王五运输毒品构成运输毒品罪(2分),与王五构成共同犯罪(1分)。

2. 帮助李四运输面粉时,不具有运输毒品的故意,不构成犯罪(1分)。发现毒品后仍继续运输,构成运输毒品罪(1分)。

    受委托运输面粉,从中获取毒品:

    观点一:构成盗窃罪,内容物由委托人占有(2分)。

    观点二:成立侵占罪与盗窃罪的想象竞合,以盗窃罪论处。内容物由受托人和委托人共同占有(2分)。

    观点三:构成侵占罪,封缄物整体与内容物性质相同,由受托人占有(2分)。

3. 正确（1分）。紧急情况下可以在现场讯问犯罪嫌疑人（2分）。
4. 不正确（1分）。这一行为属于指定其他人员隐匿身份实施侦查（1分），须经县级以上公安机关负责人决定（1分）。
5. 张三：构成故意伤害罪（1分）。吸食毒品的行为是原因自由行为，不影响张三刑事责任的承担（1分）。
   刘某：在道路上醉酒驾驶机动车帮助张三逃匿，构成危险驾驶罪（1分）和窝藏罪（1分）的想象竞合（1分），从一重罪论处（1分）。无视信号灯将田某撞成重伤，构成交通肇事罪（1分）。两者数罪并罚（1分）。
6. 观点一：构成交通肇事罪的共犯（2分）。在刘某交通肇事后指使其逃逸（1分）。
   观点二：成立遗弃罪的教唆犯（2分）。过失犯罪不成立共同犯罪（1分）。
7. 不能（1分）。通信监控属于技术侦查措施，交通肇事案件并非该措施适用的案件范围（2分），刘某并未被通缉或批准、决定逮捕（1分）。
8. 不受混杂的同类物品的数量限制（2分）。钱某准确描述了物品独有特征（2分）。
9. 构成一般自首（1分）。被动到达公安局但并未被采取强制措施或讯问（1分）；如实供述犯罪事实，对自己行为的性质进行辩解不影响自首的成立（1分）。
10. 不应得到支持（1分）。刘某只供认了交通肇事的犯罪事实，对涉嫌窝藏罪没有供认，全案不作"认罪"的认定（2分）。
11. 可以（2分）。两人的案件属于共同犯罪或者关联犯罪案件（1分），合并审理有利于查明案件事实（1分）。

第二题（本题56分）

一、试题

案情：2019年2月，苏某的妻子曾某（某私营药企负责人）因向某公立医院负责人莫某行贿被C省A市监察委立案调查。苏某了解到律师林某可以帮忙办理曾某脱罪事宜，便通过朋友联系到林某，让其找关系为曾某脱罪。林某答应后，联系A市监察委负责该案的工作人员黄某，黄某答复可以帮忙，二人具体商议了帮曾某脱罪的计划。林某向苏某表示已联系黄某，需200万元作为活动经费，苏某答应后，通过转账、直接送款等方式交给林某150万元。林某将其中30万元交给黄某。后林某通过黄某了解到曾某案件案情重大后，向苏某提出加价到450万元才能继续办理，苏某同意。2019年3月下旬，苏某将120万元交给林某，而后林某将30万元交给黄某。

后因曾某被A市监察委留置，苏某表示不想办了，要求林某退回150万元，林某便出具了一张150万元的借条给苏某。黄某也向林某表示，曾某的案子案情重大，无法办理脱罪，退还了林某此前交给他的60万元，并让林某把钱退回去。

林某背着黄某找到苏某，表示自己可继续和黄某办理此事，并且多加150万元可以连涉案的苏某儿子及公司都保下来，苏某因害怕其子与公司受到牵连，便答应继续办理，但表示需办妥后才给150万元，林某同意。苏某于2019年4月下旬将80万元交给林某。2019年5月上旬，苏某通过咨询知道曾某的事不可能用钱办妥，便提出不再办理，要求林某还钱，但林某拒绝退还。

苏某觉得自己花的几百万元都打了水漂，决心向林某要回属于自己的钱。于是苏某找到王某、何某，声称林某借了自己的钱至今未还，并展示了借条，让二人把林某绑到自己的乡下老家强迫林某还钱。王某、何某按照苏某提供的信息，用麻绳、胶带将林某双脚捆绑、双手反绑，并封住其口、眼劫持到苏某老家关押，要求林某还钱，但林某表示钱已经被自己赌博输光了，无法归还。翌日下午，因林某仍表示无法归还，王某恼怒之下产生杀意，指示何某持铁棍猛击林某头部致其昏迷。二人以为林某已死，遂将林某用汽车载到一偏僻路段，把路面井盖打开后将林某扔进下水道，并盖上井盖。事后鉴定发现，林某系在下水道内因饥饿和呼吸、运动受阻而死亡。

曾某、莫某后被一并移送A市检察院审查起诉。其间，莫某趁外出看病时逃匿，通缉一年后未到案。在A市中级法院审理没收莫某违法所得期间，莫某被抓获归案并起诉至A市中级法院。

问题：

1. A市监察委对曾某采取留置的做法是否正确？为什么？
2. 对林某与黄某帮助曾某脱罪的行为，应如何定性？为什么？
3. 黄某退还财物的行为能否成立犯罪中止？为什么？
4. 黄某涉嫌犯罪可否由A市检察院立案侦查？为什么？
5. 对苏某给予林某财物的行为，应如何定性？为什么？
6. 对林某拒不退还苏某财物的行为，在刑法认定上可能存在哪些观点？
7. 对苏某通过王某、何某向林某索要财物的行为，应如何定性？
8. 对王某、何某的行为，在刑法上应当如何处理？
9. 对莫某发布通缉令，应采取何种程序？
10. 莫某逃匿后，A市检察院可否单独起诉曾某？为什么？
11. 莫某被通缉一年后不能到案，A市检察院可否直接向A市中级法院提出没收违法所得的申请？为什么？
12. 莫某被抓获归案，A市检察院起诉至A市中级法院，A市中级法院可否与没收莫某违法所得一案一并审理？为什么？

二、案例来源

王某绑架案[①]

三、总体命题思路

本题属于刑法与刑事诉讼法相结合的综合性试题。命题人通过受贿、行贿这一基本事实，将刑法总则中的共同犯罪与身份、犯罪未完成形态、因果关系错误等知识点联系起来进行综合考查，同时涉及刑法分则中的受贿罪、行贿罪、非法拘禁罪、侵占罪等法考重点罪名，还将刑事诉讼法知识予以有机结合。总的来讲，本题既涉及刑法总则知识，也涉及刑法分则知识；既涉及刑事实体法知识，也涉及刑事程序法知识，比较注重对基础知识掌握情况以及运用能力的综合考查。要准确作答本题，需要考生准确理解共同犯罪、犯罪未完成形态、因果关系错误等基本知识，熟知受贿罪、非法拘禁罪等罪名的认定标准，还需要注意掌握其中关于因果关系错误、侵占不法委托物的理论争议。

[①] 参见中华人民共和国最高人民法院刑事审判第一、二、三、四、五庭主办：《刑事审判参考》（总第38集），法律出版社2004年版，第299号案。

案情结构图

苏某找到律师林某帮助其妻曾某脱罪

行为人：苏某、林某、黄某

案件流程

①曾某犯罪被抓：2019年2月，苏某的妻子曾某（某私营药企负责人）因向某公立医院负责人莫某行贿被C省A市监察委立案调查

②苏某找到律师林某帮助其妻脱罪，林某同意

③林某答应后，联系A市监察委负责该案的工作人员黄某，黄某答复可以帮忙，黄、林二人具体商议了帮曾某脱罪的计划

④林某向苏某索要活动经费：林某向苏某表示已联系黄某，需200万元作为活动经费，苏某答应后，通过转账、直接送款等方式交给林某150万元

⑤林某交给黄某30万元

⑥林某了解到案情重大，提高费用：林某通过黄某了解到曾某案件案情重大后，向苏某提出加价到450万元才能继续办理，苏某同意。2019年3月下旬，苏某将120万元交给林某

⑦林某又将30万元交给黄某

⑧曾某被留置，苏某不想为之脱罪，要求林某退款：后因曾某被A市监察委留置，苏某表示不想办了，要求林某退回150万元，林某便出具了一张150万元的借条给苏某

⑨黄某向林某表示无法帮助办理此事，退回之前收的60万元：黄某也向林某表示，曾某的案子案情重大，无法办理脱罪，退还了林某此前交给他的60万元，并让林某把钱退回去

⑩林某背着黄某找到苏某，声称可以办成：林某背着黄某找到苏某，表示自己可继续和黄某办理此事，并且多加150万元可以连涉案的苏某儿子及公司都保下来，苏某因害怕其子与公司受到牵连，便答应继续办理，但表示需办妥后才给150万元，林某同意

⑪苏某于2019年4月下旬将80万元交给林某

苏某找到王某、何某捆绑林某

行为人：苏某、王某、何某

案情

①苏某以索债为理由找到王某、何某帮其捆绑林某：苏某找到王某、何某，声称林某借了自己的钱至今未还，并展示了借条，让二人把林某绑到自己的乡下老家强迫林某还钱

②王某、何某按照苏某给出的信息绑了林某：王某、何某按照苏某提供的信息，用麻绳、胶带将林某双脚捆绑、双手反绑，并封住其口、眼劫持到苏某老家关押，要求林某还钱，但林某表示钱已经被自己赌博输光了，无法归还

③因林某不还钱，王某起杀意，授意何某击打林某：因林某仍表示无法归还，王某恼怒之下产生杀意，指示何某持铁棍猛击林某头部致其昏迷

④二人以为林某已死，将之"抛尸"，事后鉴定不是当场死亡：二人以为林某已死，遂将林某用汽车载到一偏僻路段，把路面井盖打开后将林某扔下水道，并盖上井盖。事后鉴定发现，林某系在下水道内因饥饿和呼吸、运动受阻而死亡

曾某、莫某被移送审查起诉期间，莫某逃匿

行为人：莫某

案情

被移送审查起诉后莫某逃匿：曾某、莫某后被一并移送A市检察院审查起诉。期间，莫某趁外出看病时逃匿，通缉一年后未到案

莫某被抓获：在A市中级法院审理没收莫某违法所得期间，莫某被抓获归案并起诉至A市中级法院

四、答案精讲

> 1. A市监察委对曾某采取留置的做法是否正确？为什么？

答案： 正确。虽然曾某不是公职人员，但涉嫌向公职人员莫某行贿，且案情重大，依据《监察法》规定，A市监察委可以对曾某采取留置。

难度： 难

考点： 监察委管辖及留置的条件

命题和解题思路： 本题主要考查了《监察法》中关于监察委的管辖及留置问题。解题时需要注意对曾某涉嫌犯罪的表述。

答案解析： 根据《监察法》第22条规定，被调查人涉嫌贪污贿赂、失职渎职等严重职务违法或者职务犯罪，监察机关已经掌握其部分违法犯罪事实及证据，仍有重要问题需要进一步调查，并有下列情形之一的，经监察机关依法审批，可以将其留置在特定场所：（1）涉及案情重大、复杂的；（2）可能逃跑、自杀的；（3）可能串供或者伪造、隐匿、毁灭证据的；（4）可能有其他妨碍调查行为的。对涉嫌行贿犯罪或者共同职务犯罪的涉案人员，监察机关可以依照前款规定采取留置措施。从材料可知，曾某虽系私营药企负责人，但涉嫌向公立医院负责人莫某（公职人员）行贿，且案情重大，因此监察委可以对其采取留置。

> 2. 对林某与黄某帮助曾某脱罪的行为，应如何定性？为什么？

答案： 林某与黄某成立受贿罪的共同犯罪。黄某属于国家工作人员，林某不属于国家工作人员，林某教唆、帮助具有国家工作人员身份的黄某收受财物为曾某脱罪，二人就此进行商议，就利用黄某的职务便利为曾某脱罪形成了共同故意。林某从苏某处取得财物后，给了黄某60万元，属于收受他人财物为他人谋取利益的行为。

难度： 中

考点： 共同犯罪与身份、受贿罪

命题和解题思路： 本题系结合受贿罪这一具体罪名，考查考生对共犯与身份的理解。在答题时，要注意无身份者是能够与有身份者构成共同犯罪的，在此基础上，结合受贿罪的构成要件，对二人的行为作出准确认定。

答案解析： 本题涉及共同犯罪与身份、受贿罪等考点。受贿罪属于真正身份犯。所谓真正身份犯，是指建构构成要件不法内涵的核心就是行为人的身份，也即身份的有无影响定罪的情形（构成身份）。如果不具有相关的身份，且不存在有身份者参与的场合，无身份者不成立身份犯构成要件的相关犯罪。无身份者帮助、教唆有特定身份的人共同实施犯罪的，应当根据有身份者的犯罪定罪。例如，非国家工作人员与国家工作人员勾结，伙同贪污或者受贿，应当成立贪污罪或者受贿罪的教唆犯或帮助犯。受贿罪在客观方面表现为行为人利用职务上的便利，索取他人财物，或者非法收受他人财物，为他人谋取利益的行为。

本案中，黄某系监察委员会负责该案的工作人员，属于国家工作人员，林某则不属于国家工作人员。但是，林某教唆、帮助具有国家工作人员身份的黄某收受财物为曾某脱罪，二人就此进行商议，就利用黄某的职务便利为曾某脱罪形成了共同故意。林某从苏某处取得财物后，给了黄某60万元，属于收受他人财物为他人谋取利益的行为。二人的行为属于无身份者与有身份者共同实施受贿，成立受贿罪的共同犯罪。

3. 黄某退还财物的行为能否成立犯罪中止？为什么？

答案：不成立。林某就收受财物为他人谋取利益已经与黄某进行商议，形成了共同犯罪的故意，黄某收受了财物，构成受贿罪的既遂。其在既遂以后退还60万元的行为，属于犯罪既遂后退赃的行为，不影响犯罪既遂的认定。

难度：中

考点：犯罪既遂、犯罪中止

命题和解题思路：本题结合分则罪名考查刑法总则关于犯罪既遂、犯罪中止的规定。考生需要结合受贿罪的法益，准确理解受贿罪的既遂标准，从而对其事后退赃的行为作出准确认定。

答案解析：关于受贿罪的既遂标准，理论上认为，受贿人实际取得行贿人给付的财物、实际领受财产性利益时，即成立犯罪既遂（取得说）。其原因在于，受贿罪的法益是国家工作人员职务行为的不可收买性，或者说是国家工作人员职务行为与财物的不可交换性。而犯罪中止是指在故意犯罪过程中，犯罪分子基于自己的意思自动放弃犯罪，或者自动有效地防止犯罪结果发生的犯罪形态。本案中，黄某已经基于共同受贿的故意收受了财物，构成受贿罪的既遂，其在犯罪既遂之后退还60万元的行为属于事后退赃行为，不成立犯罪中止。

4. 黄某涉嫌犯罪可否由A市检察院立案侦查？为什么？

答案：不可以。黄某系A市监察委工作人员，其涉嫌职务犯罪应由监察委立案调查。

难度：易

考点：监察委的管辖

命题和解题思路：本题主要考查监察委工作人员涉嫌职务犯罪的管辖问题。解题时需要注意检察院立案侦查的犯罪主体是司法工作人员。

答案解析：根据《监察法》第3条规定，各级监察委员会是行使国家监察职能的专责机关，依照本法对所有行使公权力的公职人员（以下称公职人员）进行监察，调查职务违法和职务犯罪。而根据《人民检察院刑事诉讼规则》（以下简称《检察规则》）第13条第1款规定，人民检察院在对诉讼活动实行法律监督中发现的司法工作人员利用职权实施的非法拘禁、刑讯逼供、非法搜查等侵犯公民权利、损害司法公正的犯罪，可以由人民检察院立案侦查。从材料可知，黄某的身份是A市监察委工作人员，其身份并不是司法工作人员，因此其涉嫌职务犯罪不应由A市检察院立案侦查。

5. 对苏某给予林某财物的行为，应如何定性？为什么？

答案：苏某构成行贿罪。苏某为了让妻子脱罪，找到林某，让林某找关系帮忙办理，并给予林某财物让林某去找黄某活动，其属于为谋取不正当利益，给予国家工作人员财物的行为。因此，苏某构成行贿罪。

难度：中

考点：行贿罪

命题和解题思路：本题主要考查的是考生对行贿罪构成要件的理解。考生需要结合本罪的构成要件，对苏某的行为作出准确认定。同时，要注意把握苏某行为的实质，准确分析其将财物交给林某的行为性质。

答案解析：行贿罪，是指为谋取不正当利益，给予国家工作人员财物的行为。本案中，苏某为了让妻子脱罪，找到林某，让林某找关系帮忙办理，并给予林某财物让林某去找黄某活动，其属于为谋取不正当利益，给予国家工作人员财物的行为。因此，苏某构成行贿罪。需要说明的是，苏某虽然不是直接将财物给予国家工作人员黄某，但苏某找到林某明确表示让其去找关系办理脱罪，在林某告知其已联系国家工作人员黄某后，苏某对此予以认可，并把财物交给林某，其实质是希望通过林某向黄某转交财物，让黄某为其谋取不正当利益。所以，虽然财物是送给林某的，但苏某仍然成立行贿罪。

6. 对林某拒不退还苏某财物的行为，在刑法认定上可能存在哪些观点？

答案：苏某给予林某的财物，属于受贿罪和行贿罪的赃物，林某占有该财物属于不法委托物。对于该行为，存在不同的观点：（1）否定说认为，对于不法给付，法律没有保护的必要，因为一方面，委托人已经对委托之物失去了所有权；另一方面，受托人对委托人而言不负返还义务，其即便不退还赃物，也不属于侵占罪中的"拒不退还"，因而不构成侵占罪。按照该观点，林某的行为不构成侵占罪。（2）肯定说认为，委托人虽有不法行为，在民法上对其给付之物即便不能依法请求返还，取得持有之受托人也不因此而取得所有权，受托人变占有为所有，仍然可以成立侵占罪。按照该观点，林某的行为构成侵占罪。

难度：难

考点：侵占罪、受贿罪、行贿罪

命题和解题思路：本题属于观点展示题，主要将受贿罪、行贿罪中的赃款、赃物与侵占罪结合起来进行考查。考生在作答时，要结合侵占罪的构成要件和赃物的性质，明确这属于不法委托物的认定争议，在此基础上对不同观点进行分别作答。

答案解析：在刑法理论上，将不法委托物据为己有的场合，是否成立侵占罪，存在争论。

否定说（多数观点）认为，对于不法给付，法律没有保护的必要，因为一方面，委托人已经对委托之物失去了所有权；另一方面，受托人对委托人而言不负返还义务，其即便不退还赃物，也不属于侵占罪中的"拒不退还"。强制其成为侵占罪的行为主体，破坏了法秩序的统一性。此外，侵占罪还有破坏委托信任关系的一面，而不法委托人的委托与受托人的收受之间，并不存在一种法律上的委托信任关系。按照该观点，林某的行为不构成侵占罪。

肯定说认为，委托人虽有不法行为，在民法上对其给付之物即便不能依法请求返还，取得持有之受托人也不因此而取得所有权，受托人变占有为所有，自然可以成为本罪的行为主体。所以，对刑法上有无犯罪性的讨论，与民法是否保护无关。按照该观点，林某的行为构成侵占罪。

7. 对苏某通过王某、何某向林某索要财物的行为，应如何定性？

答案：苏某为了向林某索要财物，而唆使王某、何某非法拘禁林某，其构成非法拘禁罪，同时属于对王某、何某非法拘禁行为的教唆犯。

难度：中

考点：非法拘禁罪、共同犯罪、教唆犯

命题和解题思路：本题考查的是非法拘禁罪和共同犯罪。考生需要注意掌握教唆犯等共同犯罪的基本原理，同时熟悉为了索取债务而非法拘禁他人的刑法认定。

答案解析：《刑法》第238条第3款明确规定，为索取债务（包括高利贷、赌债等法律

不予保护的债务），非法扣押、拘禁他人的，以非法拘禁罪定罪处罚。本案中，苏某让林某帮忙找关系为曾某脱罪，并将财物给予林某。在苏某表示不愿意继续实施该行为后，苏某明确提出让林某还钱，林某也出具了借条，因而在客观上存在着"债务"。苏某为了索取债务，而唆使王某、何某将林某劫持到老家逼迫其还钱，属于非法拘禁罪的教唆犯。所以，苏某成立非法拘禁罪，同时属于教唆犯。

8. 对王某、何某的行为，在刑法上应当如何处理？

答案：（1）王某、何某受苏某的唆使，基于索取债务的故意，将林某予以非法控制的行为，成立非法拘禁罪。

（2）王某、何某在非法拘禁的过程中，产生杀人的故意并对林某头部实施猛击的行为，属于在非法拘禁罪以外实施新的犯罪，构成故意杀人罪。

（3）王某、何某误以为林某已经死亡，将林某扔进下水道致其死亡的行为，属于结果的推迟发生或事前的故意。二人成立故意杀人罪既遂，与非法拘禁罪数罪并罚。

难度：难

考点：非法拘禁罪、故意杀人罪、因果关系错误、事前的故意

命题和解题思路：本题考查了非法拘禁罪与故意杀人罪的关系，同时将刑法总则中的因果关系错误结合起来进行考查，具有一定难度。考生需要准确把握非法拘禁罪与故意杀人罪认定的基本知识，在此基础上，才能对本题作出准确、全面的回答。

答案解析：（1）《刑法》第238条第3款明确规定，为索取债务（包括高利贷、赌债等法律不予保护的债务），非法扣押、拘禁他人的，以非法拘禁罪定罪处罚。王某、何某受苏某的唆使，基于索取债务的故意，将林某予以非法控制的行为，成立非法拘禁罪，二人与苏某属于共同犯罪。

（2）在非法拘禁的过程中，产生杀人故意并实施杀人行为的，不适用《刑法》第238条第2款的规定，直接认定为非法拘禁罪与故意杀人罪。需要注意的是，这里涉及对非法拘禁罪与故意杀人罪的理解问题，具体包括以下情形：第一，非法拘禁致人死亡，但没有在拘禁行为之外另使用暴力的（拘禁行为没有超出其所需的暴力范围），仍然以非法拘禁罪的结果加重犯论处。第二，在非法拘禁的过程中，产生杀人故意并实施杀人行为的，不适用《刑法》238条第2款的规定，直接认定为非法拘禁罪与故意杀人罪。第三，非法拘禁过程中在拘禁行为之外另使用了暴力且致人死亡，而没有杀人故意的，适用《刑法》238条第2款后半段的规定，即只有当非法拘禁行为以外的暴力致人死亡时，才能认定为故意杀人罪。本案中，王某与何某因为林某拒绝还钱，而产生杀意并用铁棍猛击林某头部，属于在非法拘禁中实施新的犯罪行为，对其杀人行为应当认定为单独的故意杀人罪，与前面的非法拘禁罪数罪并罚。

（3）结果的推迟发生，又称为事前的故意，指行为人误以为自己的行为已经发生了侵害结果，为达到另一目的，又实施了另一行为，事实上行为人所预期的结果是后一行为所造成。例如，甲为杀人先实施伤害行为，造成被害人重伤昏迷后，甲误以为被害人已经死亡，将被害人丢入井中，但被害人实际死于溺水。本案中王某、何某二人成立故意杀人罪既遂，与非法拘禁罪数罪并罚。

9. 对莫某发布通缉令，应采取何种程序？

答案：莫某是在审查起诉期间逃匿，因此如需在C省范围内通缉莫某，应由C省检察院

作出通缉决定，交 C 省公安机关发布通缉令；如需在全国范围内通缉莫某，应由最高人民检察院作出通缉决定，交公安部发布通缉令。

  难度：中

  考点：通缉

  命题和解题思路：本题主要考查通缉的相关规定。解题时需要注意莫某是在审查起诉期间，而不是监察调查或者审判期间逃匿。

  答案解析：根据《检察规则》第 233 条规定，各级人民检察院需要在本辖区内通缉犯罪嫌疑人的，可以直接决定通缉；需要在本辖区外通缉犯罪嫌疑人的，由有决定权的上级人民检察院决定。同时，根据《刑事诉讼法》第 155 条规定，应当逮捕的犯罪嫌疑人如果在逃，公安机关可以发布通缉令，采取有效措施，追捕归案。各级公安机关在自己管辖的地区以内，可以直接发布通缉令；超出自己管辖的地区，应当报请有权决定的上级机关发布。本案中，莫某是在审查起诉期间逃匿，对其通缉的决定应由检察院作出，通缉令由公安机关发布。

  10. 莫某逃匿后，A 市检察院可否单独起诉曾某？为什么？

  答案：可以。虽然同案犯莫某逃匿，但只要曾某犯罪事实清楚，证据确实、充分，符合提起公诉的条件，A 市检察院可以单独对曾某提起公诉。

  难度：中

  考点：起诉

  命题和解题思路：本题主要考查同案犯逃匿的情况下，对在案的犯罪嫌疑人的审查起诉问题。解题时需注意，虽然《刑事诉讼法》和《检察规则》中对此并未专门作出规定，但可根据相关条文推导出答案。

  答案解析：根据《检察规则》第 158 条第 3 款规定，对于移送起诉的案件，犯罪嫌疑人在逃的，应当要求公安机关采取措施保证犯罪嫌疑人到案后再移送起诉。共同犯罪案件中部分犯罪嫌疑人在逃的，对在案犯罪嫌疑人的移送起诉应当受理。此外，根据《检察规则》第 252 条第 1 款规定，人民检察院直接受理侦查的共同犯罪案件，如果同案犯罪嫌疑人在逃，但在案犯罪嫌疑人犯罪事实清楚，证据确实、充分的，对在案犯罪嫌疑人应当根据本规则第 237 条的规定分别移送起诉或者移送不起诉。根据上述规定可以推导出，在审查起诉环节，虽然同案犯莫某逃匿，但只要曾某涉案的事实清楚，证据确实、充分，符合起诉条件时，可以先对其单独起诉。否则，若莫某长期不到案，曾某的刑事责任始终无法确认。

  11. 莫某被通缉一年后不能到案，A 市检察院可否直接向 A 市中级法院提出没收违法所得的申请？为什么？

  答案：可以。莫某涉嫌受贿罪，且通缉一年后不能到案，符合没收违法所得的适用条件；同时案件已在审查起诉阶段，A 市检察院无须将案件退回 A 市监察委，可直接向 A 市中级法院提出没收违法所得的申请。

  难度：中

  考点：没收违法所得程序的启动

  命题和解题思路：本题主要考查没收违法所得程序的启动。解题时要注意：第一，莫某是否符合没收违法所得的条件；第二，检察院可否直接启动该程序。

答案解析：根据《检察规则》第528条规定，在人民检察院审查起诉过程中，犯罪嫌疑人死亡，或者贪污贿赂犯罪、恐怖活动犯罪等重大犯罪案件的犯罪嫌疑人逃匿，在通缉一年后不能到案，依照刑法规定应当追缴其违法所得及其他涉案财产的，人民检察院可以直接提出没收违法所得的申请。在人民法院审理案件过程中，被告人死亡而裁定终止审理，或者被告人脱逃而裁定中止审理，人民检察院可以依法另行向人民法院提出没收违法所得的申请。由此可见，A市检察院可直接启动没收违法所得的申请。

12. 莫某被抓获归案，A市检察院起诉至A市中级法院，A市中级法院可否与没收莫某违法所得一案一并审理？为什么？

答案：不能一并审理。因在逃的莫某已到案，A市中院对于没收违法所得程序应当裁定终止审理。

难度：中

考点：没收违法所得程序的终止

命题和解题思路：本题主要考查没收违法所得程序的终止。需要注意，一并审理和由同一审判组织审理的区别。

答案解析：根据《法院解释》第625条规定，在审理申请没收违法所得的案件过程中，在逃的犯罪嫌疑人、被告人到案的，人民法院应当裁定终止审理。人民检察院向原受理申请的人民法院提起公诉的，可以由同一审判组织审理。因此，一并审理的说法不正确，应当先将原没收程序终止审理。A市检察院再次起诉到A市中院，可以由同一审判组织审理。

评分细则（共56分）

1-12题满分为：5分、4分、4分、4分、4分、8分、5分、5分、4分、4分、5分、4分

1. 正确（2分）。涉嫌向公职人员行贿（2分），案情重大（1分）。
2. 受贿罪的共同犯罪（2分）。利用黄某的职务便利形成了共同故意（1分），收受他人财物为他人谋取利益（1分）。
3. 不成立（2分）。收受了财物已经构成受贿罪的既遂（1分），退还60万元属于犯罪既遂后的退赃行为（1分）。
4. 不可以（2分）。黄某职务犯罪应由监察委立案调查（2分）。
5. 构成行贿罪（2分）。为谋取不正当利益给予国家工作人员财物（2分）。
6. 观点一：不成立侵占罪（2分），苏某已经丧失财物所有权，林某没有返还义务（2分）；观点二：成立侵占罪（2分），林某并不能取得该财物所有权，变占有为所有仍构成侵占（2分）。
7. 构成非法拘禁罪（2分），教唆犯（1分），唆使王某、何某非法拘禁林某（2分）。
8. 拘禁林某成立非法拘禁罪（1分），对林某头部实施猛击构成故意杀人罪（1分），误以为林某已经死亡抛尸属于事前故意（或者结果的推迟发生，1分），成立故意杀人罪既遂（1分），与非法拘禁罪数罪并罚（1分）。
9. 如需在C省范围内通缉，由C省检察院作出通缉决定（1分），C省公安机关发布通缉令（1分）；如需在全国范围内通缉，由最高人民检察院作出通缉决定（1分），公安部发布通缉令（1分）。
10. 可以（2分）。同案犯罪嫌疑人在逃，但在案犯罪嫌疑人犯罪事实清楚、证据确实、充分，对在案犯罪嫌疑人可以起诉（2分）。
11. 可以（2分）。涉嫌受贿罪（1分），通缉一年后不能到案（1分），案件已在审查起诉阶段，可以直接提出没收违法所得的申请（1分）。
12. 不能一并审理（2分）。莫某到案，法院应当裁定终止没收违法所得程序的审理（2分）。

第三题（本题 50 分）

一、试题

案情： 2011 年 9 月 24 日中午，薛某与王某商议，提出以杀人埋尸的手段弄钱，王某同意。当晚，二人驾驶王某的摩托车先后两次寻找埋尸的地点未果，遂将买来作案用的铁锹藏匿于某公园一草丛内。9 月 25 日，薛某又打电话给王某提出一起弄钱，王某拒绝。9 月 26 日 19 时许，薛某独自一人来到街上，租用李某的轿车（价值 49503 元）前往 A 市，当车行驶至一村庄附近时，薛某要求停车，并和李某一同下车。在李某准备上车时，薛某持随身携带的刀捅刺李某 10 刀，致李某左锁骨下动脉破裂引发大出血死亡。后薛某驾驶该车将李某尸体抛至一废弃工厂附近草地内，从李某身上和车上获得现金 100 元、手机 1 部（价值 2000 元），随后将李某的车以 5000 元的价格卖给其朋友谭某。

2011 年 11 月，王某与曹某商定，用曹某的身份证办理一张银行卡供王某转账使用，并许诺给曹某 200 元的"好处费"。办好银行卡后，王某将银行卡拿走并设定了密码。2012 年 2 月 1 日，曹某不愿将其名下的银行卡继续提供给王某使用，遂到银行办理挂失手续并冻结了账户内资金，办理过程中曹某得知该账户内有 50 万元资金。后王某找到曹某，表示愿意给好处费，让曹某取消挂失，但协商未果。2 月 9 日，曹某在银行补办了新卡并重新设定了密码，通过银行转账方式将原账户内的 50 万元转入自己新卡账户内。

王某得知曹某转钱后，打电话质问曹某，两人在电话里发生争执，均扬言要砍杀对方。之后，王某打电话给派出所，派出所民警到王某家劝解，王某表示只要曹某前来道歉，就不再与曹某发生争执。随后派出所民警离开，王某给曹某打电话，让其到自己家道歉。

当日凌晨 1 时 30 分许，曹某邀约朋友共 4 人持刀乘坐出租车来到王某家楼下。王某听见汽车声后，从厨房拿了一把尖刀从后门出来绕到房屋左侧，被曹某发现，两人均称要砍死对方，然后互相持刀打斗，王某将曹某右侧胸肺等处刺伤，致曹某急性失血性休克，因呼吸衰竭死亡；曹某持刀将王某头顶部、左胸壁等处砍伤，将王某左手腕砍断，经法医鉴定，王某系重伤。王某受伤后乘车前往医院，途经派出所时，向派出所报案，称其杀了人来投案，现在要到医院去治伤，有事到医院找他。后警方在医院将王某抓捕，王某到案后交代了和曹某纠纷的前因后果以及双方打斗的事实，但坚称自己无罪。

审讯期间，王某又交代了自己曾和薛某商量杀人抢钱的犯罪事实，根据王某提供的线索，警方将逃亡在外的薛某抓获，根据薛某的交代将卖给谭某的车辆追回并返还给李某的妻子何某。

法院审理期间，王某提出在侦查阶段有立功的事实，但侦查机关未予认定，请求法院予以认定。薛某委托的辩护律师高某提出公诉人是被害人李某委托的诉讼代理人的姐夫，要求其回避，合议庭审查后认为不属于法定回避事由，当庭驳回了高某的申请。后在庭审过程中，高某认为公诉人有诱导性发问，而法庭对自己的异议未予支持，遂退出法庭以示抗议。合议庭休庭后，高某提出为保障薛某的辩护权，申请重新参加庭审，合议庭同意了其申请。

问题：

1. 对薛某和王某于 2011 年 9 月 24 日实施的行为，应当如何定性？为什么？
2. 薛某 2011 年 9 月 26 日实施的行为成立何罪？为什么？
3. 对薛某 2011 年 9 月 26 日实施的行为，王某是否应当负刑事责任？为什么？
4. 对曹某转账的行为，应当如何定性？为什么？
5. 对王某与曹某打斗的行为，能否认定为正当防卫？为什么？
6. 对王某能否认定为自首？为什么？
7. 公安机关将卖给谭某的车辆追回并返还给李某的妻子，这一做法是否正确？为什么？
8. 对于王某提出认定其立功的请求，法院应当如何处理？
9. 法庭当庭驳回高某申请的做法是否正确？为什么？
10. 法庭同意高某重新参加庭审的申请是否正确？为什么？

二、案例来源

1. 刘某抢劫案①
2. 曹某某侵占案②
3. 周某某故意杀人案③

三、总体命题思路

本题属于刑法与刑事诉讼法相结合的综合试题。题目的案件事实改编自多个实践案例。就刑法知识而言，本题以抢劫罪、盗窃罪、侵占罪、故意杀人罪等常见罪名切入，注重刑法总则知识和刑法分则知识的综合考查，对考生基础知识的掌握程度和运用能力要求较高。本题考查的刑法总则知识点主要有共同犯罪、共犯脱离与中止、共谋共同正犯、犯罪预备、正当防卫、自首等；考查的刑法分则知识点主要有抢劫罪、侵占罪、盗窃罪、信用卡诈骗罪、故意伤害罪等罪名。要准确作答本题，考生需要准确把握刑法总则知识点的基本内涵，正确理解刑法分则具体罪名的构成要件，这样才能在有限的考试时间里迅速抓取到案件事实中所涉及的考点并予以准确分析。同时，本题还将刑事诉讼法的内容融合于案件事实之中，需要考生结合刑事诉讼相关司法解释的规定，对案件中涉及的刑事诉讼考点予以准确分析。

四、答案精讲

> 1. 对薛某和王某于 2011 年 9 月 24 日实施的行为，应当如何定性？为什么？

答案：薛某和王某构成抢劫罪的共同犯罪，其犯罪形态为犯罪预备。薛某与王某商议以杀人埋尸的方式弄钱，属于为了劫取财物而预谋故意杀人的行为，成立抢劫罪；二人就抢劫行为进行商议，并实施了寻找埋尸地点等行为，属于共同犯罪；二人尚未着手实施强行劫取财物的行为，因未找到埋尸地点而停下来，属于犯罪预备。

---

① 参见中华人民共和国最高人民法院刑事审判第一、二、三、四、五庭主办：《刑事审判参考》（总第 96 集），法律出版社 2014 年版，第 949 号案。
② 参见中华人民共和国最高人民法院刑事审判第一、二、三、四、五庭主办：《刑事审判参考》（总第 95 集），法律出版社 2014 年版，第 938 号案。
③ 参见中华人民共和国最高人民法院刑事审判第一、二、三、四、五庭主办：《刑事审判参考》（总第 46 集），法律出版社 2006 年版，第 363 号案。

刑事综合大题

案情结构图

薛某以杀人埋尸的方式弄钱

- **第一次商议，王某同意薛某的提议**：2011年9月24日中午，薛某与王某商议，提出以杀人埋尸的手段弄钱，王某同意
  - **犯罪准备**：当晚，二人驾驶王某的摩托车先后两次寻找埋尸的地点未果，遂将买来作案用的铁锹藏匿于某公园一草丛内
- **第二次商议，王某不同意薛某的提议**：9月25日，薛某又打电话给王某提出一起弄钱，王某拒绝
- **薛某独自上街抢劫**
  - ① 盯上被害人李某：9月26日19时许，薛某独自一人来到街上，租用李某的轿车（价值49503元）前往A市，当车行驶至一村庄附近时，薛某要求停车，并和李某一同下车
  - ② 薛某捅刺李某致其死亡：在李某准备上车时，薛某持随身携带的刀捅刺李某10刀，致李某左锁骨下动脉破裂引发大出血死亡
  - ③ 薛某将李某抛尸，并获得其随身携带的钱财，后将李某的车卖掉：薛某驾驶该车将薛某尸体抛至一废弃工厂附近草地内，从李某身上和车上获得现金100元、手机1部（价值2000元），随后将李某的车以5000元的价格卖给其朋友谭某

王某与曹某因银行卡相互打斗

- **案件背景**
  - ① 双方约定：2011年11月，王某与曹某商定，用曹某的身份证办理一张银行卡供王某转账使用，并许诺给曹某200元的"好处费"
  - ② 办好银行卡后，王某将银行卡拿走并设定了密码
  - ③ 曹某不愿继续借用银行卡：2012年2月1日，曹某不愿将其名下的银行卡继续提供给王某使用，遂到银行办理挂失手续并冻结了账户内资金，办理过程中曹某得知该账户内有50万元资金
  - ④ 双方协商未果：王某找到曹某，表示愿意给好处费，让曹某取消挂失，但协商未果
  - ⑤ 曹某将卡内金钱转移：2月9日，曹某在银行补办了新卡并重新设定了密码，通过银行转账方式将原账户内的50万元转入自己新卡账户内
  - ⑥ 双方产生争执：王某得知曹某转钱后，打电话质问曹某，两人在电话里发生争执，均扬言要砍杀对方
  - ⑦ 王某报警：王某打电话给派出所，派出所民警到王某家劝解，王某表示只要曹某前来道歉，就不再与曹某发生争执。随后派出所民警离开，王某给曹某打电话，让其到自己家道歉
  - ⑧ 双方出现打斗
    - A. 当日凌晨1时30分许，曹某邀约朋友共4人持刀乘坐出租车来到王某家楼下
    - B. 王某听见汽车声后，从厨房拿了一把尖刀从后门出来绕到房屋左侧
    - C. 两人均称要砍死对方，然后互相持刀打斗，王某将曹某右侧胸肺等处刺伤，致曹某急性失血性休克、因呼吸衰竭死亡；曹某持刀将王某头顶部、左胸壁等处砍伤，将王某左手腕砍断，经法医鉴定，王某系重伤
  - ⑨ 王某自首
    - 王某受伤后乘车前往医院，途经派出所时，向派出所报案，称其杀了人来投案，现在要到医院去治伤，有事到医院找他
    - 后警方在医院将王某抓捕，王某到案后交代了和曹某纠纷的前因后果以及双方打斗的事实，但坚称自己无罪
  - ⑩ 王某交代其他案件事实
    - 审讯期间，王某又交代了自己曾和薛某商量杀人抢钱的犯罪事实
    - 根据王某提供的线索，警方将逃亡在外的薛某抓获，根据薛某的交代将卖给谭某的车辆追回并返还给李某的妻子何某

法院审理期间的相关问题

- ① 王某主张存有立功事实：王某提出在侦查阶段有立功的事实，但侦查机关未予认定，请求法院予以认定
- ② 薛某律师高某提出案涉公诉人之回避
  - 处理结果：法院审理期间，薛某委托的辩护律师高某提出公诉人是被害人李某委托的诉讼代理人的姐夫，要求其回避，合议庭审查后认为不属于法定回避事由，当庭驳回了高某的申请
- ③ 律师高某退庭以示抗议后又申请重新参加庭审
  - 在庭审过程中，高某认为公诉人有诱导性发问，而法庭对自己的异议未予支持，遂退出法庭以示抗议。合议庭休庭后，高某提出为保障薛某的辩护权，申请重新参加庭审，合议庭同意了其申请

· 91 ·

难度：中

考点：犯罪预备；犯罪未遂；共同犯罪

命题和解题思路：本题旨在考查共同犯罪以及犯罪预备、犯罪未遂的界限。共同犯罪的考点并不难，但是要注意区分犯罪预备与犯罪未遂的界限，二者区分标准在于是否着手。

答案解析：《最高人民法院关于抢劫过程中故意杀人案件如何定罪问题的批复》规定，行为人为劫取财物而预谋故意杀人，或者在劫取财物过程中，为制服被害人反抗而故意杀人的，以抢劫罪定罪处罚。行为人实施抢劫后，为灭口而故意杀人的，以抢劫罪和故意杀人罪定罪，实行数罪并罚。二人为了弄钱而埋尸杀人，成立抢劫罪。二人就抢劫行为进行商议，并实施了寻找埋尸地点等行为，属于共同犯罪；但是，二人尚未着手实施强行劫取财物的行为，因未找到埋尸地点而停下来，属于犯罪预备。

2. 薛某2011年9月26日实施的行为成立何罪？为什么？

答案：薛某成立抢劫罪。薛某为了劫取财物而对李某实施故意杀人的暴力行为，依法只构成抢劫罪。

难度：中

考点：抢劫罪；故意杀人罪；罪数

命题和解题思路：本题考查的是法考中的常考点，即故意杀人罪与抢劫罪的界限，考生需要准确理解司法解释的规定，才能准确作答。

答案解析：《最高人民法院关于抢劫过程中故意杀人案件如何定罪问题的批复》规定，行为人为劫取财物而预谋故意杀人，或者在劫取财物过程中，为制服被害人反抗而故意杀人的，以抢劫罪定罪处罚。行为人实施抢劫后，为灭口而故意杀人的，以抢劫罪和故意杀人罪定罪，实行数罪并罚。本案中，薛某为了劫取财物而对李某实施故意杀人的暴力行为，依法只构成抢劫罪。

3. 对薛某2011年9月26日实施的行为，王某是否应当负刑事责任？为什么？

答案：王某应负刑事责任。王某与薛某就抢劫行为进行了商议，王某未实施实行行为，二人属于共谋共同正犯，王某仍然要对薛某的抢劫行为负责。此外，王某不构成共谋共同正犯的中止，其虽然表示拒绝，但并未切断与后续抢劫行为的联系。因此，王某仍然要对薛某9月26日实施的抢劫行为负刑事责任。

难度：难

考点：共谋共同正犯；共犯中止；犯罪预备

命题和解题思路：本题的难度较大，考生要熟悉共谋共同正犯的认定规则，同时还要熟悉共同犯罪中止的认定方法。

答案解析：首先，所谓的共谋共同正犯，是指数人共谋共同犯罪，参与谋议的一人或数人并不参与实行，而推由他人实行，仅参与共谋而未参与实行者也被论以正犯的情形。目前，我国法考通说与实务皆承认这一概念。成立共谋共同正犯，要求有共同谋议的事实与他人的实行两个条件。本案中，王某与薛某就抢劫行为进行了商议，王某虽未实施实行行为，但二人属于共谋共同正犯，王某仍然要对薛某的抢劫行为负责。

其次，现代刑法以保护法益为其本质要求，因此脱离者要想脱离、中止共犯关系，必须消除自己行为对其他共犯者所造成的物理或心理的因果关系。对于共谋共同正犯，如果脱离共谋关系者将脱离的意思在其他共谋者着手实行行为以前传达给其他共谋者，并得到其他共谋者的接受和认同，那么最初的共谋关系和最后的实行行为之间的因果关系被切断，共谋行为对其他事后实行者的心理支撑不再存在，此时脱离者对其他共谋人造成的未遂或者既遂后果不必承担责任，应按（预备阶段的）中止犯处罚。也即共谋共同正犯着手实行前要成立预备阶段的中止，需要满足两个条件：有脱离共犯关系的意思，并向对方明确表示；中止意思被对方接受。本案中，王某不构成共谋共同正犯的中止，其虽然表示拒绝，但并未得到薛某的接受，薛某后续仍然按照二人商议的方式去实施了抢劫行为，表明王某没有切断与后续抢劫行为的联系。因此，王某仍然要对薛某9月26日实施的抢劫行为负刑事责任。

4. 对曹某转账的行为，应当如何定性？为什么？

答案：构成侵占罪。曹某所转走的财物属于王某所有，但该笔财物在曹某的卡中，曹某原本合法地占有该笔财物，属于刑法上代为保管的他人财物。曹某在合法占有该财物的前提下，采用转账的方式将其转入自己的新账户内，变合法占有为非法占有，成立侵占罪。

难度：难

考点：盗窃罪；信用卡诈骗罪；侵占罪

命题和解题思路：本题通过借卡开户以及转账行为，将信用卡诈骗罪、盗窃罪、侵占罪结合在一起进行考查，具有一定难度，考生需要熟知几个罪的犯罪构成，才能作出准确判断。

答案解析：曹某之所以不构成盗窃罪，是因为该笔财物原本就在曹某的卡中，属于曹某所占有，因而其不符合盗窃罪破坏他人占有的特征。

曹某也不构成信用卡诈骗罪，曹某是该银行卡的合法持卡人，其使用该卡转账的行为不符合冒用他人信用卡的情形。

5. 对王某与曹某打斗的行为，能否认定为正当防卫？为什么？

答案：不能认定为正当防卫。二人均以侵害对方的意图实施侵害对方的行为，属于互殴，不成立正当防卫。

难度：中

考点：正当防卫

命题和解题思路：本题旨在通过对正当防卫成立条件的考查，让考生认识到互殴情形是不成立正当防卫的。

答案解析：在认定正当防卫时，相互斗殴（互殴）原则上不能成立正当防卫，因为相互斗殴是指双方参与人各自出于向对方施加不法侵害的故意而相互侵害对方的情形。其一，行为人都有妨害社会管理秩序、加害对方的意思，并且客观上实施了侵害对方的行为，双方缺乏防卫意思。其二，从人身法益的角度看，因为存在被殴打者的被害人承诺，一方的行为不具有侵害对方人身法益的违法性，缺乏正当防卫的前提条件。其三，从社会法益的角度看，双方的行为都是不法行为，而非制止不法侵害的防卫行为。本案中，曹某邀约4人持刀来到王某家，王某手持尖刀，两人均称要砍死对方，相互持刀打斗，属于互殴，不符合正当防卫的成立条件，依法不能认定为正当防卫。

6. 对王某能否认定为自首？为什么？

答案：能认定为自首。王某向派出所投案后以要去医院治伤为由离开，仍然成立自动投案；王某交代了全部犯罪事实，其认为自己无罪，系对行为性质的辩解，不影响自首的认定。

难度：中

考点：自首

命题和解题思路：本题考查的是自首的认定，考生需要牢牢把握自首的成立条件，在具体案件中予以准确判断。

答案解析：设立自首制度的主要目的在于通过鼓励行为人自动投案，节约司法资源，提高诉讼效率。《最高人民法院关于处理自首和立功具体应用法律若干问题的解释》规定，自动投案，是指犯罪事实或者犯罪嫌疑人未被司法机关发觉，或者虽被发觉，但犯罪嫌疑人尚未受到讯问、未被采取强制措施时，主动、直接向公安机关、人民检察院或者人民法院投案。犯罪嫌疑人向其所在单位、城乡基层组织或者其他有关负责人员投案的；犯罪嫌疑人因病、伤或者为了减轻犯罪后果，委托他人先代为投案，或者先以信电投案的；罪行尚未被司法机关发觉，仅因形迹可疑，被有关组织或司法机关盘问、教育后，主动交代自己的罪行的；犯罪后逃跑，在被通缉、追捕过程中，主动投案的；经查实确已准备去投案，或者正在投案途中，被公安机关捕获的，应当视为自动投案。如实供述自己的罪行，是指犯罪嫌疑人自动投案后，如实交代自己的主要犯罪事实。

本案中，王某因为身受重伤，在向派出所投案后以要去医院治伤为由离开，不属于逃跑，仍然成立自动投案；抓捕到案后，王某交代了全部犯罪事实，其虽然认为自己无罪，但这属于对其行为性质的辩解，不影响自首的认定。因此，王某成立自首。

7. 公安机关将卖给谭某的车辆追回并返还给李某的妻子，这一做法是否正确？为什么？

答案：做法正确。因为谭某以明显低于市场价格购买的车辆属于应当予以追缴的赃物，且薛某杀人抢车的犯罪事实清楚，该车辆属权属明确无争议的被害人的合法财产，返还不影响案件的正常办理。

难度：难

考点：涉案财物的返还

命题和解题思路：本题主要考查了涉案财物的处置问题。解题时，一是注意谭某明显是以低于市场价格购得车辆，二是涉案财物的权属无争议。

答案解析：根据《最高人民法院关于刑事裁判涉财产部分执行的若干规定》第11条规定，被执行人将刑事裁判认定为赃款赃物的涉案财物用于清偿债务、转让或者设置其他权利负担，具有下列情形之一的，人民法院应予追缴：（1）第三人明知是涉案财物而接受的；（2）第三人无偿或者以明显低于市场的价格取得涉案财物的；（3）第三人通过非法债务清偿或者违法犯罪活动取得涉案财物的；（4）第三人通过其他恶意方式取得涉案财物的。第三人善意取得涉案财物的，执行程序中不予追缴。作为原所有人的被害人对该涉案财物主张权利的，人民法院应当告知其通过诉讼程序处理。本案中，该车价值49503元，谭某以5000元的价格购买，属于以明显低于市场价格取得涉案财物，应当予以追缴。同时根据《公安机关办理刑事案件程序规定》第234条第1款规定，有关犯罪事实查证属实后，对于有证据证明权属明确且无争议的被害人合法财产及其孳息，且返还不损害其他被害人或者利害关系人的利益，不影响案件正常办理的，应当在登记、拍照或者录音录像和估价后，报经县级以上公安机关负责人批准，开具发还清单返还，并在案卷材料中注明返还的理由，将原物照片、发还清单和被害人的领取手续存卷备查。从材料可知，薛某杀人抢车的犯罪事实清楚，该车辆权属明确，返还不影响其他被害人或者利害关系人的利益，不影响案件的正常办理，因此公安机关及时返还被害人的妻子的做法是正确的。

8. 对于王某提出认定其立功的请求，法院应当如何处理？

答案：法院应当要求有关机关提供证明材料或者要求有关人员作证，并结合其他证据作出是否存在立功的认定。

难度：中

考点：立功的认定

命题和解题思路：本题主要考查了在庭审过程中对于可能存在立功、自首等法定量刑情节的认定。解题时注意不是在庭审过程中提出立功线索，而是之前已经提出而未予认定。

答案解析：根据《法院解释》第144条第2款规定，对被告人及其辩护人提出有自首、坦白、立功的事实和理由，有关机关未予认定，或者有关机关提出被告人有自首、坦白、立功表现，但证据材料不全的，人民法院应当要求有关机关提供证明材料，或者要求有关人员作证，并结合其他证据作出认定。

9. 法庭当庭驳回高某申请的做法是否正确？为什么？

答案：不正确。高某申请回避的事由属于法定事由，即公诉人与诉讼代理人存在利害关系，可能影响案件的公正处理。对于此申请，法庭应宣布休庭，通知检察院，由检察长决定公诉人是否回避。

难度：中

考点：回避

命题和解题思路：本题主要考查了2021年《法院解释》中增加的内容，即庭审过程中对公诉人提出回避申请的处理。

答案解析：根据《刑事诉讼法》第29条规定，审判人员、检察人员、侦查人员有下列情形之一的，应当自行回避，当事人及其法定代理人也有权要求他们回避：（1）是本案的当事人或者是当事人的近亲属的；（2）本人或者他的近亲属和本案有利害关系的；（3）担任过本案的证人、鉴定人、辩护人、诉讼代理人的；（4）与本案当事人有其他关系，可能影响公正处理案件的。高某提出的公诉人系诉讼代理人的姐夫这一回避事由属于法定事由。而根据《法院解释》第36条规定："当事人及其法定代理人申请出庭的检察人员回避的，人民法院应当区分情况作出处理：（一）属于刑事诉讼法第二十九条、第三十条规定情形的回避申请，应当决定休庭，并通知人民检察院尽快作出决定；……"因此，法庭直接驳回回避申请的做法是错误的，应当通知检察院，由检察长作出是否回避的决定。

10. 法庭同意高某重新参加庭审的申请是否正确？为什么？

答案：不正确。高某属于擅自退庭，按照《法院解释》的规定，不得继续担任本案的辩护人。因此，合议庭对于高某重新参加庭审的请求不应同意。如果薛某要求另行委托辩护人或者要求法院为其指派法律援助律师，合议庭应当宣布休庭。

难度：难

考点：律师违反法庭秩序的处理

命题和解题思路：本题主要考查了2021年《法院解释》中增加的内容，解题时须注意几种违反法庭秩序的处理上的差异。

答案解析：根据《法院解释》第310条规定，辩护人严重扰乱法庭秩序，被责令退出法庭、强行带出法庭或者被处以罚款、拘留，被告人自行辩护的，庭审继续进行；被告人要求另行委托辩护人，或者被告人属于应当提供法律援助情形的，应当宣布休庭。辩护人、诉讼代理人被责令退出法庭、强行带出法庭或者被处以罚款后，具结保证书，保证服从法庭指挥、不再扰乱法庭秩序的，经法庭许可，可以继续担任辩护人、诉讼代理人。辩护人、诉讼代理人具有下列情形之一的，不得继续担任同一案件的辩护人、诉讼代理人：（1）擅自退庭的；（2）无正当理由不出庭或者不按时出庭，严重影响审判顺利进行的；（3）被拘留或者具结保证书后再次被责令退出法庭、强行带出法庭的。

从材料可知，高某属于擅自退庭，因此不能再担任本案的辩护人，而薛某属于强制辩护的情形，因此如果其要求另行委托辩护人或者要求法院为其指派律师，合议庭应当宣布休庭。

评分细则（共50分）

1-10题满分为：6分、4分、6分、6分、4分、6分、6分、3分、5分、4分

1. 构成抢劫罪（1分）的共同犯罪（1分），犯罪预备（1分）。为了劫取财物而预谋故意杀人构成抢劫（1分），共同商议构成共同犯罪（1分），尚未着手因未找到埋尸地点而停止，属于犯罪预备（1分）。
2. 抢劫罪（2分）。为了劫取财物而实施故意杀人的暴力行为，构成抢劫罪（2分）。
3. 应负刑事责任（2分）。与薛某构成共谋共同正犯（2分），未切断与后续抢劫行为的联系，不属于共谋共同正犯的中止（2分）。
4. 构成侵占罪（2分）。曹某原本合法地占有该笔财物（2分），之后变合法占有为非法占有（2分）。
5. 不能认定（2分）。二人均以侵害对方的意图实施侵害对方的行为（2分）。
6. 可以认定（2分）。向派出所投案后以要去医院治伤为由离开仍属于自动投案（2分），已经如实供述了全部犯罪事实，认为自己无罪，系对行为性质的辩解（2分）。
7. 正确（2分）。该车辆属于权属明确无争议的被害人的合法财产（2分），返还不影响案件的正常办理（2分）。
8. 要求有关机关提供证明材料（1分），或者要求有关人员作证（1分），并结合其他证据作出认定（1分）。
9. 不正确（2分）。申请回避的事由属于法定事由（1分），法庭应宣布休庭，通知检察院（1分），由检察长决定公诉人是否回避（1分）。
10. 不正确（2分）。擅自退庭不得继续担任本案的辩护人（2分）。

第四题（本题50分）

一、试题

案情：2020年10月，江宏公司因涉嫌集资诈骗罪被立案侦查，付某作为直接负责的主管人员，主动投案并如实供述犯罪事实，公安机关对其采取住所监视居住。其间，付某逃匿至外市，朋友刘某前来看望，将打听到的案件进展情况告诉他，为他分析案情，并建议不要

投案。一个月后，付某选择再次投案，如实供述犯罪事实，后被检察院批准逮捕。（事实一）

付某与吴某于 2017 年确定情人关系并同居，两人打算在付某离婚后再结婚。2019 年 1 月，吴某应付某请托，利用其担任 L 市某局副局长所形成的便利条件，分别向 L 市某市属国有企业董事长和总经理请托，为付某公司承揽项目提供帮助。2018 年 6 月至 2020 年 3 月，付某向吴某银行账户共计转账 168 万元，同时将工资卡交给吴某保管。付某给吴某转账的行为与吴某为付某提供帮助没有较为明显的对应关系。2019 年 8 月至 2020 年 6 月，付某先后两次起诉离婚，但均以撤诉告终。2020 年 8 月，付某与吴某结束情人关系。此外，吴某在 L 市的一套住房系用 2013 年的受贿款 45 万元和自己存款 45 万元购买。从 2018 年开始，付某因打算开设赌场，遂在一次朋友聚餐中，通过吴某介绍认识了所在辖区派出所所长汪某。饭后，付某找到汪某，提出每月将赌场赃款 10 万元放在信封里送给汪某。汪某答应后，回到派出所指示其他民警对该赌场"关照一下"。截至 2022 年，汪某共收受贿赂款 500 余万元。（事实二）

在该案的监察调查和刑事追诉中，付某供认：曾请托吴某利用职权为某公司总经理王某谋取不正当利益，并收到王某赠送的一块价值 50 万元的名表，将收表一事告诉吴某后，吴某没有意见。王某表示：当时确实有求于吴某，但因为与其不熟所以通过朋友找到付某打招呼，为表感谢赠与付某一块价值 50 万元的名表，几天后付某答复已将名表交给吴某，且吴某愿意提供帮助。吴某表示：我确实受付某之托给王某提供了帮助，也见到过付某佩戴这块表，但付某从未告诉我这块表是王某送的。搜查笔录显示，调查人员在付某与吴某同居住所的保险柜里搜查到了涉案名表。辨认笔录显示，王某、付某和吴某都准确辨认涉案名表。（事实三）

在付某案审查起诉期间，江宏公司的辩护律师对检察院认定的事实、罪名和拟作合规不起诉处理没有异议，检察院只对付某提起公诉。审理期间，辩护人发表意见认为付某被控集资诈骗罪罪名不当，公诉人当庭发表意见认为付某行为构成非法吸收公众存款罪。在吴某案调查期间，监察委员会扣押了涉案名表和吴某涉案的 168 万元存款，并查封了吴某名下的涉案房产。判决时该房产价值 180 万元。（事实四）

问题：

1. 就事实一，请分析刘某的刑事责任。
2. 就事实二，请分析吴某的刑事责任。
3. 就事实二，请分析汪某的刑事责任。
4. 就事实三给出的证据材料，简要分析吴某是否成立受贿罪。
5. 就事实三，请分析付某、王某的刑事责任。
6. 江宏公司的辩护律师能否代表江宏公司认罪认罚？为什么？
7. 对于事实四中公诉人当庭发表的意见，法院应如何处理？
8. 审判期间，如付某的妻子对被冻结的 168 万元提出权属异议，法院应如何处理？
9. 法院应如何处理受贿案的涉案财物？
10. 请根据上述材料分析付某的自首、立功问题。

二、案例来源

王甲受贿案[①]

[①] 参见中华人民共和国最高人民法院刑事审判第一、二、三、四、五庭编：《刑事审判参考》（总第 130 辑），人民法院出版社 2022 年版，第 1464 号案。

案情结构图

事实一：公司涉嫌犯罪，主管人员付某投案后逃跑，后又投案

- **公司被立案侦查，付某投案**：2020年10月，江宏公司因涉嫌集资诈骗罪被立案侦查，付某作为直接负责的主管人员，主动投案并如实供述犯罪事实，公安机关对其采取住所监视居住
- **监视居住期间，付某逃跑**：付某逃匿至外市，朋友刘某前来看望，将打听到的案件进展情况告诉他，为他分析案情，并建议不要投案
- **付某再次投案**：一个月后，付某选择再次投案，如实供述犯罪事实，后被检察院批准逮捕

事实二：付某借助与吴某情人关系获得各项好处

主要案情

① **两人确定情人关系**：付某与吴某于2017年确定情人关系并同居，两人打算在付某离婚后再结婚

② **付某利用吴某身份为自己的项目获得帮助**：2019年1月，吴某应付某请托，利用其担任L市某局副局长所形成的便利条件，分别向L市市属国有企业董事长和总经理请托，为付某公司承揽项目提供帮助

③ **付某向吴某汇款**：2018年6月至2020年3月，付某向吴某银行账户共计转账168万元，同时将工资卡交给吴某保管
- 付某给吴某转账的行为与吴某为付某提供帮助没有较为明显的对应关系

④ **付某离婚未果，两人终止情人关系**：2019年8月至2020年6月，付某先后两次起诉离婚，但均以撤诉告终。2020年8月，付某与吴某结束情人关系

其他信息

- **吴某购房**：吴某在L市的一套住房系用2013年的受贿款45万元和自己存款45万元购买
- **付某开设赌场**
  ① 借机与派出所所长汪某认识：从2018年开始，付某因打算开设赌场，遂在一次朋友聚餐中，通过吴某介绍认识了所在辖区派出所所长汪某
  ② 付某向汪某行贿，汪某受贿：付某找到汪某，提出每月将赌场赃款10万元放在信封里送给汪某。汪某答应后，回到派出所指示其他民警对该赌场"关照一下"
  - 截至2022年，汪某共收到贿赂款500余万元

事实三：案件监察调查和刑事追诉中付某供认为王某谋取不正当利益一案的相关证据

- **付某供认情况**：曾请托吴某利用职权为某公司总经理王某谋取不正当利益，并收到王某赠送的一块价值50万元的名表，将收表一事告诉吴某后，吴某没有意见
- **王某说辞**：当时确实有求于吴某，但因为与其不熟所以通过朋友找到付某打招呼，为表感谢赠与付某一块价值50万元的名表，几天后付某答复已将名表交给吴某，且吴某愿意提供帮助
- **吴某说辞**：我确实受付某之托给王某提供了帮助，也见到过付某佩戴这块表，但付某从未告诉我这块表是王某送的
- **搜查笔录**：调查人员在付某与吴某同居住所的保险柜里搜查到了涉案名表
- **辨认笔录**：王某、付某和吴某都准确辨认涉案名表

事实四：案件审查起诉及审理期间所涉问题

- **检察院只对付某提出公诉**：在付某案审查起诉期间，江宏公司的辩护律师对检察院认定的事实、罪名和拟作合规不起诉处理没有异议，检察院只对付某提起公诉
- **辩护人及公诉人就付某罪名存有异议**：审理期间，辩护人当庭发表意见认为付某被控集资诈骗罪罪名不当，公诉人发表意见认为付某行为构成非法吸收公众存款罪
- **吴某案调查期间，监察委查扣情况**：在吴某案调查期间，监察委员会扣押了涉案名表和吴某涉案的168万元存款，并查封了吴某名下的涉案房产，判决时该房产价值180万元

三、总体命题思路

本题是一道刑法与刑事诉讼法交叉融合的题目，在设计上重点结合了近年刑事司法改革的热点话题——刑事合规。在刑法上，不仅考查了共同犯罪、罪数理论、因果关系、自首与立功等知识点，而且考查了窝藏罪、受贿罪、行贿罪、利用影响力受贿罪、对有影响力的人行贿罪等重点罪名。特别是对受贿罪的判断，需要结合刑事证据证明规则与受贿罪的规定共同考虑。在程序法上，将认罪认罚、案外人异议、涉案财物的处理等知识点进行了重点考查。考生需要注意将刑法知识与刑事诉讼法知识融会贯通，方能准确做题。

四、答案精讲

1. 就事实一，请分析刘某的刑事责任。

答案：刘某行为成立窝藏罪。根据《刑法》第310条，窝藏罪是指明知是犯罪的人而为其提供隐藏住所、财物，帮助其逃匿的行为。在付某逃匿期间，刘某明知其实施了集资诈骗行为，仍然向"犯罪的人"付某通报案件办理情况，并且阻止其自首，属于积极作为的窝藏行为，应当成立窝藏罪。

难度：中

考点：窝藏罪、共同犯罪

命题和解题思路：本题考查考生阅读资料、分析案件的能力，重点考查对窝藏罪犯罪构成的理解与运用。窝藏罪的核心在于妨害公安、司法机关发现犯罪的人或者使公安机关不能、难以发现犯罪的人。部分考生会落入承继共犯的陷阱，但只要抓住刘某是在付某逃匿期间实施的上述行为，就可以正确解题。

答案解析：刘某行为成立窝藏罪。做对本题的关键在于理解司法实务中存在多种形式的窝藏行为。根据《刑法》第310条，窝藏罪是指明知是犯罪的人而为其提供隐藏住所、财物，帮助其逃匿的行为。窝藏罪的行为方式主要有两种，一种是有形的方式，一种是无形的方式。有形的方式主要是为被告人化装、提供资金或者逃匿的工具等。无形的方式主要包括向犯罪的人通报侦查或者追捕的动向，劝告犯罪人逃匿，将搜查的形式告知逃匿中的犯罪者，对欲告发、告诉犯罪的第三人施加压力，为犯罪的人指示逃跑路线等。本案中，在付某逃匿期间，刘某明知其实施了集资诈骗行为，仍然向"犯罪的人"付某通报案件办理情况，并且阻止其自首的行为，属于积极作为的窝藏行为，应当成立窝藏罪。部分考生会陷入"承继共犯"的陷阱，认为存在成立共同犯罪的可能性，上述观点忽视了刘某的行为是在付某实施完集资诈骗行为之后所实施的，因此并不属于承继共犯的范围。

2. 就事实二，请分析吴某的刑事责任。

答案：吴某收受付某的转账168万元，不成立受贿罪；2013年收受钱款45万元，构成受贿罪。吴某收受钱款的行为与付某请托行为之间缺乏对应关系，且吴某与付某系情人关系，无法排除吴某收受付某钱款行为系二人为重组家庭做准备的可能，故吴某收受付某钱款的行为不宜认定为受贿行为。与此同时，事实二交代，吴某2013年收受45万元贿赂款，该行为构成受贿罪。

难点：难

考点：受贿罪、行贿罪、利用影响力受贿罪、共同犯罪

命题和解题思路：本题结合共同犯罪理论考查受贿罪与利用影响力受贿罪等犯罪的相互区别与联系，特别考查了受贿罪受贿行为与行贿罪行贿行为的相互关系。解答本题时，应明确在对合犯（或称为对向犯）的关系上，受贿行为与请托行为要有明确的对应关系，需要从材料所交代的信息中找到并不存在上述对应关系的关键点。与此同时，以情人身份参与受贿犯罪也并非一定构成利用影响力受贿罪。

答案解析：本题的重点在于理解对合犯中受贿行为与请托行为之间的对应关系。受贿罪所侵犯的法益是国家公职人员职务行为的廉洁性，是否构成犯罪的关键在于受贿款项与请托行为之间是否有明确的对应关系。从事实二看，对应关系是否成立要综合考虑二人间的情感背景、经济往来情况、请托事项与收取财物的关系等多方面因素。吴某受贿行为与付某请托事项之间的对应关系并不清晰、明确，不能排除二人以结婚为目的而共同生活的合理怀疑。情人一方为另一方在事业提拔和责任追究方面建言献策、通风报信、出面斡旋有关事项，虽有违纪之嫌，但吴某与付某主观上并未将其视为一种交易，而是情感驱使下的自愿付出，因此不属于对国家工作人员职务行为廉洁性的收买行为，吴某的行为不构成受贿罪。

与此同时，材料交代"吴某在L市的一套住房系用2013年的受贿款45万元和自己存款45万元购买"，受贿款45万元属于受贿行为，应当按照受贿罪定罪处罚。

3. 就事实二，请分析汪某的刑事责任。

答案：汪某成立受贿罪和徇私枉法罪的牵连犯，应从一重处罚。汪某明知付某涉嫌开设赌场等刑事犯罪，仍然收受其钱财为其谋取利益，构成受贿罪。并且，汪某受贿后要求手下民警在查处其赌场时给予关照，属于明知是有罪的人而故意使其不受追诉，构成徇私枉法罪。根据《刑法》第399条第4款之规定，司法工作人员收受贿赂，有徇私枉法行为，同时构成受贿罪的，按照处罚较重的规定定罪处罚。

难度：中

考点：牵连犯、受贿罪、徇私枉法罪

命题和解题思路：本题重点考查了受贿并实施徇私枉法行为的定性与处罚问题，考生如果运用牵连犯理论解决有困难，可以按照《刑法》第399条第4款作答。牵连犯的考点常常是考生的失分点，因此请务必重视。

答案解析：本题的重要考点是牵连犯的处断规则。受贿行为与徇私枉法行为属于手段与目的的牵连关系，因此应当按照从一重的规则处断。此处属于司法工作人员实施的数个行为之间存在牵连关系，并不属于想象竞合犯的"一行为判断"模式，因此应当按照牵连犯理论处理。

4. 就事实三给出的证据材料，简要分析吴某是否成立受贿罪。

答案：吴某不成立受贿罪。根据《刑事诉讼法》第55条规定，认定有罪必须犯罪事实清楚，证据确实、充分，即定罪量刑的事实都有证据证明，据以定案的证据均经法定程序查证属实，综合全案证据对所认定事实已排除合理怀疑。综合事实三给出的证据材料来看，指控证据并未达到证明标准的要求，因此不能认定吴某成立受贿罪。分析如下：

（1）付某、王某和吴某三人的陈述可以证实吴某利用职权为王某谋取了利益，但并未证明吴某对付某收受王某财物一事系明知且认可。

（2）只有付某的供述可以证明吴某对付某收受财物系明知且默认，王某的供述虽然提到吴某收受财物，但系根据付某的告知所述，无法对付某的相关供述进行补强。因此，两人的

供述无法证实吴某明知且认可付某收受王某财物。

（3）由于吴某与付某同居，因此搜查笔录和辨认笔录只能用于印证付某占有涉案名表和吴某见过涉案名表。

综上，本案存在"付某收受王某给予的名表后占为己有，且未告诉吴某"的合理怀疑，现有证据无法证实吴某明知付某收受王某财物，因此无法与付某成立共同受贿。

难度：难

考点：证据分析、证明标准

命题和解题思路：本题考查考生运用证据材料分析案件事实的能力。解答本题，首先，应明确该题不是考查"吴某默认行为"是否成立受贿罪的刑法问题，而是考查根据多份材料分析共同受贿事实是否成立的证据问题；其次，考生应根据所给证据材料准确定位吴某是否构成犯罪的关键点，围绕该关键点进行分析。

答案解析：事实三中，吴某是否成立受贿罪，主要看其是否利用职务上的便利，收受他人财物，并为他人谋取利益。吴某利用职务上的便利为他人谋取利益的事实是没有争议的，由于吴某没有亲自收受财物，所以关键点就在于吴某对于付某收受财物是否认可。如果按照付某所述，吴某明知付某收受财物且不表示反对，那么吴某与付某也能成立共同受贿。但从证据材料来看，付某所述系孤证，即使运用经验和逻辑进行推理，也无法排除合理怀疑得出吴某应当系明知的结论。

---

5. 就事实三，请分析付某、王某的刑事责任。

答案：付某成立利用影响力受贿罪。付某接受请托人王某的委托，通过国家工作人员吴某的职务地位形成的便利条件，为请托人王某谋取不正当利益的行为，属于利用影响力受贿罪。

王某成立对有影响力的人行贿罪。王某作为请托人，通过国家工作人员吴某的情人付某为自己谋取不正当利益，成立对有影响力的人行贿罪。

难度：中

考点：受贿罪、利用影响力受贿罪、共同犯罪

命题和解题思路：本题考查利用影响力受贿罪与受贿罪的判断。解答时，在结合第4问的同时，要注意判断付某在王某与吴某之间的地位与作用，具体考察付某是否在此过程中与吴某或者王某形成共同犯罪关系。

答案解析：结合第4问的答案可知，根据现有证据，吴某与付某之间并未存在共同犯罪关系，即吴某对付某收受礼品的行为不能认定为主观上具有"明知"，因此排除了成立受贿罪共犯的可能性。在本案中，付某接受请托人王某的委托，通过国家工作人员吴某的职务地位形成的便利条件提供不正当利益，实际已经构成利用影响力受贿罪。王某作为请托人，构成对有影响力的人行贿罪。

---

6. 江宏公司的辩护律师能否代表江宏公司认罪认罚？为什么？

答案：不能。对于江宏公司的认罪认罚，其辩护律师不仅要独立发表意见，而且要在江宏公司签署认罪认罚具结书时进行把关，如果辩护律师代表江宏公司认罪认罚，则其发表意见和现场把关的作用形同虚设。参照《法院解释》的相关规定，由体现江宏公司意志的诉讼代表人代表公司认罪认罚最为适宜。

难度：难

考点：涉案单位的认罪认罚

命题和解题思路：本题考查涉案单位的认罪认罚问题，判断能或不能比较容易，难点在于如何准确说理。解答该题时，既要根据辩护人在认罪认罚案件中的作用进行分析，又要参考《法院解释》关于单位犯罪诉讼代表人的规定进行判断。

答案解析：根据《刑事诉讼法》第173条和174条规定，犯罪嫌疑人认罪认罚的，检察院应当告知其享有的诉讼权利和认罪认罚的法律规定，听取犯罪嫌疑人、辩护人或者值班律师、被害人及其诉讼代理人对相关事项的意见。犯罪嫌疑人自愿认罪，同意量刑建议和程序适用的，应当在辩护人或者值班律师在场的情况下签署认罪认罚具结书。从中可见，辩护人在犯罪嫌疑人认罪认罚时发挥了独立发表意见和在犯罪嫌疑人签署具结书时现场把关的作用。如果由单位的辩护律师代表单位认罪认罚，辩护律师就失去了上述两项功能，不利于涉案单位的权益保障。参照《法院解释》第338条"被告单位的诉讼代表人享有刑事诉讼法规定的有关被告人的诉讼权利"的规定和第336条第3款"诉讼代表人不得同时担任被告单位或者被指控为单位犯罪直接责任人员的有关人员的辩护人"的规定，由诉讼代表人代表单位认罪认罚最合适，涉案单位的辩护人既不能被委托担任诉讼代表人，又不能独立代表单位认罪认罚。

7. 对于事实四中公诉人当庭发表的意见，法院应如何处理？

答案：由于公诉人当庭发表了与起诉书不同的意见，属于变更起诉，所以法院应当要求检察院在指定时间内以书面方式提出；必要时，可以宣布休庭。检察院在指定时间内未提出的，法院应当根据法庭审理情况，就起诉书指控的犯罪事实依法作出判决。

难度：难

考点：变更起诉

命题和解题思路：本题考查变更起诉的程序，系2021年《法院解释》新增内容。考生需清楚本题并非考查法院审理认定罪名与检察院指控罪名不一致时的处理情况，而是考查公诉人当庭发表与起诉书明显不同意见时的处理方式。

答案解析：起诉书代表了检察院对于案件的立场，公诉人系受检察院指派出席法庭，应当在起诉书的框架内发表意见。如果发表与起诉书不同的意见且属于变更起诉的，则意味着对起诉书基本立场的改变，那么应当参照提起公诉的要求，以书面的方式进行，从而体现检察院的立场。根据《法院解释》第289条规定，公诉人当庭发表与起诉书不同的意见，属于变更、追加、补充或者撤回起诉的，人民法院应当要求人民检察院在指定时间内以书面方式提出；必要时，可以宣布休庭。人民检察院在指定时间内未提出的，人民法院应当根据法庭审理情况，就起诉书指控的犯罪事实依法作出判决、裁定。

8. 审判期间，如付某的妻子对被冻结的168万元提出权属异议，法院应如何处理？

答案：法院应当听取付某妻子的意见，必要时可以通知付某妻子出庭。

难度：中

考点：案外人异议

命题和解题思路：本题考查案外人对涉案财物的异议，系2021年《法院解释》的新增内容。解答该题，考生应注意与违法所得没收程序中的案外人异议进行区分，需清楚这里对涉案财物的调查系依附于刑事审判程序进行的，法院可以在庭外或庭上听取案外人意见。

答案解析：根据《法院解释》第279条规定，法庭审理过程中，应当对查封、扣押、冻结财物及其孳息的权属、来源等情况，是否属于违法所得或者依法应当追缴的其他涉案财物进行调查，由公诉人说明情况、出示证据、提出处理建议，并听取被告人、辩护人等诉讼参与人的意见。案外人对查封、扣押、冻结的财物及其孳息提出权属异议的，人民法院应当听取案外人的意见；必要时，可以通知案外人出庭。本案中，付某转给吴某的财产很可能是付某为准备离婚所进行的财产转移，付某的妻子当然有权对这笔财产提出权属异议。

---

9. 法院应如何处理受贿案的涉案财物？

答案：受贿案的涉案财物共三项，即被扣押的价值50万元的名表、吴某被冻结的168万元涉案款和吴某名下被查封的价值180万元的涉案房产。对于名表，应当判决没收、上缴国库。对于168万元涉案款，应当判决发还被告人吴某。对于价值180万元的房产，应当判决追缴其中45万元的份额和45万元的收益，共计90万元。

难度：难

考点：涉案财物处理

命题和解题思路：本题考查考生对涉案财物处理方式的掌握，解答时，应先明晰涉案财物对应的实体判决结论，然后结合不同状态涉案财物的处理依据，准确判断涉案财物的处理方式。

答案解析：对于第一项涉案财物，根据《法院解释》第445条规定，查封、扣押、冻结的财物及其孳息，经审查，确属违法所得或者依法应当追缴的其他涉案财物的，应当判决返还被害人，或者没收上缴国库，但法律另有规定的除外。本案中，至少可以认定名表系付某受贿所得，显然应予没收。

对于168万元涉案款，根据《法院解释》第279条规定，经审查，不能确认查封、扣押、冻结的财物及其孳息属于违法所得或者依法应当追缴的其他涉案财物的，不得没收。本案中，付某与吴某的行为不构成贿赂犯罪（以刑法部分两人行为不成立贿赂犯罪为前提），付某转给吴某的168万元不属于违法所得，显然不得没收。

对于房产，根据《法院解释》第443条第2款规定，被告人将依法应当追缴的涉案财物与其他合法财产共同用于投资或者置业的，对因此形成的财产中与涉案财物对应的份额及其收益，应当追缴。本案中，吴某将45万元受贿款与自己45万元存款共同用于置业，判决时涉案房产价值180万元，即房产价值翻了一番。因此，应当追缴用于购房的受贿款45万元和一倍增值45万元，共计90万元。

---

10. 请根据上述材料分析付某的自首、立功问题。

答案：付某在监视居住期间逃跑后再次投案，并如实供述单位实施的集资诈骗犯罪事实的行为属于"自动投案"，成立一般自首。

付某在监察调查和刑事追诉期间，主动供述自己收受请托人王某价值50万元的名表，并且通过国家工作人员吴某为请托人提供不正当帮助的行为，构成利用影响力受贿罪，成立一般自首。付某检举揭发王某实施的对有影响力的人行贿的行为，并不构成立功。

难度：难

考点：一般自首、特别自首、立功、利用影响力受贿罪

命题和解题思路：本题考查对一般自首"自动投案"特殊情形的理解与掌握。在命题上将受贿罪与利用影响力受贿罪的区分判断，作为自首问题的前置知识点。在做题时，应先判断是否属于一般自首中的"自动投案"，之后需要结合前几问的知识点，判断付某与吴某之间是否构成共同犯罪，以及付某的行为是否构成利用影响力受贿罪。

答案解析：在事实一当中，犯罪嫌疑人付某自动投案后逃跑，后出于悔罪或者其他原因再次自动投案，也应视为自动投案，只要其如实供述自己的罪行，就应当认定为一般自首。因此，付某的行为构成一般自首，符合"自动投案"的要求。

结合现有证据，付某与吴某之间并不构成共同犯罪，付某接受委托人财物，利用国家工作人员的职务便利条件，为请托人谋取不法利益的行为，应当构成利用影响力受贿罪。因此，付某主动供述自己的罪行，检举揭发王某对有影响力的人行贿，因属于对向犯，并不构成立功，应当成立一般自首。

评分细则（共50分）

1-10题满分为：3分、4分、6分、8分、5分、3分、6分、3分、6分、6分

1. 成立窝藏罪（1分）。明知付某实施集资诈骗行为，仍向其通报案件办理情况（1分），并阻止其自首（1分）。

2. 收受168万元钱款不成立受贿罪（1分），收受45万元钱款构成受贿罪（1分）。吴某收受钱款的行为与付某请托行为之间缺乏对应关系（2分）。

3. 受贿罪和徇私枉法罪的牵连犯（2分），应从一重处罚（1分）。明知付某涉嫌犯罪而收受其钱财为其谋取利益，构成受贿罪（1分）。明知其是有罪的人而故意使其不受追诉构成徇私枉法罪（1分）。受贿后徇私枉法的，按处罚较重的规定定罪处罚（1分）。

4. 不成立（1分）。认定有罪必须犯罪事实清楚，证据确实、充分，即定罪量刑的事实都有证据证明（1分），据以定案的证据均经法定程序查证属实（1分），综合全案证据对所认定事实已排除合理怀疑（1分）。三人的陈述不能证明吴某对付某收受王某财物一事系明知且认可（1分）；王某的供述系根据付某的告知所述，无法对付某的相关供述进行补强（1分）；搜查笔录和辨认笔录只能用于印证付某占有涉案手表和吴某见过涉案名表（1分）。全案证据无法排除合理怀疑（1分）。

5. 付某成立利用影响力受贿罪（1分），通过国家工作人员职务便利为请托人谋取不当利益并收受财物（1分）。王某成立对有影响力的人行贿罪（2分），向国家工作人员的情人（对国家工作人员有影响力的人）提供财物并为自己谋取不当利益（1分）。

6. 不能（1分）。如辩护律师代表江宏公司认罪认罚，则其发表意见和现场把关的作用形同虚设（2分）。

7. 属于变更起诉（1分），应要求检察院在指定时间内以书面方式提出（2分）；必要时，可以宣布休庭（1分）。检察院在指定时间内未提出的，就起诉书指控的犯罪事实作出判决（2分）。

8. 应听取其意见（1分），必要时可通知其出庭（2分）。

9. 对于名表，应判决没收、上缴国库（2分）。对于168万元涉案款，应判决发还被告人吴某（2分）。对于价值180万元的房产，应判决追缴其中45万元的份额和45万元的收益（2分）。

10. 在监视居住期间逃跑后再次投案并如实供述集资诈骗犯罪事实，构成自首（2分）。主动供述利用影响力受贿罪事实，构成自首（2分）。检举揭发王某犯罪行为，不构成立功（2分）。

民 法

第一题（本题 31 分）

一、试题

案情：2021 年 6 月 15 日，建精公司将春天里 9 号楼、10 号楼的主体工程发包给远能公司承建，远能公司完成主体工程的施工后，将该工程中的木工部分分包给周善明。7 月 19 日上午 9 时许，周善明持电锯从事木工收尾工作时，远能公司的员工方成志在楼上拆除部件，其手持的钢管不慎脱手，周善明在躲避坠落的钢管时被电锯锯伤。后经医院治疗，周善明花费医药费合计 4 万元。

12 月 15 日，周善明与锐达公司网签《商品房预售合同》，约定：（1）周善明向锐达公司购买爱情海住宅小区 3 号住宅楼 1 层 1 单元 102 房，房屋总价款 500 万元，出卖人应当于 2022 年 6 月 30 日前向买受人交付该商品房，该商品房达到交付条件后，出卖人应当于交付日期届满前 5 日（不少于 5 日）将查验房屋的时间、办理交付手续的时间地点以及应当携带的证件材料的通知书面送达买受人；（2）如锐达公司迟延交房，则按日向买受人支付已付购房款千分之六的违约金。合同签订后，周善明按约向锐达公司支付 80% 的购房款，剩余 20% 购房款待办理转移登记后一周内支付。

2022 年 7 月 15 日，锐达公司向周善明邮寄《入住通知书》，通知于 7 月 20 日前办理入住手续。周善明于 7 月 15 日办理房屋交付手续。

11 月 3 日，周善明向法院起诉锐达公司，请求：（1）解除《商品房预售合同》，锐达公司应返还已经支付的购房款及其对应的利息；（2）锐达公司支付逾期交房的违约金。在诉讼中，锐达公司提出抗辩，称迟延交房是因 2021 年年初起暴发传染病这一不可抗力因素而导致，周善明无权解除《商品房预售合同》，锐达公司无需支付违约金。

12 月 10 日，周善明在逛街时前往猫掌柜公司与猫进行互动体验，下午 2 时许，右臂被猫咬伤。周善明为此支付狂犬疫苗接种费及医疗费共计 5000 元。

2023 年 3 月 1 日，周善明起诉猫掌柜公司，请求赔偿狂犬疫苗接种费及医疗费 5000 元。在诉讼中，猫掌柜公司提出抗辩：因周善明未购买意外保险，猫掌柜公司一方应免责。据查，猫掌柜公司店铺门口的购票须知声明：如果顾客不购买意外保险，出现抓伤挠伤等情形时，猫掌柜公司无需承担法律责任。但相关证据显示，猫掌柜公司店铺门口的购票须知篇幅较长，且相关免责条款并未采取特殊方式标注以提示顾客，当天猫掌柜公司的店员也并未就前述免责事项对周善明作出提示与说明。

问题：

1. 因电锯锯伤所花费的 4 万元医药费，周善明有权向谁主张赔偿？为什么？
2. 周善明是否有权解除《商品房预售合同》？为什么？
3. 周善明是否有权请求锐达公司支付违约金？为什么？如果有权请求，锐达公司有权提出何种抗辩？为什么？

4. 猫掌柜公司的抗辩是否成立？为什么？

5. 周善明是否有权请求猫掌柜公司赔偿狂犬疫苗接种费及医疗费5000元？为什么？

二、总体命题思路

本题由三则实务案例改编而来，难度中等。本题将商品房买卖与侵权事实穿插在一起，围绕紧急避险、用人者责任、合同解除、违约金、不可抗力、格式条款、饲养动物损害责任等考点展开考查，相关考点分布于民法的总则、合同以及侵权部分，具有综合性，考生需要形成较为完整的民法知识体系。此外，本题的解答需要考生在审题时把握一些细节，例如解答第2问时，考生需要抓住《商品房预售合同》对应的几个时间节点，确认锐达公司迟延的事实以及迟延的程度。

三、案例来源

1. 北京市第三中级人民法院（2023）京03民终2996号民事判决书：北京×掌柜餐饮娱乐有限公司与鲁某饲养动物损害责任纠纷案

2. 北京市第一中级人民法院（2023）京01民终6549号民事判决书：北京×达置业有限公司与梅某兰商品房预售合同纠纷案

3. 河南省郑州市中级人民法院（2020）豫01民终10820号民事判决书：上海×杨建筑劳务有限公司、周某枪紧急避险损害责任纠纷案

四、答案精讲

> 1. 因电锯锯伤所花费的4万元医药费，周善明有权向谁主张赔偿？为什么？

答案：有权向远能公司主张赔偿。因为周善明在躲避坠落的钢管时被电锯锯伤，属于紧急避险，其损害应由引起险情的人方成志承担。方成志是远能公司的员工，在执行工作任务时不慎将钢管脱手，进而砸伤周善明，应由远能公司承担替代责任。

考点：紧急避险、用人者责任

难度：中

命题和解题思路：本题将紧急避险与用人者责任这两个考点融合在一起考查，有一定难度，考生需要在审题及分析时厘清思路。结合题干第1段中对周善明受伤过程的描述可知，本题中的赔偿应为侵权损害赔偿。具体而言，考生在审题时需要注意两点：其一，周善明是在躲避坠落的钢管时被电锯锯伤，这表明存在紧急避险的情节；其二，方成志作为直接的加害行为人，是远能公司的员工，且在执行工作任务时不慎将钢管脱手，进而砸伤周善明，对其侵权责任的分析需要考虑用人者责任规则的适用。在此基础上，考生在解答本题时，应首先结合紧急避险规则确定，周善明的损害是其自行承担，还是引起险情者方成志承担。其次结合用人者责任的规则分析方成志的责任是其自己承担，还是其用人单位远能公司为其承担替代责任。

答案解析：与周善明的损害直接相关的主体为方成志，且周善明存在紧急避险的情节。因此，应先结合紧急避险的规则分析方成志的侵权责任是否成立。《民法典》第182条第1款规定："因紧急避险造成损害的，由引起险情发生的人承担民事责任。"据此，周善明躲避坠落的钢管时被电锯锯伤，即周善明为避免自己的生命安全受到威胁而采取躲避行为，构成

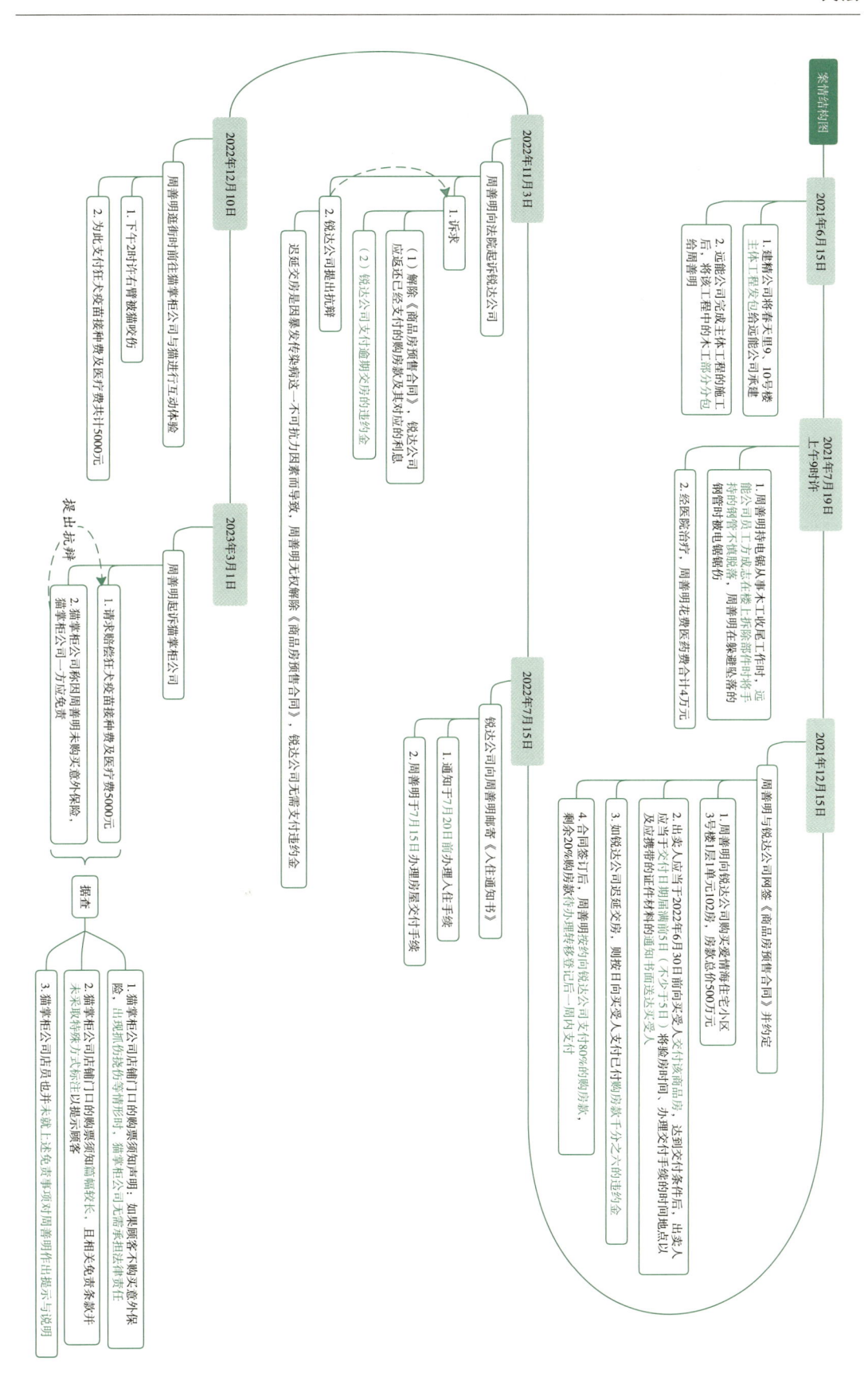

民法

案情结构图

2021年6月15日
1. 远能公司将春天明9、10号楼主体工程发包给远能公司承建
2. 远能公司完成主体工程施工后，将该工程中的木工部分分包给周春明

2021年7月19日上午9时许
1. 周春明持电锯从事木工收尾工作时，锐能公司员工方成主在楼上拆除螺栓时将手持的钢管不慎脱落，周春明在躲避时将钢管时被电锯锯伤
2. 经医院治疗，周春明花费医药费共计4万元

2021年12月15日
周春明与锐达公司网签《商品房预售合同》并约定
1. 周春明向锐达公司购买爱情海住宅小区3号楼1层1单元102房，房款总价500万元
2. 出卖人应当于交付日期届满前5日（不少于5日）将购房时间、送到交付条件后，应当将交付的证件材料的通知书面送达买受人及应携带的证件材料的通知书面送达买受人
3. 如锐达公司逾期交房，则按日每迟延一日向买受人支付已付购房款千分之六的违约金
4. 合同签订后，周春明按约向锐达公司支付80%的购房款，剩余20%购房款待办理转移登记后一周内支付

2022年7月15日
锐达公司向周春明邮寄
1. 通知于7月20日前办理入住通知书》
2. 周春明于7月15日办理房屋交付手续

2022年11月3日
周春明向法院起诉锐达公司
1. 诉求
   （1）解除《商品房预售合同》，锐达公司应返还已经支付的购房款及其对应的利息
   （2）锐达公司支付逾期交房及其对应的违约金
2. 锐达公司提出抗辩
迟延交房是因暴发传染病这一不可抗力因素而导致，周春明无权解除《商品房预售合同》，锐达公司无需支付违约金

2022年12月10日
1. 下午2时许右臀被猫咬伤
2. 为此支付狂犬疫苗接种费及医疗费共计5000元
周春明逛街时前往猫掌柜公司与猫进行互动体验

2023年3月1日
周春明起诉猫掌柜公司
1. 请求赔偿狂犬疫苗接种费及医疗费5000元
2. 猫掌柜公司一方应免责

据查
1. 猫掌柜公司店铺门口的购票须知写明：如果顾客不购买意外保险，出现抓伤咬伤等情形时，猫掌柜公司无需承担责任
2. 猫掌柜公司店铺门口的购票须知字体较小，未采取特殊方式标注以提示顾客
3. 猫掌柜公司店员也并未就上述免责事项对周春明作出提示与说明

提出抗辩

· 107 ·

紧急避险，应由引起险情发生的人，即方成志承担侵权责任。

进而还需要分析，方成志的侵权责任是其自己承担还是由其用人单位远能公司承担。《民法典》第1191条第1款规定："用人单位的工作人员因执行工作任务造成他人损害的，由用人单位承担侵权责任。用人单位承担侵权责任后，可以向有故意或者重大过失的工作人员追偿。"据此，方成志是远能公司的员工，在执行工作任务时不慎将钢管脱手，进而砸伤周善明，远能公司应为方成志承担替代责任。

> **2. 周善明是否有权解除《商品房预售合同》？为什么？**

答案：无权解除。因为尽管锐达公司迟延交付房屋，但仅迟延了15日，并未影响《商品房预售合同》合同目的的实现，周善明并不享有法定解除权。

考点：合同解除

难度：中

命题和解题思路：从题目表述可知，本题考查的知识点是合同解除。合同解除是民法主观题考试中的重要考点。由于本题中双方并未在《商品房预售合同》中约定解除条件，周善明只能基于法定解除权解除合同。在此基础上，考生需要结合题干事实，分析出卖方锐达公司存在何种违约行为以及是否导致了合同目的无法实现。在分析时考生需要注意几个重要的时间节点，《商品房预售合同》的签订时间是2021年12月15日，约定的交付房屋期限为2022年6月30日，而实际交房时间为2022年7月15日。尽管锐达公司存在迟延履行的行为，但迟延的时间不长，且并无特别的事实表明交房时间会影响合同目的的实现。

答案解析：由于本题中双方并未在《商品房预售合同》中约定解除条件，周善明只能基于法定解除权解除合同。《民法典》第563条第1款规定："有下列情形之一的，当事人可以解除合同：（一）因不可抗力致使不能实现合同目的；（二）在履行期限届满前，当事人一方明确表示或者以自己的行为表明不履行主要债务；（三）当事人一方迟延履行主要债务，经催告后在合理期限内仍未履行；（四）当事人一方迟延履行债务或者有其他违约行为致使不能实现合同目的；（五）法律规定的其他情形。"据此，《商品房预售合同》中约定的交房时间为2022年6月30日前，而实际交房的时间为2022年7月15日，构成迟延履行。不过，锐达公司仅迟延交付15日，且题干中并无明确的事实表明这一迟延会导致《商品房预售合同》的合同目的无法实现。因此，周善明并不享有法定解除权，其无权解除《商品房预售合同》。

> **3. 周善明是否有权请求锐达公司支付违约金？为什么？如果有权请求，锐达公司有权提出何种抗辩？为什么？**

答案：（1）有权请求锐达公司支付违约金。因为锐达公司存在迟延交付房屋的违约行为，且暴发传染病对于《商品房预售合同》并非构成不可抗力，锐达公司无权据此免责，支付违约金的条件已经成就。

（2）锐达公司有权主张约定的违约金过分地高于造成的损失，请求法院减少违约金。因为锐达公司仅迟延交房15日，而《商品房预售合同》约定的违约金为每日3万元，过分高于造成的损失。

考点：违约金、不可抗力

难度：中

命题和解题思路：本题分为两个小问，均围绕违约金这一考点展开，且第 2 小问是第 1 小问的延伸。对于第 1 小问，考生应先结合题干确认双方存在有效的违约金条款，并确定违约金条款具体适用于哪些违约行为。在此基础上，考生应审查锐达公司是否存在足以触发违约金条款的违约行为，确认违约金支付的条件是否已经成就。对于第 1 小问，本题中存在一个难点，即锐达公司主张传染病构成不可抗力，是否能得到支持。对此注意结合《商品房预售合同》签订的时间，该合同签订于 2021 年 12 月 15 日，而传染病暴发于 2021 年年初，已经不再属于不可预见的客观情况，难以构成不可抗力；第 2 小问是在第 1 小问的基础上展开，考生在解答时需计算一下如果需要支付违约金，锐达公司每日需支付的具体数额，是否过分地高于迟延履行给周善明造成的损失。此外，从解题技巧的角度，本题的第 2 小问如果要有意义，则第 1 小问的答案必须是有权请求，否则第 2 小问就没有意义。据此，可以进一步佐证第 1 小问的答案应该是有权请求。

答案解析：先分析第 1 小问。周善明与锐达公司在《商品房预售合同》中针对锐达公司迟延交房的违约情形约定了日千分之六的违约金，锐达公司实际交房的时间晚于合同约定的交房时间，存在迟延交房的违约行为。不过锐达公司以不可抗力主张免责，进而无需支付违约金，考生需要分析这一抗辩是否成立。《民法典》第 180 条规定："因不可抗力不能履行民事义务的，不承担民事责任。法律另有规定的，依照其规定。不可抗力是不能预见、不能避免且不能克服的客观情况。"据此，《商品房预售合同》签订于 2021 年 12 月 15 日，而传染病暴发于 2021 年年初，对双方当事人而言并非不可预见。锐达公司在约定交房时间上理应将传染病对工期的影响等因素考虑进去，此时锐达公司基于不可抗力主张对迟延交房的行为免责，并不成立。因此，违约金支付的条件已经成就，周善明有权请求锐达公司支付违约金。

再分析第 2 小问。周善明与锐达公司在《商品房预售合同》中针对锐达公司迟延交房的违约情形约定了日千分之六的违约金。据此，可以计算得出如果锐达公司迟延交房，迟延 1 日违约金为 3 万元（500 万元×6‰），迟延 15 日的违约金总额为 45 万元，过分地高于迟延交房对周善明造成的损失。《民法典》第 585 条第 2 款规定："约定的违约金低于造成的损失的，人民法院或者仲裁机构可以根据当事人的请求予以增加；约定的违约金过分高于造成的损失的，人民法院或者仲裁机构可以根据当事人的请求予以适当减少。"据此，锐达公司有权主张约定的违约金过分地高于造成的损失，请求法院减少违约金。

4. 猫掌柜公司的抗辩是否成立？为什么？

答案：不成立。因为"顾客不购买意外保险，出现抓伤挠伤等情形时，猫掌柜公司无需承担法律责任"这一条款是格式条款，与周善明一方有重大利害关系，猫掌柜公司未尽提示说明义务，周善明有权主张该条款不构成合同内容，猫掌柜公司无权据此主张免责。

考点：格式条款

难度：中

命题和解题思路：格式条款的考点在民法主观题考试中并不多见，但仍有考查的可能。本题即围绕此考点展开。解答本题的关键在于，考生在审题与分析时，需要准确认识猫掌柜公司店铺门口的购票须知声明的法律性质。由于该条款内容是猫掌柜公司单方提供的且以重复使用为目的，构成格式条款。据此，本题涉及的问题可以转化为，该格式条款效力如何。在此基础上考生应结合格式条款的订立与效力判断的相关规则展开分析，准确判断相关格式条款的效力。

答案解析：本题题干中交代，猫掌柜公司在诉讼中提出的抗辩内容是：因周善明未购买意外保险，猫掌柜公司一方应免责。结合这一信息可知，本题涉及的核心问题是：猫掌柜公司能否免责。这一问题的解答又取决于猫掌柜公司店铺门口的购票声明效力如何。《民法典》第496条第1款规定："格式条款是当事人为了重复使用而预先拟定，并在订立合同时未与对方协商的条款。"据此，猫掌柜公司店铺门口的购票须知声明：如果顾客不购买意外保险，出现抓伤挠伤等情形时，猫掌柜公司无需承担法律责任。这一条款属于格式条款。《民法典》第496条第2款规定："采用格式条款订立合同的，提供格式条款的一方应当遵循公平原则确定当事人之间的权利和义务，并采取合理的方式提示对方注意免除或者减轻其责任等与对方有重大利害关系的条款，按照对方的要求，对该条款予以说明。提供格式条款的一方未履行提示或者说明义务，致使对方没有注意或者理解与其有重大利害关系的条款的，对方可以主张该条款不成为合同的内容。"本题中，该免责条款影响了顾客的法律救济，是有重大利害关系的条款，对于此种条款，猫掌柜公司有提示说明义务。但本题中，猫掌柜公司未履行这一义务。据此，周善明有权主张该条款不构成合同内容，进而猫掌柜的抗辩并不成立。

5. 周善明是否有权请求猫掌柜公司赔偿狂犬疫苗接种费及医疗费5000元？为什么？

答案：有权请求。因为周善明右臂被猫咬伤进而花费狂犬疫苗接种费及医疗费5000元，猫掌柜公司作为动物饲养人需承担侵权责任，且周善明并无故意或重大过失，猫掌柜公司的侵权责任不能免除或减轻。

考点：饲养动物损害责任

难度：中

命题和解题思路：结合题目表述与题干中的对应事实不难推断，本题考查的是饲养动物损害责任，属于侵权法部分的考点，难度不大。经由上题可知，猫掌柜公司的免责抗辩并不成立。因此，其作为动物饲养人需对饲养动物造成的损害承担侵权责任。据此，本题解答时考生说理的重点有二：第一，说明猫掌柜公司的动物饲养者侵权责任成立；第二，说明其侵权责任不存在免除或减轻的事由。考生在解题时容易遗漏后者，但是从说理的完整性角度，前述两点都是必要的。

答案解析：《民法典》第1245条规定："饲养的动物造成他人损害的，动物饲养人或者管理人应当承担侵权责任；但是，能够证明损害是因被侵权人故意或者重大过失造成的，可以不承担或者减轻责任。"据此，周善明右臂被猫咬伤，因此花费狂犬疫苗接种费及医疗费5000元，而猫掌柜公司是动物饲养人，应该承担侵权责任。此外，本题中受害人周善明并不存在故意或者重大过失的情节。因此，猫掌柜公司的侵权责任不得减轻或者免除。

评分细则（共31分）

1-5题满分为：8分、4分、8分、6分、5分

1. 向远能公司主张（2分），属于紧急避险（2分），其损害应由引起险情的人承担（2分），方成志执行工作任务造成损害由用人单位承担责任（2分）。
2. 无权（2分），没有影响合同目的实现或者不符合解除权条件（2分）。
3. 有权（2分），存在违约行为（1分），暴发传染病对合同履行不构成不可抗力（1分）；可以请求法院酌减违约金（2分），违约金过分高于造成的损失（2分）。
4. 不成立（2分），是对对方有重大利害关系的格式条款（2分），未尽提示说明义务不构成合同内容（2分）。
5. 有权（2分），猫掌柜公司是动物饲养人（2分），受害人无故意或重大过失（1分）。

第二题（本题 30 分）

一、试题

案情： 2018 年，狄某作为发起人之一设立亮材公司，并担任法定代表人。2020 年 1 月，鹏泰公司向亮材公司订购 10 吨二辛酯用于生产棚膜。鹏泰公司以此为原材料生产了一批棚膜。农户李某购买了部分棚膜并使用后，大棚蔬菜出现大量死亡现象。据查，大棚蔬菜大量死亡与棚膜中含有有毒物质二异丁酯有关，该棚膜质量严重不合格。亮材公司向鹏泰公司交付的 10 吨二辛酯中就含有有毒物质二异丁酯。经统计，李某遭受的经济损失为 8 万元。

2020 年 1 月，狄某与张某签订《商品房买卖合同》，约定狄某以 200 万元的总价购买张某名下商品房一套，建筑面积为 100 平方米，位于"悦海湾"小区 6 栋 1 单元 501 室。合同约定：合同签订当天狄某支付 30% 购房款，张某于一周内交房并协助办理过户登记手续，狄某应在 2 月 15 日前付清 70% 的余款，余款付清时，房屋所有权随之移转。双方同时对狄某迟延支付购房款约定了罚息。合同签订后，双方完成了交房与过户登记手续，但狄某仅按时支付了共计 80% 的购房款，剩余 40 万元购房款一直未支付。

2020 年 5 月 10 日，亮材公司与方某签订《借款协议》，约定亮材公司向方某借款 500 万元，借期 1 年，月利率为 3%。狄某加盖了亮材公司的公章，并同时在借款人与连带保证人处签字。

2020 年 6 月 5 日，狄某的父亲狄某某（55 周岁）进入昌辉公司经营的大运发超市后挑选鸡蛋放入购物袋，并将个别鸡蛋放入自己裤子口袋中，被超市员工黄某发现。狄某某在收银台结账完毕准备离开时，黄某叫住狄某某并进行交谈，其间为了防止狄某某逃离，黄某拉住狄某某的衣袖，并跟随狄某某行走，在走至冰柜旁时，狄某某突然倒地。黄某随即拨打 120。120 工作人员到达现场对狄某某急救并送至市医院，但抢救未成功。医院出具的《居民死亡医学证明书》记载狄某某的死因系心肌梗死。狄某起诉请求昌辉公司承担侵权责任，支付狄某某的丧葬费与死亡赔偿金。

2020 年 8 月 15 日，狄某与胡某签订《房屋租赁合同》，约定狄某将"悦海湾"小区 6 栋 1 单元 501 室出租给胡某，租期为 1 年，月租金为 3500 元。合同签订后，胡某与父亲入住该房。12 月，胡某在一次交通事故中意外身亡。2021 年 2 月，狄某通知胡父在半个月内清理物品并腾退房屋。

2021 年 4 月，狄某不再担任亮材公司的法定代表人，由另一位公司股东陈某接任。5 月 11 日，由于亮材公司未能按时偿还借款本息，方某起诉亮材公司、狄某与陈某，请求亮材公司返还借款本息，并请求狄某与陈某承担保证责任。

问题：

1. 李某就其遭受的 8 万元经济损失可以主张何种救济？为什么？
2. 《商品房买卖合同》效力如何？为什么？
3. 狄某针对昌辉公司的诉讼请求能否得到法院支持？为什么？
4. 狄某是否有权请求胡父腾退房屋？
5. 方某的诉讼请求是否能够得到法院的支持？为什么？

案情结构图

亮材公司简介：2018年设立，狄某作为发起人之一，并担任法定代表人

亮材公司与鹏泰公司、农民李某、方某

- **2020年1月**，鹏泰公司向亮材公司订购10吨二辛酯用于生产棚膜
  - ① 农户李某：向鹏泰公司购买的棚膜质量不合格导致大棚减产
  - ② 亮大惨死亡，遭受经济损失8万元；亮材公司向方某支付的用于生产棚膜的10吨二辛酯中含有有毒物质一萘丁酯

- **2020年5月10日**，亮材公司与方某签订《借款协议》
  - ①《借款协议》约定：亮材公司未能按时偿还借款本息等为3%
  - ② 亮材加盖亮材公司公章，在借款人处连带保证人处签字

- **2021年4月**，狄某不再担任亮材公司法定代表人，由公司股东陈某接任法定代表人

- **2021年5月11日**，方某起诉亮材公司、狄某与陈某
  - ① 起诉原因：亮材公司未能按期偿还借款本息
  - ② 诉讼请求：请求亮材公司返还借款本息，并请求狄某与陈某承担保证责任

狄某与张某某

- **2020年5月10日**，狄某与张某某签订《商品房买卖合同》
  - 合同约定：
    ① 狄某以200万元购买张某某名下商品房一套，房屋位于"悦海湾"小区6栋1单元501室
    ② 合同签订当天，狄某支付30%购房款，张某于周内交房并办理过户登记手续，2月15日前，狄某应付清70%的余款，余款付清时，房屋所有权随之移转
    ③ 对狄某迟延支付购房款约定了利息
  - 合同签订后
    ① 双方按时交房手续与过户登记手续
    ② 狄某按时支付了共计80%的购房款，剩余40万元购房款一直未支付
  - 狄某起诉请求昌辉公司承担违约责任，支付狄某的装修费与死亡赔偿金

- **2020年6月5日**，狄某某（55周岁）进昌辉公司经营的大运发超市购物
  - 各个鸭蛋放入自己口袋，被员工黄某发现，前后黄某经营的大运发超市追赶狄某撞过其衣抽，不料狄某突然倒地
  - 黄某随即拨打120、110，到达现场对狄某急救并送至市医院，但抢救未成功
  - 医院出具的《居民死亡医学证明书》记载：狄某的死亡原系心肌梗死

狄某与胡某、胡父

- **2020年8月15日**，狄某与胡某签订《房屋租赁合同》：狄某格"悦海湾"小区7栋1单元501签出租给胡某，租期为1年，月租金为3500元
  - 合同签订后
    ① 2020年12月，胡某与父亲意外身亡
    ② 2021年2月，狄某通知胡父在半个月内清理物品并腾退房屋

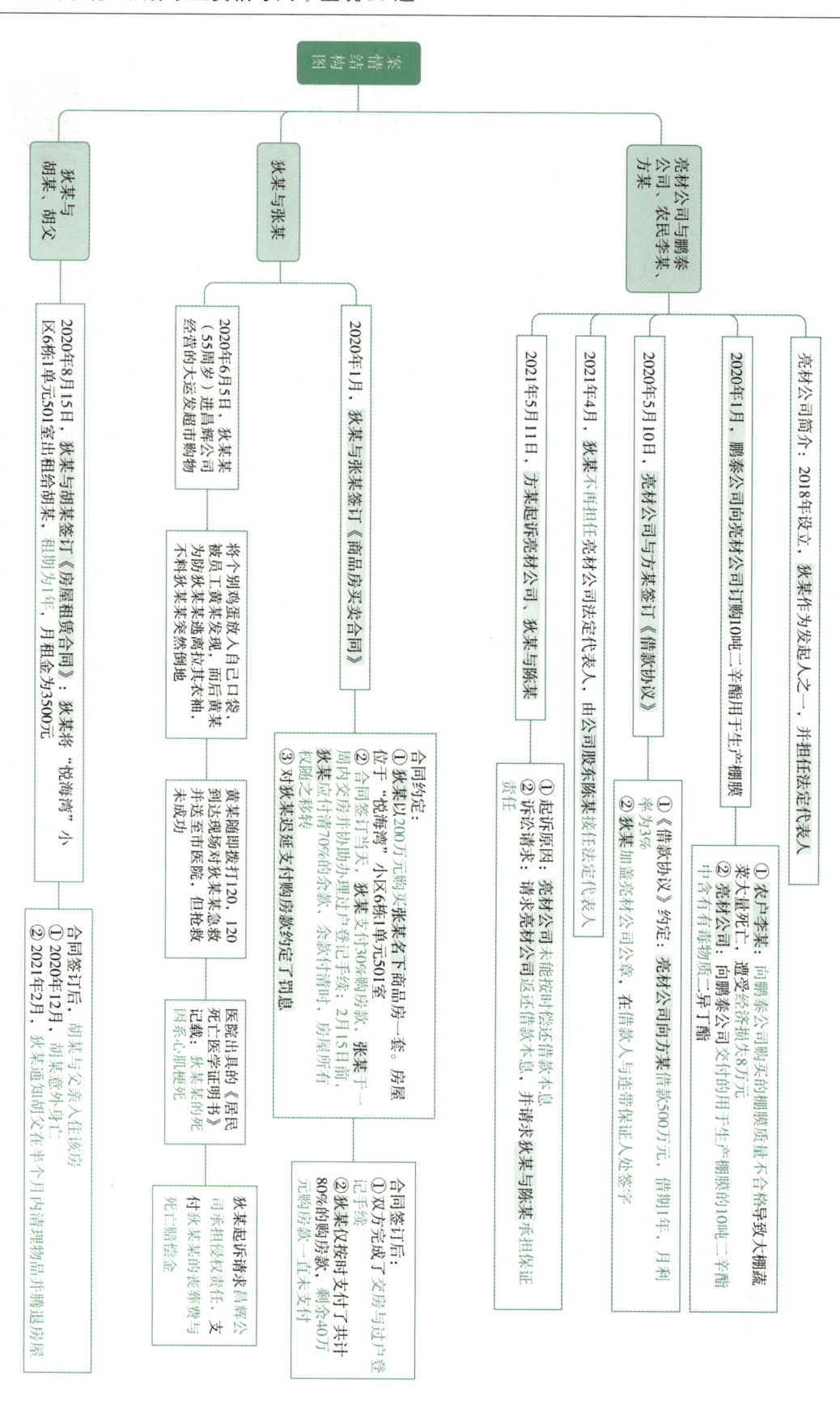

二、案例来源

1. 最高人民法院（2017）最高法民申 2339 号民事裁定书：山东齐×增塑剂股份有限公司诉东营天×塑业有限公司产品责任纠纷案
2. 江苏省南通市中级人民法院（2021）苏 06 民终 189 号民事判决书：谷某、杜某华诉崇川区辉×日用品超市生命权纠纷案

三、总体命题思路

本题改编自实务案例，考查了民法上的多个考点，包括违约责任、产品责任、非典型担保、用人者责任、租赁合同、借款合同、保证合同等，难度中等偏上。相关考点主要聚焦于合同与侵权两个领域，其中部分题目对考生思考的全面性以及表达能力都提出了较高的要求。

四、答案精讲

1. 李某就其遭受的 8 万元经济损失可以主张何种救济？为什么？

答案：（1）从合同的角度，李某可以向鹏泰公司主张违约责任。因为鹏泰公司交付的标的物不符合合同约定的质量要求，造成李某 8 万元经济损失，应承担相应的违约责任。

（2）从侵权的角度，李某既可以请求鹏泰公司承担无过错的产品责任，也可以请求亮材公司承担无过错的产品责任。因为棚膜的缺陷源于其原材料的缺陷，因此棚膜的生产者与原材料的生产者都须向受害人李某承担无过错的产品责任。

上述救济方式由李某择一行使。

难度：难

考点：违约责任、产品责任、民事责任竞合

命题和解题思路：因产品缺陷导致人身财产损害是典型的违约与侵权责任竞合的情形，法考主观题命题也十分青睐从产品缺陷的角度考查违约与侵权的竞合。从本题的文字表述来看，并未限定于合同责任或侵权责任，因此本题具有开放性。解答本题的关键点有二：（1）考生在解题时需要兼顾合同与侵权两个角度；（2）从侵权的角度分析时，本题存在一个难点：真正存在缺陷的是棚膜这一产品的原材料——二辛酯，该有缺陷的原材料是由亮材公司生产的。此种情形下，受害人既可以请求整个产品的生产者承担产品责任，也可以请求缺陷原材料的生产者承担产品责任。承担产品责任后可以内部追偿。

答案解析：先从合同角度分析，《民法典》第 617 条规定："出卖人交付的标的物不符合质量要求的，买受人可以依据本法第五百八十二条至第五百八十四条的规定请求承担违约责任。"据此结合本题，鹏泰公司作为棚膜的出卖方，交付的棚膜不符合质量要求，导致李某遭受 8 万元的财产损失，鹏泰公司应承担违约责任。需要注意的是，《民法典》第 593 条规定："当事人一方因第三人的原因造成违约的，应当依法向对方承担违约责任。当事人一方和第三人之间的纠纷，依照法律规定或者按照约定处理。"据此，尽管棚膜的质量缺陷是因为亮材公司有质量缺陷的原材料所导致，但仍由鹏泰公司承担违约责任。

再从侵权角度分析，《民法典》第 1203 条第 1 款规定："因产品存在缺陷造成他人损害的，被侵权人可以向产品的生产者请求赔偿，也可以向产品的销售者请求赔偿。"本题中，棚膜作为产品存在缺陷，并且棚膜的生产原材料二辛酯也存在缺陷，因此产品的生产者与原

材料的生产者都须向受害人承担产品责任，归责原则为无过错责任。因此，李某既可以请求鹏泰公司承担无过错的产品责任，也可以请求亮材公司承担无过错的产品责任。

2.《商品房买卖合同》效力如何？为什么？

答案：整体有效，但其中"余款付清时，房屋所有权随之移转"的约定无效。因为所有权保留买卖不适用于不动产，《商品房买卖合同》中关于所有权保留的约定是无效的，但不影响整体的合同效力。

难度：中

考点：所有权保留

命题和解题思路：本题看似考查合同的效力，但实际上涉及的是所有权保留买卖的适用范围。解答本题时存在两个关键问题需要考生分析判断：（1）考生需要结合《商品房买卖合同》的合同内容识别出其中包含所有权保留的条款，确定该商品房的买卖属于所有权保留的买卖；（2）考生需要结合所有权保留买卖的相关规定，确定所有权保留买卖适用范围，特别是明确其不适用于不动产。此外，在描述《商品房买卖合同》的效力时，考生需要树立合同整体效力与个别条款效力的区分理念，其中个别条款无效原则上不会影响整个《商品房买卖合同》的效力。

答案解析：从《商品房买卖合同》的内容来看，其中"余款付清时，房屋所有权随之移转"是典型的所有权保留的约定。《最高人民法院关于审理买卖合同纠纷案件适用法律问题的解释》第25条规定："买卖合同当事人主张民法典第六百四十一条关于标的物所有权保留的规定适用于不动产的，人民法院不予支持。"据此可知，所有权保留买卖不适用于不动产。因此《商品房买卖合同》中"余款付清时，房屋所有权随之移转"的约定是无效的。但《商品房买卖合同》的其他部分并没有效力瑕疵，仍然是有效的。

3. 狄某针对昌辉公司的诉讼请求能否得到法院支持？为什么？

答案：不能。因为黄某的行为是合法正当的，其对狄某某的损害并无过错，黄某的侵权责任并不成立，昌辉公司无须承担替代责任。

考点：侵权责任的基本构成要件、用人者责任

难度：中

命题和解题思路：用人者责任往往涉及两层侵权责任成立的判断：第一层是工作人员实施的侵权行为是否成立侵权责任。这一层面侵权责任的成立是用人单位承担侵权责任的逻辑前提。如果工作人员的侵权责任并不成立，那么也就无须再分析用人单位的侵权责任问题了。第一层的侵权责任判断往往涉及一般侵权。第二层是用人单位是否需要为工作人员的侵权责任承担无过错的替代责任。这一层侵权责任的判断，考生需要抓住两个关键因素：其一，实施侵权行为的主体是否为用人单位的工作人员；其二，该侵权行为是否在执行工作任务过程中发生。本题中，侵权的行为人是黄某，而狄某起诉的是昌辉公司。因此在解题思路上，第一步分析黄某的侵权责任是否成立。黄某的侵权属于普通侵权，考生需要从侵权责任的基本构成要件入手，分析黄某的侵权责任是否成立。第二步分析昌辉公司是否需要就黄某的行为承担无过错的替代责任。

答案解析：首先分析黄某的行为是否成立侵权责任。黄某涉及的侵权属于普通侵权，结合《民法典》第1165条第1款，如果黄某的侵权责任成立，需要满足四个构成要件：（1）加害行

为；(2) 过错；(3) 因果关系；(4) 损害。本题中，要件（2）（3）并不符合。具体而言，狄某某结账完毕离开时，黄某将狄某某叫住并进行交谈，其间为了防止狄某某逃离拉住狄某某的衣袖，并跟随狄某某行走。黄某所实施的行为都是作为超市员工可以采取的合法正当的行为，主观上并不存在过错，而且谈话以及拉住衣袖等行为与狄某某因心梗而死亡之间也并不存在相当的因果关系。黄某的侵权责任并不成立。结合《民法典》第1191条，既然黄某的侵权责任并不成立，昌辉公司自然无须承担替代责任。因此，狄某的诉讼请求不能得到法院支持。

4. 狄某是否有权请求胡父腾退房屋？

答案：无权。因为承租人胡某在房屋租赁期限内死亡，胡父作为与其生前共同居住的人有权按照原租赁合同租赁该房屋。

难度：中

考点：租赁合同

命题和解题思路：本题看似考查物权请求权中的返还原物请求权，但结合承租人胡某在房屋租赁期限内死亡这一关键事实，不难推断出本题实际上考查的是租赁合同中承租人在租赁期间内死亡这一问题，难度不大。考生只要熟悉《民法典》第732条即可轻松应对本题。

答案解析：《民法典》第732条规定："承租人在房屋租赁期限内死亡的，与其生前共同居住的人或者共同经营人可以按照原租赁合同租赁该房屋。"据此结合本题，尽管承租人胡某已经死亡，但是胡父作为与胡某生前共同居住的人，仍可以按照原租赁合同租赁该房屋，因此狄某无权请求胡父腾退房屋。

5. 方某的诉讼请求是否能够得到法院的支持？为什么？

答案：（1）方某要求亮材公司返还借款本息的诉讼请求只能得到部分支持，即借款本金与合同成立时一年期贷款市场报价利率四倍范围内的利息可以得到支持。因为《借款协议》约定的利率高于合同成立时一年期贷款市场报价利率四倍，超过了法定的利息上限，超过的利息部分无效。

（2）方某要求狄某承担保证责任的诉讼请求可以得到支持。因为狄某在《借款协议》的连带保证人处签字，意味着狄某与方某订立了有效的保证合同，狄某应对《借款协议》中的债务承担保证责任。

（3）方某要求陈某承担保证责任的诉讼请求不能得到支持。因为陈某与方某之间并无有效的保证合同，基于合同的相对性原理，狄某签订的保证合同并不约束陈某。

难度：难

考点：借款合同、保证合同、法定代表人

命题和解题思路：民法主观题的一种典型提问方式就是某人的诉讼请求能否得到法院的支持，对于此种提问方式，考生先要结合题干部分确定具有几项诉讼请求，在此基础上对各个诉讼请求一一分析即可。本题中，方某的诉讼请求有三：（1）请求亮材公司返还借款本息；（2）请求狄某承担保证责任；（3）请求陈某承担保证责任。考生需依次分析这三个主张是否成立。对于第（1）个诉讼主张，考生需要注意《借款协议》是否违反了法定的利息上限。对于第（2）个诉讼主张，涉及法定代表人因素，考生需要分析狄某签订《借款协议》，

同时在借款人与连带保证人处签字,在法律上有何含义。对于第(3)个诉讼主张,考生只要联系合同相对性原理,即可正确判断。此外,需要注意的是,既然本题中方某有三个诉讼请求,作答时应分别对三个诉讼请求作出判断与分析,切勿混为一谈。

答案解析:方某的诉讼请求有三:(1)请求亮材公司返还借款本息;(2)请求狄某承担保证责任;(3)请求陈某承担保证责任。

对于第(1)个诉讼请求,2021年5月底,由于亮材公司未能按时偿还借款本息,已经陷入履行迟延,债权人方某有权起诉请求亮材公司返还借款本息。但《借款协议》约定的利率换算为年利率是36%,大大超出了《最高人民法院关于审理民间借贷案件适用法律若干问题的规定》(以下简称《民间借贷规定》)中的利息上限。《民间借贷规定》第25条第1款规定:"出借人请求借款人按照合同约定利率支付利息的,人民法院应予支持,但是双方约定的利率超过合同成立时一年期贷款市场报价利率四倍的除外。"36%的年利率大大超出了合同成立时一年期贷款市场报价利率四倍,超过部分的利息是无效的。因此,就第一个诉讼请求,只有借款本金和一年期贷款市场报价利率四倍范围内的利息主张能得到法院支持。

对于第(2)个诉讼请求,需要结合法定代表人的行为归属加以分析。狄某签订《借款协议》,同时在借款人与连带保证人处签字,具有双重含义,一方面以亮材公司的名义签订借款合同,另一方面以自己的名义签订保证合同。前者约束亮材公司,不论法定代表人是否变更;后者仅约束狄某自己,狄某需要为该债权承担连带保证责任。因此,第二个诉讼请求可以得到支持,方某有权请求狄某承担保证责任。

对于第(3)个诉讼请求,由于《借款协议》中在连带保证人处签字的是狄某,陈某并未签字,该保证合同并不约束陈某,因此陈某无须承担保证责任。

评分细则(共30分)

1-5题满分为:9分、4分、4分、4分、9分。

1. 李某可以向鹏泰公司(1分)主张违约责任(2分),交付标的物存在质量瑕疵(1分)。可以请求亮材公司(1分)或者鹏泰公司(1分)承担无过错的产品责任(2分)。违约或侵权救济方式由李某择一行使(1分)。

2. 整体有效(1分),"余款付清时,房屋所有权随之移转"的约定无效(1分),不动产不适用所有权保留(2分)。

3. 不能(1分)。黄某没有过错(1分),其侵权责任并不成立(1分),昌辉公司无须承担替代责任(1分)。

4. 无权(2分)。承租人在房屋租赁期限内死亡,生前共同居住的人有权按照原租赁合同租赁该房屋(2分)。

5. 本金及合同成立时一年期贷款市场报价利率四倍范围内的利息可以得到支持(2分),超过部分的利息无效,不能得到支持(1分)。
要求狄某承担保证责任的诉讼请求可以得到支持(1分),因为狄某在连带保证人处签字(2分)。
要求陈某承担保证责任的诉讼请求不能得到支持(1分),因为陈某与方某之间并无有效的保证合同(2分)。

第三题（本题35分）

一、试题

案情：宜轩公司与玉方公司经协商后签订《合作协议书》，双方约定：宜轩公司投资A市B镇C村的灾民安置小区，由玉方公司承建该安置小区，工程款定为5000万元；竣工结算之日起两个月内，宜轩公司付清除质保金外的工程款；质保金为工程款的3%，保修期1年，保修期满宜轩公司全额退还玉方公司；若宜轩公司未能按期定额支付工程款，应承担违约责任，每迟延支付一个月需向玉方公司支付未付工程款3%的违约金。合同签订后，玉方公司开始施工。2020年10月底，安置小区建造完毕并验收合格。对于剩余的1000万元工程款，经玉方公司多次催告，宜轩公司一直未支付。2021年7月1日，玉方公司起诉宜轩公司，请求宜轩公司支付剩余的1000万元工程款以及迟延半年履行付款义务的违约金180万元。诉讼中，法院查明，A市发展与改革局发布的文件中明文规定，C村的灾民安置小区工程属于应当招标的项目。

2021年8月1日，宜轩公司出于融资需求与陆某签订《商品房买卖合同》，双方约定：宜轩公司将其名下X商铺（市值2500万元）转让给陆某，作价1000万元；合同签订当日陆某支付500万元，办理过户登记手续后1个月内陆某支付余款；宜轩公司应于2022年2月1日之前以1200万元的价格回购该商铺，逾期不回购，X商铺归陆某所有。合同签订后双方办理了X商铺的过户登记手续，陆某按照约定分两笔向宜轩公司合计转账1000万元。

2021年8月5日，宜轩公司向方某借款500万元，借期半年，年利率为10%。孙某提供连带保证，保证范围是借款本息。孙某在《借款合同》中连带保证人一栏签名。2021年9月1日，宜轩公司与方某签订《借款补充协议》，约定方某在原500万元借款的基础上追加300万元，借期与年利率按照《借款合同》执行。梁某提供保证，保证范围是追加借款部分的本息，但并未约定保证方式。梁某在《借款补充协议》的保证人一栏中签名。方某前后分四笔向宜轩公司合计转账800万元。

2021年8月20日，宜轩公司与凯达公司签订《商铺承租协议》，约定宜轩公司将其名下Y商铺租给凯达公司，租期20年，期满后自动续期10年，前三年的年租金为20万元，第四年开始每三年年租金上涨5%。双方签订租赁合同后办理了备案登记手续。双方同时约定宜轩公司应在1个月内将商铺中的所有货物清空，清空后一周内履行交付义务。9月5日，宜轩公司与华茂公司签订《商铺转让协议》，约定宜轩公司将Y商铺作价300万元转让给华茂公司。合同签订后双方办理了过户登记手续与交房手续。9月30日，凯达公司要求宜轩公司履行交房义务时发现Y商铺已经被华茂公司占有。

2022年2月，宜轩公司对陆某、方某的债务到期，因公司经营陷入困难，无力偿还。方某直接起诉孙某与梁某，请求二人对宜轩公司的800万元借款本息承担保证责任。

问题：

1. 玉方公司关于违约金的诉讼主张能否得到法院的支持？为什么？
2. 陆某能否取得X商铺的所有权？为什么？

3. 孙某是否有权拒绝承担保证责任？为什么？
4. 梁某是否有权拒绝承担保证责任？为什么？
5. 《商铺承租协议》效力如何？为什么？
6. 凯达公司是否有权请求华茂公司返还Y商铺？为什么？

二、案例来源

最高人民法院（2019）最高法民再311号民事判决书：符某与某置业有限公司民间借贷纠纷再审案

三、总体命题思路

本题改编自最高人民法院的民事判决，考查了违约金、非典型担保、保证合同、租赁合同等多个考点，难度中等。本题的考查聚焦于合同编，特别是对保证合同与租赁合同展开了重点考查。解答本题不仅需要考生熟悉相关考点背后的知识，也需要考生在解题时具备清晰而合理的思路。

四、答案精讲

> 1. 玉方公司关于违约金的诉讼主张能否得到法院的支持？为什么？

答案：不能得到法院的支持。因为建设工程必须进行招标而未招标时所签订的建设工程施工合同是无效的，本题中《合作协议书》涉的工程是必须进行招标的，但当事人并未采取招标形式，因此《合作协议书》无效，违约金条款作为从合同也会随之无效。

难度：中

考点：违约金、建设工程施工合同

命题和解题思路：本题较为巧妙地将违约金与建设工程施工合同这两个考点结合在一起考查，从违约金的角度要求考生识别并分析《合作协议书》的效力。从第一段最后一句的表述出发，不难发现《合作协议书》作为一种建设工程施工合同，其效力可能存在瑕疵，因为其本应采取招标的方式签订但当事人却未招标。《合作协议书》的效力得到明确以后，违约金能否主张就可以确定。违约金条款属于从合同，违约金的主张以存在有效的合同为前提。需要指出的是，有的考生可能会从违约金酌减的角度去考虑，但是如果《合作协议书》本身是无效的，违约金的约定也会随之无效，此时并无请求酌减的余地。

答案解析：《最高人民法院关于审理建设工程施工合同纠纷案件适用法律问题的解释（一）》（以下简称《建设工程施工合同解释（一）》）第1条第1款规定："建设工程施工合同具有下列情形之一的，应当依据民法典第一百五十三条第一款的规定，认定无效：（一）承包人未取得建筑业企业资质或者超越资质等级的；（二）没有资质的实际施工人借用有资质的建筑施工企业名义的；（三）建设工程必须进行招标而未招标或者中标无效的。"据此可知，建设工程必须进行招标而未招标时所签订的建设工程施工合同是无效的。本题中，A市发展与改革局发布的文件中明文规定C村的灾民安置小区工程属于应当招标的项目，但是《合作协议书》是宜轩公司与玉方公司经协商后签订，并未采取招标形式，因而《合作协议书》是无效的。既然《合作协议书》整体无效了，其中的违约金约定也因此失去效力，玉方公司关于违约金的诉讼主张不能得到法院的支持。

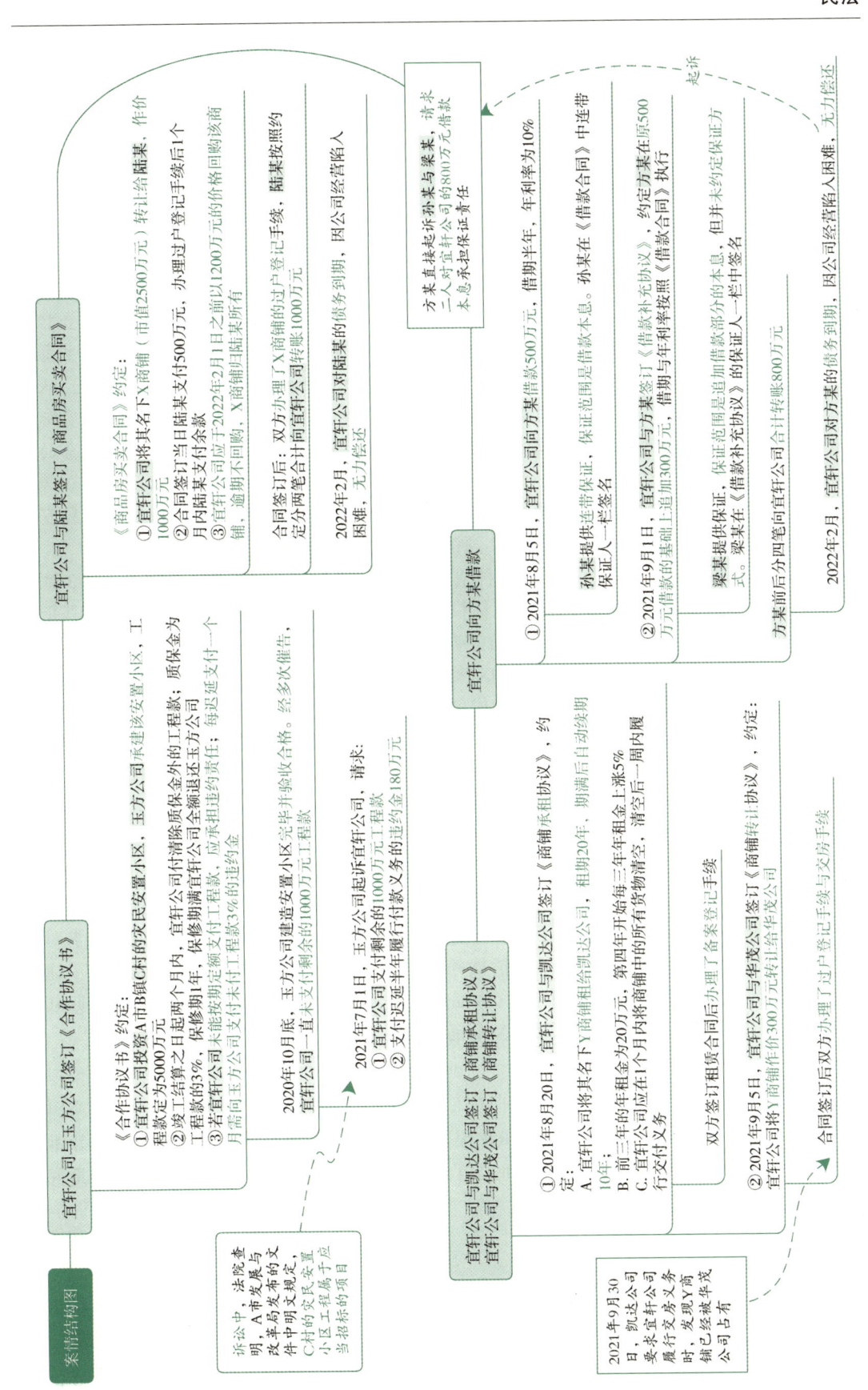

民法

案情结构图

宜轩公司与王方公司签订《合作协议书》

《合作协议》约定：
① 宜轩公司投资A市B镇C村的农民安置小区，王方公司承建该安置小区，工程款定为5000万元；
② 竣工结算之日起两个月内，宜轩公司付清除质保保金外的工程款；质保金为工程款的3%，保修期1年，保修期满后宜轩公司全额退还王方公司；
③ 若宜轩公司未能按期定额支付工程款，应承担按期未付工程款额3%的违约金

2020年10月底，安置小区建造完毕并验收合格。经多次催告，宜轩公司一直未支付剩余的1000万元工程款

2021年7月1日，王方公司起诉宜轩公司，请求：
① 宜轩公司支付剩余的1000万元工程款
② 支付迟延半年履行付款义务的连带金180万元

诉讼中，法院查明，A市发展与改革局发布规定，C村的农民安置小区工程属于应当招标的项目

宜轩公司与陆某签订《商品房买卖合同》

《商品房买卖合同》约定：
① 宜轩公司将其名下X商铺（市值2500万元）转让给陆某，作价1000万元
② 合同签订当日陆某支付500万元，办理过户登记手续后一个月内陆某支付余款
③ 若宜轩公司应于2022年2月1日之前以1200万元的价格回购该商铺，逾期不回购，X商铺归陆某所有

合同签订后，双方办理了X商铺的过户登记手续，陆某按照约定分两笔合计1200万元向宜轩公司转账

2022年2月，宜轩公司对陆某的债务到期，因公司经营陷入困难，无力偿还

宜轩公司向方某借款

① 2021年8月5日，宜轩公司向方某借款500万元，借期半年，年利率为10%
孙某提供连带保证，保证范围是借款本息。孙某在《借款合同》中连带保证人一栏签名

② 2021年9月1日，宜轩公司与方某签订《借款补充协议》，约定方某在原500万元借款的基础上追加300万元，借期与年利率按照《借款合同》执行
梁某提供保证，保证范围是追加借款部分的本息，但并未约定保证方式，梁某在《借款补充协议》的保证人一栏中签名

方某前后四笔向宜轩公司合计转账800万元

2022年2月，宜轩公司对方某的债务到期，因公司经营陷入困难，无力偿还

方某直接起诉孙某与梁某，请求二人对宜轩公司的800万元借款本息承担保证责任

起诉

宜轩公司与凯达公司签订《商铺承租协议》 宜轩公司与华茂公司签订《商铺转让协议》

① 2021年8月20日，宜轩公司与凯达公司签订《商铺承租协议》，约定：
A. 宜轩公司将其名下Y商铺出租给凯达公司，租期20年，期满后自动续期10年；
B. 前三年的年租金为20万元，第四年开始每三年租金上涨5%；
C. 宜轩公司应在1个月内将商铺中所有货物清空，清空后一周内履行交付义务
双方签订租赁合同后办理了备案登记手续

② 2021年9月5日，宜轩公司与华茂公司签订《商铺转让协议》，约定：宜轩公司将Y商铺作价300万元转让给华茂公司
合同签订后双方办理了过户登记手续与交房手续

2021年9月30日，凯达公司要求宜轩公司履行交房义务时，发现Y商铺已经被华茂公司占有

· 119 ·

2. 陆某能否取得 X 商铺的所有权？为什么？

答案：不能。因为《商品房买卖合同》中关于 X 商铺转让与回购的约定属于让与担保，旨在担保 1000 万元的借款，而合同中关于"逾期不回购，X 商铺归陆某所有"的约定属于流押流质条款，该条款是无效的。

难度：中

考点：让与担保

命题和解题思路：《民法典》《民法典担保制度解释》等均明确认可了非典型担保的合法地位，这一考点也在近年来的民法主观题里多次出现，本题是从让与担保的角度考查非典型担保。本题的解题难点在于结合题干事实分析出当事人的交易结构。一方面，考生要从"出于融资需求"的表述识别出当事人之间名为买卖实为借贷的交易目的；另一方面，从当事人"商铺买卖+回购"的交易结构看，这样的交易安排，其真实目的是担保借款，实际上是一种让与担保。对当事人之间的交易进行准确定性后，考生还需要识别其中可能包含的流押流质条款，基于流押流质的禁止性规定，陆某不能直接取得 X 商铺的所有权。

答案解析：题干中"出于融资需求"以及双方当事人"X 商铺买卖+回购"的交易安排表明，宜轩公司与陆某之间的交易并非 X 商铺的买卖合同，而是"借款合同+担保"。"X 商铺的买卖+回购"的安排是让与担保的一种情形。《民法典担保制度解释》第 68 条第 3 款规定："债务人与债权人约定将财产转移至债权人名下，在一定期间后再由债务人或者其指定的第三人以交易本金加上溢价款回购，债务人到期不履行回购义务，财产归债权人所有的，人民法院应当参照第二款规定处理。回购对象自始不存在的，人民法院应当依照民法典第一百四十六条第二款的规定，按照其实际构成的法律关系处理。"既然"X 商铺的买卖+回购"的约定属于让与担保，那么"逾期不回购，X 商铺归陆某所有"的约定就是典型的流押流质条款。《民法典担保制度解释》第 68 条第 2 款规定："债务人或者第三人与债权人约定将财产形式上转移至债权人名下，债务人不履行到期债务，财产归债权人所有的，人民法院应当认定该约定无效，但是不影响当事人有关提供担保的意思表示的效力。当事人已经完成财产权利变动的公示，债务人不履行到期债务，债权人请求对该财产享有所有权的，人民法院不予支持；债权人请求参照民法典关于担保物权的规定对财产折价或者以拍卖、变卖该财产所得的价款优先受偿的，人民法院应予支持；债务人履行债务后请求返还财产，或者请求对财产折价或者以拍卖、变卖所得的价款清偿债务的，人民法院应予支持。"该条款明确了让与担保中的流押流质条款是无效的。因此《商品房买卖合同》中"逾期不回购，X 商铺归陆某所有"的约定是无效的，陆某不能取得 X 商铺的所有权。

3. 孙某是否有权拒绝承担保证责任？为什么？

答案：孙某仅对 500 万元借款本息承担保证责任，有权拒绝对追加的 300 万元借款本息承担保证责任。因为《借款补充协议》加重了主债务，且未经孙某书面同意，对于加重部分孙某不承担保证责任。

难度：中

考点：保证合同

命题和解题思路：从本题的表述出发不难识别其考查的知识点是保证合同，具体涉及主债权债务变更时对保证责任的影响。主债权债务的变更，可能会增加保证人的法律风险，因此，从保护保证人合法权益的角度出发，主债权债务的变更不得加重保证人的法律责任。考生如果掌握这一基本原理并结合《民法典》的相关规定，本题即可得解。

答案解析：从《借款合同》的内容来看，孙某提供的保证属于连带保证。《民法典》第695条第1款规定："债权人和债务人未经保证人书面同意，协商变更主债权债务合同内容，减轻债务的，保证人仍对变更后的债务承担保证责任；加重债务的，保证人对加重的部分不承担保证责任。"据此结合本题，2021年9月1日宜轩公司与方某签订《借款补充协议》，该补充协议变更了主债权债务合同，提高了借款本金数额，且未得到保证人孙某的书面同意，保证人孙某对加重的部分不承担保证责任。因此，孙某仅对500万元借款本息承担保证责任，有权拒绝对追加的300万元借款本息承担保证责任。

4. 梁某是否有权拒绝承担保证责任？为什么？

答案：有权拒绝。因为《借款补充协议》中未约定梁某的保证形式，应推定为一般保证，且梁某保证的范围仅包括追加的300万元借款本息，不包括原借款合同中的500万元借款本息。对于追加的300万元本息，梁某作为一般保证人有权基于先诉抗辩权拒绝承担保证责任。

难度：难

考点：保证合同

命题和解题思路：本题与第3题紧密相关，都是从不同角度对保证合同的考查。本题主要涉及对梁某的保证形式的认定以及先诉抗辩权的识别和运用。解答本题时，考生要有区分意识，针对方某请求梁某就800万元本息承担保证责任的诉讼主张，考生应区分为两个部分：原借款合同中的500万元本息以及补充协议中追加的300万元本息。梁某对这两部分本息拒绝承担保证责任的原因是不同的：对500万元本息无须承担保证责任是因为梁某与方某之间关于保证范围的约定本就不包括该500万元本息；对追加的300万元本息可以拒绝承担保证责任是因为梁某作为一般保证人享有先诉抗辩权。由于本题需要将800万元本息拆分为两个部分分别分析，考生在作答时可能会存在表达上的困难，因此如何表达也是本题的难点之一。

答案解析：结合《借款补充协议》的内容，一方面，梁某的保证形式并未约定，依据《民法典》第686条第2款，应推定为一般保证；另一方面，梁某保证的债权范围仅包括追加的300万元本息。对于原借款合同中的500万元本息，由于未达成保证的合意，梁某自然无须承担保证责任。

对于补充协议中追加的300万元本息，依据《民法典》第687条，梁某作为一般保证人享有先诉抗辩权。本题中，宜轩公司的债务履行迟延后，方某直接起诉梁某请求其承担保证责任，此时梁某有权基于先诉抗辩权拒绝承担保证责任。

5.《商铺承租协议》效力如何？为什么？

答案：《商铺承租协议》整体有效，但其中"期满后自动续期10年"的约定无效。因为现行法明确规定，租赁合同中租赁期限不得超过20年，超过20年的部分无效，《商铺承租协议》中"期满后自动续期10年"的约定因违反了租期上限的强制性规定而无效。

难度：中

考点：租赁合同、合同的效力

命题和解题思路：本题以租赁合同的形式考查合同效力问题。解答本题的关键点就是结合题干中《商铺承租协议》的内容，从反面寻找《商铺承租协议》的效力瑕疵点。从《商铺承租协议》的内容来看，其中可能的瑕疵点在于"期满后自动续期10年"的约定，该约定违反了《民法典》关于租赁合同中租期上限的规定。当然，考生在解题时也需要注意区分合同的整体无效与部分无效。违反租期的上限规定仅导致租赁合同部分无效，而非整体无效。

答案解析：《民法典》第705条第1款规定："租赁期限不得超过二十年。超过二十年的，超过部分无效。"该条明确规定了租赁合同中的租期上限，即20年，违反会导致租赁合同部分无效，即超过20年的部分无效。据此结合本题，《商铺承租协议》中约定的租期为20年，期满后自动续期10年，这一约定违反了该条对租赁期限上限的规定，是无效的。因此，《商铺承租协议》整体有效，但其中"期满后自动续期10年"的约定无效。

6. 凯达公司是否有权请求华茂公司返还Y商铺？为什么？

答：无权请求。因为依据买卖不破租赁的规则，凯达公司并未取得Y商铺的占有，而华茂公司已经取得Y商铺的所有权，凯达公司作为承租人不能对抗租赁物的买受人华茂公司。

难度：中

考点：租赁合同

命题和解题思路：从本题的表述来看，涉及的是承租人凯达公司与租赁物Y商铺的买受人华茂公司之间的冲突，承租人与租赁物买受人之间的冲突须借助买卖不破租赁规则来判断，因此本题实际上考查的是买卖不破租赁。考生在解答本题时需要注意，承租人要对抗租赁物的买受人，以有效的租赁合同以及承租人已经取得租赁物的占有为前提，租赁合同的备案登记并不能使承租人取得对抗租赁物买受人的地位。

答案解析：《民法典》第725条规定："租赁物在承租人按照租赁合同占有期限内发生所有权变动的，不影响租赁合同的效力。"该条规定了买卖不破租赁规则，据此承租人取得对抗租赁物买受人的前提有二：（1）存在有效的租赁合同；（2）承租人已经取得租赁物的占有。这也意味着，办理租赁合同的备案登记并不能使得承租人取得对抗租赁物买受人的地位。本题中，宜轩公司与华茂公司已经办理Y商铺的过户登记手续，华茂公司已经成为Y商铺的所有权人。而凯达公司签订Y商铺的租赁合同后，仅办理了备案登记，尚未取得Y商铺的占有，因此凯达公司不具备对抗华茂公司的地位，无权请求华茂公司返还Y商铺。

评分细则（共35分）

1-6题满分为：6分、6分、6分、8分、5分、4分

1. 不能得到支持（2分）。建设工程必须进行招标而未招标时所签订的建设工程合同是无效的（2分），违约金条款从属于建设工程合同，随之无效（2分）。

2. 不能（2分）。X商铺转让与回购的约定属于让与担保（2分），"逾期不回购，X商铺归陆某所有"因属于流押条款而无效（2分）。

3. 无权拒绝对500万元借款本息承担保证责任（2分），有权拒绝对追加的300万元借款本息承担保证责任（2分）。未经保证人书面同意，保证人对加重部分不承担保证责任（2分）。

4. 有权（2分）。未约定保证形式的保证应推定为一般保证（2分）；原借款合同中的500万元本息不属于保证范围（2分）；对追加的300万元本息享有先诉抗辩权（2分）。

5. 整体有效（1分），其中"期满后自动续期10年"的约定无效（2分）。租赁合同中租赁期限超过20年的部分无效（2分）。

6. 无权请求（2分）。凯达公司未占有Y商铺不能主张买卖不破租赁（2分）。

第四题（本题40分）

一、试题

案情：甲银行与乙公司、陈某签订《个人贷款合同》，约定：陈某向甲银行借款50万元，用于购买乙公司的A房（期房），由乙公司为该笔贷款提供保证，但并未约定具体的保证形式与保证范围，同时以A房提供抵押。合同签订后，甲银行按约定发放贷款，乙公司与陈某办理了A房的抵押权预告登记。后陈某与乙公司之间的房屋买卖行为被法院的生效判决认定无效。甲银行以贷款合同目的无法实现为由起诉主张解除《个人贷款合同》，并请求陈某返还借款本金及相应的利息，乙公司承担保证责任，同时请求对A房进行处分并优先受偿。据查，A房所在的小区建筑工程尚未完工。

乙公司与丙公司签订《建设工程施工合同》，对乙公司B地块上的财富大厦建设工程约定了工期与工程价款，其中工程价款暂定为5000万元。工程完工后，乙公司投入使用，但仅支付了1000万元的工程款。在多次交涉后，双方签订了《房屋抵顶工程款协议书》，约定以财富大厦的A座10层抵顶工程款1500万元。后丙公司起诉请求乙公司支付4000万元工程款及相应的违约利息，同时主张就财富大厦变价优先受偿。乙公司则在诉讼中主张应先扣除已经抵顶的1500万元。据查，《房屋抵顶工程款协议书》签订后，乙公司并未履行该协议。

陈某系乙公司副总经理，在其任职期间，乙公司购买了一辆帕萨特轿车交付陈某使用。后因陈某多次旷工违反公司内部规定被辞退。陈某主张乙公司违法解除劳动关系，应向其支付拖欠的工资、社保金与经济补偿金，并拒绝返还轿车。经当地劳动仲裁委员会裁决，乙公司应向陈某支付拖欠工资10万元以及解除劳动合同的经济补偿金8万元。随后乙公司起诉陈某，请求陈某返还轿车。据查，陈某被辞退后仍以乙公司副总经理的名义与乙公司的原料供应商戊公司签订了一份《购销合同》，戊公司对陈某离职的事实并不知情。

问题：
1. 甲银行主张解除《个人贷款合同》，该主张能否得到法院支持？为什么？
2. 对于甲银行的诉讼主张，乙公司是否有权主张先诉抗辩权？为什么？
3. 甲银行主张对A房进行处分并优先受偿，该主张能否得到法院支持？为什么？
4. 乙公司主张应先扣除已经抵顶的1500万元工程款，该主张能否得到法院支持？为什么？
5. 针对4000万元工程款及相应的违约利息，丙公司是否有权主张就财富大厦变价优先受偿？为什么？
6. 陈某是否有权拒绝返还轿车？为什么？
7. 陈某与戊公司签订的《购销合同》效力如何？为什么？

二、案例来源

1. 中国光大银行股份有限公司上海青浦支行诉上海东鹤房地产有限公司、陈思绮保证合同纠纷案[1]

---

[1] 《最高人民法院公报》2014年第9期。

2. 通州建总集团有限公司与内蒙古兴华房地产有限责任公司建设工程施工合同纠纷案①
3. 长三角商品交易所有限公司诉卢海云返还原物纠纷案②

案情结构图

甲银行与乙公司、陈某签订《个人贷款合同》

《个人贷款合同》约定：
① 购房人陈某向甲银行借款50万元，用于购买乙公司的A房（期房）
② 由乙公司为该笔贷款提供保证，未约定具体的保证形式与保证范围
③ 以A房提供抵押

甲银行按约定发放贷款，乙公司与陈某办理了A房的抵押权预告登记

陈某与乙公司之间的房屋买卖行为被法院的生效判决认定无效

甲银行以贷款合同目的无法实现为由起诉

主张解除《个人贷款合同》，并请求：
① 陈某返还借款本金及相应的利息，乙公司承担保证责任
② 请求对A房进行处分并优先受偿

A房所在的小区建筑工程尚未完工

乙公司与丙公司

乙公司并未履行该协议

双方签订《建设工程施工合同》：
对乙公司B地块上的财富大厦建设工程约定了工期与5000万元工程价款

工程完工，乙公司投入使用，仅支付给丙公司1000万元的工程款

双方签订了《房屋抵顶工程款协议书》，约定：以财富大厦的A座10层抵顶工程款1500万元

丙公司起诉乙公司：请求乙公司支付4000万元工程款及相应的违约利息，同时主张就财富大厦变价优先受偿

乙公司在诉讼中主张：应先扣除已经抵顶的1500万元

陈某与乙公司

乙公司起诉陈某，请求陈某返还轿车

陈某系乙公司副总经理，在其任职期间，乙公司购买一辆帕萨特轿车交付陈某使用

陈某多次旷工违反公司内部规定被辞退

陈某主张：乙公司违法解除劳动关系，应向其支付拖欠的工资、社保金与经济补偿金，并拒绝返还轿车

经当地劳动仲裁委员会裁决，乙公司应向陈某支付拖欠工资10万元以及解除劳动合同的经济补偿金8万元

陈某与戊公司

陈某被辞退后，仍以乙公司副总经理的名义与乙公司的原料供应商戊公司签订了一份《购销合同》，戊公司对陈某离职的事实并不知情

---

① 《最高人民法院公报》2017年第9期。
② 《最高人民法院公报》2017年第1期。

三、总体命题思路

本题由三则最高人民法院公报案例改编而来，涉及的考点横跨债法与物权法，有一定难度。本题主要考查了合同解除、保证合同、预告登记、以物抵债、建设工程施工合同、留置权、表见代理等知识点，需要考生在审题的基础上对题干进行拆解，从各考点的基本原理和现行法的相关规定出发作答。

四、答案精讲

> 1. 甲银行主张解除《个人贷款合同》，该主张能否得到法院支持？为什么？

答案：能得到法院支持。因为陈某与乙公司之间的房屋买卖行为被法院的生效判决认定无效后，陈某与甲银行之间的《个人贷款合同》合同目的无法实现，甲银行有权解除该合同。

难度：中

考点：合同解除

命题和解题思路：从提问的措辞来看，不难推断出本题考查的是合同解除。审题后考生先要分析的是，如果甲银行可以解除合同，属于何种解除类型。对此不难分析出，属于行使法定解除权解除，因为当事人没有解除合意，因而不属于合意解除。当事人也没有约定解除事由，无法基于约定解除权解除。此外，《个人贷款合同》不属于可以任意解除的合同类型，当事人无法行使任意解除权。在确定甲银行可能基于法定解除权解除之后，考生需要进一步分析：甲银行的法定解除权，是来自于《民法典》第563条规定的一般性的法定解除权，还是某些典型合同中规定的特别的法定解除权。本题属于后者，考生需要熟悉《商品房买卖合同解释》中规定的法定解除权规则。

答案解析：《商品房买卖合同解释》第20条规定："因商品房买卖合同被确认无效或者被撤销、解除，致使商品房担保贷款合同的目的无法实现，当事人请求解除商品房担保贷款合同的，应予支持。"据此可知，商品房买卖合同被确认无效时，相应的按揭贷款合同的目的通常也会随之落空，当事人有权解除相应的贷款合同。结合本题，陈某与乙公司之间的房屋买卖行为被法院的生效判决认定无效，相应的《个人贷款合同》合同目的已经无法实现，债权人甲银行有权依据《商品房买卖合同解释》第20条解除《个人贷款合同》。

> 2. 对于甲银行的诉讼主张，乙公司是否有权主张先诉抗辩权？为什么？

答案：乙公司有权主张先诉抗辩权。因为：（1）主合同的解除并不导致保证责任的消灭，因此《个人贷款合同》的解除不影响乙公司的保证责任；（2）本题中乙公司签订的保证合同并未明确约定保证的形式，应推定为一般保证，乙公司据此享有先诉抗辩权。

难度：中

考点：合同解除、保证合同

命题和解题思路：本题的设问十分直接，明确指向了保证合同中先诉抗辩权这一知识点。结合一般保证人才享有先诉抗辩权这一基础知识，常规的解题思路就是根据题干信息分析乙公司的保证形式，分析其属于一般保证还是连带责任保证。不过，本题在此基础上还隐藏了一个干扰项，即《个人贷款合同》解除的因素。解答本题时考生需要先分析《个人贷款合同》解除对保证责任的影响，特别是明确保证责任是否会因为《个人贷款合同》的解除而消灭。这就涉及合同解除对担保责任的影响问题。所以，考生应先分析《个人贷款合同》解除对保证责任的影响，进而结合乙公司的保证形式分析其是否享有先诉抗辩权。

答案解析：结合第1问中《个人贷款合同》被解除的背景，考生应先分析，乙公司的保证责任是否因为《个人贷款合同》的解除而消灭。《民法典》第566条第3款规定："主合同解除后，担保人对债务人应当承担的民事责任仍应当承担担保责任，但是担保合同另有约定的除外。"据此可知，主合同解除原则上并不影响担保合同的效力。本题中，乙公司与甲银行的保证合同是贷款合同的从合同，《个人贷款合同》的解除并不会影响乙公司的保证责任，乙公司仍须对陈某的民事责任承担保证责任。既然乙公司的保证责任仍然存在，那么其可以主张的抗辩，可以从以下角度分析。

从乙公司保证形式的角度看，《民法典》第686条第2款规定："当事人在保证合同中对保证方式没有约定或者约定不明确的，按照一般保证承担保证责任。"据此，尽管《个人贷款合同》约定由乙公司为该笔贷款提供保证，但并未约定具体的保证形式与保证范围，应推定乙公司的保证形式为一般保证。《民法典》第687条第2款规定："一般保证的保证人在主合同纠纷未经审判或者仲裁，并就债务人财产依法强制执行仍不能履行债务前，有权拒绝向债权人承担保证责任，但是有下列情形之一的除外：（一）债务人下落不明，且无财产可供执行；（二）人民法院已经受理债务人破产案件；（三）债权人有证据证明债务人的财产不足以履行全部债务或者丧失履行债务能力；（四）保证人书面表示放弃本款规定的权利。"据此可知，乙公司作为一般保证人享有先诉抗辩权。

3. 甲银行主张对A房进行处分并优先受偿，该主张能否得到法院支持？为什么？

答案：不能。因为A房所在的小区建筑工程尚未完工，无法办理建筑物所有权首次登记，抵押权预告登记并不具有优先受偿的效力，因此甲银行并不能就A房优先受偿。

考点：预告登记

难度：难

命题和解题思路：本题围绕不动产登记制度中的预告登记展开，这一考点在过去的民法主观题考试中属于冷僻考点，但2023年的民法主观题考试中有所涉及，因此考生需予以关注与复习。本题涉及的核心问题是抵押权预告登记是否具有优先受偿的效力，对于这一问题，《民法典担保制度解释》第52条区分了非破产与破产场景，分别设置了不同规则，本题涉及的非破产情形，考生应结合该条第1款进行分析。该条出于保护银行等债权人的利益考虑，在满足特定条件后，允许抵押权预告登记产生优先受偿效力，其中主要的前提条件之一就是建筑物已经办理所有权首次登记。如果考生能准确把握这一点，本题即可迎刃而解。

答案解析：本题涉及对抵押权预告登记的效力的考查。由于A房所在的工程尚未完工，因此A房并不具备办理所有权首次登记的条件。《民法典担保制度解释》第52条规定："当事人办理抵押预告登记后，预告登记权利人请求就抵押财产优先受偿，经审查存在尚未办理建筑物所有权首次登记、预告登记的财产与办理建筑物所有权首次登记时的财产不一致、抵押预告登记已经失效等情形，导致不具备办理抵押登记条件的，人民法院不予支持；经审查已经办理建筑物所有权首次登记，且不存在预告登记失效等情形的，人民法院应予支持，并应当认定抵押权自预告登记之日起设立。当事人办理了抵押预告登记，抵押人破产，经审查抵押财产属于破产财产，预告登记权利人主张就抵押财产优先受偿的，人民法院应当在受理破产申请时抵押财产的价值范围内予以支持，但是在人民法院受理破产申请前一年内，债务人对没有财产担保的债务设立抵押预告登记的除外。"据此可知，甲银行对A房仅享有抵押权预告登记，且该建筑物尚未办理所有权首次登记，抵押权预告登记不能获得优先受偿效力，因此甲银行无权主张就 A 房进行处分并优先受偿。

4. 乙公司主张应先扣除已经抵顶的 1500 万元工程款，该主张能否得到法院支持？为什么？

答案： 不能。因为乙公司与丙公司签订的《房屋抵顶工程款协议书》属于履行期届满后的以物抵债协议，该协议自当事人意思表示一致时生效，履行后发生债务消灭的效果，由于乙公司并未履行该协议，相应的 1500 万元工程款债务并未消灭。

考点： 以物抵债

难度： 中

命题和解题思路： 从本题的提问方式无法直接推断出考查的知识点，需要考生稍作推理。本题的提问方式涉及的核心问题是，对于抵顶的 1500 万元工程款，该部分债务是否已经消灭，如果已经消灭，则自然应当扣除，如果尚未消灭，自然不得扣除。因此，本题可以转化为：《房屋抵顶工程款协议书》是否产生了 1500 万元工程款债权消灭的效果。进一步结合《房屋抵顶工程款协议书》的内容，不难推断出，该协议书具有以物抵债协议的性质。因此本题实际上考查的知识点就是以物抵债协议。《最高人民法院关于适用〈中华人民共和国民法典〉合同编通则若干问题的解释》（以下简称《民法典合同编通则解释》）将以物抵债协议二分为履行期届满前的以物抵债协议与履行期届满后的以物抵债协议，二者适用的规则有所不同。因此考生需要准确定位本题中《房屋抵顶工程款协议书》属于何种以物抵债协议，进而分析判断 1500 万元工程款债权是否已经消灭。

答案解析： 从《房屋抵顶工程款协议书》的内容来看，该协议书具有以物抵债协议的性质，且属于履行期届满后达成的以物抵债协议。《民法典合同编通则解释》第 27 条规定："债务人或者第三人与债权人在债务履行期限届满后达成以物抵债协议，不存在影响合同效力情形的，人民法院应当认定该协议自当事人意思表示一致时生效。债务人或者第三人履行以物抵债协议后，人民法院应当认定相应的原债务同时消灭；债务人或者第三人未按照约定履行以物抵债协议，经催告后在合理期限内仍不履行，债权人选择请求履行原债务或者以物抵债协议的，人民法院应予支持，但是法律另有规定或者当事人另有约定的除外。前款规定的以物抵债协议经人民法院确认或者人民法院根据当事人达成的以物抵债协议制作成调解书，债权人主张财产权利自确认书、调解书生效时发生变动或者具有对抗善意第三人效力的，人民法院不予支持。债务人或者第三人以自己不享有所有权或者处分权的财产权利订立以物抵债协议的，依据本解释第十九条的规定处理。"据此可知，履行期届满后的以物抵债协议是诺成性合同，自当事人意思表示达成一致时成立生效，所抵之债是否消灭则取决于债务人或第三人是否履行以物抵债协议，未履行则债务不消灭。本题中，乙公司与丙公司签订《房屋抵顶工程款协议书》后，乙公司并未履行该协议，因此财富大厦的 A 座 10 层的所有权并未移转，相应的债务并未消灭，进而乙公司主张应先扣除已经抵顶的 1500 万元工程款不能得到支持。

5. 针对 4000 万元工程款及相应的违约利息，丙公司是否有权主张就财富大厦变价优先受偿？为什么？

答案： 丙公司有权针对 4000 万元工程款主张就财富大厦变价优先受偿，但无权就相应的违约利息主张就财富大厦变价优先受偿。因为尽管丙公司作为承包人享有工程价款的优先受偿权，但其优先受偿的范围原则上以工程款为限，不包括逾期支付建设工程价款的利息、违约金、损害赔偿金等。

考点：建设工程合同

难度：中

命题和解题思路：在建设工程合同这一典型合同中，核心的知识点之一就是工程价款的优先受偿权。结合本题中"优先受偿"这一表述不难发现，本题考查的知识点就是建设工程合同中承包人的工程款优先受偿权。不过，本题并不是仅考查工程款优先受偿权是否成立，而是在此基础上进一步考查工程款优先受偿权的一个细节性问题，即优先受偿的具体范围。对此考生需要注意的是：工程款优先受偿权的范围原则上仅以工程款本身为限，并不包括逾期支付建设工程价款的利息、违约金、损害赔偿金等。据此，考生在解题时需要拆分为两个部分进行解答，即工程款部分与违约利息部分应分开说理作答。

答案解析：《民法典》第807条规定："发包人未按照约定支付价款的，承包人可以催告发包人在合理期限内支付价款。发包人逾期不支付的，除根据建设工程的性质不宜折价、拍卖外，承包人可以与发包人协议将该工程折价，也可以请求人民法院将该工程依法拍卖。建设工程的价款就该工程折价或者拍卖的价款优先受偿。"据此结合本题，由于乙公司欠付工程款的债务已经逾期，承包人丙公司有权就财富大厦变价优先受偿。不过，仔细阅读本题不难发现，除了工程款的优先受偿权是否成立以外，本题还涉及优先受偿的具体范围，尤其是其是否包括违约利息。《建设工程施工合同解释（一）》第40条规定："承包人建设工程价款优先受偿的范围依照国务院有关行政主管部门关于建设工程价款范围的规定确定。承包人就逾期支付建设工程价款的利息、违约金、损害赔偿金等主张优先受偿的，人民法院不予支持。"据此可知，承包人建设工程价款优先受偿的范围原则上仅以工程款为限，并不包括逾期支付建设工程价款的利息、违约金、损害赔偿金等。结合本题，丙公司作为承包人优先受偿的范围以工程款4000万元为限，并不包括相应的违约利息。

---

6. 陈某是否有权拒绝返还轿车？为什么？

答案：无权拒绝。因为陈某对轿车的占有与陈某对乙公司的债权之间并非属于同一法律关系，不符合留置权的成立要件，因此陈某对轿车不享有留置权，其对轿车的占有属于无权占有，乙公司有权基于原物返还请求权主张轿车的返还，陈某无权拒绝。

考点：留置权、返还原物

难度：难

命题和解题思路：从本题的提问方式来看，涉及对物权请求权中的返还原物请求权的考查。不过，在分析陈某对轿车是否有占有本权时，可能需要分析陈某是否可以主张留置权，因此本题也涉及对留置权的考查。本题的难点在于分析陈某对轿车是否成立留置权。就留置权这一考点，需要首先识别留置权的类型，其属于民事留置权还是商事留置权，二者成立的要求有所不同。本题涉及的是民事留置权。就民事留置权，需要重点把握留置的动产与债权属于同一法律关系这一要件。

答案解析：本题同时涉及物权请求权中的返还原物请求权以及留置权两个考点，有一定难度。乙公司作为轿车的所有权人，是否能依据《民法典》第235条主张轿车的返还，取决于陈某对轿车的占有是否属于有权占有，结合陈某劳动关系已经解除的事实，需要重点考查陈某对轿车是否享有留置权。就留置权来说，需要区分民事留置权与商事留置权，二者产生的要求有所不同，本题中留置权发生在陈某与乙公司之间，属于民事留置权。

关于民事留置权的成立，《民法典》第448条规定："债权人留置的动产，应当与债权属于同一法律关系，但是企业之间留置的除外。"据此可知，民事留置权成立的核心要件之一是债权人留置的动产与债权属于同一法律关系。结合本题，该要件是不符合的。陈某对乙公司所享有的工资、社保金与经济补偿金等债权来自陈某与乙公司之间的劳动合同。而陈某对轿车的占有并非来自劳动合同。劳动合同的基本法律关系为劳动者承担向用人单位提供劳动和接受用人单位管理的义务，并有权要求用人单位依约支付劳动报酬。本案中陈某所扣留的轿车，仅仅是乙公司为公司高管出行提供的便利，并非双方建立的劳动关系的标的物，乙公司可以随时收回轿车也并不影响原有劳动关系的履行。因此，陈某对轿车的留置权并不成立，陈某对轿车的占有属于无权占有，乙公司有权依据《民法典》第235条返还原物请求权向陈某主张轿车的返还，陈某无权拒绝。

在解题说理方面，考生应先分析陈某对轿车是否享有留置权，在此基础上结合返还原物请求权的构成要件进行分析，重点指明陈某对轿车的占有属于无权占有，乙公司返还原物请求权的构成要件已经满足。

> **7. 陈某与戊公司签订的《购销合同》效力如何？为什么？**

答案：有效。因为陈某离职后仍以乙公司副总经理的名义签订《购销合同》，属于无权代理，但其仍保有职务外观，对该外观乙公司具有可归责性，且相对方戊公司是善意的，陈某的行为符合表见代理的构成要件，属于表见代理行为，因而《购销合同》是有效的。

难度：中

考点：表见代理

命题和解题思路：《购销合同》是陈某以乙公司的名义签订，属于代理行为。结合这一因素可知本题围绕代理制度展开，重点考查表见代理这一知识点。结合《购销合同》是陈某离职后签订这一事实，不难发现陈某属于无权代理，因此本题解答的关键问题在于：陈某的无权代理行为是否构成表见代理。对于这一问题的解答，考生只须结合表见代理的构成要件分析即可。

答案解析：陈某离职后丧失了代理权，但其仍以乙公司副总经理的名义签订《购销合同》，构成无权代理，判断该代理行为的效力需要结合《民法典》第172条分析其是否构成表见代理。《民法典》第172条规定："行为人没有代理权、超越代理权或者代理权终止后，仍然实施代理行为，相对人有理由相信行为人有代理权的，代理行为有效。"据此，表见代理的构成要件有四：（1）代理人欠缺代理权；（2）存在代理权外观；（3）被代理人具有可归责性；（4）相对方是善意的。结合本题，关于要件（1），陈某已经离职，因此不再享有代理权；关于要件（2），离职后陈某仍以乙公司副总经理的职务身份缔约，仍保有该职务代理权外观；关于要件（3），陈某离职后，乙公司有义务通知其交易伙伴陈某离职的事实，以防止陈某继续以乙公司名义缔约，但是乙公司怠于通知，该风险是乙公司完全有能力避免的，因此乙公司对陈某的代理权外观是有可归责性的；关于要件（4），戊公司对陈某离职的事实并不知情，是善意的相对方。因此，陈某的代理行为构成表见代理行为，是有效的。

评分细则（共40分）

1—7题满分为：5分、6分、5分、6分、6分、5分、7分
1. 能够得到支持（2分）。贷款合同目的无法实现（3分）。

2. 有权（2分）。合同解除不影响保证责任（2分）；乙公司的保证方式为一般保证，享有先诉抗辩权（2分）。
3. 不能（2分）。A房尚未办理所有权首次登记（1分），抵押权预告登记不具有优先受偿效力（2分）。
4. 不能（2分）。乙公司与丙公司之间的协议属于以物抵债（2分），履行后债务消灭（1分），乙公司并未履行该协议（1分）。
5. 4000万元工程款有权（2分），利息部分无权（2分）。建设工程价款优先受偿权的范围不包括违约利息（2分）。
6. 无权（2分）。占有和债权不属于同一法律关系（1分），陈某不享有留置权（1分），乙公司享有原物返还请求权（1分）。
7. 有效（2分）。行为具有代理权外观（1分），对该外观被代理人具有可归责性（1分），相对方善意（1分），构成表见代理（2分）。

第五题（本题35分）

一、试题

案情：甲公司与乙公司为丙公司供应布匹。截至2020年6月5日，丙公司共欠甲公司纺织货款110万元，欠乙公司货款120万元。6月20日，三家公司签订如下协议：（1）乙公司将丙公司所欠货款全部转让给甲公司；（2）甲公司同意丙公司以其所有的7台机械设备折抵所欠货款，此7台机械设备所有权自协议签订之日起移转为甲公司所有，但由丙公司继续使用一段时间；（3）丙公司应在当年9月30日之前将设备交付给甲公司，若逾期交付，丙公司应按照所欠货款金额每日千分之二的比例向甲公司支付违约金。至9月30日，丙公司并未交付7台机械设备。当年10月15日，丙公司以250万元的价格将该7台设备卖给不知情的丁公司，并于一周内相继将7台设备交付给丁公司。甲公司知晓后起诉请求丁公司返还7台设备，并要求丙公司支付迟延违约金。

2020年6月30日，甲公司为融资需要向戊公司借款500万元，以其现有及将有的设备、原材料、半成品、产品提供抵押，双方于当日签订了借款合同与抵押合同。一周后，双方办理了抵押登记。2021年6月1日，甲公司为扩大产能，以150万元的价格向己公司购买一台设备，双方约定在甲公司价款支付完毕前己公司保留设备的所有权。当年6月10日，己公司将设备交付甲公司；6月15日，双方就所有权保留办理了登记。现甲公司对戊公司的借款以及对己公司的设备价款均到期，甲公司无力偿还。

2020年11月，因业务转型需要，甲公司委托陆某处置公司名下的一辆集装箱车。11月20日，陆某将该车以100万元的价格卖给己公司，并于11月25日交付，双方约定尽快办理登记手续。12月25日，己公司的司机钱某按上级指示运送一批货物，在某路口与周某驾驶的私家车相撞，导致周某多处骨折，花费医药费5万元。经交警部门认定，钱某应负80%的主要责任，周某应负20%的次要责任。

2021年8月，己公司将集装箱车送至辛公司开设的修理厂保养。保养完毕后己公司派司机何某取车时遭到修理厂的拒绝。据查，辛公司的修理厂常年负责己公司集装箱车的维修保养服务,每半年结算一次。2021年上半年己公司欠辛公司合计100万元的维修保养费尚未支付。

问题:

1. 甲公司是否有权请求丁公司返还7台设备?为什么?
2. 若丙公司认为逾期交付的违约金过高,可以提出何种主张?为什么?丙公司应承担何种举证责任?
3. 戊公司的抵押权何时设立?为什么?
4. 己公司能否以其保留的所有权对抗戊公司的抵押权?为什么?
5. 若不考虑机动车保险,周某花费的5万元医药费可以向何人主张救济?为什么?
6. 针对己公司取车的要求,辛公司可提出何种抗辩?为什么?

二、案例来源

青岛源宏祥纺织有限公司诉港润(聊城)印染有限公司取回权确认纠纷案[①]

三、总体命题思路

本题改编自一则最高人民法院公报案例,属于民法学科内部的综合主观题,同时涉及物权法、合同法与侵权法。解答本题需要考生有较为全面的民法知识体系,对相关现行法规范和原理有较为系统的把握。考生应对此种综合性题目时需要对案情事实有较为全面准确的分析,将各个设问所对应的考点以及相应的知识点梳理出来,在此基础上一一击破。

四、答案精讲

> 1. 甲公司是否有权请求丁公司返还7台设备?为什么?

答案:无权请求。因为2020年6月20日,甲公司已经通过占有改定的方式取得7台设备的所有权。丙公司将7台设备卖给不知情的丁公司,属于无权处分,该7台设备已经交付且丁公司符合善意取得的要件,丁公司可善意取得7台设备的所有权,因此甲公司无权请求丁公司返还7台设备。

难度:难

考点:以物抵债协议、交付、善意取得

命题和解题思路:本题同时涉及以物抵债协议、动产交付以及善意取得等考点,有一定难度。解答本题的关键在于确认7台设备的最终归属。本题的解答可拆分为三个层面的问题:(1)三家公司达成协议的性质(明确其为以物抵债协议)以及该物抵债协议具有何种性质和效力;(2)甲公司是否已经于2020年6月20日取得了7台设备的所有权;(3)丁公司是否取得了7台设备的所有权。对这三个层面的问题须各自分析判断。对于问题(1),考生需要结合三家公司签订的协议内容,确定其具有以物抵债协议的性质,并在基本思路上区分履行期届满前的以物抵债协议(担保型以物抵债协议)与履行期届满后达成的以物抵债协议(清偿型以物抵债协议),本题显然属于后者。对于问题(2),考生需要熟悉《民法典合同编通则解释》的相关条款,履行期届满后达成的以物抵债协议只有履行后才能消灭债务,其关键问题在于分析是否存在交付以及甲公司是否取得了7台设备的所有权。对于问题(3),在问题(2)中得出甲公司取得设备所有权的结论后,丙公司就构成无权处分,问题(3)涉及的

[①] 《最高人民法院公报》2012年第4期。

案情结构图

甲、乙、丙三公司

甲公司与乙公司为丙公司供应布匹。截至2020年6月5日，丙公司共欠甲公司纺织货款110万元，欠乙公司货款120万元

2020年6月20日，甲、乙、丙签订如下协议：

① 丙公司所欠乙公司货款全部转让给甲公司

② 甲公司同意丙公司以其所有的7台机械设备折抵所欠货款，此7台机械设备所有权自协议签订之日起移转为甲公司所有，但由丙公司继续使用一段时间

③ 丙公司应在2020年9月30日之前将设备交付给甲公司，若逾期交付，丙公司应按照所欠货款金额每日千分之二的比例向甲公司支付违约金（至2020年9月30日，丙公司并未交付7台机械设备）

请求：
1. 丁公司返还7台设备
2. 要求丙公司支付迟延违约金

甲公司知晓后起诉

丙公司与丁公司

2020年10月15日，丙公司以250万元的价格将该7台设备卖给不知情的丁公司，于一周内相继将7台设备交付给丁公司

甲公司与戊公司

双方于2020年6月30日签订：
① 借款合同：甲公司向戊公司借款500万元
② 抵押合同：甲公司以其现有及将有的设备、原材料、半成品、产品提供抵押（双方一周后办理了抵押登记）

甲公司对戊公司的借款到期而无力偿还

甲公司与己公司

2021年6月1日，甲公司为扩大产能，以150万元的价格向己公司购买一台设备，约定：甲公司价款支付完毕前己公司保留设备的所有权

2021年6月10日，己公司将设备交付甲公司

2021年6月15日，双方就所有权保留办理了登记

甲公司对己公司的设备价款到期而无力偿还

陆某与己公司

2020年11月20日，甲公司委托陆某将集装箱车以100万元的价格卖给己公司

2020年11月25日交付该车，并约定尽快办理登记手续

周某与己公司司机钱某

2020年12月25日，己公司的司机钱某按上级指示运送货物，与周某驾驶的私家车相撞，导致周某多处骨折，花费医药费5万元

交警部门认定：
① 钱某应负80%的主要责任
② 周某应负20%的次要责任

① 辛公司的修理厂负责己公司集装箱车的维修保养服务，每半年结算一次
② 2021年上半年己公司欠辛公司合计100万元的维修保养费尚未支付

己公司与辛公司

2021年8月，己公司将集装箱车送至辛公司的修理厂保养，保养完毕后己公司派司机何某取车遭到修理厂拒绝

关键问题就是：丁公司可否善意取得。考生结合善意取得的构成要件分析即可。本题颇具难度，因为考生需要按照条理分析上述三个层面的问题，需要有扎实的知识基础与清晰的分析思路，当然也需要出色的表达能力。

答案解析：甲公司是否有权请求丁公司返还7台设备取决于最终这7台设备的归属如何。结合案情的相关事实，要分析7台设备的最终归属，需要依次分析三个层面的问题：（1）2020年6月20日三家公司达成的合同的性质与效力；（2）2020年6月20日，甲公司是否取得了7台设备的所有权；（3）丁公司是否取得了7台设备的所有权。

先分析问题（1）。2020年6月20日三家公司达成的合同的核心内容之一是"甲公司同意丙公司以其所有的7台机械设备折抵所欠货款"，该约定明显具有以物抵债协议的性质，且属于履行期届满后达成的以物抵债协议。《民法典合同编通则解释》第27条规定："债务人或者第三人与债权人在债务履行期限届满后达成以物抵债协议，不存在影响合同效力情形的，人民法院应当认定该协议自当事人意思表示一致时生效。债务人或者第三人履行以物抵债协议后，人民法院应当认定相应的原债务同时消灭；债务人或者第三人未按照约定履行以物抵债协议，经催告后在合理期限内仍不履行，债权人选择请求履行原债务或者以物抵债协议的，人民法院应予支持，但是法律另有规定或者当事人另有约定的除外。前款规定的以物抵债协议经人民法院确认或者人民法院根据当事人达成的以物抵债协议制作成调解书，债权人主张财产权利自确认书、调解书生效时发生变动或者具有对抗善意第三人效力的，人民法院不予支持。债务人或者第三人以自己不享有所有权或者处分权的财产权利订立以物抵债协议的，依据本解释第十九条的规定处理。"据此可知，债务履行期限届满后达成以物抵债协议，原则上具有诺成性，其本身并不导致物权的变动。换言之，以物抵债协议要想消灭债务，必须以实际的履行为前提。

再分析问题（2）。2020年6月20日三家公司达成的以物抵债协议中有这样的内容，即"此7台机械设备所有权自协议签订之日起移转为甲公司所有，但由丙公司继续使用一段时间"，并且"丙公司应在当年9月30日之前将设备交付给甲公司"，这是十分典型的占有改定的构造。《民法典》第228条规定："动产物权转让时，当事人又约定由出让人继续占有该动产的，物权自该约定生效时发生效力。"结合本题，2020年6月20日，甲公司已经通过占有改定的方式取得了7台设备的所有权。

最后分析问题（3）。既然2020年6月20日甲公司已经通过占有改定的方式取得了7台设备的所有权，那么2020年10月15日，丙公司将该7台设备卖给丁公司，构成无权处分。丁公司能否取得7台设备的所有权，需要结合《民法典》第311条第1款关于善意取得的构成要件来分析和判断。《民法典》第311条第1款规定："无处分权人将不动产或者动产转让给受让人的，所有权人有权追回；除法律另有规定外，符合下列情形的，受让人取得该不动产或者动产的所有权：（一）受让人受让该不动产或者动产时是善意；（二）以合理的价格转让；（三）转让的不动产或者动产依照法律规定应当登记的已经登记，不需要登记的已经交付给受让人。"据此，丙公司与丁公司约定了合理的价款（250万元），该7台设备也已经交付，且丁公司是善意的，因此符合善意取得的构成要件，丁公司可以通过善意取得的方式成为7台设备的所有权人，甲公司无权请求丁公司返还7台设备。

2. 若丙公司认为逾期交付的违约金过高，可以提出何种主张？为什么？丙公司应承担何种举证责任？

答案：（1）丙公司可向法院请求适当减少违约金。因为违约金的主要目的是填补相对方的损害，如果违约金的数额过分高于造成的损失，则丙公司有权请求法院适当减少。

(2) 丙公司应举证证明约定的违约金过分高于违约造成的损失。

难度：中

考点：违约金

命题和解题思路：本题分为两个关系紧密的两个小问，均明确指向违约金这一考点。第1小问具体涉及违约金酌减问题，难度不大。违约金通常被理解为对损害赔偿的事先预定，以减轻当事人对损害的证明责任。《民法典》第585条规定了违约金的调整规则，不论是违约金过高还是过低，当事人都有权请求调整。不过需要注意的是，违约金的调整必须向人民法院或者仲裁机构提出。第2小问在第1小问的基础上考查违约金酌减时的举证责任，对此《民法典合同编通则解释》设置了明确的举证责任规则，即主张违约金酌减的一方应举证证明约定的违约金过分高于违约造成的损失。这也符合民事诉讼法谁主张谁举证的基本举证原则。

答案解析：(1)《民法典》第585条规定："当事人可以约定一方违约时应当根据违约情况向对方支付一定数额的违约金，也可以约定因违约产生的损失赔偿额的计算方法。约定的违约金低于造成的损失的，人民法院或者仲裁机构可以根据当事人的请求予以增加；约定的违约金过分高于造成的损失的，人民法院或者仲裁机构可以根据当事人的请求予以适当减少。当事人就迟延履行约定违约金的，违约方支付违约金后，还应当履行债务。"据此可知，违约金的调整包括提高与酌减两个层面。如果违约金过分地高于所造成的损害，当事人有权主张适当减少。需要注意的是，违约金的调整权在法院或仲裁机构，且须依申请而为之。结合本题，若丙公司认为逾期交付的违约金过高，其自然可以依据《民法典》第585条向人民法院主张适当地减少违约金。

(2)《民法典合同编通则解释》第64条第2款规定："违约方主张约定的违约金过分高于违约造成的损失，请求予以适当减少的，应当承担举证责任。非违约方主张约定的违约金合理的，也应当提供相应的证据。"据此可知，主张违约金酌减的一方应举证证明约定的违约金过分高于违约造成的损失。结合本题，丙公司作为主张违约金酌减的一方应举证证明约定的违约金过分高于违约造成的损失。

> **3.** 戊公司的抵押权何时设立？为什么？

答案：于2020年6月30日设立。因为动产抵押权自抵押合同生效时设立，甲公司与戊公司的抵押合同于2020年6月30日签订并生效，未登记不影响抵押权的设立。

难度：易

考点：动产抵押权

命题和解题思路：本题考查动产抵押权这一考点，具体涉及的是动产浮动抵押权的设立规则问题，基本上等于送分题。解答本题需要注意的是：《民法典》并不区分普通的动产抵押与动产浮动抵押，二者抵押权设立的时间都是抵押合同生效时。

答案解析：本题围绕动产抵押权展开，具体涉及的是动产浮动抵押权的设立规则，难度不大。本题中，甲公司以其现有及将有的设备、原材料、半成品、产品提供抵押，属于典型的动产浮动抵押。《民法典》第403条规定："以动产抵押的，抵押权自抵押合同生效时设立；未经登记，不得对抗善意第三人。"据此，无论是普通的动产抵押权还是动产浮动抵押权，都是自抵押合同生效时设立。而且需要注意的是，动产抵押权是否登记并不影响抵押合同的效力，因此戊公司的抵押权于2020年6月30日设立。

4. 己公司能否以其保留的所有权对抗戊公司的抵押权？为什么？

答案：可以。因为己公司保留的所有权旨在担保设备买卖的价款，且当事人于设备交付后 10 日内就办理了登记，己公司保留的所有权具有超级优先地位，优先于在先设立的戊公司的抵押权。

难度：难

考点：担保物权的竞合

命题和解题思路：本题涉及的是所有权保留中出卖人保留的所有权与抵押权之间的对抗，考虑到所有权保留中出卖人保留的所有权属于非典型担保，本题涉及的问题实际上就是广义的担保物权竞合的顺位问题。《民法典》与《民法典担保制度解释》初步确立了担保物权竞合的统一顺位规则体系，因此解答本题的关键在于，考生需要熟悉担保物权竞合的顺位规则。

答案解析：为了给设立动产浮动抵押权的抵押人释放再次获得融资的空间，《民法典》第 416 条引入了所谓的价款担保权超级优先规则。该条规定："动产抵押担保的主债权是抵押物的价款，标的物交付后十日内办理抵押登记的，该抵押权人优先于抵押物买受人的其他担保物权人受偿，但是留置权人除外。"在此基础上，《民法典担保制度解释》第 57 条对超级优先规则的适用范围进行了扩张，使其同样适用于所有权保留与融资租赁等情形，该条第 1 款规定："担保人在设立动产浮动抵押并办理抵押登记后又购入或者以融资租赁方式承租新的动产，下列权利人为担保价款债权或者租金的实现而订立担保合同，并在该动产交付后十日内办理登记，主张其权利优先于在先设立的浮动抵押权的，人民法院应予支持：（一）在该动产上设立抵押权或者保留所有权的出卖人；（二）为价款支付提供融资而在该动产上设立抵押权的债权人；（三）以融资租赁方式出租该动产的出租人。"据此，己公司保留的所有权旨在担保设备买卖的价款，并且该保留的所有权于交付后 5 日即办理了登记，满足超级优先规则的要求，因此己公司保留的所有权优先于在先设立的戊公司的动产浮动抵押权。

5. 若不考虑机动车保险，周某花费的 5 万元医药费可以向何人主张救济？为什么？

答案：周某可以就 4 万元医药费向己公司主张侵权损害赔偿，其余 1 万元医药费应由周某自行承担。因为根据交警部门的事故责任认定，钱某应负 80% 责任，周某应负 20% 责任。钱某是己公司的工作人员，交通事故发生于执行工作任务期间，己公司应为钱某承担无过错的替代责任。

难度：中

考点：机动车交通事故责任、用人者责任

命题和解题思路：结合相关背景事实，本题明确指向机动车交通事故责任的考查，结合钱某是己公司司机这一事实因素，本题还可能涉及用人者责任（己公司是否需要为钱某承担替代责任）。不过，尽管本题的提问方式具有开放性，未限于侵权，但由于受害人周某未缔结合同，无法主张合同救济，因此本题只需考虑侵权路径的救济即可。机动车交通事故责任与用人者责任融合时，难度增大，考生在解题时需要有更加清晰明确的分析思路：在分析机动车交通事故的具体责任承担时，应先结合交通事故的类型（机动车之间还是机动车与非机动车之间）确定其归责原则，在此基础上分配交通事故双方的责任比例，如果题干明确提及交警等部门已经认定了责任比例，直接按该比例分配责任即可。责任比例确定后，再结合用人者责任等的相关规定，分析各方的责任是由机动车使用人承担，还是由机动车使用人的用人单位承担。

答案解析：依据《道路交通安全法》第76条，机动车之间的交通事故适用过错责任原则。结合交警部门的责任认定，对于周某的5万元医药费，钱某一方应承担80%即4万元的侵权责任，其余1万元应由周某自己承担。需要进一步考虑的是：该4万元的责任，是钱某自己承担，还是己公司承担。《民法典》第1191条第1款规定："用人单位的工作人员因执行工作任务造成他人损害的，由用人单位承担侵权责任。用人单位承担侵权责任后，可以向有故意或者重大过失的工作人员追偿。"据此结合本题，钱某作为己公司所聘用的司机，该交通事故发生在其执行工作任务时，应由己公司承担无过错的替代责任。因此，己公司须向周某承担4万元的医药费。

> **6. 针对己公司取车的要求，辛公司可提出何种抗辩？为什么？**

答案：辛公司可主张对集装箱车的留置权。因为欠付的100万元维修保养费是辛公司持续经营中所发生的债权，对于该债权，辛公司有权对己公司所有的集装箱车行使留置权，该留置权属于企业之间的留置，不要求辛公司占有的动产与债权之间是同一法律关系。

难度：中

考点：留置权

命题和解题思路：尽管本题的提问带有开放性，未明确指向考查的知识点，但是结合背景事实因素不难分析出本题涉及的是留置权。关于留置权的成立，考生需要区分民事留置权与商事留置权，二者产生的要求并不相同。

答案解析：本题尽管设问的方式是开放性的，但是所考查的知识点较为明确，即留置权，需要考虑辛公司是否对集装箱车享有留置权以对抗己公司的取车要求。因此，本题解答的关键在于分析辛公司对集装箱车是否享有留置权。对于留置权，需要先结合《民法典》第448条区分民事留置权与商事留置权。《民法典》第448条规定："债权人留置的动产，应当与债权属于同一法律关系，但是企业之间留置的除外。"据此，企业之间的留置属于商事留置，而其他留置均为民事留置。结合本题分析，留置的双方为己公司与辛公司，二者均为商事公司，显然属于商事留置的范畴。依据《民法典》第448条，商事留置权的成立无需要求债权人留置的动产与债权属于同一法律关系，本题中，辛公司留置的集装箱车与己公司欠付的100万元维修保养费并不属于同一法律关系。

尽管不要求同一法律关系，但是商事留置权的成立也有一定的要求。《民法典担保制度解释》第62条第2款与第3款规定："企业之间留置的动产与债权并非同一法律关系，债务人以该债权不属于企业持续经营中发生的债权为由请求债权人返还留置财产的，人民法院应予支持。企业之间留置的动产与债权并非同一法律关系，债权人留置第三人的财产，第三人请求债权人返还留置财产的，人民法院应予支持。"据此可知，商事留置权的成立需要满足：（1）留置权所担保的债权是企业持续经营中发生的；（2）所留置的财产是债务人所有的财产。结合本题，辛公司的该修理厂常年负责己公司集装箱车的维修保养服务，己公司欠付的100万元维修保养费显然属于辛公司持续经营中发生的，与此同时，辛公司留置的集装箱车也属于辛公司所有。因此，辛公司可以就集装箱车行使留置权以对抗己公司取车的要求。

评分细则（共 35 分）

1-6 题满分为：6 分、5 分、4 分、6 分、9 分、5 分

1. 无权（2 分）。甲公司依占有改定取得 7 台设备所有权（1 分）。丙公司属于无权处分（1 分）。设备已经交付（1 分），丁公司善意取得（1 分）。
2. （1）可以请求法院减少违约金（2 分），违约金的数额过分高于造成的损失可以请求酌减（1 分）；（2）丙公司应举证证明约定的违约金过分高于违约造成的损失（2 分）。
3. 2020 年 6 月 30 日设立（2 分）。动产浮动抵押权自抵押合同生效时设立（1 分），抵押合同于 2020 年 6 月 30 日生效（1 分）。
4. 可以（2 分）。旨在担保设备买卖的价款（1 分），交付后 10 日内办理了登记（1 分），满足超级优先权（答出价款优先权、购置物优先权或者《民法典》第 416 条规定均可）条件（1 分），优先于其他意定担保物权（或者优先于其他担保物权，留置权除外）（1 分）。
5. 可就 4 万元向己公司主张侵权损害赔偿（2 分），其余 1 万元自行承担（1 分）。根据事故责任认定，钱某应负 80% 责任，周某应负 20% 责任（2 分）。钱某是己公司工作人员，事故发生于工作期间（2 分），己公司应为钱某承担无过错的替代责任（2 分）。
6. 留置权（2 分），属于企业之间（1 分）持续经营中（1 分）所发生的债权，不要求具有同一法律关系（1 分）。

第六题（本题 35 分）

一、试题

案情：2014 年 1 月 17 日，甲公司因资金周转需要向乙公司借款 1000 万元，借款期为 2014 年 1 月 17 日至 7 月 16 日。借款合同上只有甲公司的签字盖章。随后，乙公司分别于当年 1 月 17 日和 23 日分两次向甲公司转账共 1000 万元。

2016 年 1 月 19 日，两公司对该笔借款重新签订借款合同，合同到期日表述为 2016 年 1 月 20 日，同时还款期限延至 2016 年 5 月 30 日，在 2016 年 1 月 21 日至 5 月 30 日的借款期内按照月息 1% 的借款利率执行。已产生的利息 240 万元与本金 1000 万元，合计 1240 万元，都按照月息 1% 计算利息。如果借款人在 2016 年 5 月 30 日延期的期限到期时仍不能偿还借款的，则双方约定本合同的最晚到期日为 2017 年 1 月 20 日。从 2016 年 1 月 21 日起至借款归还日止（2017 年 1 月 20 日前），本金及已产生的利息均按照月息 2% 的借款利率执行。合同同时约定，由甲公司法定代表人张某和丙公司为该笔债务提供连带保证，张某和丙公司均在合同上签字盖章。

2016 年 1 月 26 日，甲公司向丙公司提供反担保，双方签订了质押合同。双方约定，甲公司将其所有的 2000 吨镍含量 10% 的镍铁质押给丙公司。随后，甲公司安排刘某前往仓库看管该 2000 吨镍铁，刘某收取看管费 5000 元，并出具收据："帮助甲公司看管库房质押镍铁 2000 吨补助费。"

2016 年 7 月 15 日，张某在丁公司经营的 A 加油站加了 400 元的 95 号汽油，驾驶几天后，汽车出现故障。张某将该车送去维修，共支出维修费 2.5 万元。经检测，该批汽油质量不合格，且该车的故障发生与发动机工作时的燃烧有高度关联。据查，该批汽油由戊公司生产。

2016年9月22日，甲公司与丙公司、乙公司签订借款合同补充协议，协议中计算出甲公司欠乙公司本息合计为1400万元。丙公司的某分公司在B镇政府有1721万元的债权，丙公司与甲公司约定丙公司将其中的1400万元债权转让给乙公司，用以偿还甲公司欠乙公司的全部借款本金及利息。当年11月16日，丙公司与乙公司达成债权转让协议。11月20日，乙公司将债权转让的事实通知B镇政府，遭到B镇政府的反对。据查，丙公司的某分公司与B镇政府曾约定该笔债权不得转让。随后，丙公司向甲公司主张行使质权，甲公司予以拒绝，丙公司诉至法院，请求依法确认丙公司与甲公司签订的质押合同合法有效，丙公司对2000吨镍含量10%的镍铁享有质权，诉讼费用由甲公司承担。

2017年2月10日，丙公司向己公司订购设备一台，价款100万元，由己公司负责将设备连同相关单证运送至丙公司指定的厂房。合同同时约定，设备的所有权自丙公司支付80%以上的设备价款时移转。2月15日，丙公司向己公司转账支付50%的设备款。4月10日，己公司将设备运送至指定厂房并通知了丙公司。由于厂房负责人的疏忽，并未按约收取该设备。次日晚上，雷电引发了意外火灾，将该设备烧毁。据查，己公司运送设备时并未附带设备相关单证。

问题：

1. 甲公司与乙公司于2014年1月17日签订的借款合同效力如何？为什么？

2. 丙公司与甲公司签订的质押合同是否有效？为什么？丙公司对2000吨镍含量10%的镍铁是否享有质权？为什么？

3. 张某对于支出的2.5万元维修费可以向谁主张何种救济？为什么？

4. 丙公司与乙公司于2016年11月16日签订的债权转让协议效力如何？乙公司能否取得该债权？为什么？

5. 丙公司在承担了担保责任后是否有权向张某追偿？为什么？

6. 己公司是否有权请求丙公司支付剩余价款？为什么？

二、案例来源

1. 辽宁省鞍山市中级人民法院（2018）辽03民终3103号民事判决书：海城市某耐火材料有限公司与海城市某建筑工程有限公司确认合同纠纷案

2. 刁维奎诉云南中发石化有限公司产品销售者责任纠纷案[①]

三、总体命题思路

本题改编自两个实务案例，以"借贷+担保"的经典组合为核心案例事实，在重点考查担保制度相关知识点的同时，也涉及了合同法以及侵权法中的相关知识点。解答本题需要对担保制度有较为全面的掌握，同时需要熟悉合同的订立、产品责任、买卖合同的风险负担规则、债权转让等知识点。总之，综合性的主观题往往要求考生更精准地审题和对民法相关知识体系有更全面的把握。

四、答案精讲

> 1. 甲公司与乙公司于2014年1月17日签订的借款合同效力如何？为什么？

答案：成立并生效。因为尽管该借款合同欠缺乙公司的签字盖章，但随后乙公司履行了

---

① 《最高人民法院公报》2020年第12期。

民法

案情结构图

2014年

2014年1月17日，甲公司向乙公司借款
- 借款金额：1000万元
- 借款期：2014年1月17日至2014年7月16日
- 借款合同上只有甲公司转款的签字盖章

乙公司分别于2014年1月17日和23日分两次向甲公司转款共1000万元

2016年

2016年1月19日，两公司重新签订借款合同
- 合同到期日：2016年1月20日。还款期限延至2016年5月30日。如果借款人在2016年5月30日延期的期限到期时仍不能偿还本金的，则双方约定本合同的最晚到期日为2017年1月20日
- 借款利率：
  ① 在2016年1月21日至5月30日的借款期内按照月息1%计算利息，都按照月息1%计算利息。已产生的利息240万元与本金1000万元合计1240万元。
  ② 如果借款人在2016年5月30日延期的期限到期时仍不能偿还款的，则双方约定最晚到期日为2017年1月20日，本金及已产生的利息均按照月息2%计算利息（2017年1月20日前），本金和两公司均在合同上签字盖章
  从2016年1月21日起至借款归还日止。

2016年1月26日，甲公司向丙公司提供反担保，双方签订了质押合同
甲公司法定代表人张某和丙公司为该笔债务提供连带保证，张某和丙公司将其所有的2000吨镍含量10%的镍铁质押给丙公司

2016年7月15日，张某在乙公司经营的A加油站加油
- 张某汽车出现故障，花费汽车维修费2.5万元
- 故障原因：该批汽油质量不合格（该批汽油由戊公司生产），且该车发生与发动机工作时的燃烧有高度关联

2016年9月22日，甲公司与丙公司、乙公司签订借款合同补充协议
- 计算出甲公司欠乙公司本息合计1400万元
- 两公司的某分公司对B镇政府享有1721万元的债权
- 两公司与甲公司约定，两公司将其中1400万无债权转让给乙公司，用以偿还甲公司欠乙公司的全部借款本金及利息

2016年11月16日，丙公司与乙公司达成债权转让协议

2016年11月20日，乙公司将债权转让的事实通知B镇政府，遭到B镇政府的反对

随后，丙公司向甲公司主张行使债权，甲公司予以拒绝，丙公司诉至法院，请求：
① 依法确认丙公司与甲公司签订的质押合同合法有效
② 丙公司对2000吨镍含量10%的镍铁享有质权
③ 诉讼费用由甲公司承担

2017年

2017年2月10日，丙公司向己公司订购设备一台
① 设备价款100万元，由己公司负责将设备连同相关单证运送至丙公司指定的厂房
② 设备的所有权自丙公司支付80%以上的设备价款时移转

2017年2月15日，丙公司向己公司转账支付50%的设备款

2017年4月10日，己公司将设备运送至指定厂房并通知了丙公司
- 己公司运送设备时并未带附设备相关单证
- 由于厂房负责人的疏忽，并未按约收取该设备，次日晚上雷电引发了意外火灾，将该设备烧毁

---

① 甲公司安排刘某前往仓库看管该2000吨镍铁
② 刘某收取看管费5000元，出具收据："帮助甲公司看管库房质押镍铁2000吨补助费"

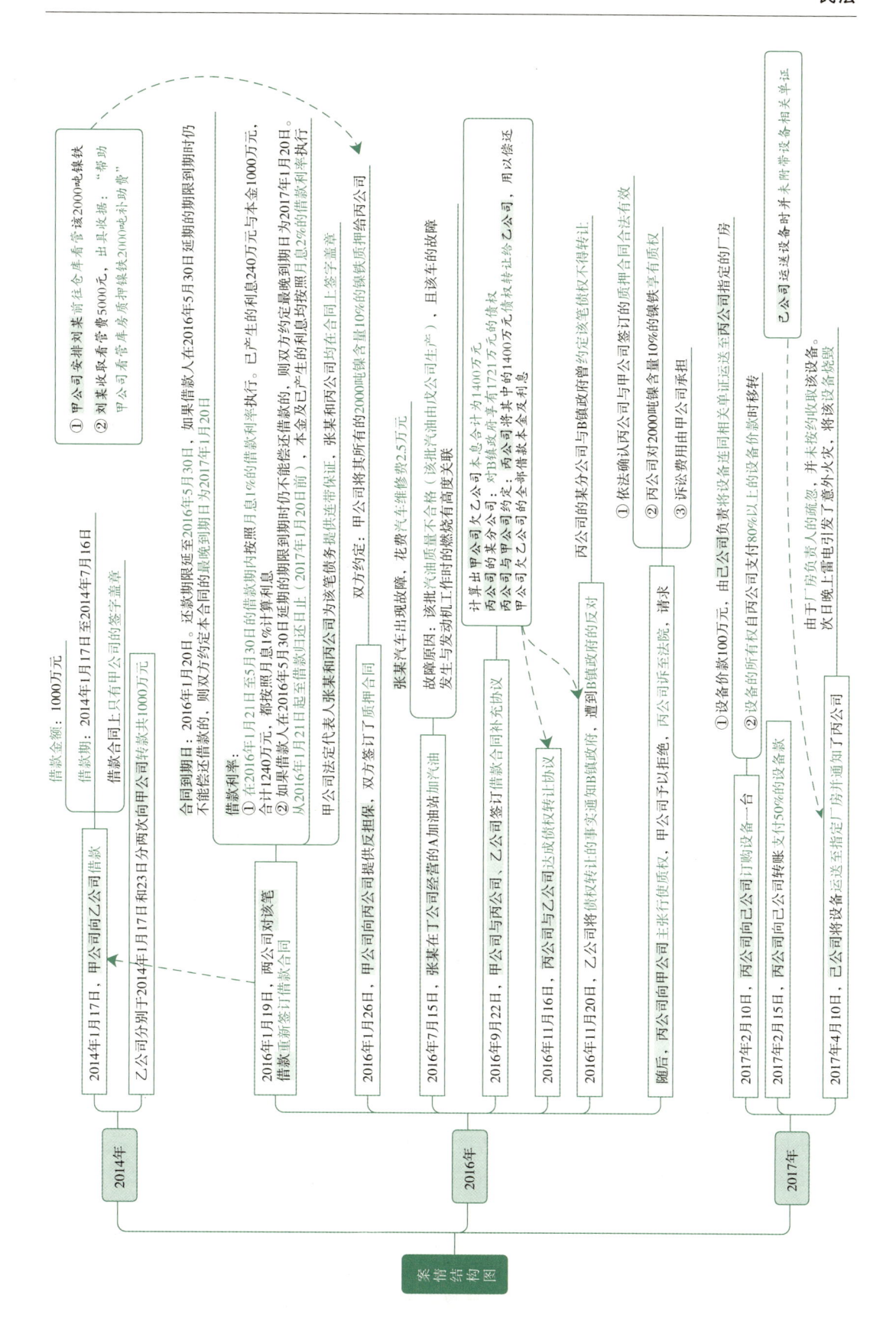

· 139 ·

该借款合同的主要义务且甲公司接受，借款合同由此成立并生效。

难度：中

考点：合同的订立

命题和解题思路：本题考查合同的订立这一考点，具体涉及合同成立的判断，难度不大。解答本题需要考生对合同成立规则有较为清晰的认识，特别是对《民法典》第490条的理解与把握。

答案解析：本题涉及对合同成立与否的判断，需结合《民法典》第490条进行分析。该条规定："当事人采用合同书形式订立合同的，自当事人均签名、盖章或者按指印时合同成立。在签名、盖章或者按指印之前，当事人一方已经履行主要义务，对方接受时，该合同成立。法律、行政法规规定或者当事人约定合同应当采用书面形式订立，当事人未采用书面形式但是一方已经履行主要义务，对方接受时，该合同成立。"结合本题，甲公司与乙公司于2014年1月17日签订借款合同，其中仅有甲公司的签字盖章，该合同尚未成立。但是随后，乙公司分别于2014年1月17日和1月23日分两次向甲公司转款共1000万元，其履行了借款合同的主要义务，且甲公司已经接受，因此该借款合同成立。由于借款合同并无特别生效要件，因此该借款合同成立即生效。

2. 丙公司与甲公司签订的质押合同是否有效？为什么？丙公司对2000吨镍含量10%的镍铁是否享有质权？为什么？

答案：（1）有效。因为该质押合同除了书面要求，并无特别的成立要件与生效要件，因此双方签订质押合同后，该合同就成立并生效。

（2）不享有质权。因为存货质权自债权人委托的监管人监管并实际控制质押财产时设立，而刘某并非受债权人丙公司的委托实施监管与控制。

难度：中

考点：动产质权

命题和解题思路：本题分为两个相互关联的小问，均考查动产质权。第一小问具体涉及质押合同的效力，难度不大。解答第一小问考生需要对质押合同的成立与生效规则有清晰的认识，动产质押合同除了需要具备书面形式这一法定要求，并无其他特别的成立或生效要件。第二小问具体涉及存货质押，存货质押的特殊性使得传统的交付方式并不适用，其往往是通过债权人委托的第三方对质押货物实施监管来设立。对于存货质权的设立，考生尤其需要注意两点：其一，监管者必须是受债权人委托的，受债务人委托实施监管不能设立质权；其二，质权自债权人委托的监管人监管并实际控制质押财产时设立。

答案解析：（1）此问涉及质押合同的效力判断。现行法对质押合同仅提出了书面要求，除此以外并无其他成立要件与生效要件，因此通常来说，当事人签订质押合同后，质押合同就已成立并生效。

（2）《民法典担保制度解释》第55条规定："债权人、出质人与监管人订立三方协议，出质人以通过一定数量、品种等概括描述能够确定范围的货物为债务的履行提供担保，当事人有证据证明监管人系受债权人的委托监管并实际控制该货物的，人民法院应当认定质权于监管人实际控制货物之日起设立。监管人违反约定向出质人或者其他人放货、因保管不善导致货物毁损灭失，债权人请求监管人承担违约责任的，人民法院依法予以支持。在前款规定情形下，当事人有证据证明监管人系受出质人委托监管该货物，或者虽然受债权人委托但是未实际履行监管职责，导致货物仍由出质人实际控制的，人民法院应当认定质权未设立。债权人可以基于质押合同的约定请求出质人承担违约责任，但是不得超过质权有效设立时出质人应当承担的责任范围。监管人未履行监管职责，债权人请求监管人承担责任的，人民法院依法予以支持。"据此可知，存货质权的设立时点为债权人委托的监管人监管并实际控制质押财产时，并且监管人须受债权人委托，如果监管人受债务人委托，则质权不成立。本题中，监管人刘某是受债务人甲公司委托，而非受债权人丙公司委托，因此质权尚未成立。

3. 张某对于支出的 2.5 万元维修费可以向谁主张何种救济？为什么？

答案：（1）合同角度：张某可要求丁公司承担 2.5 万元的违约责任。因为张某与丁公司之间缔结了汽油买卖合同，丁公司交付的是有质量瑕疵的汽油，张某有权主张相应的违约责任。

（2）侵权角度：张某可以选择向丁公司主张 2.5 万元的产品责任，也可以选择向戊公司主张 2.5 万元的产品责任。因为张某所购买的汽油属于有缺陷的产品，由此造成的损害，张某既可以选择要求生产者戊公司承担无过错的产品责任，也可以选择要求销售者丁公司承担无过错的产品责任。

张某可就上述救济方式择一行使。

难度：中

考点：买卖合同、产品责任

命题和解题思路：结合张某所购买的汽油属于有缺陷的产品这一事实不难推断，本题属于经典的违约与侵权竞合的问题，需要考生兼顾这两个角度。需要注意的是，在分析侵权责任时，有的考生可能将 A 加油站作为产品的销售者，这是错误的，本题已经明确提及，A 加油站由丁公司经营，那么丁公司才是销售者，A 加油站不是独立的民事主体。

答案解析：（1）从合同救济的角度看，张某与丁公司之间缔结了汽油的买卖合同。《民法典》第 617 条规定："出卖人交付的标的物不符合质量要求的，买受人可以依据本法第五百八十二条至第五百八十四条的规定请求承担违约责任。"据此，经检测，该批汽油质量不合格，且该车的故障发生与发动机工作时的燃烧有高度关联，这说明该汽油并不符合质量要求，导致汽车受损，张某有权要求丁公司承担相应的瑕疵担保责任。

（2）从侵权的角度看，因本题所涉的汽油质量不合格，且该车的故障发生与发动机工作时的燃烧有高度关联，这说明张某购得的汽油属于有缺陷的产品。《民法典》第 1203 条第 1 款规定："因产品存在缺陷造成他人损害的，被侵权人可以向产品的生产者请求赔偿，也可以向产品的销售者请求赔偿。"据此，张某有权主张无过错的产品责任，且张某有权选择向生产者或者销售者主张该产品责任。因此，张某可以选择向丁公司主张 2.5 万元的产品责任，也可以选择向戊公司主张 2.5 万元的产品责任。

4. 丙公司与乙公司于 2016 年 11 月 16 日签订的债权转让协议效力如何？乙公司能否取得该债权？为什么？

答案：（1）有效。

（2）乙公司能取得该债权。因为丙公司的某分公司与 B 镇政府关于债权不得转让的约定，不能对抗第三人乙公司，因此丙公司与乙公司的债权转让协议有效，乙公司可基于有效的债权转让协议取得该债权。

难度：中

命题和解题思路：本题共有两个小问，均围绕债权转让而展开，具体考查当事人禁止债权转让约定的效力问题，难度不大。解答本题时需要注意的是：《民法典》就当事人禁止债权转让约定的效力问题，区分了金钱债务与非金钱债务而作了不同处理。当事人约定非金钱债权不得转让的，不得对抗善意第三人；当事人约定金钱债权不得转让的，不得对抗第三人。

答案解析：由于丙公司的某分公司与B镇政府曾约定该笔债权不得转让，因此需要分析此约定的效力。《民法典》第545条第2款规定："当事人约定非金钱债权不得转让的，不得对抗善意第三人。当事人约定金钱债权不得转让的，不得对抗第三人。"结合本题，丙公司的某分公司对B镇政府享有的是金钱债权，因而双方关于债权禁止转让的约定不能对抗第三人乙公司，因此该约定对丙公司与乙公司之间的债权转让交易并无影响，乙公司仍可通过有效的债权转让协议取得该债权。

5. 丙公司在承担了担保责任后是否有权向张某追偿？为什么？

答案：有权。因为丙公司与张某作为连带保证人均在同一个合同上签字，此种情形是法定的担保人之间可相互追偿的情形，因此丙公司有权请求张某按比例分担向债务人甲公司不能追偿的部分。

难度：中

考点：共同担保

命题和解题思路：本题围绕共同担保而展开，具体涉及共同担保中担保人内部的相互追偿权的问题，难度不大，直接依据《民法典担保制度解释》第13条解答即可。需要注意的是，《民法典担保制度解释》第13条原则上否认了担保人之间的相互追偿权，除非存在法定的例外情形。

答案解析：共同担保是法考主观题考试的常客，本题主要涉及担保人之间的追偿权问题。关于这一问题，《民法典》保持沉默，《民法典担保制度解释》作出了明确规定。《民法典担保制度解释》第13条规定："同一债务有两个以上第三人提供担保，担保人之间约定相互追偿及分担份额，承担了担保责任的担保人请求其他担保人按照约定分担份额的，人民法院应予支持；担保人之间约定承担连带共同担保，或者约定相互追偿但是未约定分担份额的，各担保人按照比例分担向债务人不能追偿的部分。同一债务有两个以上第三人提供担保，担保人之间未对相互追偿作出约定且未约定承担连带共同担保，但是各担保人在同一份合同书上签字、盖章或者按指印，承担了担保责任的担保人请求其他担保人按照比例分担向债务人不能追偿部分的，人民法院应予支持。除前两款规定的情形外，承担了担保责任的担保人请求其他担保人分担向债务人不能追偿部分的，人民法院不予支持。"据此，原则上担保人之间没有追偿权，除非存在三种例外情形：（1）担保人之间约定相互追偿；（2）担保人之间约定承担连带共同担保；（3）各担保人在同一份合同书上签字、盖章或者按指印。结合本题，丙公司与张某作为连带保证人均在该借款合同中签字盖章，属于情形（3），承担了担保责任的丙公司有权请求张某按比例分担向债务人甲公司不能追偿的部分。

6. 己公司是否有权请求丙公司支付剩余价款？为什么？

答案：有权。因为己公司将设备运送至丙公司指定的厂房而丙公司未按约收取，设备毁损灭失的风险应由丙公司承担，所以己公司仍有权请求丙公司支付剩余价款。单证未交付不影响风险的移转。

难度：难

考点：买卖合同

命题和解题思路：本题并未明确指向其考查的知识点，需要稍加推理。买卖合同的风险负担问题有两种常见的提问方式，第一种较为直接，即直接问风险由谁承担，第二种则较为隐蔽，通过提问买方是否还有义务支付价款来考查。结合设备毁损的事实以及本题的提问方式，不难推断出，本题涉及的是买卖合同的风险负担问题。关于买卖合同的风险负担问题，《民法典》第604条采取了交付主义，但该条以外也存在一些特别规则。考生在复习时应整合所有的风险负担规则，进行系统学习掌握。

答案解析：《民法典》第608条规定："出卖人按照约定或者依据本法第六百零三条第二款第二项的规定将标的物置于交付地点，买受人违反约定没有收取的，标的物毁损、灭失的风险自违反约定时起由买受人承担。"据此结合本题，丙公司与己公司签订了设备买卖合同，并约定由己公司负责将设备连同设备相关的单证运送至丙公司指定的厂房。己公司按约定将设备运送至丙公司的厂房，但由于丙公司的疏忽未能按约定收取，丙公司从违反约定开始承担标的物毁损灭失的风险。此外需要考虑的是单证未按约定交付是否会影响风险的移转。《民法典》第609条规定："出卖人按照约定未交付有关标的物的单证和资料的，不影响标的物毁损、灭失风险的转移。"据此，尽管己公司运送设备时并未附带设备相关单证，但这不影响风险的移转。因此，雷电引发了意外火灾，将该设备烧毁，该风险应由买受人丙公司承担，所以己公司仍有权请求丙公司支付剩余价款。

评分细则（共35分）

1-6题满分为：4分、6分、9分、6分、4分、6分

1. 已经生效（2分）。乙公司履行了该借款合同的主要义务且对方接受（2分）。
2. (1) 有效（2分）。满足了书面形式要求，自成立时生效（1分）。
   (2) 不享有质权（2分）。刘某并非受债权人丙公司的委托实施监管与控制（1分）。
3. (1) 要求丁公司（1分）承担违约责任（答出瑕疵担保责任也可）（1分）。张某与丁公司之间存在买卖合同（1分），丁公司交付的标的物存在质量瑕疵（1分）。
   (2) 要求丁公司（1分）或者戊公司（1分）承担产品责任（答出侵权责任也可）（1分）。产品缺陷造成损害，受害者有权请求生产者或者销售者承担产品责任（2分）。
4. 有效（2分）。可以取得债权（2分）。金钱债权不得转让的约定不能对抗第三人（2分）。
5. 有权（2分）。丙公司与张某在同一个合同上签字（2分）。
6. 有权（2分）。出卖人按照约定将标的物置于交付地点，买受人违反约定没有收取的，风险由买受人承担（或答出受领迟延后由买受人承担风险）（2分）。单证未交付不影响风险的移转（2分）。

民事诉讼法

第一题（本题28分）

一、试题

案情：2019年10月9日，杨某与K市X区的墽坤公司签订《市政道路及综合管廊建设项目工程内包责任合同书》，约定墽坤公司将其承包的部分K市C县市政道路及综合管廊工程分包给杨某，同时约定项目管理费500万元。合同签订后，杨某向墽坤公司先后支付管理费400万元。后来，隆顺公司成为C县市政道路及综合管廊工程的实际承包方，杨某与隆顺公司另行签订合同书后进行项目施工。

因与墽坤公司协商退款无果，杨某以墽坤公司为被告、隆顺公司为第三人，以返还不当得利为由向X区法院起诉，请求判决墽坤公司退还管理费400万元。2021年1月11日，X区法院公开开庭审理本案。1月12日，X区法院以本案属于建设工程施工合同纠纷，应当适用专属管辖为由，裁定将本案移送至C县法院处理。一审法院适用普通程序审理后，判决墽坤公司返还管理费400万元。墽坤公司不服提起上诉，在K市中级法院审理过程中，墽坤公司提出杨某拖欠其到期借款50万元，主张予以抵销；杨某对欠款数额不予认可，主张已清偿部分欠款。

2022年5月，因墽坤公司拒不履行生效判决，杨某申请法院强制执行。法院执行260万元后，发现墽坤公司已无财产可供执行，遂裁定终结本次执行。杨某发现，墽坤公司原股东恒基公司未足额出资，2022年4月已将其股权转让给大地公司，遂向法院申请追加大地公司、恒基公司为被执行人。

问题：
1. K市X区法院将案件移送管辖是否正确？为什么？
2. 本案一审当事人确定是否正确？为什么？
3. 法院审理本案的审判组织形式如何确定？
4. 墽坤公司主张抵销，法院应如何处理？
5. 对于杨某的申请，法院应如何处理？若当事人不服，应当如何救济？

二、案例来源

1.（2022）最高法民辖73号：杨某、云南某城市投资开发有限公司等不当得利纠纷民事指定管辖裁定书

2.（2021）粤13执异241号：林某某、刘某某等借款合同纠纷执行异议执行裁定书

三、总体命题思路

本题对移送管辖、当事人确定、一审和二审的审判组织形式、二审中抵销、诉讼承担的适

用情形及救济方式等知识点进行考查。其中，管辖、当事人和执行程序向来是法考命题的重点，审判组织形式涉及 2021 年《民事诉讼法》修正的新增内容，诉讼抵销则属于理论型考点。题目考查内容细致，整体难度较高，绝大多数题目需结合法律规定和诉讼法原理推导作答。

案情结构图：

- 起诉：杨某（原告）以塬坤公司为被告、隆顺公司为第三人，以返还不当得利为由向 X 区法院起诉。2021 年 1 月 11 日，X 区法院公开开庭审理本案
  - 法律事实：2019 年 10 月 9 日，杨某与 K 市 X 区的塬坤公司签订合同，约定塬坤公司将其承包的部分 K 市 C 县市政道路及综合管廊工程分包给杨某，同时约定项目管理费 500 万元。合同签订后，杨某向塬坤公司先后支付管理费 400 万元。后来，隆顺公司成为 C 县市政道路及综合管廊工程的实际承包方，杨某与隆顺公司另行签订合同书后进行项目施工
  - 处理结果：2021 年 1 月 12 日，X 区法院以本案属于建设工程施工合同纠纷，应当适用专属管辖为由，裁定将本案移送至 C 县法院处理
- 移送受理及裁判处理结果：一审法院（C 县法院）适用普通程序审理后，判决塬坤公司返还管理费 400 万元
- 二审上诉：塬坤公司提起上诉，二审审理过程中，塬坤公司提出杨某拖欠其到期借款 50 万元，主张予以抵销；杨某对欠款数额不予认可，主张已清偿部分欠款
- 执行：2022 年 5 月，杨某申请法院强制执行
  - 法院执行 260 万元后，发现塬坤公司已无财产可供执行，遂裁定终结本次执行
  - 杨某发现，塬坤公司原股东恒基公司未足额出资，2022 年 4 月已将其股权转让给大地公司，遂向法院申请追加大地公司、恒基公司为被执行人

四、答案精讲

> **1. K 市 X 区法院将案件移送管辖是否正确？为什么？**

答案：错误。因为本案为不当得利纠纷，不适用专属管辖，被告住所地 X 区法院对案件享有管辖权，开庭审理后不应再将案件移送管辖。

难度：中

考点：专属管辖、移送管辖

命题和解题思路：本题表面上考查移送管辖的适用条件，实则暗含对专属管辖适用的识别。解答本题的关键是抓住题干中"以返还不当得利为由"的表述，若能据此判断本案为不当得利纠纷，自然可排除建设工程分包合同专属管辖的适用，再结合移送管辖的适用条件即可准确作答。

答案解析：因塬坤公司并未实际承包 C 县市政道路及综合管廊工程，塬坤公司收取项目管理费并无合法依据，杨某诉请塬坤公司退还已支付的 400 万元管理费系不当得利纠纷，故本案不适用不动产纠纷确定管辖法院。不当得利纠纷应适用一般地域管辖确定管辖法院，即应由被告住所地的 X 区法院管辖。《民诉解释》第 35 条规定，当事人在答辩期间届满后未应诉答辩，人民法院在一审开庭前，发现案件不属于本院管辖的，应当裁定移送有管辖权的人民法院。据此，受案法院发现案件不属于本院管辖，应当在开庭前将案件移送有管辖权的法院；在案件开庭审理之后，除非发现受理案件违反级别管辖和专属管辖的规定，不得以不具有一般地域管辖权为由移送案件。本案已经开庭审理，且 X 区法院享有管辖权，不得再将案件移送管辖。

· 145 ·

2. 本案一审当事人确定是否正确？为什么？

答案：杨某作为原告正确，墭坤公司作为被告正确，将隆顺公司列为第三人错误。因为杨某和墭坤公司均为本案诉讼标的（不当得利法律关系）的主体，杨某起诉应为原告，被诉的墭坤公司应为被告。对杨某和墭坤公司的诉讼标的，隆顺公司既不享有独立请求权，案件处理结果与其也没有法律上的利害关系，不应当将隆顺公司列为第三人。

难度：中

考点：当事人适格、第三人

命题和解题思路：让考生判断给定案件中当事人确定是否正确，这是民诉法主观题当事人部分常用的命题套路。解答本题要注意审题，当事人包括原告、被告和第三人，应逐一作出判断。本题解题难点在于对隆顺公司诉讼地位的判断，可根据两类第三人的概念，结合案情表述作答。

答案解析：杨某未能从墭坤公司分包C县市政道路及综合管廊工程，却为此支付管理费400万元，因协商退还无果起诉。一般来说，应当以当事人是否为所争议的民事法律关系（本案诉讼标的）的主体，作为判断当事人适格与否的标准。据此，本案的诉讼标的属于不当得利法律关系，诉讼标的的主体为杨某和墭坤公司，杨某为维护自己的利益起诉墭坤公司，因此杨某属于适格原告，墭坤公司属于适格被告。

《民事诉讼法》第59条第1款规定，对当事人双方的诉讼标的，第三人认为有独立请求权的，有权提起诉讼。据此，本案是杨某基于不当得利纠纷起诉墭坤公司，隆顺公司对此并无独立请求权，因此隆顺公司不是有独立请求权第三人。

《民事诉讼法》第59条第2款规定，对当事人双方的诉讼标的，第三人虽然没有独立请求权，但案件处理结果同他有法律上的利害关系的，可以申请参加诉讼，或者由人民法院通知他参加诉讼。据此，杨某起诉要求墭坤公司退还管理费，案件的处理结果与隆顺公司并无法律上的利害关系，隆顺公司不过是与杨某另行签订建设工程分包合同而已，因此隆顺公司也不属于无独立请求权第三人。

3. 法院审理本案的审判组织形式如何确定？

答案：（1）第一审法院可安排审判员独任审理；可安排审判员和陪审员组成合议庭审理；可安排审判员组成合议庭审理。（2）第二审法院应由审判员组成合议庭审理。

难度：中

考点：合议制度

命题和解题思路：2021年《民事诉讼法》修正扩张了独任制的适用范围，故本题对一审和二审程序可能的审判组织形式予以考查。解题依据是《民事诉讼法》的明文规定，完整梳理各项情形列举作答即可。应注意审题，避免遗漏对二审法院审判组织形式的判断。

答案解析：《民事诉讼法》第40条第1、2款规定，人民法院审理第一审民事案件，由审判员、陪审员共同组成合议庭或者由审判员组成合议庭。合议庭的成员人数，必须是单数。适用简易程序审理的民事案件，由审判员一人独任审理。基层人民法院审理的基本事实清楚、权利义务关系明确的第一审民事案件，可以由审判员一人适用普通程序独任审理。据此，一审法院适用普通程序审理本案，可由审判员、陪审员共同组成合议庭或者由审判员组成合议庭审理；若基本事实清楚、权利义务关系明确，也可由审判员独任审理。

《民事诉讼法》第41条第1、2款规定，人民法院审理第二审民事案件，由审判员组成合议庭。合议庭的成员人数，必须是单数。中级人民法院对第一审适用简易程序审结或者不服裁定提起上诉的第二审民事案件，事实清楚、权利义务关系明确的，经双方当事人同意，可以由审判员一人独任审理。据此，本案一审适用普通程序审理后作出判决，不符合二审独任审理的适用条件，K市中级法院只能由审判员组成合议庭审理。

4. 塎坤公司主张抵销，法院应如何处理？

答案：

答案一：若抵销以抗辩方式提出，只要当事人同意放弃审级利益，二审法院可以一并予以审理；若抵销以反诉方式提出，因杨某拖欠借款与塎坤公司退还管理费并无牵连性，塎坤公司的请求不构成反诉，法院应告知其另行起诉。塎坤公司另行起诉后，本诉应裁定诉讼中止，等待抵销主动债权的审理结果，然后再判断抵销抗辩是否成立。

答案二：因主动债权存在争议，抵销应以诉的形式解决。基于牵连性的扩张性解释，抵销可以反诉形式提出。二审法院可依自愿对塎坤公司要求清偿拖欠借款的请求组织调解，调解不成，告知其另行起诉。塎坤公司另行起诉后，本诉应裁定诉讼中止，等待抵销主动债权的审理结果，然后再判断抵销抗辩是否成立。塎坤公司和杨某同意由第二审人民法院一并审理的，第二审人民法院可以一并裁判，并对抵销予以处理。

难度：难

考点：反诉与反驳的区别

命题和解题思路：为顺应法考主观题命题日益理论化的趋势，本题以诉讼抵销为切入点，考查法院对二审中当事人主张抵销的处理方式。本题并无法律的明文规定，难度极高，需要借助抵销的行使方式、反诉的牵连性、二审调解的适用、诉讼中止等相关规定和理论推导作答。

答案解析：《全国法院民商事审判工作会议纪要》（以下简称《九民纪要》）第43条规定，抵销权既可以通知的方式行使，也可以提出抗辩或者提起反诉的方式行使。据此，诉讼中抵销可以提出抵销抗辩或者提出反诉。若抵销以抗辩方式提出，不受审级限制，但为了维护当事人的审级利益，二审一并对主动债权予以处理应征得当事人同意。此时主动债权存在争议，法院也会在抗辩的名义下对争议事实进行认定判断。若抵销以反诉方式提出，根据《民诉解释》第233条第2款规定，杨某拖欠借款与塎坤公司退还管理费的诉讼请求并非基于相同事实，不属于相同法律关系，也不存在因果关系，因此两案并无牵连性，塎坤公司的请求不构成反诉，法院应告知其另行起诉。为实现诉讼抵销的目的，塎坤公司另行起诉后，本诉应裁定诉讼中止，等待抵销主动债权的审理结果，然后再判断抵销抗辩是否成立。

另有观点认为，若主动债权存在争议，抵销应以诉的形式来行使。此时应当放宽对反诉牵连性的认定标准，认为基于抵销的主张使得反诉和本诉产生牵连性。《民诉解释》第326条规定，在第二审程序中，原审原告增加独立的诉讼请求或者原审被告提出反诉的，第二审人民法院可以根据当事人自愿的原则就新增加的诉讼请求或者反诉进行调解；调解不成的，告知当事人另行起诉。双方当事人同意由第二审人民法院一并审理的，第二审人民法院可以一并裁判。据此，二审法院可依自愿对塎坤公司要求清偿拖欠借款的请求组织调解，调解不成，告知其另行起诉。为实现诉讼抵销的目的，塎坤公司另行起诉后，本诉应裁定诉讼中止，等待抵销主动债权的审理结果，然后再判断抵销抗辩是否成立。塎坤公司和杨某同意由第二审人民法院一并审理的，第二审人民法院可以一并裁判，对抵销予以处理。

5. 对于杨某的申请，法院应如何处理？若当事人不服，应当如何救济？

答案：法院应裁定追加恒基公司为被执行人，驳回追加大地公司为被执行人的申请。若当事人不服，可提起执行异议之诉予以救济。

难度：中

考点：执行程序中的一般性制度（执行承担）

命题和解题思路：在民事强制执行单独立法趋势的背景下，执行程序在备考时应予以高度关注。本题考查未足额出资的股东转让股权后申请人追加被执行人的范围及其救济方式。追加恒基公司为被执行人有明确的司法解释依据，难度不高；但对能否将大地公司追加为被执行人，仍需借助"审执分离"理论辅助作出判断。还需注意"向上一级法院申请复议"和"提起执行异议之诉"的适用差异。

答案解析：《最高人民法院关于民事执行中变更、追加当事人若干问题的规定》第19条规定，作为被执行人的公司，财产不足以清偿生效法律文书确定的债务，其股东未依法履行出资义务即转让股权，申请执行人申请变更、追加该原股东或依公司法规定对该出资承担连带责任的发起人为被执行人，在未依法出资的范围内承担责任的，人民法院应予支持。据此，作为被执行人的塽坤公司，其股东恒基公司未足额出资即将其股权转让给大地公司，申请执行人杨某申请追加原股东恒基公司为被执行人，法院应予准许。但基于"审执分离"原则，执行程序中变更、追加当事人必须坚持法定原则，司法解释并未规定可追加股权受让人作为被执行人，因此申请将大地公司追加为被执行人，法院不予准许。该司法解释第32条第1款规定，被申请人或申请人对执行法院依据本规定第14条第2款、第17条至第21条规定作出的变更、追加裁定或驳回申请裁定不服的，可以自裁定书送达之日起15日内，向执行法院提起执行异议之诉。据此，当事人不服法院裁定，可提起执行异议之诉予以救济。

评分细则（共28分）

1-5题满分为：5分、6分、5分、6分、6分

1. 错误（1分）。本案为不当得利纠纷，不适用专属管辖（2分）。X区法院是被告住所地法院，对案件享有管辖权（2分）。

2. 杨某作为原告正确（1分），塽坤公司作为被告正确（1分），隆顺公司列为第三人错误（1分）。杨某和塽坤公司均为本案诉讼标的的主体（1分）。隆顺公司既不享有独立请求权（1分），案件处理结果与其也没有法律上的利害关系（1分）。

3. 一审法院可安排审判员独任审理（1分），可安排审判员和陪审员组成合议庭审理（1分），也可安排审判员组成合议庭审理（1分）（仅回答可以独任制或者合议制的，得2分）。

   二审法院应由审判员组成合议庭审理（2分）。

4. 答案一：若抵销以抗辩方式提出，只要当事人同意放弃审级利益，二审法院可以一并予以审理（2分）；若抵销以反诉方式提出，因无牵连性，不构成反诉（2分），法院应告知其另行起诉（1分），另行起诉后，本诉应裁定诉讼中止（1分）。

   答案二：主动债权存在争议，抵销应以反诉形式提出（2分）。对反诉先调解，调解不成，告知其另行起诉（2分）。当事人同意二审法院一并审理的，二审法院可以一并裁判（1分）。另行起诉后，本诉应裁定诉讼中止（1分）。

   答案一、答案二择一即可。

5. 应裁定追加恒基公司为被执行人（2分），驳回追加大地公司为被执行人的申请（2分），不服可提起执行异议之诉（2分）。

第二题（本题28分）

扫码看视频

一、试题

案情： 路某有一辆甘MJ2515牌照的轻型货车，为该车向保险公司投保机动车交通事故强制责任保险，保险期间自2020年5月31日至2021年5月30日止。2020年11月，路某将该车出售给张某，未办理过户手续。2020年12月5日，张某将其所有的甘MJ2515货车出借给封某（16周岁）。次日，封某驾驶该货车上路，因操作不熟、车速过快，与陕A677CS轿车在会车时发生碰撞，致使陕A677CS轿车驾驶员杨某、乘坐人冯某受伤，两车受损。陕A677CS轿车的车主为刘某。交警队出具交通事故认定书，认定封某负该起事故的全部责任。事故发生后，刘某为杨某垫付医药费1万元。

各方就损害赔偿协商无果，2021年3月10日，杨某、冯某共同向甲区法院起诉，要求封某、张某、路某、保险公司共同赔偿医疗费、误工费共计4.4万元（杨某索赔3万元，冯某索赔1.4万元）；杨某另行要求赔偿车辆维修费1.2万元。法院合并审理后，判决全额支持了原告要求赔偿医疗费、误工费的诉讼请求。双方均未上诉，该判决生效后，刘某发现杨某在计算损失时遗漏了自己垫付的1万元医药费（杨某实际损失应为4万元）。

问题：
1. 若张某向甲区法院起诉索赔车辆损失，法院能否将其与本案合并审理？为什么？
2. 本案当事人确定是否正确？为什么？
3. 交通事故认定书是否属于鉴定意见？为什么？
4. 若在开庭前冯某与被告方达成和解后申请撤诉，法院对本案应如何处理？
5. 为挽回损失，刘某能否起诉请求法院撤销该生效判决？为什么？

二、案例来源

1. 甘肃省庆阳市中级人民法院（2014）庆中民终字第701号民事判决书：庆阳某汽车租赁有限公司与刘某某、杨某某、冯某、封某某、张某某、路某、某财产保险股份有限公司庆阳中心支公司机动车交通事故责任纠纷上诉案
2. 江西银行股份有限公司南昌洪城支行与上海神州数码有限公司等借款合同纠纷案[①]

三、总体命题思路

本题以机动车交通事故责任纠纷为切入点，对诉的合并、当事人确定、鉴定意见的识别、普通共同诉讼的内部关系、第三人撤销之诉等知识点进行考查。当事人、证据和第三人撤销之诉是常规重点内容，诉的合并涉及理论型考点。题目考查范围广，部分试题考查方式

---

① 《最高人民法院公报》2022年第7期。

较为隐蔽，需要对法律规定和基本原理灵活运用方可抓住采分点。

```
案情结构图
├─ 案件事实：2020年12月6日，16周岁的封某因操作不熟、车速过快，驾驶甘MJ2515货车致使陕A677CS轿车驾驶员杨某、乘坐人冯某受伤，两车受损
├─ 甘MJ2515货车权属情况
│   ├─ ①原所有权人为路某，并为该车向保险公司投保机动车交通事故强制责任保险，保险期间自2020年5月31日至2021年5月30日止
│   ├─ ②2020年11月，路某将该车出售给张某，未办理过户手续
│   └─ ③2020年12月5日，张某将其所有的甘MJ2515货车出借给封某（16周岁）
├─ 陕A677CS轿车权属情况
│   └─ 陕A677CS轿车的车主为刘某
├─ 其他证据及事实
│   ├─ 交警队出具交通事故认定书，认定封某负该起事故的全部责任
│   └─ 事故发生后，刘某为杨某垫付医药费1万元
├─ 起诉：2021年3月10日，杨某、冯某（原告）共同向甲区法院起诉，要求封某、张某、路某、保险公司（被告）共同赔偿医疗费、误工费共计4.4万元（杨某索赔3万元，冯某索赔1.4万元）；杨某另行要求赔偿车辆维修费1.2万元
├─ 法院受理情况：法院合并审理后，判决全额支持了原告要求赔偿医疗费、误工费的诉讼请求
└─ 后续：双方均未上诉，该判决生效后，刘某发现杨某在计算损失时遗漏了自己垫付的1万元医药费（杨某实际损失应为4万元）
```

四、答案精讲

> **1. 若张某向甲区法院起诉索赔车辆损失，法院能否将其与本案合并审理？为什么？**

答案：可以合并审理。因为两个诉讼属于基于同一事实（交通事故）发生的纠纷，具有牵连性，甲区法院可以合并审理。

难度：中

考点：诉的合并

命题和解题思路：法考时代理论化命题趋势明显，本题考查诉的合并的适用条件。诉的合并属于理论型考点，根据大陆法系民诉理论，诉的合并分为诉的客体合并和诉的主体合并。《民诉解释》第 221 条将诉的客体合并标准界定为"基于同一事实"，可根据该规定推导作答。

答案解析：《民诉解释》第 221 条规定，基于同一事实发生的纠纷，当事人分别向同一人民法院起诉的，人民法院可以合并审理。据此，可以合并的诉讼应"基于同一事实"发生，各个单纯之诉所依据的事实关系或法律关系应有牵连，具有一致性或者重叠性。张某和杨某、冯某提起的诉讼均是基于同一事实（交通事故）发生的纠纷，两个案件存在牵连性，甲区法院可以合并审理。

> **2. 本案当事人确定是否正确？为什么？**

答案：（1）就赔偿医药费、误工费的请求，杨某、冯某作为原告正确，因为二人身体因

交通事故遭受了实际损害，与本案有直接利害关系。(2) 就赔偿车辆维修费的请求，杨某作为原告错误，因为其并非受损轿车的所有人，与本案并不存在直接利害关系。(3) 将封某、张某、保险公司列为被告正确。封某是肇事货车的使用人；张某作为车主将货车出借给无证驾驶的封某，对损害发生有过错；保险公司作为交强险的投保公司应列为共同被告。(4) 将路某列为被告错误，其作为曾经的车主，对损害发生并无过错。(5) 遗漏封某的监护人作为共同被告错误，因为封某作为限制民事行为能力人造成他人损害，其监护人应作为共同被告。

难度：难

考点：必要共同诉讼、当事人适格

命题和解题思路：当事人确定是主观题命题的重点，本题以机动车交通事故责任纠纷为切入点，对适格当事人判断予以考查。解答本题要注意审题，应当对原告和被告是否适格结合民事实体法和程序法的规定分别作出判断。本题的难点在于，原告提出的诉请既包括人身损害赔偿，又包括车辆损害赔偿，应分别作出判断。

答案解析：《民事诉讼法》第122条第1项规定，原告是与本案有直接利害关系的公民、法人和其他组织。据此，杨某、冯某因交通事故遭受了身体损害，就人身损害赔偿而言，二人为适格原告。但杨某并非受损轿车的车主，其无权就车辆损失提起诉讼，就车辆维修费请求，杨某并非适格原告。

《民法典》第1209条规定，因租赁、借用等情形机动车所有人、管理人与使用人不是同一人时，发生交通事故造成损害，属于该机动车一方责任的，由机动车使用人承担赔偿责任；机动车所有人、管理人对损害的发生有过错的，承担相应的赔偿责任。据此，肇事货车的使用人封某应被列为被告；货车所有人张某将车出借给无证驾驶的封某，对损害发生有过错，应承担相应的赔偿责任，亦应被列为被告。

《最高人民法院关于审理道路交通事故损害赔偿案件适用法律若干问题的解释》第22条第1款规定，人民法院审理道路交通事故损害赔偿案件，应当将承保交强险的保险公司列为共同被告。但该保险公司已经在交强险责任限额范围内予以赔偿且当事人无异议的除外。据此，承保交强险的保险公司应被列为共同被告。

《民法典》第1210条规定，当事人之间已经以买卖或者其他方式转让并交付机动车但是未办理登记，发生交通事故造成损害，属于该机动车一方责任的，由受让人承担赔偿责任。据此，即便未办理登记，货车出让人路某也不承担赔偿责任，路某不应被列为被告。

《民诉解释》第67条规定，无民事行为能力人、限制民事行为能力人造成他人损害的，无民事行为能力人、限制民事行为能力人和其监护人为共同被告。据此，16岁的封某属于限制民事行为能力人，造成他人损害，其监护人应为共同被告。

3. 交通事故认定书是否属于鉴定意见？为什么？

答案：不属于鉴定意见。交通事故认定书的制作主体、制作程序、证明力与鉴定意见不同。鉴定应由当事人申请或法院依职权委托启动，当事人应当对鉴材进行质证，交通事故认定书属于公文书证，其证明力更强。

难度：中

考点：鉴定意见

命题和解题思路：本题以交通事故认定书为素材，考查证据法定种类的识别。可从制作主体、程序规则、证明力等方面，对交通事故认定书和鉴定意见的异同点对比后作答。为避免丢分，应答出交通事故认定书属于公文书证的性质。

答案解析：鉴定意见是鉴定人运用自己的专业知识对案件中的相关材料进行鉴别、检验，并就有关专业性问题发表意见。交通事故认定书虽然是由具有专业知识的人员根据相应的专业技能按照一定程序作出，但其制作主体是国家机关，也不符合民事诉讼中鉴定意见的程序要求，例如鉴定应由当事人申请或者法院依职权委托启动，当事人应当对鉴材进行质证，交通事故认定书的制作不符合上述要求。《最高人民法院关于审理道路交通事故损害赔偿案件适用法律若干问题的解释》第24条规定，公安机关交通管理部门制作的交通事故认定书，人民法院应依法审查并确认其相应的证明力，但有相反证据推翻的除外。据此，交通事故认定书属于公文书证，其证明力较之于鉴定意见更强。

4. 若在开庭前冯某与被告方达成和解后申请撤诉，法院对本案应如何处理？

答案：法院审查后对是否准许冯某撤诉作出裁定，对杨某提起的诉讼继续审理后作出判决。本案为普通共同诉讼，一个共同诉讼人的行为对其他共同诉讼人不发生效力。

难度：中

考点：撤诉、普通共同诉讼

命题和解题思路：本题表面上考查原告申请撤诉的处理方式，实则涉及对共同诉讼类型的判断。因本案原告不止一人，冯某申请撤诉后，不可忘记对另一原告杨某起诉的处理。解题时应首先判断杨某、冯某共同起诉后，案件属于普通共同诉讼，再结合普通共同诉讼中共同诉讼人的内部关系即可准确作答。

答案解析：《民事诉讼法》第148条第1款规定，宣判前，原告申请撤诉的，是否准许，由人民法院裁定。据此，原告冯某申请撤诉，法院应审查后裁定是否准许。《民事诉讼法》第55条第2款规定，共同诉讼的一方当事人对诉讼标的有共同权利义务的，其中一人的诉讼行为经其他共同诉讼人承认，对其他共同诉讼人发生效力；对诉讼标的没有共同权利义务的，其中一人的诉讼行为对其他共同诉讼人不发生效力。据此，封某驾车肇事导致杨某、冯某受伤，二人一并起诉，因诉讼标的为同一种类，本案属于普通共同诉讼。一人的诉讼行为对其他共同诉讼人不发生效力，冯某申请撤诉，并不影响法院对杨某起诉的审理。

5. 为挽回损失，刘某能否起诉请求法院撤销该生效判决？为什么？

答案：不能。生效判决对杨某损失的认定依据杨某的诉讼请求作出，该判决并无错误，也未损害刘某的民事权益，不符合提起第三人撤销之诉的条件。

难度：中

考点：第三人撤销之诉

命题和解题思路：案外人权利救济制度是主观题命题的重点，本题对第三人撤销之诉的适用情形予以考查。题目设问方式较为隐蔽，需借助问题表述判断第三人撤销之诉这一考点。根据第三人撤销之诉的功能，结合案情表述不难作出正确判断。

答案解析：《民事诉讼法》第59条第3款规定，前两款规定的第三人，因不能归责于本人的事由未参加诉讼，但有证据证明发生法律效力的判决、裁定、调解书的部分或者全部内容错误，损害其民事权益的，可以自知道或者应当知道其民事权益受到损害之日起6个月内，向作出该判决、裁定、调解书的人民法院提起诉讼。人民法院经审理，诉讼请求成立的，应当改变或者撤销原判决、裁定、调解书；诉讼请求不成立的，驳回诉讼请求。据此，欲提起第三人撤销之诉，必须证明原裁判、调解书有错，且损害了案外第三人的民事权益。本案杨某请求法院判决被告赔偿3万元，法院全部予以支持，虽与实际损失数额不符，但该判决并无错误，也并未损害刘某的民事权益。

评分细则（共28分）

1—5题满分为：4分、14分、3分、4分、3分

1. 可以合并审理（2分）。两个诉讼基于同一事实（1分），具有牵连性（1分）。
2. 就赔偿医药费、误工费的请求，杨某、冯某作为原告正确，因为其遭受了损害（2分）；就赔偿车辆维修费的请求，杨某作为原告错误，其与车辆损害不存在直接利害关系（2分）；将封某、张某、保险公司列为被告正确（3分），封某是肇事货车的使用人（1分），张某将车借给无证驾驶人存在过错（1分），保险公司是交强险的投保公司（1分）；将路某列为被告错误，其没有过错（2分）；遗漏封某的监护人作为共同被告错误，限制行为能力人侵权，其监护人应作为共同被告（2分）。
3. 不属于（1分）。属于公文书证（1分）；鉴定应由当事人申请或法院委托启动（1分）。
4. 对是否准许冯某撤诉作出裁定（1分），对杨某提起的诉讼继续审理并裁判（1分）；属于普通共同诉讼（1分），一人行为对其他共同诉讼人不生效力（1分）。
5. 不能（1分）。该判决并无错误（1分），未损害刘某的民事权益（1分）。

第三题（本题28分）

一、试题

案情：2020年12月20日，徐某与曾某签订《房产代持协议》，双方约定：徐某以曾某名义签订购房合同及其他相关配套法律文件，房屋的产权证书登记在曾某名下；房屋所有权、使用权、收益权、处分权等一切权利均属于徐某，曾某仅代替徐某持有房产，并不享有任何权利；未经徐某书面同意，曾某不得单方处分房产。2021年3月8日，曾某与星泰公司签订《商品房现房买卖合同》，约定曾某购买A房屋，房屋总价款2650万元，买方签名为曾某。购房款由徐某一次性支付后，2021年6月19日，A房屋所有权登记在曾某名下。后二人因A房屋权属发生纠纷，徐某将曾某诉至法院，请求法院确认原告为A房屋的所有权人，若无法获得A房屋的产权，请求判令被告按照房屋市价赔偿原告损失。庭审时，曾某对《房产代持协议》的真实性提出质疑，认为协议上其签名是徐某伪造的。2022年7月12日，法院生效判决确认A房屋归徐某所有。

2021年4月25日，甲区的中集公司与乙区的庆然公司签订《借款合同》，约定庆然公司向中集公司借款2000万元用于补充流动资金，借款期限6个月；若合同履行发生纠纷，向守约方住所地法院起诉。同日，中集公司与丙区的曾某签订《保证合同》，双方约定若庆然公司不履行还款义务，曾某即对借款本金及利息承担保证责任；若发生纠纷，向丙区法院起诉。2021年12月，因庆然公司怠于履行还款义务，中集公司向法院起诉庆然公司和曾某。2022年5月16日，法院判决庆然公司返还中集公司借款本金及利息20119999.43元；曾某承担连带给付责任。曾某不服提起上诉，二审法院维持原判。判决生效后，中集公司向法院申

请强制执行。2022年7月17日，法院裁定查封登记在曾某名下的A房屋。徐某依据前案生效判决书，向法院提出执行异议，请求排除对A房屋的执行。

问题：

1. 对徐某提出的诉讼请求，法院应如何处理？
2. 《房产代持协议》的真实性由谁承担举证责任？曾某主张徐某伪造其签名，法院应如何处理？
3. 中集公司起诉庆然公司和曾某，哪个（些）法院享有管辖权？为什么？
4. 若二审中曾某与中集公司约定以A房屋抵偿庆然公司的欠款，法院应如何处理？
5. 徐某提出的执行异议，法院应否支持？为什么？

案情结构图

- 2020年12月20日，徐某与曾某签订《房产代持协议》
  - 双方约定：徐某以曾某名义签订购房合同及其他相关配套法律文件，房屋的产权证书登记在曾某名下；房屋所有权、使用权、收益权、处分权等一切权利均属于徐某，曾某仅代替徐某持有房产，并不享有任何权利；未经徐某书面同意，曾某不得单方处分房产

- 2021年3月8日，曾某与星泰公司签订《商品房现房买卖合同》，约定曾某购买A房屋，房屋总价款2650万元，买方签名为曾某

- 购房款由徐某一次性支付后，2021年6月19日，A房屋所有权登记在曾某名下

- 2022年7月12日，法院生效判决确认A房屋归徐某所有
  - 过程及相关主张：二人因A房屋权属发生纠纷，徐某将曾某诉至法院，请求法院确认原告为A房屋的所有权人，若无法获得A房屋的产权，请求判令被告按照房屋市价赔偿原告损失
  - 庭审时，曾某对《房产代持协议》的真实性提出质疑，认为协议上其签名是徐某伪造的

- 2022年7月17日，丙区法院裁定查封登记在曾某名下的A房屋
  - 房屋涉案起因
    - ① 中集公司与曾某签订《保证合同》：2021年4月25日，甲区的中集公司与乙区的庆然公司签订《借款合同》，约定庆然公司向中集公司借款2000万元用于补充流动资金，借款期限6个月；若合同履行发生纠纷，向守约方住所地法院起诉。同日，中集公司与丙区的曾某签订《保证合同》，双方约定若庆然公司不履行还款义务，曾某即对借款本金及利息承担保证责任；若发生纠纷，向丙区法院起诉
    - ② 届期主债务人未履行合同责任，曾某被起诉：2021年12月，因庆然公司怠于履行还款义务，中集公司向法院起诉庆然公司和曾某
    - ③ 法院判决曾某承担连带保证责任：2022年5月16日，法院判决庆然公司返还中集公司借款本金及利息20119999.43元；曾某承担连带给付责任
    - ④ 曾某不服提起上诉，二审法院维持原判
    - ⑤ 判决生效后，中集公司向法院申请强制执行
  - 徐某提出异议：徐某依据前案生效判决书，向法院提出执行异议，请求排除对A房屋的执行

二、案例来源

1. 最高人民法院（2020）最高法民再328号民事判决书：辽宁某冷气体液化设备有限公

司、徐某某再审案

2. 最高人民法院（2020）最高法民申 5448 号民事裁定书：赵某某、陈某某所有权确认纠纷案

3. 最高人民法院（2020）最高法知民辖终 172 号民事裁定书：北京某工程有限公司、上海某化工技术股份有限公司专利合同纠纷案

三、总体命题思路

本题以"借名买房"为切入点，对预备合并之诉、地域管辖、证明责任分配、诉讼中达成以物抵债协议的效力、执行标的异议等知识点进行考查。其中，问题 3 和问题 5 涉及的地域管辖、执行标的异议属于常规重要考点，问题 1 的预备合并之诉属于理论型考点，问题 2 涉及《最高人民法院关于民事诉讼证据的若干规定》（以下简称《民事证据规定》）修正的新增内容，问题 4 涉及《九民纪要》的相关规定。题目难易搭配，整体难度适中。

四、答案精讲

> 1. 对徐某提出的诉讼请求，法院应如何处理？

答案：徐某提出的是预备合并之诉，法院应当先对确认徐某为 A 房屋所有权人的诉讼请求作出判决；若该请求不能成立，再就赔偿损失的诉讼请求审理后作出判决。

难度：中

考点：诉的合并

命题和解题思路：基于法考理论化命题规律，本题对预备合并之诉的识别和处理方式予以考查。本题并无明确的解题依据，属于纯粹的理论型考点。解题的关键在于结合案情表述，明确徐某请求的先后顺序，再结合诉的合并理论作出判断。"预备合并之诉"无疑是重要采分点，答题时不要遗漏。

答案解析：诉的预备合并，是指原告对同一被告主张两个以上理论上不能兼容的诉讼请求，在同一诉讼程序以特定顺序合并起诉。若主请求成立，法院则不必就预备请求作出判决；若主请求不能成立，则法院再就预备请求继续审理后作出判决。据此，徐某提出确权请求和赔偿损失的请求明显不能兼容，属于预备合并之诉。法院应按照徐某所提诉讼请求的顺序予以审理，若确权请求成立，则不再审理赔偿损失的请求；若确权请求不成立，再对赔偿损失的请求审理后作出判决。

> 2. 《房产代持协议》的真实性由谁承担举证责任？曾某主张徐某伪造其签名，法院应如何处理？

答案：《房产代持协议》的真实性应由徐某承担举证责任。法院应向曾某释明签名是否伪造需要申请鉴定，并指定提出鉴定申请的期间。

难度：易

考点：证明责任分配、鉴定意见

命题和解题思路：证据和证明是主观题命题的重点，私文书证的审核认定规则是《民事证据规定》的新增内容。本题对私文书证真实性的举证责任分配以及鉴定启动方式予以考查。《民事证据规定》对此有明文规定，结合案情表述依次作答即可。

答案解析：《民事证据规定》第 92 条第 1 款规定，私文书证的真实性，由主张以私文书

证证明案件事实的当事人承担举证责任。据此，徐某提供《房产代持协议》用以证明其借用曾某的名义购买A房屋，徐某为A房屋真正的所有权人，因此《房产代持协议》的真实性应由徐某承担举证责任。曾某主张徐某伪造其签名，意味着双方当事人对私文书证签名的真实性发生争议，存在瑕疵的私文书证，不能适用《民事证据规定》第92条第2款的规定。签名是否为真，属于私文书证形式真实性问题，私文书证应由援引一方对其真实性负有证明责任，因此申请鉴定的义务通常在援引私文书证的一方当事人。《民事证据规定》第30条第1款规定，人民法院在审理案件过程中认为待证事实需要通过鉴定意见证明的，应当向当事人释明，并指定提出鉴定申请的期间。据此，法院应向徐某释明申请笔迹鉴定，并指定提出鉴定申请的期间。

3. 中集公司起诉庆然公司和曾某，哪个（些）法院享有管辖权？为什么？

答案：甲区或乙区法院享有管辖权。债权人一并起诉债务人和担保人，应依据主合同确定管辖法院，又因为主合同协议管辖无效，应根据合同纠纷特殊地域管辖确定管辖法院。被告住所地为债务人庆然公司所在的乙区，合同履行地应为接收货币一方中集公司所在的甲区。

难度：中

考点：特殊地域管辖、协议管辖

命题和解题思路：管辖向来是主观题命题的重点，本题对债权人一并起诉债务人和担保人时管辖法院确定规则予以考查。解题时应首先了解《民法典担保制度解释》规定的"从随主"适用规则，其次判断主合同中管辖约定是否有效，确定无效后再根据特殊地域管辖确定管辖法院，最后结合《民诉解释》第18条规定确定合同履行地。需要注意的是，根据主合同确定管辖法院，被告应为债务人，不包括担保人。

答案解析：《民法典担保制度解释》第21条第2款规定，债权人一并起诉债务人和担保人的，应当根据主合同确定管辖法院。据此，本案应根据主合同确定管辖法院。而主合同约定向守约方住所地法院起诉，涉案合同各方当事人是否构成违约属于需要进行实体审理的内容，并非能够在管辖异议程序阶段确定的事实，故"守约方"的约定并不明确，无法依据协议管辖确定管辖法院，案件只能根据特殊地域管辖确定管辖法院。《民事诉讼法》第24条规定，因合同纠纷提起的诉讼，由被告住所地或者合同履行地人民法院管辖。据此，主合同纠纷的被告应为债务人庆然公司，其所在的乙区有管辖权。根据《民诉解释》第18条第2款规定，合同对履行地点没有约定或者约定不明确，争议标的为给付货币的，接收货币一方所在地为合同履行地。题干并未交代双方约定了合同履行地，争议标的为给付货币，接收货币一方中集公司所在的甲区视为合同履行地，亦享有管辖权。

4. 若二审中曾某与中集公司约定以A房屋抵偿庆然公司的欠款，法院应如何处理？

答案：（1）若曾某申请撤回上诉，法院应告知原审原告中集公司申请撤回起诉；（2）若中集公司申请撤回起诉，经审查不损害国家利益、社会公共利益、他人合法权益的，法院可予以准许；（3）若中集公司不申请撤回起诉，请求法院出具调解书对以物抵债协议予以确认，法院不应准许，并继续对原债权债务关系进行审理。

难度：难

考点：上诉的撤回

命题和解题思路：本题考查二审中双方当事人达成以物抵债协议的处理方式，解题依据来自《九民纪要》的规定。双方在二审中达成以物抵债协议，法院的处理方式应根据当事人的后续行为而定，可分为申请撤回上诉、申请撤回起诉、申请出具调解书等三种情形作答。

答案解析：《九民纪要》第44条第2款规定，当事人在一审程序中因达成以物抵债协议申请撤回起诉的，人民法院可予准许。当事人在二审程序中申请撤回上诉的，人民法院应当告知其申请撤回起诉。当事人申请撤回起诉，经审查不损害国家利益、社会公共利益、他人合法权益的，人民法院可予准许。当事人不申请撤回起诉，请求人民法院出具调解书对以物抵债协议予以确认的，因债务人完全可以立即履行该协议，没有必要由人民法院出具调解书，故人民法院不应准许，同时应当继续对原债权债务关系进行审理。据此，若曾某申请撤回上诉，法院应告知原审原告中集公司申请撤回起诉；若中集公司申请撤回起诉，经审查不损害国家利益、社会公共利益、他人合法权益的，法院可予准许；若中集公司不申请撤回起诉，请求法院出具调解书对以物抵债协议予以确认，法院不应准许，并继续对原债权债务关系进行审理。

> 5. 徐某提出的执行异议，法院应否支持？为什么？

答案：应予支持。因中集公司申请的是金钱债权执行，案外人徐某依据A房屋被查封前法院作出的确认其为所有权人的生效判决书提出排除执行异议，法院应予支持。

难度：中

考点：案外人异议

命题和解题思路：执行救济制度是主观题命题的重点，在民事强制执行法立法背景下尤其需要着重关注。本题考查案外人依据另案生效判决书对执行标的提出异议的审查标准。题目有明确的司法解释规定，准确定位到法条即可准确作答。本题还可通过理论推导作答，案外人提出执行标的异议能否获得支持，关键在于其是否属于权利人、该权利能否排除执行。徐某对A房屋的所有权已为法院生效判决所确认，享有所有权当然可以排除对A房屋的执行。且为防止被执行人和案外人恶意串通损害申请执行人的权益，提出执行异议的生效法律文书应当在法院采取执行措施之前作出。循此思路，不难正确作答。

答案解析：《最高人民法院关于人民法院办理执行异议和复议案件若干问题的规定》第26条第1款第1项规定，金钱债权执行中，案外人依据执行标的被查封、扣押、冻结前作出的另案生效法律文书提出排除执行异议，该法律文书系就案外人与被执行人之间的权属纠纷以及租赁、借用、保管等不以转移财产权属为目的的合同纠纷，判决、裁决执行标的的归属于案外人或者向其返还执行标的且其权利能够排除执行的，应予支持。据此，本案属于金钱债权执行，法院对A房屋查封的时间是2022年7月17日，而2022年7月12日法院生效判决确认A房屋归徐某所有，徐某依据该生效判决书提出排除执行异议，法院应予支持。

评分细则（共28分）

1-5题满分为：4分、4分、8分、7分、5分

1. 属于预备合并之诉（2分）。先对确认徐某为A房屋所有权人的诉讼请求作出判决（1分），该请求不成立时再对赔偿损失请求作出判决（1分）。
2. 徐某（2分）。应向徐某释明需要鉴定（1分），并指定提出鉴定申请的期间（1分）。
3. 甲区法院（1分）或乙区法院（1分）。一并起诉债务人和担保人，应依据主合同确定管辖法院（2分），主合同协议管辖无效，应根据合同纠纷特殊地域管辖确定管辖法院（2分），乙区为被告住所地（1分），甲区为合同履行地（1分）。

4. 若曾某申请撤回上诉，法院应告知原审原告中集公司申请撤回起诉（2分）；若中集公司申请撤回起诉，不损害国家利益、社会公共利益、他人合法权益的，法院可予以准许（2分）；若中集公司不申请撤回起诉，请求出具调解书确认以物抵债，法院不应准许（2分），继续对原债权债务进行审理（1分）。

5. 应予支持（2分）。本案为金钱债权执行（1分），提出执行异议的依据是执行标的被查封前法院作出的生效判决书（1分），该判决确认案外人为执行标的所有权人（1分）。

第四题（本题28分）

一、试题

案情：2018年9月8日，中圣公司（甲方）与芝星公司（乙方）签订一份《设备购销合同》，甲方向乙方出售一台卧螺离心机并安装调试，符合《技术协议》的参数指标，排污效果能达到环保要求，合同价款256000元。2018年11月22日，甲方将该卧螺离心机运抵乙方处。乙方已向甲方支付款项共计10万元。中圣公司曾派人对涉案标的物进行调试，但未出具验收报告，双方因合同履行发生争议。

2021年7月12日，中圣公司向N市J区法院起诉，要求芝星公司支付拖欠货款79200元。芝星公司则以设备不符合《技术协议》为由，请求J区法院判令中圣公司退货并承担退货的费用、返还预付款10万元。2022年4月22日，J区法院作出第1569号民事判决指出，案涉产品仍需双方配合调试和验收，待调试结束得出结论后双方再行处理后续问题。在此基础上判决中圣公司胜诉，驳回了芝星公司的诉讼请求。该判决生效后，芝星公司通知中圣公司，要求其在收到通知后七日内派员对涉案产品进行整改调试至合格。中圣公司收到通知后，始终未派员进行调试。

2022年6月10日，芝星公司再次向J区法院起诉，要求中圣公司退货并承担退货的费用、返还预付款10万元。

问题：

1. 若J区法院组织先行调解，双方达成协议，后续应当如何处理？
2. 芝星公司的请求属于抗辩还是反诉？为什么？
3. 就设备是否达到《技术协议》要求的事实，应当由谁承担证明责任？为什么？
4. 第1569号民事判决的主文具有何种法律效力？为什么？
5. 芝星公司再次起诉是否构成重复起诉，为什么？

二、总体命题思路

本题以买卖合同纠纷为素材，对先行调解、抗辩与反诉的识别、证明责任分配、民事判决的法律效力、重复起诉的判断等考点予以综合考查。先行调解是2023年法考大纲增加的考点，其余设问均属于理论型考点。其中，反诉、证明责任分配和重复起诉的判断是主观题的重点考点。

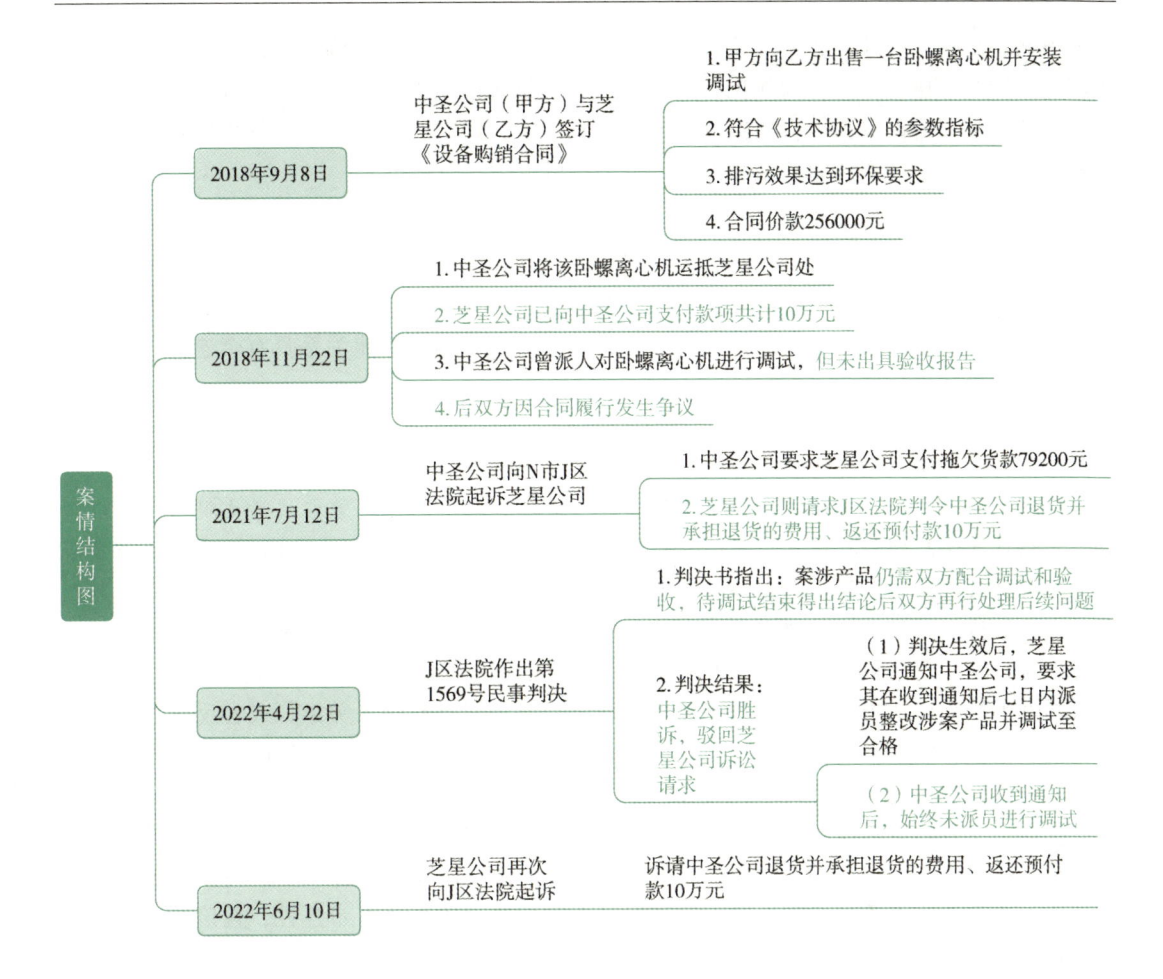

民事诉讼法

案情结构图

2018年9月8日 —— 中圣公司（甲方）与芝星公司（乙方）签订《设备购销合同》
- 1.甲方向乙方出售一台卧螺离心机并安装调试
- 2.符合《技术协议》的参数指标
- 3.排污效果达到环保要求
- 4.合同价款256000元

2018年11月22日
- 1.中圣公司将该卧螺离心机运抵芝星公司处
- 2.芝星公司已向中圣公司支付款项共计10万元
- 3.中圣公司曾派人对卧螺离心机进行调试，但未出具验收报告
- 4.后双方因合同履行发生争议

2021年7月12日 —— 中圣公司向N市J区法院起诉芝星公司
- 1.中圣公司要求芝星公司支付拖欠货款79200元
- 2.芝星公司则请求J区法院判令中圣公司退货并承担退货的费用、返还预付款10万元

2022年4月22日 —— J区法院作出第1569号民事判决
- 1.判决书指出：案涉产品仍需双方配合调试和验收，待调试结束得出结论后双方再行处理后续问题
- 2.判决结果：中圣公司胜诉，驳回芝星公司诉讼请求
  - （1）判决生效后，芝星公司通知中圣公司，要求其在收到通知后七日内派员整改涉案产品并调试至合格
  - （2）中圣公司收到通知后，始终未派员进行调试

2022年6月10日 —— 芝星公司再次向J区法院起诉
- 诉请中圣公司退货并承担退货的费用、返还预付款10万元

三、案例来源

（2019）闽07民终1535号二审民事判决书：丽水某环保科技有限公司、福建省某炭业股份有限公司买卖合同纠纷

四、答案精讲

1. 若J区法院组织先行调解，双方达成协议，后续应当如何处理？

答案： 芝星公司和中圣公司可共同向J区法院申请司法确认，J区法院立案后可根据调解协议制作调解书送达芝星公司和中圣公司。

难度： 中

考点： 先行调解

命题和解题思路： 先行调解是2023年法考大纲增加考点，本题对先行调解的法律效果进行考查。题目没有直接的解题依据，关键在于理解先行调解的性质，此时法院尚未立案，先行调解同人民调解一样属于诉讼外调解。为强化调解的效力，可通过司法确认或者立案后出具调解书的方式处理。另外，解答案例题一定要结合案情作出具体表述，否则会被扣分。

答案解析：《民事诉讼法》第125条规定，当事人起诉至人民法院的民事纠纷，适宜调解的，先行调解，但当事人拒绝调解的除外。据此，先行调解是法院立案之前的调解，调解

· 159 ·

主体虽然是法院，但并非属于行使审判权的行为，而是类似于人民调解的诉讼外调解。调解协议并不能成为执行根据，为强化调解的效力，可像人民调解一样申请司法确认，法院确认后出具的裁定书可以成为执行根据。或者法院先立案，此时法院获得了案件审判权，再依据调解协议制作调解书送达双方当事人，调解书也可成为执行根据。

2. 芝星公司的请求属于抗辩还是反诉？为什么？

答案：属于反诉。因为在诉讼过程中，本诉被告芝星公司向审理法院针对本诉原告中圣公司提出具有对抗性的、独立的诉讼请求，两个诉讼基于相同法律关系具有牵连性，完全符合反诉的构成要件。

难度：中

考点：反诉与反驳的区别

命题和解题思路：为顺应理论化命题趋势，反诉和抗辩的区别曾在法考主观题中予以考查。根据最高法院的裁判观点，准确判断抗辩还是反诉的标准有两个：（1）被告的主张是否超越原告诉讼请求的范围；（2）被告对原告是否具有独立的请求给付内容。据此，不难判断芝星公司的请求属于反诉，理由结合《民诉解释》规定的反诉构成要件阐释即可。

答案解析：《民诉解释》第233条规定，反诉的当事人应当限于本诉的当事人的范围。反诉与本诉的诉讼请求基于相同法律关系、诉讼请求之间具有因果关系，或者反诉与本诉的诉讼请求基于相同事实的，人民法院应当合并审理。反诉应由其他人民法院专属管辖，或者与本诉的诉讼标的及诉讼请求所依据的事实、理由无关联的，裁定不予受理，告知另行起诉。据此，反诉与本诉在当事人、管辖法院和审理程序方面具有同一性，诉讼请求具有对抗性、独立性和牵连性。在诉讼过程中，芝星公司向J区法院针对原告中圣公司提出独立的诉讼请求，该请求与中圣公司提出的诉讼请求基于同一法律关系具有牵连性，且该请求对抗中圣公司提出的诉讼请求。因此，芝星公司的请求属于反诉。

3. 就设备是否达到《技术协议》要求的事实，应当由谁承担证明责任？为什么？

答案：应由芝星公司承担证明责任。因为芝星公司主张设备不符合《技术协议》，这属于权利受到妨害事实，应由主张者芝星公司就此承担证明责任。

难度：中

考点：证明责任分配

命题和解题思路：证明责任分配是法考主观题命题的重点，本题对某一具体案件事实的证明责任分配予以考查。解答本题，应首先对该事实的法律意义作出分析，其属于权利受到妨害事实；因不涉及证明责任倒置的特别规定，再结合《民诉解释》第91条规定的证明责任分配的一般原理作答。

答案解析：《民诉解释》第91条规定，人民法院应当依照下列原则确定举证证明责任的承担，但法律另有规定的除外：（1）主张法律关系存在的当事人，应当对产生该法律关系的基本事实承担举证证明责任；（2）主张法律关系变更、消灭或者权利受到妨害的当事人，应当对该法律关系变更、消灭或者权利受到妨害的基本事实承担举证证明责任。据此，芝星公司主张购买设备不符合《技术协议》，其性质属于行使同时履行抗辩权，属于权利受到妨害事实，应由主张者芝星公司就此承担证明责任。

4. 第1569号民事判决的主文具有何种法律效力？为什么？

答案：具有既判力和执行力。因为该判决属于中圣公司胜诉的生效给付判决，具有执行力；而生效判决的主文，具有既判力。

难度：中

考点：民事判决的法律效力、诉的类型

命题和解题思路：民事判决的法律效力是纯粹的理论型考点，本题以生效给付判决为素材，对民事判决主文的法律效力予以考查。判断民事判决的法律效力，应借助于诉的类型理论，因为判决类型不同，法律效力有所差异。正确解题，应结合当事人的诉讼请求对诉的类型作出准确判断，再根据不同民事判决法律效力的内涵分别作出分析。

答案解析：既判力，是指判决生效后所具有的确定效力。据此，任何生效判决均具有既判力，第1569号民事判决生效后，其判决主文具有既判力。

执行力，是指原告胜诉的给付之诉的民事判决具有作为执行根据，从而强制执行的效力。执行力只是针对给付判决而言，没有给付内容的判决，不具有执行力。据此，中圣公司起诉要求芝星公司支付拖欠货款79200元，法院判决中圣公司胜诉，该判决属于胜诉的给付判决，具有执行力。

5. 芝星公司再次起诉是否构成重复起诉，为什么？

答案：不构成重复起诉。因为中圣公司拒绝对设备进行调试是判决生效后发生的新事实，芝星公司再次提起诉讼，不构成重复起诉，法院应予受理。

难度：中

考点：起诉（重复起诉的识别标准）

命题和解题思路：重复起诉的判断是法考主观题命题的重点，曾连续两年命题考查。本题并非考查重复起诉的构成要件，而是对不适用重复起诉的情形予以考查。考生仅简单根据当事人、诉讼标的和诉讼请求是否相同作出判断，会得出错误结论。解题的关键是认真阅读案情表述判断考查目的，准确把握中圣公司拒绝对设备进行调试是判决生效后发生的新事实，再结合《民诉解释》第248条规定即可正确作答。

答案解析：《民诉解释》第248条规定，裁判发生法律效力后，发生新的事实，当事人再次提起诉讼的，人民法院应当依法受理。据此，第1569号判决的基础是案涉产品仍需双方配合调试和验收。而该判决生效后，芝星公司通知中圣公司派员对涉案产品进行整改调试至合格，中圣公司拒绝派员进行调试。这属于判决生效后发生新的事实，芝星公司再次提起诉讼，不构成重复起诉，法院应予受理。

评分细则（共28分）

1-5题满分为：5分、6分、6分、6分、5分。
1. 可共同向J区法院（1分）申请司法确认（2分），法院可以根据调解协议制作调解书（2分）。
2. 反诉（2分），在诉讼过程中（1分），本诉被告向本诉原告提出（1分），具有对抗性的、独立的诉讼请求（1分），基于相同法律关系或者具有牵连性（1分）。
3. 芝星公司承担（2分），主张权利受到妨害者应当就该基本事实承担证明责任（2分），设备不符合《技术协议》属于权利受到妨害事实（2分）。

4. 既判力（1分）和执行力（1分），胜诉的生效给付判决具有执行力（2分），生效判决主文具有既判力（2分）。
5. 不构成（2分），判决生效后发生了新事实（3分）。

第五题（本题28分）

一、试题

案情：D市Z区的于某（女）与田某（男）系夫妻，在夫妻关系存续期间，田某与S市N区的刘某生育一女。2013年田某以李某的名义购买新安公司开发的位于S市J区的房屋（以下称系争房屋），先后支付房款108万元，房屋产权登记至李某名下。后李某与同乡范某产生借款纠纷，范某诉至法院。

2016年，李某调离S市，田某在于某不知情的情况下，擅自将系争房屋登记至刘某名下。2017年12月，于某向Z区法院起诉，要求确认两被告之间的赠与行为无效；要求刘某返还所赠予房屋并将涉案房产登记为于某与田某所有。答辩期内刘某向Z区法院提出管辖权异议，以案件涉及不动产纠纷为由，要求移送S市J区法院审理，Z区法院裁定驳回其异议。刘某上诉后，D市中院裁定驳回上诉。

2018年5月，田某依据其与刘某签订的协议，就系争房屋向J区法院起诉刘某，要求确认田某对系争房屋享有60%的所有权。诉讼双方当事人向J区法院隐瞒了于某已就系争房屋向Z区法院起诉的事实。J区法院于2018年8月作出第504号民事判决书，判决确认田某在系争房屋中具有60%的所有权份额。判决作出后双方均未上诉，该判决生效。

2018年9月，Z区法院庭审时刘某将第504号民事判决书作为证据在庭审中提交于某质证。2019年7月，Z区法院作出第3号民事判决书，判决确认田某赠予刘某系争房屋的行为无效，刘某将系争房屋过户至田某或原告于某名下。该判决作出后，刘某向D市中院提起上诉。2019年10月，D市中院作出第216号民事判决书，判决驳回上诉，维持原判。

2019年10月，于某以第504号民事判决损害其合法权益为由，向J区法院起诉要求撤销该判决。审理中，田某提出若撤销权成立，系争房屋应由其享有100%的所有权。J区法院审理后作出第1号判决，判决撤销第504号民事判决，驳回田某的诉讼请求。

问题：
1. 若范某获得对李某借款纠纷的胜诉判决后申请执行李某名下的系争房屋，田某应如何救济？
2. 法院对刘某提出管辖权异议申请的处理是否正确？为什么？
3. 2019年10月，D市中院对刘某针对第3号判决提起上诉的处理是否正确？为什么？
4. 若于某未提起撤销诉讼，其能否对第504号判决申请再审？为什么？
5. J区法院第1号判决驳回田某的诉讼请求是否正确？为什么？

二、案例来源

于忠民与田胤先、刘颖房屋所有权确认纠纷案[①]

[①] 《最高人民法院公报》2018年第7期。

民事诉讼法

案情结构图

于某（妻子）提起诉讼【Z区法院】：于某（妻子）起诉田某（丈夫）与刘某（第三者），请求确认赠与行为无效

案件事实

- 借名买房：2013年田某（丈夫）以李某（案外人）的名义购买新安公司开发的位于S市J区的房屋（系争房屋），先后支付房款108万元，房屋产权登记至李某名下
  - 后李某与同乡范某产生借款纠纷，范某诉至法院
- 田某（丈夫）将房屋登记至刘某（第三者）名下：2016年，李某（案外人）调离S市，田某（丈夫）在于某（妻子）不知情的情况下，擅自将系争房屋登记至刘某（第三者，与田某有一女）名下
- 于某（妻子）请求确认赠与行为无效：2017年12月，于某（妻子）向Z区法院起诉，要求确认两被告之间的赠予行为无效；要求刘某返还所赠予房屋并将涉案房产登记为于某与田某所有
- 刘某（第三者）提出管辖权异议：答辩期内刘某向Z区法院提出管辖权异议，以案件涉及不动产纠纷为由，要求移送S市J区法院审理，Z区法院裁定驳回其异议
- 刘某（第三者）对裁定不服提出上诉：刘某上诉后，D市中院裁定驳回上诉

田某（丈夫）提起诉讼【J区法院】：田某（丈夫）起诉刘某（第三者），要求确认田某对系争房屋享有60%的所有权

案件事实

- 丈夫起诉第三者：2018年5月，田某依据其与刘某签订的协议，就系争房屋向J区法院起诉刘某，要求确认田某对系争房屋享有60%的所有权
- 双方向受理法院隐瞒Z区法院相关诉讼并得到胜诉判决：诉讼双方当事人向J区法院隐瞒了于某已就系争房屋向Z区法院起诉的事实，J区法院于2018年8月作出第504号民事判决书，判决确认田某在系争房屋中具有60%的所有权份额
  - 判决作出后双方均未上诉，该判决生效
    - 于某（妻子）主张生效判决应被撤销：2019年10月，于某以第504号民事判决损害其合法权益为由，向J区法院起诉要求撤销该判决
    - 审理中，田某（丈夫）提出若撤销权成立，系争房屋应由其享有100%的所有权
    - 审判结果：J区法院审理后作出第1号判决，判决撤销第504号民事判决，驳回田某（丈夫）的诉讼请求

于某（妻子）在Z区法院提起诉讼的审理情况

案件事实

- 证据：2018年9月，Z区法院庭审时刘某将第504号民事判决书作为证据在庭审中提交于某质证
- 法院判决：2019年7月，Z区法院作出第3号民事判决书，判决确认田某赠予刘某系争房屋的行为无效，刘某将系争房屋过户至田某或原告于某名下
- 刘某（第三者）提出上诉：该判决作出后，刘某向D市中院提起上诉
  - 2019年10月，D市中院作出第216号民事判决书，判决驳回上诉，维持原判

三、总体命题思路

本题取材于最高法院公报案例，以房屋所有权确认为主线，对管辖权异议、第三人撤销之诉、案外人执行标的异议、执行异议之诉、案外人申请再审、民事判决的效力等考点予以

综合考查。管辖和案外人权利救济制度属于传统的重要考点，民事判决的法律效力则为纯理论型考点。题目案情复杂曲折，涉及多个法院的不同判决，考查范围广，部分试题并无明确的解题法律依据，需要借助于诉讼原理推导作答，整体上难度极高。部分题目设问指向性不强，考查意图判断较为困难，平添了试题难度。

四、答案精讲

> 1. 若范某获得对李某借款纠纷的胜诉判决后申请执行李某名下的系争房屋，田某应如何救济？

答案：田某可以向执行法院提出书面的执行标的异议；若异议被驳回，可自裁定送达之日起 15 日内向执行法院提起案外人异议之诉。

难度：中

考点：案外人异议、案外人异议之诉

命题和解题思路：案外人权利救济制度向来是民诉法的重点和难点，在法考主观题中多次考查。本题以"借名买房"为切入点，考查案外人权利救济制度的具体适用。为完整作答，还应注意执行标的异议与执行异议之诉的适用关系。解题时应先判断田某属于案外人，再结合各类案外人权利救济措施的适用情形作出具体判断。

答案解析：《民事诉讼法》第 238 条规定，执行过程中，案外人对执行标的提出书面异议的，人民法院应当自收到书面异议之日起 15 日内审查，理由成立的，裁定中止对该标的的执行；理由不成立的，裁定驳回。案外人、当事人对裁定不服，认为原判决、裁定错误的，依照审判监督程序办理；与原判决、裁定无关的，可以自裁定送达之日起 15 日内向人民法院提起诉讼。据此，田某作为范某诉李某一案的案外人，其主张对作为执行标的的房屋享有足以排除强制执行的所有权，因此可向执行法院提出执行标的的异议。如果异议被驳回，因作为执行标的的系争房屋与借款合同判决无关，田某可向执行法院提出执行异议之诉。

> 2. 法院对刘某提出管辖权异议申请的处理是否正确？为什么？

答案：（1）Z 区法院裁定驳回刘某管辖权异议的申请正确。因为于某起诉不属于不动产纠纷，可由被告田某的住所地 Z 区法院管辖。（2）D 市中院裁定驳回刘某的上诉正确。因为刘某的上诉理由不能成立，应裁定驳回上诉，维持原裁定。

难度：中

考点：法院对管辖权异议的处理

命题和解题思路：管辖制度是民诉法主观题命题的重点，以往主要考查地域管辖制度，本题则另辟蹊径，对管辖权异议的处理方式予以考查。实际上，判断法院对管辖权异议的处理是否正确，仍然要借助地域管辖制度作出判断。解题的关键在于准确判断本案是否属于不动产纠纷而适用专属管辖，注意并非所有与不动产有关的纠纷都属于不动产纠纷，应结合案由作出具体判断。解答本题应注意设问方式，根据案情表述，一审法院和二审法院均对管辖权异议作出了处理，应分别作出判断，不要漏答失分。

答案解析：《民诉解释》第 28 条第 1 款规定，《民事诉讼法》第 34 条第 1 项规定的不动产纠纷是指因不动产的权利确认、分割、相邻关系等引起的物权纠纷。据此，于某起诉要求确认田某与刘某之间的房屋赠与合同无效，案由应为确认合同无效纠纷，而非不动产纠纷，不能由房屋所在地 S 市 J 区法院专属管辖，作为被告田某住所地的 Z 区法院对案件享有管辖权。《民事诉讼法》第 130 条第 1 款规定，人民法院受理案件后，当事人对管辖权有异议的，应当在提交答辩状期间提出。人民法院对当事人提出的异议，应当审查。异议成立的，裁定将案件移送有管辖权的人民法院；异议不成立的，裁定驳回。据此，Z 区法院裁定驳回刘某的管辖权异议申请正确；刘某不服提起上诉，二审法院裁定驳回上诉当然也正确。

3. 2019 年 10 月，D 市中院对刘某针对第 3 号判决提起上诉的处理是否正确？为什么？

答案：D 市中院的处理错误。因为 D 市中院通过维持原判决确认了刘某对系争房屋不享有所有权，这与已生效的第 504 号判决对房屋产权人的认定相矛盾，违反了判决的既判力。

难度：难

考点：民事判决的法律效力（既判力）

命题和解题思路：民事判决的法律效力属于纯粹的理论型考点，法考复习应予以高度关注。本题设问方式隐蔽，考查意图不易判断，难度颇高。正确解题的关键在于明确本案判决对房屋产权的认定与已生效的第 504 号判决存在矛盾，再结合生效判决既判力的内涵方可准确作答。

答案解析：既判力，是指判决生效后所具有的确定效力，可分为形式上的确定力和实质上的确定力。前者是指判决一经生效，当事人就不得以此法律上的事实提起诉讼或者提起上诉。后者是指生效判决确定的实体权利义务不得争执，不容改变。当事人和法院都受到该判决内容的拘束，不得在以后的诉讼中作出与判决内容相反的主张和判断。据此，对系争房屋的产权状态已由生效的第 504 号判决所确定，在该判决被撤销之前，当事人和法院均应受到判决内容的拘束，法院不得在以后的判决中作出与其相反的判断。第 504 号判决确认刘某占系争房屋 40% 的所有权，而 D 市中院判决确认刘某对系争房屋不享有所有权，这明显违反了判决的既判力。

4. 若于某未提起撤销诉讼，其能否对第 504 号判决申请再审？为什么？

答案：于某无权对第 504 号判决申请再审。因为于某属于案外人，案外人申请再审包括执行中案外人申请再审以及被遗漏的必要共同诉讼人申请再审两类情形。于某不是必要共同诉讼人，不能以被遗漏的必要共同诉讼人身份申请再审；第 504 号判决是确认判决，不具有执行力，对该判决不能申请执行，于某也不能提出执行中案外人申请再审。

难度：难

考点：申请再审的条件、民事判决的法律效力（执行力）

命题和解题思路：本题以案外人申请再审为切入点，对案外人申请再审的类型和条件予以考查，附带涉及民事判决的执行力。解答本题应从案外人申请再审的类型出发，从于某的诉讼地位可以排除遗漏必要共同诉讼人申请再审，从判决的类型和法律效力则可排除执行中案外人申请再审。

答案解析：《民诉解释》第 421 条规定，根据《民事诉讼法》第 234 条（现为第 238 条）规定，案外人对驳回其执行异议的裁定不服，认为原判决、裁定、调解书内容错误损害其民事权益的，可以自执行异议裁定送达之日起 6 个月内，向作出原判决、裁定、调解书的人民法院申请再审。据此，案外人申请再审的前提条件是执行中提出标的异议被驳回，而第 504 号判决确认田某在系争房屋中具有 60% 的所有权份额，这属于确认判决，并不具有给付内容，不能申请强制执行，因此于某不能提出执行中案外人申请再审。

《民诉解释》第420条第1款规定，必须共同进行诉讼的当事人因不能归责于本人或者其诉讼代理人的事由未参加诉讼的，可以根据《民事诉讼法》第207条（现为第211条）第8项规定，自知道或者应当知道之日起6个月内申请再审，但符合本解释第421条规定情形的除外。据此，除执行中案外人申请再审之外，被遗漏的必要共同诉讼人也可以申请再审。田某诉刘某一案属于房屋所有权确认纠纷，若田某的配偶于某参加诉讼，其应为有独立请求权第三人，而不属于必要共同诉讼人，因此于某也不能以被遗漏的必要共同人身份申请再审。

5. J区法院第1号判决驳回田某的诉讼请求是否正确？为什么？

答案：判决驳回田某的诉讼请求不正确。因为第三人撤销之诉的目的在于撤销、改变原判决中对第三人不利的部分，法院审理第三人撤销之诉不应对原审当事人的诉讼请求进行处理。

难度：难

考点：第三人撤销之诉

命题和解题思路：本题旨在考查第三人撤销之诉的功能，但设问相对隐蔽，考查意图隐藏较深，难度颇高。本题并无明确的解题法律依据，需要借助于对第三人撤销之诉制度功能的理解作答。第三人撤销之诉和再审程序虽然均具有纠错功能，但两者纠错的范围并不一致，如能准确把握两者的差异则可准确作答。

答案解析：第三人撤销之诉，是指当第三人因不可归责于己的事由而未参加原案审理，但原案的生效判决、裁定和调解书使其民事权益受到损害，其可以请求法院撤销或改变原案生效判决、裁定、调解书中对其不利部分的诉讼程序。据此，第三人撤销之诉仅对损害第三人利益的部分予以撤销或改变，不会涉及对原审当事人提出诉讼请求的处理。这是第三人撤销之诉与再审程序的不同，再审程序可对原审当事人和第三人的诉讼请求一并予以处理，这也就是为何第三人撤销之诉审理过程中如果启动了再审程序，原则上应由再审程序吸收第三人撤销之诉的原因。

评分细则（共28分）

1-5题满分为：5分、6分、5分、7分、5分。

1. 可以提出执行标的异议（2分）。异议被驳回，可在15日内（1分）提起案外人异议之诉（2分）。

2. Z区法院驳回管辖权异议正确（1分）；不属于不动产纠纷（1分），可以由被告田某住所地管辖（1分）。D市中院驳回上诉正确（1分）；刘某的上诉理由不能成立（1分），应裁定驳回上诉，维持原裁定（1分）。

3. 错误（2分）。D市中院的判决与已生效的第504号判决矛盾（1分），违反了判决的既判力（2分）。

4. 不能（2分）。于某属于案外人（1分），案外人申请再审包括执行中案外人申请再审（1分）、被遗漏的必要共同诉讼人申请再审（1分），于某不是必要共同诉讼人（1分），第504号判决是确认判决，不具有执行力（1分）。

5. 不正确（2分）。第三人撤销之诉的目的在于撤销、改变原判决中对第三人不利的部分（2分），不对原审当事人的诉讼请求进行处理（1分）。

第六题（本题28分）

一、试题

案情： 2013年9月，银信公司与吴某签订商品房买卖合同，双方约定吴某购买银信公司开发的J市R区商住楼A幢1号房，用途为营业用房。2014年10月，银信公司按约向吴某交付店铺，登记的产权人为吴某。该店铺交付时，安装有对开玻璃大门。2015年4月，范某向吴某租赁该店铺用于经营餐馆（个体工商户营业执照登记字号为"胖胖小炒"）。

2017年8月，钱某因躲避暴风雨进入"胖胖小炒"餐馆，坐在玻璃门边时，玻璃门倒塌砸在其背部导致割伤。因赔偿协商无果，钱某以物件侵权为由将吴某和范某诉至法院。庭审中，吴某主张银信公司安装的玻璃门质量不符合国家标准导致破碎，申请法院追加银信公司为共同被告，法院准许；范某提出钱某未经允许擅自进入餐馆避雨导致受伤。2018年12月，法院判决吴某和范某连带赔偿钱某医疗费2.1万元。

吴某不服提起上诉，但未在规定时间内预交上诉费。2019年5月，钱某申请法院强制执行，执行过程中范某因病死亡，经钱某申请，法院裁定变更范某的唯一继承人范某某为被执行人。2019年6月，钱某与范某某、吴某自行达成和解协议，范某某与吴某分三期赔偿钱某1.8万元。范某某和吴某将该协议提交执行法院，钱某未予认可。范某某与吴某已按期支付了两期赔偿款1.2万元，第三期赔偿款尚未到期。此时钱某反悔，申请法院执行判决确定的2.1万元医疗费。

问题：

1. 本案一审程序的当事人确定是否正确？为什么？
2. 本案涉及的相关案件事实应由谁承担证明责任？
3. 吴某上诉后未交纳上诉费，会产生什么诉讼法律后果？
4. 若范某某不服将其列为被执行人的裁定，能否提起执行异议之诉？为什么？
5. 钱某申请执行2.1万元医疗费，法院应如何处理？为什么？

二、案例来源

江西省高级人民法院（2019）赣民申437号民事裁定书：范某某、吴某产品销售者责任纠纷案

三、总体命题思路

本题以物件侵权纠纷为主线，对当事人确定、必要共同诉讼、证明责任分配、上诉撤回的法律后果、执行和解以及执行承担等考点予以综合考查。在强制执行立法的背景下，本题侧重对相关执行制度予以考查。题目考查范围广，前两个设问需要运用民诉基础理论展开分析，略有难度。后三问均有明确的解题依据，属于法条简单运用题，难度不高。各题设问指向明确，考查意图清晰，整体上难度不高。

```
案情结构图
├── 一审法院：钱某（原告）以物件侵权为由将吴某和范某（被告）诉至法院
│   ├── 钱某因避雨被"胖胖小炒"餐馆玻璃割伤：2017年8月，钱某因躲避暴风雨进入"胖胖小炒"餐馆，坐在玻璃门边时，玻璃门倒塌砸在其背部导致割伤
│   ├── "胖胖小炒"餐馆所涉房屋权属
│   │   ├── 房屋由银信公司开发，吴某购买：2013年9月，银信公司与吴某签订商品房买卖合同，双方约定吴某购买银信公司开发的J市R区商住楼A幢1号房，用途为营业用房
│   │   ├── 房屋登记产权人为吴某：2014年10月，银信公司按约向吴某交付店铺，登记的产权人为吴某
│   │   └── 范某租赁该房屋：该店铺交付时，安装有对开玻璃大门。2015年4月，范某向吴某租赁该店铺用于经营餐馆（营业执照登记字号为"胖胖小炒"）
│   ├── 吴某庭审中申请追加银信公司为共同被告：吴某主张银信公司安装的玻璃门质量不符合国家标准导致破碎，申请法院追加银信公司为共同被告，法院准许
│   ├── 范某提出抗辩：范某提出钱某未经允许擅自进入餐馆避雨导致受伤
│   ├── 法院判决：2018年12月法院判决吴某和范某连带赔偿钱某医疗费2.1万元
│   └── 吴某不服提起上诉，但未在规定时间内预交上诉费
└── 案件进入执行：2019年5月，钱某申请法院强制执行
    ├── 被执行人范某死亡：执行过程中范某因病亡故，经钱某申请，法院裁定变更范某的唯一继承人范某某为被执行人
    ├── 当事人自行达成和解协议：2019年6月，钱某与范某某、吴某自行达成和解协议，范某某与吴某分三期赔偿钱某1.8万元
    ├── 范某某和吴某将该协议提交执行法院，钱某未予认可
    └── 范某某与吴某已按期支付了两期赔偿款1.2万元，第三期赔偿款尚未到期。此时钱某反悔，申请法院执行判决确定的2.1万元医疗费
```

四、答案精讲

> **1. 本案一审程序的当事人确定是否正确？为什么？**

答案： 钱某作为原告正确；吴某作为被告正确，范某作为被告不正确，银信公司作为共同被告不正确。因为本案为物件侵权责任，钱某作为受害人有权起诉，商铺所有人吴某应列为被告，个体工商户有字号的应以字号为当事人，被告应为"胖胖小炒"而非其经营者范某。钱某起诉吴某和范某的诉讼标的是物件侵权法律关系，银信公司不是该诉讼标的的主体，不应列为共同被告。

难度： 中

考点： 原告和被告地位的确定、必要共同诉讼

命题和解题思路： 当事人是民诉法主观题命题的重点。通过给定案例，让考生判断案件中当事人确定是否正确，这是民诉法主观题当事人部分常用的命题套路。解答本题应注意审题，设问句要求判断"当事人确定"而非"被告确定"是否正确，因此不可遗漏对原告的判断，也不要遗漏对被追加为共同被告的银信公司的判断。题目要求判断当事人确定是否正确，亦即要求判断本案当事人是否适格，应结合原告诉讼请求所依据的民事法律关系（诉讼

标的）作出具体判断。

答案解析：本案为物件侵权纠纷，《民法典》第1253条规定，建筑物、构筑物或者其他设施及其搁置物、悬挂物发生脱落、坠落造成他人损害，所有人、管理人或者使用人不能证明自己没有过错的，应当承担侵权责任。所有人、管理人或者使用人赔偿后，有其他责任人的，有权向其他责任人追偿。据此，受害人钱某作为原告，本应起诉商铺的所有人吴某和使用人范某。又根据《民诉解释》第59条第1款规定，在诉讼中，个体工商户以营业执照上登记的经营者为当事人。有字号的，以营业执照上登记的字号为当事人，但应同时注明该字号经营者的基本信息。因此，个体工商户有字号的应以字号为当事人，被告应为"胖胖小炒"而非其经营者范某。即便银信公司安装的玻璃门质量不符合国家标准，也应当是吴某和"胖胖小炒"赔偿后，向银信公司追偿，而不能将银信公司列为共同被告。

2. 本案涉及的相关案件事实应由谁承担证明责任？

答案：（1）吴某是店铺的所有人、"胖胖小炒"的经营者范某是店铺的使用人、"胖胖小炒"餐馆玻璃门倒塌割伤钱某及钱某受伤状况、钱某治伤花费医疗费2.1万元等事实由钱某承担证明责任；（2）银信公司安装的玻璃门质量不符合国家标准由吴某承担证明责任；（3）钱某未经允许擅自进入餐馆避雨由范某承担证明责任。

难度：中

考点：证明责任的分配

命题和解题思路：证明责任分配属于实体法和程序法融合考点，是本学科主观题命题的重点。解答此类试题，应当先根据案例材料的表述和实体法规定全面梳理案件的待证事实（要件事实），再根据证明责任分配一般原理或者特殊规则，具体确定每一个要件事实的证明责任分配。

答案解析：《民法典》第1253条规定，建筑物、构筑物或者其他设施及其搁置物、悬挂物发生脱落、坠落造成他人损害，所有人、管理人或者使用人不能证明自己没有过错的，应当承担侵权责任。据此，本案采用过错推定规则，即过错要件倒置给被告承担证明责任。又根据《民诉解释》第91条规定，人民法院应当依照下列原则确定举证证明责任的承担，但法律另有规定的除外：（1）主张法律关系存在的当事人，应当对产生该法律关系的基本事实承担举证证明责任；（2）主张法律关系变更、消灭或者权利受到妨害的当事人，应当对该法律关系变更、消灭或者权利受到妨害的基本事实承担举证证明责任。钱某主张人身损害侵权，钱某应就侵权行为、损害结果和因果关系承担证明责任；被告应就无过错和免责事由承担证明责任。

结合案情表述，本案中证明侵权行为的事实包括吴某是店铺的所有人、"胖胖小炒"的经营者范某是店铺的使用人、"胖胖小炒"餐馆玻璃门倒塌割伤钱某等事实；证明损害结果的事实包括钱某受伤状况的事实、钱某治伤花费医疗费2.1万元等事实，上述事实应由原告钱某承担证明责任。吴某主张银信公司安装的玻璃门质量不符合国家标准导致破碎，这属于主张第三方过错的免责事由，应由吴某承担证明责任。范某提出钱某未经允许擅自进入餐馆避雨导致受伤，这属于主张受害人有过错的免责事由，应由范某承担证明责任。

3. 吴某上诉后未交纳上诉费，会产生什么诉讼法律后果？

答案：二审法院将裁定按吴某自动撤回上诉处理，第二审程序终结，第一审判决自裁定送达之日起发生法律效力。

难度：中

考点：上诉的撤回

命题和解题思路：本题以"二审未缴费"为切入点，考查二审撤回上诉的法律后果。解题的关键在于明确按撤回上诉处理和申请撤回上诉仅为撤回上诉的两种不同形式，法律后果相同。本题虽未直接考查撤回上诉的法律后果，但应通过上诉后未缴费的后果予以推断作答。

答案解析：《民诉解释》第318条规定，一审宣判时或者判决书、裁定书送达时，当事人口头表示上诉的，人民法院应告知其必须在法定上诉期间内递交上诉状。未在法定上诉期间内递交上诉状的，视为未提起上诉。虽递交上诉状，但未在指定的期限内交纳上诉费的，按自动撤回上诉处理。据此，吴某未交纳上诉费，按自动撤回上诉处理。本案仅有吴某上诉，其上诉按撤回处理后，二审程序终结，第一审判决发生法律效力。

4. 若范某某不服将其列为被执行人的裁定，能否提起执行异议之诉？为什么？

答案：不能。因为本案原执行根据确定的被执行人范某因死亡失去权利能力，应由其继承人范某某承担其权利义务。范某某不服变更其为被执行人的裁定，可以向执行法院的上一级法院申请复议，不能提起执行异议之诉。

难度：中

考点：执行承担

命题和解题思路：在强制执行立法的背景下，执行程序在复习时应予以高度关注。本题考查执行承担的救济方式，应注意区分向上一级法院申请复议和提起执行异议之诉的不同适用情形。本题解题依据来自《最高人民法院关于民事执行中变更、追加当事人若干问题的规定》的明文规定，难度较低。

答案解析：《最高人民法院关于民事执行中变更、追加当事人若干问题的规定》第10条第1款规定，作为被执行人的自然人死亡或被宣告死亡，申请执行人申请变更、追加该自然人的遗嘱执行人、继承人、受遗赠人或其他因该自然人死亡或被宣告死亡取得遗产的主体为被执行人，在遗产范围内承担责任的，人民法院应予支持。该司法解释第30条规定，被申请人、申请人或其他执行当事人对执行法院作出的变更、追加裁定或驳回申请裁定不服的，可以自裁定书送达之日起10日内向上一级人民法院申请复议，但依据本规定第32条的规定应当提起诉讼的除外。据此，范某死亡后，其继承人范某某被变更为被执行人符合规定，其不服可自裁定书送达之日起10日内向上一级法院申请复议，而不能提起执行异议之诉。

5. 钱某申请执行2.1万元医疗费，法院应如何处理？为什么？

答案：若范某某和吴某提出执行行为异议，执行法院应裁定中止执行。若范某某和吴某未提出执行行为异议，执行法院应继续执行原生效判决。因为双方达成的是执行外和解协议，被执行人正在按和解协议履行义务，欲使执行中止，被执行人必须先提出执行行为异议。

难度：中

考点：执行外和解

命题和解题思路：本题对执行外和解的法律后果和救济方式予以考查。解题的关键在于准确识别执行和解与执行外和解。执行和解必须双方达成一致后提交法院，而本案中钱某不认可该协议，因此属于执行外和解。执行外和解欲对执行程序产生影响，必须以被执行人提出执行行为异议为前提，据此即可分成不同情况予以作答。

答案解析：《最高人民法院关于执行和解若干问题的规定》第19条规定，执行过程中，被执行人根据当事人自行达成但未提交人民法院的和解协议，或者一方当事人提交人民法院但其他当事人不予认可的和解协议，依照《民事诉讼法》第225条（现为第236条）规定提出异议的，人民法院按照下列情形，分别处理：（1）和解协议履行完毕的，裁定终结原生效法律文书的执行；（2）和解协议约定的履行期限尚未届至或者履行条件尚未成就的，裁定中止执行，但符合《民法典》第578条规定情形的除外；（3）被执行人一方正在按照和解协议约定履行义务的，裁定中止执行；（4）被执行人不履行和解协议的，裁定驳回异议；（5）和解协议不成立、未生效或者无效的，裁定驳回异议。据此，因钱某不认可和解协议，该协议不属于执行和解协议，不会当然产生执行中止的法律效果。被执行人范某某和吴某正在按照和解协议履行义务，若两人提出执行行为异议，执行法院应裁定中止执行；若两人未提出执行行为异议，执行法院应继续执行。

评分细则（共28分）

1-5题满分为：7分、6分、4分、5分、6分

1. 钱某作为原告正确（1分）；吴某作为被告正确（1分），范某作为被告不正确（1分），银信公司作为共同被告不正确（1分）。物件侵权责任，商铺所有人为被告（1分），个体工商户有字号的应以字号为当事人（1分），银信公司不是侵权关系主体，不应列为共同被告（1分）。

2. 钱某证明：吴某是店铺所有人（1分）、范某是店铺的使用人（1分）、玻璃门割伤钱某及钱某受伤状况（1分）、医疗费2.1万元（1分）；
   吴某证明：玻璃门质量不符合标准（1分）；
   范某证明：钱某未经允许进入餐馆避雨（1分）。

3. 二审法院将裁定按吴某自动撤回上诉处理（2分），二审程序终结（1分），一审判决自裁定送达之日起生效（1分）。

4. 不能（1分）。范某死亡，由继承人范某某承担其权利义务（2分），范某某可以向执行法院的上一级法院申请复议（2分）。

5. 若范某某和吴某提出执行行为异议，执行法院应裁定中止执行（2分）；若未提出执行行为异议，执行法院应继续执行（2分）。正在履行执行外和解协议，要中止执行必须提出执行行为异议（2分）。

商 法

第一题（本题28分）

一、试题

案情： 博时金融服务有限公司（以下简称博时公司）由李东、张南、赵北和冯西四人发起设立。四人签订《出资协议》约定：博时公司注册资本4000万元，其中李东认缴出资2000万元，张南认缴出资1000万元、赵北和冯西各认缴出资500万元；所有出资应在公司成立时缴纳50%，2022年缴纳剩余部分。冯西的出资全部由李东支付。2018年博时公司成立，李东、张南和赵北三人为董事，李东为董事长、法定代表人，冯西为公司经理。

2019年3月，冯西向公司推荐了大数据查询业务软件，经公司股东会决议通过后，博时公司以每年200万元的价格购买了该业务软件。但李东后来发现，该软件实际上系冯西个人开发，以其朋友的名义卖给公司，比市场售价高出一倍左右，遂要求冯西退还多出的价款。冯西和李东就此产生激烈纠纷。李东在盛怒之下，要求冯西归还为其支付的500万元出资款。冯西对李东置之不理。

2019年5月，在李东的提议下，博时公司召开了股东会，李东、张南、赵北、冯西出席。李东、张南、赵北一致通过决议（决议1），确认冯西名下的股权实际为李东出资，并一致同意将冯西名下的股权变更登记至实际出资人李东名下。对此，冯西反对，认为该股权系自己管理出资的对价，且李东当时自愿出资2500万元。

2019年6月，在李东的提议下，博时公司再次召开了股东会，但未通知冯西参加。会上，李东、张南、赵北一致决议（决议2），公司注册资本由4000万元减资为2000万元，减资后公司的出资为李东认缴1250万元出资、张南认缴并出资500万元、赵北认缴并出资250万元。随后三人在决议上签字，并由李东仿造了冯西的签字。2019年6月10日，博时公司按照公司登记部门的要求在报纸上进行了公告。2019年9月10日，博时公司办理完成了变更登记。

2020年10月，渤湾银行通知博时公司，其于2018年12月担保的一笔债权于2020年9月到期后，债务人不能清偿债务，因此要求博时公司承担担保责任400万元。但因博时公司业务发展，其账户中仅有100万元存款。经调查，渤湾银行发现2019年博时公司减资时并未向其发出通知，遂要求博时公司股东承担赔偿责任。

问题：

1. 《出资协议》的约定是否有效？为什么？
2. 冯西以朋友名义将软件出售给公司的行为是否合法？为什么？
3. 博时公司股东会决议1是否有效？为什么？
4. 博时公司股东会决议2是否有效？为什么？
5. 如博时公司股东会决议2被法院确定无效，冯西可否主张确认自己的股东资格？为什么？
6. 渤湾银行要求博时公司股东承担赔偿责任的主张是否应得到支持？为什么？

· 172 ·

商法

公司简介

2018年成立

以下四人发起设立：
- 李东：董事、董事长兼法定代表人
- 张南：董事
- 赵北：董事
- 冯西：公司经理

《出资协议》约定

公司注册资本：4000万元

认缴出资：李东2000万元，张南1000万元，赵北和冯西各500万元；冯西的出资全部由李东支付

所有出资应在公司成立时缴纳约50%，2022年纳缴剩余部分

案情结构图

2019年3月

经冯西推荐，公司股东会议决议通过，博时公司以每年200万元的价格购买了大数据咨询业务软件

李东发现：该软件实际上系冯西个人开发，以其朋友的名义卖给公司，比市场售价高出一倍左右

李东：要求冯西退还多出的价款，归还为其支付的500万元出资款

2019年5月召开股东会

出席人员：李东、张南、赵北、冯西

股东会决议：确认冯西名下的股权实际为李东出资，并一致同意将冯西名下的股权变更登记至实际出资人李东名下

冯西反对决议1：认为该股权变更系自己管理出资的对价，李东是自愿出资2500万元

- 2019年6月10日，博时公司将减资决议在报纸上公告
- 2019年9月10日，博时公司办理完成了变更登记

2019年6月召开股东会

未通知冯西参加

李东、张南、赵北一致决议（股东会决议2）：

公司注册资本由4000万元减资为2000万元

减资后三人认缴出资：李东1250万元，张南500万元，赵北250万元

三人在决议上签字，并由李东仿造了冯西的签字

2020年10月

渤湾银行通知：博时公司担保的债权于2020年9月到期，债务人不能清偿债务，要求博时公司承担担保责任400万元

博时公司账户仅有100万元存款

博时公司减资时未向渤湾银行发出通知，渤湾银行要求博时公司股东承担赔偿责任

· 173 ·

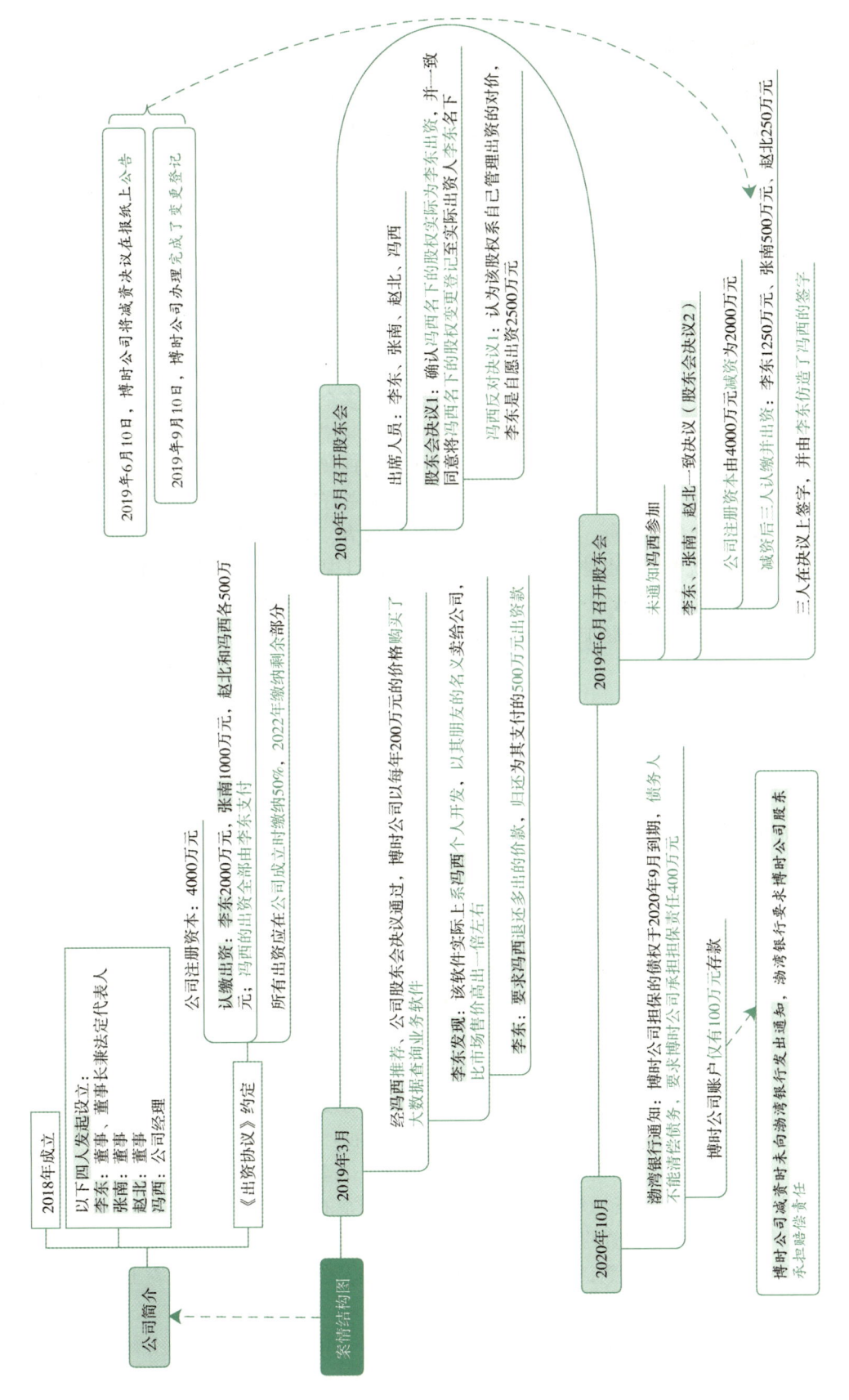

二、案例来源

1. 深圳市启迪信息技术有限公司与郑州国华投资有限公司、开封市豫信企业管理咨询有限公司、珠海科美教育投资有限公司股权确认纠纷案①
2. 上海德力西集团有限公司诉江苏博恩世通高科有限公司、冯军、上海博恩世通光电股份有限公司买卖合同纠纷案②
3. 上海市第一中级人民法院（2018）沪01民终11780号民事判决书：华某某与上海某电子商务有限公司公司决议纠纷案

三、总体命题思路

本题以股东出资纠纷为背景命制，融合了公司法实务中两个典型案例，并结合商法主观题热点中的出资、股权代持、减资以及决议的效力等多个考点命制。其中出资是商法主观题每年必考的内容，但近些年对出资瑕疵等考点的考核频率降低，加大了对出资约定及相关制度的考查，如溢价出资等。本题在命制中选取了如何理解认缴出资和实缴出资的知识点，考查考生对出资行为本身的理解。同时，鉴于法考多次考查增资，因此本题深挖"减资"这一知识点，考查了不等比减资、未通知债权人减资的效力、认缴出资加速到期等考点，这些考点既是法考的传统考点，也是2023年《公司法》修订中的亮点，也即2024年法考的热点。此外，在出资和减资之间，本题自然延伸到股东资格的确认问题中。在知识点分布和设问方式上，均保持与主观题真题难度基本一致并略偏难的高质量模拟题风格。

四、答案精讲

> 1.《出资协议》的约定是否有效？为什么？

答案：有效。李东、张南、赵北和冯西四人以货币出资认缴博时公司出资额并约定缴纳期限，是各方自愿的意思表示；虽然约定冯西的出资全部由李东实际支付，但这是双方就实际出资数额的自主约定，合法有效。

难度：难

考点：股东的出资、出资比例

命题和解题思路：本题考查"股东的出资"考点中关于出资约定、出资比例等问题。"出资"是公司法制度中的重要考点，近几年围绕着"出资制度"，法考主观题基本每年都会考查。但需考生注意的是，近年法考对这一知识点的考查，与传统司考年代考查的侧重点不同，更倾向于对相关制度规则灵活运用的考查。本问紧扣出资约定中股东就实际出资金额和持股比例的关系进行设问，这一方面来源于实践中影响较大的公报案例素材，体现法考越来越关注实践热点的趋势；另一方面也有助于考生区分出"出资比例""持股比例""实际缴纳的出资比例"等概念。但本题的解题思路却非常基本：只要考生能够掌握股东出资的实质不过是拿财产换股权，理解出资的约定和出资的履行属于两个不同环节，自然能够破解此题。

答案解析：设问"出资约定"是否合法，考生只需要从三个维度思考作答即可：（1）出资的形式；（2）出资的数额；（3）出资的期限。当然，在不同的题目中，对上述三个维度的

---

① 《最高人民法院公报》2012年第1期。
② 《最高人民法院公报》2017年第11期。

分析比重可视题目设问的重点确定。在本题事实中，四位股东均以货币作为出资，是合法的出资形式；约定了缴纳出资的期限，也并未违反法律制度的规定。因此，关于出资的形式和期限系当事人意思自治的体现，且未违反法律的规定，自然有效。但是对出资的数额，则需要考生进一步分析。

在本题事实中，《出资协议》约定，冯西的出资全部由李东支付，对此是否违反法律的强制性规定呢？可能会有考生误认为冯西没有出资而获得股权，但实际上考生应注意区分认缴股权的是冯西，只不过李东同意由其承担冯西的出资义务，因此冯西认缴的出资数额合法有效，至于其与他人就由谁具体承担缴纳出资的义务系属于当事人意思自治的范畴，并未违反法律法规的强制性规定，因此约定有效。

考生在遇到此类问题时，要紧紧抓住"认缴出资额"的一组概念："注册资本"是认缴出资额的总和；股东的认缴出资额/全体股东认缴的出资额总和即为"出资比例"，也就是生活中所谓的"持股比例"。《公司法》只要求股东与公司/其他发起人股东约定的实际缴纳的出资金额大于或等于其所认缴的出资额，但对具体由谁承担股东实际缴纳出资的义务则在所不论。这也是一般案例规则所总结的"股东可以自由约定实际缴纳出资的出资比例"——显然，该规则与"出资比例"的约定要符合《公司法》的规定不同，当然，也不构成冲突。

2. 冯西以朋友名义将软件出售给公司的行为是否合法？为什么？

答案：不合法。冯西系公司高管，以朋友名义与公司进行交易，属于间接与公司的关联交易，虽然经过股东会决议，但给公司利益造成了损害，因此行为违反了公司法的规定。

难度：中

考点：董监高的信义义务、关联交易

命题和解题思路：公司治理，尤其是涉及公司董监高的相关制度受到近两年来法考命题人的青睐，基本每年会涉及1-2问。本题考查董监高关联交易的效力。对此，考生应当形成如下知识体系：（1）董监高对公司负有诚信义务；（2）诚信义务中的忠实义务，禁止公司董监高利用关联关系损害公司利益，就此《公司法》第22条进行了概括性规定；（3）关联交易，对此，考生还应当结合《公司法》第180、182条判断，即是否属于违反公司章程的规定或者未经股东会同意，与本公司订立合同或者进行交易的行为；（4）最后对《公司法》第182条的规定，考生要从制度内容上把握，即关联交易的审查不仅要求程序合法，同时还要求对价公允，对此，《公司法司法解释（五）》进行了规定。上述有关关联交易的规定散落在不同的法条之中，考生需要融会贯通，形成体系性的知识。

2023年《公司法》对关联交易的规制细化，引入了直接的关联交易、间接的关联交易等形式；拓展了交易的主体范围。当然，这些形式上的变化并不影响本题的整体答案，即利用关联关系给公司造成损害即需要赔偿，所得应归公司所有。但是在具体组织答案时，应当体现出新法的变化，在本题中即"间接交易"的形式。

答案解析：《公司法》第22条规定，公司的控股股东、实际控制人、董事、监事、高级管理人员不得利用关联关系损害公司利益。违反前款规定，给公司造成损失的，应当承担赔偿责任。

《公司法》第180条规定，董事、监事、高级管理人员对公司负有忠实义务，应当采取措施避免自身利益与公司利益冲突，不得利用职权牟取不正当利益。董事、监事、高级管理人员对公司负有勤勉义务，执行职务应当为公司的最大利益尽到管理者通常应有的合理注

意。公司的控股股东、实际控制人不担任公司董事但实际执行公司事务的，适用前两款规定。

《公司法》第 182 条规定，董事、监事、高级管理人员，直接或者间接与本公司订立合同或者进行交易，应当就与订立合同或者进行交易有关的事项向董事会或者股东会报告，并按照公司章程的规定经董事会或者股东会决议通过。董事、监事、高级管理人员的近亲属，董事、监事、高级管理人员或者其近亲属直接或者间接控制的企业，以及与董事、监事、高级管理人员有其他关联关系的关联人，与公司订立合同或者进行交易，适用前款规定。

《公司法司法解释（五）》第 1 条第 1 款规定："关联交易损害公司利益，原告公司依据民法典第八十四条、公司法第二十一条规定请求控股股东、实际控制人、董事、监事、高级管理人员赔偿所造成的损失，被告仅以该交易已经履行了信息披露、经股东会或者股东大会同意等法律、行政法规或者公司章程规定的程序为由抗辩的，人民法院不予支持。"

根据本案事实，冯西为公司经理，系公司高管。其利用自己的职权向公司推荐软件，经发现实际上是其自己个人开发以其朋友的名义卖给公司，因此冯西的行为，构成《公司法》第 182 条所规定的间接与公司交易的关联交易行为。虽然该交易得到了股东会决议批准，但是从案件事实来看，其交易价格远高于市场售价，损害了公司利益。因此，其行为构成了利用关联关系损害公司利益的违法行为。

> **3. 博时公司股东会决议 1 是否合法有效？为什么？**

答案：无效。冯西和李东之间并不存在股权代持的法律关系，李东并非实际出资人，无权主张显名；实际出资人显名也并非股东会的职权范围。因此，该决议程序和内容均违法。

难度：难

考点：股权代持、公司决议

命题和解题思路：本题的设计颇具"坑"心。一方面，本题考查的知识点系股权代持，但是却并非直接考查股权代持法律关系，而是从反面让考生辨析是否属于股权代持；另一方面，本问与设问 1 联系密切，具有一定的贯通性。这两方面充分吸收了法考主观题的命题技巧。但是命题再"坑"，吾人只须岿然不动：股权代持的法律关系的核心在于代持的合意，即实际出资人享有投资权益，而名义股东登记在股东名册之上。只要考生牢牢把握这一点，即能识别出本题的第一层考查意涵。此外，实际出资人显名应征得半数以上股东的同意，此为股东的个人权利，并非股东会的职权。在实践中，虽然可能存在以股东会决议方式体现这一法律制度要求的做法，但是考生需要知其所以然，知法律规定之本意。

答案解析：《公司法司法解释（三）》第 24 条规定："有限责任公司的实际出资人与名义出资人订立合同，约定由实际出资人出资并享有投资权益，以名义出资人为名义股东，实际出资人与名义股东对该合同效力发生争议的，如无法律规定的无效情形，人民法院应当认定该合同有效。前款规定的实际出资人与名义股东因投资权益的归属发生争议，实际出资人以其实际履行了出资义务为由向名义股东主张权利的，人民法院应予支持。名义股东以公司股东名册记载、公司登记机关登记为由否认实际出资人权利的，人民法院不予支持。实际出资人未经公司其他股东半数以上同意，请求公司变更股东、签发出资证明书、记载于股东名册、记载于公司章程并办理公司登记机关登记的，人民法院不予支持。"由此可知，股权代持的核心是实际出资人与名义出资人之间存在由实际出资人出资并享有投资权益、以名义出资人为名义股东的意思一致。在本题事实中，冯西名下的股权虽然按照出资约定实际由李东支付，但是冯西和李东之间并不存在股权代持的合意。实际上这种由一方承担另一方出资义务的约定，与借钱出资等行为并无不同，如设问 1 解析所述。因此，该股东会决议损害了冯西合法享有的股权，因内容违法而无效。

此外，值得考生注意的是，按照《公司法司法解释（三）》第 24 条第 3 款的规定，即使是实际出资人显名程序，也并非股东会的职权范围，而是股东的个人权利，显然股东会也没有权力通过类似决议，因此存在程序瑕疵。

最后，考生在分析决议内容时一定要注意分别从内容和程序两个角度分析，并作出回答，这样才能做到不遗漏答案。

4. 博时公司股东会决议 2 是否有效？为什么？

答案：无效。该决议为非等比例减资，按照《公司法》的规定，除非法律规定、全体股东另有约定，否则不得非等比例减资。该决议不属于法律规定的情形，也未得到全体股东的一致同意，因此决议内容违法，损害了股东的合法权益，决议无效。

难度：难

考点：公司减资、公司决议

命题和解题思路：近年来法考经常考查公司增资的相应纠纷，对减资程序考查较少。本题即以减资为纠纷背景设计问题，结合法考近年来考查的热点问题，并结合热点公报案例的裁判规则加以改造命制。值得考生关注的是，就定向减资问题，2023 年《公司法》进行了重要修订，可以预测这必将成为 2024 年法考的重要知识点。

答案解析：《公司法》第 25 条规定，公司股东会、董事会的决议内容违反法律、行政法规的无效。

《公司法》第 224 条规定："公司减少注册资本，应当编制资产负债表及财产清单。公司应当自股东会作出减少注册资本决议之日起十日内通知债权人，并于三十日内在报纸上或者国家企业信用信息公示系统公告。债权人自接到通知之日起三十日内，未接到通知的自公告之日起四十五日内，有权要求公司清偿债务或者提供相应的担保。公司减少注册资本，应当按照股东出资或者持有股份的比例相应减少出资额或者股份，法律另有规定、有限责任公司全体股东另有约定或者股份有限公司章程另有规定的除外。"

首先，该公司股东会决议 2 的内容为注册资本由 4000 万元减资为 2000 万元，减资后公司的出资为李东认缴 1250 万元出资、张南认缴并出资 500 万元、赵北认缴并出资 250 万元。按照《公司法》第 224 条的规定，公司减少注册资本，应当以等比例为一般原则。在本题中，股东李东、张南、赵北、冯西的出资比例为 4∶2∶1∶1，显然该减资为非等比例减资。

其次，按照《公司法》第 224 条的规定，针对有限公司，除非法律另有规定或全体股东另有约定，否则不得非等比例减资。在本题中，并不存在股东失权的法定情形，也不存在全体股东的一致同意。因此，根据《公司法》第 25 条的规定，该决议因内容因违法而无效。对此，考生需要注意：本题中没有通知冯西参会，冯西也未参会，且冯西签字系伪造。针对没有通知冯西参会，属于可撤销的决议，在决议无效和决议可撤销的情形下，应认定决议无效。同时，虽然《公司法》第 224 条规定，定向减资需要全体股东一致同意，冯西没有同意，看起来是没有达到一致的比例，但这实际上是一种错误的理解。因为一致同意是可以非等比减资的法定条件，未达到法定条件进行非法减资，该决议的瑕疵系内容瑕疵而非表决程序瑕疵。法考传统上针对优先购买权的考查也是同样的思路。

5. 如博时公司股东会决议 2 被法院确认无效，冯西可否主张确认自己的股东资格？为什么？

答案：可以主张。决议被法院确认无效的，依据该决议与善意第三人形成的法律关系不受影响，这是为了保护公司外部交易主体。而冯西系公司股东，是公司内部人，且权益受到损害，在决议被确认无效后，其自然有权向公司主张确认自己的股东资格。

难度：难

考点：决议的效力

命题和解题思路：本题参照法考真题的命题思路，就一个事实多角度连贯设问，主要考查的知识点是决议被法院撤销或者确认无效、不成立后所产生的法律效果。对此，考生往往能够记忆的内容是《公司法》所规定的依据该决议与善意第三人形成的法律关系不受影响。但是需要注意的是，在本题之中，决议所针对的对象是公司股东，且并无保护善意第三人的制度功能适用的需求。因此，应当结合《公司法》第 28 条第 2 款加以判断。对此，考生可以按照内外区分加以掌握。

答案解析：《公司法》第 28 条规定，公司股东会、董事会决议被人民法院宣告无效、撤销或者确认不成立的，公司应当向公司登记机关申请撤销根据该决议已办理的登记。股东会、董事会决议被人民法院宣告无效、撤销或者确认不成立的，公司根据该决议与善意相对人形成的民事法律关系不受影响。

对《公司法》第 28 条的两款规定可以从内外区分的角度加以理解，一方面《公司法》第 28 条第 1 款的规定系一般规则，即公司决议效力被否定后，一般情形之下，尤其是在内部关系的处理之中，自然应当撤销变更登记，恢复到执行决议之前的状况。但是，另一方面，公司也是民商事主体，决议本身也是公司据此开展民商事活动的意思基础，在决议效力被否定后，公司据此展开的民商事活动的效力则需要进一步考虑交易的稳定性，而对善意第三人予以保护，这一般体现在公司的外部关系之中，也即《公司法》第 28 条第 2 款的规定。在本案事实中，关于除名股东的决议本身无效，但公司依然依据该决议变更了登记，在法院确认决议无效后，自然应当保护被非法除名的股东的权益，撤销变更登记，恢复其合法的持股状态。因此，应当适用《公司法》第 28 条第 1 款的规定。通过本题也向考生再次强调，在法律规则的选择适用中一定要做到对制度机理了然于胸。

6. 渤湾银行要求博时公司股东承担赔偿责任的主张是否应得到支持？为什么？

答案：应得到支持。渤湾银行是博时公司担保债权人，博时公司并未在减资时通知渤湾银行，该减资无效，减免股东的出资应当恢复原状，且博时公司对到期债务不能清偿，渤湾银行作为已到期债权人有权主张股东提前缴纳出资，因此基于债权代位可以主张博时公司的股东在被减免出资的范围内对渤湾银行承担补充赔偿责任。

难度：中

考点：违法减资的责任、认缴加速到期

命题和解题思路：本题考查的是实践中的热点问题，即减资程序中如果未通知债权人的法律效果。2023 年《公司法》针对违法减资的效力进行了统一规定。相比于传统实践的做法，主要的变化体现为：（1）明确违法减资无效，而非传统实践中所认定的减资有效但不得对抗债权人；（2）明确违法减资无效的效果，即股东应当退还其收到的资金，减免股东出资的应当恢复，给公司造成损失的应当赔偿。同时，本题还就"减免股东出资的应当恢复"结合 2023 年《公司法》新增的认缴出资加速到期制度进行了考查。具有新意和难度，既需要

考生熟练掌握2023年《公司法》修订的新热点，又需要考生具有相对缜密的分析思路。值得考生重点把握。

答案解析：《公司法》第54条规定，公司不能清偿到期债务的，公司或者已到期债权的债权人有权要求已认缴出资但未届出资期限的股东提前缴纳出资。

《公司法》第226条规定，违反本法规定减少注册资本的，股东应当退还其收到的资金，减免股东出资的应当恢复原状；给公司造成损失的，股东及负有责任的董事、监事、高级管理人员应当承担赔偿责任。

该条系2023年《公司法》新增条文。"违反本法规定减少注册资本的"即违法减资，从体系解释而言，即违反了《公司法》第224条减资规定的减资。从前引《公司法》第224条的规定可知，公司减少注册资本应当自决议之日起10日内通知债权人，以保障债权人的权利。当然，这里的债权人是指公司知道的一切债权人，包括担保债权人。虽然渤湾银行是在2020年10月才通知博时公司，并且博时公司的担保责任在2020年9月债权到期后才需要承担，但是在2019年博时公司减资决议通过时，该担保债权已经成立，因此博时公司应当通知渤湾银行，未通知渤湾银行的，属于违法减资。

针对违法减资的效力，在2023年《公司法》修订之前一般适用的实践规则是不得对抗该债权人。但是这一规则已经被2023年《公司法》所更新，即违法减资无效，股东应当退还其收到的资金，减免股东出资的应当恢复原状；给公司造成损失的，股东及负有责任的董监高应当承担赔偿责任。因此，违法减资的股东应当将退还的资金返还给公司，减免的出资应当恢复原状。

此外，考生可能注意到由于本次减资减少了一半注册资本，而公司股东的认缴出资要求公司成立时缴纳一半，另一半则允许2022年缴纳即可。因此，减资无效应当适用的是"减免的出资应当恢复原状"，即恢复到2022年缴纳即可。此时，债权人的主张如何成立呢？在此，我们可再结合2023年《公司法》的另一修改热点即认缴出资的加速到期分析。根据《公司法》第54条的规定，此时渤湾银行作为已到期的债权人有权主张对应股东提前缴纳出资。同时从民商法原理以及我国公司法一直秉持的债权代位的角度，在减速到期后，自然也就有权主张股东对其补充赔偿了。

评分细则（共28分）

1-6题满分为：4分、5分、5分、5分、5分、4分

1. 有效（2分）。冯西的出资全部由李东实际支付属于对实际出资额的自主约定（如回答不构成折价出资、是出资的履行约定，均可得分）(2分)。

2. 不合法（2分）。构成间接与公司交易的关联交易（1分），给公司利益造成了损害（如回答对价不公允，也可得分）(2分)。

3. 无效（2分）。李东并非实际出资人（2分，或者冯西和李东之间并不存在股权代持的法律关系），实际出资人显名并非股东会的职权范围（1分）。

4. 无效（2分）。属于非等比减资（1分），须经股东一致同意（2分）。

5. 可以主张（2分）。冯西系公司股东并非外部第三人（2分，核心点是无善意第三人保护。回答内部关系、股东等也可得分），决议确认无效后可以主张确认自己的股东资格（1分，核心要点是撤销变更登记，如提到可得分）。

6. 应得到支持（2分）。减资无效，应当恢复原状（1分），公司债务不能清偿，已到期债权人有权主张股东提前缴纳出资，股东在减资的范围内承担赔偿责任或对其无效（1分）。

第二题（本题28分）

一、试题

案情： 鸿皓房地产开发有限公司（以下简称鸿皓公司）由王一和李二于2017年出资设立。公司章程规定：公司注册资本1000万元，由王一认缴70%的出资，李二认缴30%的出资，王一的出资应于2018年6月前缴纳完毕，李二的出资应于公司成立时缴纳。

2018年1月，王一与熊大民达成协议，约定王一将其所持有的全部股权转让给熊大民。协议还约定：熊大民知悉王一的出资均为认缴，后续出资责任由熊大民负责。2018年3月，鸿皓公司办理完成了股东变更登记。

熊大民接手鸿皓公司后，修改了公司章程，由熊大民出任董事（不设董事会），并由公司董事（不设董事会）担任法定代表人。随后鸿皓公司与大方建设公司签署建设工程协议，约定第一期工程款500万元应于2018年12月缴纳。因公司出资并未实缴且资金短缺无力支付建设工程款，熊大民于2019年1月向徐甲借款5000万元，将款项全部用于建设工程之中。2019年12月，徐甲提出如继续借款则需要提供相应担保。为此，2020年1月15日，熊大民与徐甲签订了《股权转让协议》，约定：熊大民将其持有的鸿皓公司70%股权以700万元的价格转让给徐甲。2021年1月31日，鸿皓公司办理完成了股东变更登记，同时熊大民将鸿皓公司的公章移交徐甲保管。但实际上鸿皓公司的管理与运营仍由熊大民负责，徐甲并未参与。

2022年2月，徐甲找到熊大民商谈还款事宜。熊大民表示公司房地产建设项目尚未开发完成，无力偿还借款，但可协商用部分股权作价。为让徐甲放心，在徐甲的配合下，熊大民、李二召开股东会，决议将鸿皓公司对熊大民的应付账款5000万元全部转为熊大民对鸿皓公司的出资，并全部计入公司资本公积金。

2022年3月15日，徐甲提议召开股东会，熊大民和公司监事均未回复。徐甲遂自行召集股东会，并形成股东会决议，载明：罢免熊大民的一切职务，改由徐甲担任公司董事、法定代表人。徐甲在股东会决议上签字，并寄送给了熊大民。3月18日，徐甲携带股东会决议与公司公章在公司登记机关办理法定代表人变更登记，将法定代表人变更为自己。

熊大民对此坚决反对，与徐甲多次沟通并多次前往公司登记机关投诉，但未果。为此，熊大民于2022年5月向法院起诉，诉请：（1）确认熊大民具有公司股东资格，持股70%；（2）将股东变更至熊大民名下。

问题：

1. 如2018年12月鸿皓公司未支付第一期工程款，大方建设公司能否要求熊大民承担清偿责任？为什么？

2. 《股权转让协议》是否合法有效？为什么？

3. 2022年2月鸿皓公司的股东会决议是否合法有效？为什么？

4. 2022年3月鸿皓公司的股东会决议是否通过并有效？为什么？

5. 2022年3月18日，徐甲是否取得鸿皓公司法定代表人的资格？为什么？

6. 熊大民的诉请应否得到法院的支持？为什么？

案情结构图

- **公司简介**
  - 2017年成立，王一、李二出资设立
  - 公司章程
    - 公司注册资本1000万元
    - 认缴出资：① 王一70%，王一的出资应于2018年6月前缴纳完毕；② 李二30%，李二的出资应于公司成立时缴纳

- **2018年1月，王一、熊大民协议约定**
  - 王一将所持有的全部股权转让给熊大民
  - 熊大民知悉王一的出资均为认缴，后续出资责任由熊大民负责
  - （2018年3月，鸿皓公司办理完成了股东变更登记）

- **熊大民接手鸿皓公司**
  - 修改公司章程：由熊大民出任董事、法定代表人
  - 鸿皓公司与大方建设公司签署建设工程协议
    - 约定：第一期工程款500万元应于2018年12月缴纳
  - （出资并未实缴，且资金短缺无力支付工程款）

- **熊大民与徐甲**
  - 2019年1月，熊大民向徐甲借款5000万元用于建设工程
  - 徐甲要求熊大民提供担保。2020年1月15日，熊大民与徐甲签订了《股权转让协议》，约定：熊大民将其持有鸿皓公司的70%股权以700万元的价格转让给徐甲
  - 2021年1月31日，鸿皓公司办理完成了股东变更登记，熊大民将公司公章移交徐甲保管
    - 公司的管理与运营仍由熊大民负责，徐甲并未参与
  - 2022年2月，熊大民无力偿还徐甲借款，协商用部分股权作价
    - 徐甲配合，熊大民、李二召开股东会
      - 股东会决议：鸿皓公司对熊大民的应付账款5000万元全部转为熊大民对鸿皓公司的出资，并全部计入公司资本公积金

- **2022年3月15日，徐甲自行召集股东会**
  - 徐甲提议召开股东会，熊大民和公司监事均未回复
  - 股东会决议
    - 罢免熊大民的一切职务，改由徐甲担任公司董事、法定代表人
    - 徐甲在股东会决议上签字，并寄送给了熊大民
  - 2022年3月18日，徐甲携带股东会决议与公司公章在公司登记机关将法定代表人变更为自己
    - 2022年5月，熊大民向法院起诉，诉请：
      - ① 确认熊大民具有公司股东资格，持股70%
      - ② 将股东变更至熊大民名下

二、案例来源

1. 昆明哦客商贸有限公司、熊志民与李长友等股东资格确认纠纷案①
2. （2019）最高法民终230号：曾某诉甘肃某数字科技有限公司、冯某、冯某某股权转让合同纠纷案
3. （2018）沪02民终9359号：广东省深圳市某担保服务有限公司诉上海某投资管理有限公司等股权转让纠纷案

三、总体命题思路

本题以典型案例作为素材结合法考热点进行改编，主要以股权让与担保纠纷为背景，考查未届期股权转让瑕疵出资责任的承担、股权让与担保的效力、公司资本制度、公司决议的效力、法定代表人选任以及股权确认之诉等知识点。从内容上看，本题直击法考重点热点，如未届期股权转让瑕疵出资责任的承担、股权让与担保的效力、公司决议的效力和法定代表人选任均为法考常年考查的重点、热点与难点，其中未届期股权转让瑕疵出资责任的承担也是2023年《公司法》修订的重点、亮点；当然，在此之外，本题还在此基础上深挖考点，创新命制了诸如股权让与担保权人是否享有股东权利以及股权让与担保的登记效力等问题，这些问题不仅是实践中的热点也是理论上的热点，需要考生加以注意。从形式上看，本题最大的特色是采用连环设问的法考命题技巧，以期训练考生整体阅读案例、分别作答提问的答题技巧。从难度设置来看，中等难度和高难度的题目相互衔接，以中等难度题目作为高难度题目的铺垫，其难度系数和难题分布与真题整体类似，具有较强的仿真度。

四、答案精讲

> 1. 如2018年12月鸿皓公司未支付第一期工程款，大方建设公司能否要求熊大民承担清偿责任，为什么？

答案：应当。熊大民的股权系自王一受让，但转让时出资期限未届满，应由受让人即熊大民承担缴纳该出资的义务。因熊大民未履行出资义务，因此债权人大方建设公司有权主张熊大民在瑕疵出资范围内承担补充赔偿责任。

难度：难

考点：未届期股权转让、出资责任

命题和解题思路：本题系对未届期股权转让后出资瑕疵的责任承担问题的考查。这一考点曾在2018年法考试题中出现，也是2023年《公司法》修订的亮点。2023年《公司法》终结了此前围绕未届期股权转让责任承担的争论，确定为未届期股权转让，转让后的出资责任为受让方承担；受让方未履行的，转让方须承担补充责任。对这一修订要点，考生要牢牢把握。

答案解析：《公司法》第88条规定，股东转让已认缴出资但未届出资期限的股权的，由受让人承担缴纳该出资的义务；受让人未按期足额缴纳出资的，转让人对受让人未按期缴纳的出资承担补充责任。未按照公司章程规定的出资日期缴纳出资或者作为出资的非货币财产的实际价额显著低于所认缴的出资额的股东转让股权的，转让人与受让人在出资不足的范围内承担连带责任；受让人不知道且不应当知道存在上述情形的，由转让人承担责任。

---

① 《最高人民法院公报》2022年第6期。

该条确认了未届期股权转让后，出资责任和瑕疵出资责任的承担规则，即由受让人承担，转让方承担补充赔偿责任。因此，应由熊大民承担出资义务与瑕疵出资责任。

就瑕疵出资责任，2023年《公司法》第51条仅规定了向公司的出资义务和赔偿责任，并未吸收《公司法司法解释（三）》所规定的对债权人的补充赔偿责任。但是结合民商法债权代位原理，此处补充赔偿责任应能解释出来。

2.《股权转让协议》是否合法有效？为什么？

答案：有效。《股权转让协议》实质上是股权让与担保，并未违反法律法规的强制性规定，因此有效。

难度：中

考点：股权让与担保

命题和解题思路：本题考查股权让与担保，系法考热点考点。针对股权让与担保，考生需要识别出让与担保的法律关系，随后适用民法和公司法的规定作答即可。

答案解析：股权让与担保作为《民法典》和《民法典担保制度解释》确认的非典型担保，其本身并不违法，具有担保效力。本问间接沿用法考命题思路，并未向考生指出股权让与担保的法律关系，因此需要考生识别出该《股权转让协议》的性质。对此，在案件事实中"徐甲提出如继续借款则需要提供相应担保"，为此"熊大民与徐甲签订了《股权转让协议》"，并约定"熊大民将其持有的鸿皓公司70%股权以700万元的价格转让给徐甲"。从上述事实可以看出，徐甲和熊大民之间存在的真正法律关系系股权让与担保的法律关系，所担保的债权是熊大民向徐甲的借款5000万元。

但是，可能有考生会被《股权转让协议》约定的价格所误导，认为债权是5000万元，但是约定的转让价格是700万元，同时协议也没有约定如不能清偿借款对股权应当如何处理等（但是实际上，从后续事实来看，当事人存在关于债务不能清偿股权的处理协商：熊大民表示公司房地产建设项目尚未开发完成，无力偿还借款，但可协商用部分股权作价）。对此，实践中，最高人民法院确认的裁判规则中明确，名为转让的股权转让，如实质是为了担保债权，相关权利人也未参与公司运营，应当认定为股权让与担保。这一裁判规则的核心实际上是以当事人内心的真实意思来确定法律关系，至于当事人所表达的形式则在所不问。因此，对于考生而言，一定要注意，在应对类似问题时，要从实质的法律关系出发，进而适用相应的法律制度，而不要被当事人形式上的说辞（考试中也就是命题人的说辞）所迷惑。应对法考要练就一双看破说辞的"火眼金睛"。

3. 2022年2月鸿皓公司的股东会决议是否合法有效？为什么？

答案：合法有效。合法有效的债权，可以用货币估值，可以依法转让，因此可以作为合法的出资形式；约定全部计入资本公积金，并未违反资本制度的要求，未损害债权人的利益，属于股东对公司的赠与，因此该决议合法有效。

难度：难

考点：资本制度、公司决议

命题和解题思路：本题考查公司资本制度和公司决议，看似平常，但想要圆满作答也充满难度。从形式上看，本题看似考查的是债转股，但是股东的出资比例却没有发生变化，而是约定全部转入资本公积金之中。很多考生可能就此犯难。实际上，如果考生能够理解出资获得零股权，实质上就是对公司的赠与，且经过该股东的同意，自然也就能够得出答案。

答案解析：《公司法》第 48 条规定，股东可以用货币出资，也可以用实物、知识产权、土地使用权、股权、债权等可以用货币估价并可以依法转让的非货币财产作价出资；但是，法律、行政法规规定不得作为出资的财产除外。对作为出资的非货币财产应当评估作价，核实财产，不得高估或者低估作价。法律、行政法规对评估作价有规定的，从其规定。

首先，考生可以从形式上对股东会决议的第一句进行分析，"将鸿皓公司对熊大民的应付账款 5000 万元全部转为熊大民对鸿皓公司的出资"，那么股东对公司的债权可否作为出资呢？对此考生只需要结合非货币出资的要求，即可以用货币估值，可以依法转让加以判断即可，显然这一确定的真实有效的债权是可以作为合法的出资形式的。对此，2023 年《公司法》也明确了债权可以作为合法的出资形式。

其次，这一行为是否损害公司利益，构成股东滥用关联关系损害公司利益的情形呢？这一问题是实践中"债转股"纠纷频发的关键，也是实践规制的重点。对此，本题事实特别说明，全部计入资本公积金，也就是该股东持有的股权、公司的注册资本没有发生任何变化。对此，考生掌握注册资本和资本公积金之间的关系，自然能够得出上述结论。在这种情况下，一方面没有违反资本制度的要求损害债权人的利益，另一方面实际上这是股东对公司债务的实质豁免，属于股东对公司的赠与，且该股东同意，自然决议内容合法。此外，从案件事实上来看，该决议程序亦无违法之处。因此决议合法有效。

4. 2022 年 3 月鸿皓公司的股东会决议是否通过并有效？为什么？

答案：决议不成立。虽然徐甲名义上持股 51%，但其与熊大民之间系股权让与担保的法律关系，并不存在股权转让的意思，因此徐甲并非鸿皓公司的股东，无权提议并自行召集股东会，也无权表决，因此该决议程序存在严重瑕疵，决议不成立。

难度：中

命题和解题思路：本题考查股权让与担保中担保权人的权利，与设问 2 联系密切。首先，考生需要识别出徐甲和熊大民之间的关系系股权让与担保；其次，股权让与担保的本质是担保而非股权的转让，因此担保权人并非公司股东。只要考生能够抓住上述分析要点即可作答。

答案解析：股权让与担保并非股权转让，因此在股权让与担保期间，担保权人并非公司股东。对此，《民法典担保制度解释》第 69 条对担保权人不承担股东的义务的责任进行了规定。但是，实践和理论中对担保权人能否行使股权则存在争议，对此该司法解释予以回避。但是考生需要知道，实践和理论中对担保权人能否行使股权的争议，并非是从担保权人作为股东的身份出发的——担保权人并非公司的股东，而是从担保权的维护角度出发，讨论诸如表决权、分红权、知情权，担保权人是否应当享有。但是无论观点如何，担保权人不是公司股东，不应参与公司日常管理，尤其是公司管理层的任命和罢免，这是不同观点的共同之处。在本问中，徐甲自行召集股东会变更公司执行董事、法定代表人的行为显然违反了公司法的规定。因此，考生只需要从公司法的角度回答即可。

基于上述分析，由于本题设问依然是决议的效力，而内容如罢免执行董事等似乎并无违法之处，因此考生应牢牢抓住程序瑕疵。由于徐甲并非公司股东，因此自然无权依据公司法的规定自行召集股东会，并对事项进行表决。该股东会虽然名为股东会，实际上由于召集程序存在严重瑕疵，应当构成决议不成立的情形，具体可以适用《公司法》第 27 条所规定的公司未召开会议且不构成无需开会书面决议的情形，因而该决议不成立。

5. 2022 年 3 月 18 日，徐甲是否取得鸿皓公司法定代表人的资格？为什么？

答案：没有取得。徐甲自行召集的股东会决议不成立，因此徐甲并未取得公司董事的资格，也自然没有取得公司法定代表人的资格。虽然徐甲办理了变更登记，但仅具有对外的对抗性。

难度：难

考点：公司决议、法定代表人

命题和解题思路：本题考查法定代表人制度，具体是法考主观题曾经考查过的法定代表人的选任。同时，本题融合了决议不成立的法律后果这一知识点，在内容上具有融合性。另外，本问和前一问也存在一定的关联性。考生需要借助上一问的答案，判断该决议不成立，然后判断不成立的决议的法律后果，进而结合法定代表人选任的公司法制度对本问作出回答。

答案解析：从第 4 问可知，徐甲召集股东会形成的决议系不成立的决议。决议不成立，自然没有法律效力，因此，徐甲并未因该决议取得公司董事的资格。对此，考生可以从《公司法》第 28 条作出反面解释。按照该款规定，公司根据股东会、董事会决议已办理变更登记的，人民法院宣告该决议无效或者撤销该决议后，公司应当向公司登记机关申请撤销变更登记。之所以决议无效或者撤销决议后需要公司申请撤销变更登记，就是因为变更登记的事实没有法律效力。

由于徐甲并未取得公司董事的资格，自然也无法取得法定代表人的资格。对此，虽然徐甲办理变更登记，但是该变更登记只产生外部人基于登记对公司的对抗效力。

6. 熊大民的诉请应否得到法院的支持？为什么？

答案：（1）请求确认股权的诉请应当得到支持。熊大民自王一处合法受让股权，虽然股权登记在徐甲公司名下，但熊大民与徐甲公司之间只存在股权让与担保的意思，因此熊大民有权请求法院确认其股权。

（2）请求变更登记的诉请不应得到支持。熊大民和徐甲之间的股权转让协议合法有效，并基于登记产生了徐甲就股权优先受偿的效力，在熊大民未清偿徐甲债务之前，无权请求股东变更登记。

难度：难

考点：股权确认、股权让与担保

命题和解题思路：本题依然延续前几问考查股权让与担保。第一个层次较为简单，是对股权让与担保性质的再次考查，考生只要结合股权确认之诉即可得出答案。第二个层次则具有一定的难度，一方面，对于股权让与担保，虽然考生能够掌握其属于非典型担保，并且担保权人依据登记获得优先受偿权，但是很多考生对此处的登记并不了解；另一方面，受到前述问题的影响，考生可能会在思维惯性上认为既然熊大民是股东，自然应当将股权变更到其名下，而忽略了股权让与担保本身的合法性和担保权人权益的保护。由此可见，考生针对相关法律制度，不能仅仅掌握一些碎片化的知识，只有了解制度功能才能以不变应对万变的考题。

答案解析：徐甲与熊大民之间实际上存在的是股权让与担保，如前几问所述，在此不再赘述。首先，考生对于熊大民第一项诉求的回答，需要回应形式：熊大民要求确认其股东资格，此为股权确认之诉。《公司法司法解释（三）》第 22 条规定，当事人之间对股权归属发生争议，一方请求人民法院确认其享有股权的，应当证明以下事实之一：（1）已经依法向公司出资或者认缴出资，且不违反法律法规强制性规定；（2）已经受让或者以其他形式继受公司股权，且不违反法律法规强制性规定。因此，考生的答题要点在于说明熊大民已经受让公司股权。从本题事实来看，熊大民自王一处合法受让股权，因此符合该条的规定。随后，考生则需要回到本问的具体事实，即股权登记在徐甲名下，但是二者之间存在股权让与担保，而非股权转让。结合上述两点，熊大民的诉请支持的理由也就自然得出。

其次，如"命题和解题思路"所述，本题的迷惑之处在于熊大民还就此申请将股权变更至其名下。如果考生脱离案件事实，很可能受到上一问的影响在此处犯错。实际上，虽然股权属于熊大民所有，但是熊大民已将股权让与担保至徐甲名下，并且该让与担保合法有效。对此，考生要理解，股权让与担保作为一种非典型担保，其担保权人优先受偿权的来源正是股权在其名下的登记。对此，很多考生可能知道股权让与担保依然需要登记才能发生担保的效力，却困惑于这里的登记究竟为何，是否存在类似于股权质押一样的质押登记。实际上从股权让与担保的结构来看，其担保的效力也即优先受让的效力，恰恰来自股权形式上登记于担保权人名下这一公司登记。如果考生能够理解此处的登记实际上具有担保效力，自然能够判断，在债务清偿前，熊大民虽然是股权的真正所有者，但其也无权对抗担保权人，要求变更登记。

评分细则（共28分）

1-6题满分为：4分、4分、5分、5分、5分、5分

1. 应当（2分）。未届期股权转让，出资义务由受让方承担（1分）；瑕疵出资，应在瑕疵出资内承担补充责任（1分）。
2. 有效（2分）。实质上是股权让与担保（或者当事人真实意思表示）（1分），未违反法律法规的强制性规定（1分）。
3. 合法有效（1分）。合法有效的债权可以用货币估值并依法转让，可以用于出资（2分）；全部计入资本公积金属于股东对公司的赠与，不违反法律规定（2分）。
4. 不成立（1分）。徐甲与熊大民不存在股权转让的意思（1分），徐甲不是公司股东，无权提议并自行召集股东会并表决（2分），程序存在严重瑕疵（1分）。
5. 没有取得（1分）。股东会决议不成立（1分），徐甲没有成为董事，不能成为法定代表人（2分），变更登记仅具有对外的对抗性（1分）。
6. 确认股权请求应得到支持，熊大民是公司股东（2分）；请求变更登记的诉请不能得到支持（1分），徐甲就股权有优先受偿权，清偿债务前无权请求变更登记（2分）。

第三题（本题28分）

一、试题

案情：A公司、B公司和自然人王某是甲有限公司（以下简称甲公司）的股东，分别持股50%、40%、10%。甲公司章程规定，甲公司注册资本1000万元；如要召开股东会，应提前5日通知全体股东。A公司、B公司和王某的出资均已缴纳，王某系代李某持股，A公司和B公司对此知情。甲公司法定代表人为公司董事长夏某，夏某同时系A公司总经理。

2019年12月，A公司和B公司、王某达成股权转让协议，内容为：A公司分别以

2000万元和500万元的价格购买B公司和王某持有的全部甲公司的股权。随后，2020年1月，三方达成补充协议，协议约定：股权收购以增资方式进行，B公司和王某同意将新股优先购买权及增资对应的出资额转让给A公司，价款不变。对上述协议内容，李某并不知情。

2020年3月1日，A公司通知B公司和王某本月6日召开股东会。3月6日，在A公司董事长老夏（系夏某之父）的主持下，甲公司形成以下决议：（1）甲公司增资至2000万元；（2）B公司和王某同意放弃新股优先购买权；（3）增加的1000万元出资全部由A公司认购。5月，甲公司完成公司变更登记，变更后的公司股东及其出资为：A公司认缴出资1500万元，持股75%，B公司认缴出资400万元，持股20%，王某认缴出资100万元，持股5%。

此后，B公司一直向A公司催讨2000万元价款无果。A公司主张，B公司系主动放弃新股优先购买权且股权转让协议已经作废。2020年7月，B公司向法院起诉撤销甲公司3月6日的股东会决议，同时起诉要求A公司按照股权转让协议及其补充协议付款。

2020年12月，夏某以甲公司的名义为老夏的个人融资向荣发银行提供担保，担保函上加盖了A公司、甲公司的公章，且有夏某、老夏的签字。

问题：

1. A公司和B公司与王某就新股优先购买权转让的协议是否有效？为什么？
2. B公司主张A公司支付2000万元的请求是否应得到支持？为什么？
3. 李某可否主张王某放弃新股优先购买权的行为无效？为什么？
4. 甲公司2020年3月6日的股东会决议是否存在瑕疵？请说明理由。
5. 法院是否应当支持B公司撤销2020年3月6日股东会决议的请求？为什么？
6. 2020年12月甲公司提供的担保是否有效？为什么？

二、总体命题思路

本题改编自真实案例，采用"新瓶装老酒"的方式，对法考中经常考查的新股优先购买权等知识点进行灵活考查。这一考查方式与2020年商法主观题中考生反映难度较大的关于董事任免的问题设计方式相同。

从知识点的设计而言，虽然本题主要的考点是新股优先购买权，但是在此基础上结合了股权代持、公司决议的效力、公司对外担保的效力等公司法的考点以及合同变更等民法考点，知识点覆盖较广。就问题设计而言，由于第1-3问设计较为灵活，需要考生综合民法、商法的知识作答，因此第4-6问考查相对比较简单。难度系数与法考真题的难度较为接近。

三、答案精讲

1. A公司和B公司与王某就新股优先购买权转让的协议是否有效？为什么？

答案： 有效。《公司法》规定，公司新增资本时，股东有权优先按照实缴的出资比例认缴出资，但全体股东另有约定的除外。A公司、B公司和王某就新股优先购买权的转让协议属于全体股东约定由A公司就新增资本全部认购的约定，并不违反法律的强制性规定，属于当事人真实有效的意思。

难度： 难

考点： 新股优先购买权

案情结构图

- **公司简介**
  - 股东及持股比例：A公司50%、B公司40%、自然人王某10%
    - A公司、B公司和王某的出资均已缴纳，王某系代李某持股
  - 公司章程：注册资本1000万元；如要召开股东会，应提前5日通知全体股东
  - 夏某：法定代表人、公司董事长（同时系A公司总经理）

- **A公司、B公司、王某股权转让协议以及补充协议**
  - ① 2019年12月，三方达成股权转让协议
    - A公司：
      A. 2000万元价格购买B公司持有的全部甲公司的股权
      B. 500万元的价格购买王某持有的全部甲公司的股权
  - ② 2020年1月，三方达成补充协议
    - 股权收购以增资方式进行，B公司和王某同意将新股优先购买权及增资对应的出资额转让给A公司，价款不变
  - 对上述两协议内容，李某不知情

- **A公司、B公司、王某召开甲公司股东会**
  - 2020年3月1日，A公司通知B公司和王某本月6日召开股东会
  - 召开时间及会议主持人：2020年3月6日，A公司董事长老夏（系夏某之父）主持召开
    - 股东会决议：
      ① 甲公司增资至2000万元，增加的1000万元出资全部由A公司认购
      ② B公司和王某同意放弃新股优先购买权

- **甲公司完成公司变更登记**
  - 2020年5月，变更后的公司股东及其出资为：
    - A公司：认缴出资1500万元，持股75%
    - B公司：认缴出资400万元，持股20%
    - 王某：认缴出资100万元，持股5%

- **2020年7月，B公司向法院起诉**
  - 起诉原因：B公司一直向A公司催讨2000万元价款无果。A公司主张，B公司系主动放弃新股优先购买权且股权转让协议已经作废
  - 诉请：
    ① 撤销甲公司3月6日的股东会决议
    ② 要求A公司按股权转让协议及其补充协议付款

- **担保**
  - 2020年12月，夏某以甲公司的名义为老夏的个人融资向荣发银行提供担保
    - 担保函上加盖了A公司、甲公司的公章，且有夏某、老夏的签字

· 188 ·

命题和解题思路：本题考查新股优先购买权的行使，但是考查得相对比较灵活，不再考查放弃新股优先购买权后其他股东可否主张行使，转而考查新股优先购买权的转让。但是万变不离其宗，只要考生能够熟练掌握《公司法》第227条第1款的规定，就可洞穿其中的玄奥：所谓转让，不过是改变了新股优先购买权行使的比例，只要全体股东一致同意即可。

答案解析：《公司法》第227条规定，有限责任公司增加注册资本时，股东在同等条件下有权优先按照实缴的出资比例认缴出资。但是，全体股东约定不按照出资比例优先认缴出资的除外。股份有限公司为增加注册资本发行新股时，股东不享有优先认购权，公司章程另有规定或者股东会决议决定股东享有优先认购权的除外。

据此，甲公司的全体股东即为A公司、B公司和王某。三者就新股优先购买权转让的协议，实质即为由A公司就100%的新股优先认购，属于全体股东约定的情形，并未违反公司法的规定，因此有效。

> 2. B公司主张A公司支付2000万元的请求是否应得到支持？为什么？

答案：应当。A公司和B公司、王某的股权转让协议虽被补充协议所取代，但补充协议约定，股权收购以增资方式进行，即由购买股权变更为新股优先购买权的转让。B公司放弃新股优先购买权且同意A公司行使，系对补充协议的履行。

难度：中

考点：合同变更

命题和解题思路：本题系民法和商法的融合试题，涉及合同变更及新股优先购买权制度。本题的设计旨在提示考生，民法和商法融合考查时的答题思路。虽然这一题目设计在商事案件之中，但是究竟应该主要依赖商法作答还是民法作答，则需要考生对其所涉及的法律关系进行深入分析。本题题干问B公司主张A公司支付2000万元的请求，而该请求的依据是原股权转让协议，在股权转让协议已经被补充协议所补充时，是否能够得到支持，显然属于民法中合同变更的内容。股权转让或者新股优先认购权的转让不过是合同的内容。

答案解析：《民法典》第543条规定，当事人协商一致，可以变更合同。《民法典》第544条规定，当事人对合同变更的内容约定不明确的，推定为未变更。据此，在本题事实中，A公司和B公司、王某首先达成了股权转让协议，随后又达成了补充协议。其中在股权转让协议中，约定了股权转让及其对价；而在新股优先购买权转让协议中则约定"股权收购通过增资方式进行"，即变更股权转让为新股优先购买权的转让，其他内容并未变更。因此2000万元成为新股优先购买权转让的对价。当然，这一对价是符合民法原则的，因为虽然在后续的股东会上显示为放弃新股优先购买权，但是放弃新股优先购买权并同意由其他股东行使，其形式上是对补充协议的履行，实质上系全体股东约定将B公司原有的新股优先购买权行使比例"转让"给了A公司。因此，B公司得主张A公司支付2000万元。

> 3. 李某可否主张王某放弃新股优先购买权的行为无效？为什么？

答案：可以主张。放弃新股优先购买权并同意A公司行使的转让行为，本质上与认购股权后再转让给A公司一致，属于对股权的无权处分。因A公司知晓代持事实，不符合善意取得的规定，因此李某作为实际出资人可主张王某放弃新股优先购买权的行为无效。

难度：难

考点：股权代持、新股优先购买权

命题和解题思路：本题系对股权代持和新股优先购买权规则的融合考查。考生面对这道题目的时候，很自然地能够想到股权代持规则，即名义股东擅自处分股权的，参照善意取得规则。但是考生可能会存在疑问的是，本题事实中的新股优先购买权转让行为包括放弃新股优先购买权并同意A公司行使，是否属于对股权的处分。这就需要考生联系放弃新股优先购买权的相关知识点进行分析。司考中曾不止一次考查新股优先购买权可否交由其他股东行使，官方答案之一即新股优先购买权交由其他股东行使与认购后再行转让实质一致。考生只要能够灵活理解这些问题，本题不难作出。

答案解析：《公司法司法解释（三）》第25条规定："名义股东将登记于其名下的股权转让、质押或者以其他方式处分，实际出资人以其对于股权享有实际权利为由，请求认定处分股权行为无效的，人民法院可以参照民法典第三百一十一条的规定处理。名义股东处分股权造成实际出资人损失，实际出资人请求名义股东承担赔偿责任的，人民法院应予支持。"而如"命题和解题思路"所分析的，本题事实中王某放弃新股优先购买权并同意由A公司行使，与按比例认购后再将新认购的股权转让给A公司实质相同，因此，应属于以其他方式处分股权。对此，A公司对代持事实知晓，并不满足善意取得的条件。因此，李某作为实际出资人可以主张王某放弃行为无效。

> **4. 甲公司2020年3月6日的股东会决议是否存在瑕疵？请说明理由。**

答案：存在程序瑕疵。股东会应由董事会召集，董事长主持。A公司是公司股东，虽持股50%但并不满足股东自行召集的程序，不应由其召集；A公司董事长老夏并非甲公司董事长，不应由其主持。

难度：中

考点：股东会的程序

命题和解题思路：本题是对股东会召集和主持程序的考查，考核内容相对简单。考生只要熟悉法条即可作答。但是需要考生注意的是，《公司法》规定有限公司应于股东会召开前15日通知全体股东，但章程另有规定或者全体股东另有约定的除外。该规定系《公司法》对章程的授权，因此期限可以延长也可以缩短。本题中章程规定提前5日并无问题，据此召集不属于程序瑕疵。

答案解析：根据《公司法》第63条规定，有限责任公司设立董事会的，股东会会议由董事会召集，董事长主持；董事长不能履行职务或者不履行职务的，由副董事长主持；副董事长不能履行职务或者不履行职务的，由半数以上董事共同推举一名董事主持。董事会不能履行或者不履行召集股东会会议职责的，由监事会召集和主持；监事会不召集和主持的，代表1/10以上表决权的股东可以自行召集和主持。据此，该决议存在召集主体错误、主持主体错误的程序瑕疵。

> **5. 法院是否应当支持B公司撤销2020年3月6日股东会决议的请求？为什么？**

答案：不应当。股东应在决议作出之日起的60日内请求法院撤销决议，B公司请求撤销时已经超过期限且B公司被通知参加股东会不满足未被通知参加股东会的情形。

难度：中

考点：公司决议

命题和解题思路：本题系对公司决议撤销的考查。在决议无效、可撤销和不成立等决议效力瑕疵中，决议的撤销限制最多，包括权利行使的期限限制等。考生只要熟练定位法条即可作答。

答案解析：《公司法》第 26 条规定，公司股东会、董事会的会议召集程序、表决方式违反法律、行政法规或者公司章程，或者决议内容违反公司章程的，股东自决议作出之日起 60 日内，可以请求人民法院撤销。但是，股东会、董事会的会议召集程序或者表决方式仅有轻微瑕疵，对决议未产生实质影响的除外。未被通知参加股东会会议的股东自知道或者应当知道股东会决议作出之日起 60 日内，可以请求人民法院撤销；自决议作出之日起 1 年内没有行使撤销权的，撤销权消灭。

据此可知 B 公司 7 月请求撤销时已经超出期限。

6. 2020 年 12 月甲公司提供的担保是否有效？为什么？

答：有效。甲公司法定代表人夏某未经有权机关决议为 A 公司董事长老夏提供的担保系越权的对外担保，但在担保函上加盖了 A 公司的公章和法定代表人老夏的签字，系经过代表 2/3 以上表决权的股东签字同意。因此，荣发银行无需审查有权机关决议，公司也不得以未依照公司对外担保的规定作出决议进行抗辩。虽然老夏和甲公司存在关联关系，但并不影响担保函的对外效力。

难度：难

考点：公司担保

命题和解题思路：本题系对公司对外担保制度的考查。题干事实中并未告诉该担保经过有权机关决议，可以推断其为越权担保，但是针对越权的对外担保，相对人并不当然负有形式审查义务，如本题中担保合同系由单独或者共同持有公司 2/3 以上对担保事项有表决权的股东签字同意的情形。考生只要认真分析事实，并在分析的基础上适用法律也不难作答。当然，在本题作答时考生可能会混淆以下问题：（1）对外担保还是对内担保及 A 公司是否需要回避的问题。虽然老夏系 A 公司董事长，A 公司系甲公司的股东，但是甲公司为其股东的董事长个人提供担保，属于对外担保而非对内担保。（2）老夏与甲公司是否属于关联交易，进而对该交易效力存在疑问。老夏与甲公司的确存在关联关系的可能，但是需要考生注意，即使存在关联关系，也不能因此对善意相对人产生影响。考生在作答时要厘清法律关系，才能从容作答。

答案解析：《民法典担保制度解释》第 8 条规定："有下列情形之一，公司以其未依照公司法关于公司对外担保的规定作出决议为由主张不承担担保责任的，人民法院不予支持：（一）金融机构开立保函或者担保公司提供担保；（二）公司为其全资子公司开展经营活动提供担保；（三）担保合同系由单独或者共同持有公司三分之二以上对担保事项有表决权的股东签字同意。上市公司对外提供担保，不适用前款第二项、第三项的规定。"据此，在本题事实中，虽然该担保未经有权机关决议，但是该保函经由 A 公司签章且法定代表人签字，A 公司在公司增资后持股 75% 且已办理完成公司登记的变更，因此属于持有 2/3 以上表决权的股东，符合上述第 8 条第 1 款第 3 项所规定的情形，相对人无需审查有关机关的决议。且根据《民法典担保制度解释》第 7 条的规定，相对人不知道或不应知道系越权担保属于推定的事实，除非公司有证据证明相对人知道或应当知道。因此，该担保有效。

评分细则（共28分）

1-6题满分为：5分、4分、5分、5分、4分、5分

1. 有效（2分）。股东有权优先按照实缴的出资比例认缴出资，但全体股东另有约定的除外（2分），A公司、B公司和王某之间的协议属于全体股东的约定（1分）。
2. 应当（2分）。股权收购以增资方式进行属于合同内容的变更（2分）。
3. 可以主张（2分）。放弃新股优先购买权并同意A公司行使的转让行为本质上是无权处分（2分），A公司不符合善意取得条件（1分）。
4. 存在程序瑕疵（2分）。股东会应由董事会召集，董事长主持（1分），A公司作为股东不满足股东自行召集的程序（1分）；老夏并非甲公司董事长，没有主持权（1分）。
5. 不应当（2分）。股东应在决议作出之日起60日内请求法院撤销决议（1分），超过了撤销决议期间且不属于未被通知的情形（1分）。
6. 有效（2分）。系经过代表2/3以上表决权的股东签字同意（2分），相对人无需审查有权机关决议（1分）。

第四题（本题28分）

一、试题

案情：弘阳特种材料有限公司（以下简称弘阳公司）是厚谊实业有限公司（以下简称厚谊公司）100%持股的全资子公司，注册资本为500万元。2018年12月，为扩大生产线，厚谊公司引入了瑞芳投资基金（有限合伙）（以下简称瑞芳基金）作为战略投资人，弘阳公司、厚谊公司与瑞芳基金签订协议（协议1），共同约定：（1）瑞芳基金出资1000万元认缴弘阳公司新增的50万元出资额；（2）弘阳公司、厚谊公司承诺5年内瑞芳基金的回报不低于1500万元，如低于1500万元，由厚谊公司承担差额补足的连带责任；（3）协议自签订时生效。三方法定代表人均在该协议上签字并加盖公司公章。弘阳公司随后办理完成了股东变更登记。

2020年2月，因受市场环境影响，弘阳公司新引入的生产线一直未能盈利。为此，瑞芳基金和厚谊公司签订了《股权回购协议》（协议2），约定厚谊公司以1000万元的价格回购瑞芳基金持有的弘阳公司的股权，股权支付价款于股东变更登记后一个月内支付。同日，瑞芳基金与厚谊公司签订了《债转股协议》（协议3），约定：（1）双方一致同意瑞芳基金将其持有的对厚谊公司享有的1000万元的债权转为对厚谊公司的出资款，持股10%；（2）厚谊公司应于6个月内完成股东变更登记所需的程序；（3）如厚谊公司未能于6个月内完成，则应当偿还弘阳公司1000万元投资款及年化15%的利息（自2018年12月起至支付之日止）。两份协议签订后，弘阳公司股东变更登记完成，但厚谊公司的章程与市场主体登记一直未能完成变更，瑞芳基金也一直催促要求落实其股东权利。

2020年10月，厚谊公司将1025万元汇入瑞芳基金账户，备注：返还投资款及利息，剩余50万元待开票后支付。2021年2月，厚谊公司的股东郑某真（持股45%）找到持股55%的股东吴某蓝，表示自己认识益玩咨询公司，愿意以20倍溢价投资厚谊公司，且具有雄厚

的资本市场运作能力，可辅导公司上市，但须自己和益玩咨询公司具有持股优势。吴某蓝出于对郑某真的信任，同意配合。2021年3月1日，厚谊公司召开股东会，全体股东一致同意形成决议：（1）同意公司增资100万元；（2）郑某真、吴某蓝均放弃新股优先购买权，并由益玩咨询公司以2000万元的出资认购新增的注册资本。

2021年5月，厚谊公司完成了章程及股东的变更登记，变更后郑某真持股36%，益玩咨询公司持股20%，吴某蓝持股44%，法定代表人及董事长为郑某真。

2022年12月，吴某蓝发现益玩咨询公司系郑某真实际控制，与厚谊实业存在关联关系，且其认缴的2000万元出资一直未能到位。同时，吴某蓝还发现，郑某真此前按章程规定并经董事会批准，以打造企业品牌、拓展融资渠道为由，以厚谊公司的名义与益玩咨询公司签订了财务顾问服务协议（协议4），约定厚谊公司每年向益玩咨询公司支付100万元财务顾问费。

吴某蓝据此认为自己受到欺诈，因此以受欺诈的民事法律行为应当撤销为由，主张撤销2021年3月1日的决议第2项。厚谊公司抗辩认为吴某蓝就该股东会决议的撤销权已经超过法定期限。

问题：

1. 2018年12月协议1的第2项约定是否有效？为什么？
2. 瑞芳基金与厚谊公司之间存在什么样的法律关系？为什么？
3. 如何评价2020年10月厚谊公司将1025万元汇入瑞芳基金账户的行为？为什么？
4. 郑某真以厚谊公司名义与益玩咨询公司签订协议4的行为是否需要承担责任？为什么？
5. 吴某蓝的主张能否成立？为什么？
6. 如支持吴某蓝的主张，厚谊公司的增资行为效力如何？为什么？

二、总体命题思路

本题来自两个实务案例，以公司增资纠纷作为背景，考查公司担保的参照适用、股东资格、董事、高管的信义义务、公司决议以及新股优先认缴权等知识点，涵盖了近年来法考试题中常考的知识点。但在常考知识点的设计中，又结合法考命题规律做出了变化。从命题形式上看，本题最大的特色是设置了部分同学不熟悉的实务背景，需要考生将实践中较为复杂的事实转化为法考知识点。本题难度与法考相比略难一些，主要在于没有设置中等难度的设问。

三、案例来源

（2022）京02民终10790号判决书、（2021）京民终902号判决书[①]

四、答案精讲

> 1. 2018年12月协议1的第2项约定是否有效？为什么？

答案：有效。该协议实际上是厚谊公司为弘阳公司提供差额补足的承诺，可参照公司对外担保的效力规定。该协议约定虽未按章程规定经股东会或董事会决议，但因为弘阳公司系厚谊公司的全资子公司，因此相对人不负有形式审查义务，属于善意。因此该越权代表行为有效。

[①] 载最高人民法院中国应用法学研究所编：《人民法院案例选》2022年第11辑，人民法院出版社2023年版。

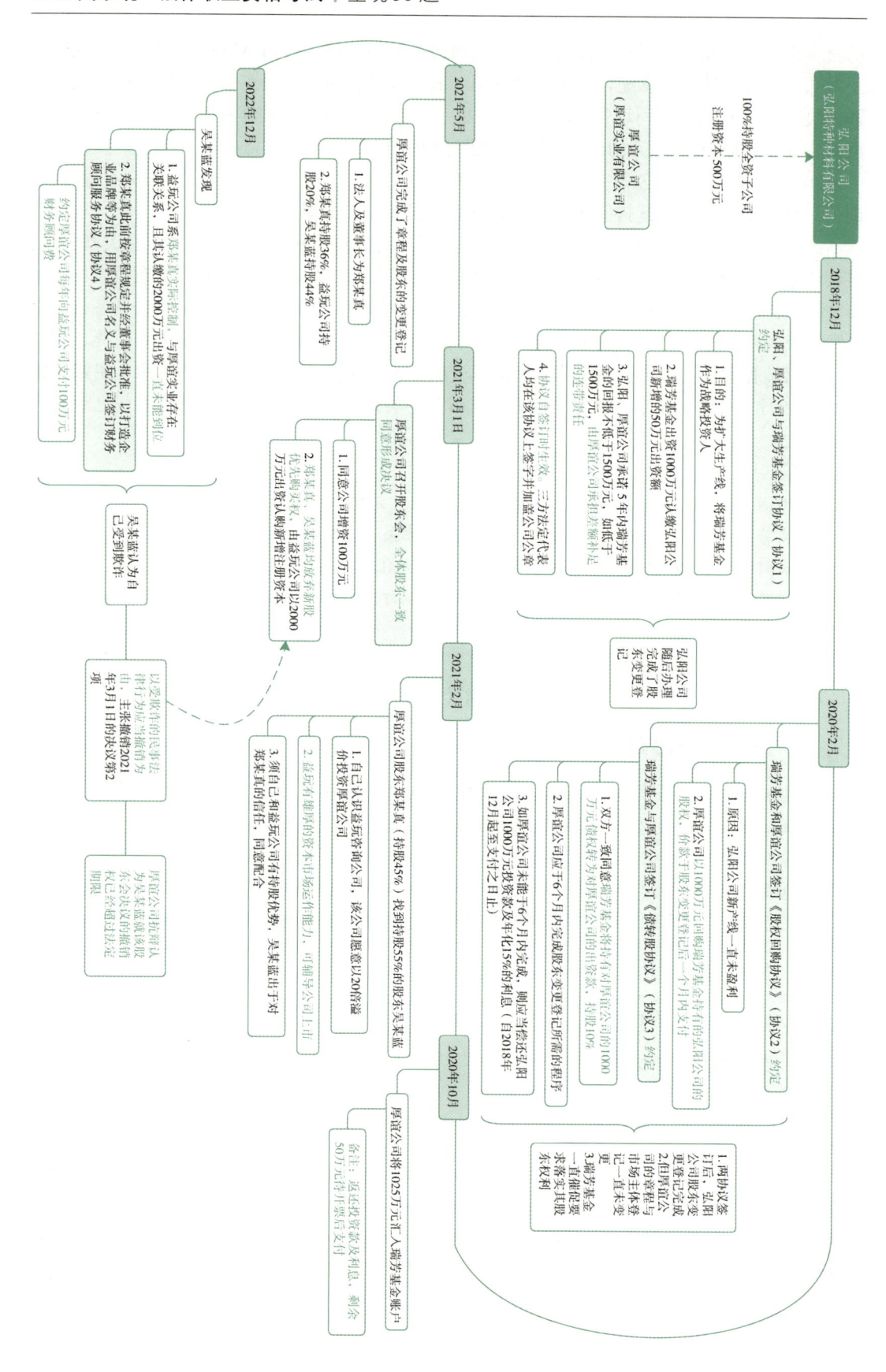

弘阳特种材料有限公司案情时间线

弘阳特种材料有限公司（2018年12月）

- 厚谊实业有限公司 100%持股全资子公司
- 注册资本500万元

2018年12月：弘阳、厚谊公司与端芳基金签订协议（协议1）约定

1. 目的：为扩大生产线，将端芳基金作为战略投资者入。
2. 端芳基金出资1000万元认缴弘阳公司新增的50万元出资额。
3. 弘阳、厚谊公司承诺5年内端芳基金的回报率低于1500万元，由厚谊公司承担差额补足的连带责任。
4. 协议日签订生效，三方法定代表人均在该协议上签字并加盖公司公章。

弘阳公司随后办理了股东变更登记。

2020年2月：端芳基金和厚谊公司签订《股权回购协议》（协议2）约定

1. 原因：弘阳公司新产线一直未盈利
2. 厚谊公司以1000万元收购端芳基金所持有的弘阳公司的股权，款项应于股东变更登记后一个月内支付。
3. 如双方一致同意端芳基金所持有的弘阳公司的股权仍未完成股东变更登记，则应当按1000万元款项转为对厚谊公司的借款，持股10%。
4. 厚谊公司应于6个月内完成股东变更登记所需的程序，自2018年12月起至支付之日止。

2020年10月

厚谊公司将1025万元汇入端芳基金账户

备注：返还投资款及利息，利息50万元开票后支付

两协议签订后，弘阳公司章程与公司服务东变更登记一直未变更
2.用厚谊公司一直主体变更
3.端芳基金一直催要东股权利

2021年2月：厚谊公司股东郑某真（持股45%）找到市场份额55%的股东吴某蓝

1. 自己认识到益玩存诚公司，该公司服意以20倍溢价购郑某的厚谊公司股本市场运作能力，可辅导公司上市。
2. 益玩在郑某的厚谊公司股本市场运作能力。
3. 须自己和益玩公司有特股优势，吴某蓝出于对郑某真的信任，同意配合。

2021年3月1日：厚谊公司召开股东会，全体股东一致同意形成决议

1. 同意增资，吴某蓝认缴新股100万元
2. 郑某真、吴某蓝均放弃新股优先认购权，由益玩公司以2000万元认缴新增注册资本

吴某蓝认为自己已受到欺诈

2021年5月

厚谊公司完成了章程及郑某的变更登记

1. 法人及董事长为郑某真
2. 郑某真持股36%，益玩公司持股20%，吴某蓝持股44%

2022年12月：吴某蓝发现

1. 益玩与郑某真存在关联关系，与厚谊实业存在关联关系，厚谊公司名义又与益玩公司签订财务顾问服务协议（协议4）
2. 郑某真按照章程规定并经董事会批准，用厚谊公司名义又与益玩公司签订财务顾问服务协议

约定厚谊公司每年向益玩公司支付1000万元

以受胁迫的民事法律行为应为撤销为由，主张撤销2021年3月1日的决议第2项

· 194 ·

难度：难

考点：公司担保

命题和解题思路：本题是在公司对外担保的效力背景下考查差额补足协议的效力，紧扣商事审判实践热点。紧扣实践热点、利用考生不熟悉的实践背景考查法考常考考点，是近年来法考的一个重要的命题趋势。差额补足义务，在实践中往往被认为是一种第三方提供的增信措施，在近年商事审判实践中其效力得到法院的认可。并且将之作为某种特别类型的担保，参照适用公司担保制度处理。对于考生而言，本问的第一个难点就是对该法律关系的识别，可能部分考生会做出与公司对赌协议的错误判断。对此，本问在命制时也做出了"最大的善意"，明确了"差额补足的连带责任"，虽然该说法在理论上并不成立，但是实践中也有使用，并且给考生透露了重要的命题方式。实际上，在法考命题中，这种用事实透露命题方向的手法经常出现，考生一定要认真对待事实。本问的第二个难点在于，考生即使识别出"连带责任"也可能直接适用了对外担保制度，要知道该约定毕竟不属于直接的担保类型，因此可以参考债务加入参照适用公司对外担保制度的规定，精准作答。最后，值得指出的是，增信措施的实践做法，实际上在法考中也并非首次出现，在2022年法考民商综合题中即出现过。因此，我们也一再提示考生，要重视真题，不仅是真题涉及的知识点，也包括不熟悉的事实等，只有这样才能做到以一抵十，高效备考。

答案解析：首先，是对协议所涉及的法律关系的定性。本题所涉及的协议，其实质是弘阳公司对瑞芳基金的投资承诺，并由厚谊公司为该投资承诺提供差额补足。前者一般认为属于保本固息的投资协议，本身并未发生在公开的资本市场，因此合法有效。对此，考生可能并不熟悉，本问在设计时也避开了第一项协议的效力讨论。当然，如果考生能够参考与公司对赌，约定业绩未达到的以现金补偿的规定，应当也能够切中要害。核心在于差额补足承诺。理论上，差额补足承诺，一般认为属于增信措施，具有担保的效果。在题目的设计中，为了避免考生不熟悉背景而无法答题，命题时特别用了"差额补足的连带责任"。

其次，关于差额补足的增信措施，其规则应当如何适用。对此法律并无直接规定。而从效果上，如上文所述，其本质就是一种对投资承诺的担保，具有担保的性质。在此，就需要考生深入理解《公司法》第15条的规范要旨。《公司法》第15条是对公司为他人担保的程序规定，之所以作如此规定系因为其给公司带来的风险超出了一般经营所可能产生的风险，因此需要特别程序以更好地维护公司利益。同样，比如A公司承诺股东，未来十年一定能获得1500万元的收益，否则由B公司补足，其实质上就是B公司为A公司的承诺提供了一般责任的保证。因此可以参照适用公司对外担保的效力规则。

最后，在确认了规则适用的基础上，本题就可以迎刃而解了：首先应当适用的是公司为他人担保的规则，具体来说是公司为其全资子公司提供担保。按照《公司法》第15条的规定，该担保需要按照章程规定，由股东会或董事会决议。题目事实并未说明，因此构成越权担保。而针对该越权担保，《民法典担保制度解释》第8条规定，该种情形相对人无需负有形式审查义务，即可推定为善意。题目事实中也没有告诉我们该相对人对此知道或者应当知道，因此该越权担保有效。当然，由于差额补足并非典型的担保，因此参照适用公司对外担保的效力，该越权代表行为有效。

2. 瑞芳基金与厚谊公司之间存在什么样的法律关系？为什么？

答案：瑞芳基金与厚谊公司只存在债权法律关系。瑞芳基金与厚谊公司的《债转股协议》实质为债权出资。虽然瑞芳基金认缴了厚谊公司的出资，但厚谊公司并未完成增资程序，也未变更股东名册、章程等，且瑞芳基金实际上也并未享有股东权利、参与公司管理，因此不具有成为股东的生效要件。瑞芳基金仅因《股权回购协议》而享有对厚谊公司的债权。

难度：难度

考点：股东资格

命题和解题思路：本题考查股东资格。股东资格在司考中常考，而在近年法考中考查频率不高，但这并不意味着该知识点并非重要知识点，实际上在2018年法考中就有涉及。本题难度不大，考生只要能够把握认定股东资格的两个要件就能以不变应万变。

答案解析：本题依然属于没有直接法条依据，需要结合理论作答的题目。瑞芳基金与厚谊公司的法律关系是什么？从题目事实来看，瑞芳基金与厚谊实业的法律关系主要有三层：第一层是厚谊公司为瑞芳基金提供了差额补足的担保；第二层是变更了该差额补足的担保，厚谊实业受让了瑞芳基金的股权，在股东变更后，存在着付款义务，即瑞芳基金享有对厚谊实业的债权；第三层是厚谊实业和瑞芳基金达成了债权股的协议，即将该债券转为股权。

在这一基础上，我们可以确认这三层法律关系，因为第二层法律关系变更了第一层法律关系，因此实际上，设问就是在问：瑞芳基金和厚谊实业之间的关系究竟是股权关系还是债权关系？对此，考生在法考考核的背景知识之下，只要回答是不是股权关系即可。

而对是否属于股权投资法律关系，本质就是考查股东资格。根据我国公司法的理论和实践，股东资格的取得包括两个要件：实质要件即出资或受让；形式要件包括生效要件和对抗要件。在本题中，虽然厚谊公司与瑞芳基金约定以债权作为出资，即所谓"债转股"，但是厚谊公司并未启动增资程序，未决议增资，因此该协议实际上可以认为仅属于签订出资协议的预约协议，瑞芳基金并未取得成为股东的实质要件；同时，瑞芳基金也未取得成为股东的形式要件，即变更章程、股东名册，或实际享有股东权利。因此瑞芳基金并非厚谊公司的股东，二者之间只存在债权关系。

> **3. 如何评价2020年10月厚谊公司将1025万元汇入瑞芳基金账户的行为？为什么？**

答案：该汇款行为系厚谊公司的债务履行。厚谊公司与瑞芳基金签订的《股权回购协议》实际系股权转让协议，且股权已经变更登记。瑞芳基金未获得股东资格。

难度：难

考点：抽逃出资

命题和解题思路：本题是从反面考查抽逃出资。在近年法考中，未经法定程序将出资抽回的考查较多，为了加深考生对该知识点的理论。本问采用了反面考查，即用非抽逃出资的行为考查抽逃出资的知识点。在命题形式上，具有连环设问的特点，需要和第2问结合分析。因为抽逃出资系将出资抽回，因此如并非股东身份，自然不涉及抽逃出资。如第2问分析，瑞芳基金并非厚谊实业的股东，而是债权人。因此该行为自然也就是履行股权回购协议的行为。

答案解析：《公司法》第53条规定，公司成立后，股东不得抽逃出资。违反前款规定的，股东应当返还抽逃的出资；给公司造成损失的，负有责任的董事、监事、高级管理人员应当与该股东承担连带赔偿责任。

《公司法司法解释（三）》第12条规定，公司成立后，公司、股东或者公司债权人以相关股东的行为符合下列情形之一且损害公司权益为由，请求认定该股东抽逃出资的，人民法院应予支持：（1）制作虚假财务会计报表虚增利润进行分配；（2）通过虚构债权债务关系将其出资转出；（3）利用关联交易将出资转出；（4）其他未经法定程序将出资抽回的行为。

抽逃出资系股东未经法定程序将出资抽回的行为，由于厚谊公司与瑞芳基金之间只存在债权法律关系，因此自然不构成抽逃出资。在这个基础上，考生从第 2 问分析可知，两者之间因此存在的就是《股权回购协议》所形成的法律关系。由于已经完成了股东变更，因此厚谊公司应当履行债务。

> 4. 郑某真以厚谊公司名义与益玩咨询公司签订协议 4 的行为是否需要承担责任？为什么？

答案：需要。郑某真的行为系利用关联关系，从事关联交易的行为。因为郑某真未披露厚谊公司和益玩咨询公司之间的关联交易，因此违反了忠实义务，需要承担责任，所得归公司所有，给公司造成损失还需要赔偿。

难度：难

考点：董监高的信义义务

命题和解题思路：本题在内容上考查的是董监高的信义义务，属于法考常考的考点；在具体形式上也采取的是法考常用的设问方式。本题的难度在于虽然考查的是公司董事利用职权从事关联交易，违反忠实义务，但是该关联交易的违法处比较隐蔽，即未披露厚谊公司和益玩咨询公司之间的关联关系。

答案解析：《公司法》第 22 条规定，公司的控股股东、实际控制人、董事、监事、高级管理人员不得利用其关联关系损害公司利益。违反前款规定，给公司造成损失的，应当承担赔偿责任。

《公司法》第 182 条规定，董事、监事、高级管理人员，直接或者间接与本公司订立合同或者进行交易，应当就与订立合同或者进行交易有关的事项向董事会或者股东会报告，并按照公司章程的规定经董事会或者股东会决议通过。董事、监事、高级管理人员的近亲属，董事、监事、高级管理人员或者其近亲属直接或者间接控制的企业，以及与董事、监事、高级管理人员有其他关联关系的关联人，与公司订立合同或者进行交易，适用前款规定。

《公司法》第 186 条规定，董事、监事、高级管理人员违反本法第 181 条至第 184 条规定所得的收入应当归公司所有。

《公司法司法解释（五）》第 1 条规定："关联交易损害公司利益，原告公司依据公司法第二十一条规定请求控股股东、实际控制人、董事、监事、高级管理人员赔偿所造成的损失，被告仅以该交易已经履行了信息披露、经股东会或者股东大会同意等法律、行政法规或者公司章程规定的程序为由抗辩的，人民法院不予支持。公司没有提起诉讼的，符合公司法第一百五十一条第一款规定条件的股东，可以依据公司法第一百五十一条第二款、第三款规定向人民法院提起诉讼。"

据此，郑某真系公司董事，应当负有对公司的忠实义务，其利用关联关系，以厚谊公司的名义与瑞芳基金签订的合同，因厚谊公司和瑞芳公司之间存在关联关系，因此属于关联交易。而根据《公司法司法解释（五）》第 1 条的规定，关联交易的合法需要满足三个要件：（1）未披露；（2）未经有权机关批准；（3）实质不公允。在本题中，虽然说明了该协议系按照程序规定，经董事会批准，同时也无法判断是否存在实质不公允的情形，但是因为未披露关联关系，因此属于违反关联交易，违反了忠实义务。结合《公司法》第 22 条和《公司法》第 186 条的规定，郑某真应当承担收入归公司、损失须赔偿的责任。

5. 吴某蓝的主张能否成立？为什么？

答案：成立。该决议事项实际为股东对新股优先认缴权的处分行为，并非股东会的职权事项，因此不受撤销决议除斥期限的限制。该行为因为系吴某蓝受到郑某真欺诈做出，因此可以依法主张撤销。

难度：难

考点：公司决议、新股优先认缴权

命题和解题思路：本题考查公司决议。2022年法考第一次出现了非股东会职权的决议并非公司决议，不具有决议效力的考查。本问即就该考点进行深入考查。基本事实来自实践案例，但根据设问需要略有改变。考生在作答此题时，需要理解分析决议的效力，首先需要分析其是否是决议，而是否是决议的前提即是否属于股东会、董事会职权。这是我们分析决议的起点。

答案解析：本题的解答需要具备一定的解题技巧，首先，考生需要分析设问。设问中吴某蓝的主张是以受欺诈的民事法律行为应当撤销为由，主张撤销2021年3月1日的决议第2项。该主张的核心是撤销决议，理由是受欺诈的民事法律行为应当撤销。同时，考生还需要注意的是，对应的抗辩，即厚谊公司抗辩认为吴某蓝就该股东会决议的撤销权已经超过法定期限。所以，该设问实际上可以转化为股东可否以自己表决受到欺诈在超过法定期限的背景下，主张撤销决议。

其次，在这一基础上，可能考生会忙于分析决议可以撤销的情形，进而有可能误以为按照公司法的规定此时的确超过了撤销决议的除斥期间，并且表决受到欺诈也很难归入决议撤销情形之中。或根据题目中涉及的新股优先认缴权受到损害，进而认定属于无效决议。实际上，这些分析之所以错误是因为建立在了一个错误的基础上，即2021年3月1日的决议第2项是公司决议。

结合命题和解题思路可知，公司决议应当是在公司治理的范围内，股东会和董事会的职权范围之内的事项。在这个范围内的事项，公司内部按照资本民主原则，采用集中决策机制。但是超出这个范围，尤其是涉及股东个人权利事项，则就超出了公司决议的范畴，或者虽然名为决议，实际并非决议。这也是2022年法考主观题的考点所在。在本题中，该项"决议"实际上涉及新股优先认缴权的放弃。新股优先认缴是有限责任公司股东的一项默示的权利，对该权利的处分属于股东对其自由的权益的处理，与公司治理无关，因此并非决议事项。

实际上，如果将该问与2022年法考主观题进行对比，考生就会发现法考中考查的恰恰是股东自行处分自己的股权，非属公司治理事项。那么，在这一背景下，股东放弃自己的新股优先认缴权，自然也非公司决议事项。在学习中，不少考生经常有疑惑：既然公司法规定的是资本多数决，那么在这一背景下，为什么有些权利却又是需要一致决或者人头决的呢？实际上，作为拓展，考生就会明白，公司法中涉及需要一致决或者人头决的，恰恰是股东的个人权利，而非公司治理范围下股东对公司治理的参与权，如新股优先购买权、优先购买权等。虽然，在实践中，这些权利如何行使，也往往会以股东会名义进行，但其并非股东会的职权。

最后，为何此题回答决议无效是不对的呢？从做题技巧上看，吴某蓝主张的是撤销"决议"，撤销的理由是受到欺诈，实际上吴某蓝的真实含义是，撤销自己作出的放弃新股优先认缴权的行为。考生需要答其所问。而就法律关系而言，吴某蓝认为自己放弃新股优先认缴权是受到欺诈的,应当撤销,是否会当然影响其他股东放弃新股优先认缴权的效力呢?这也是我们说损害新股认缴权的决议,损害部分无效的真意。同时,本题从形式上看,与法考曾多次考查过的损害新股认缴的权决议无效也存在区别:本问是吴某蓝形式上的确同意了该决议,只不过该同意行为是受到欺诈作出的,而后者一般则是股东本身即表示反对,认定该部分无效,意即不能对该反对的股东发生法律效力。

作为拓展,考生可能会进一步思考:如果这是决议的内容,在这一背景下,股东个人的表决(同意)行为属于受到欺诈的,那么该决议效力如何呢?对此,考生可以区分表决行为和决议,受到欺诈而存在效力瑕疵的是单个股东的表决行为,因为该股东可以撤销该表决。在撤销该表决后,进一步地则属于表决程序存在瑕疵,如果该股东撤销表决后,该决议不能达到表决比例,则应当认定为决议不成立;而如果该股东撤销表决后,该决议实质上没有影响,则应当维持该决议的效力,即视为有效。

6. 如支持吴某蓝的主张,厚谊公司的增资行为效力如何?为什么?

答案:如法院撤销决议,厚谊公司增加注册资本100万元的行为有效。

答案一:但全部由益玩咨询公司定向认缴,因损害了吴某蓝的新股优先认缴权,且益玩咨询公司非属善意,因此该法律关系无效。应当参照公司法中关于优先购买权的规定,吴某蓝可主张按此实缴比例优先认缴。

答案二:但益玩咨询公司定向认缴,损害了吴某蓝的新股优先认缴权。因已经完成了增资的变更登记,发生了法律效力。从保护债权人和交易稳定的角度,吴某蓝仅得主张对其损害赔偿。

难度:难

考点:增资、决议效力被否定后的法律效果

命题和解题思路:本题综合考查增资行为、增资决议以及决议效力被否定后的法律效果,属于商法前沿性探讨问题。因此,答案设计为开放性问题,考生只要能够言之成理即可得分。考生在回答本题时,应当首先思考:第一被否定的内容是什么?第二被否定的内容对以此形成的法律关系会产生何种影响,具体来说是对公司增资行为具有何种影响。

答案解析:本问与前问具有一定的联系,即在前一问吴某蓝要撤销自己放弃新股优先认缴权的基础上,分析公司增资行为的效力。首先,考生应当知道增资行为实际上可以区分为两个基本单位,即新增注册资本与认缴新增的注册资本。这也是我们在分析增资决议时经常使用的思路。

在这一基础上,针对新增注册资本,吴某蓝撤回放弃新股优先认购请求权是否会产生影响呢?答案是否定的。因为针对新增注册资本,按照公司法的规定,得到2/3以上表决权股东同意即可通过,完成变更即发生法律效力。同时,在本题事实中,吴某蓝也并未主张增加注册资本无效。因此,考生要首先定位出增资100万元的行为有效。

其次,针对认缴新增的注册资本。在前一问的基础上,由于吴某蓝主张撤回对新股优先认缴权的弃权行为,且该设问假定得到了法院的支持。那么,该问题实际上就转化为公司未经全体股东一致同意的情形下,决议由特定主体定向认缴新增的注册资本。该决议的效力如何?虽然该决议在形式上得到了半数以上表决权股东的同意,但是损害了吴某蓝的新股优先认缴权,因此无效。而吴某蓝有权主张按照实际比例优先认缴。

最后,由于公司已经在该无效的决议基础上与益玩咨询产生了投资法律关系,则后续的认缴及股权的获得行为是否有效呢?

答案一，站在现行法的角度下，深挖《公司法》第 28 条的规定。该条第 2 款规定，决议无效，公司依据该决议与善意相对人形成的民事法律关系不受影响。但是本题中，益玩咨询公司的实际控制人为郑某真，益玩咨询公司不能认定为善意，所以在这一基础上，可以参照股权对外转让中优先购买权受到损害情形下的规定，由新股优先认缴权受到损害的股东优先认缴。

答案二，从理论观点出发，由于我国新股优先认缴权规定过于严格，除非得到股东个人同意，否则就应当保护其优先认缴的权利，而这一方面不利于公司融资发展，另一方面也不利于投资法律关系的稳定。因为注册资本属于公司登记事项，且在登记后发生法律效果。因此，从组织法的角度，应当维护组织利益，维护交易稳定，而受损的股东仅可获得损害赔偿。

评分细则（共 28 分）

1-6 题满分为：4 分、5 分、4 分、5 分、5 分、5 分

1. 有效（1 分）。差额补足的承诺参照对外担保（1 分），未按照章程规定经股东会或董事会决议构成越权担保（1 分），为全资子公司提供担保相对人不负形式审查义务（1 分）。

2. 债权法律关系（1 分）。厚谊公司并未完成增资程序（1 分），未变更股东名册、章程（1 分），实际上也并未享有股东权利、参与公司管理（1 分），不能成为股东或者不成立股东出资关系（1 分）。

3. 债务履行（1 分）。完成了股权变更，厚谊公司应当履行债务（1 分），瑞芳基金未获得股东资格，不构成抽逃出资（2 分）。

4. 需要（1 分）。构成关联交易（1 分）。违反忠实义务（1 分），所得归公司所有（1 分），给公司造成损失还需要赔偿（1 分）。

5. 成立（1 分）。实际为股东对新股优先认缴权的处分行为，不属于股东会职权范围（2 分），不受决议撤销期限限制（1 分）；构成欺诈（1 分）。

6. 行为有效（1 分）。
   答案一：吴某蓝可主张按此实缴比例优先认缴（2 分），全部由益玩咨询公司定向认缴损害了其优先认缴权（2 分）。
   答案二：应当全部由益玩咨询公司定向认缴（2 分），保护债权人和交易稳定（2 分）。
   答案一、二择一即可。

第五题（本题 28 分）

一、试题

案情：兴凯商贸有限公司（以下简称兴凯公司）由郑某、小鱼与小双三人共同发起设立。公司章程规定，公司注册资本 500 万元；其中郑某以其持有的兴旺公司股权作价 300 万元作为出资并于公司成立时履行完毕，小鱼和小双各认缴 100 万元出资，于 2025 年缴纳完毕。2019 年，兴凯公司成立，由郑某担任公司董事长兼法定代表人。

为扩大公司经营规模，郑某代表兴凯公司与甄某就增资扩股事宜进行商谈。2020 年 1 月，双方达成了《增资扩股协议》，约定：甄某认缴兴凯公司新增的 300 万元的注册资本，

并于2025年缴纳完毕；甄某应当为兴凯公司提供产品市场营销机会；甄某担任公司经理，全权负责产品市场营销工作；甄某有权获得兴凯公司2021-2025年期间60%的利润分配。2020年2月，兴凯公司股东会一致批准了协议，并随即完成了公司章程和市场登记事项的变更。兴凯公司新公司章程显示：公司董事长兼法定代表人为郑某，公司经理为甄某。

在郑某和甄某的共同努力下，2021年兴凯公司盈利丰厚，产生了5000万元的税后净收益。甄某遂提议进行利益分配。兴凯公司为此召开了股东会，但在股东会上，就利润分配决议的表决，郑某主张应按照实缴比例，小鱼和小双主张应当按照认缴比例，甄某则认为应当按照《增资扩股协议》约定的比例。由于三方彼此均无法说服，兴凯公司的利润分配未能进行。

兴凯公司未能依约利润分配影响了甄某对兴凯公司发展前景的判断。甄某遂利用自己作为公司经理的职权，将自己获得的兴凯公司的资料提供给与兴凯公司具有竞争关系的公司，使得这些公司在产品销售中得以优势报价胜出。2023年3月，该事被郑某发现。郑某遂召集兴凯公司股东会，在未通知甄某的情形下，决议：（1）解除与甄某的《增资扩股协议》；（2）因协议解除，公司定向减资300万元，减资后郑某、小鱼、小双持股比例为3∶1∶1。该决议得到了郑某、小鱼、小双的签字。并由郑某伪造了甄某的签字。

随后兴凯公司依法完成了减资公告，并向企业登记管理部门办理完成了变更登记。此后，甄某发现了该定向减资事项，主张该减资无效。对此，郑某表示，按照《增资扩股协议》的约定，甄某负有为兴凯公司提供市场营销机会的义务，但甄某并未按照约定进行；甄某反而损害公司利益，构成根本违约。因此公司有权解除合同并定向减资。

经查：（1）郑某用以出资的股权，实际是兴旺公司在公司化改制中作为原集体所有制企业厂长的郑某代原企业全体职工所持有的，该出资并未得到原企业全体职工的同意；（2）李某系兴凯公司的债权人，在向兴凯公司催讨债权不成时，兴凯公司已经减资但未通知自己。

问题：

1. 郑某的出资行为应当如何评价？为什么？
2. 兴凯公司利润分配决议应当按照何种比例表决并分配？为什么？
3. 甄某提供公司资料给其他公司的行为应当承担何种法律责任？为什么？
4. 2023年3月兴凯公司的股东会决议是否有效？为什么？
5. 甄某应当如何维护自己的权益？
6. 兴凯公司的减资是否有效？为什么？李某应当如何维护自己的权益？为什么？

二、总体命题思路

本题综合了法考常考的多个考点、背景和设问。考点涉及无权处分他人财产的出资、股权的无权处分、利润分配的比例及决议的比例、董事高管的信义义务、公司决议、瑕疵出资的责任等。本题背景融合了法考曾出现的职工持股、股东争论就利润分配决议如何表决等事实素材。设问既包含了常规的是否型问题，还包括了评价类问题以及如何型问题。同时，本题还聚焦了关于减资的三个实践和立法热点问题，即定向减资的效力、决议效力与基于决议作出的行为的效力以及违法减资的效力问题，具有一定的深度和预测性。整体上，本题既包含中等难度的题目，还包含具有一定难度和综合性的题目，整体命题难度与法考试题接近并略高。通过本题的训练，希望考生既能熟悉常考点，也能在此基础上提升遇到新问题的应对能力。

案情结构图

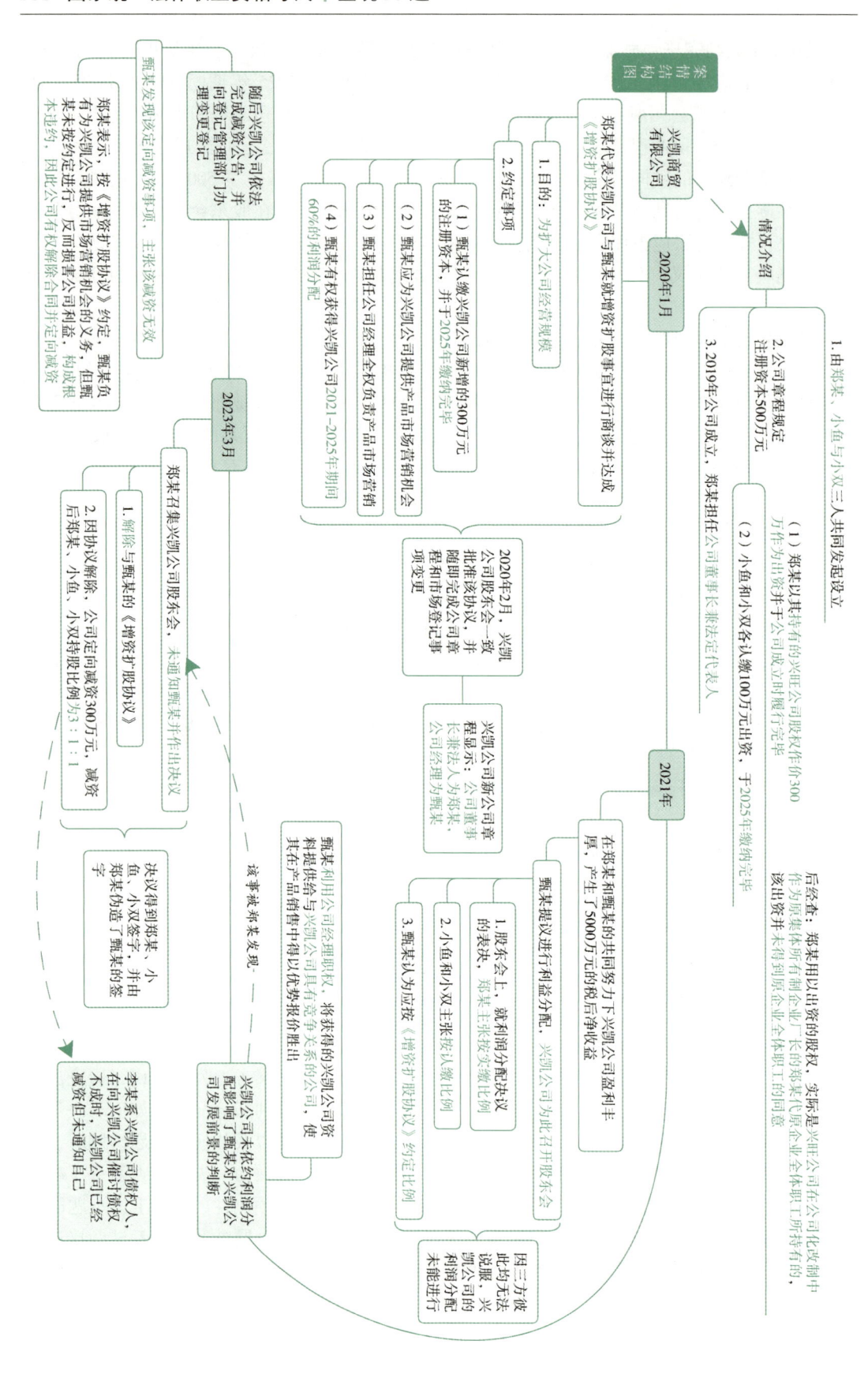

兴凯商贸有限公司

情况介绍
1. 由郑某、小鱼与小双三人共同发起设立
2. 公司章程规定注册资本500万元
3. 2019年公司成立，郑某担任公司董事长兼法定代表人
   - （1）郑某以其持有的兴旺公司股权作价300万作为出资并于公司成立即履行完毕
   - （2）小鱼和小双各认缴100万元出资，于2025年缴纳完毕

后经查：郑某用以出资的股权，实际是兴旺公司在改制中所持有的对耐储企业厂长郑某集体所有的股权。该股权并未利原企业全体职工的同意。兴旺是兴旺公司在职工原企业全体职工所持有的

2020年1月

郑某代表兴凯公司与甄某就增资扩股事宜进行商谈并达成《增资扩股协议》

1. 目的：为扩大公司经营规模
2. 约定事项
   - （1）甄某认缴兴凯公司新增的300万元的注册资本，并于2025年缴纳完毕
   - （2）甄某应为兴凯公司提供产品市场营销机会
   - （3）甄某有权获得兴凯公司经理全权负责产品市场营销
   - （4）甄某有权获得兴凯公司2021-2025年期间60%的利润分配

2020年2月，兴凯公司新公司章程批准该协议，公司一致同意并随即完成公司章程和市场登记事项变更

兴凯公司新公司章程规定：公司董事长兼法人为郑某，公司经理为甄某

2021年

在郑某和甄某的共同努力下兴凯公司盈利丰厚，产生了5000万元的税后纯利益

甄某提议进行利益分配，就利润分配达成决议
1. 股东大会上，甄某主张按实缴比例的表决权
2. 小鱼和小双主张按认缴比例
3. 甄某认为应按《增资扩股协议》约定比例

兴凯公司未依约利润分配侵害了甄某股东权利提供给与兴凯公司经理职权，将获得的与兴凯公司具有竞争关系的其他产品销售中得以优势报价胜出

该事被披露

兴凯公司未依约利润分配侵害了甄某的股东权，配发展前甄某对兴凯公司发展但未通知自已

因三方使此均无法说服，均利润分配未能进行

李某系兴凯公司债权人，不成立时，兴凯公司已经减资但未通知自己

2023年3月

郑某召集兴凯公司股东会，未通知甄某并作出决议
1. 解除与甄某的《增资扩股协议》
2. 因协议解除，公司定向减资300万元，减资后郑某、小鱼、小双持股比例为3:1:1

决议得到郑某、小鱼、小双签字，并由郑某代为甄某的签字

随后兴凯发现该向减资事宜，完成减资公告，并向登记管理部门办理变更登记

甄某发现该向减资事项，主张该减资无效

郑某表示，按《增资扩股协议》约定有为兴凯提供市场营销机会的义务，但甄某未按约定进行，反而损害公司利益，构成根本违约，因此公司有权解除合同并定向减资

三、案例来源

上海一中院（2018）沪 01 民终 11780 号民事判决书：华某伟与上海×甲虫电子商务有限公司公司决议纠纷上诉案

四、答案精讲

> 1. 郑某的出资行为应当如何评价？为什么？

答案：郑某构成瑕疵出资，需要承担瑕疵出资责任。郑某用以出资的兴旺公司的股权系其代原企业全体职工持有的，在未经原企业全体职工同意的情形下用于出资，属于擅自处分所代持的股权。由于郑某是兴凯公司的发起人，因此兴凯公司不属于善意，无法基于善意取得该股权。所以郑某对兴凯公司的出资构成瑕疵出资，需要承担瑕疵出资的责任。

考点：出资、股权代持

难度：中

命题和解题思路：本题考查出资制度和股权代持，属于法考的常规考点。具体而言，在法考商法主观题考查中，曾就无权处分他人之物用以出资的效力、股权的善意取得这两个考点，多次反复考查。本题将这两个考点结合在一起考查，具有一定的综合性。同时形式上本题还借用了法考中曾出现的企业改制所形成的代持股机制，充分还原了真题考点。考生只要针对设问"郑某的出资行为"，结合分析出资的两个层次：出资约定和出资履行，即可以分析出郑某与公司的出资约定有效，但在具体履行时构成了无权处分他人之物。对此，公司是否能够取得该出资物，适用善意取得制度即可。而本题中，郑某的出资形式系股权出资，而作为名义股东擅自处分股权，参照适用善意取得。由此，可以给出本题的答案。

答案解析：《公司法司法解释（三）》第 7 条规定，出资人以不享有处分权的财产出资，当事人之间对于出资行为效力产生争议的，人民法院可以参照《民法典》第 311 条的规定予以认定。以贪污、受贿、侵占、挪用等违法犯罪所得的货币出资后取得股权的，对违法犯罪行为予以追究、处罚时，应当采取拍卖或者变卖的方式处置其股权。

《公司法司法解释（三）》第 11 条规定："出资人以其他公司股权出资，符合下列条件的，人民法院应当认定出资人已履行出资义务：（一）出资的股权由出资人合法持有并依法可以转让；（二）出资的股权无权利瑕疵或者权利负担；（三）出资人已履行关于股权转让的法定手续；（四）出资的股权已依法进行了价值评估。股权出资不符合前款第（一）、（二）、（三）项的规定，公司、其他股东或者公司债权人请求认定出资人未履行出资义务的，人民法院应当责令该出资人在指定的合理期间内采取补正措施，以符合上述条件；逾期未补正的，人民法院应当认定其未依法全面履行出资义务。股权出资不符合本条第一款第（四）项的规定，公司、其他股东或者公司债权人请求认定出资人未履行出资义务的，人民法院应当按照本规定第九条的规定处理。"

《公司法司法解释（三）》第 25 条规定："名义股东将登记于其名下的股权转让、质押或者以其他方式处分，实际出资人以其对于股权享有实际权利为由，请求认定处分股权行为无效的，人民法院可以参照民法典第三百一十一条的规定处理。名义股东处分股权造成实际出资人损失，实际出资人请求名义股东承担赔偿责任的，人民法院应予支持。"

据此可知，郑某用以出资的股权，是其作为名义股东代原企业全体职工持有的，在未经原企业全体职工同意的前提下，构成了名义股东对所代持的股权的擅自处分；此外，无权处分他人之财物作为出资的，公司是否取得参照适用善意取得制度。本题中，郑某是公司的发起人，也是公司成立后的法定代表人、董事长，应当认定公司对该擅自处分/无权处分知情，不符合善意取得制度的要求。因此，公司不能取得该股权，郑某构成瑕疵出资。

2. 兴凯公司利润分配决议应当按照何种比例表决并分配？为什么？

答案：应按照认缴比例表决；按照协议约定的比例分配。公司利润分配决议作为股东会决议，在兴凯公司章程没有另行规定的情形下，应由全体股东按照认缴比例行使表决权。兴凯公司全体股东约定不按实缴比例进行利润分配，符合《公司法》的规定，因此应当按照约定的比例进行利润分配。

考点：表决权行使比例、利润分配比例

难度：难

命题和解题思路：本题综合考查有限公司股东表决权的行使比例和利润分配比例，是对法考试题的借鉴。公司法中有很多比例，考生应当能够理解与区分。考生一定要区分公司利润分配中的不同比例，不要混淆：(1) 有限公司利润分配决议的表决比例，该比例实质上就是股东在股东会中表决权的行使比例，一般是认缴比例，除非章程另有规定；(2) 有限公司利润分配的比例，一般是实缴比例；(3) 改变实缴比例分配的比例要求，须经全体股东一致同意。认真审题，明确区分这三个比例，对于利润分配比例类题目，考生皆可轻松得分。

答案解析：《公司法》第 65 条规定，股东会会议由股东按照出资比例行使表决权；但是，公司章程另有规定的除外。

《公司法》第 210 条第 4 款规定，公司弥补亏损和提取公积金后所余税后利润，有限责任公司按照股东实缴的出资比例分配利润，全体股东约定不按照出资比例分配利润的除外；股份有限公司按照股东所持有的股份比例分配利润，公司章程另有规定的除外。

首先，本问可以分为两小问：(1) 有限公司利润分配决议的表决比例是什么？(2) 有限公司利润分配的比例是什么？考生首先应当能够厘清这两个问题。其次，针对有限公司利润分配决议，即股东会决议，结合《公司法》第 65 条规定，由股东按照出资比例行使表决权。而在《公司法》中，除非特别明确说明，否则出资比例即为认缴的出资比例。由此，分配决议应当按照认缴比例表决。最后，《公司法》对决议中所载明的分配比例有限制性规定，即一般按照实缴比例分配，但全体股东另有约定的除外。在本题中，2020 年 1 月，甄某与兴凯公司达成了《增资扩股协议》约定：甄某有权获得兴凯公司 2021-2025 年期间 60% 的利润分配，且该协议得到了股东会一致决议通过，因此构成全体股东另有约定的例外。因此应当按照约定的比例，即甄某有权主张按照 60% 的比例获得利润分配的权利。

3. 甄某提供公司资料给其他公司的行为应当承担何种法律责任？为什么？

答案：所得归公司所有，给公司造成损失应当承担赔偿责任。甄某作为公司经理是公司高管，对公司负有忠实义务。甄某利用职权将公司资料透露给其他公司，构成了对忠实义务的违反。按照《公司法》的规定，其所得应当归公司所有；给公司造成损失的还需赔偿。

考点：董高的信义义务

难度：中

命题和解题思路：本题考查董事、高管的信义义务与违反的责任，也属于法考的常规和热门考点。从形式上，本题设问具体"应当承担何种法律责任"。对此，考生要先锁定行为，

只有对行为评价后方能给出行为的法律责任。

答案解析：《公司法》第 22 条规定，公司的控股股东、实际控制人、董事、监事、高级管理人员不得利用关联关系损害公司利益。违反前款规定，给公司造成损失的，应当承担赔偿责任。

《公司法》第 180 条第 1 款规定，董事、监事、高级管理人员对公司负有忠实义务，应当采取措施避免自身利益与公司利益冲突，不得利用职权牟取不正当利益。

《公司法》第 181 条规定，董事、监事、高级管理人员不得有下列行为：（1）侵占公司财产、挪用公司资金；（2）将公司资金以其个人名义或者以其他个人名义开立账户存储；（3）利用职权贿赂或者收受其他非法收入；（4）接受他人与公司交易的佣金归己有；（5）擅自披露公司秘密；（6）违反对公司忠实义务的其他行为。

《公司法》第 186 条规定，董事、监事、高级管理人员违反本法第 181 条至第 184 条规定所得的收入应当归公司所有。

首先，董监高对公司负有信义义务，具体可以区分为忠实义务和勤勉义务；其次，关于忠实义务的规定与法律责任，考生一定要注意其同时分布在《公司法》第 22 条和第 180 条两个条款中。其中第 22 条、第 180 条属于比较概括性的规定，而第 181 条至第 184 条则属于较为具体的规定。虽然在第 181 条中规定了不少违反忠实义务的行为类型，但是考生在分析董高是否违反忠实义务时的判断标准比较简单，就是看董事、高管与公司之间是否存在利益冲突，并且在利益冲突中董高是否将公司利益优先，即是否存在"损公肥私"的现象。显然，在本题中，甄某是公司经理，其利用自己作为经理的职权，将公司的秘密泄露给他人，损害公司利益以牟取个人私利，即构成第 181 条第 5 项所规定的"擅自披露公司秘密"，也构成了对第 22 条违反的行为。最后，本案甄某违反了忠实义务，其责任也需要综合第 22 条和第 186 条两条分析，即有所得的归公司所有（公司归入权/吐出责任），给公司造成损害的还需要赔偿。

> 4. 2023 年 3 月兴凯公司的股东会决议是否有效？为什么？

答案：第一项决议可撤销。虽然得到了持有过半数以上表决权股东的同意通过且内容也没有违反法律规定，但是没有通知甄某，违反了《公司法》的规定，即未通知全体股东，存在程序瑕疵，属于可撤销的决议。

第二项决议无效。有限公司非等比例减资，须符合法律规定或经全体股东一致同意，本题减资系非等比减资且不属于法定情形，因此须经全体股东一致同意。因为甄某的签字系伪造，因此该减资因违法而无效。

考点：公司决议的效力、定向减资

难度：难

命题和解题思路：本题考查公司决议和定向减资的决议效力两个考点，既是法考的常规考点，又是 2023 年修法中的热门考点，具有较强的综合性。考生解答此类题目时，应培养良好的解题习惯：第一步，拆分股东会决议，即按照股东会决议事项，分项分析。这是因为虽然形式上公司就作出了一个决议，但是在该份决议中可能存在多个事项，不同事项的内容合法性不同，最低表决比例也不同。因此，分开分析可以避免考生在分析决议效力时"眉毛胡子一把抓"。第二步，针对不同的股东会决议，区分程序和内容进行分析。如程序上是否按照《公司法》的规定时限提前通知全体股东等，是否达到最低表决比例；在内容方面则需要分析是否违反法律强制性规定，尤其是是否存在损害股东合法权益的违法内容。第三步，综合考虑责任的竞合：不成立和可撤销同时存在时，不成立吸收可撤销；不成立和无效同时存在时，不成立吸收无效；无效和可撤销同时存在时，无效吸收可撤销。

答案解析：《公司法》第25条规定，公司股东会、董事会的决议内容违反法律、行政法规的无效。

《公司法》第26条规定，公司股东会、董事会的会议召集程序、表决方式违反法律、行政法规或者公司章程，或者决议内容违反公司章程的，股东自决议作出之日起60日内，可以请求人民法院撤销。但是，股东会、董事会的会议召集程序或者表决方式仅有轻微瑕疵，对决议未产生实质影响的除外。未被通知参加股东会会议的股东自知道或者应当知道股东会决议作出之日起60日内，可以请求人民法院撤销；自决议作出之日起1年内没有行使撤销权的，撤销权消灭。

《公司法》第64条规定，召开股东会会议，应当于会议召开15日前通知全体股东；但是，公司章程另有规定或者全体股东另有约定的除外。

《公司法》第224条规定，公司减少注册资本，应当编制资产负债表及财产清单。公司应当自股东会作出减少注册资本决议之日起10日内通知债权人，并于30日内在报纸上或者国家企业信用信息公示系统公告。债权人自接到通知之日起30日内，未接到通知的自公告之日起45日内，有权要求公司清偿债务或者提供相应的担保。公司减少注册资本，应当按照股东出资或者持有股份的比例相应减少出资额或者股份，法律另有规定、有限责任公司全体股东另有约定或者股份有限公司章程另有规定的除外。

据此，就决议一而言，从程序上来看，没有通知全体股东属于决议程序违反法律规定，决议可撤销；而从内容上来看，该决议系公司决议解除某项合同。针对这一考点法考曾考查过，考生需要区分公司决议解除合同和公司是否有权解除合同，前者只是公司的一个意向，并不必然发生法律效力，是公司组织内问题；后者则是在公司和合同相对主体之间的合同法问题。显然，公司决议解除合同，没有违反法律强制性规定。因此，该决议仅存在程序瑕疵，属于可撤销的决议。

就决议二而言，从程序上来看，也存在因没有通知全体股东而决议可撤销的情形，同时根据《公司法》第224条的规定，有限公司应当以等比减资为原则，不等比减资需要满足法律规定或全体股东一致同意。本题所涉情形显然不属于法律规定的情形，因此需要全体股东一致同意。在没有通知被减资股东且伪造签字的情形下，自然该减资因为违法而无效。综上，在决议无效和可撤销的情形下，该部分决议应当为无效决议。

> 5. 甄某应当如何维护自己的权益？

答案：甄某可以请求法院确认决议无效，并进而请求公司撤销对股东名册和工商登记的变更，如公司拒绝还可提起股权确认之诉，确认自己的股东资格。

考点：决议的效力、股权确认之诉

难度：难

命题和解题思路：本题考查的是决议效力被否定后的法律效果以及股权确认之诉，具有一定的预测性和综合性。从形式上，本题与第4问和第6问具有一定的关联性，和第5问同属于第6问的铺垫性基础问题。同时，本题设问方式较开放，属于考生比较畏惧的"如何型"问题。破解此类题目的关键首先在于对设问的分析，即甄某是谁？他的法律角色是什么？他因此可能拥有什么权利？在题目中他的主张或目标是什么？针对设问的分析，我们发现，本题实际上是在问被不成立的决议非法定向减资的股东，在公司已经办理变更登记的情形下，如何恢复自己的股东身份。如此分析，本题的答案也就呼之欲出了。

答案解析：《公司法》第28条规定，公司股东会、董事会决议被人民法院宣告无效、撤销或者确认不成立的，公司应当向公司登记机关申请撤销根据该决议已办理的登记。股东会、董事会决议被人民法院宣告无效、撤销或者确认不成立的，公司根据该决议与善意相对人形成的民事法律关系不受影响。

《公司法司法解释（三）》第22条规定："当事人向人民法院起诉请求确认其股东资格的，应当以公司为被告，与案件争议股权有利害关系的人作为第三人参加诉讼。"

《公司法司法解释（三）》第24条规定："当事人依法履行出资义务或者依法继受取得股权后，公司未根据公司法第三十一条、第三十二条的规定签发出资证明书、记载于股东名册并办理公司登记机关登记，当事人请求公司履行上述义务的，人民法院应予支持。"

据此，结合"命题和解题思路"可知，在决议无效的情形下，如果公司已经办理变更登记的，公司应当申请撤销变更登记，即申请撤销该无效的定向减资。也即甄某依然具有股东资格。那么如果公司拒绝配合呢？甄某又该如何维护自己的权利呢？对此，我们可以结合《公司法司法解释（三）》规定的股权确认之诉思考，即此时可以提起股权确认之诉来维护自己的权利。

6. 兴凯公司的减资是否有效？为什么？李某应当如何维护自己的权益？为什么？

答案： 无效。兴凯公司据以减资的股东会决议无效，公司已经变更登记的，依法应当申请撤销登记。因此，虽然兴凯公司完成了减资的变更登记，但应当撤销变更，该减资无效。

李某可向甄某主张损害赔偿责任。甄某未认缴的出资因公司存在到期债务应当即时缴纳，李某作为债权人有权向甄某主张就公司不能清偿的债务承担补充赔偿责任。

考点： 减资的效力、瑕疵出资的责任

难度： 难

命题和解题思路： 本题考查减资的效力，进而考查瑕疵出资的责任，对此2023年《公司法》作出了明确的规定。首先，考生应能够定位到2023年《公司法》就减资无效后果的规定，即应当恢复原状，已经返还的出资应当退还，被减去的认缴出资应当恢复。其次，针对该无效减资，甄某应认缴的出资应当恢复，同时在公司存在到期债务不能清偿时，应当加速到期，进而由甄某就公司不能清偿的债务承担补充赔偿责任。

答案解析：《公司法》第28条规定，公司股东会、董事会决议被人民法院宣告无效、撤销或者确认不成立的，公司应当向公司登记机关申请撤销根据该决议已办理的登记。股东会、董事会决议被人民法院宣告无效、撤销或者确认不成立的，公司根据该决议与善意相对人形成的民事法律关系不受影响。

《公司法》第54条规定，公司不能清偿到期债务的，公司或者已到期债权的债权人有权要求已认缴出资但未届出资期限的股东提前缴纳出资。

《公司法》第211条规定，公司违反本法规定向股东分配利润的，股东应当将违反规定分配的利润退还公司；给公司造成损失的，股东及负有责任的董事、监事、高级管理人员应当承担赔偿责任。

《公司法司法解释（三）》第13条第2款规定，公司债权人请求未履行或者未全面履行出资义务的股东在未出资本息范围内对公司债务不能清偿的部分承担补充赔偿责任的，人民法院应予支持；未履行或者未全面履行出资义务的股东已经承担上述责任，其他债权人提出相同请求的，人民法院不予支持。

根据第4问,该决议效力为无效。在决议效力被否定后,如果公司已经办理变更登记,应当申请撤销变更登记。此为决议效力被否定后,内部关系的处理。因为该减资已经办理了变更登记,所以应当撤销变更登记,即减资无效。减资无效后,甄某被减少的出资应当恢复原状即认缴未到期状态;但因为公司存在不能清偿的债务,已到期债权人可以请求提前缴纳,在这一背景下可以参照《公司法司法解释(三)》的规定,主张该股东就公司不能清偿的债务承担补充赔偿责任。

评分细则(共28分)

1-6题满分为:4分、6分、4分、6分、4分、4分

1. 瑕疵出资(1分)。擅自处分所代持的股权(1分),郑某是发起人,兴凯公司不属于善意(1分),不能善意取得(1分)。
2. 按照认缴比例表决(1分);按照协议约定的比例分配(1分)。股东会决议章程没有约定按照认缴比例行使表决权(2分),全体股东可以约定不按实缴比例进行利润分配(2分)。
3. 所得归公司所有或者公司具有归入权(1分),损害赔偿(1分)。公司高管对公司负有忠实义务或者信义义务(1分),利用职权将公司资料透露给其他公司违反了忠实义务(1分)。
4. 第一项决议可撤销(1分)。未通知全体股东存在程序瑕疵(2分)。第二项决议无效(1分)。非等比减资须经全体股东一致同意(2分)。
5. 请求法院确认决议无效(2分)。撤销对股东名册和工商登记的变更(1分),提起股权确认之诉确认股东资格(1分)。
6. 无效(1分)。李某可向甄某主张补充责任(1分)。甄某认缴出资应恢复(1分);存在到期债务,李某作为已到期债权人可主张加速到期(1分)。

第六题 (本题28分)

一、试题

案情: 地利实业有限公司(以下简称地利公司)持有地利华北有限公司(以下简称华北公司)100%的股权,华北公司持有地利北京有限公司(以下简称北京公司)100%的股权。2020年2月,北京公司因项目建设需求,向优前投资公司(以下简称优前公司)借款5000万元,约定期限为1年,年化利率10%。同日,为担保该笔款项,地利公司法定代表人王某以地利公司的名义与北京公司、优前公司签署《补充协议》,约定:地利公司将自己持有的30%的华北公司的股权转移至优前公司名下,在北京公司按期偿还优前公司借款本息后再无偿转回,否则股权归优前公司所有。协议虽未经地利公司有权机关决议,但2020年3月华北公司办理完毕了股东变更登记。

2021年2月,北京公司项目进展不顺,无法清偿到期借款。地利公司、北京公司、优前公司三方又签署了《补充协议二》,约定:(1)鉴于北京公司无力清偿优前公司的到期借款本息5500万元,地利公司确认已登记在优前公司名下的股权自本协议签署之日转移给优前公司;(2)优前公司的股权转让价款与北京公司对优前公司的借款本息自本协议签订之日自动抵充;(3)华北公司利润分配、超过1000万元的合同等事项均须得到优前公司的同意。

2021年3月，华北公司章程修改为：地利公司认缴出资7000万元，持股70%，出资期限为2025年2月；优前公司认缴出资3000万元，持股30%，出资期限为2025年2月。

2022年1月，北京公司决定增加注册资本5000万元，以满足项目资质，华北公司遂决定引入老板乐创投基金。华北公司法定代表人孙某签署了书面决定：（1）决定北京公司增资5000万元，全部由老板乐创投基金实缴认购；（2）决定缩短华北公司对北京公司8000万元认缴出资的出资期限，于2022年2月全部实缴。

为能够实缴出资，华北公司召开股东会，决议本公司所有股东出资实缴期限均缩短至2022年1月15日。优前公司对此表决反对，除此之外还主张：（1）北京公司系华北公司的全资子公司，针对其增资，自己应当在持股比例内享有优先跟投的权利，否则实质稀释了自己的股东权益；（2）华北公司对北京公司缩短华北公司出资期限的决定未经华北公司股东会决议，且违反了《补充协议二》，应属无效的代表行为；（3）华北公司处分重大财产，严重损害自己权益，因此要求华北公司以合理价格回购自己的股权。会后，地利公司截取了优前公司的公章和签字页，并以此作为决议签字页。在加盖了自己的公章后，办理了市场主体登记变更。

问题：

1. 地利公司和优前公司之间的法律关系是什么？为什么？
2. 地利公司和优前公司之间的《补充协议》是否有效？为什么？
3. 优前公司就北京公司新增注册资本优先认缴的主张是否成立？为什么？
4. 优前公司就华北公司缩短出资期限的决定属于无效的代表行为的主张是否成立？为什么？
5. 华北公司缩短出资期限的决议是否通过并有效？为什么？
6. 如华北公司存在到期债务不能清偿，该债权人可否主张优前公司承担补充赔偿责任？为什么？

二、总体命题思路

本题以股权让与担保纠纷、出资期限加速到期纠纷为背景，综合了法考常规考点与实践热点。在常规考点方面，主要涉及股权让与担保、公司对外担保的效力、新股优先认缴权、代表行为的效力、公司决议的效力等。同时也涉及实践热点中决议出资加速到期的效力审查以及为全资间接控制公司担保形式审查义务的豁免等。在常规考点中，考查方式也体现出一定的变化，如股权让与担保和公司对外担保结合考查，对新股优先认缴权考查可否穿越行使。从考点的角度而言，本题具有一定的综合性和难度。从事实设置的角度来看，本题涉及多重法律关系，包括股权让与担保、股权转让、双重加速到期，同时涉及多个主体且多个主体之间具有复杂的持股关系。这些也无疑加大了试题的难度。就设问而言，本题设问层层关联，但又不具有指向性。因此，从整体来说，本题难度要高于法考真题的难度。命制本题希望达到的目的包括：（1）训练考生在短时间内精准定位法律主体、厘清法律关系、阅读分析事实的能力；（2）训练考生在综合性考查中，融合不同知识点的能力；（3）在实践型问题等开放性设问中，作出判断并给出法律和理论解释的能力。希望考生达到上述训练预期，提升解题能力。

三、案例来源

1. 姚锦城与鸿大（上海）投资管理有限公司、章歌等公司决议纠纷案[①]

[①] 《最高人民法院公报》2021年第3期。

2. 重庆市第五中级人民法院（2022）渝05民终5682号民事判决书：重庆某房地产开发有限公司与重庆市某电线电缆有限公司、某房地产开发（集团）有限公司合同纠纷案

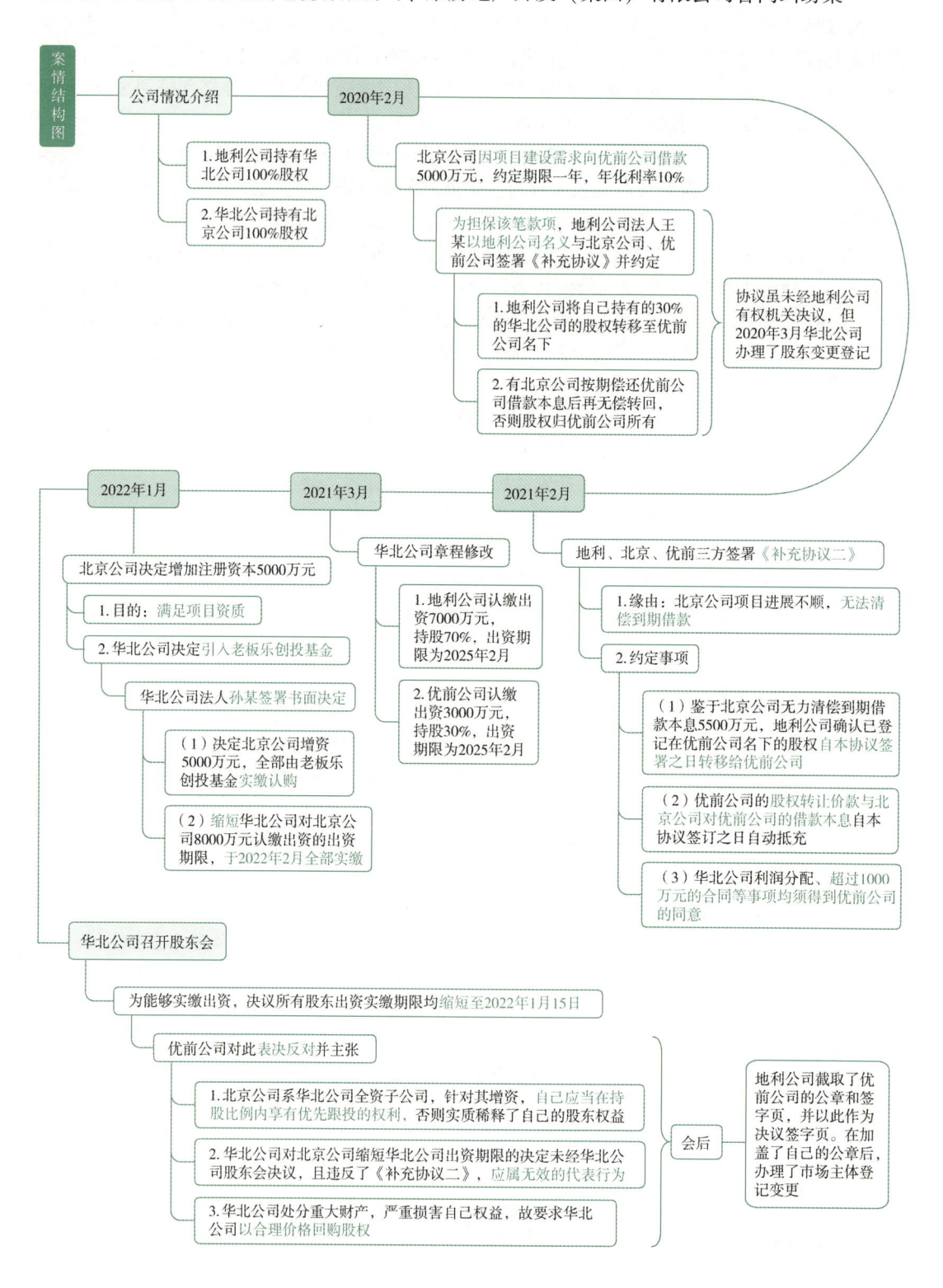

案情结构图

公司情况介绍
- 1. 地利公司持有华北公司100%股权
- 2. 华北公司持有北京公司100%股权

2020年2月
- 北京公司因项目建设需求向优前公司借款5000万元，约定期限一年，年化利率10%
- 为担保该笔款项，地利公司法人王某以地利公司名义与北京公司、优前公司签署《补充协议》并约定
  - 1. 地利公司将自己持有的30%的华北公司的股权转移至优前公司名下
  - 2. 有北京公司按期偿还优前公司借款本息后再无偿转回，否则股权归优前公司所有
- 协议虽未经地利公司有权机关决议，但2020年3月华北公司办理了股东变更登记

2022年1月
北京公司决定增加注册资本5000万元
- 1. 目的：满足项目资质
- 2. 华北公司决定引入老板乐创投基金
- 华北公司法人孙某签署书面决定
  - （1）决定北京公司增资5000万元，全部由老板乐创投基金实缴认购
  - （2）缩短华北公司对北京公司8000万元认缴出资的出资期限，于2022年2月全部实缴

2021年3月
华北公司章程修改
- 1. 地利公司认缴出资7000万元，持股70%，出资期限为2025年2月
- 2. 优前公司认缴出资3000万元，持股30%，出资期限为2025年2月

2021年2月
地利、北京、优前三方签署《补充协议二》
- 1. 缘由：北京公司项目进展不顺，无法清偿到期借款
- 2. 约定事项
  - （1）鉴于北京公司无力清偿到期借款本息5500万元，地利公司确认已登记在优前公司名下的股权自本协议签署之日转移给优前公司
  - （2）优前公司的股权转让价款与北京公司对优前公司的借款本息自本协议签订之日自动抵充
  - （3）华北公司利润分配、超过1000万元的合同等事项均须得到优前公司的同意

华北公司召开股东会
- 为能够实缴出资，决议所有股东出资实缴期限均缩短至2022年1月15日
- 优前公司对此表决反对并主张
  - 1. 北京公司系华北公司全资子公司，针对其增资，自己应当在持股比例内享有优先跟投的权利，否则实质稀释了自己的股东权益
  - 2. 华北公司对北京公司缩短华北公司出资期限的决定未经华北公司股东会决议，且违反了《补充协议二》，应属无效的代表行为
  - 3. 华北公司处分重大财产，严重损害自己权益，故要求华北公司以合理价格回购股权

会后
地利公司截取了优前公司的公章和签字页，并以此作为决议签字页。在加盖了自己的公章后，办理了市场主体登记变更

· 210 ·

四、答案精讲

> 1. 地利公司和优前公司之间的法律关系是什么？为什么？

答案：股权让与担保法律关系。北京公司向优前公司借款，为担保该笔借款，地利公司将其持有的华北公司的股权转移登记到优前公司名下，双方具有股权让与担保的一致合意。

考点：股权让与担保

难度：中

命题和解题思路：本题考查股权让与担保，是近年来法考的常考点与次新考点，曾多次考查。但本题的难度不大，只需要考生进行法律关系的识别即可，属于法考的送分题。当然这种送分题往往也是后续提问的铺垫，针对这种铺垫性问题，考生尤需注意。

答案解析：《民法典担保制度解释》第68条规定，债务人或者第三人与债权人约定将财产形式上转移至债权人名下，债务人不履行到期债务，债权人有权对财产折价或者以拍卖、变卖该财产所得价款偿还债务的，人民法院应当认定该约定有效。当事人已经完成财产权利变动的公示，债务人不履行到期债务，债权人请求参照民法典关于担保物权的有关规定就该财产优先受偿的，人民法院应予支持。债务人或者第三人与债权人约定将财产形式上转移至债权人名下，债务人不履行到期债务，财产归债权人所有的，人民法院应当认定该约定无效，但是不影响当事人有关提供担保的意思表示的效力。当事人已经完成财产权利变动的公示，债务人不履行到期债务，债权人请求对该财产享有所有权的，人民法院不予支持；债权人请求参照民法典关于担保物权的规定对财产折价或者以拍卖、变卖该财产所得的价款优先受偿的，人民法院应予支持；债务人履行债务后请求返还财产，或者请求对财产折价或者以拍卖、变卖所得的价款清偿债务的，人民法院应予支持。债务人与债权人约定将财产转移至债权人名下，在一定期间后再由债务人或者其指定的第三人以交易本金加上溢价款回购，债务人到期不履行回购义务，财产归债权人所有的，人民法院应当参照第2款规定处理。回购对象自始不存在的，人民法院应当依照《民法典》第146条第2款的规定，按照其实际构成的法律关系处理。

该条是对让与担保的一般规定。对股权让与担保的识别，需要注意以下几个要素：(1) 存在被担保的债务，即债务人或者第三人约定；(2) 约定财产形式上的转移；(3) 具有担保的意思，即债务人不履行到期债务，债权人有权对财产折价或者以拍卖、变卖该财产所得价款偿还债务，或者存在债务人不履行到期债务，债权人请求对该财产享有所有权的。本题中，存在被担保的主债务，约定了股权形式上的转移，并且存在如北京公司按期偿还优前公司借款本息后再无偿转回，否则股权归优前公司所有的约定，因此符合股权让与担保的构成要素。本题既提示考生识别股权让与担保，还考查考生如何回答某法律关系属于股权让与担保。

> 2. 地利公司和优前公司之间的《补充协议》是否有效？为什么？

答案：

答案一：无效。地利公司以自己持有的华北公司的股权，为自己作为实际控制人全资间接持股的北京公司提供股权让与担保，是公司对外担保，虽然未经有权机关决议，属于越权担保。因优前公司没有尽到对有权机关决议的形式审查义务也不构成无需形式审查的情形，因此不属于善意。该担保无效。

答案二：有效但约定的流质条款无效。地利公司以自己持有的华北公司的股权为北京公司提供股权让与担保，是公司对外担保，虽然未经有权机关决议，属于越权担保。但北京公司是地利公司的全资子公司华北公司的全资子公司，也即地利公司全资实际控制公司。应当参照公司为其全资子公司担保，相对人无需负有形式审查义务的规定，直接推定相对人为善意。因此，该担保有效，但约定的流质条款无效。

考点：公司担保

难度：难

命题和解题思路：本题形式上是考查股权让与担保，实质上是在考查公司担保，具有一定的难度。难度主要体现在两点：第一，考生往往从第一问顺下来会误判本题考查股权让与担保的效力，因此想当然地回答该股权让与担保有效，但流质条款无效。这就没有识别出本题的考点：股权让与担保是非典型担保，因此如果公司为自己担保自然没有问题，如果公司为他人担保，还需要进一步适用《公司法》以及《民法典担保制度解释》中关于公司担保效力的规定；第二，即使考生判断出来需要分析该公司担保的效力，但是本题又结合了实践案例，考查了公司为自己全资间接控股的公司担保，相对方是否负有形式审查义务的开放性问题。只有冲破了这两道难题，考生才能顺利作答，因此本题具有较高的难度。考生入手这种隐晦性问题，也不必特别惊慌，应对方式就是一步步分析，一层层思考：(1) 通过问题1得出了股权让与担保认定；(2) 结合事实，思考为什么命题人要层层铺垫地利公司、华北公司和北京公司的持股关系，特别说明没有经过有权机关的决议——原来地利公司是为北京公司担保；(3) 在复杂的持股关系中找到特殊性，都是100%持股，那么此种特殊情形下，该对外的越权担保是否还需要相对人形式审查呢？据此，本题的谜底也就呼之欲出。

答案解析：《公司法》第15条规定，公司向其他企业投资或者为他人提供担保，按照公司章程的规定，由董事会或者股东会决议；公司章程对投资或者担保的总额及单项投资或者担保的数额有限额规定的，不得超过规定的限额。公司为公司股东或者实际控制人提供担保的，应当经股东会决议。前款规定的股东或者受前款规定的实际控制人支配的股东，不得参加前款规定事项的表决。该项表决由出席会议的其他股东所持表决权的过半数通过。

《民法典担保制度解释》第7条规定："公司的法定代表人违反公司法关于公司对外担保决议程序的规定，超越权限代表公司与相对人订立担保合同，人民法院应当依照民法典第六十一条和第五百零四条等规定处理：（一）相对人善意的，担保合同对公司发生效力；相对人请求公司承担担保责任的，人民法院应予支持。（二）相对人非善意的，担保合同对公司不发生效力；相对人请求公司承担赔偿责任的，参照适用本解释第十七条的有关规定。法定代表人超越权限提供担保造成公司损失，公司请求法定代表人承担赔偿责任的，人民法院应予支持。第一款所称善意，是指相对人在订立担保合同时不知道且不应当知道法定代表人超越权限。相对人有证据证明已对公司决议进行了合理审查，人民法院应当认定其构成善意，但是公司有证据证明相对人知道或者应当知道决议系伪造、变造的除外。"

《民法典担保制度解释》第8条规定："有下列情形之一，公司以其未依照公司法关于公司对外担保的规定作出决议为由主张不承担担保责任的，人民法院不予支持：（一）金融机构开立保函或者担保公司提供担保；（二）公司为其全资子公司开展经营活动提供担保；（三）担保合同系由单独或者共同持有公司三分之二以上对担保事项有表决权的股东签字同意。上市公司对外提供担保，不适用前款第二项、第三项的规定。"

《民法典担保制度解释》第68条第2款规定："债务人或者第三人与债权人约定将财产形式上转移至债权人名下，债务人不履行到期债务，财产归债权人所有的，人民法院应当认定该约定无效，但是不影响当事人有关提供担保的意思表示的效力。当事人已经完成财产权利变动的公示，债务人不履行到期债务，债权人请求对该财产享有所有权的，人民法院不予支持；债权人请求参照民法典关于担保物权的规定对财产折价或者以拍卖、变卖该财产所得的价款优先受偿的，人民法院应予支持；债务人履行债务后请求返还财产，或者请求对财产折价或者以拍卖、变卖所得的价款清偿债务的，人民法院应予支持。"

据此可知，股权让与担保也是担保，在本题中地利公司为北京公司担保，构成了公司为股东、实际控制人之外的其他人担保，应当适用《公司法》第15条第1款的规定，即经过章程规定的股东会或董事会的决议。因没有经过有权机关决议，该决议属于越权担保。

针对该越权担保的效力，存在两种观点：

第一种观点，严格从法条出发，认为由于相对人没有履行《民法典担保制度解释》第7条规定的形式审查义务，并且不属于《民法典担保制度解释》第8条所规定的三种情形，因此该担保无效。既然该担保无效，自然也无需讨论该越权担保中流质条款的效力问题。

第二种观点为我们推荐的观点，也是实践中法院的观点。即虽然《民法典担保制度解释》第8条规定的是公司为其全资子公司提供担保，但是该条款源自《全国法院民商事审判工作会议纪要》的规定："公司为其直接或者间接控制的公司开展经营活动向债权人提供担保"均不需要相对人负有形式审查义务。但是在《民法典担保制度解释》制定中对其进行了限缩。但是此种限缩，并不意味着完全的排除。从制度背景来说，之所以公司对其全资子公司提供担保无需相对人负有形式审查义务，是因为此时该全资子公司实际就是公司的资产，实践中往往可以并表管理。那么如果是间接持股的全资子公司，对该制度功能没有任何影响，甚至可以说是一致的。因此在实践中，针对间接全资持股的公司担保，越来越多的法院倾向于认为可以适用《民法典担保制度解释》第8条的规定。也因此，在评分中，我们一样认为此处的第二种观点应当比第一种观点赋分更多。

当然，在第二种观点下，该越权担保有效，但是因为在股权让与担保的约定中存在流质条款的约定，因此该流质条款无效。

3. 优前公司就北京公司新增注册资本优先认缴的主张是否成立？为什么？

答案：不成立。优前公司并非北京公司的股东，依照《公司法》的规定，在北京公司增资时，仅北京公司的股东有权主张按照实缴比例优先认缴。其虽然间接持股权益被稀释，但应当优先维护公司发展。

考点：新股优先认缴权

难度：中

命题和解题思路：本题考查新股优先认缴权的形式，但是考查的角度比较独特，即在全资子公司增资时，母公司的股东是否存在优先认缴权。关于优先购买权、优先认缴权的穿越行使问题，在实践中屡有出现。针对优先购买权的穿越行使问题，主流观点认为一般不可以，除非构成恶意损害股东权益的违法行为；针对新股优先认缴权的穿越行使，道理也类似。考生首先需要知道优先认缴权的治理原理，即公司本身具有向谁增资的自由，但是为了维护公司人合性以及股东持股比例不被稀释，公司法赋予了有限公司股东新股优先认缴权，这本身就是对公司自由增资权利的限制，因此这种限制一方面需要有法律依据，另一方面也需要平衡公司和股东的合法权益。在这一背景下，本题的答案即可得出。

答案解析：《公司法》第227条规定，有限责任公司增加注册资本时，股东在同等条件下有权优先按照实缴的出资比例认缴出资。但是，全体股东约定不按照出资比例优先认缴出资的除外。股份有限公司为增加注册资本发行新股时，股东不享有优先认购权，公司章程另有规定或者股东会决议决定股东享有优先认购权的除外。

据此可知，在公司新增资本时，拥有新股优先认缴权的主体是公司的股东。优前公司并非北京公司的股东，因此其主张没有法律依据。虽然其间接持股权益会被稀释，但这也是为了公司的发展，在没有法律依据的情形下，应当维护公司增资的权利。

> 4. 优前公司就华北公司缩短出资期限的决定属于无效的代表行为的主张是否成立？为什么？

答案：

答案一：不成立。虽然优前公司和地利公司、华北公司《补充协议二》约定，超过 1000 万元的合同等事项均须得到优前公司的同意，但并未修订到章程中，仅具有合同的效力。法定代表人的代表职权可由法律、章程与股东会决议限制，因此华北公司法定代表人代表公司作出愿意缩短出资期限的行为并未超越代表权限，该代表行为有效。

答案二：成立。优前公司和地利公司、华北公司《补充协议二》约定，超过 1000 万元的合同等事项均须得到优前公司的同意，虽然未修订到章程中，但因为得到全体股东的一致同意，对公司也具有约束力。华北公司决定加速到期其出资期限，其超过 1000 万元的投资行为，应当经过股东会决议且须得到优前公司的同意。因此，构成越权代表行为。并且北京公司系华北公司的全资子公司，可以认定北京公司对此知情。因此，该越权代表行为无效。

考点：代表行为、股东协议

难度：难

命题和解题思路：本题主要考查代表行为。近几年该考点很少直接考查，但确是商法中重要的知识点。一方面该考点与越权担保行为的效力密切联系，另一方面该考点也与代表权的限制密切相关。首先，考生需要掌握代表行为效力分析的三个要素：（1）具有合法代表人资格；（2）以公司名义；（3）在代表职权范围。其次，考生还要针对代表权了解对代表人职权的限制，主要是法律、章程和股东会决议。在此基础上，股东协议是否可以认为是公司章程或者股东会决议，或者说对公司是否具有约束力，又是公司法中的理论和实践的前沿问题。具有一定的难度。最后，本题还考查了考生对《公司法》第 15 条的理解：该条既规定了公司对外投资的限制也规定了对外担保的限制。在此基础上，公司对外越权担保，相对人负有形式审查义务；那么公司对外投资是否一致呢？考生需要回应上述三个层次的问题，才能作出正确的理解。

答案解析：《民法典》第 61 条第 3 款规定，法人章程或者法人权力机构对法定代表人代表权的限制，不得对抗善意相对人。

《公司法》第 15 条第 1 款规定，公司向其他企业投资或者为他人提供担保，依照公司章程的规定，由董事会或者股东会决议；公司章程对投资或者担保的总额及单项投资或者担保的数额有限额规定的，不得超过规定的限额。

观点一系从《民法典》61 条出发，认为对法定代表人代表权的限制仅能是公司章程、股东会决议或者法律。对此，虽然股东之间存在关于投资的约定，但是并未上升为公司章程。因此在此背景下，股东协议对公司没有约束力，即股东协议并不具有组织法的效力。因此该代表行为有效。

观点二也是从《民法典》61 条出发，但是与观点一的不同之处在于，认为股东协议尤其是全体股东签订的公司知情的股东协议，对公司具有约束力，可以作为公司治理规范。在这一点上其效力与公司章程、股东会决议事实上没有区别，因此自然也可以对代表人职权进行限制，进而该越权行为不能对抗善意相对人。在本题中，行为的相对人是北京公司，系华北公司的全资子公司，很难认定北京公司属于善意，因此该行为无效。

最后，还需要交代的一点是，很多考生在此可能考虑《公司法》第15条的规定，认为公司对外投资也属于需要章程规定的股东会或者董事会决议的事项，进而认为此时也可以与对外越权担保一样，相对人首先要履行形式审查义务才能推定善意。请注意：这种相对较强的审查义务，是公司法实践演化而来的，最终通过《全国法院民商事审判工作会议纪要》《民法典担保制度解释》所确立的特别规定。在没有规定的情形下，不应类推适用，否则可能会影响交易的稳定性。因此，除《民法典担保制度解释》所规定的情形外，一般越权代表的相对人应当适用的是弱的善意标准，即可以首先推定为善意。

> 5. 华北公司缩短出资期限的决议是否通过并有效？为什么？

答案：

答案一： 该决议虽然通过但是无效。虽然该决议得到了代表70%表决权股东的同意，但优前公司对出资享有期限利益，该决议损害了优前公司的出资期限利益，因此该决议因内容违法而无效。

答案二： 不是公司决议，仅对同意的股东地利公司有效。出资的期限利益是股东的个人权利，不属于股东会职权范围，不是公司决议，因此仅针对同意的股东有效。优前公司对此反对，因此不产生对优前公司的法律约束力。

考点： 认缴出资期限、公司决议

难度： 中

命题和解题思路： 本题考查股东认缴出资的期限利益。实践中，公司决议出资期限加速到期，需要全体股东一致同意的裁判规则的前提，即认为期限利益是股东的合法权益。公司在未经股东同意的情形下，对其决议加速到期，对于该股东自然无效。但是本题存在两种不同的解决思路：第一，认为该决议损害股东利益，因此该决议因违法而无效；第二，认为该决议不是公司决议，超越股东会的职权，因此只针对同意的股东有效，对不同意的股东无效。

答案解析： 在认缴制之下，股东对其出资期限享有期限利益，已为《全国法院民商事审判工作会议纪要》所确认，虽然2023年《公司法》规定了法定加速到期的情形，但是本题考查的是不属于法定加速到期的情形。对此实践中往往要求加速到期的决议需要得到全体股东的一致同意，否则无效。这也是观点一的态度。

观点一从实践裁判规则发展而来，认为期限利益是股东的合法权益，需要全体股东一致同意决议才有效，否则损害股东的个人权利，因此该决议因内容违法而无效。我们推荐对商法基础理解不是很深厚的同学理解记忆本观点。这可能也是法考的倾向性答案。但是观点一实际上存在相应问题，如果决议无效，那么对于同意的股东而言，加速到期也无效吗？同意加速到期的股东是否因此需要履行出资义务呢？

观点二实际上是对这一问题的更为深入的分析，我们不推荐考生记住这个答案，但推荐考生理解相关思路：出资期限约定在股东和公司的出资协议中，是股东享有的合法权利。针对该合法权利，股东自然可以主张放弃。但如果部分股东不放弃，则公司也不能以决议方式剥夺。因为针对股东的个人权利，并非公司的自治范围。因此将其处理为不是公司决议即可很好地解决该问题。但是这一观点也存在相应的问题，即出资期限毕竟是记载在公司章程之中的，而章程对股东具有约束力。因此，绝对地说这不是公司自治事项可能也存在争议。

该题目答案灵活，我们并不要求考生一定要掌握上述两种答案，恰恰相反，本题的设计实际是在提示考生：所谓商法主观题的灵活性实际上是有深入的根基的，这种深入的根基就是考生对基础概念的理解。在这一基础上，开放性问题，只要能够言之成理，均可得分。这是商法主观题可怕也是可爱之处。

> **6. 如华北公司存在到期债务不能清偿，该债权人可否主张优前公司承担补充赔偿责任？为什么？**

答案：可以。公司存在不能清偿的债务，已到期的债权人可以主张股东提交缴纳出资，在公司不能清偿的范围内承担补充赔偿责任。

考点：认缴出资的加速到期

难度：难

命题和解题思路：本题在2023年《公司法》修订前属于实践中的疑难问题，但是在2023年《公司法》修订后变得简单。2023年《公司法》明确了公司不能清偿债务时的出资加速到期，相信这也会成为2024年法考出题的热点。

答案解析：《公司法》第54条规定，公司不能清偿到期债务的，公司或者已到期债权的债权人有权要求已认缴出资但未届出资期限的股东提前缴纳出资。

据此，该债权人作为已到期的债权人，在公司存在债务不能清偿时可以主张加速到期，进而要求就公司不能清偿的债务由该股东承担补充赔偿责任。这在前述几题中已经涉及，不再赘述。

评分细则（共28分）

1-6题满分为：4分、6分、4分、6分、4分、4分

1. 股权让与担保（2分），为担保借款将股权转移登记到债权人名下（2分）。
2. 答案一：无效（1分）。属于越权担保（1分），没有尽到对决议的形式审查义务（1分），也不构成无需形式审查的情形（1分），不构成善意（1分）。

   答案二：有效（2分）。但约定的流质条款无效（1分）。属于越权担保（1分），债务人为担保人全资实际控制公司（1分），应当参照公司为其全资子公司担保相对人无需负有形式审查义务的规定（1分）。
3. 不成立（2分）。其并非北京公司的股东（2分）。
4. 答案一：不成立（2分）。《补充协议二》并未修订到章程中（1分），法定代表人的代表职权可由法律、章程与股东会决议限制（2分），该代表行为并未超越代表权限（1分）。

   答案二：成立（2分）。《补充协议二》得到全体股东的一致同意，对公司具有约束力（2分），构成越权代表行为（1分），北京公司系华北公司的全资子公司，可以认定其知情（1分）。
5. 答案一：通过但是无效（2分）。决议损害了优前公司的出资期限利益（1分），内容违法（1分）。

   答案二：不是公司决议（2分）。出资的期限利益不属于股东会职权范围（2分）。
6. 可以（2分）。公司存在到期债务不能清偿（1分）。已到期债权人可以主张加速到期（1分）。

刑 法

第一题（本题25分）

一、试题

案情：王某、李某、范某三人共同预谋盗窃，遂于2000年7月23日8时许，先后窜至某景区售票处，由王某、李某混入购票人群中行窃，范某负责望风。王某、李某窃得游客曹某的苹果牌手机（价值8000余元）和刘某的钱包（内有3600元），在欲逃离现场时被发现，三人分开逃跑，民警袁某和在场群众张某、何某立即上前抓捕王某，当追至邮电局前时，王某为抗拒抓捕，用私自携带的尖刀捅刺袁某腹部三刀，将袁某腹部主动脉刺破、造成急性失血性休克死亡，后王某逃脱。李某和范某则顺利逃回家。当夜，三人参与分赃，王某分得手机，李某分得2500元，范某分得1100元。（事实一）

2018年7月30日，传销人员郭某以谈恋爱为名将范某骗至某地。根据传销组织安排，郭某等人接站后将范某诱至传销窝点。范某进入室内先在客厅休息，郭某、唐某某、成某某等传销人员多次将其骗入卧室，并通过采取"洗脑"、恐吓、体罚、持铁棍殴打等"抖新人"措施，威逼其加入传销组织，范某发觉情况异常，予以拒绝。后范某多次请求离开被拒，在唐某某等人逼近时，范某拿出随身携带的水果刀予以警告，同时提出愿交付随身携带的钱财以求离开，但仍遭拒绝。之后，事先躲藏的传销人员邓某某等人也先后来到客厅，陆续向范某逼近，当成某某上前意图夺刀时，范某持刀挥刺，划伤成某某右手腕及左颈，刺中成某某的左侧胸部，致其心脏破裂。（事实二）

之后，范某趁乱想跳窗逃离现场，慌乱中由于未抓稳，从三楼外墙摔落在地，当场死亡。（事实三）

当晚，传销人员将成某某送医。医院对成某某伤口进行处理后，嘱咐其回当地医院进行康复治疗。同年8月4日，成某某出院，未遵医嘱进行康复治疗，而是继续从事非法传销活动。同年8月11日，成某某在传销窝点突发昏迷，经送医抢救无效于当晚死亡。经法医鉴定，成某某系左胸部遭受锐器刺戳作用致心脏破裂，在愈合过程中继续出血，最终引起心包填塞而死亡。（事实四）

问题：

1. 就事实一，分析王某、李某和范某三人的刑事责任。
2. 就事实二和事实四，成某某的死亡结果能否归责于范某？范某行为的刑事责任为何？为什么？
3. 就事实三，分析范某的死亡结果和郭某的行为定性。

案情结构图

事实一：王某、李某、范某共谋盗窃

- **犯罪行为**：2000年7月23日8时许，先后窜至某景区售票处，由王某、李某混入购票人群中行窃，范某负责望风

- **犯罪所得**：王某、李某窃得游客曹某的苹果牌手机（价值8000余元）和刘某的钱包（内有3600元）

- **抓捕情况**：在欲逃离现场时被发现，三人分开逃跑，民警袁某和在场群众张某、何某立即上前抓捕王某，当追至邮电局前时，王某为抗拒抓捕，用私自携带的尖刀捅刺袁某腹部三刀，将袁某腹部主动脉刺破、造成急性失血性休克死亡，后王某逃脱。李某和范某则顺利逃回家

- **分赃情况**：当夜，三人参与分赃，王某分得手机，李某分得2500元，范某分得1100元

事实二

- **起因**：2018年7月30日，传销人员郭某以谈恋爱为名将范某骗至某地。根据传销组织安排，郭某等人接站后将范某诱至传销窝点

- **行为**：范某进入室内先在客厅休息，郭某、唐某某、成某某等传销人员多次欲将其骗入卧室，通过采取"洗脑"、恐吓、体罚、持铁棍殴打等"抖新人"措施，威逼其加入传销组织，范某发觉情况异常，予以拒绝

- **范某反抗行为**
  - **警告、妥协**：后范某多次请求离开被拒，在唐某某等人逼近时，范某拿出随身携带的水果刀予以警告，同时提出愿交付随身携带的钱财以求离开，但仍遭拒绝
  - **出于自卫挥刀致人死亡**：之后，事先躲藏的传销人员邓某某等人也先后来到客厅，陆续向范某逼近，当成某某上前意图夺刀时，范某持刀挥刺，划伤成某某右手腕及左颈，刺中成某某的左侧胸部，致其心脏破裂

事实四 ← 成某某死亡

- **成某某被送医救治**：当晚，传销人员将成某某送医。医院对成某某伤口进行处理后，嘱咐其回当地医院进行康复治疗

- **成某某出院后未遵嘱**：同年8月4日，成某某出院，未遵医嘱进行康复治疗，而是继续从事非法传销活动

- **成某某死亡**：同年8月11日，成某某在传销窝点突发昏迷，经送医抢救无效于当晚死亡

- **成某某死亡原因**：经法医鉴定，成某某系左胸部遭受锐器刺戳作用致心脏破裂，在愈合过程中继续出血，最终引起心包填塞而死亡

事实三

- **范某跳窗逃跑不慎死亡**：之后，范某趁乱想跳窗逃离现场，慌乱中由于未抓稳，从三楼外墙摔落在地，当场死亡

二、案例来源

1. 王某某等抢劫、故意伤害、盗窃案①
2. 盛春平正当防卫案②

---

① 参见中华人民共和国最高人民法院刑事审判第一庭、第二庭编：《刑事审判参考》（总第13集），法律出版社2001年版，第86号案。

② 涉正当防卫典型案例，载最高人民法院网 https://www.court.gov.cn/zixun/xiangqing/251621.html，最后访问日期：2024年5月31日。

三、总体命题思路

本题的主要考点内容包括共犯过剩、事后抢劫、刑法上因果关系的认定等多个对于刑法主观题来说非常重点的知识点，整体而言难度较高，尤其是对于正当防卫、刑法上因果关系的认定以及结果加重犯的认定，需要考生对相关知识点有精深准确的理解，否则要拿高分较为困难。

四、答案精讲

> 1. 就事实一，分析王某、李某和范某三人的刑事责任。

答案：王某三人共谋实施盗窃，并且王某、李某直接着手实施盗窃，范某负责望风。因此，三人成立盗窃罪的共同犯罪，其中，王某、李某是主犯，范某是从犯，且三人共同犯罪的数额均为11600元。

王某在盗窃既遂后被他人抓捕时使用暴力反抗，属于《刑法》第269条规定的犯盗窃罪，为窝藏赃物、抗拒抓捕、毁灭罪证而当场使用暴力，成立事后抢劫。并且王某持刀捅刺被害人腹部三刀致其死亡，成立抢劫致人死亡的结果加重犯。由于王某是"私自"携带刀具在盗窃时使用暴力，说明抢劫已经超出三人共谋盗窃的犯罪故意范围，李某与范某对王某使用刀捅刺他人致死的行为无需负责，王某的转化抢劫属于实行过限。

因此，王某、李某、范某成立盗窃罪的共同犯罪，犯罪数额为11600元，王某、李某是主犯，范某是帮助犯（从犯），其中王某成立抢劫罪（致人死亡）。

难度：难

考点：共犯过剩、抢劫罪、盗窃罪

命题和解题思路：本题的考查点主要有两个：第一，事后抢劫及结果加重犯的认定；第二，共犯过剩或实行过限以及共同犯罪负责范围的认定与处理。对于前者，只要掌握事后抢劫的基本要件即可正确作答；对于后者，需要准确认定共同犯罪故意的范围。

答案解析：王某等三人预谋盗窃，王某和李某负责实行、范某负责望风，且王某和李某已经着手实施扒窃，属于盗窃罪的实行犯，而范某负责望风，对于望风者到底属于功能分工的共同正犯还是帮助犯有些争议，但没有疑问的是，就主从犯而言，望风者基本都是从犯。三人成立盗窃罪的共同犯罪，每个人的犯罪数额是整体共同犯罪的数额11600元，而非最后实际分赃所得的数额。

王某捅死被害人的行为，属于在盗窃过程中为了抗拒抓捕而使用暴力，成立事后抢劫。由于被害人已死亡，因而王某成立抢劫罪（致人死亡）。由于题干明确交代，王某是拿"私自携带的尖刀"捅刺被害人，"私自"意味着其他两位共同犯罪人对于盗窃过程中使用尖刀没有共同的犯罪故意，因而王某事后抢劫致人死亡对于三人共同盗窃来说属于实行过限。

最终，王某成立抢劫罪（致人死亡），李某与范某成立盗窃罪，盗窃数额为11600元。

> 2. 就事实二和事实四，成某某的死亡结果能否归责于范某？范某行为的刑事责任为何？为什么？

答案：成某某的死亡结果和范某的持刀捅刺行为之间尽管介入了被害人成某某的个人因素，但是范某的捅刺行为致使成某某的心脏破裂，致死的可能性非常高，相对而言，被害人自身所起的作用较轻，介入被害人较为轻微的过失因素并不算异常，因此死亡结果与范某的捅刺行为有相当因果关系，应归责于范某持刀捅刺行为。

范某在人身自由被剥夺，并且被多人体罚、殴打，在其提出将随身携带的财物交给成某某等人以让其离开仍被拒绝，且成某某意图夺取其自卫的刀时，其人身安全面临正在进行的严重的不法侵害和威胁，因此其为了保护自己的合法权利奋起反击将成某某刺伤致死，符合正当防卫的要件，成立正当防卫。

难度：难

考点：正当防卫

命题和解题思路：本题的考点有两个，均系刑法总则中的重点与难点问题。对于相当因果关系的确认，必须认真仔细考虑介入三因素的作用，对于介入第三人或者被害人轻微过失的场合，一般应肯定相当因果关系的存在。而对于正当防卫的把握，则需要结合正当防卫的成立要件和案件事实进行认定。

答案解析：存在被害人或者是第三人介入因素的场合如何判断因果关系，要综合考虑前行为人的行为导致结果发生的可能性大小、介入因素的异常性大小、介入因素对结果发生所起的作用力大小。在前行为致被害人重伤且死亡概率很高的情况下，介入第三人或被害人轻微过失因素的场合，一般会肯定前行为人的行为和死亡结果之间的因果关系。因此，成某某的死亡结果和范某的行为有刑法上的因果关系，死亡结果要归责于范某。但必须注意的是，存在因果关系不等于范某便成立犯罪。

由于成某某等人非法拘禁范某，且对范某存在持铁棍殴打、恐吓等行为，而且意图夺取范某用以自卫的刀，应当说范某的人身权益面临正在进行的紧迫的不法侵害，其持刀防卫将成某某捅刺致死的行为符合正当防卫的成立条件，属于正当防卫，而非防卫过当。

3. 就事实三，分析范某的死亡结果和郭某的行为定性。

答案：郭某等人非法剥夺范某的人身自由且致范某死亡，成立非法拘禁罪（致人死亡）。郭某等人非法拘禁范某，并且在非法拘禁过程中伴有殴打、恐吓等行为，范某被迫逃跑过程中坠楼摔死的结果应当归责于郭某等人的非法拘禁行为，因此郭某成立非法拘禁罪（致人死亡），即非法拘禁罪的结果加重犯。

难度：中

考点：非法拘禁罪、结果加重犯

命题和解题思路：本题主要考查考生对非法拘禁罪结果加重犯的理解。必须要注意的是，拘禁行为引发的被害人逃跑过程中被摔死的结果应当归责于非法拘禁行为，成立结果加重犯。只有非法拘禁过程中在拘禁行为以外采用暴力行为因过失致被害人死亡，才可能成立拟制型的故意杀人罪。

答案解析：首先，郭某伙同他人剥夺范某的人身自由，成立非法拘禁罪。其次，非法拘禁过程中引发被害人逃跑以及逃跑过程中慌不择路摔死、溺亡等均不能成立异常的介入因素，死亡结果本身是拘禁行为所固有的致人死亡危险的现实化。因此，郭某成立非法拘禁罪致人死亡的结果加重犯。

评分细则（共25分）

1-3题满分为：14分、6分、5分

1. 王某三人成立盗窃罪的共同犯罪（2分）。李某、王某是盗窃罪的主犯（2分），范某是盗窃罪的从犯（2分），三人共同犯罪的数额均为11600元（2分）。

王某成立事后抢劫（2分），并且成立抢劫致人死亡的结果加重犯（2分）。王某的转化抢劫属于实行过限（2分）。
2. 介入被害人较为轻微的过失因素不属于异常（2分）。死亡结果与范某的捅刺行为有相当因果关系，应归责于范某持刀捅刺行为（2分）。
范某为了保护自己的合法权利奋起反击将成某某刺伤致死，符合正当防卫的要件，成立正当防卫（2分）。
3. 郭某等人成立非法拘禁罪（致人死亡）（2分）。郭某等人在非法拘禁过程中伴有殴打、恐吓等行为，范某被迫逃跑过程中坠楼摔死的结果应当归责于郭某等人的非法拘禁行为（3分）（只有结论没有死亡结果归责分析过程的扣除3分）。

第二题（本题31分）

一、试题

案情：2003年9月，李某承包了某铁矿一号矿井。承包到期后，该铁矿将一号矿井转让给他人，李某认为给自己造成7万元经济损失，遂向该铁矿股东丁某提出损失补偿，丁某予以拒绝，李某便对丁某产生了不满。后李某从该铁矿矿工刘某的住处取走20枚纸质雷管。2005年3月，李某将雷管藏匿于租住房屋内，找到曾在三号矿井打工的好友蒋某，提出让蒋某给丁某打匿名电话，以手中掌握有该铁矿的雷管相要挟，向丁某索要钱财，以弥补自己的经济损失，并答应拿到钱后分给蒋某一部分。蒋某同意，并按照李某的授意，数次用李某出资购买的电话卡向丁某打匿名电话，声称手中有该铁矿的20枚雷管，要求丁某以每枚雷管5000元的价格回购，并说如果不给钱就把雷管放到铁路上，丁某未答应。

后李某、蒋某私自做成一个完整爆炸装置，并放入某铁路线一道岔处的电锁器水泥槽内，意图使有关部门发现，根据雷管编号查到雷管出自该铁矿，达到使该铁矿受到安监部门处罚的目的，从而使丁某服软给钱。两人投放爆炸装置后随即逃走，后车站工作人员发现并报案。公安人员将爆炸装置起获，后经检验，该装置所含炸药最大致伤半径约19米，有致列车倾覆的危险。

蒋某见上述手段未能奏效，为向丁某继续索要钱财，便独自到丁某儿子丁某某的学校，趁放学较为混乱时将丁某某强行抱入面包车，在开到郊区时，才发现丁某某因捆绑过紧致窒息死亡，蒋某未及拨打丁某电话便逃跑。

数日后，李某与曹某在某烤鱼店吃饭，恰好店长张某与曹某曾因生意纠纷发生过严重冲突，两人便与张某发生争吵，意图共同"教训一下"张某，遂均持板凳砸张某，在殴打过程中曹某突然产生了弄死张某的意图，未等李某反应过来，曹某便随手捡起铁棍使劲殴打张某头部数下。后两人逃离现场，张某被他人送医。经鉴定，张某系头部外伤致脑挫伤、蛛网膜下腔出血并昏迷，伤情为重伤，伤残程度评定为一级。经医院治疗后，张某病情趋于稳定。四个月后，由于医疗费用高昂，医院应张某家属的要求拔除了其气管插管，从ICU病房转入普通病房，并降低了用药档次，停止输液。八个月后，张某不治身亡。

问题：

请分析李某、蒋某、曹某各自的刑事责任（包括犯罪性质即罪名、犯罪形态、共同犯罪、罪数等），须简述相应理由。

```
案情结构图
├─ 李某
│   ├─ 与蒋某之间的共同犯罪行为
│   │   ├─ 起因：2003年9月，李某承包了某铁矿一号矿井。承包到期后，该铁矿将一号矿井转让给他人，李某认为给自己造成7万元经济损失，遂向该铁矿股东丁某提出损失补偿，丁某予以拒绝，李某便对丁某产生了不满
│   │   ├─ 犯罪预备：李某从该铁矿矿工刘某的住处取走20枚纸质雷管。2005年3月，李某将雷管藏匿于租住房屋内，找到曾在三号矿井打工的好友蒋某，提出让蒋某给丁某打匿名电话，以手中掌握有该铁矿的雷管相要挟，向丁某索要钱财，以弥补自己的经济损失，并答应拿到钱后分给蒋某一部分
│   │   ├─ ①蒋某按照李某的意思采取行动：蒋某同意，并按照李某的授意，数次用李某出资购买的电话卡向丁某打匿名电话，声称手中有该铁矿的20枚纸质雷管，要求丁某以每枚雷管5000元的价格回购，并说如果不给钱就把雷管放到铁路上，丁某未答应
│   │   ├─ ②两人蓄意给丁某施压：李某、蒋某私自做成一个完整爆炸装置，并放入某铁路线一道岔处的电锁器水泥槽内，意图使有关部门发现，根据雷管编号查到雷管出自该铁矿，达到使该铁矿受到安监部门处罚的目的，从而使丁某服软给钱
│   │   └─ 两人投放爆炸装置后随即逃走，后车站工作人员发现并报案。公安人员将爆炸装置起获，后经检验，该装置所含炸药最大致伤半径约19米，有致列车倾覆的危险
│   └─ 与曹某之间的共同犯罪行为
│       ├─ 起因：李某与曹某在某烤鱼店吃饭，恰好店长张某与曹某曾因生意纠纷发生过严重冲突，两人便与张某发生争吵，意图共同"教训一下"张某
│       ├─ 犯罪行为：两人均持板凳砸张某，在殴打过程中曹某突然产生了弄死张某的意图，未等李某反应过来，曹某便随手捡起铁棍使劲殴打张某头部数下
│       ├─ 事后逃跑：后两人逃离现场，张某被他人送医
│       ├─ 张某伤情：经鉴定，张某系头部外伤致脑挫伤、蛛网膜下腔出血并昏迷，伤情为重伤，伤残程度评定为一级
│       └─ 张某死亡：经治疗，张某病情趋于稳定。四个月后，由于医疗费用高昂，医院应张某家属的要求拔除了其气管插管，从ICU病房转入普通病房，并降低了用药档次，停止输液。八个月后，张某不治身亡
├─ 蒋某
│   └─ 蒋某的绑架行为：蒋某为向丁某继续索要钱财，独自到丁某儿子丁某某的学校，趁放学较为混乱时将丁某某强行抱入面包车，在开到郊区时，才发现丁某某因捆绑过紧致窒息死亡，蒋某未及拨打丁某电话便逃跑
└─ 曹某
    └─ 与李某殴打张某的过程中，实行行为过限
        ├─ 犯罪行为：两人均持板凳砸张某，在殴打过程中曹某突然产生了弄死张某的意图，未等李某反应过来，曹某便随手捡起铁棍使劲殴打张某头部数下
        ├─ 张某伤情：经鉴定，张某系头部外伤致脑挫伤、蛛网膜下腔出血并昏迷，伤情为重伤，伤残程度评定为一级
        └─ 张某死亡：经治疗，张某病情趋于稳定。四个月后，由于医疗费用高昂，医院应张某家属的要求拔除了其气管插管，从ICU病房转入普通病房，并降低了用药档次，停止输液。八个月后，张某不治身亡
```

二、总体命题思路

本题材料改编自《人民法院案例选》及某铁路运输检察院查办的真实案例。本题难度整体很高，一方面，对于爆炸罪、破坏交通设施罪等危害公共安全罪一章的重点罪名很多考生仍然不甚熟悉；另一方面，对于第三人介入时的因果关系判断等理论知识点需要较为深厚的知识储备，如果没有彻底掌握归责的判断方法，很难拿到高分。

本题考查的知识点较多，其中的重点和难点在于总则部分刑法上因果关系的认定以及想象竞合的处理，分则中爆炸罪、破坏交通设施罪的认定和绑架过程中绑架行为过失致人死亡如何处理。对于死亡结果的归责认定，必须结合介入三因素审慎判断是否存在相当因果关系。而对于爆炸罪和破坏交通设施罪的认定并不复杂，只需结合两罪的基本构成要件进行判断即可。绑架过程中因绑架行为本身过失致人死亡成立绑架罪和过失致人死亡罪的想象竞合，这是考生非常容易犯错之处，必须小心。此外，本题涉及的行为和罪名较多，作答过程中尤其需要注意的是想象竞合以及数罪并罚的处理。

三、答案精讲

> 请分析李某、蒋某、曹某各自的刑事责任（包括犯罪性质即罪名、犯罪形态、共同犯罪、罪数等），须简述相应理由。

答案： 第一，李某伙同蒋某基于非法占有目的，以手中持有铁矿雷管相要挟向被害人丁某索要钱财，二人成立敲诈勒索罪的共同犯罪，由于丁某未基于受胁迫而处分财物，因此二人成立敲诈勒索罪的犯罪未遂。

第二，李某与蒋某私自非法制造有着完整爆炸装置且能够爆炸、经鉴定有杀伤力的爆炸物，危害了公共安全，成立非法制造爆炸物罪的共同犯罪。二人将爆炸装置放在铁路线的道岔处，尽管他们的主观意图并非爆炸，但是在意识到爆炸装置能够爆炸的前提下，仍然将爆炸物放在铁路线上，危及行车安全，成立爆炸罪。与此同时，由于将有爆炸危险的爆炸物放置在铁路线上，经鉴定有致使列车倾覆的危险，成立破坏交通设施罪。由于仅有放置爆炸物一个行为，因此成立爆炸罪和破坏交通设施罪的想象竞合，从一重处罚后与非法制造爆炸物罪数罪并罚。

第三，蒋某为索要钱财私自绑架丁某的小孩，已经超出其与李某的共同故意范围，属于共犯过剩。蒋某基于不法目的已经以实力控制丁某某，成立绑架罪既遂。同时，由于绑架行为本身过失导致丁某某死亡，成立过失致人死亡罪。由于仅绑架一个行为，成立绑架罪与过失致人死亡罪的想象竞合，从一重处罚。

第四，李某与曹某共同持板凳砸张某，二人成立故意伤害罪的共同犯罪。由于曹某另产生了杀人的故意，因此其单独成立故意杀人罪。张某受伤后被及时送往医院，且病情已经趋于稳定，由于被害人家属实施了独立于伤害行为以外的放弃积极治疗的行为，即行为人与被害人死亡结果之间存在第三人介入因素，且该介入因素属于异常介入因素，因此应认为死亡结果与前行为不存在刑法上的因果关系。就此，死亡结果不应归责于李某与曹某，所以李某成立故意伤害罪（致人重伤），曹某成立故意杀人罪（未遂）。

综上，李某构成敲诈勒索罪（未遂）、爆炸罪和破坏交通设施罪的想象竞合（从一重处罚）、非法制造爆炸物罪、故意伤害罪（致人重伤），数罪并罚；蒋某构成敲诈勒索罪（未遂）、爆炸罪和破坏交通设施罪的想象竞合（从一重处罚）、非法制造爆炸物罪、绑架罪和过失致人死亡罪的想象竞合（从一重处罚），数罪并罚；曹某成立故意杀人罪（未遂）。

难度：难

考点：刑法上的因果关系、共同犯罪、想象竞合、数罪并罚、爆炸罪、破坏交通设施罪、绑架罪、过失致人死亡罪、敲诈勒索罪、诈骗罪

答案解析：本题中的人物关系总体较为简单，涉及的行为相对也较为清晰，因此在作答时，可以共犯关系为基本线索作答，在涉及共犯过剩的时候单独作答个人行为部分，最后做简短总结，这样是较为不错的答题方案。

首先，敲诈勒索罪，是指以非法占有为目的，对财物所有人、占有人使用恐吓或要挟的方法，索取数额较大的公私财物，或者多次敲诈勒索的行为。李某与蒋某二人基于非法占有目的，以手中持有铁矿雷管相要挟向被害人丁某索要钱财，二人成立敲诈勒索罪的共同犯罪，由于丁某未交付财物，因此二人属于犯罪未遂。此处需要注意的是，题目明确交代，李某承包到期后铁矿将李某承包的矿井转让给他人，李某自认为受到7万元的经济损失，由此意味着李某主张的经济损失并无真实合理的依据，因此不能否认其具有非法占有目的。

其次，李某与蒋某非法制造有着完整爆炸装置且能够爆炸、事后经鉴定有杀伤力的爆炸物，显然已经危害了公共安全，成立非法制造爆炸物罪的共同犯罪。

同时，二人将爆炸装置放在铁路线的道岔处，既符合爆炸罪的犯罪构成，又符合破坏交通设施罪的犯罪构成，成立爆炸罪和破坏交通设施罪的想象竞合，与非法制造爆炸物罪数罪并罚。

需要注意的是，虽然他们的主观意图并非想让爆炸物爆炸，而是想让丁某及铁矿受到行政处罚，但主观动机并不影响故意的认定，二人在意识到爆炸装置能够爆炸的前提下，仍然将爆炸物放在铁路线上，完全符合爆炸罪和破坏交通设施罪的故意要件。

再次，蒋某私自绑架丁某小孩，显然已经超出和李某的共犯故意范围，李某对此行为事实并不知情，因此李某对此不需要负责。

绑架罪，是指以勒索财物为目的，采取暴力、胁迫或者其他方法绑架他人，或者绑架他人作为人质的行为。蒋某为索要钱财私自绑架丁某的小孩，并且已经以实力控制丁某某，因而成立绑架罪既遂，目的的实现与否不影响绑架罪既遂的认定。必须注意的是，由于是绑架行为本身过失导致丁某某死亡，仅有绑架一个行为，因此成立绑架罪与过失致人死亡罪的想象竞合，从一重处罚。也就是说，由于绑架行为过失导致被绑架人死亡的，理论上属于典型的结果加重犯，但现行绑架罪规定中并未规定结果加重犯，因此可以认定为绑架罪和过失致人死亡罪的想象竞合。千万不能将本节事实认定为《刑法》第239条第2款规定的"杀害被绑架人的，或者故意伤害被绑架人，致人重伤、死亡"的情形。

最后，李某与曹某共同持板凳砸张某，说明二人的伤害故意较为明显，因此二人成立故意伤害罪的共同犯罪。题目交代曹某在此过程中另产生了杀人的故意，因此同样属于共犯过剩，其单独成立故意杀人罪。

在判断死亡结果和行为之间是否存在因果关系或者归责关系时，要综合考虑前行为人的行为导致结果发生的可能性大小、介入因素的异常性大小、介入因素对结果发生所起的作用力大小。张某受伤送医后病情已经趋于稳定，由于被害人家属的因素导致积极治疗过程被中断，也就是在李某和曹某的行为与被害人死亡结果之间存在第三人介入因素。应该说，该介入因素属于异常介入因素，考虑到张某经积极治疗后病情已经稳定，几个月以后张某才因中断积极治疗致死，因此应认为死亡结果与二人的行为不存在刑法上的因果关系。就此，死亡

结果不应归责于李某与曹某,所以李某成立故意伤害罪(致人重伤),曹某成立故意杀人罪(未遂)。

评分细则(共31分)

1-4部分满分为:6分、9分、8分、8分
1. 李某、蒋某基于非法占有目的勒索财物(2分),构成敲诈勒索罪(1分)共犯(1分),因受害人未处分财物构成未遂(2分)。
2. 李某、蒋某私自制造爆炸装置危害公共安全(1分),成立非法制造爆炸物罪(1分)的共犯(1分);意识到爆炸装置能够爆炸仍将其放在铁路线上(1分),成立爆炸罪(1分);有致使列车倾覆的危险(1分),成立破坏交通设施罪(1分);因只有一个放置行为,成立爆炸罪和破坏交通设施罪的想象竞合(1分);与非法制造爆炸物罪数罪并罚(1分)。
3. 蒋某绑架构成共犯过剩(或者超出了共同故意范围)(2分),已经以实力控制受害人(1分),成立绑架罪既遂(1分);过失导致受害人死亡(1分),成立过失致人死亡罪(1分);只有一个行为,成立想象竞合(2分)。
4. 李某、曹某成立故意伤害罪(1分)的共犯(1分),曹某另产生了杀人的故意,成立故意杀人罪(2分);被害人家属放弃积极治疗构成异常介入因素(2分),死亡结果与犯罪行为没有因果关系(1分),曹某成立故意杀人罪未遂(1分)。

第三题(本题35分)

一、试题

案情:方某、曹某两人合谋假冒电信公司工作人员欲将通信发射铁塔卖给废品店老板。2016年4月,方某与曹某身着某电信公司工作服到某废品收购站找到老板刘某,自称是某电信公司分公司的工作人员,谎称公司在某镇有架废弃通信发射铁塔要变卖(该铁塔确未使用)。刘某信以为真,付了8万元后,便组织民工到某镇将该铁塔拆除,并将拆下的铁角等运回。被拆除的铁塔经物价部门鉴定价值近20万元。(事实一)

2016年10月,方某与曹某二人将8万元花完后又起歹念。方某自导自演被曹某绑架,以向方某的姐姐索要赎金3万元。曹某以鸡血冒充人血泼洒在方某身上,并将方某头部踩在地上,同时拍摄了多个视频与照片,并用方某手机发送给其姐姐,指示方某姐姐将3万元转入指定账户以替方某还债,否则将杀死方某,报警的话将撕票。方某姐姐将3万元转入指定账户后,方某"获释"回家。(事实二)

2018年9月,方某与曹某二人欲再次假冒电信公司工作人员盗卖通信铁塔。某废品收购站的老板谢某误以为二人确为电信公司工作人员,三人商量后决定由方某和曹某带领谢某及雇请的民工去某乡的铁塔处,待拆了铁塔运回废品收购站后付钱。到达后,曹某帮谢某开始拆铁塔,方某在一百米外打电话。方某打电话时看到电信公司的维护工作人员正要巡查尚未使用的铁塔,急忙跑回铁塔处朝曹某喊:"快跑,千万别打人惹事。被抓了就完了。"曹某说:"怕啥,这里有的是铁棍。"方某再三劝阻曹某离开无效后,先行逃跑。电信公司人员到达现场发现有人在拆通信塔,遂欲报警,曹某便随手拿起铁棍威胁不许报

警。(事实三)

谢某此时才发现原来方某二人并非电信公司的工作人员，便同电信公司的两位工作人员及雇请的农民工一起欲抓捕曹某。曹某见对方人多势众，便往山下的公路逃跑。电信公司的员工林某和苏某紧追不舍，两人在追击曹某过马路时，被徐某所驾驶的车辆撞上（当时徐某正一只手持手机通电话），致苏某当场死亡，林某身受重伤。(事实四)

徐某在发现撞人后，见山上有其他人朝马路跑，便加速逃跑。在发现林某身受重伤后，谢某等报警并在路上拦车欲将林某送医，由于是乡间公路，一直未见有车。事后鉴定，林某系因未得到及时救助而死亡。(事实五)

问题：

1. 就事实一，关于方某与曹某的行为定性在理论上有几种观点？为什么？
2. 就事实二，方某与曹某的行为构成何罪？为什么？
3. 就事实三，方某与曹某的行为如何定性？为什么？
4. 就事实四，苏某的死亡后果与曹某的行为是否存在刑法上的因果关系？为什么？
5. 就事实五，徐某的行为如何定性？为什么？

二、答案精讲

> 1. 就事实一，关于方某与曹某的行为定性在理论上有几种观点？为什么？

答案： 第一，方某二人将电信公司的铁塔处分给他人，由于二人没有权限处分铁塔，属于以非法占有为目的，未经他人同意，破坏他人对财物的占有，建立自己的占有，成立盗窃罪。

第二，针对被骗的刘某来说，方某二人的行为是否同时成立诈骗罪存在争议。毕竟方某二人欺骗了刘某，使得刘某误以为电信公司授权方某二人处分铁塔，进而向方某二人支付了8万元。如果认为方某的无权处分行为是有效的，则买受人刘某基于善意被骗而取得的铁塔是有效的，刘某便没有财产损失，因而方某二人对刘某不成立诈骗罪；如果认为方某的无权处分行为是无效的，则方某的财产处分行为没有效力，刘某便当然有财产损失，此时方某二人成立诈骗罪；如果认为无权处分行为的效力待定，则刘某的买受行为是否存在财产损失要视电信公司是否追认处分行为的效力而定。

综上，如果认为方某二人的无权处分行为无效，则方某二人不仅对电信公司成立盗窃罪，同时对刘某成立诈骗罪，由于方某二人仅有一个行为，因此成立盗窃罪与诈骗罪的想象竞合；如果认为方某二人的无权处分行为有效，则由于刘某没有财产损失，方某二人不成立诈骗罪，仅成立盗窃罪。

难度： 难

考点： 盗窃罪、诈骗罪、想象竞合

命题和解题思路： 本题较有难度，主要考查大家对盗窃罪以及诈骗罪犯罪构成的掌握程度。要正确解答本题，首先，要注意的是盗窃罪与诈骗罪尽管分别属于他损型财产犯罪和自损型财产犯罪，看似互相排斥，但在具体个案中完全可能出现想象竞合。其次，对于无权处分的效力认定问题，将会直接影响善意买受者是否存在财产损失，进而影响是否成立诈骗罪。掌握以上两点，本题便不难解答。

答案解析： 盗窃罪，是指以非法占有为目的，未经他人同意采用平和的手段破坏他人对财物的占有，以建立自己（第三人）对财物的占有。方某二人未经电信公司的同意，擅自处分电信公司的通信铁塔，成立盗窃罪。

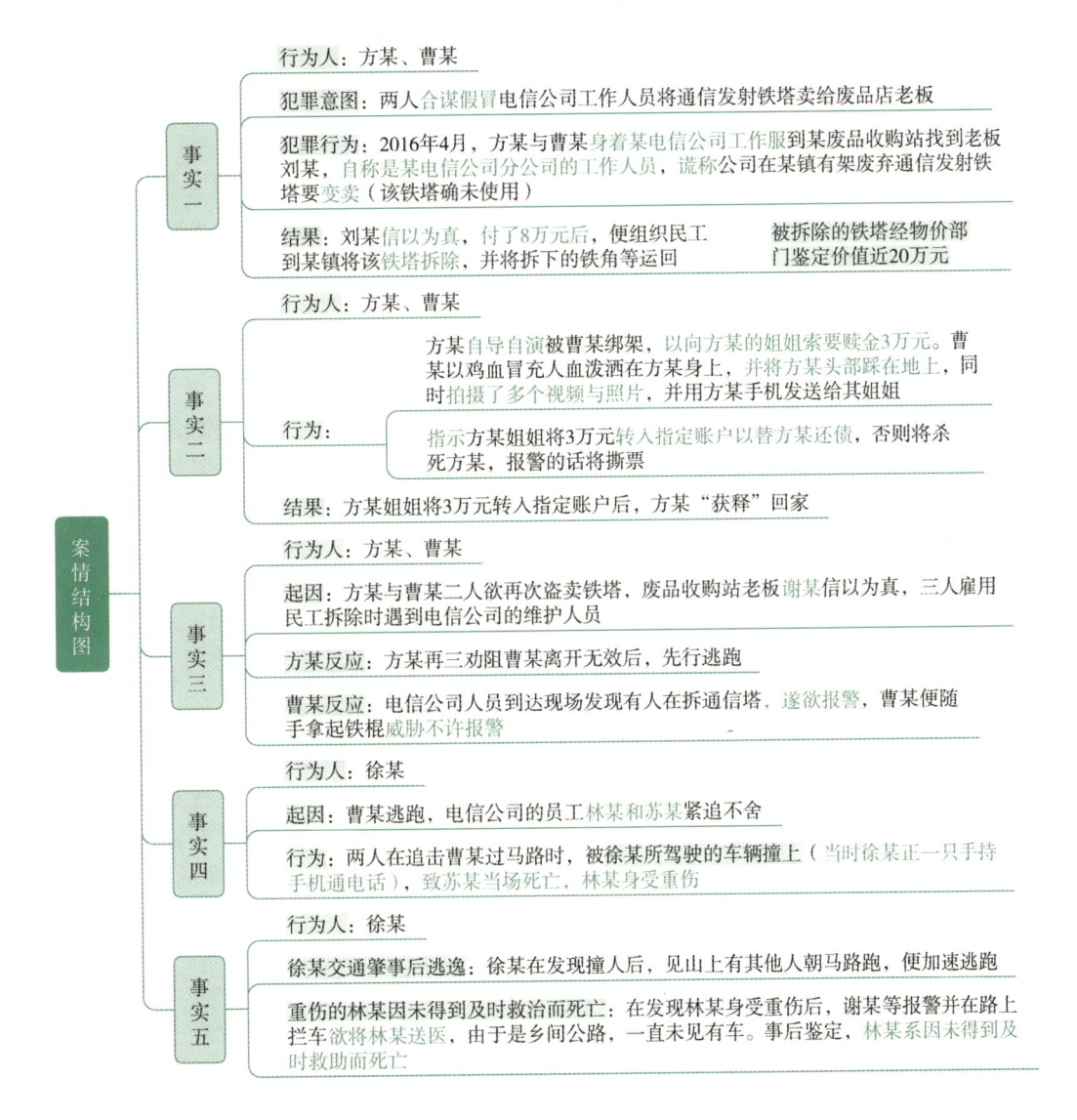

刑法

```
                    ┌─ 行为人：方某、曹某
                    │
                    │  犯罪意图：两人合谋冒充电信公司工作人员将通信发射铁塔卖给废品店老板
         ┌─ 事实一 ─┤
         │          │  犯罪行为：2016年4月，方某与曹某身着某电信公司工作服到某废品收购站找到老板
         │          │  刘某，自称是某电信公司分公司的工作人员，谎称公司在某镇有架废弃通信发射铁
         │          │  塔要变卖（该铁塔确未使用）
         │          │
         │          └─ 结果：刘某信以为真，付了8万元后，便组织民工         被拆除的铁塔经物价部
         │             到某镇将该铁塔拆除，并将拆下的铁角等运回              门鉴定价值近20万元
         │
         │          ┌─ 行为人：方某、曹某
         │          │
         │          │            ┌─方某自导自演被曹某绑架，以向方某的姐姐索要赎金3万元。曹
         │          │            │ 某以鸡血冒充人血泼洒在方某身上，并将方某头部踩在地上，同
         ├─ 事实二 ─┤   行为：   │ 时拍摄了多个视频与照片，并用方某手机发送给其姐姐
         │          │            │
         │          │            └─指示方某姐姐将3万元转入指定账户以替方某还债，否则将杀
         │          │              死方某，报警的话将撕票
         │          │
         │          └─ 结果：方某姐姐将3万元转入指定账户后，方某"获释"回家
 案情    │
 结构 ───┤          ┌─ 行为人：方某、曹某
 图      │          │
         │          │  起因：方某与曹某二人欲再次盗卖铁塔，废品收购站老板谢某信以为真，三人雇用
         │          │  民工拆除时遇到电信公司的维护人员
         ├─ 事实三 ─┤
         │          │  方某反应：方某再三劝阻曹某离开无效后，先行逃跑
         │          │
         │          └─ 曹某反应：电信公司人员到达现场发现有人在拆通信塔，遂欲报警，曹某便随
         │             手拿起铁棍威胁不许报警
         │
         │          ┌─ 行为人：徐某
         │          │
         │          │  起因：曹某逃跑，电信公司的员工林某和苏某紧追不舍
         ├─ 事实四 ─┤
         │          │  行为：两人在追击曹某过马路时，被徐某所驾驶的车辆撞上（当时徐某正一只手持
         │          └─ 手机通电话），致苏某当场死亡，林某身受重伤
         │
         │          ┌─ 行为人：徐某
         │          │
         │          │  徐某交通肇事后逃逸：徐某在发现撞人后，见山上有其他人朝马路跑，便加速逃跑
         └─ 事实五 ─┤
                    │  重伤的林某因未得到及时救治而死亡：在发现林某身受重伤后，谢某等报警并在路上
                    └─ 拦车欲将林某送医，由于是乡间公路，一直未见有车。事后鉴定，林某系因未得到及
                       时救助而死亡
```

诈骗罪，则是指行为人采取虚构事实或者隐瞒真相的方式使得相对人陷入认识错误，并且基于认识错误处分财产，进而造成财产损失的行为。方某二人将电信公司的铁塔变卖给刘某，对刘某来说，方某二人显然进行了欺骗，是否成立诈骗罪的关键在于能否认定刘某存在财产损失。

如果认为无权处分行为是无效的，则刘某显然遭受了损失，方某二人对刘某成立诈骗罪。由于同时对电信公司成立盗窃罪，因此属于一行为触犯数罪名的想象竞合。

如果认为无权处分行为是有效的，则刘某基于善意的买受行为是有效的，其并没有财产损失，方某二人对刘某便不成立诈骗罪。此时，方某二人仅成立盗窃罪。

2. 就事实二，方某与曹某的行为构成何罪？为什么？

答案：成立诈骗罪与敲诈勒索罪的想象竞合。第一，二人虚构方某被绑架的事实向方某的姐姐索要财物，被害人基于认识错误处分了财产，进而遭受了财产损失成立诈骗罪。第二，二人虚构方某被绑架的事实，事实上使得方某姐姐基于被胁迫的心理处分了财产，进而遭受财产损失，成立敲诈勒索罪。第三，由于二人仅有一个行为，因此成立诈骗罪与敲诈勒索罪的想象竞合，从一重罪处罚。

难度：难

考点：绑架罪、诈骗罪、敲诈勒索罪、想象竞合

命题和解题思路：本题主要考查大家对绑架罪、诈骗罪、敲诈勒索罪这三个罪名犯罪构成的理解。考生容易犯错的其中一点是误认为二人成立绑架罪（未遂），但本案中对被绑者的人身没有任何威胁，因此不成立本罪。而第二个容易失分的点在于因为二人的行为兼具欺骗与胁迫的性质，因此部分考生很可能未答出诈骗罪与敲诈勒索罪的想象竞合。

答案解析：绑架罪的保护法益是被绑者的人身安全，由于方某本人同意，且二人的行为属于虚构绑架的事实，对被绑者方某不可能有人身安全的威胁，因此不成立绑架罪。方某二人虚构被绑架的事实欺骗方某姐姐，使得被害人基于认识错误处分财产，进而遭受了财产损失，当然成立诈骗罪。与此同时，由于虚构被绑架的事实对方某姐姐事实上产生了胁迫的心理，被害人基于胁迫处分财产，因此也成立敲诈勒索罪。由于方某二人的行为仅有一个，因此成立诈骗罪与敲诈勒索罪的想象竞合，应从一重罪处罚。

> 3. 就事实三，方某与曹某的行为如何定性？为什么？

答案：首先，对于方某来说，视无权处分行为是否有效，其成立盗窃罪（未遂）或盗窃罪（未遂）与诈骗罪（未遂）的想象竞合。其次，对于曹某来说，其在实施盗窃或者诈骗的过程中被人发现，为抗拒抓捕使用暴力相威胁，属于《刑法》第269条规定的事后抢劫行为，成立抢劫罪。此时，由于二人既未获得财产，也未造成轻伤以上后果，曹某仅成立抢劫罪未遂。最后，方某与曹某二人仅有盗窃罪或诈骗罪的共同犯罪故意，方某在发现电信公司有人来时，再三劝阻曹某不要惹事赶快逃跑，说明方某并无（转化）抢劫罪的故意。因此，对于曹某转化抢劫的部分，方某无需负责。

难度：难

考点：共犯过剩、盗窃罪、诈骗罪、抢劫罪

命题和解题思路：本题意在结合刑法总则中的共犯过剩制度，考查大家对事后抢劫以及抢劫罪既遂标准的掌握程度。由于方某明确告诉曹某不要惹事赶紧逃跑，曹某仍然持器械抗拒抓捕，因此对抢劫部分已经超出了二人的共同盗窃（诈骗）的犯罪故意范围，方某对抢劫部分无需负责。按照司法解释的规定，抢劫罪的既遂标准是取财与造成人身轻伤以上后果二者之一，因此曹某的行为属于抢劫未遂。

答案解析：首先，关于方某的行为责任，如同本题第一问的答案，如果认为无权处分行为是有效的，则方某仅成立盗窃罪。如果认为无权处分行为无效，则方某成立盗窃罪与诈骗罪的想象竞合。当然，由于其既未破坏与建立对铁塔的占有，被骗者也尚未支付货款，因此盗窃与诈骗均是未遂。

其次，关于曹某的行为责任，无论对于冒充电信工作人员变卖铁塔认定为盗窃罪还是盗窃罪与诈骗罪的想象竞合，曹某在实施盗窃（诈骗）行为时为抗拒抓捕，而使用暴力相威胁，应认定为事后抢劫，成立抢劫罪。并且，根据《最高人民法院关于审理抢劫、抢夺刑事案件适用法律若干问题的意见》的规定，具备劫取财物或者造成他人轻伤以上后果两者之一的，属抢劫既遂；既未劫取财物，又未造成他人人身伤害后果的，属抢劫未遂。由于方某二人既未成功取财，也未造成他人轻伤后果，因此曹某成立抢劫罪未遂。

最后，方某再三劝说曹某不要惹事和实施暴力，但曹某仍然持棍威胁抗拒抓捕，因此对

曹某抢劫的部分属于共犯过剩，方某对此部分不需要负责。

4. 就事实四，苏某的死亡后果与曹某的行为是否存在刑法上的因果关系？为什么？

答案：苏某的死亡结果与曹某的行为不存在刑法上的因果关系，曹某不应认定为抢劫致人死亡，即曹某不成立抢劫罪的结果加重犯。在认定曹某的抢劫行为与致死结果之间是否存在因果关系（结果加重犯）时，必须考虑抢劫行为与追赶的苏某被过往车辆撞死的风险关联性大小问题，抢劫致死的风险在于抢劫的暴力胁迫行为本身，而不在于抢劫后追赶者自己被车撞死，因此抢劫行为和苏某的死亡结果之间缺乏风险的直接关联性，曹某不成立抢劫致人死亡的结果加重犯。此外，应当认为在乡间道路上被违章车辆撞死是一个异常的介入因素，且交通肇事行为对死亡结果所起作用更大，因此应当否定曹某的抢劫行为与死亡结果之间的因果关系。

难度：难

考点：刑法上的因果关系

命题和解题思路：本题主要考查刑法上因果关系的判断。对于因果关系的判断，向来是实务和理论的难题。对于应试来说，考生需要认真掌握介入三要素的判断标准：前行为人的行为导致结果发生的可能性大小；介入因素的异常性；介入因素对结果发生所起的作用力大小。

答案解析：应该说，曹某不成立抢劫罪的结果加重犯，即抢劫行为和苏某死亡结果之间没有因果关系。首先，从相当因果关系来看，对苏某的死亡结果所起作用更大的显然是徐某的肇事行为，并且按照题目交代，被害人是在乡间道路上被撞死，从案件特定情节看，在车辆稀少的乡间道路上被违章车辆撞死应该说也是一个异常介入因素，因此死亡结果和曹某的行为没有相当因果关系，即死亡结果不能归因于抢劫行为。其次，成立结果加重犯，要求加重结果的产生和基本行为之间存在直接的风险关联性，但本案中的抢劫行为和追赶的苏某被过往车辆撞死显然没有直接的风险关联性：抢劫致死的风险，只是暴力手段致死的风险，而不是抢劫后被害人追赶抢劫犯被撞死的风险，所以抢劫行为和苏某的死亡结果之间缺乏风险的直接关联性，二者之间没有因果关系。

5. 就事实五，徐某的行为如何定性？为什么？

答案：徐某在驾驶车辆时手持手机通话，明显违反了相关交通管理法规规定的注意义务，造成两人死亡的后果，应当成立交通肇事罪。徐某肇事后，为了逃避法律责任的追究而逃跑，按照司法解释的规定，属于交通肇事后逃逸。并且经事后鉴定，林某系因未得到及时救助而死亡，即林某系因徐某肇事后逃逸而得不到及时救助死亡，徐某成立肇事后逃逸致人死亡。

难度：难

考点：交通肇事罪

命题和解题思路：本题主要考查交通肇事罪的犯罪构成，以及交通肇事后逃逸和逃逸致人死亡的认定问题。关于肇事后逃逸，必须注意司法解释规定的是为逃避法律责任追究而逃跑。而逃逸致人死亡的认定，也需要注意死亡结果与逃逸行为应当存在因果关系。

答案解析：徐某在驾车时手持电话通话，违反了相关交通管理法规的规定，发生事故最终导致两人死亡，应当认定为交通肇事罪。按照《最高人民法院关于审理交通肇事刑事案件具体应用法律若干问题的解释》的规定，肇事后逃逸是指行为人为了逃避法律追究而逃跑。徐某在发现撞人且有其他人朝肇事地点跑来时加速逃跑，显然是怕被抓住，即为了逃避法律追究而逃跑，因此属于肇事后逃逸。而经事后鉴定，林某确系因拦不到车辆无法及时送医得不到救助而死亡，死亡结果和逃逸行为之间存在因果关系，徐某属于交通肇事后逃逸致人死亡。因此，徐某成立交通肇事罪，适用"因逃逸致人死亡"一档的法定刑。

评分细则（共35分）

1-5题满分为：9分、6分、8分、6分、6分

1. 二人处分铁塔构成以非法占有为目的，未经他人同意破坏他人对财物的占有，成立盗窃罪（3分）。如果认为方某二人的无权处分行为无效，则方某二人对刘某成立诈骗罪（2分），因此成立盗窃罪与诈骗罪的想象竞合（2分）；如果认为方某二人的无权处分行为有效，方某二人仅成立盗窃罪（2分）。

2. 方某与曹某使被害人产生错误认识处分财产，构成诈骗（2分）；被害人基于被胁迫的心理处分了财产（或回答基于恐惧心理处分财产），又构成敲诈勒索（2分）。因仅有一个行为，二人成立诈骗罪与敲诈勒索罪的想象竞合（2分）。

3. 方某构成盗窃罪（未遂）或盗窃罪（未遂）与诈骗罪（未遂）的想象竞合犯（2分）。曹某为抗拒抓捕使用暴力相威胁，构成事后抢劫（2分）；既未获得财产，也未造成轻伤以上后果，曹某仅成立抢劫罪未遂（2分）。对于曹某转化抢劫的部分，方某无需负责（2分）。

4. 不存在刑法上的因果关系（3分）。在乡间道路上被违章车辆撞死是一个异常的介入因素，应当中断因果关系（3分）。

5. 徐某违反了相关交通管理法规，成立交通肇事罪（3分）。林某系因徐某肇事后逃逸而得不到及时救助死亡，徐某成立肇事后逃逸致人死亡（3分）。

第四题（本题31分）

一、试题

案情： 杜某系社会闲散人员，平时喜欢上网、炒股。一日看到菜市场菜贩都将支付宝和微信收款二维码打印后贴在摊前，便在当晚将各商家的二维码换成自己的二维码，顾客付款时实际上是将货款支付给了杜某，商家直到月底结账时才发现。杜某通过这种手段共收取了19万元。商家发现后纷纷报警。（事实一）

案发后，杜某逃到A市，时间一长，身上的钱所剩无几，便打算入室盗窃，不料惊醒了房主程某，被程某一把抓住，杜某向其腹部猛踢一脚，但程某仍不松手，正好杜某的朋友赵某从门口路过，杜某赶忙呼喊帮忙，赵某得知真相后答应帮忙，便走进程某家，也朝其腹部踢了一脚，并拉起杜某就跑。程某报警后趴倒在地。事后查明，程某因脾脏破裂死亡，但不能查明究竟是杜某还是赵某的行为所导致。（事实二）

杜某听说程某死亡后，赶忙逃往B市。在B市期间杜某生活没有着落，便以做生意为幌子向李某借款20万元，同时欺骗胡某用其房产为该笔借款担保。李某见有担保，便放心把借款交给杜某，杜某拿到钱后就按计划人间"蒸发"，逃往了C市，李某和胡某均无法再联系上杜某。事后，胡某卖掉了住房，弥补了李某的损失。（事实三）

杜某用这笔钱雇人在C市开了一个网站，该网站以未来一个月特定五国外汇品种的价格

走势为交易对象,按照"买涨""买跌"来确定盈亏,买对涨跌方向的"投资者"得利,买错的本金归网站所有,盈亏结果不与价格实际涨跌幅度挂钩。网站设计好后,杜某雇人在互联网上发广告招揽"投资者"。一年后,杜某获利1000万元。(事实四)

赚到钱后,由于之前入室抢劫并打死人的罪行一直萦绕在杜某心头,他便托道上路子广的朋友刘某联系上A市公安局刑侦大队大队长张某的妻子姚某,并向姚某说明情况,提出希望张某在侦办该案时能够睁一只眼闭一只眼,不要查得那么紧,给杜某一条活路。说罢刘某递给姚某一个装了20万元现金的袋子。姚某对刘某说,我跟我家那口子说说看,如果行就行,不行我把这个钱退给你。刘某答应。姚某回家跟张某说明情况后,张某让姚某骗杜某出来,实施抓捕,姚某怕得罪了杜某,便偷偷将这20万元退给了刘某,其他话并没有说。杜某收到钱后,预感事态严重,便向C市公安局就入室抢劫行为自首。(事实五)

问题:

1. 就事实一,关于杜某的行为定性,可能存在哪些观点?各自的理由是什么?
2. 就事实二,关于杜某和赵某的行为定性,辩护人认为基于事实不清时有利于犯罪嫌疑人原则,杜某和赵某均无需对程某的死亡负责。你是否同意该观点?理由是什么?
3. 就事实三,关于杜某的行为定性,可能存在哪些观点?各自的理由是什么?
4. 就事实四,关于杜某的行为定性,检察院以诈骗罪起诉,你是否支持?理由是什么?
5. 就事实五,关于杜某和姚某的行为定性,可能存在哪些观点?理由是什么?

二、案例来源

1. 陈庆豪、陈淑娟、赵延海开设赌场案[①]
2. 福建省石狮市人民法院(2017)闽0581刑初1070号刑事判决书:邹某某盗窃案

三、总体命题思路

本题主要考查了诈骗罪、盗窃罪、开设赌场罪、对有影响力的人行贿罪、利用影响力受贿罪等知识点。其中,偷换二维码的行为在司法实践中争议颇多,是一个重要的观点展示题考点。有盗窃罪和诈骗罪之分,其中诈骗罪是张明楷老师的观点,考生要予以关注。另外,就借款和担保双诈骗问题的处理,2022年法考刑法主观题也有类似的考查,本题再次回顾,希望考生们予以重视。

四、答案精讲

> 1. 就事实一,关于杜某的行为定性,可能存在哪些观点?各自的理由是什么?

答案:**观点一**:成立盗窃罪。杜某采用秘密手段,趁无人注意之机掉换商家的支付宝和微信收款二维码,从而获取顾客支付给商家的款项,符合盗窃罪的客观构成要件。

观点二:成立诈骗罪。顾客具有向商家转移(处分)财产的义务,按照被害人即商家的指示或以交易习惯认可的方式处分(转移)自己的银行债券,被害人没有获得财产,且无权要求被骗者再次付款,因此存在损失。

难度:难

考点:盗窃罪、诈骗罪

[①] 最高人民法院指导案例146号。

案情结构图

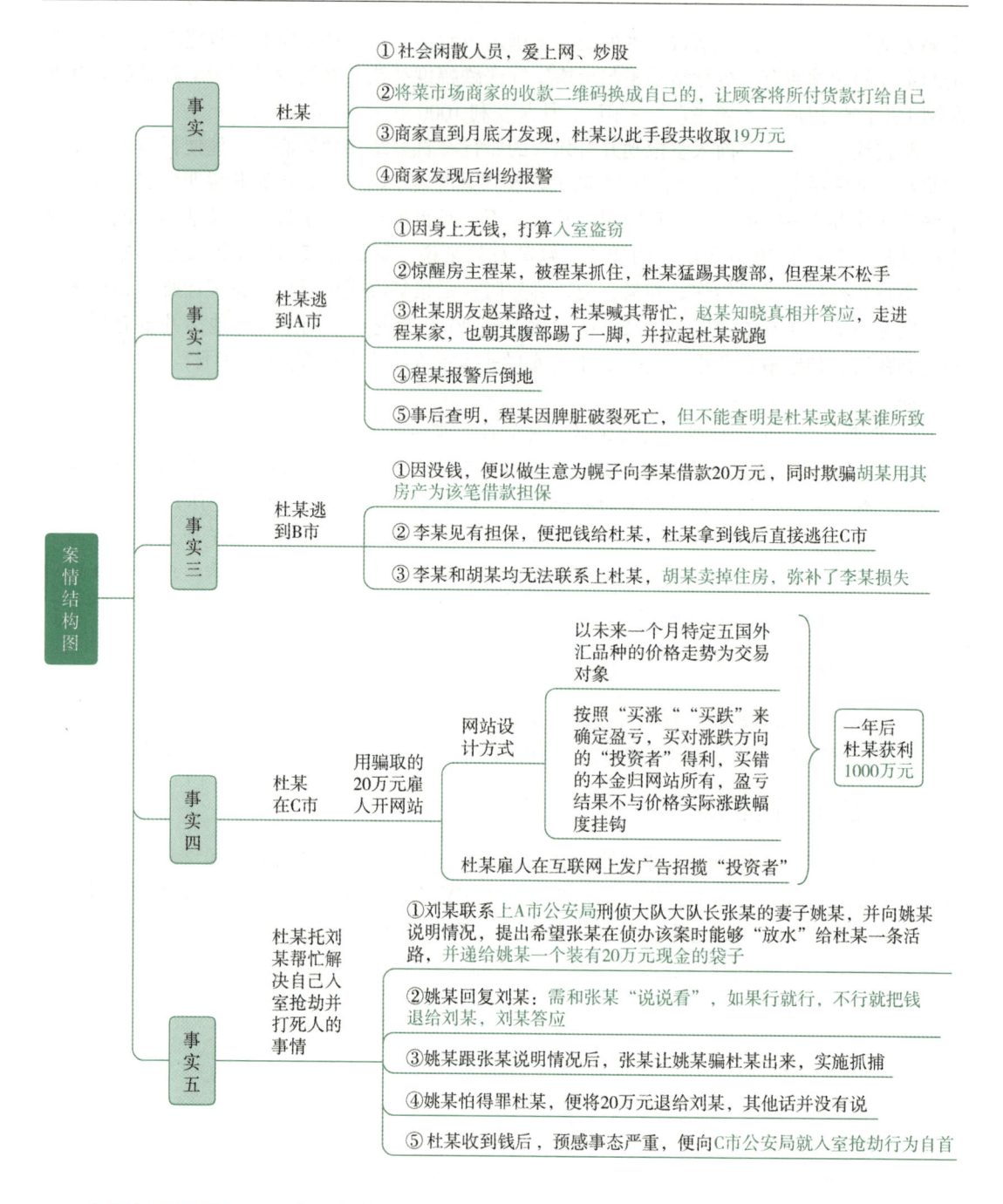

事实一 — 杜某
- ① 社会闲散人员，爱上网、炒股
- ② 将菜市场商家的收款二维码换成自己的，让顾客将所付货款打给自己
- ③ 商家直到月底才发现，杜某以此手段共收取19万元
- ④ 商家发现后纠纷报警

事实二 — 杜某逃到A市
- ① 因身上无钱，打算入室盗窃
- ② 惊醒房主程某，被程某抓住，杜某猛踢其腹部，但程某不松手
- ③ 杜某朋友赵某路过，杜某喊其帮忙，赵某知晓真相并答应，走进程某家，也朝其腹部踢了一脚，并拉起杜某就跑
- ④ 程某报警后倒地
- ⑤ 事后查明，程某因脾脏破裂死亡，但不能查明是杜某或赵某谁所致

事实三 — 杜某逃到B市
- ① 因没钱，便以做生意为幌子向李某借款20万元，同时欺骗胡某用其房产为该笔借款担保
- ② 李某见有担保，便把钱给杜某，杜某拿到钱后直接逃往C市
- ③ 李某和胡某均无法联系上杜某，胡某卖掉住房，弥补了李某损失

事实四 — 杜某在C市用骗取的20万元雇人开网站
- 网站设计方式：
  - 以未来一个月特定五国外汇品种的价格走势为交易对象
  - 按照"买涨""买跌"来确定盈亏，买对涨跌方向的"投资者"得利，买错的本金归网站所有，盈亏结果不与价格实际涨跌幅度挂钩
- 一年后杜某获利1000万元
- 杜某雇人在互联网上发广告招揽"投资者"

事实五 — 杜某托刘某帮忙解决自己入室抢劫并打死人的事情
- ① 刘某联系上A市公安局刑侦大队大队长张某的妻子姚某，并向姚某说明情况，提出希望张某在侦办该案时能够"放水"给杜某一条活路，并递给姚某一个装有20万元现金的袋子
- ② 姚某回复刘某：需和张某"说说看"，如果行就行，不行就把钱退给刘某，刘某答应
- ③ 姚某跟张某说明情况后，张某让姚某骗杜某出来，实施抓捕
- ④ 姚某怕得罪杜某，便将20万元退给刘某，其他话并没有说
- ⑤ 杜某收到钱后，预感事态严重，便向C市公安局就入室抢劫行为自首

命题与解题思路：以非法占有财物为目的，偷换二维码的行为是近年来在各地司法实践中普遍存在的问题，但究竟应该如何定性，学界还存在较大争议，存在成立盗窃罪说和成立诈骗罪说两种观点。对此，容易出法考主观题的观点展示，希望考生引起注意。

答案解析：杜某偷换二维码，非法占有财物的方式，并非通过排除商家占有，因为实际上商家自始至终就没有占有顾客支付的财物。对于顾客而言，其交付的财物是自己基于交易习惯或被害人的指示所自愿交付的，这一交付存在认识上的错误，如果知道不是商家的二维码，就不会再扫码了。因此，对顾客来说，也不存在窃取行为，不能成立盗窃罪。

顾客具有向商家转移（处分）财产的义务，并且以履行义务为目的，按照被害人即商家

的指示或以交易习惯认可的方式处分（转移）自己的财产，被害人没有获得财产，且因受骗者（顾客）没有民法上的过错，被害人丧失了要求被骗者再次付款（处分）自己财产的民事权利。具体而言，在偷换二维码案中，顾客因为购买商品，具有向商家付款的义务，顾客根据商家的指示扫二维码用以支付商品对价时，虽然有认识错误但并不存在民法上的过错，商户却遭受了财产损失。由于交易已经完成且顾客不存在民法上的过错，因此，商户不可能要求顾客再次支付商品对价，如此，顾客处分自己银行债券（扫码支付）的行为，就给商家造成了财产损失。这是一种新型的三角诈骗，被骗者处分的是自己的财物，却造成了被害人的损失。这一点与传统的三角诈骗是不同的。

2. 就事实二，关于杜某和赵某的行为定性，辩护人认为基于事实不清时有利于犯罪嫌疑人原则，杜某和赵某均无需对程某的死亡负责。你是否同意该观点？理由是什么？

答案：不同意。杜某需要对程某的死亡负责。杜某成立抢劫罪中的入户抢劫和抢劫致人死亡的加重犯。赵某成立入户抢劫。赵某的行为系承继共犯，杜某需要对赵某的行为负责。因此，即使查不清究竟是谁具体导致了结果的发生，也不影响杜某对程某的死亡结果负责。

难度：难

考点：共犯的责任认定

命题与解题思路：本题考查了共犯责任认定中分不清究竟谁的行为具体导致结果发生时的责任认定问题。2016年和2018年客观题的刑法部分对这一问题都进行了考查，目前还没有在主观题中涉及。对此，考生不能只记住了事实存疑时有利于犯罪嫌疑人的原则，就一概认为查不清谁具体导致结果发生的，都不需要对结果负责。

答案解析：杜某的死亡结果应由杜某负责。一方面，赵某是承继共犯，而杜某既要对自己的行为负责，也要对后加入的赵某的行为负责。另一方面，赵某对自己参与前杜某的行为所造成的加重结果不需要负责。如此，程某脾脏破裂的结果可能是杜某在赵某参与前造成的，根据事实存疑时有利于被告原则，赵某不需要对死亡结果负责。当然，赵某和杜某的行为均成立入户抢劫，杜某除入户抢劫外，还成立抢劫致人死亡的结果加重犯。

3. 就事实三，关于杜某的行为定性，可能存在哪些观点？各自的理由是什么？

答案：观点一：杜某仅对胡某成立诈骗罪，因为李某一开始就能够且已经对胡某行使了担保权，因而没有遭受损失。

观点二：杜某对李某的借款成立诈骗罪，对胡某的担保（财产性利益）成立诈骗罪，系同种数罪，这两种行为之间具有类型性牵连，成立诈骗罪一罪。

难度：难

考点：诈骗罪

命题与解题思路：该题所考查的知识点是同时骗取他人借款和担保的行为应该如何认定的问题。对该知识点，2022年法考主观题的刑法题中有所考查，不排除再次变换形式考查的可能。

答案解析：行为人实施数个欺骗行为，分别从不同受害者处获得财产的，根据具体情节，成立同种数罪或者牵连犯。本题即是示例，对此，如答案所述，有两种观点，但第一种观点存在疑问，首先，李某正是因为有财产损失即杜某没有归还欠款才通过行使担保权挽回了损失，故不能认为李某没有财产损失。事实上，李某确实基于错误认识将借款处分给了杜某，杜某占有了该笔20万元的借款，此时诈骗罪已经形成既遂。其次，杜某最终得到的是胡某的担保物，如果不认定杜某对李某成立诈骗罪，就不符合诈骗罪的素材同一性要求了，即行为人获得的财物应与被害人所损失的财物同一。这是诈骗罪的基本构成要件使然。如果否定杜某对李某构成诈骗罪，就意味着杜某通过欺骗胡某获得了李某的借款，但胡某对李某的借款根本没有处分权限，不可能成立三角诈骗罪。即是说，在杜某非法占有李某借款的情况下，仅认定杜某对胡某成立诈骗罪，违背了诈骗罪的基本构造。因此，杜某对李某的借款成立诈骗罪，对胡某的担保权（财产性利益）亦成立诈骗罪。近年来，这种情形经常发生，无论是从杜某的主观上还是客观上看，骗取借款和骗取担保权之间都存在手段和目的的牵连，可以认为两个诈骗之间成立牵连犯，定一个诈骗罪即可。

4. 就事实四，关于杜某的行为定性，检察院以诈骗罪起诉，你是否支持？理由是什么？

答案：不支持。"投资人"的输赢具有偶然性，并未被控制，其行为系赌博，不是基于陷入认识错误而交付。而杜某获得财物是通过开设赌场的方式获得的，成立开设赌场罪。

难度：难

考点：诈骗罪、开设赌场罪

命题与解题思路：本题改编自最高人民法院指导案例146号"陈庆豪、陈淑娟、赵延海开设赌场案"。本题希望考生注意赌博罪（开设赌场罪）和诈骗罪的区别。

答案解析：交易不以真实的资产为标的，也不以行使、转移或放弃行使权利为内容，仅以未来某段时间外汇品种的价格走势为交易对象，以"买涨""买跌"形式确定盈亏，盈亏结果与价格实际涨跌幅度不挂钩，交易结果具有偶然性、投机性和射幸性，其实质是网络平台与投资者之间的对赌，是披着期权交易外衣的赌博行为。本题中，杜某以营利为目的，采用发展会员的方式，设计出该赌博网站并接受"投资"的行为，构成开设赌场罪。

5. 就事实五，关于杜某和姚某的行为定性，可能存在哪些观点？理由是什么？

答案：杜某为谋取不正当利益，向国家工作人员张某的近亲属姚某行贿的行为，成立对有影响力的人行贿罪。其已经转移贿赂款的占有，成立既遂。杜某对抢劫行为成立自首。

姚某作为国家工作人员张某的妻子，通过该国家工作人员职务上的行为为杜某谋取不正当利益而收受贿赂的行为，存在以下观点：

观点一：认为成立利用影响力受贿罪既遂。理由是成立该罪只需要有影响力的人答应通过该国家工作人员职务上的行为为请托人谋取不正当利益即可构成。

观点二：认为不构成利用影响力受贿罪。理由是成立该罪必须获得国家工作人员的许诺，即许诺通过自己职务上的行为为请托人谋取不正当利益。

难度：中

考点：利用影响力受贿罪、对有影响力的人行贿罪

命题与解题思路：利用影响力受贿罪和对有影响力的人行贿罪是刑法中的新增罪名，考生对其掌握程度可能不如行贿罪和受贿罪清楚。对这两个罪名，法考客观题已经有所考查，而关于利用影响力受贿罪的既遂标准，学界有争议。因此，要注意主观题通过观点展示的方式考查该知识点。

答案解析：《刑法》第388条之一规定了利用影响力受贿罪，即国家工作人员的近亲属或者其他与该国家工作人员关系密切的人，通过该国家工作人员职务上的行为，或者利用该

国家工作人员职权或者地位形成的便利条件,通过其他国家工作人员职务上的行为,为请托人谋取不正当利益,索取请托人财物或者收受请托人财物,数额较大或者有其他较重情节的行为,以及离职的国家工作人员或者其近亲属以及其他与其关系密切的人,利用该离职的国家工作人员原职权或者地位形成的便利条件实施的前述行为。姚某作为刑侦大队大队长的妻子,其明知杜某为了通过张某职务上的行为谋取不正当利益进而接受贿赂,有观点认为已经成立利用影响力受贿罪。该观点认为该罪的成立不需要国家工作人员对不正当利益的许诺。但张明楷教授认为,该罪系危险犯,必须有国家工作人员的许诺,否则就会与国家工作人员的职务廉洁性无关,即不会对该法益造成侵害的危险。基于该观点,本题中,张某直接拒绝,因此,姚某的行为不成立利用影响力受贿罪。需要注意的是,姚某事后退钱的行为,即使按照第一种观点,也不会影响对其的定性。

《刑法》第390条之一规定了对有影响力的人行贿罪,即为谋取不正当利益,向国家工作人员的近亲属或者其他与该国家工作人员关系密切的人,或者向离职的国家工作人员或者其近亲属以及其他与其关系密切的人行贿的行为。杜某的行为符合该罪的构成要件,成立该罪,且就入室抢劫的事实投案,应认定为对该罪行的自首。

评分细则(共31分)

1-5题满分为:6分、6分、6分、6分、7分

1. 盗窃罪(2分),采用秘密手段获取顾客支付给商家的款项(1分);诈骗罪(2分),商家无权要求被骗者再次付款存在损失(1分)。
2. 不同意(2分),赵某的行为系承继共犯(2分),杜某需要对赵某的行为负责(2分)。
3. 观点一:仅对胡某成立诈骗罪(2分),李某没有损失(1分);对李某和胡某均成立诈骗罪(2分),在杜某非法占有李某借款的情况下,仅认定杜某对胡某成立诈骗罪违背了诈骗罪的基本构造(类似观点即可)(1分)。
4. 不支持(2分),受害人行为系赌博或者不是基于陷入认识错误而交付(2分),成立开设赌场罪(2分)。
5. 杜某向国家工作人员张某的近亲属行贿(1分),构成对有影响力的人行贿罪(1分);对抢劫行为成立自首(1分)。
   姚某:观点一:成立利用影响力受贿罪既遂(1分),只需要有影响力的人答应请托(1分);观点二:不构成利用影响力受贿罪(1分),需要获得国家工作人员的许诺(1分)。

第五题（本题31分）

一、试题

案情:夏某、汪某与赵某找工作受阻,情急之下,三人准备用拍摄王某(女,汪某前同事)裸照再让其赎回的方法,达到非法占有其财物的目的。经过谋划,三人打算先由汪某去王某家(某小区7栋17楼2室,该信息由汪某提供)的楼梯口望风,夏某和赵某再假装检查燃气管道,进入王某家中将其捆绑并拍裸照。结果汪某走错了楼栋,蹲在旁边6栋17楼的楼梯口望风。而夏某和赵某也看错了房号,进入了7栋17楼3室李某家中。两人以为李某系

王某，而李某以为两人真是燃气公司员工，便向两人指明燃气管道的位置后做起了家务。夏某趁李某不注意，偷偷拿起李某放在客厅桌上的手提包，后觉得财物已经到手，没必要再冒险，便向赵某使眼色，但赵某误以为是催其动手，遂强行将李某衣服脱光。夏某火不打一处来，直斥赵某多此一举。赵某不置可否，独自用李某的手机拍了其多张裸照，拍完后，李某穿好衣服，但赵某仍感意犹未尽，当着夏某的面强行与李某发生了性关系，夏某在旁边抽烟等待。

此时，夏某接到汪某的电话，通知有人过来了，夏某赶紧与赵某一同撤走。后李某报警。实际上，汪某错将住在6栋17楼2室准备回自己家的贾某当作王某的丈夫，趁其不备将其打晕（致轻伤），并赶紧给夏某打电话。

三人撤离后均分了钱包里的1万美元，但突然发现李某的手机有定位功能，因害怕被警方跟踪，便商议将该手机交给赵某处理（未拷贝照片），原定打电话取财计划取消。赵某意图嫁祸其仇人钱某，便悄悄将该手机扔到钱某家院中。钱某发现手机后将其放到抽屉里。后警察根据定位找到钱某家，一脚踹开院门，准备将其逮捕，钱某一边大喊"抓错人了"，一边推开警察意图逃跑，结果将一辅警推倒在地，致其受轻微伤。最终钱某被抓。

夏某逃回家后，其母张某发现夏某包中有美元，便质问夏某，夏某说："你不要再问了，不要自找麻烦，我要出趟远门"。张某此时预感到夏某干了坏事，但什么都没说，默默给他做了顿饭，帮夏某收拾好行李。

夏某逃到外地后，想到自己一事无成，心中懊恼，便连夜通过某APP联系上了跑腿小哥杜某，让其去王某家带话，说"那天拍的裸照已经拷贝下来了，如果想要销毁就支付10万元，打到某张卡上，否则就等着'出名'吧"。杜某觉得自己只是跑腿办事，客户做什么与自己无关，便第二天一早到王某家向其转告。王某莫名其妙，扇了杜某一耳光。杜某一气之下报警，后案发。

问题：

请全面评价本案中夏某、汪某、赵某、钱某、张某、杜某的行为（包括犯罪形态、共同犯罪、罪数等），如有争议的观点请展示，并阐述理由。

二、案例来源

夏某飞、汪某峰抢劫、敲诈勒索、盗窃案[①]

三、总体命题思路

本题改编自《刑事审判参考》第332号案例和法考辅导用书中的相关案例，考查了刑法总论中的具体事实认识错误的处理、共犯实行过限这两个法考主观题中的"常客"和中立的帮助行为的定性这一重要的理论问题，以及刑法分论罪名中的敲诈勒索罪、诬告陷害罪、袭警罪、窝藏罪等重点罪名。本题考查的内容具有综合性，有一定难度。这些知识点都是常考的点，也是容易做错的点。例如，本题中三人存在对象认识错误，如果考生没有复习到位，可能会误认为实施犯罪时跑错了地方，是打击错误，进而可能会根据具体符合说得出错误的结论。再如，本题考查了窝藏罪和袭警罪的细节问题，如果对这两罪认定中的相关问题掌握不牢，凭感觉做题，大概率会做错。同时，本题设问由于采用了一句话式问法，涉及的犯罪主体数量较多，需要考生仔细甄别。

[①] 参见中华人民共和国最高人民法院刑事审判第一庭、第二庭编：《刑事审判参考》（总第42集），法律出版社2005年出版，第332号案。

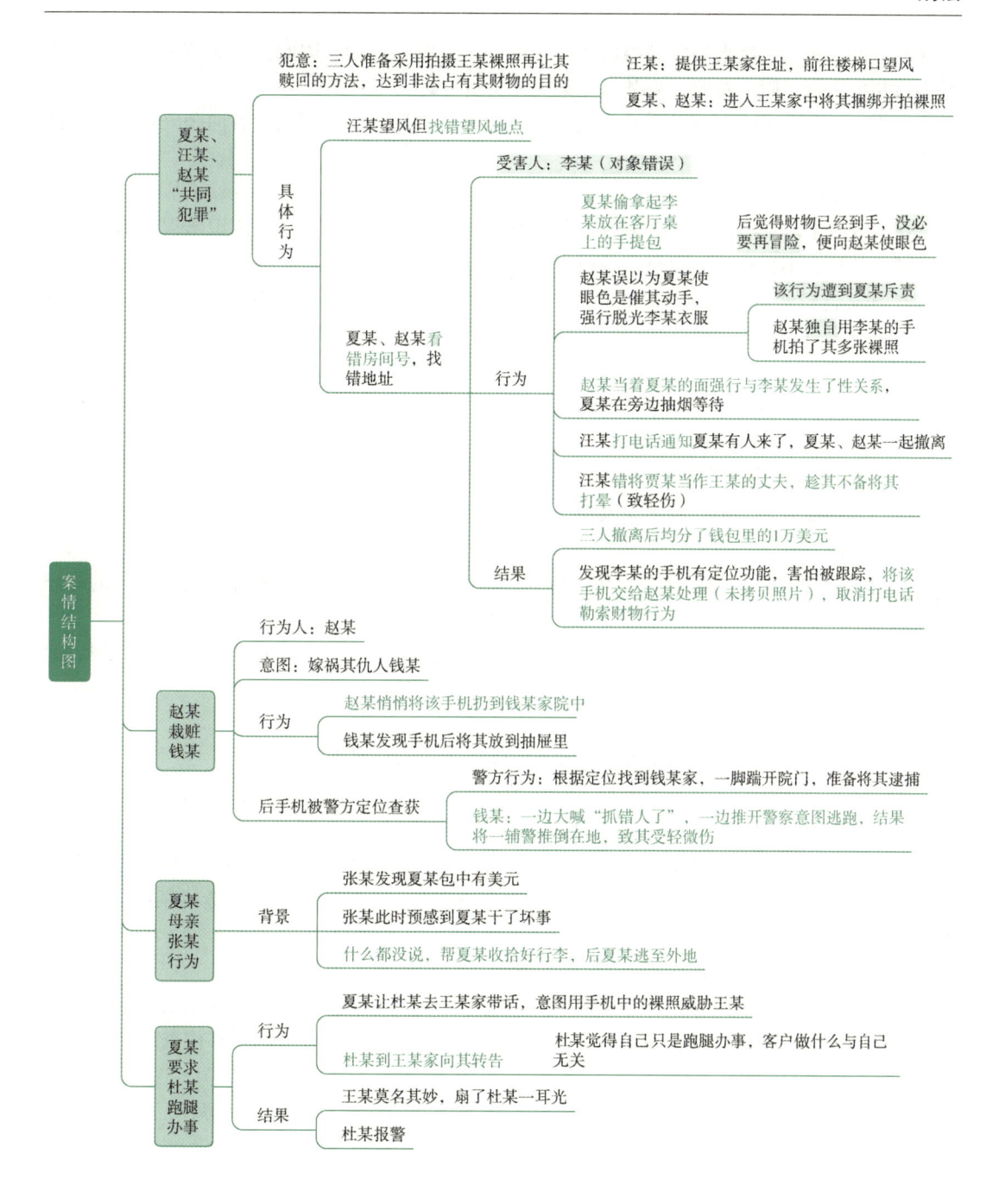

刑法

案情结构图

夏某、汪某、赵某"共同犯罪"

- 犯意：三人准备采用拍摄王某裸照再让其赎回的方法，达到非法占有其财物的目的
- 具体行为
  - 汪某：提供王某家住址，前往楼梯口望风
  - 夏某、赵某：进入王某家中将其捆绑并拍裸照
  - 汪某望风但找错望风地点
  - 受害人：李某（对象错误）
  - 夏某、赵某看错房间号，找错地址
  - 行为
    - 夏某偷拿起李某放在客厅桌上的手提包
    - 后觉得财物已经到手，没必要再冒险，便向赵某使眼色
    - 赵某误以为夏某使眼色是催其动手，强行脱光李某衣服
    - 该行为遭到夏某斥责
    - 赵某独自用李某的手机拍了其多张裸照
    - 赵某当着夏某的面强行与李某发生了性关系，夏某在旁边抽烟等待
    - 汪某打电话通知夏某有人来了，夏某、赵某一起撤离
    - 汪某错将贾某当作王某的丈夫，趁其不备将其打晕（致轻伤）
- 结果
  - 三人撤离后均分了钱包里的1万美元
  - 发现李某的手机有定位功能，害怕被跟踪，将该手机交给赵某处理（未拷贝照片），取消打电话勒索财物行为

赵某栽赃钱某

- 行为人：赵某
- 意图：嫁祸其仇人钱某
- 行为
  - 赵某悄悄将该手机扔到钱某家院中
  - 钱某发现手机后将其放到抽屉里
- 后手机被警方定位查获
  - 警方行为：根据定位找到钱某家，一脚踹开院门，准备将其逮捕
  - 钱某：一边大喊"抓错人了"，一边推开警察意图逃跑，结果将一辅警推倒在地，致其受轻微伤

夏某母亲张某行为

- 背景
  - 张某发现夏某包中有美元
  - 张某此时预感到夏某干了坏事
- 什么都没说，帮夏某收拾好行李，后夏某逃至外地

夏某要求杜某跑腿办事

- 行为
  - 夏某让杜某去王某家带话，意图用手机中的裸照威胁王某
  - 杜某到王某家向其转告
  - 杜某觉得自己只是跑腿办事，客户做什么与自己无关
- 结果
  - 王某莫名其妙，扇了杜某一耳光
  - 杜某报警

四、答案精讲

> 请全面评价本案中夏某、汪某、赵某、钱某、张某、杜某的行为（包括犯罪形态、共同犯罪、罪数等），如有争议的观点请展示，并阐述理由。

答案：（一）赵某的行为认定

1. 强迫李某拍裸照的行为，侵犯了李某性的自主决定权和性的羞耻心，成立强制猥亵罪。
2. 拍完后，当着夏某的面强行与李某发生了性关系，侵犯了李某性的自主决定权，成立

· 237 ·

强奸罪。由于是在强制猥亵罪完结后才产生的奸淫意图和行为，因此，两罪应数罪并罚。该行为系共犯实行过限。对此，夏某与汪某无需负责。

3. 赵某将手机扔到钱某家院中的行为，不构成诬告陷害罪，因为没有向公安机关或司法机关告发捏造的犯罪事实。

（二）汪某的行为认定

1. 汪某走错了楼栋，蹲在6栋17楼的楼梯口望风的行为，系对象认识错误，但与夏某和赵某是共犯，不影响强制猥亵罪的成立。

2. 汪某打晕贾某的行为，成立故意伤害罪，而不构成事后抢劫。因为汪某不对夏某的盗窃行为负责，三人的行为并非盗窃、诈骗、抢夺行为，不符合事后抢劫的前提条件。

3. 汪某等三人发现手机有定位功能，取消打电话取财计划的行为，由于还未着手敲诈勒索取财，因此，仅构成敲诈勒索罪的预备。

（三）夏某的行为认定

1. 夏某和赵某看错了房号，进入了7栋17楼3室李某家中的行为，系对象认识错误，其虽未参与拍摄裸照，但与赵某是共犯，仅斥责赵某多此一举，并不成立共犯脱离，不影响强制猥亵罪的成立。

2. 夏某趁李某不注意偷拿手提包的行为，构成盗窃罪，且其是怀着非法进入的目的入户的，成立入户盗窃。

3. 夏某让杜某去王某家带话的行为，成立敲诈勒索罪，由于意志以外的原因未得逞，成立未遂。

（四）钱某的行为认定

钱某将辅警推倒在地导致其受轻微伤的行为，存在以下两种不同观点。

观点一：以行为时为基准判断职务行为的合法性，钱某成立袭警罪，因为警察抓捕行为符合《刑事诉讼法》中关于逮捕的条件。

观点二：以裁判时为基准判断职务行为的合法性，钱某不成立袭警罪，袭警罪的对象是依法执行职务的人民警察，而警察抓捕行为事后被证明不合法。由于没有造成轻伤结果，因此，也不成立故意伤害罪。

（五）张某的行为认定

张某默默给夏某做了顿饭，帮夏某收拾好行李的行为不构成窝藏罪。因为做饭、收拾行李的行为并不能直接产生帮助逃匿的效果，不会妨害司法机关对夏某的刑事侦查。

（六）杜某的行为认定

杜某到王某家向其转告夏某言论的行为，应以中立的帮助行为理论来解释，其性质存在三种观点。

观点一：主观说以行为人是否知道正犯要实施犯罪来确定行为人的性质，杜某明知夏某行为的性质。因此，成立敲诈勒索罪的帮助犯，但并未得逞，系未遂。

观点二：客观说认为，中立的或者职业范围内的行为，应当排除在帮助犯之外。杜某本身就是跑腿小哥，帮人带话是其职业行为，不构成犯罪。

观点三：综合考察说认为，杜某明知夏某的行为性质，且其传话对夏某的行为起到了重要的中介作用。因此，该行为是敲诈勒索罪的帮助犯，但正犯因意志以外的原因而未得逞，该行为成立未遂。

难度：难

考点：敲诈勒索罪、对象认识错误、强制猥亵罪、共犯、诬告陷害罪、袭警罪、窝藏

罪、中立的帮助行为

答案解析：赵某、汪某、夏某三人共谋以拍裸照的方式勒索王某的财物。根据该计划，赵某强行将被害人衣服脱光拍摄裸照，侵犯了被害人的性的自主决定权和羞耻心，成立强制猥亵罪。而汪某和夏某虽未直接实行，但汪某是以望风的形式参与（虽然蹲守错了地点，但其与夏某和赵某的犯罪行为之间仍具有心理上的帮助），而夏某并不成立共犯脱离，仍需要对该强制猥亵行为负责。

需要注意的是，本题中设置了三人对象认识错误的情节，其中汪某走错了楼栋，蹲在旁边6栋17楼的楼梯口望风，而夏某和赵某也看错了房号，进入了7栋17楼3室李某家中，这两个情节考查了对象认识错误和打击错误的区别。所谓对象认识错误，是指在故意犯罪的过程中，行为人预想加害的对象与实际加害的对象不一致的情况。而打击错误，是指行为人对自己意图侵害的某一对象实施侵害行为，由于失误而导致其实际侵害的对象与其意图侵害的对象不一致的情况，打击错误只有在着手实行行为时才能成立。由于赵某和夏某在着手脱李某衣服时（强制猥亵罪的实行行为）所意图侵犯的对象与最终猥亵的对象都是李某。因此，二人并非打击错误，而是对象认识错误，即预想加害的对象（王某）与实际加害的对象（李某）由于两人走错了房间，而最终不一样的情况。根据共谋，汪某望风的对象应是小区7栋17楼2室，结果其走错了楼栋，蹲在6栋17楼的楼梯口望风，这也属于对象认识错误。根据法定符合说，三人的行为构成强制猥亵罪既遂。

另外，本题还考查了共犯实行过限。其中夏某偷拿手提包的行为、赵某奸淫的行为，都属于共犯实行过限行为，即都是不在共谋的计划范围之内的行为。其中，对于赵某的奸淫行为，由于强制猥亵行为已经完结，该奸淫行为是赵某另起犯意的行为。在其实施过程中，也没有借助夏某任何的帮助，因此夏某对此奸淫行为不负刑事责任。

本题还涉及一个刑法总论中的知识点，即中立的帮助行为。杜某到王某家向其转告夏某言论的行为，应以中立的帮助行为理论来解释。关于其性质的认定，存在三种观点。第一，主观说认为，如果行为人知道正犯要实施犯罪而仍然提供帮助，其帮助的行为就不具有日常行为的性质，应认定为帮助犯。按照主观说，杜某明知夏某行为的性质，成立敲诈勒索罪的帮助犯，但因为王某并未产生恐惧心理，只能成立未遂。第二，客观说认为，中立的或者职业范围内的行为，应当排除在帮助犯之外。按照客观说，杜某本身就是跑腿小哥，帮人带话是其职业行为，不构成犯罪。第三，综合考察说认为，应综合考虑正犯行为的紧迫性；行为人对法益的保护义务；行为对法益侵害所起作用的大小；职业行为、日常行为本身对行为人带来的利益的大小；行为人对正犯行为与结果的确实性的认识。前三点涉及法益保护，后两点涉及自由保障，要综合考虑法益保护与自由保障。本题中，由于杜某明知夏某的行为性质，且杜某的传话对夏某的行为起到重要的中介作用。因此，该行为是敲诈勒索罪的帮助犯（起支配作用的是夏某，因此不宜认为是共同正犯）。

除上述总论知识点外，汪某打晕贾某的行为可能有考生会认为成立事后抢劫。问题在于，夏某的盗窃行为并非共谋的认识内容，超出了汪某的主观罪责的范围，汪某不对该盗窃行为负责。如此，不符合事后抢劫罪中的前提条件，不能成立事后抢劫。

就张某的行为而言，张某默默给夏某做了顿饭，帮夏某收拾好行李的行为，也不构成窝藏罪。可能有考生认为帮忙做饭、收拾行李，夏某吃饱喝足了直接拿起行李就可以走了，这也存在帮助。问题在于，并非任何形式上的帮助都是窝藏罪中的帮助，而是要对其逃避司法机关的刑事侦查、审判、执行起到直接的积极作用才可以评价。做饭、收拾行李的行为，并不能直接产生帮助逃匿的效果，不会妨害到司法机关对夏某的刑事侦查。因此，张某的行为不能构成窝藏罪。

就夏某的盗窃行为而言，根据最高人民法院、最高人民检察院发布的《关于办理盗窃刑事案件适用法律若干问题的解释》第3条第2款的规定，非法进入供他人家庭生活，与外界相对隔离的住所盗窃的，应当认定为"入户盗窃"。本题中，夏某等人是怀着非法的意图进入李某住所的，其后夏某窃取了李某的手提包，理应构成入户盗窃。

就钱某的行为而言，涉及妨害公务罪和以此为基础的袭警罪中的"合法执行职务"的理解。就以何时为基准来判断此处职务行为的合法性，又存在两种不同观点。第一，以行为时为基准判断职务行为的合法性。第二，以裁判时为基准判断职务行为的合法性。如果按照第一种观点，钱某成立袭警罪，因为警察抓捕行为符合《刑事诉讼法》中关于逮捕的条件。如果根据第二种观点，钱某不成立袭警罪，袭警罪的对象是依法执行职务的人民警察，而警察抓捕行为事后被证明不合法。对此，如果考虑刑法的人权保障原则和期待可能性，应当以裁判时为基准来判断职务行为的合法性。否则，以职务行为进行时为时点的话，会把很多在事后裁判时发现的，在实体和程序法上属于不合法的职务行为，当作合法的职务行为来对待。此种评价无视了被执行人的期待可能性，不利于对其的人权保障。

评分细则（共31分）

1-6部分满分为：5分、6分、6分、5分、3分、6分

1. 赵某：强迫李某拍裸照侵犯了性自主决定权和性的羞耻心（1分），成立强制猥亵罪（1分）；强行与李某发生了性关系（1分），成立强奸罪（1分）。强制猥亵和强奸数罪并罚（1分）。

2. 汪某：望风走错楼栋，属于对象认识错误（1分），不影响强制猥亵罪的成立（1分）；打晕贾某成立故意伤害罪（1分），汪某不对夏某的盗窃行为负责，不满足事后抢劫要件（1分）；取消打电话取财未着手（1分），构成敲诈勒索预备（1分）。

3. 夏某：进错房屋属于对象认识错误（1分），不影响强制猥亵罪的成立（1分）；偷拿手提包构成盗窃（1分）；怀着非法进入的目的入户是入户盗窃（1分）；让杜某带话成立敲诈勒索罪（1分），意志以外的原因未得逞，成立未遂（1分）。

4. 钱某：成立袭警罪（1分），以行为时为基准判断职务行为的合法性（1分）；不成立袭警罪（1分），以裁判时为基准判断职务行为的合法性（1分），警察抓捕行为事后被证明不合法（1分）。

5. 张某：做饭、收拾行李不能直接产生帮助逃匿的效果或者不会妨害司法机关侦查（2分），不构成窝藏罪（1分）。

6. 杜某：根据主观是否知情判断中立行为是否构成帮助犯（1分），明知夏某犯罪，成立敲诈勒索罪的帮助犯未遂（1分）；中立行为排除帮助犯（1分），帮人带话是职业行为不构成犯罪（1分）；主观知情且客观起到了重要的中介作用（1分），构成敲诈勒索罪的帮助犯未遂（1分）。

第六题（本题31分）

一、试题

案情：李某系某国有大型机械厂电工，喜欢帮人排忧解难。某日，厂长钱某不经意间在李某面前哀叹"工厂电耗太高，电费太贵了，这电表如果能转慢一点就好了"。李某听后上

了心，便在下班后私自调整了电表的校验装置，将电表刻度调至现有刻度的一半。次日，收电费人员误以为工厂效益不好，没有生疑，遂按照刻度收费。往后的半年中，每到收电费时，李某便如此，使得工厂电费共减少6万元。钱某明知是李某做了手脚，但装作不知道。事后查明，是厂务办公会集体作出的决定，故意让钱某在李某面前说那些话。（事实一）

一年后，钱某因贪污被查，在审讯中，将李某调整电表的事全盘供出。李某提前知道消息，一气之下，将工厂电表转速调快，导致之后的半年内工厂被多收10万元电费。（事实二）

李某在电表上动完手脚后，就逃到其外地朋友王某家。几日后，王某的货车因超载，被交警罚款1万元，但其没钱交罚款，货车被扣在交警队停车场。王某心生一计，意图欺骗李某让其偷回车辆，然后自己装着不知情找交警队索赔。随后王某找到李某向其诉苦，说自己没钱交罚款，日子没法过了，请李某帮忙把车偷回来。李某当场答应，并连夜潜入交警队停车场将王某的货车开了回来。王某看到车后，对李某说："我明天先拿1万元去赎车，如果交警队交不出车，我就要他们赔我30万元车款"。李某极力反对，说："我帮你可不是要你去讹交警的啊，你要是早告诉我你还想讹人，我就不帮你开回来了"。王某不置可否，第二天王某依计而行，经协商，考虑到车辆折旧，交警队赔偿王某15万元。同时，交警调出监控，辨认出李某，遂准备实施抓捕。（事实三）

王某回家后告诉李某去交警队后的情况并让其快跑，李某一边大喊"你利用我，我弄死你"，一边拿起桌上酒瓶猛砸王某头部。王某被砸中后倒地重伤晕厥，李某误以为人已死亡，冷静片刻后将其埋到院中花园里。事后查明，王某系被埋后窒息身亡。（事实四）

李某正准备逃跑时，王某的孩子小王（女，15周岁）周末从住宿学校放学回家，李某想起小王系单亲家庭，自己走后小王孤苦无依，便跟小王说"你父亲在外地出了车祸，我带你赶紧过去看看"，小王表示同意。途中，李某心想让孩子跟着我也不是办法，正好自己朋友马某想收养一个不满14周岁的男孩，不如做个顺水人情。便对小王说："你爸爸没抢救过来，你回去举目无亲，不如认我朋友马某做父亲，跟他生活算了。"小王悲痛之余只能同意。马某看到小王后很满意，给了李某7万元介绍费。李某走后不久，马某发现小王其实是女孩。遂报警，后事发。事后查明，小王一直是假小子形象，李某误认为其是不满14周岁的男孩。（事实五）

问题：

1. 就事实一，关于李某的行为定性，可能存在哪些观点？各自的理由是什么？
2. 就事实一，关于钱某的行为定性，可能存在哪些观点？各自的理由是什么？
3. 就事实二，关于李某的行为定性，主要有两种观点。第一种观点认为构成破坏生产经营罪，第二种观点认为构成诈骗罪。请说明两种观点的理由与不足（如果认为有）。你持什么观点（可以是两种观点以外的观点）？理由是什么？
4. 就事实三，关于李某和王某的行为定性，可能存在哪些观点？各自的理由是什么？
5. 就事实四，关于李某的行为定性，可能存在哪些观点？各自的理由是什么？
6. 就事实五，关于李某的行为定性，可能存在哪些观点？各自的理由是什么？

二、案例来源

叶某言、叶某语等盗窃案[①]

[①] 参见中华人民共和国最高人民法院刑事审判第一庭、第二庭编：《刑事审判参考》（总第43集），法律出版社2005年版，第339号案。

案情结构图

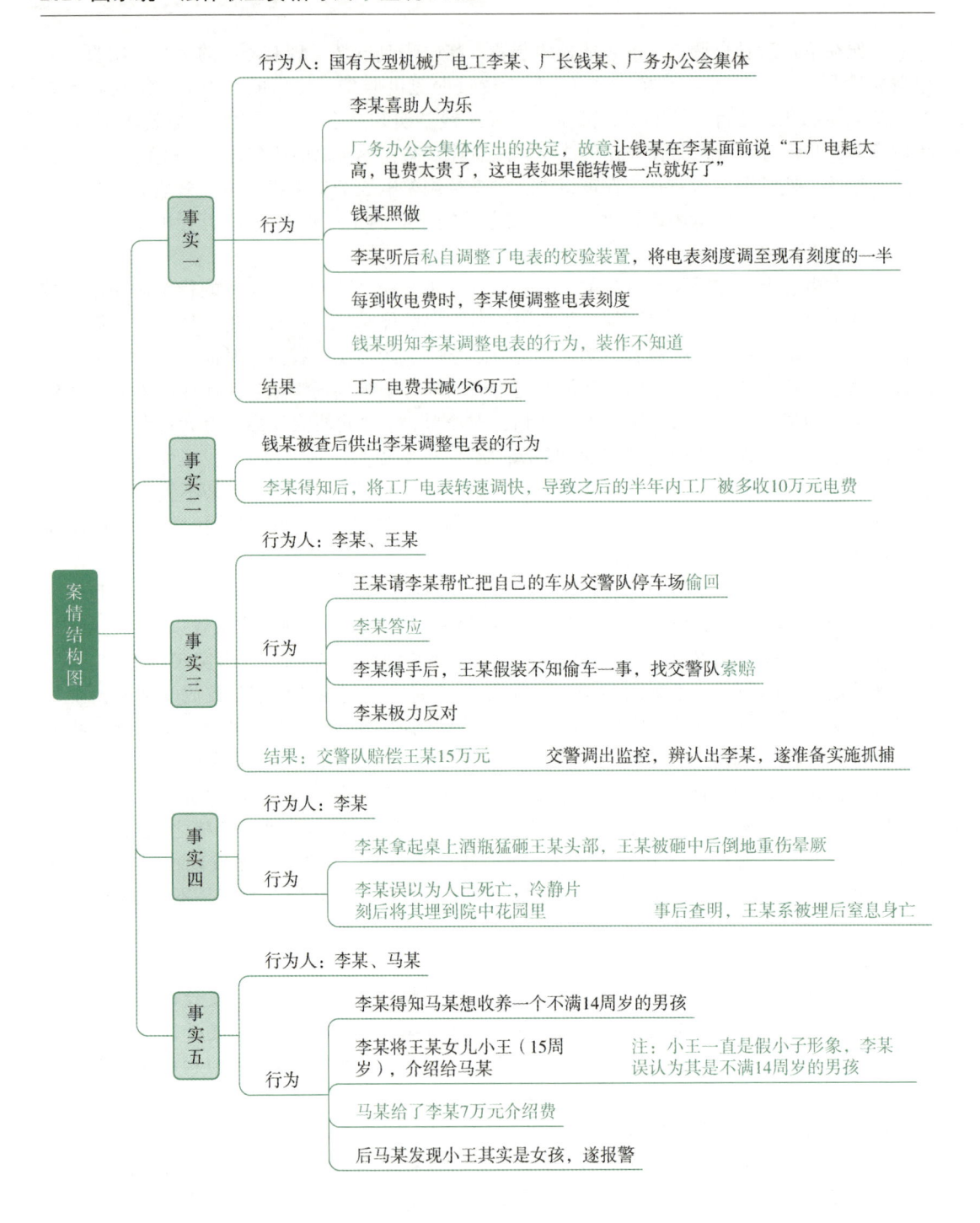

事实一
- 行为人：国有大型机械厂电工李某、厂长钱某、厂务办公会集体
- 行为：
  - 李某喜助人为乐
  - 厂务办公会集体作出的决定，故意让钱某在李某面前说"工厂电耗太高，电费太贵了，这电表如果能转慢一点就好了"
  - 钱某照做
  - 李某听后私自调整了电表的校验装置，将电表刻度调至现有刻度的一半
  - 每到收电费时，李某便调整电表刻度
  - 钱某明知李某调整电表的行为，装作不知道
- 结果：工厂电费共减少6万元

事实二
- 钱某被查后供出李某调整电表的行为
- 李某得知后，将工厂电表转速调快，导致之后的半年内工厂被多收10万元电费

事实三
- 行为人：李某、王某
- 行为：
  - 王某请李某帮忙把自己的车从交警队停车场偷回
  - 李某答应
  - 李某得手后，王某假装不知偷车一事，找交警队索赔
  - 李某极力反对
- 结果：交警队赔偿王某15万元 交警调出监控，辨认出李某，遂准备实施抓捕

事实四
- 行为人：李某
- 行为：
  - 李某拿起桌上酒瓶猛砸王某头部，王某被砸中后倒地重伤晕厥
  - 李某误以为人已死亡，冷静片刻后将其埋到院中花园里 事后查明，王某系被埋后窒息身亡

事实五
- 行为人：李某、马某
- 行为：
  - 李某得知马某想收养一个不满14周岁的男孩
  - 李某将王某女儿小王（15岁），介绍给马某 注：小王一直是假小子形象，李某误认为其是不满14周岁的男孩
  - 马某给了李某7万元介绍费
  - 后马某发现小王其实是女孩，遂报警

三、总体命题思路

本题结合最高人民法院《刑事审判参考》第339号等案例，考查了刑法总论和分论中的几个常考、重要的知识点，包括事前故意的认定和处理、私调电表行为的定性、破坏生产经营罪的认定、盗窃罪保护的法益等。本题的设问方式契合了近年来刑法主观题观点展示的风格，对考生们的理论储备是一次很好的检验。

四、答案精讲

> 1. 就事实一，关于李某的行为定性，可能存在哪些观点？各自的理由是什么？

答案：可能存在如下两种观点。

观点一：李某以使第三人（机械厂）非法占有为目的，秘密窃取国家电能，成立盗窃罪。

观点二：李某系采用虚构事实、隐瞒真相的方式，使收费员产生免除电费请求权的意思，进而免除机械厂的电费缴纳义务的诈骗行为，构成诈骗罪。

难度：难

考点：私调电表行为的认定、盗窃罪、诈骗罪

命题与解题思路：本题的知识点源于2023年命题人第229页。该考点对于考生甄别盗窃罪与诈骗罪，特别是厘清诈骗罪中的对象问题，即究竟诈骗的是财物本身还是财产性利益，很有帮助。

答案解析：在长期以来的司法实践中，对于私调电表，以非法占有供电公司利益的行为，都认为是盗窃罪。国家发展和改革委员会2024年公布的《供电营业规则》第103条规定："禁止窃电行为。窃电行为包括：（一）在供电企业的供电设施上，擅自接线用电；（二）绕越供电企业电能计量装置用电；（三）伪造或者开启供电企业加封的电能计量装置封印用电；（四）故意损坏供电企业电能计量装置；（五）故意使供电企业电能计量装置不准或者失效；（六）采用其他方法窃电。"实际上，该部门规章只是指出窃电的常见方式，而没有谈到在《刑法》上构成何罪。

根据命题人观点，私调电表，将已经转到一定刻度的电表，私下拨小刻度，这其实已经不能认为是盗窃电力本身了。因为原刻度就表示电力使用数量已经被记载，此时将刻度表回拨，只能认为是虚构事实、隐瞒真相的诈骗行为，以此来欺骗电费征收员，使其产生用电量就是这么多，而以实际行动（登记度数）免除行为人补充缴纳电费的义务。此种情况下，行为人所骗取的不再是电力本身，而是对方的电费请求权，或者说是返还请求权。但如果一开始就将电表转速调紧，如使得其实际用了10度电却只转了5度刻度。那就说明没有显示出来的5度电被非法占有了，一开始就没有被记入供电公司的计数范围内，这时就成立盗窃罪。盗窃的对象是作为无体物之财物的电力本身。

本题中，李某是在收电费时直接将电表刻度调至现有刻度的一半，如上所述，应当成立对于电费请求权的诈骗罪而非盗窃电力的盗窃罪。

> 2. 就事实一，关于钱某的行为定性，可能存在哪些观点？各自的理由是什么？

答案：可能存在如下两种观点。

观点一：肯定说。钱某构成盗窃罪或诈骗罪的教唆犯。钱某暗中教唆李某犯罪，其行为是片面教唆犯，应对李某的盗窃或诈骗行为负责，成立盗窃罪或者诈骗罪。

观点二：否定说。钱某不构成犯罪。成立共犯要求钱某和李某有共同参与的意识，李某缺乏该参与的意识。因此，二人不成立诈骗罪的共犯，钱某仅有哀叹行为，不构成任何犯罪。

难度：难

考点：片面教唆犯

命题与解题思路：本题考查了片面教唆犯的定义和处理。所谓片面教唆犯，是指在实行犯并不知情的情况下，暗中使其萌生犯意并实施犯罪的教唆犯，是行为人实施教唆行为的一种方式。例如，甲将乙的妻子丙与他人通奸的照片和一支枪放在乙的桌子上，乙发现后立即产生杀人故意，将丙杀死。对于片面教唆犯，较之于片面帮助犯和片面实行犯，法考考查较少。因此，本题也是对考生片面共犯理论掌握复习情况的一次检查。

答案解析：本题考查了片面教唆犯的认定问题。片面共犯，是指二个以上的行为人之间，主观上没有相互沟通，仅单方行为主体具有共同犯罪故意的情况。例如，故意帮助他人犯罪，而他人并不知道有人在帮助。在中外刑法理论中，对于是否成立片面共犯有截然不同的两种观点。否定说认为，在实施共同犯罪以前，行为人之间必须具有犯意联系，否则就不发生共同犯罪关系；肯定说认为，共同犯罪的观念，不以双方具有互相的犯意联系为必要，认为全面共同故意与片面共同故意之间并不是主观联系有无的区别，而只是主观联系方式的区别。片面共犯有三种类型，即片面实行犯、片面教唆犯和片面帮助犯。所谓片面实行犯，即实行的一方没有认识到另一方的实行行为。例如，乙正欲对丙实施强奸行为时，甲在乙不知情的情况下，使用暴力将丙打伤，乙得以顺利实施奸淫行为。所谓片面教唆犯，即被教唆者没有意识到自己被教唆的情况。例如，甲将乙的妻子丙与他人通奸的照片和一支枪放在乙的桌子上，乙发现后立即产生杀人故意，将丙杀死。片面帮助犯，即实行的一方没有认识到另一方的帮助行为。例如，甲明知乙正在追杀丙，由于其与丙有仇，便暗中设置障碍物将丙绊倒，从而使乙顺利地杀害丙。

对于是否应当承认片面共犯以及在多大程度上承认片面共犯，刑法理论界存在较大争议。有人否认片面共犯的概念，认为片面共犯不成立共同犯罪；有人肯定片面共犯的概念，认为所有片面共犯都成立共同犯罪；有人仅承认片面教唆犯与片面帮助犯；有人仅承认片面帮助犯。法考观点承认片面帮助犯的存在，而对于片面教唆犯和片面实行犯语焉不详。但需注意，可以将片面实行犯降格理解成片面帮助犯。对于片面教唆犯的成立，虽存在争议，但这并不影响主观题以观点展示的方式予以考查。根据肯定说，钱某以暗中教唆李某犯罪的意识参与共同犯罪，其行为是片面教唆犯，应对李某的盗窃或诈骗行为负责，成立盗窃罪或者诈骗罪；而根据否定说，则应当对其单独考察。由于李某仅是抱怨，该行为不符合任何犯罪的构成要件。因此，根据否定说，李某的行为不构成犯罪。

3. 就事实二，关于李某的行为定性，主要有两种观点。第一种观点认为构成破坏生产经营罪，第二种观点认为构成诈骗罪。请说明两种观点的理由与不足（如果认为有）。你持什么观点（可以是两种观点以外的观点）？理由是什么？

答案：观点一：认为构成破坏生产经营罪。理由是李某基于泄愤报复的目的，以故意损坏电表（机器设备）的方式破坏机械厂的生产经营，造成10万元的损失结果，应认定为破坏生产经营罪。

观点二：认为构成诈骗罪。有两种分析思路。其一，李某调快电表转速，使得电费征收员陷入了认识错误，误以为使用了这么多度电，因而产生了征收相应电费的意思，进而要求机械厂缴纳，机械厂缴纳后产生了财产损失。此时机械厂是被害人，征收员是被骗者（无论机械厂是否陷入认识错误）和有权处分者，电力公司是受益人。其二，机械厂是被骗者，陷入了应该缴纳那么多电费的认识错误，进而处分了电费，使得自己遭受了财产损失。

我认为，将电表转速调快的行为既触犯了破坏生产经营罪，也触犯了诈骗罪，成立想象竞合犯，应当择一重罪处罚。

难度：难

考点：破坏生产经营罪、诈骗罪

命题与解题思路：本题考查了破坏生产经营罪与诈骗罪。其中，大家对诈骗罪相对更熟悉，而对破坏生产经营罪则较为陌生。本题借这一情节设计，帮助大家复习了这个较为生僻的罪名。另外，即使认为构成诈骗罪，也存在两种不同的认定思路。本题既兼顾了必考考点，也帮助同学们熟悉了一个不常见的考点，对考生的复习有一定帮助。

答案解析：所谓破坏生产经营罪，是指由于泄愤报复或者其他个人目的，毁坏机器设备、残害耕畜或者以其他方法破坏生产经营的行为。该罪是广义的故意毁坏财物罪的类型，其侵犯的法益不是生产经营秩序，而是财产本身。因此，其行为必须表现为毁坏、残害等毁损行为，所毁损的对象必须是机器设备、耕畜等生产资料、生产工具等。需要注意的是，不能泛化本罪的理解。例如，将阻碍施工、预订机票后在起飞前取消，致使无法再销售的行为认定为本罪。因为，其中不存在通过毁坏生产工具、生产资料进而破坏生产经营活动的情况，不能构成破坏生产经营罪。而本题中，可以将电表理解为生产工具、生产资料的一部分，通过私下加快度数指针的转速，即破坏该电表的正常运作使得其无法发挥应有的功能作用，以此来破坏机械厂的生产经营，而多交的10万元电费，就是造成的损失结果。

实际上，拨快刻度的行为，同时也是诈骗的行为。例如，机械厂只使用了5度电，但电表却转到10度，这不能认为是盗窃了机械厂的电力本身。因为电力是在供电公司，多出来的5度本就不是由机械厂占有的，这和第一题中的拨慢电表刻度，使其使用了10度电却只显示转了5度电不同。第一题中的情况是排除了供电公司对暗中使用的5度电力的占有（供电公司并没有发现，即代表其管理电力的电表的刻度仍是5度，否则就会跳到应有的10度上，这并非使供电公司陷入认识错误后作出的处分行为所致），而建立起了机械厂对电力的占有和使用，因而属于盗窃。

本题中调快转速的行为有两种可能性，第一种情况是：李某调快电表转速，使得代表供电公司收费的有权处分人（基于供电合同和工作职能）电费征收员陷入了认识错误，误以为机械厂确实是使用了这么多度电，因而产生了征收相应电费的意思，进而要求机械厂缴纳，机械厂缴纳后产生了财产损失。此时机械厂是被害人，征收员是被骗者（无论机械厂是否陷入认识错误）和有权处分者，电力公司是受益人；第二种情况是：机械厂是被骗者，陷入了应该缴纳那么多电费的认识错误，进而处分了电费，使得自己遭受了财产损失。不管是哪种情况，都构成诈骗罪。诈骗罪与破坏生产经营罪之间是想象竞合关系，即一个行为触犯了数个罪名，按照重罪一罪处罚即可。

> 4. 就事实三，关于李某和王某的行为定性，可能存在哪些观点？各自的理由是什么？

答案：可能存在如下两种观点。

观点一：认为盗窃罪保护的法益是财产所有权。李某与王某偷车的行为没有侵犯盗窃罪所保护的法益，不构成盗窃罪；王某事后索赔的行为，成立诈骗罪。而李某并未予以阻止，其将车开回的行为对王某的诈骗起到了客观上的帮助作用，因而以不作为的方式成立诈骗罪的共犯。

观点二：根据《刑法》第91条第2款的规定，在国家机关、国有公司、企业、集体企业和人民团体管理、使用或者运输中的私人财产，以公共财产论。该货车被交警队扣留，根据该法律拟制，属于国家机关的公共财产，而非王某所有，盗窃该车存在非法占有的目的。

应认定为盗窃罪，事后索赔行为侵犯了新的法益，也不缺乏期待可能性，不可认定为不可罚的事后行为，成立诈骗罪。两者认定为包括的一罪，更为合理。

难度：难

考点：盗窃罪

命题与解题思路：本题考查了刑法理论中的重点和难点问题，即财物所有权人窃回被他人合法占有的财物的行为究竟应当如何定性。本题源自真实案例，即《刑事审判参考》第339号案例"叶某言、叶某语等盗窃案"。根据该案例的裁判要旨，该行为应定性为盗窃罪，即刑法应当保护合法的占有权，这其实也是命题人的观点。

答案解析：关于本权者窃回自己所有但被他人合法占有的财物的认定。中外刑法曾有过争议，日本刑法对此有明确规定，其《刑法典》规定，窃取他人财物的，是盗窃罪；虽然是自己的财物，但由他人占有或者基于公务机关的命令由他人看守的，就本章犯罪，视为他人的财物。我国目前虽然没有此规定，但实际上，司法实践正是照此思路办理的。根据法考观点，盗窃罪的保护法益包括两类：第一类是财产所有权以及其他财产权。"财产所有权"可以根据民法确定，包括财物的占有权、使用权、收益权和处分权。而"其他财产权"则既包括合法占有财物的权利，也包括债权以及享有其他财产性利益的权利。第二类是对象需要通过法定程序改变现状的占有。例如，甲的手机被乙偷走，丙又将乙所占有的手机再次偷走，丙仍然构成盗窃罪，侵犯的法益即是需要通过法定程序改变现状的占有。当然，在相对于本权者的情况下，如果这种占有没有与本权者相对抗的合理理由，那么，对于本权者恢复或行使权利的行为而言，这不是财产犯的法益。同时，根据《刑法》第91条第2款的规定，在国家机关、国有公司、企业、集体企业和人民团体管理、使用或者运输中的私人财产，以公共财产论。因此，本题中，交警队对于货车的拟制所有是合法的，能够对抗本权者，如果本权者，也即王某指使李某将其偷回，那么，该行为成立盗窃罪，犯罪对象是该货车本身，盗窃数额可以根据犯罪情节、给合法占有人所造成的财产损失或者事后恶意索赔的数额来认定。事后索赔行为，由于侵犯了另外一个财产法益，且不缺乏期待可能性，即法律可以期待其不再去交警队行骗，因此，另外成立诈骗罪。就盗窃罪和诈骗罪而言，由于交警队只有一个损失，因此，可以当作包括的一罪，认定为诈骗罪更为合理。

> **5. 就事实四，关于李某的行为定性，可能存在哪些观点？各自的理由是什么？**

答案：可能存在如下两种观点。

观点一：成立故意杀人未遂与过失致人死亡，实行数罪并罚。因为前行为并未造成死亡的结果，只能成立故意杀人罪未遂，而行为人对后行为只有过失，只能成立过失致人死亡，应予以数罪并罚。

观点二：应认定为故意杀人既遂一罪。因前行为具有导致死亡结果发生的重大危险，且介入的第二个行为，即埋"尸"的行为，也不异常，属于通常会发生的情况。因此，第一个行为与死亡结果之间的因果进程并未中断，死亡结果应归属于前行为。

难度：难

考点：事前的故意

命题与解题思路：本题考查了刑法主观题中几乎每年都会出现的事前的故意。事前的故意，是指行为人误认为第一个行为已经造成结果，出于其他的目的（如掩盖罪行等）而实施第二个行为，行为人预期的犯罪结果却是由第二个行为所导致。例如，甲以杀人故意对乙实施暴力，乙陷入昏迷后，甲以为乙已经死亡，甲基于掩盖罪行的目的将乙扔入深井中，其实乙是摔死的。对于事前的故意究竟如何处理，学界有多种意见。希望考生借这一题对事前的故意理论再复习一遍。

答案解析：对于事前的故意如何处理，大体上有以下两种观点。

观点一：未遂犯与过失犯并合说。第一个行为即砸酒瓶的行为成立故意杀人未遂，第二个行为即埋"尸"的行为成立过失致人死亡罪。

观点二：介入因果关系说。该理论认为如果第一个行为具有导致死亡结果发生的重大危险，介入行为人的第二个行为也不异常。应肯定第一个行为与结果之间的因果关系，能够将结果归属于第一个行为。而且，实施第一个行为时行为人确实具有杀人的故意，现实所发生的结果与行为人意欲实现的结果完全一致，所以应当以故意杀人罪既遂论处。其中，目前观点二属于主流观点。

> **6. 就事实五，关于李某的行为定性，可能存在哪些观点？各自的理由是什么？**

答案：李某将小王错认为男孩，进而将其出卖（7万元介绍费的实质是人身的对价款）给马某的行为，属于在拐卖妇女、儿童罪的范围内存在的对象认识错误。可能存在以下两种观点。

观点一：根据具体符合说和客观未遂论，无法对李某的行为进行处罚。因为李某对拐卖儿童成立不能犯，而对于拐卖妇女则是过失，均不成立犯罪。

观点二：根据法定符合说，成立拐卖妇女罪的既遂。对于拐卖妇女、儿童罪来说，从构成要件的角度看，妇女和儿童在价值上是等同的。此时，应当根据其实际拐卖的对象的性别来定。

难度：难

考点：特殊情况下对象认识错误的处理

命题与解题思路：本题考查了法考刑法主观题中经常考到的对象认识错误问题，考生习惯认为在对象认识错误中，不管是具体符合说还是法定符合说，结论都是一样的，此种认识错误不影响行为性质的认定。但实际上，在一些特殊的场合下，具体符合说与法定符合说的结论并不一样。对此，应当持法定符合说立场，才能得出合理的结论。

答案解析：本题希望考生注意的是，在对象认识错误中，并不意味着在任何对象错误的场合，具体符合说和法定符合说的结论都相同。

如果按照具体符合说，本案还不符合想拐卖眼前的"那个人"，事实上也拐卖了"那个人"。因为想拐卖的"那个人"是14岁男童，而事实上拐卖的是15岁少女。我国刑法中只有拐卖妇女、儿童罪，而不存在拐卖两人的共同上位概念——"拐卖人口罪"。因此，按照具体符合说，李某对拐卖儿童成立未遂犯或者不能犯（按照客观的未遂犯，这里不可能侵犯一个不存在的男童的法益），而对于拐卖妇女则属于过失，我国刑法中不存在过失拐卖妇女罪，因此，只能无罪。但这样的观点显然不利于保护法益。

而如果按照法定符合说，行为人所认识的事实与实际发生的事实，只要在构成要件的范围内是一致的，或者说二者在构成要件内是等价的，就成立故意的既遂犯。对于拐卖妇女、儿童罪来说，从构成要件的角度看，妇女和儿童在价值上是等同的，此时，应当根据其实际拐卖的对象的性别来定。因此，根据法定符合说，成立拐卖妇女罪的既遂。需要指出的是，在张明楷教授的《刑法学》第六版第352页，张老师赞同法定符合说立场。

评分细则（共31分）

1-6题满分为：4分、4分、5分、6分、6分、6分

1. 以非法占有为目的秘密窃取国家电能（1分），成立盗窃罪（1分）；骗取收费员免除电费债权（1分），构成诈骗罪（1分）。

2. 钱某构成教唆犯（1分），片面教唆成立教唆（1分）；不构成犯罪（1分），缺乏意思联络或者正犯缺乏参与意识（1分）。

3. 观点一：基于泄愤报复的目的破坏机械厂生产经营（1分）；观点二：使电费征收员陷入了认识错误进而要求机械厂缴纳（1分）；机械厂基于错误认识处分了电费遭受了损失（1分）。
我的观点：破坏生产经营罪和诈骗罪想象竞合（1分），应当择一重罪处罚（1分）。

4. 盗窃罪保护的法益是财产所有权（1分），偷车没有侵犯所有权（1分），事后索赔成立诈骗罪（1分）；货车被扣属于公共财产（1分），偷车存在非法占有的目的构成盗窃（1分），事后索赔构成诈骗（1分）。

5. 故意杀人未遂与过失致人死亡（1分），数罪并罚（1分），前行为未造成死亡后果（1分），后行为只有过失（1分）；故意杀人既遂一罪（1分），行为与死亡结果之间的因果进程并未中断（1分）。

6. 属于拐卖妇女、儿童罪的范围内存在的对象认识错误（1分）；不构成犯罪（1分），李某对拐卖儿童成立不能犯（1分），对于拐卖妇女则是过失（1分）；成立拐卖妇女罪的既遂（1分），妇女、儿童价值等同或者均属于构成要件范围（1分）。

刑事诉讼法

第一题（本题 30 分）

一、试题

案情：熊某等 20 余人为牟取非法利益，通过境外网站和服务器开设赌场，并先后在 A 市和 B 市开设"网络工作室"，用于在国内发展代理人员和进行赌资结算。居住在 C 市的赌客何某在使用该网络赌博软件参与赌博输掉大额资金后，向公安机关举报该赌博网站，同时提供向其发送赌博广告信息的线索。后经查实，广告信息系居住于 D 市的刘某到 E 市通过电信基站发出，刘某系受托为熊某等人的赌博软件提供广告推广。

A 市公安机关在对熊某等人开设赌场案立案侦查后，组织侦查专家对涉案网站及服务器进行远程勘验。侦查人员在取证实验室使用计算机操作系统对该赌博网站后台服务器中的数据进行了远程勘验，提取并固定该网站相关后台数据。公安机关从提取的数据中获取了该网站共计 50 余名代理人员的注册信息、代理充值明细、代理佣金明细和共计 600 余名下级赌客的注册信息、充值信息和提现信息。公安机关将到案的 40 余名代理人员与熊某等 20 余人并案侦查。由于查实所有赌客现实身份并逐一核实参赌情况存在一定困难，且将消耗大量办案资源，公安机关分别从每名代理人员各自发展的下级赌客中选取 1-2 名赌客作为证人进行询问。A 市公安机关将已陆续查清相应事实的 40 余名代理人员分案移送 A 市某检察院审查起诉，后将熊某等 20 余人一并移送审查起诉。A 市公安机关侦查期间，熊某等人因被在 F 市进行赌博的部分人员举报和交代，同时被 F 市公安机关立案侦查。F 市公安机关以本地代理人员和涉赌人员的涉案情况为主线，对熊某等人开设赌场的事实侦查后，将案件移送 A 市某检察院审查起诉。

A 市某检察院对熊某等 20 余人开设赌场案提起公诉后，熊某的辩护人对公安机关在线提取的电子数据的真实性提出异议。法院审理认为，现有证据足以认定熊某使用他人身份开设的 X 账户主要用于接收赌客购买筹码的资金，熊某等人通过该账户对代理人员的佣金和赌客的筹码进行结算。法院认为无法逐一核实 X 账户每笔入账资金的来源，但可以将该账户接收的资金数额认定为熊某等人开设赌场的赌资累计数额。熊某等人对此认定未提出异议。

问题：

1. 如刘某行为构成犯罪，本案中哪些公安机关可以对刘某案立案侦查？

2. A 市和 F 市两地公安机关同时对熊某等人开设赌场犯罪事实开展侦查的做法是否正确？为什么？

3. 在尚有 10 余名代理人员未到案的情况下，A 市公安机关陆续将已到案的代理人员分案移送审查起诉的做法是否妥当？为什么？

4. 公安机关按照一定数量选取并收集涉赌人员证言的做法是否妥当？为什么？对于公安机关收集的证言，法院应如何审查？

5. 对于本案在线提取的电子数据的真实性，法院应重点审查哪些内容？

6. 法院按照 X 银行账户接收的资金数额认定本案赌资数额的做法是否妥当？为什么？

二、案例来源

刘某某、曾某某等 11 人开设赌场案，吴某等 63 人开设赌场系列案，宋某某等 11 人开设赌场案，陈某某等 14 人开设赌场案①

三、总体命题思路

本题结合两高一部于 2022 年 8 月联合出台的《关于办理信息网络犯罪案件适用刑事诉讼程序若干问题的意见》（以下简称《意见》），综合考查信息网络犯罪案件中的帮助犯管辖、合并处理、并案侦查后的分案处理、先行追诉、按比例或数量取证和账户资金推定规则共六个知识点，同时考查电子数据真实性的审查。解答本题，其一，应迅速锁定本案例题解题的主要依据，即《意见》，并找到相关法条；其二，应充分结合案例信息与相关法条，判断本案中公安机关和法院的相应诉讼行为是否正确或妥当。

四、答案精讲

1. 如刘某行为构成犯罪，本案中哪些公安机关可以对刘某案立案侦查？

答案：刘某犯罪地 E 市、C 市的公安机关，居住地 D 市的公安机关和被帮助对象熊某等人犯罪地 A 市、B 市、F 市的公安机关均可以对刘某案立案侦查。

难度：中

考点：立案管辖

命题与解题思路：本题考查信息网络犯罪案件的管辖。解答本题，考生应注意本题考查的是为信息网络犯罪提供帮助的犯罪嫌疑人的管辖机关。既要从帮助犯的角度归纳具有管辖权的办案机关，也要从实行犯的角度归纳具有管辖权的办案机关。

答案解析：本案中，刘某明知熊某等人利用信息网络实施开设赌场犯罪，仍为其提供广告推广帮助，情节严重，成立帮助信息网络犯罪活动罪。根据管辖的基本规则，其犯罪地公安机关可以管辖，其居住地公安机关在更为适宜时可以管辖。考虑到信息网络犯罪案件的多环节特点，特别是实行行为与帮助行为往往相对独立，实行犯与帮助犯常处异地，《意见》第 2 条第 3 款规定，涉及多个环节的信息网络犯罪案件，犯罪嫌疑人为信息网络犯罪提供帮助的，其犯罪地、居住地或者被帮助对象的犯罪地公安机关可以立案侦查。《意见》将"被帮助对象的犯罪地"新增为管辖连接点，本题还需进一步归纳总结被帮助对象的犯罪地。针对信息网络犯罪匿名性、远程性的特点，为方便及时查处犯罪，《意见》第 2 条第 2 款对管辖连接点采取了相对宽松的标准，信息网络犯罪案件的犯罪地包括用于实施犯罪行为的网络服务使用的服务器所在地，网络服务提供者所在地，被侵害的信息网络系统及其管理者所在地，犯罪过程中犯罪嫌疑人、被害人或者其他涉案人员使用的信息网络系统所在地，被害人被侵害时所在地以及被害人财产遭受损失地等。需要提及的是，实践中如网络赌博犯罪等案件，通常不存在被害人，并且相当比例的境外人员使用境外网络平台、设备实施，案件管辖

---

① 检察机关依法惩治开设赌场犯罪典型案例，载最高人民检察院网 https://www.spp.gov.cn/xwfbh/dxal/202111/t20211129_536924.shtml，最后访问日期：2024 年 5 月 31 日。

刑事诉讼法

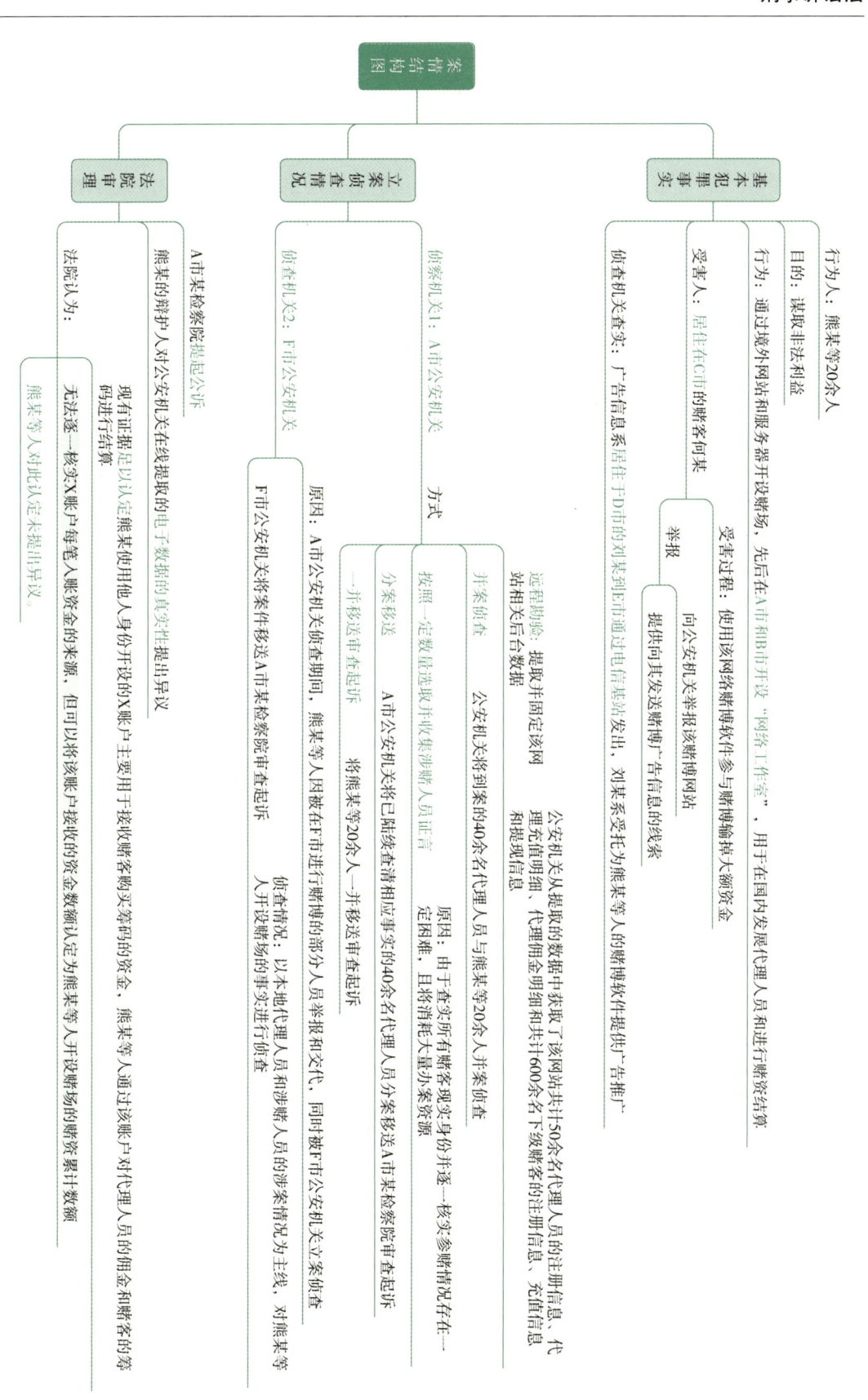

案情结构图

基本犯罪事实

- **行为人**：熊某等20余人
- **目的**：谋取非法利益
- **行为**：通过境外网站和服务器开设赌场，先后在A市和B市开设"网络工作室"，用于在国内发展代理人员和进行赌资结算
- **受害人**：居住在C市的赌客向某
- **受害过程**：使用该网络赌博软件参与赌博输掉大额资金
  - **举报**：向公安机关举报该赌博广告信息的线索
    - 提供向其发送赌博广告信息的线索
- **侦查机关查实**：广告信息系居住在D市的刘某利用E市通过电信群发给的，刘某系受熊某等人的赌博软件提供广告推广

立案侦查情况

- **侦查机关1**：A市公安机关
  - **远在勘验**：提取并固定该网站相关后台数据
  - **开展侦查**：公安机关从提取到案的40余名代理人员的资料中初步核实一个涉嫌参与赌博的身份开设一定跟踪开户收集涉嫌人员证言
  - **按照一定数据选择开户收集涉嫌人员证言**：原因：由于查实所有赌客现实身份开设一一核实参与赌博的事实存在一定困难，且将消耗大量办案资源
  - **分案移送**：A市公安机关将已陆续查清相应事实的40余名代理人员分案移送A市某检察院审查起诉
  - **一并移送审查起诉**：将熊某等20余人一并移送审查起诉
- **侦查机关2**：F市公安机关
  - **原因**：A市公安机关侦查期间，熊某等人因被在F市进行部分赌客举报和交代，同时被F市公安机关立案侦查
  - **侦查情况**：以本地代理人员和涉赌人员的涉案情况为主线，对熊某等人开设赌场的事实进行侦查
  - F市公安机关将案件移送A市某检察院审查起诉

法院审理

- **A市某检察院提起公诉**
- **熊某的辩护人对公诉机关提出线索提取的电子数据的真实性提出异议**：现有证据足以认定熊某使用他人身份开设的X账户主要用于接收赌客购买筹码进行结算
- **法院认为**：无法逐一核实X账户每笔入账资金的来源，但可以将该账户接收的资金数额认定为熊某等人开设赌场的筹码赌资累计数额
- 熊某等人对此认定未提出异议

· 251 ·

往往存在争议。考虑到境内参赌人员等涉案人员往往是侦查相关犯罪的重要线索来源，以其使用的信息网络系统所在地作为管辖连接点更有利于案件办理。基于此，《意见》第 2 条第 2 款将"犯罪过程中其他涉案人员使用的信息网络系统所在地"纳入信息网络犯罪案件的犯罪地范围，以满足及时侦办案件、惩治相关犯罪的实践需要。据此，熊某等人使用的信息网络系统所在的 A 市、B 市和案例中三名涉赌人员使用的信息网络系统所在的 C 市、F 市都属于熊某等人实施信息网络犯罪案件的犯罪地。C 市同时也是刘某实施帮助信息网络犯罪活动罪的犯罪结果发生地。

2. A 市和 F 市两地公安机关同时对熊某等人开设赌场犯罪事实开展侦查的做法是否正确？为什么？

答案：不正确。本案虽属于有多个犯罪地的信息网络犯罪案件，但应由最初受理的公安机关或主要犯罪地公安机关立案侦查。两地公安机关对同一批犯罪嫌疑人立案侦查，应当按照有利于查清犯罪事实、有利于诉讼的原则，协商解决管辖问题。经协商无法达成一致的，由共同上级公安机关指定有关公安机关立案侦查。

难度：中

考点：管辖争议的处理

命题与解题思路：本题考查信息网络犯罪案件的合并处理与管辖争议的处理。解答本题，考生应注意从查清事实、便于诉讼、保障效率等角度考量，办案机关应统一处理同一犯罪嫌疑人的同一犯罪事实。

答案解析：《意见》第 3 条规定，有多个犯罪地的信息网络犯罪案件，由最初受理的公安机关或者主要犯罪地公安机关立案侦查。有争议的，按照有利于查清犯罪事实、有利于诉讼的原则，协商解决；经协商无法达成一致的，由共同上级公安机关指定有关公安机关立案侦查。需要提请批准逮捕、移送审查起诉、提起公诉的，由立案侦查的公安机关所在地的人民检察院、人民法院受理。相较 2014 年两高一部《关于办理网络犯罪案件适用刑事诉讼程序若干问题的意见》，本条增加了协商程序的规定，以强化工作协调，及时解决管辖争议，提高办案效率。本案中，A 市公安机关不仅是最初受理熊某等人开设赌场案的公安机关，而且 A 市相对于 F 市是熊某等人的主要犯罪地。故两地公安机关存在管辖争议时，应当协商解决管辖问题，按照有利于查清犯罪事实、有利于诉讼的原则，由 A 市公安机关管辖本案更为合适。另外，从合并处理案件的角度来看，一般应对同一犯罪嫌疑人的案件并案处理。从当前的司法实践来看，由于各种原因，经常存在多地公安机关根据不同被害人的报案或发现不同涉案人员的情况分别立案侦查的情形。以被害人或涉案人员的事实为主线，对于同一犯罪嫌疑人的事实分案处理，会增加司法资源耗费，也难以对案件事实作出全面、准确的审查和认定，同时还可能不当加重犯罪嫌疑人的罪责。《意见》第 10 条对信息网络犯罪案件的合并处理进行了规定，犯罪嫌疑人被多个公安机关立案侦查的，有关公安机关一般应当协商并案处理，并依法移送案件。协商不成的，可以报请共同上级公安机关指定管辖。

3. 在尚有 10 余名代理人员未到案的情况下，A 市公安机关陆续将已到案的代理人员分案移送审查起诉的做法是否妥当？为什么？

答案：妥当。首先，该案虽是已并案侦查的共同犯罪及关联犯罪案件，但犯罪嫌疑人人数众多，各自的分工和参与环节不同，案情复杂。从有利于保障诉讼质量和效率的角度，公安机关可以对已查清相应事实的代理人员分案移送审查起诉。其次，本案代理人员各自为赌博网站发展下级赌客，相互之间的涉罪事实较为独立，部分代理人员未到案，不影响对已到案的代理人员的犯罪事实的认定，故可以将已到案代理人员的案件移送审查起诉。

难度：难

考点：分案处理

命题与解题思路：本题考查信息网络犯罪案件并案侦查后的分案处理和先行追诉两个知识点。解答本题，考生应仔细阅读题干，将问题分为两个要点分别进行分析，即分案移送审查起诉是否妥当、先行追诉到案嫌疑人是否妥当。

答案解析：同案同审是诉讼的一般原则。但从实践来看，相当数量的信息网络犯罪案件被告人众多，有的甚至可达上百人，作为一个案件审理，既影响诉讼质量和效率，也会增加当事人等诉讼参与人的诉累。对此类案件，分案移送审查起诉或提起公诉，有其现实必要性。基于此，《意见》第5条规定，并案侦查的共同犯罪或者关联犯罪案件，犯罪嫌疑人人数众多、案情复杂的，公安机关可以分案移送审查起诉。分案移送审查起诉的，应当对并案侦查的依据、分案移送审查起诉的理由作出说明。对于相关案件未作分案处理的，检察院可以分案提起公诉，法院可以分案审理。当然，上述分案处理应当以有利于保障诉讼质量和效率为前提，并不得影响当事人质证权等诉讼权利的行使。本案中，代理人员各自的犯罪事实相对独立，与熊某等10余人的犯罪事实明显不同。在本案人数众多、案情复杂的情况下，对已查清相应案件事实的代理人员分案处理，既可以提高诉讼效率，也可以保障诉讼质量。另外，信息网络犯罪由于跨地域实施且多存在分工合作，经常出现只抓获部分犯罪嫌疑人，而其他犯罪嫌疑人没有到案的情况。针对这一情况，《意见》第7条规定，对于共同犯罪或者已并案侦查的关联犯罪案件，部分犯罪嫌疑人未到案，但不影响对已到案共同犯罪或者关联犯罪的犯罪嫌疑人、被告人的犯罪事实认定的，可以先行追究已到案犯罪嫌疑人、被告人的刑事责任。本案中，代理人员的刑事责任依据其发展下线的赌客人数、涉案赌资或抽头渔利数额而定，各自的犯罪事实互不影响，故可以先行追究已到案代理人员的刑事责任。

4. 公安机关按照一定数量选取并收集涉赌人员证言的做法是否妥当？为什么？对于公安机关收集的证言，法院应如何审查？

答案：妥当。本案共有500余名涉赌人员，每名涉赌人员在同一赌博网站进行赌博，参赌情况类似，逐一收集每名涉赌人员的证言确实存在很大困难。对于这种数量特别众多且具有同类性质、特征或者功能的证据材料，确因客观条件限制无法逐一收集的，应当按照一定比例或者数量选取证据，并对选取情况作出说明和论证。

对于公安机关收集的证言，法院应从两个方面进行审查。首先，重点审查取证方法、过程是否科学。经审查认为取证不科学的，应当由原取证机关作出补充说明或者重新取证。其次，结合其他证据材料，以及被告人及其辩护人所提辩解、辩护意见，审查认定取得的证据。经审查，对相关事实不能排除合理怀疑的，应当作出有利于被告人的认定。

难度：难

考点：抽样取证

命题与解题思路：本题考查信息网络犯罪案件的按比例或者数量取证，即抽样取证。解答本题，考生应准确把握案例信息中交代的涉赌人员的规模情况，应认识到对大量类似的证据材料逐一取证和核实既无必要，也难实现。故采取科学的抽样取证措施即可。

答案解析：近年来，网络犯罪案件普遍具有被害人和涉案人员众多、海量银行交易记录、海量通话聊天记录等特点，犯罪分子专门利用侦查机关难以逐条逐笔追踪到人的困难，将获取公民个人信息、实施犯罪行为、转移犯罪资金等进行"碎片化"操作，分配给众多行为人实施、细化为众多犯罪环节、分散为海量"资金流水"，而这些被害人、涉案人员和海量的银行流水、信息通讯、计算机操作日志等证据难以逐人逐笔逐条对应查证。但这些海量证据材料往往具有同质性，这就为按比例或者数量取证创造了条件。《意见》第20条对按比例或者数量取证的规则作了专门规定。具体而言：（1）证据选取规则。办理信息网络犯罪案件，对于数量特别众多且具有同类性质、特征或者功能的物证、书证、证人证言、被害人陈述、视听资料、电子数据等证据材料，确因客观条件限制无法逐一收集的，应当按照一定比例或者数量选取证据，并对选取情况作出说明和论证。需要强调的是，为规范涉案财物处置，保护被害人利益，根据《意见》第22条第2款的规定，对于涉案财物需要返还被害人的信息网络犯罪案件，应当尽可能查明被害人损失情况。（2）证据审查规则。人民检察院、人民法院应当重点审查取证方法、过程是否科学。经审查认为取证不科学的，应当由原取证机关作出补充说明或者重新取证。（3）证据采信规则。检察院、法院应当结合其他证据材料，以及犯罪嫌疑人、被告人及其辩护人所提辩解、辩护意见，审查认定取得的证据。经审查，对相关事实不能排除合理怀疑的，应当作出有利于犯罪嫌疑人、被告人的认定。本案中，涉赌人员众多，潜在的同类特征、功能的证人证言很多，主要证明如何注册、如何购买筹码、如何参赌、如何提现等内容。其中有些证人身份不明，很难找到，加之本案不存在查明被害人损失的情况，故完全可对涉赌人员的证言进行抽样取证。

> **5. 对于本案在线提取的电子数据的真实性，法院应重点审查哪些内容？**

答案：法院应重点审查以下内容：（1）是否说明未移送原始存储介质的原因，并注明提取电子数据的过程及电子数据的来源；（2）是否具有数字签名、数字证书等特殊标识；（3）提取的过程是否可以重现；（4）如有增加、删除、修改等情形的，是否附有说明；（5）完整性是否可以保证。

难度：难

考点：电子数据真实性的审查

命题与解题思路：本题考查电子数据真实性的审查。解答本题，考生除根据题干迅速锁定作为应用依据的法条外，还应结合案例信息中已经指明的在线提取电子数据方式，准确指明法院应重点审查的内容。

答案解析：《法院解释》第110条沿袭两高一部《关于办理刑事案件收集提取和审查判断电子数据若干问题的规定》第22条的规定，从五个方面规定了法院审查电子数据是否真实时的重点审查内容：（1）是否移送原始存储介质；在原始存储介质无法封存、不便移动时，有无说明原因，并注明收集、提取过程及原始存储介质的存放地点或者电子数据的来源等情况；（2）是否具有数字签名、数字证书等特殊标识；（3）收集、提取的过程是否可以重现；（4）如有增加、删除、修改等情形的，是否附有说明；（5）完整性是否可以保证。其中，对于第一项，由于本案大量电子数据的原始存储介质在境外，侦查人员系在远程勘验过程中在线提取电子数据，故无法移送原始存储介质，法院只需审查侦查机关是否说明未移送原始存储介质的原因，并注明提取电子数据的过程及电子数据的来源。对于第二项，法院可以通过对电子数据附带的数字签名或者数字证书进行认证,以验证电子数据的真实性。对于第三项,电子数据即使已经被提取,其提取过程仍然可以被完全、准确、一致地重现,法院审查电子数据时,可以充分利用该特性通过复现收集、提取过程进行审查。对于第四项,电子数据发生增加、删除、修改,其真实性一般会受到质疑,但并不必然导致其不真实,有时是为了正常播放视频文件或打开电子图片而附加某些信息或修改某些字节,因此需要根据附加的说明进一步审查这些修改是对电子数据所承载的内容或者证明的事实产生影响。对于第五项,电子数据完整性是保证电子数据真实性的重要因素,如果电子数据完整性遭到破坏,则意味着电子数据可能被篡改或者破坏,其真实性也无法保证。将电子数据完整性纳入真实性范畴,在进行真实性审查时必须进行完整性审查。

6. 法院按照 X 银行账户接收的资金数额认定赌资数额的做法是否妥当?为什么?

答案:妥当。本案涉赌人数特别众多,逐一查实涉赌人员的信息和支付赌资情况存在很大困难。对于这种涉案人数特别众多的信息网络犯罪案件,确因客观条件限制无法收集证据逐一证明、逐人核实涉案账户的资金来源,但根据账户交易记录和其他证据材料足以认定有关账户主要用于接收、流转涉案资金,可以按照该账户接收的资金数额认定犯罪数额。

难度:难

考点:刑事推定

命题与解题思路:本题考查涉众型信息网络犯罪案件的账户资金推定规则。解答本题,考生应结合案例信息和题干迅速锁定解题法条。即使未注意到相应法条,也可充分运用刑事推定的知识来判断法院的做法是否妥当。

答案解析:信息网络犯罪的一个重要特点就是被害人、涉案人员分散在全国各地,对于以涉案资金数额等作为定罪量刑标准的案件,通常难以逐一对涉案资金进行取证。例如,网络赌博案件涉及的参赌人员动辄成千上万,不具备向所有参赌人员逐一取证认定参赌数额的可能性。为解决这一问题,《意见》第 21 条对涉众型信息网络犯罪案件的账户资金推定规则作出明确规定,对于涉案人数特别众多的信息网络犯罪案件,确因客观条件限制无法收集证据逐一证明、逐人核实涉案账户的资金来源,但根据银行账户、非银行支付账户等交易记录和其他证据材料,足以认定有关账户主要用于接收、流转涉案资金的,可以按照该账户接收的资金数额认定犯罪数额,但犯罪嫌疑人、被告人能够作出合理说明的除外。案外人提出异议的,应当依法审查。

据此,对于涉众型信息网络犯罪案件的账户资金推定规则需要注意以下几点:(1)适用范围为涉案人数特别众多的信息网络犯罪案件,对于一般的信息网络犯罪案件,不能适用。(2)有银行账户、非银行支付账户等交易记录和其他证据材料,即对于证明基本犯罪事实已经有相应的客观性证据。但是,由于客观条件的限制,无法收集证据逐一证明、逐人核实涉案账户的资金来源。(3)足以认定有关账户主要用于接收、流转涉案资金的,可以按照该账户接收的资金数额认定犯罪数额,但犯罪嫌疑人、被告人能够作出合理说明的除外。例如,犯罪嫌疑人提出涉嫌诈骗的账户里有合法收入并提供相应证据,经查证属实或者不能排除合理怀疑的,则不能认定该笔犯罪数额。此外,对于案外人就涉案账户资金的认定提出异议的,应当依法审查。本案中现有证据足以认定熊某使用他人身份开设的 X 账户主要用于接收赌客购买筹码的资金,且被告人未提出异议,即未作出合理说明,因此法院可以按照 X 银行账户接收的资金数额认定赌资数额。

评分细则（共30分）

1-6题满分为：5分、5分、5分、6分、4分、5分

1. 犯罪地E市、C市的公安机关（2分，每个1分），居住地D市的公安机关（1分），被帮助对象熊某等人犯罪地A市、B市、F市的公安机关（2分，答出任意两个即可得满分）
2. 不正确（2分），应由最初受理的公安机关或主要犯罪地公安机关立案侦查（2分），无法协商一致，由共同上级公安机关指定（1分）。
3. 妥当（2分），犯罪嫌疑人人数众多，案情复杂（1分），相互之间的涉罪事实较为独立，部分嫌疑人不到案不影响案件事实查明（2分）。
4. 妥当（1分），数量特别众多且具有同类性质、特征或者功能的证据材料（2分），应当按照一定比例或者数量选取证据（1分）。审查取证方法、过程是否科学（1分），审查认定取得的证据可采信性（1分）。
5. 是否说明未移送原始存储介质的原因（1分），是否具有数字签名等标识（1分），删除、修改等是否有说明（1分），完整性是否可以保证（1分）。
6. 妥当（2分），涉案人数特别众多的信息网络犯罪（1分），有交易记录等证据材料（1分），足以认定有关账户主要用于接收、流转涉案资金（1分）。

第二题（本题30分）

一、试题

案情：2019年11月16日20时22分，宋某驾车到X省Y市Z区某处，下车走到马路对面人行道上睡觉。这一过程被路人看到后报警，随后交警到达现场处理。经抽血检验，宋某血样酒精浓度为213mg/100ml。同日19时40分许，张某驾驶电动车在Z区某路口处被一车辆碰撞，肇事车辆逃逸。经鉴定，事故现场的散落物系从宋某轿车的前车头右侧部位分离出来的，经确认该轿车前车头右侧部位碰撞到电动车的后尾部。张某的损伤程度评定为轻微伤。根据宋某所述的酒后驾车过程和事故现场的勘查报告，道路交通管理部门出具了《道路交通事故认定书》，认定宋某承担事故的全部责任。宋某因涉嫌危险驾驶罪被Y市公安局Z区分局决定取保候审。

审查起诉阶段，Z区检察院认为该案认定宋某危险驾驶的事实不清、证据不足，不符合起诉条件，对宋某作出不起诉决定。Y市检察院审查认为道路交通管理部门出具的《道路交通事故认定书》作为宋某供述的补强证据，可担保宋某供述的真实性，足以认定肇事车辆是由宋某驾驶。Y市检察院要求Z区检察院纠正错误的不起诉决定。2020年5月23日，Z区检察院撤销原不起诉决定，同月29日以危险驾驶罪对宋某提起公诉。

一审期间，宋某翻供，辩解自己当晚喝醉了，什么都不记得，车可能是由同行的朋友驾驶后停在路边。Z区法院审理认为根据现有证据不能认定宋某是肇事车辆驾驶人，指控宋某犯危险驾驶罪的事实不清、证据不足，遂判决宋某无罪。2020年10月9日，Z区检察院向Y市中级法院提出抗诉，Y市检察院支持抗诉。为充分说明抗诉意见和理由，检察机关在提出抗诉后，提取了案发路段的监控影像资料并委托A司法鉴定所进行图像鉴定，鉴定意见为：

"送检监控录像记录：2019年11月16日20时20分41秒，出现在某某路被监控路面的银灰色嫌疑小轿车驾驶员，与被鉴定人宋某是同一人。"Y市中级法院开庭审理后，裁定撤销原判，发回Z区法院重审。

在Z区法院重新审理过程中，被告人宋某对"A司法鉴定所图像鉴定意见"提出异议并申请重新鉴定，Z区法院分别委托B司法鉴定中心和C司法鉴定中心对上述视频监控图像中的人物与被告人宋某的同一性进行重新鉴定。2021年9月，B司法鉴定中心和C司法鉴定中心分别出具书面答复意见，认为检材人像颜面高度模糊，不具备视频人像鉴定条件。2021年12月4日，Z区法院审理认为指控宋某犯危险驾驶罪的证据不足，不能排除合理怀疑，再次判决宋某无罪。Z区检察院第二次提出抗诉，认为Z区法院未采纳"A司法鉴定所图像鉴定意见"不当，B司法鉴定中心和C司法鉴定中心所作的"不能对同一份检材进行鉴定"的意见，并不能否定"A司法鉴定所图像鉴定意见"的客观真实性。Y市中级法院审理认为，B司法鉴定中心和C司法鉴定中心均认定同样的检材不具备视频人像鉴定条件，而"A司法鉴定所图像鉴定意见"所依据的同样检材作出同一性结论意见，比较论证后，"A司法鉴定所图像鉴定意见"缺乏可靠性。2022年3月2日，Y市中级法院裁定驳回抗诉，维持原判。

Y市检察院认为原判可能有误，指派检察官进行审查。检察官发现了离案发路段相隔两条街的监控抓拍的影像资料，遂委托D司法鉴定中心对该影像中出现的涉案小轿车驾驶员与原审被告人宋某进行同一性鉴定。鉴定意见认为案发当晚该车驾驶员所穿的上衣款式、颜色及驾驶员发际线和鼻部特征比对该车车主宋某当晚抽血时所穿的上衣款式、颜色及发际线和鼻部特征，二者具有相似或者相同特征。2022年7月1日，Y市检察院提请X省检察院按照审判监督程序抗诉，15日后，X省检察院向X省高级法院提出抗诉。

问题：

1. 请结合本案分析，对Z区检察院的不起诉决定，可以有哪些救济方式？
2. Y市检察院将《道路交通事故认定书》作为宋某供述的补强证据的做法是否正确？为什么？
3. 宋某是否应当提出证据证明其主张的"车可能是由同行的朋友驾驶后停在路边"？为什么？
4. 请分析B和C司法鉴定中心出具的书面答复意见在本案中的性质与作用。
5. X省检察院提出抗诉的做法是否妥当？为什么？
6. 请结合本案中二审抗诉与再审抗诉的适用，阐述两种抗诉的区别。

二、案例来源

"宋某某危险驾驶二审、再审抗诉案"[①]

三、总体命题思路

本题根据一起真实案例进行改编，综合考查对不起诉决定的救济、补强证据必须满足的条件、被告人证明责任的承担、鉴定意见、再审抗诉的理由和二审抗诉与再审抗诉的区别六个知识点。解答本题，其一，应迅速锁定本案的争议焦点，围绕该焦点厘清案例中三级检察院和法院各自针对本案提出上诉、抗诉和作出无罪判决的主要理由；其二，充分运用证据原理和证据规则分析本案证据的运用；其三，根据三级检察院的做法归纳二审抗诉和再审抗诉的区别。

[①] 最高人民检察院指导案例第182号。

案情结构图

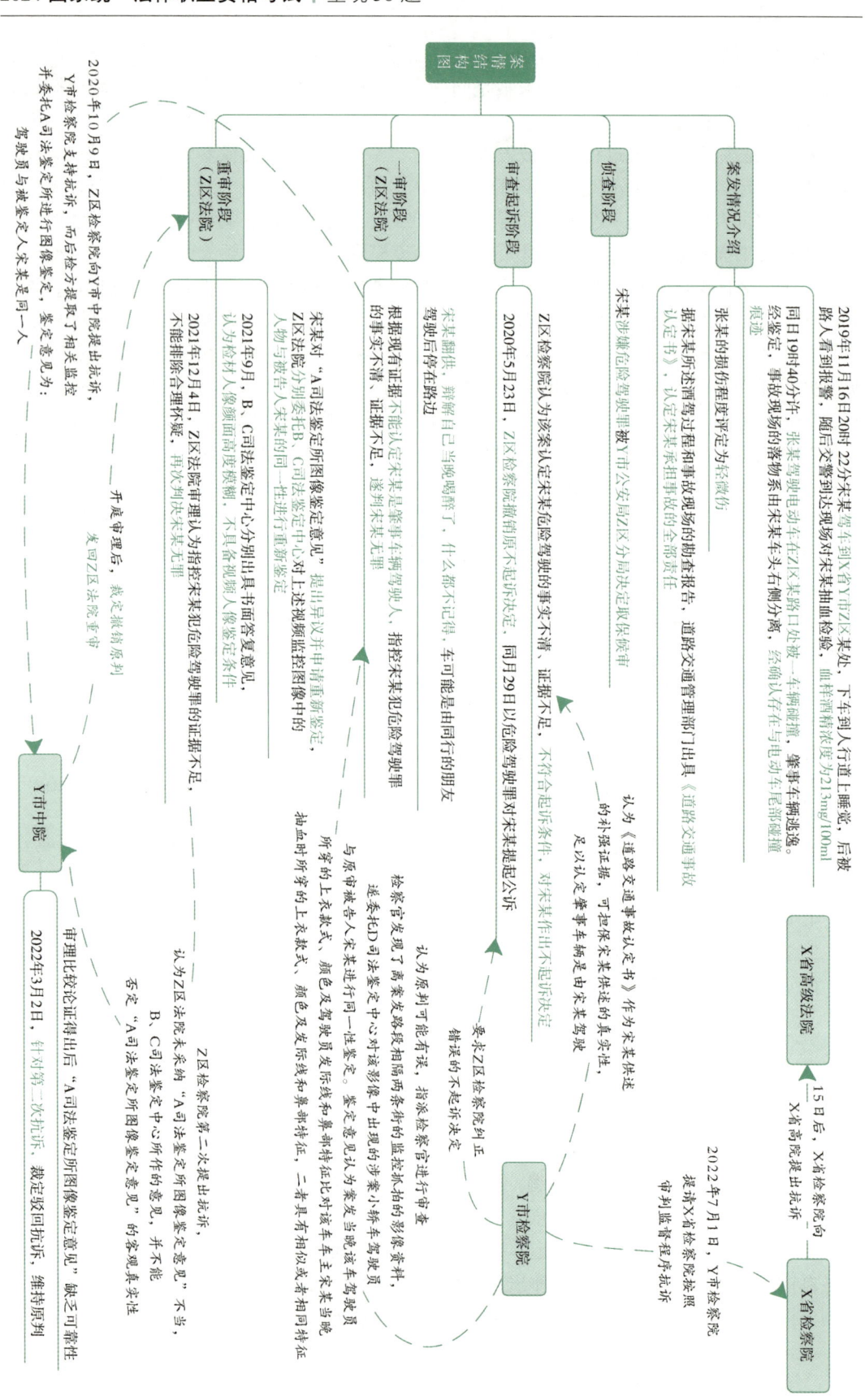

案发情况介绍
- 2019年11月16日20时22分宋某驾驶电动车到X省Y市Z区某处，下车到人行道上睡觉，后被路人看到报警，随后交警到达现场对宋某进行抽血检验，血样酒精浓度为213mg/100ml
- 张某驾驶电动车到达现场后一车辆碰撞，一车辆逃逸，事故现场的落物系由宋某车头右侧分离
- 同日19时40分许，经鉴定，事故现场评定宋某所述酒驾过程和事故现场的物品存在与电动车后部碰撞痕迹
- 根据宋某所述酒驾过程和事故现场的物品存在与电动车后部碰撞痕迹，认定宋某承担事故的全部责任
- 宋某涉嫌危险驾驶罪被Y市公安局Z区分局刑事拘留

侦查阶段
- 张某驾驶电动车到达现场后一车辆碰撞

审查起诉阶段（Z区检察院）
- 2020年5月23日，Z区检察院撤销原不起诉决定，同月29日以危险驾驶罪对宋某提起公诉
- Z区检察院认为该案认定宋某危险驾驶的事实不清，证据不足，不符合起诉条件，对宋某作出不起诉决定
- 认为《道路交通事故认定书》作为本案补强证据，可排除宋某未供述的合理怀疑，足以认定肇事车辆是由宋某驾驶

一审阶段（Z区法院）
- 宋某翻供，辩解不能认定自己当晚喝醉了，什么都不记得，车可能是由同行的朋友驾驶停在路边
- 根据现有证据不能认定宋某犯危险驾驶罪的事实不清，证据不足，遂判宋某无罪
- 宋某对"A司法鉴定所图像鉴定意见"提出异议并申请重新鉴定，Z区法院分别委托B、C司法鉴定中心对上述视频监控图像中的人物与被告人宋某的同一性进行重新鉴定

重审阶段（Z区法院）
- 2021年9月，B、C司法鉴定所图像鉴定中心分别出具书面函复意见，认为Z区检材人像颜面高度模糊，不具备视频人像鉴定条件
- 2021年12月4日，Z区检察院认为B、C司法鉴定中心所作的意见，并不能排除合理怀疑，再次判决宋某无罪

Y市检察院
- 检察官发现了高某某路线及驾驶员中心对送检影像中出现的监控机中有可疑线索，指派检察官进行审查
- 认为判可能存在错误，指派检察官进行审查
- 认为Z区法院未采纳"A司法鉴定所图像鉴定意见"不当，B、C司法鉴定所作出的"A司法鉴定所图像鉴定意见"不可信
- Z区检察院第二次提出抗诉
- 审理比较论证得出"A司法鉴定所图像鉴定意见"缺乏可靠性
- 2022年3月2日，针对第二次抗诉，裁定驳回抗诉，维持原判

Y市中院
- 开庭审理后，裁定撤销原判，发回Z区法院重审

X省高级法院
- 15日后，X省高院按照审判监督程序抗诉
- 2022年7月1日，Y市检察院按照审判监督程序抗诉

X省检察院
- 2020年10月9日，Z区检察院支持抗诉，向后检方提取了相关图像，未委托A司法鉴定所进行图像鉴定，鉴定意见为：驾驶员与被鉴定人宋某某同一人

四、答案精讲

> 1. 请结合本案分析，对 Z 区检察院的不起诉决定，可以有哪些救济方式？

答案：其一，Y 市公安局 Z 区分局认为 Z 区检察院的不起诉决定有错误的，可以要求复议，如果意见不被接受，可以向 Y 市检察院提请复核。其二，被害人张某如果对不起诉决定不服，可以自收到决定书后向 Y 市检察院申诉，请求提起公诉。对检察院维持不起诉决定的，张某可以向法院起诉。其三，张某可以不经申诉，直接向法院起诉。

难度：中

考点：对不起诉决定的救济

命题与解题思路：本题考查对不起诉决定的救济。解答本题，考生应全面掌握《刑事诉讼法》等相关法律规范对公安机关、监察机关、被害人和被不起诉人规定的针对不起诉决定的不同制约和救济措施。

答案解析：《刑事诉讼法》第 179 条规定，对于公安机关移送起诉的案件，检察院决定不起诉的，应当将不起诉决定书送达公安机关。公安机关认为不起诉的决定有错误的时候，可以要求复议，如果意见不被接受，可以向上一级检察院提请复核。《刑事诉讼法》第 180 条规定，对于有被害人的案件，决定不起诉的，检察院应当将不起诉决定书送达被害人。被害人如果不服，可以自收到决定书后 7 日以内向上一级检察院申诉，请求提起公诉。检察院应当将复查决定告知被害人。对检察院维持不起诉决定的，被害人可以向法院起诉。被害人也可以不经申诉，直接向法院起诉。《刑事诉讼法》第 181 条规定，对于检察院依照本法第 177 条第 2 款规定作出的不起诉决定（酌定不起诉），被不起诉人如果不服，可以自收到决定书后 7 日以内向检察院申诉。《监察法》第 47 条第 4 款规定，检察院对于有《刑事诉讼法》规定的不起诉的情形的，经上一级检察院批准，依法作出不起诉的决定。监察机关认为不起诉决定有错误的，可以向上一级检察院提请复议。综上，除检察系统内部的监督审查之外，现有四类针对不起诉决定进行制约和救济的途径，即公安机关的要求复议与提请复核、被害人的申诉或提起自诉、（酌定不起诉）被不起诉人的申诉和监察机关的提请复议。本案中，宋某最初是被 Z 区检察院作出（存疑）不起诉决定，Z 区公安分局和被害人张某可依法寻求救济。

> 2. Y 市检察院将《道路交通事故认定书》作为宋某供述的补强证据的做法是否正确？为什么？

答案：不正确。补强证据必须具有独立的来源，补强证据与补强对象之间不能重叠，否则就无法担保补强对象的真实性。本案中，《道路交通事故认定书》依据宋某所述的酒后驾车过程认定宋某是肇事车辆驾驶人。就"宋某是肇事车辆驾驶人"这一待证事实而言，《道路交通事故认定书》的相关认定实际上来源于宋某的供述，不具有独立来源。故《道路交通事故认定书》不能作为宋某供述的补强证据。

难度：难

考点：补强证据的条件

命题与解题思路：本题考查补强证据的成立条件，即某一证据用于补强另一证据时，必须满足的条件。解答本题，考生应准确把握本案中主证据（宋某关于驾车肇事的供述）与 Y 市检察院认为的补强证据（《道路交通事故认定书》）之间的关系。

答案解析：补强证据是指用以增强另一证据证明力的证据。一开始收集到的对证实案情有重要意义的证据，称为"主证据"，而用以印证该证据真实性的其他证据，就称为"补强证据"。补强证据规则，是指为了防止误认事实或发生其他危险性，而在运用某些证明力薄弱的证据认定案情时，必须有其他证据补强其证明力，才能被法庭采信为定案根据。一般来说，在刑事诉讼中需要补强的不仅包括被追诉人的供述，而且还包括证人证言、被害人陈述等特定证据。补强证据必须满足以下条件：（1）补强证据必须具有证据能力。（2）补强证据本身必须具有担保补强对象真实的能力。设立补强证据的重要目的就在于确保特定证据的真实性，从而降低错误风险，如果补强证据没有证明价值，就不可能具有支持特定证据的证明力。当然，补强证据的作用仅仅在于担保特定补强对象的真实性，而非对整个待证事实或案件事实具有补强作用。（3）补强证据必须具有独立的来源。补强证据与补强对象之间不能重叠，而必须独立于补强对象，具有独立的来源，否则就无法担保补强对象的真实性。本案中，《道路交通事故认定书》关于宋某系肇事者的认定与宋某关于自己是肇事者的供述，实际上是重叠的。

> **3.** 宋某是否应当提出证据证明其主张的"车可能是由同行的朋友驾驶后停在路边"？为什么？

答案：宋某可以提出证据，但不是"应当"提出。一方面，证明被告人有罪的责任由检察院承担，检察院有义务排除由被告人作无罪辩解所形成的合理怀疑；另一方面，除了少数持有类的特定案件，被告人不负证明自己无罪的责任，被告人没有义务提出证据证明自己辩解无罪所主张的事实。

难度：难

考点：证明责任的分配

命题与解题思路：本题考查被告人证明责任的承担。解答本题，考生应牢记刑事诉讼中证明责任的承担主体首先是控诉机关（自诉人）；其次应牢记极少数情况下被告人承担证明责任的情形。

答案解析：在我国，刑事诉讼中证明责任的承担主体首先是控诉机关和负有证明责任的当事人，即公诉案件中的公诉人和自诉案件中的自诉人，只有他们才应依照法定程序承担证明犯罪事实是否发生和犯罪嫌疑人或被告人有罪、无罪以及犯罪情节轻重的责任，这是证明责任理论中"谁主张，谁举证"的古老法则在刑事诉讼中的直接体现。《刑事诉讼法》第51条规定，公诉案件中被告人有罪的举证责任由人民检察院承担，自诉案件中被告人有罪的举证责任由自诉人承担。此外，根据"否认者不负证明责任"的古老法则和现代无罪推定原则的要求，犯罪嫌疑人、被告人不负证明自己无罪的责任。这表明，从整体上看，刑事诉讼中的证明责任是一个专属于控诉方的概念。但是，对于少数持有类的特定案件，如巨额财产来源不明案件及非法持有属于国家绝密、机密文件、资料、物品案件中，被告人也负有提出证据的责任。在例外情况下，被告人应当承担提出证据的责任。例如，根据《刑法》第395条的规定，国家工作人员的财产、支出明显超过合法收入，差额巨大的，可以责令该国家工作人员说明来源，不能说明来源的，差额部分以非法所得论。财产的差额部分予以追缴。即对于巨额财产来源不明罪，被告人负有说明明显超过合法收入的该部分财产、支出的来源的责任，如果不能说明来源的，则以巨额财产来源不明罪论处。但是，证明财产、支出明显超过合法收入并差额巨大这一事实存在的责任，仍然由公诉机关承担。

4. 请分析 B 和 C 司法鉴定中心出具的书面答复意见在本案中的性质与作用。

答案：两司法鉴定中心出具的"检材人像颜面高度模糊，不具备视频人像鉴定条件"的书面答复意见未能按照法院委托鉴定事项解决本案所涉及的"监控图像人物与被告人宋某的同一性"这一专门性问题，故不属于可作为定案根据的鉴定意见，宜界定为对无法进行鉴定的"情况说明"。两份书面答复意见类似于有专门知识的人对"A 司法鉴定所图像鉴定意见"的科学性提出的意见，可供办案人员参考。作为辩护性意见，其对"A 司法鉴定所图像鉴定意见"可靠性的质疑，导致"A 司法鉴定所图像鉴定意见"未能作为法院定案的根据。

难度：难

考点：鉴定意见的基本要求

命题与解题思路：本题考查鉴定意见的基本要求。解答本题，考生应注意充分结合鉴定意见和有专门知识的人对鉴定意见提出的意见，对本案中两司法鉴定中心出具的书面答复意见的性质和作用进行准确分析。

答案解析：鉴定意见是指公安司法机关为了解决案件中某些专门性问题，指派或聘请具有专门知识和技能的人，进行鉴定后所作的书面意见。鉴定意见是鉴定人对专门性问题从科学、技术或者专门知识的角度提出的鉴别判断意见。实践中，鉴定意见一般是对鉴定问题提出肯定性意见，少数在材料不充分或鉴定条件不能满足等情况下给出倾向性意见。本案中，两司法鉴定中心未针对委托事项"视频监控图像与被告人宋某的同一性"作出鉴别判断意见，而是给出不具备鉴定条件的答复，故不能认为两司法鉴定中心的书面答复意见是鉴定意见，可将其视为办案参考的"情况说明"。由于书面答复意见是经专业技术人员审查检材后给出的专业性意见，可参考有专门知识的人对鉴定意见提出意见，将其用于审查"A 司法鉴定所图像鉴定意见"的可靠性与科学性。

5. X 省检察院提出抗诉的做法是否妥当？为什么？

答案：妥当。Y 市检察院检察官发现的影像资料与 D 司法鉴定中心出具的同一性鉴定意见是在原判决生效后新发现的证据。X 省检察院作为 Y 市中级法院的上级检察院，认为有新的证据证明原判决认定的事实确有错误，可能影响定罪量刑的，应当按照审判监督程序向 X 省高级法院提出抗诉。

难度：难

考点：再审抗诉的情形

命题与解题思路：本题考查再审抗诉的情形。解答本题，考生应合理把握案例信息中再审新证据的证明力，从而准确判断本案是否出现足以推翻原判的新证据。

答案解析：再审抗诉要充分考虑抗诉的法律效果和社会效果，注意维护刑事裁判的稳定性和刑事抗诉的权威性。《检察规则》总结司法实践经验，将检察院提出抗诉的情形细化为十项。《检察规则》第 591 条规定，检察院认为法院已经发生法律效力的判决、裁定确有错误，具有下列情形之一的，应当按照审判监督程序向法院提出抗诉：（1）有新的证据证明原判决、裁定认定的事实确有错误，可能影响定罪量刑的；（2）据以定罪量刑的证据不确实、不充分的；（3）据以定罪量刑的证据依法应当予以排除的；（4）据以定罪量刑的主要证据之间存在矛盾的；（5）原判决、裁定的主要事实依据被依法变更或者撤销的；（6）认定罪名错误且明显影响量刑的；（7）违反法律关于追诉时效期限的规定的；（8）量刑明显不当的；（9）违反法律规定的诉讼程序，可能影响公正审判的；（10）审判人员在审理案件的时候有贪污受贿，徇私舞弊，枉法裁判行为的。对于同级法院已经发生法律效力的判决、裁定，检察院认为可能有错误的，应当另行指派检察官或者检察官办案组进行审查。经审查，认为有前述规定情形之一的，应当提请上一级检察院提出抗诉。

《法院解释》第458条规定，具有下列情形之一，可能改变原判决、裁定据以定罪量刑的事实的证据，应当认定为《刑事诉讼法》第253条第1项规定的（再审情形）"新的证据"：（1）原判决、裁定生效后新发现的证据；（2）原判决、裁定生效前已经发现，但未予收集的证据；（3）原判决、裁定生效前已经收集，但未经质证的证据；（4）原判决、裁定所依据的鉴定意见、勘验、检查等笔录被改变或者否定的；（5）原判决、裁定所依据的被告人供述、证人证言等证据发生变化，影响定罪量刑，且有合理理由的。

本案中，根据新发现的影像资料，D司法鉴定中心鉴定认为案发当晚肇事车辆驾驶员所穿的上衣款式、颜色及驾驶员发际线和鼻部特征比对该车车主宋某当晚抽血时所穿的上衣款式、颜色及发际线和鼻部特征，二者具有相似或者相同特征。该鉴定意见显然属于可能改变原判据以定罪量刑的事实的证据。

6. 请结合本案中二审抗诉与再审抗诉的适用，阐述两种抗诉的区别。

答案：（1）抗诉的对象和效力不同。被抗诉的Z区法院的判决并未生效，抗诉将阻止该判决生效；被抗诉的Y市中级法院的裁定已经生效，抗诉暂不导致原裁定的执行停止。可见，二审抗诉的对象是尚未生效的裁判；再审抗诉的对象是已经生效的裁判。

（2）抗诉的权限和接受抗诉的法院不同。Z区检察院可对Z区法院的未生效判决向Y市中级法院进行抗诉，但Y市检察院不能对Y市中级法院的生效裁定向X省高级法院进行抗诉，只能报请上级X省检察院向X省高级法院进行抗诉。可见，各级检察院有权对同级法院尚未生效的一审裁判提出二审抗诉，由提出抗诉的检察院的上级法院接受抗诉；除最高检察院外，各级检察院只能对下级法院的生效裁判提出再审抗诉，由提出抗诉的检察院的同级法院接受抗诉。

（3）抗诉的期限不同。X省检察院提出再审抗诉是在二审裁判生效数月后，Z区检察院提出二审抗诉，应在一审判决宣告后的10日以内。可见，二审抗诉必须在法定期限内提出，而法律未明确规定再审抗诉的期限。

难度：难

考点：二审抗诉与再审抗诉

命题与解题思路：本题考查二审抗诉与再审抗诉的区别。由于二审抗诉与再审抗诉的抗诉主体、抗诉对象和接受抗诉的机关之间不具有对应性，考生容易混淆。解答本题，考生应充分利用从二审抗诉到再审抗诉的案例，根据案例信息梳理程序脉络，厘清二审抗诉与再审抗诉的不同思路。

答案解析：检察院依据审判监督程序提起的抗诉，亦称再审抗诉。其与检察院依照第二审程序提出的二审抗诉，都是检察院对法院的审判活动实施法律监督的重要方式。两种抗诉主要有以下区别：其一，抗诉的对象不同。二审抗诉的对象是地方各级法院尚未发生法律效力的一审判决和裁定；而再审抗诉的对象是已经发生法律效力的判决和裁定。其二，抗诉的权限不同。除最高检察院外，任何一级检察院都有权对同级法院的一审判决、裁定提出二审抗诉；而除最高检察院有权对同级的最高法院发生法律效力的判决、裁定提出再审抗诉外，其他各级检察院只能对其下级法院发生法律效力的判决、裁定提出再审抗诉。可见，基层检察院只能提出二审抗诉，无权提出再审抗诉；而最高检察院只能提出再审抗诉，无权提出二审抗诉。其三，接受抗诉的审判机关不同。接受二审抗诉的是提出抗诉的检察院的上一级法院；而接受再审抗诉的是提出抗诉的检察院的同级法院。其四，抗诉的期限不同。二审抗诉必须在法定期限内提出；而法律对再审抗诉的提起没有规定期限。其五，抗诉的效力不同。二审抗诉将阻止第一审判决、裁定发生法律效力；而再审抗诉并不导致原判决、裁定在法院按照审判监督程序重新审判期间执行的停止。

评分细则（共30分）

1-6题满分为：5分、6分、4分、5分、4分、6分

1. 公安机关可以要求复议（1分），意见不被接受可以向上一级检察院提请复核（1分）；被害人可以向上一级检察院申诉（1分），检察院维持的可以向法院起诉（1分），也可以直接向法院起诉（1分）。

2. 不正确（2分）。补强证据必须具有独立的来源（2分），就"宋某是肇事车辆驾驶人"事故认定书认定来自于宋某供述（2分）。答出事故认定书不具有独立来源得1分。

3. 不是"应当"提出（2分）。证明被告人有罪的责任由检察院承担或者被告人不负证明自己无罪的责任（2分）。

4. 不属于可作为定案根据的鉴定意见（2分），构成对无法进行鉴定的"情况说明"（1分），属于专业人员对科学性提出的意见，可供办案人员参考（2分）。

5. 妥当（2分）。原判决生效后新发现证据可能影响定罪量刑的（2分）。

6. 抗诉的对象不同：二审抗诉的对象是尚未生效的裁判（1分）；再审抗诉的对象是已经生效的裁判（1分）。

   抗诉的权限和接受抗诉的法院不同：二审抗检察院对同级法院判决抗诉（1分），由提出抗诉的检察院的上级法院接受抗诉（1分）；再审抗诉除最高检察院外，各级检察院只能对下级法院的生效裁判提出（1分），由提出抗诉的检察院的同级法院接受抗诉（1分）。

   抗诉期限不同：二审抗诉应在一审判决宣告后的10日以内（1分）；再审抗诉没有明确期限限制（1分）。

   （满分6分，答出任意6点即可）

第三题（本题30分）

一、试题

案情：郑某经常殴打妻子段某，段某遂到父母家居住。某日，郑某告诉段某将在下班后来找她解决问题，段某弟弟得知后叫表弟夏某来帮忙。案发现场，夏某、段某弟弟及其父亲与郑某发生争吵和扭打，郑某受伤倒地。

检察院以故意伤害罪对段某弟弟和夏某提起公诉，以下为本案证据：

1. 段某弟弟供述：听姐姐说郑某要来找她，自己非常生气，想收拾郑某，就喊夏某来帮忙。夏某表示会来保护姐姐。在现场，郑某和我们没说几句就开始争吵，并互相推搡。父亲叫上夏某把郑某赶出大门，他俩刚将郑某拉拽至大门外，自己捡起地上木棍打中郑某头部，在郑某倒地后又踢了他几脚。没注意夏某有没有踢郑某。

2. 夏某供述：段某弟弟通知自己舅舅家有事，让来"扎场子"，当时感觉段某弟弟很气愤。自己怕段某弟弟惹事，就答应来看看。在现场，自己只是和舅舅将郑某赶出大门，没想到段某弟弟直接给郑某来了一棍，郑某倒下时屁股刚好砸到自己皮鞋上，段某弟弟冲上来踢了郑某几脚，自己没有踢郑某。

3. 郑某陈述：自己只是去劝段某回家，段某弟弟一上来就和我争吵拉扯。段某父亲和夏某为了帮助段某弟弟，两人把自己拽住了，段某弟弟就用棍子打了自己头部，倒地后看到段某弟弟和夏某踢自己。

4. 段某证言：自己离他们大概八九米远，当时感觉弟弟快和郑某打起来了，爸爸和表弟夏某就试图把郑某拉出去，结果郑某倒在了地上，倒地时好像被夏某踢到了，弟弟在旁边踢了郑某三四脚。

5. 段某父亲证言：郑某和段某、段某弟弟发生争吵，自己和夏某将郑某拉开并准备拉出家门，段某弟弟用棍子打了郑某，郑某倒在夏某脚边，段某弟弟又踢了郑某几下。

6. 段某弟弟和夏某的微信聊天记录：当日下午段某弟弟表示早就看郑某不爽，要给姐姐主持公道；夏某表示不能让姐姐再受郑某欺负。

7. 监控视频：夏某和段某父亲将郑某拉拽开，快拉至院子大门时，段某弟弟捡起墙角木棍冲向三人。四人后面的经过没在监控范围内。

8. 法医学人体损伤程度鉴定书：郑某头部损伤系钝性外力所致，其损伤属重伤；郑某身上三处肋骨骨折系外力所致，其损伤属轻伤。

问题：

请利用相关证据、法律规定等对夏某的判决作出说理。

案情结构图

基本情况
- 前情：郑某经常殴打妻子段某，段某到父母家居住。某日，郑某告诉段某其将在下班后来找她解决问题，段某弟弟得知此事后叫上表弟夏某前来帮忙
- 故意伤害的犯罪事实：案发现场，夏某、段某弟弟及段某父亲与郑某发生争吵和扭打后，郑某受伤倒地

证实段某弟弟和夏某存在故意伤害行为的证据
- 段某弟弟供述：自己想收拾郑某，就喊夏某来帮忙。夏某表示会来保护姐姐。在现场，郑某和我们没说几句就开始争吵，开始互相推搡。父亲叫上夏某把郑某赶出大门，他俩刚将郑某拽至大门外，自己捡起地上木棍打中郑某头部，在郑某倒地后又踢了他几脚。没注意夏某有没有踢郑某
- 夏某供述：自己怕段某弟弟惹事，就答应来看看。在现场，自己只是和段某父亲将郑某赶出大门，没想到段某弟弟直接给郑某来了一棍，郑某倒下时屁股刚好砸到自己皮鞋上，段某弟弟冲上来踢了郑某几脚，自己没有踢郑某
- 郑某陈述：段某父亲和夏某为了帮助段某弟弟，两人把自己拽住了，段某弟弟就用棍子打了自己头部，倒地后看到段某弟弟和夏某踢自己
- 段某证言：爸爸和表弟夏某试图把郑某拉出去，结果郑某倒在了地上，倒地时好像被夏某踢到了，弟弟在旁边踢了郑某三四脚
- 段某父亲证言：自己和夏某将郑某拉开并准备拉出家门，段某弟弟用棍子打了郑某，郑某倒在夏某脚边，段某弟弟又踢了郑某几下
- 段某弟弟和夏某的微信聊天记录：当日下午段某弟弟表示早就看郑某不爽，要给姐姐主持公道，夏某表示不能让姐姐再受郑某欺负
- 监控视频：夏某和段某父亲将郑某拉拽开，快拉至院子大门时，段某弟弟捡起墙角木棍冲向三人。四人后面的经过没在监控范围内
- 法医学人体损伤程度鉴定书：郑某头部损伤系钝性外力所致，其损伤属重伤；郑某身上三处肋骨骨折系外力所致，其损伤属轻伤

二、案例来源

河北省邢台市中级人民法院（2019）冀05刑终118号刑事判决书：李某、段某等故意伤害案

三、总体命题思路

本题改编自真实案件，综合考查考生运用证据规则和证明方法对案件证据和事实进行重点审查和全面分析的能力。本题题型是过去十余年中三次考查的主观题型，考查考生对案件证据的综合审查判断能力。解答该题，一方面，应当合理运用印证、逻辑与经验、排除合理怀疑等方法；另一方面，应当从两个角度分别思考夏某涉嫌故意伤害罪是否成立，一是夏某是否直接对郑某实施伤害行为，二是夏某是否有帮助段某弟弟伤害郑某的主客观行为。

四、答案精讲

> 请利用相关证据、法律规定等对夏某的判决作出说理。

答案：检察院对夏某犯故意伤害罪的指控不能成立，法院应当对夏某作出证据不足、指控的犯罪不能成立的无罪判决。

根据我国《刑事诉讼法》第55条规定，认定有罪必须犯罪事实清楚，证据确实、充分，即（1）定罪量刑的事实都有证据证明；（2）据以定案的证据均经法定程序查证属实；（3）综合全案证据，对所认定事实已排除合理怀疑。综合现有材料来看，检察机关指控的证据并未达到证明标准的要求，因此不能认定夏某构成故意伤害罪。理由如下：

从证据8来看，如果其他在案证据能够证明夏某踢了郑某，则夏某至少成立故意伤害罪（轻伤）。但现有证据尚不能证明夏某踢了郑某。

1. 从证据1、证据2、证据4、证据5、证据7的印证情况来看，可以证实夏某和段某父亲是出于将郑某赶出家的目的将郑某拉拽出大门。该行为显然不是故意伤害行为。

2. 证据4中"倒地时好像被夏某踢到了"是猜测性证言，属于意见证据，不得作为证据使用。从证据1和证据5来看，在夏某身边的段某弟弟和段某父亲未明确表示看到夏某踢了郑某，而距离较远的段某却看到了，不合常理。

3. 只有证据3中被害人郑某明确表示看到夏某踢自己，该证据与其他证据不能相互印证，系孤证。在郑某被踢时，其已经被木棍击中头部且倒地，观察能力和记忆能力受到影响，陈述的可靠性低，不排除郑某看错、记错或故意说错的可能。

4. 从夏某是否成立故意伤害罪（重伤）的帮助犯的角度来看，证据1、证据2和证据6只能证明夏某前来的目的是帮助段某，保护段某不受郑某欺负。从现场行为来看，夏某帮助舅舅将郑某拉出院子大门，只是刚好为段某弟弟所利用。因此，现有证据既不能证明夏某与段某弟弟有伤害郑某的事先预谋和意思联络，也不能证明在段某弟弟持棍击打郑某头部时，夏某有帮助或配合的共同故意。

综上，本案指控夏某的证据存在明显疑点，现有证据不能证明夏某对郑某实施了导致轻伤的伤害行为，也不能证明夏某具有帮助段某弟弟伤害郑某的共同故意。因此，检察院的指控不能成立，法院应当对夏某作出证据不足、指控的犯罪不能成立的无罪判决。

考点：证据的审查判断、证明标准

难度：难

答案解析：针对夏某是否成立故意伤害罪这一焦点，梳理案件证据后，可以归纳总结为

两个争议点：一是夏某是否对郑某直接实施故意伤害行为，即夏某是否在郑某倒地后踢了郑某；二是夏某对于段某弟弟伤害郑某是否具有帮助的主观故意和客观行为。

对于第一个争议点，只有郑某陈述和段某证言指向夏某踢了倒地的郑某，但段某的证言系猜测性证言。段某离夏某有一定距离，其反而看到了夏某身边人都没看到的情况，是不符合一般生活经验的，根据《法院解释》第88条第2款规定，段某的猜测性证言不得作为证据使用。从夏某和段某父亲关于郑某倒在夏某脚边的陈述来看，段某完全有可能错误地推断夏某踢了郑某。段某的证言无法用于证明夏某踢人后，郑某的陈述就成为孤证，并且郑某当时头部被击打，观察和感知能力受到影响，影响其作证的能力，陈述的可靠性降低。

对于第二个争议点，如果夏某事前与段某弟弟预谋伤害郑某，或者在案发现场与段某弟弟达成伤害郑某的意思联络，那么夏某可以成立段某弟弟故意伤害郑某的帮助犯。但从在案证据来看，事前夏某给段某弟弟的回复没有任何伤害郑某的主观意图，案发时夏某拉拽郑某的行为也只是为了帮助段某父亲将郑某赶出段家，无任何证据证明夏某拉拽郑某是为了限制郑某以便段某弟弟对其进行殴打。

因此，本案现有证据既不能证明夏某对郑某实施了导致轻伤的伤害行为，也不能证明夏某具有帮助段某弟弟伤害郑某的共同故意，检察院的指控不能成立，法院应当对夏某作出证据不足、指控的犯罪不能成立的无罪判决。

评分细则（共30分）

1-4部分满分为：6分、3分、12分、9分

第一部分：指控夏某的证据存在明显疑点（2分），并未达到证明标准的要求（2分）。应当作出证据不足、指控的犯罪不能成立的无罪判决（2分）。

第二部分：证据充分标准：（1）定罪量刑的事实都有证据证明（1分）；（2）据以定案的证据均经法定程序查证属实（1分）；（3）综合全案证据，对所认定事实已排除合理怀疑（1分）。

第三部分：现有证据尚不能证明夏某踢了郑某（2分）：夏某和段某父亲将郑某拉拽出大门不是故意伤害行为（2分），证据4属于意见证据，不能作为定案依据（2分）；距离较远的段某看到伤害行为，不合常理（2分）；证据3中被害人陈述与其他证据不能相互印证（2分），被踢时已被木棍击中，陈述的可靠性低（2分）。

第四部分：不能证明夏某存在故意伤害的帮助行为（2分），证据只能证明夏某前来的目的是帮助姐姐段某（2分），帮助舅舅段某父亲将郑某拉出院子大门，只是刚好为段某弟弟所利用（2分），不能证明存在意思联络（1分），不能证明夏某有帮助或配合的共同故意（2分）。

第四题（本题30分）

一、试题

案情：以赵某为首的恶势力团伙长期盘踞H省T市为非作歹，欺压百姓。某日，赵某与团伙成员梁某共谋对吴某实施抢劫。梁某以让吴某为其办理保险业务为由，同赵某前往吴某

位于T市的租房内，并叫团伙成员钱某带上刀具、胶带一同前往。三人采用胶带捆手脚、毛巾堵嘴的暴力手段控制住吴某，从其随身携带的包内搜出手机和银行卡。接着，三人采用刀刺、言语威胁等手段逼吴某说出其中一张银行卡的密码，并将银行卡交由团伙成员孙某，其从某市商业银行取款机上取出5000元。在继续逼问吴某其他银行卡密码的过程中，赵某持尖刀捅刺吴某颈部，致吴某当场死亡。案发后，梁某一直未被抓获。

T市中级法院审理后认为，被告人赵某、钱某的行为均已分别构成抢劫罪、故意杀人罪。孙某为赵某、钱某抢劫提供帮助，以抢劫罪共犯论处，但不为赵某、钱某杀死吴某承担责任。另外，三人还因涉嫌多起寻衅滋事被一并审判。T市中级法院判决如下：被告人赵某犯抢劫罪，判处无期徒刑；犯故意杀人罪，判处死刑；犯寻衅滋事罪，判处有期徒刑七年；决定执行死刑。被告人钱某犯抢劫罪，判处有期徒刑十五年；犯故意杀人罪，判处无期徒刑；犯寻衅滋事罪，判处有期徒刑五年；决定执行无期徒刑。被告人孙某犯抢劫罪，判处有期徒刑四年；犯寻衅滋事罪，判处有期徒刑三年；决定执行有期徒刑六年。

宣判后，被告人钱某、孙某提出上诉，请求对其从轻改判，检察院未抗诉。H省高级法院经审理后认为，原判认定被告人赵某、钱某以非法占有为目的，采用暴力手段强行劫取他人财物并致人死亡的事实清楚，证据确实、充分，但将赵某、钱某整体的抢劫、杀人行为分别认定为抢劫罪、故意杀人罪不当，应予纠正；原判认定孙某其中一次独自实施寻衅滋事的行为事实不清、证据不足。最后，H省高级法院改判如下：被告人赵某犯抢劫罪，判处死刑；犯寻衅滋事罪，判处有期徒刑七年；决定执行死刑。被告人钱某犯抢劫罪，判处无期徒刑；犯寻衅滋事罪，判处有期徒刑五年；决定执行无期徒刑。对孙某分案处理，裁定撤销原判，发回原审法院重新审判。

T市中级法院重新审理后，认定孙某独自实施的那次"寻衅滋事行为"构成故意伤害罪。判决孙某犯抢劫罪，判处有期徒刑四年；犯寻衅滋事罪，判处有期徒刑一年六个月；犯故意伤害罪，判处有期徒刑一年，决定执行有期徒刑五年六个月。T市检察院认为，T市中级法院对孙某犯故意伤害罪判处刑罚畸轻，提出抗诉。

问题：

1. 如吴某的母亲对赵某和梁某提起附带民事诉讼，T市中级法院应当如何处理？
2. H省高级法院对赵某、钱某抢劫罪的改判是否违反上诉不加刑原则？为什么？
3. 应当由哪个机关于何时将钱某交付执行？
4. H省高级法院将孙某另案发回重新审判的做法是否正确？为什么？
5. T市检察院提起抗诉后，H省高级法院可否对孙某加重刑罚？为什么？

二、案例来源

费某某、何某抢劫案[①]

三、答案精讲

> 1. 如吴某的母亲对赵某和梁某提起附带民事诉讼，T市中级法院应当如何处理？

答案：T市中级法院应当受理吴某的母亲提起的附带民事诉讼，但不应将梁某列为附带

[①] 参见中华人民共和国最高人民法院刑事审判第一、二、三、四、五庭主办：《刑事审判参考》（总第114集），法律出版社2019年版，第1263号案。

案情结构图

T市中级法院一审

案件事实
- 赵某与团伙成员梁某共谋对吴某实施抢劫
- 梁某以让吴某为其办理保险业务为由，同赵某前往吴某位于T市的租房内，并叫团伙成员钱某带上刀具、胶带一同前往
- 赵某、梁某、钱某采用胶带捆手脚、毛巾堵嘴等暴力手段控制住吴某，从其随身携带的包内搜出手机和银行卡
- 赵某、梁某、钱某采用刀刺、言语威胁等手段逼吴某说出其中一张银行卡的密码，并将银行卡交由团伙成员孙某，其从某市商业银行取款机上取出5000元
- 在继续逼问吴某其他银行卡密码的过程中，赵某持尖刀捅刺吴某颈部，致吴某当场死亡
- 案发后，梁某一直未被抓获

T市中级法院认为
- 被告人赵某、钱某的行为均已分别构成抢劫罪、故意杀人罪。孙某为赵某、钱某抢劫提供帮助，以抢劫罪共犯论处，但不为赵某、钱某杀死吴某承担责任
- 另外，赵某、钱某、孙某还因涉嫌多起寻衅滋事被一并审判

T市中级法院判决
- 被告人赵某犯抢劫罪，判处无期徒刑；犯故意杀人罪，判处死刑；犯寻衅滋事罪，判处有期徒刑七年；决定执行死刑
- 被告人钱某犯抢劫罪，判处有期徒刑十五年；犯故意杀人罪，判处无期徒刑；犯寻衅滋事罪，判处有期徒刑五年；决定执行无期徒刑
- 被告人孙某犯抢劫罪，判处有期徒刑四年；犯寻衅滋事罪，判处有期徒刑三年；决定执行有期徒刑六年

被告人上诉
- 宣判后，被告人钱某、孙某提出上诉，请求对其从轻改判。检察院未抗诉

H省高级法院二审

H省高级法院认为
- 原判认定被告人赵某、钱某以非法占有为目的，采用暴力手段强行劫取他人财物并致人死亡的事实清楚，证据确实、充分，但将赵某、钱某整体的抢劫、杀人行为分别认定为抢劫罪、故意杀人罪不当，应予纠正；原判认定孙某其中一次独自实施寻衅滋事的行为事实不清，证据不足

H省高级法院改判
- 被告人赵某犯抢劫罪，判处死刑；犯寻衅滋事罪，判处有期徒刑七年；决定执行死刑
- 被告人钱某犯抢劫罪，判处无期徒刑；犯寻衅滋事罪，判处有期徒刑五年；决定执行无期徒刑
- 对孙某分案处理，裁定撤销原判，发回原审法院重新审判

T市中级法院重审

T市中级法院认为
- 孙某独自实施的那次"寻衅滋事行为"构成故意伤害罪

T市中级法院判决
- 孙某犯抢劫罪，判处有期徒刑四年；犯寻衅滋事罪，判处有期徒刑一年六个月；犯故意伤害罪，判处有期徒刑一年，决定执行有期徒刑五年六个月

T市检察院抗诉
- T市检察院认为T市中级法院对孙某犯故意伤害罪判处刑罚畸轻，提出抗诉

民事诉讼被告人。同时，应当告知吴某的母亲可以对钱某一并提起附带民事诉讼，如果其放弃对钱某的诉讼权利，T市中级法院应当告知其相应法律后果，并在裁判文书中说明其放弃诉讼请求的情况。

难度：中

考点：附带民事诉讼

命题和解题思路：本题考查仅对部分共同侵害人提起附带民事诉讼，以及被提起附带民事诉讼的赔偿责任人在逃时，法院的处理方式。解答本题时，考生需注意本案中被害人之死是赵某、梁某、钱某共同造成的，因此有三位侵害人。

答案解析：本案中，赵某和梁某共谋抢劫被害人吴某，并准备了刀具等作案工具，赵某用刀刺的方式逼问吴某银行卡密码时，梁某和钱某在场参与威胁，应当为赵某持刀捅死吴某承担责任。孙某没在现场，后只是按要求取钱，没参与其他行为，不为赵某持刀捅死吴某承担责任。赵某、梁某和钱某都是依法负有赔偿责任的人，如果吴某的母亲只对赵某和梁某两人提起附带民事诉讼，首先，根据《法院解释》第183条规定，法院不应将在逃的同案犯梁某列为附带民事诉讼被告人。其次，法院会尊重她不将钱某列为附带民事诉讼被告人的选择，但也要充分告知其权利和放弃权利的后果。根据《法院解释》第181条规定，被害人或者其法定代理人、近亲属仅对部分共同侵害人提起附带民事诉讼的，法院应当告知其可以对其他共同侵害人，包括没有被追究刑事责任的共同侵害人，一并提起附带民事诉讼，但共同犯罪案件中同案犯在逃的除外。被害人或者其法定代理人、近亲属放弃对其他共同侵害人的诉讼权利的，法院应当告知其相应法律后果，并在裁判文书中说明其放弃诉讼请求的情况。

2. H省高级法院对赵某、钱某抢劫罪的改判是否违反上诉不加刑原则？为什么？

答案：不违反。根据《法院解释》第401条第1款第3项规定，原判认定的罪数不当的，可以改变罪数，并调整刑罚，但不得加重决定执行的刑罚或者对刑罚执行产生不利影响。本案中，H省高级法院在没有改变原判认定的整体事实的前提下，把原先分别以抢劫罪、故意杀人罪判处的两部分犯罪事实结合在一起，统一以抢劫罪（致人死亡）判处。虽然加重了抢劫罪的刑罚，但未加重决定执行的刑罚。两罪变一罪，也未对刑罚执行产生不利影响。

难度：难

考点：上诉不加刑

命题和解题思路：本题考查考生对上诉不加刑原则适用情形的理解，考生应结合《法院解释》第401条列举的各种情形正确理解"不得对被告人的刑罚作出实质不利的改判"的内涵，从而区别于之前"不得加重被告人的刑罚"的要求。

答案解析：本案中，H省高级法院在检察院没有抗诉的情况下，二审对赵某犯抢劫罪从无期徒刑改判死刑，对钱某犯抢劫罪从有期徒刑十五年改判为无期徒刑，表面上看确实加重了抢劫罪的刑罚，似乎有违上诉不加刑原则。尤其是在《法院解释》未修改前，依据过往"原判对被告人实行数罪并罚的，不得加重决定执行的刑罚，也不得加重数罪中某罪的刑罚"之规定，这样的改判确实会引起一定争议。但需注意到，本案中二审法院对抢劫罪的改判实际是将一审中认定的抢劫罪和故意杀人罪合二为一，应当将二审裁判中包含了致人死亡情节的抢劫罪的量刑，与一审裁判中未包含致人死亡情节的抢劫罪与故意杀人罪并罚后的量刑进行比较，即只要二审中抢劫罪的量刑没有超出一审中抢劫罪与故意杀人罪并罚后决定执行的刑罚，就没有加重被告人的刑罚，不能认为违背了"上诉不加刑"原则。为了避免争议，2021年《法院解释》对相关规定进行了修改。

3. 应当由哪个机关于何时将钱某交付执行？

答案：由公安机关在最高法院复核讯问赵某后交付监狱执行。

难度：难

考点：交付执行

命题和解题思路：本题考查死刑案件同案未被判处死刑的罪犯的交付执行时间，考生应注意该同案犯是否参与实施有关死刑之罪。如果没有参与，则按一般规定交付执行；如果参与，则根据特别规定交付执行。

答案解析：本案中，鉴于同案犯钱某参与了赵某被判处死刑的犯罪行为，可以合理推断：最高法院在复核赵某死刑案件期间会讯问参与者钱某。因此不必立即将钱某送交监狱执行，如此方便最高法院承办法官在看守所或通过看守所的远程提讯系统对钱某进行讯问。根据《刑事诉讼法》第264条第2款，对于被判处无期徒刑的罪犯，由公安机关依法将该罪犯送交监狱执行刑罚。又根据《法院解释》第512条，同案审理的案件中，部分被告人被判处死刑，对未被判处死刑的同案被告人需要羁押执行刑罚的，应当根据前条规定及时交付执行。但是，该同案被告人参与实施有关死刑之罪的，应当在复核讯问被判处死刑的被告人后交付执行。

4. H省高级法院将孙某另案发回重新审判的做法是否正确？为什么？

答案：正确。根据《法院解释》第404条，有多名被告人的案件，部分被告人的犯罪事实不清、证据不足或者有新的犯罪事实需要追诉，且有关犯罪与其他同案被告人没有关联的，第二审法院根据案件情况，可以对该部分被告人分案处理，将该部分被告人发回原审法院重新审判。本案中，孙某的某次单独寻衅滋事事实未被查清，该行为与赵某、钱某没有关联，考虑到赵某死刑案还需报请最高法院复核，为了不耽搁进程，可以将未参与杀人行为的孙某分案处理。

难度：难

考点：第二审程序的分案处理

命题和解题思路：本题考查考生对2021年《法院解释》新增法条的掌握情况。解答本题，考生需理解《法院解释》规定二审分案处理的用意何在，从而迅速判定该案中孙某是否符合二审分案处理的情形。

答案解析：根据《刑事诉讼法》第236条，第二审法院认为第一审判决事实不清、证据不足的，可以在查清事实后改判，也可以裁定撤销原判，发回原审法院重新审判。但是，对于涉及多名被告人的案件，如涉黑涉恶案件中的从犯，在二审时发现还有一个其单独实施的轻微犯罪，第二审法院将全案发回重审，费时费力。基于节约司法资源，保障审判顺利推进的考虑，《法院解释》第404条依照刑事诉讼法的精神，规定了二审分案程序，即将部分被告人的案件发回，其余被告人的案件可以视情继续审理。本案中对孙某的分案处理完全符合《法院解释》该条规定的精神。

5. T市检察院提起抗诉后，H省高级法院可否对孙某加重刑罚？为什么？

答案：H省高级法院审理后如认为对孙某犯故意伤害罪判处刑罚确实畸轻，可以加重刑罚，但改判后决定执行的刑罚不得重于有期徒刑六年。根据《法院解释》第403条，对于检察院最初未提出抗诉的案件，第二审法院发回重新审判且检察院没有补充起诉新的犯罪事实，在原审法院依法作出判决后检察院才抗诉的，第二审法院不得改判为重于原审法院第一次判处的刑罚。也就是说，检察院在发回重新审判后才抗诉的，第二审法院可以改判加重刑罚，但不得重于原审法院第一次判处的刑罚。本案中，H省高级法院发回重新审判后，T市中级法院判处的刑罚低于第一次判处的刑罚，给第二审法院留下了依抗诉而加重的空间，但T市检察院未补充起诉新的犯罪事实，因此即使加重也不得重于第一次决定执行的有期徒刑六年。

难度：难

考点：上诉不加刑

命题和解题思路：本题考查考生对2021年《法院解释》新增法条的掌握情况。解答本题，考生应厘清增加新的犯罪事实和增加新的罪名的区别，应认识到检察院在第二审法院发回重新审判后的"抗诉"代替不了其在原审法院第一次判决后的"未抗诉"。

答案解析：根据《法院解释》第403条第1款，被告人或者其法定代理人、辩护人、近亲属提出上诉，检察院未提出抗诉的案件，第二审法院发回重新审判后，除有新的犯罪事实且检察院补充起诉的以外，原审法院不得加重被告人的刑罚。如此规定，就是为了防止第二审法院通过发回重新审判的方式对被告人加刑，从而规避上诉不加刑原则。《刑事诉讼法》第237条规定的"提出抗诉的不受限制"，明显是指在原审程序中提出抗诉，而非在重审程序中提出抗诉。否则，《刑事诉讼法》第237条第1款的规定就将失去实际意义，很不合理。对于发回重审的案件，如未发现被告人有新的犯罪事实，检察院未补充起诉，原审法院不得加重刑罚，但宣判后检察院抗诉的，二审法院即可加重，那么原审法院不得加重刑罚的规定还有何意义？何不由原审法院直接改判加重？因此可以合乎逻辑地得出结论：检察院在发回重审后才提出抗诉的，第二审法院不得改判为重于原审法院第一次判处的刑罚。如此才能贯彻上诉不加刑原则。但是，如果发回重新审判后，原审法院第二次判处的刑罚低于第一次判处的刑罚，检察院抗诉的，第二审法院可在不重于第一次判处刑罚的范围内加重刑罚，毕竟这样的"加重"没有损害被告人受上诉不加刑原则保护的权益。

评分细则（共30分）

1-5题满分为：7分、5分、4分、7分、7分

1. 应当受理（2分）。不应将梁某列为附带民事诉讼被告人（2分），告知可以对钱某一并提起附带民事诉讼（2分），放弃起诉应告知法律后果并在裁判文书中说明（1分）。

2. 不违反（2分）。变更罪数但未加重决定执行的刑罚（3分）。

3. 公安机关（2分），最高法院复核讯问赵某后（2分）。

4. 正确（2分）。孙某的某次单独寻衅滋事事实未被查清（2分），该行为与赵某、钱某没有关联（2分），可以将未参与杀人行为的孙某分案处理（1分）。

5. 可以加重刑罚（2分）。但决定执行的刑罚不得重于有期徒刑六年（2分），检察院在发回重审后才提出抗诉的，第二审法院不得改判为重于原审法院第一次判处的刑罚（3分）。

第五题（本题30分）

一、试题

案情：2021年8月17日零时，一辆车牌号为GM816的小轿车途经J县某大转盘路段时，轿车左侧与被害人朱某驾驶的三轮摩托车发生碰撞，造成两车损坏、朱某死亡的交通事故。事故发生后，GM816小轿车司机弃车逃离现场。当天上午，公安机关对肇事现场进行了勘查。14时许，本案被告人余某到交警部门投案自首，主动认罪。

公安机关侦查收集了以下主要证据：

1. 余某供述称：2021年8月16日23时许，其到J县某酒店一楼大厅找朋友马某玩，在一楼大厅喝咖啡时，马某刚好去卫生间，其从桌上拿走马某的车钥匙，到停车场开走马某的车回家取东西。开车返回某酒店时，在大转盘处撞上摩托车，其弃车逃离现场。当天上午，其母亲向某劝其自首，他在家人及朋友的陪同下到交警部门投案自首。

2. 马某证言：2021年8月16日晚，其与余某在某酒店大厅玩，不知为什么余某突然离开。大约在8月17日凌晨2点回到了酒店，告诉我他驾驶我的轿车撞倒了一辆三轮车。我才发现他把我的车钥匙拿走了，安慰他说不要紧，然后就分开了。

3. 向某证言：2021年8月16日深夜，我睡觉时被儿子出门的关门声吵醒，第二天差不多天亮的时候他回到家里对我说，他开朋友的车把一辆三轮车撞倒了，三轮车的车主好像当场就不行了。我安慰并劝了他一上午，然后陪他到交警部门投案自首。

4. 法医学尸体检验鉴定报告，证实被害人朱某因交通事故致颅脑损伤当场死亡。

5. 现场勘查笔录（含照片、现场图），记录如下：（1）现场路面为沥青路面，视线一般，路灯未开。（2）现场有一辆车牌号GM816小轿车，行驶方向是某酒店，转盘外路面有一辆三轮摩托车倒地。转盘撞击点花坛上有一中年男子，被碰撞，已死亡。（3）现场小轿车没有明显刹车痕迹。（4）小轿车的外部毁损情况。

6. 交警部门根据余某的供述和现场勘查笔录出具道路交通事故认定书，证明经交警部门认定，余某无证驾驶车辆上路，发生交通事故后没有保护现场和及时报案处理，而是弃车逃逸，其应负事故的全部责任。

移送审查起诉后，检察院认为余某犯罪事实清楚，证据确实、充分，其行为构成交通肇事罪，对其提出有期徒刑两年六个月的量刑建议，并建议法院适用速裁程序审理本案。法院适用速裁程序审理本案时，余某对所有证据均无异议，并作出与庭前供述一致的当庭供述。法院为确保余某认罪的自愿性，让其对上述笔录类证据及图片进行了确认，但合议庭仍指出本案缺乏辨认笔录。休庭后，检察机关在侦查机关的协助与主持下，安排余某对肇事现场和车辆进行了辨认。余某准确辨认出两车碰撞的原始地点、被害人飞出后的落地地点和肇事车辆。

问题：

1. 公安机关勘查现场时，能否邀请马某作为见证人？为什么？
2. 检察院建议法院对本案适用速裁程序审理，还需满足哪些条件？
3. 本案辨认笔录能否作为定案的根据？为什么？

4. 根据相关证据规则和法律规定，简要分析法院应对本案作出何种判决并阐述理由。
5. 法院应当以何种审判程序对本案宣判？为什么？

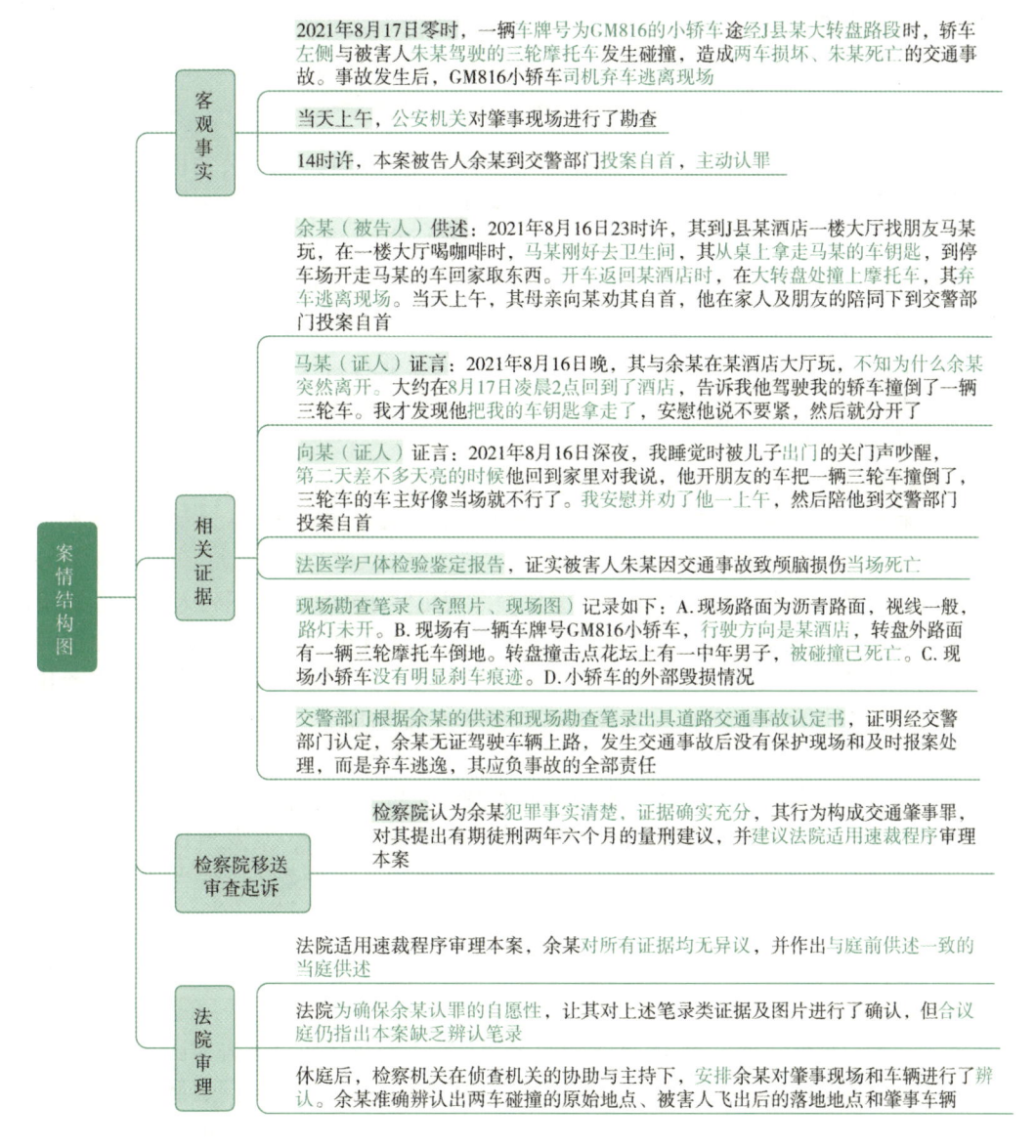

```
案情结构图
├── 客观事实
│   ├── 2021年8月17日零时，一辆车牌号为GM816的小轿车途经J县某大转盘路段时，轿车左侧与被害人朱某驾驶的三轮摩托车发生碰撞，造成两车损坏、朱某死亡的交通事故。事故发生后，GM816小轿车司机弃车逃离现场
│   ├── 当天上午，公安机关对肇事现场进行了勘查
│   └── 14时许，本案被告人余某到交警部门投案自首，主动认罪
├── 相关证据
│   ├── 余某（被告人）供述：2021年8月16日23时许，其到J县某酒店一楼大厅找朋友马某玩，在一楼大厅喝咖啡时，马某刚好去卫生间，其从桌上拿走马某的车钥匙，到停车场开走马某的车回家取东西。开车返回某酒店时，在大转盘处撞上摩托车，其弃车逃离现场。当天上午，其母亲向某劝其自首，他在家人及朋友的陪同下到交警部门投案自首
│   ├── 马某（证人）证言：2021年8月16日晚，其与余某在某酒店大厅玩，不知为什么余某突然离开。大约在8月17日凌晨2点回到了酒店，告诉我他驾驶我的轿车撞倒了一辆三轮车。我才发现他把我的车钥匙拿走了，安慰他说不要紧，然后就分开了
│   ├── 向某（证人）证言：2021年8月16日深夜，我睡觉时被儿子出门的关门声吵醒，第二天差不多天亮的时候他回到家里对我说，他开朋友的车把一辆三轮车撞倒了，三轮车的车主好像当场就不行了。我安慰并劝了他一上午，然后陪他到交警部门投案自首
│   ├── 法医学尸体检验鉴定报告，证实被害人朱某因交通事故致颅脑损伤当场死亡
│   ├── 现场勘查笔录（含照片、现场图）记录如下：A.现场路面为沥青路面，视线一般，路灯未开。B.现场有一辆车牌号GM816小轿车，行驶方向是某酒店，转盘外路面有一辆三轮摩托车倒地。转盘撞击点花坛上有一中年男子，被碰撞已死亡。C.现场小轿车没有明显刹车痕迹。D.小轿车的外部毁损情况
│   └── 交警部门根据余某的供述和现场勘查笔录出具道路交通事故认定书，证明经交警部门认定，余某无证驾驶车辆上路，发生交通事故后没有保护现场及及时报案处理，而是弃车逃逸，其应负事故的全部责任
├── 检察院移送审查起诉
│   └── 检察院认为余某犯罪事实清楚、证据确实充分，其行为构成交通肇事罪，对其提出有期徒刑两年六个月的量刑建议，并建议法院适用速裁程序审理本案
└── 法院审理
    ├── 法院适用速裁程序审理本案，余某对所有证据均无异议，并作出与庭前供述一致的当庭供述
    ├── 法院为确保余某认罪的自愿性，让其对上述笔录类证据及图片进行了确认，但合议庭仍指出本案缺乏辨认笔录
    └── 休庭后，检察机关在侦查机关的协助与主持下，安排余某对肇事现场和车辆进行了辨认。余某准确辨认出两车碰撞的原始地点、被害人飞出后的落地地点和肇事车辆
```

二、案例来源

余某交通肇事案①

三、总体命题思路

本题改编自真实案例，考查内容综合性较强，包括见证人主体资格、速裁程序的适用条件与程序转换、证据分析与证明标准等知识点。其中，第3小题和第4小题是本题的两道关

---

① 参见中华人民共和国最高人民法院刑事审判第一、二、三、四、五庭主办：《刑事审判参考》（总第122集），法律出版社2020年版，第1334号案。

键题，分值占比高，考查考生利用证据规则分析案件材料的能力。第 4 小题会用到第 3 小题的结论，第 5 小题会用到第 4 小题的结论。

四、答案精讲

1. 公安机关勘查现场时，能否邀请马某作为见证人？为什么？

答：不能。根据《公安机关办理刑事案件程序规定》第 194 条，公安机关开展勘验活动，应当邀请有关公民作为见证人，但与案件有利害关系、可能影响案件公正处理的人不得担任见证人。本案中，马某系肇事车辆的车主，在案发当日上午尚未确定肇事者的情况下，马某显然具有较大的肇事嫌疑。即使当时确定其不是肇事者，也可能会因其车主身份成为具有利害关系的证人或作为附带民事诉讼当事人涉及事故赔偿问题。因此，马某与该案具有利害关系，可能影响案件公正处理，不能作为勘查活动的见证人。

难度：难

考点：勘验、检查

命题和解题思路：本题考查考生对不得担任侦查活动见证人情形的掌握，需要考生通过案例材料对本案中车主马某的角色进行准确的把握。马某在本案中并非一个单纯的证人，明白这一点是考生清晰认识本案的关键。

答案解析：根据《公安机关办理刑事案件程序规定》第 194 条，下列人员不得担任侦查活动的见证人：生理上、精神上有缺陷或者年幼，不具有相应辨别能力或者不能正确表达的人；与案件有利害关系，可能影响案件公正处理的人；公安机关的工作人员或者其聘用的人员。从该条规定可以看出，见证人不仅要有见证的能力，而且要有客观中立的立场，否则就无法保证见证活动的真实性和合法性。解答本题，重点在于分析马某与案件是否具有利害关系，如果简单地按照本案的言词证据认为马某与肇事无关，那就可能落入陷阱。分析其是否具有利害关系，应当根据勘查活动时的情况判断，案发当日上午即使不能确认马某与本案具有利害关系，但也无法排除他与本案的利害关系。至少当时他有较大肇事嫌疑。

2. 检察院建议法院对本案适用速裁程序审理，还需满足哪些条件？

答：首先，根据《刑事诉讼法》第 222 条对适用速裁程序应以被告人认罪认罚为前提的要求，本案中检察院对法院建议适用速裁程序，需要余某自愿认罪，同意量刑建议和适用速裁程序。其次，根据《刑事诉讼法》第 223 条关于不适用速裁程序情形的规定，本案还需余某与被害人朱某的近亲属就附带民事诉讼赔偿等事项达成调解或者和解协议，否则检察院不能建议法院适用速裁程序。

难度：难

考点：速裁程序的适用条件

命题和解题思路：本题综合考查考生对速裁程序适用条件的掌握。考生容易想到本案需犯罪嫌疑人余某认罪认罚并同意适用速裁程序，但不一定能意识到本案还需考虑排除速裁程序适用的某个情形。

答案解析：《检察规则》第 437 条明确要求在案件符合速裁程序的积极适用条件和不具有消极适用情形的情况下，检察机关才可以建议法院适用速裁程序。首先看《刑事诉讼法》第 222 条和《检察规则》第 437 条规定的适用速裁程序的积极条件，本案已满足可能判处三年有期徒刑以下刑罚,（检察院认为）案件事实清楚,证据确实、充分的情形,还需余某认罪认罚并同意适用速裁程序。其次看《刑事诉讼法》第223条和《检察规则》第438规定的排除适用速裁程序的情形,本案因为具有被害人,因此根据《刑事诉讼法》第223条第5项之规定"被告人与被害人或者其法定代理人没有就附带民事诉讼赔偿等事项达成调解或者和解协议的",还需余某与被害人朱某的近亲属（依据附带民事诉讼、和解程序章节关于主体的规定）就附带民事诉讼赔偿等事项达成调解或者和解协议。

3. 本案辨认笔录能否作为定案的根据？为什么？

答案：不能。根据《法院解释》第105条第2项,辨认前使辨认人见到辨认对象的,辨认笔录不得作为定案的根据。本案中,侦查人员没有在侦查阶段让余某对肇事现场、车辆进行辨认,导致余某在第一次开庭时可以通过举证、质证全面了解事故现场情况,通过附于现场勘查笔录的照片看到案发现场的状态和车辆的情况。余某在辨认前已见到辨认对象,因此该辨认笔录不得作为定案的根据。

难度：难

考点：辨认笔录的审查与认定

命题和解题思路：本题考查考生对案例材料的归纳梳理情况和对辨认笔录知识点的掌握情况,考生需注意本案辨认笔录形成的反常情况,即本应在侦查阶段及时开展的工作,到了审判阶段休庭后才进行,如此就可以迅速发现法庭调查对被告人庭后再行辨认造成的影响。

答案解析：《公安机关办理刑事案件程序规定》第260条明确要求,不得在辨认前向辨认人展示辨认对象及其影像资料。辨认人在辨认前见到辨认对象的,根据《法院解释》第105条规定,辨认笔录不得作为定案的根据。当然,这里所说的"见到辨认对象"不包括在案发时见到辨认对象这一情况。辨认是为了确定辨认人在案发时见到过辨认对象,对于查明案件真实情况、核实证据、查获犯罪嫌疑人具有重要意义。如果让辨认人在辨认前见到辨认对象,辨认对象就会在其脑中留下印象,在辨认时如果辨认人有意作虚假辨认,则不容易被发现,最终将影响到辨认笔录的真实性。本案中,余某通过公诉人的详细举证和出示照片,足以了解到肇事现场及车辆的情况,显然对其再行辨认会造成影响。

4. 根据相关证据规则和法律规定,简要分析法院应对本案作出何种判决并阐述理由。

答案：法院应当对本案作出证据不足、指控的犯罪不能成立的无罪判决。

根据《刑事诉讼法》第55条第2款规定,证据确实、充分,应当符合以下条件：(1) 定罪量刑的事实都有证据证明；(2) 据以定案的证据均经法定程序查证属实；(3) 综合全案证据,对所认定事实已排除合理怀疑。

从现有证据来看,认定余某驾车肇事的证据尚未达到证据确实、充分的程度。理由：

1. 余某始终供认系自己驾驶马某的轿车撞倒了朱某的三轮车。在证明关键事实的证据只有口供时,不应轻信口供。根据口供补强规则,需要具有独立来源的证据对口供进行补强。

2. 马某和向某关于"余某驾车撞人"的证言是根据余某所述作出的,属于传来证据,不具有独立来源,仅能证明余某向二人讲过自己"开车肇事"的事实,不能佐证余某口供的真实性。

3. 道路交通事故认定书同样是依余某的口供将其认定为责任人,不能作为余某口供的补强证据。

4. 如上所述，辨认笔录因真实性存疑无法作为定案的根据。

5. 法医学尸检报告和现场勘查笔录用以证明现场、车辆的情况和交通事故造成的危害后果，不能证明"谁驾车肇事"。

6. 无目击者证言和客观性证据证明余某是驾驶者。就"余某驾车"这一事实而言，仅有被告人口供，虽然余某始终认罪，但其口供没有得到补强。

综上，由于余某驾车的事实只有余某口供这一孤证，且存在无法解释的不合常理之处，因此不能排除余某虚假认罪、替人顶包的可能性。综合全案证据，对所认定事实不能排除合理怀疑，不能认定被告人有罪。依据《刑事诉讼法》第200条第3项规定，应当作出证据不足、指控的犯罪不能成立的无罪判决。

难度：难

考点：补强证据规则、证明标准

命题和解题思路：本题考查考生对补强证据规则的掌握情况，以及根据定罪证明标准对全案证据进行综合分析的能力。考生解答本题时，应当注意案件材料给出了三个依据被告人口供衍生得到的证据，然后根据补强证据规则发现被告人口供实际系孤证，进而分析本案存在无法排除合理怀疑的结论。

答案解析：本题根据真实案例改编，该小题集中反映了该真实案例的争议焦点。解答本题，要突出《刑事诉讼法》第55条第1款"对一切案件的判处都要重证据，重调查研究，不轻信口供。只有被告人供述，没有其他证据的，不能认定被告人有罪和处以刑罚"的规定在我国证据规则中的重要地位。这一规定强调口供必须得到其他证据的补强才具有证明力，确立了口供补强规则。补强证据规则要求补强证据必须具有独立的来源，补强证据与补强对象之间不能重叠，而必须独立于补强对象，否则就无法担保补强对象的真实性。本案存在的疑点：（1）如按余某和马某所述，余某既然是和朋友马某一同玩耍，为何会趁马某上洗手间的时候突然将马某放在桌上的车钥匙拿走并驾车回家？（2）余某为何长达两小时不告诉马某开走了他的车？（3）余某为何会在无驾驶证的情况下突然驾车？这些举动是不符合常理的，没能得到解释。被告人"自首认罪"，只是表明被告人对案件事实的主观态度，并不代表案件事实一定是清楚的，所以对"自首认罪"案件依然应当坚持"事实清楚，证据确实、充分"的证明标准。针对该案，应明确本案只有口供证明"余某驾驶马某汽车"，不能轻信该口供，然后综合全案证据分析，不能合乎逻辑和经验法则地得出唯一结论，不能排除合理怀疑。

> **5. 法院应当以何种审判程序对本案宣判？为什么？**

答案：法院应当以普通程序对本案宣判。如上一问分析，法院应当对本案作出证据不足、指控的犯罪不能成立的无罪判决，而简易程序和速裁程序都以案件事实清楚，证据确实、充分为适用条件，所以当法院认为本案事实不清、证据不足时，应当从速裁程序转为普通程序审理，并作出判决。

难度：中

考点：程序转换

命题和解题思路：本题考查考生对简易程序和速裁程序适用条件的掌握，当适用速裁程序审理案件时，发现案件事实不清、证据不足，应当转换审判程序。本题以正确回答上一题结论为基础。

答案解析：检察院建议法院适用速裁程序审理本案，法院起初适用速裁程序审理，在本案存在证据不足的问题休庭后，法院就应该进行程序转换。同时，速裁程序强调当庭宣判，显然此时已经不满足这一条件了。根据《法院解释》第360条规定，适用简易程序审理案件，当案件事实不清、证据不足的，或被告人认罪但法院审理认为不构成犯罪的，应当转为普通程序审理。所以即使被告人始终认罪，本案也不能转为简易程序审理，应当直接转为普通程序审理后宣判。

评分细则（共30分）

1-5题满分为：5分、5分、4分、12分、4分

1. 不能邀请（1分）。马某具有较大的肇事嫌疑（1分），因其车主身份成为具有利害关系的证人（1分），或作为附带民事诉讼当事人涉及事故赔偿（1分），与该案具有利害关系（1分）。
2. 余某自愿认罪（1分），同意量刑建议和适用速裁程序（2分），双方就附带民事诉讼赔偿等事项达成调解或者和解协议（2分）。
3. 不能（2分）。余某在辨认前已见到辨认对象（2分）。
4. 应作出证据不足、指控的犯罪不能成立的无罪判决（2分）。证据确实、充分的条件：定罪量刑的事实都有证据证明（1分）；据以定案的证据均经法定程序查证属实（1分）；综合全案证据，对所认定事实已排除合理怀疑（1分）。
根据口供补强规则，需要具有独立来源的证据对口供进行补强（1分）；马某和向某关于"余某驾车撞人"的证言是根据余某所述作出的，不具有独立来源（1分）；道路交通事故认定书同样是依据余某的口供得出，不能作为余某口供的补强证据（1分）；辨认笔录真实性存疑，无法作为定案的根据（1分）；法医学尸检报告和现场勘查笔录不能证明"谁驾车肇事"（1分）；无目击者证言和客观性证据证明余某是驾驶者（1分）。
余某驾车的事实只有余某口供这一孤证，且存在无法解释的不合常理之处，不能认定被告人有罪（1分）。
5. 以普通程序对本案宣判（2分）。当法院认为本案事实不清、证据不足时，应当从速裁程序转为普通程序审理（2分）。

第六题（本题30分）

一、试题

案情： 赵某和钱某两人共同出资经营一家足浴店，聘请孙某负责管理。经营期间，三人为了吸引更多客人到店消费，明知有工作人员利用足浴店的经营场所从事卖淫活动而默许。2022年3月23日晚，民警在现场当场抓获完成性交易的卖淫嫖娼人员。公安机关以三人涉嫌容留卖淫罪立案侦查，赵某和钱某到案后如实供述了涉嫌犯罪的事实，主动表示认罪认罚。孙某则一直表示足浴店内没有卖淫发生。经进一步侦查，公安机关查实三人容留他人卖淫共计四人次。

审查起诉期间，检察院审查全案证据后认为，赵某和钱某的供述、嫖娼卖淫人员的证言、涉案足浴店其他工作人员证言和嫖娼卖淫人员的微信支付、收款记录等证据相互印证，足以证明赵某等人容留卖淫的事实。同时，检察院认为赵某有自首情节，但公安机关未予认定，因而未移送相关材料；钱某有立功情节，但公安机关未收集相关材料。赵某和钱某签署

认罪认罚具结书前，检察官听取了二人意见。检察官在向尚未认罪的孙某宣读赵某、钱某的供述和部分证人的证言后，孙某明确表示认罪认罚。检察院向法院提起公诉，建议判处赵某有期徒刑一年二个月，缓刑一年六个月，并处罚金；建议判处钱某有期徒刑一年，并处罚金；建议判处孙某有期徒刑一年，并处罚金。检察院同时建议法院适用速裁程序审理本案。

法院适用速裁程序开庭审理本案，审判长当庭询问三位被告人对指控事实、证据、量刑建议以及适用速裁程序的意见，三人均表示无异议，庭审未进行法庭调查和法庭辩论。审判长认为不应对主犯赵某判处缓刑，但其未建议公诉人调整量刑建议，也未询问赵某意见，便当庭判处赵某有期徒刑一年，不予缓刑。赵某以量刑过重为由提出上诉，检察院以法院违反法定诉讼程序为由提出抗诉。

问题：

1. 对于发现的赵某的自首情节和钱某的立功情节，检察院应如何处理？

2. 检察院拟对赵某提出判处缓刑的量刑建议，主要通过何种方式了解赵某的社会危险性？

3. 结合本案具体情况，阐述检察院听取赵某意见时应当告知的事项。

4. 检察官听取孙某意见时，向其宣读赵某、钱某供述和部分证人证言的做法是否妥当？为什么？

5. 有观点认为，实践中法院适用速裁程序审理案件会省略质证环节。请结合本案评析这种说法。

6. 检察院以法院违反法定诉讼程序为由提出抗诉是否妥当？为什么？

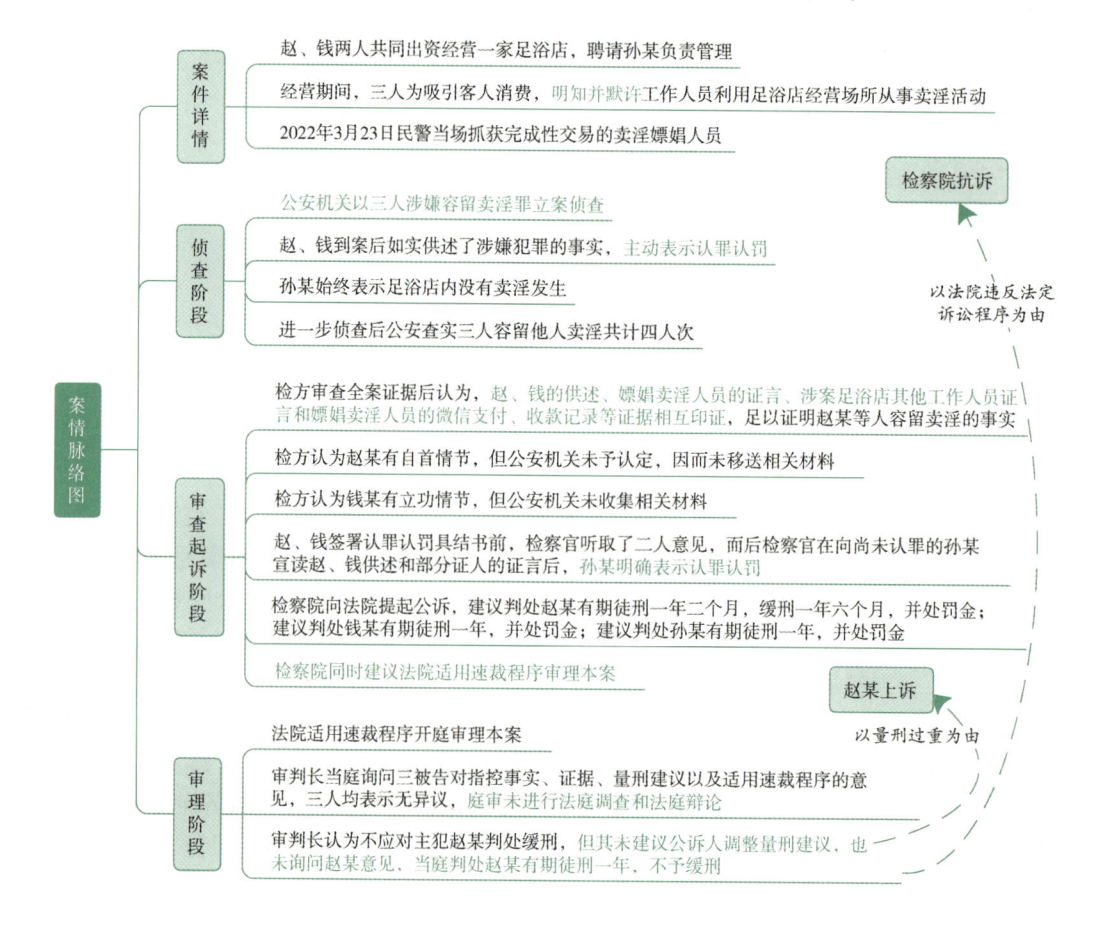

二、案例来源

认罪认罚从宽系列案例①

三、总体命题思路

本题主要以最高人民检察院于 2021 年 12 月发布并施行的《人民检察院办理认罪认罚案件开展量刑建议工作的指导意见》（以下简称《量刑建议工作意见》）的相关规定为出题依据，考查认罪认罚案件中量刑证据审查、调查评估意见、听取意见、证据开示、速裁程序中的质证、对不采纳量刑建议径行判决的抗诉六个知识点。解答本题，首先，考生应注意《量刑建议工作意见》相比于两高三部《关于适用认罪认罚从宽制度的指导意见》对检察院办理认罪认罚案件提出了更多、更高的要求；其次，应准确判断法院适用速裁程序未采纳量刑建议而径行裁判是否违反法定诉讼程序。

四、答案精讲

1. 对于发现的赵某的自首情节和钱某的立功情节，检察院应如何处理？

答案：对于赵某的自首情节，由于公安机关未移送相关证据材料，检察院应当通知公安机关在指定时间内移送。对于钱某的立功情节，由于公安机关未收集相关证据材料，检察院可以通知公安机关补充相关证据或者退回侦查机关补充侦查，也可以自行补充侦查。

难度：中

考点：量刑证据的收集与移送

命题和解题思路：本题考查量刑证据的收集与移送。解答本题，考生应注意区分公安机关移送案件中量刑证据的不同处理情况，从而对检察机关的做法作出准确判断。

答案解析：《量刑建议工作意见》以专章对量刑证据的审查作出规定，强调对量刑情节的证据裁判。针对部分检察官对量刑证据不够重视，根据不完备的量刑证据开展协商、提出量刑建议，导致量刑建议未被法院采纳的问题，《量刑建议工作意见》从证据裁判原则出发，对量刑证据的补充收集、审查、移送等作出全面规范，结合办案实践探索性地规定了量刑证据认定规则。《量刑建议工作意见》第 6 条要求影响量刑的基本事实和各量刑情节均应有相应的证据加以证明，强调了对量刑情节的证据裁判意识。对于量刑证据移送不全的，应当要求侦查机关予以移送；对于尚未收集的，检察机关可以通知侦查机关补充相关证据或者退回侦查机关补充侦查，也可以自行补充侦查，体现了原则性与灵活性相结合。《量刑建议工作意见》第 7 条至第 10 条分别对自首、立功、累犯、惯犯以及认罪认罚等重要量刑情节的审查重点作出指引，还特别对个人品格情节的把握和社会调查评估意见的审查作出创新性规定。

2. 检察院拟对赵某提出判处缓刑的量刑建议，主要通过何种方式了解赵某的社会危险性？

答案：检察院主要通过对赵某的调查评估了解赵某的社会危险性。检察院应当认真审查公安机关移送的关于赵某社会危险性和案件对所居住社区影响的调查评估意见。如公安机关

---

① 参见中华人民共和国最高人民法院刑事审判第一、二、三、四、五庭主办：《刑事审判参考》（总第 127 辑），人民法院出版社 2021 年版。

未委托调查评估，检察院一般应当委托赵某居住地的社区矫正机构或者有关组织进行调查评估，必要时，也可以自行调查评估。

难度：中

考点：调查评估意见

命题和解题思路：本题考查认罪认罚案件调查评估意见的运用。解答本题，考生应注意两高三部《关于适用认罪认罚从宽制度的指导意见》和《量刑建议工作意见》对检察机关推进调查评估工作提出的不同要求。

答案解析：两高三部《关于适用认罪认罚从宽制度的指导意见》第36条规定，犯罪嫌疑人认罪认罚，人民检察院拟提出缓刑或者管制量刑建议的，可以及时委托犯罪嫌疑人居住地的社区矫正机构进行调查评估，也可以自行调查评估。人民检察院提起公诉时，已收到调查材料的，应当将材料一并移送，未收到调查材料的，应当将委托文书随案移送；在提起公诉后收到调查材料的，应当及时移送人民法院。调查评估意见是检察机关提出判处管制、缓刑量刑建议的重要参考。为增强量刑建议的准确性和可执行性，考虑到部分社会调查评估衔接、协调难等客观因素，结合需要一定工作周期的特点，检察机关立足于尽早委托调查评估，自我加压。《量刑建议工作意见》第10条明确规定，人民检察院拟提出判处管制、适用缓刑量刑建议的，由法律规定的"可以"委托调查评估，严格为"一般应当"委托调查评估，必要时可以自行调查评估。这一规定对检察机关提出了更高、更明确的工作要求，要求检察机关主动发挥职能作用，尽早决定委托评估事项，为法院判处管制、适用缓刑提供更为坚实、充分的基础。（解析参考罗庆东、刘辰：《〈人民检察院办理认罪认罚案件开展量刑建议工作的指导意见〉的理解与适用》，载《人民检察》2022年第5期）

> **3. 结合本案具体情况，阐述检察院听取赵某意见时应当告知的事项。**

答案：检察院听取赵某意见时，应当告知以下事项：（1）赵某享有的诉讼权利和认罪认罚从宽的法律规定；（2）拟认定的赵某涉嫌容留卖淫的犯罪事实及罪名、自首等量刑情节；（3）拟提出的有期徒刑一年二个月，缓刑一年六个月，并处罚金的量刑建议及法律依据。

难度：难

考点：认罪认罚案件听取意见

命题和解题思路：本题考查认罪认罚案件听取意见时的告知事项。解答本题，无论是锁定法条，还是基于对办理认罪认罚从宽案件的理解，应注意认罪认罚案件中犯罪嫌疑人签署具结书前，应当保障其全面了解认罪认罚的法律后果。

答案解析：为了提高量刑建议的说服力，《量刑建议工作意见》就量刑建议说理的形式、内容等提出了具体要求，旨在把量刑建议说清楚、讲明白。《量刑建议工作意见》第24条要求，人民检察机关在听取意见时，应当向犯罪嫌疑人及其辩护人或者值班律师告知犯罪嫌疑人享有的诉讼权利和认罪认罚从宽的法律规定，拟认定的犯罪事实、涉嫌罪名、量刑情节，拟提出的量刑建议及法律依据。如此，犯罪嫌疑人才可在充分掌握案件情况和理解法律规定的基础上自愿认罪认罚。

> **4. 检察官听取孙某意见时，向其宣读赵某、钱某供述和部分证人证言的做法是否妥当？为什么？**

答案：妥当。本案中，作为涉案场所管理人员的孙某一直否认卖淫事实的发生，让其了解在案证据，可使其知悉案件情况，作出合理的选择。因此，检察院在听取意见过程中，必要时可通过出示、宣读等方式向尚未认罪的孙某开示或部分开示影响定罪量刑的主要证据材料，说明证据证明的内容，促使孙某认罪认罚。

难度：难

考点：认罪认罚案件证据开示

命题和解题思路：本题考查认罪认罚案件证据开示。解答本题，考生应将认罪认罚听取意见与证据开示有机结合，分析证据开示对于犯罪嫌疑人全面了解案件进展，进而合理决策的重要意义。

答案解析：根据两高三部《关于适用认罪认罚从宽制度的指导意见》第29条规定，人民检察院可以针对案件具体情况，探索证据开示制度，保障犯罪嫌疑人的知情权和认罪认罚的真实性及自愿性。《量刑建议工作意见》第26条规定，人民检察院必要时可以向犯罪嫌疑人开示或部分开示影响定罪量刑的主要证据材料，并要求加强释法说理。这些规定均旨在保障犯罪嫌疑人及其辩护人、值班律师对案件情况的全面知悉，充分了解认罪认罚的犯罪事实、量刑建议及法律后果，增强对审判结果的预判，避免信息不对称造成片面认罪认罚，增强了对犯罪嫌疑人认罪认罚实质自愿性和真实性的保障。结合本案案情，检察院通过宣读赵某、钱某供述和部分证人证言的方式向孙某开示证据并无不当。注意不要擅自理解并推断为检察院通过这种方式强迫犯罪嫌疑人认罪认罚。如是这样，案例信息中会有较为明确的情节描述。（解析参考罗庆东、刘辰：《〈人民检察院办理认罪认罚案件开展量刑建议工作的指导意见〉的理解与适用》，载《人民检察》2022年第5期）

5. 有观点认为，实践中法院适用速裁程序审理案件会省略质证环节。请结合本案评析这种说法。

答案：这种说法不正确。速裁程序审理案件仍需进行质证。以本案为例，庭审虽无法庭调查和法庭辩论环节，但审判人员仍应当庭询问被告人对指控的证据的意见。被告人对该问题的答复，实际就是对证据发表质证意见，"无异议"也属于质证意见的内容。故速裁案件中作为定案根据的证据，实际上也经过了庭审质证程序。

难度：难

考点：速裁案件的质证

命题和解题思路：本题考查速裁程序的质证。解答本题，考生应注意质证权是被告人的基本诉讼权利，在简化型程序中，可以简化质证权的行使，但不能直接认为被告人因此放弃质证权的行使。

答案解析：《刑事诉讼法》第61条规定，证人证言必须在法庭上经过公诉人、被害人和被告人、辩护人双方质证并且查实以后，才能作为定案的根据。两高三部《关于推进以审判为中心的刑事诉讼制度改革的意见》第11条规定，证明被告人有罪或者无罪、罪轻或者罪重的证据，都应当在法庭上出示，依法保障控辩双方的质证权利。《法院解释》第372条规定，适用速裁程序审理案件，公诉人简要宣读起诉书后，审判人员应当当庭询问被告人对指控事实、证据、量刑建议以及适用速裁程序的意见，核实具结书签署的自愿性、真实性、合法性，并核实附带民事诉讼赔偿等情况。据此可知，质证权利需要保障，质证方式可以简化，被告人可当庭表示放弃质证机会，但质证环节不能直接跳过。

6. 检察院以法院违反法定诉讼程序为由提出抗诉是否妥当？为什么？

答案：妥当。其一，法院经审理如认为量刑建议明显不当，应当告知检察院，检察院如不调整量刑建议或者调整后仍然明显不当，法院应当依法作出判决。如法院未告知检察院调整量刑建议而直接作出判决，则违反了法定程序，检察院一般应当以此为由依法提出抗诉。其二，法院适用速裁程序审理本案的前提之一是被告人认罪认罚。法院既未告知检察院调整建议，也未询问赵某意见。在未确定赵某是否继续认罚的情况下适用速裁程序作出判决，不仅违反法定程序，而且还剥夺了赵某的诉讼权利。

难度：难

考点：对不采纳量刑建议径行判决的法律监督

命题和解题思路：本题考查检察院对不采纳量刑建议径行判决的法律监督。解答本题，考生应根据相关规定准确判断本案中法院不采纳量刑建议而径行判决的做法，是否违反法定程序，是否剥夺或限制当事人的法定诉讼权利，是否可能影响公正审判。

答案解析：《刑事诉讼法》第201条第2款对量刑建议的调整作出规定。从法律规定看，在法院认为量刑建议明显不当或者被告人、辩护人对量刑建议提出异议的情形下，检察机关有一个前置的调整程序，法院不得未经检察机关调整而径行作出判决。两高三部《关于适用认罪认罚从宽制度的指导意见》延续此法律精神，明确了前置调整程序。前置调整程序既是认罪认罚从宽制度的应有之义，也是保障制度稳定适用的基础，更能体现出对认罪认罚制度的应有尊重，有利于达成和谐顺畅的司法审判效果。为落实好该法律精神、深化司法共识，《量刑建议工作意见》第37条对违反刑事诉讼法规定，未告知检察机关调整量刑建议而直接作出判决的情形如何处理予以明确，要求检察机关一般应当以违反法定程序为由依法提出抗诉，从而更好保障被告人的合法权益，保障法律统一正确实施。"一般应当"意味着也有例外，比如法院在量刑建议基础上对被告人进一步从宽量刑，且检察院认为法院判处的刑罚无误的，检察院可不提出抗诉。但本案中，法院不采纳量刑建议而径行判决的做法明显侵犯了当事人的诉讼权利，可能造成审判程序类型适用错误的严重程序违法情形，故检察院应提出抗诉。（解析参考罗庆东、刘辰：《〈人民检察院办理认罪认罚案件开展量刑建议工作的指导意见〉的理解与适用》，载《人民检察》2022年第5期）

评分细则（共30分）

1-6题满分为：5分、5分、5分、4分、6分、5分

1. 自首：检察院应当通知公安机关在指定时间内移送（2分）；立功：检察院可以通知公安机关补充相关证据（1分）或者退回侦查机关补充侦查（1分），也可以自行补充侦查（1分）。

2. 审查公安机关移送的调查评估意见（2分）；公安机关没有委托评估检察院应当委托赵某居住地的社区矫正机构或者有关组织进行调查评估（2分），必要时也可以自行调查评估（1分）。

3. 赵某享有的诉讼权利和认罪认罚从宽的法律规定（2分）；拟认定的赵某涉嫌罪事实及罪名、自首等量刑情节（2分）；拟提出的量刑建议（1分）。

4. 妥当（2分）。让其了解在案证据可以促使孙某认罪认罚（2分）。

5. 不正确（2分）。速裁程序审理案件仍需进行质证（2分），本案审判人员仍应当庭询问被告人对指控的证据的意见，被告人对该问题的答复实质上就是经过了庭审质证程序（2分）。

6. 妥当（1分）。法院未告知检察院调整刑建议而直接作出判决违反了法定程序（2分），未确定赵某是否继续认罚的情况下适用速裁程序作出判决违反程序（2分）。

行政法与行政诉讼法

第一题（本题28分）

一、试题

材料一：2016年4月，G省Z市原食品药品监督管理局（以下简称Z市食药监局）根据原国家食品药品监督管理总局（以下简称国家食药监总局）的线索通告，对S药业公司库存的空心胶囊所产胶囊剂药品进行查封和现场抽样检验，发现5个品种共7批次胶囊剂药品检验项目中铬含量超过国家标准。Z市食药监局责令S药业公司提供从胶囊生产企业购进药用空心胶囊的供货方资料、销售流向统计表等资料，该公司仅提供了部分药品销售流向表，未提供完整会计账册，且提供的药品销售情况与事实不符。

2016年6月2日，Z市食药监局对S药业公司作出以下处理决定：S药业公司生产的部分药品铬含量超标，依法认定为劣药；全部劣药货值40万元，已获利金额30万元；S药业公司在被食药监部门调查期间，存在拒绝、逃避监督检查和隐匿有关证据材料等情节。依照《药品管理法》第117条的规定，决定没收S药业公司库存的劣药，没收违法所得30万元，按照S药业公司违法销售的劣药货值金额的15倍，并处罚款600万元。

S药业公司不服，向法院提起行政诉讼，请求撤销Z市食药监局的处理决定。法院受理后，通知Z市食药监局负责人出庭应诉。开庭审理当日，该局负责人没有到庭参加诉讼，也没有说明任何理由，只委托该局工作人员出庭。法院经审理，判决驳回S药业公司的诉讼请求。

2017年1月，Z市食药监局认为S药业公司生产劣药情节严重，向G省原食品药品监督管理局（以下简称G省食药监局）提请吊销S药业公司的药品生产许可证。6月8日，G省食药监局对S药业公司作出吊销药品生产许可证的处理决定。S药业公司不服，于6月12日向国家食药监总局申请行政复议。国家食药监总局同日受理后，经书面审理，于同年9月10日作出行政复议决定，维持了G省食药监局的处理决定。S药业公司不服，向法院提起行政诉讼，请求撤销被诉的行政行为。法院审查认定，G省食药监局作出的处理决定合法。

材料二：《药品管理法》第一百一十七条：生产、销售劣药的，没收违法生产、销售的药品和违法所得，并处违法生产、销售的药品货值金额十倍以上二十倍以下的罚款；违法生产、批发的药品货值金额不足十万元的，按十万元计算，违法零售的药品货值金额不足一万元的，按一万元计算；情节严重的，责令停产停业整顿直至吊销药品批准证明文件、药品生产许可证、药品经营许可证或者医疗机构制剂许可证。

生产、销售的中药饮片不符合药品标准，尚不影响安全性、有效性的，责令限期改正，给予警告；可以处十万元以上五十万元以下的罚款。

问题：

1. Z市食药监局责令S药业公司提供销售流向统计表等资料的行为是否可诉？为什么？
2. Z市食药监局对S药业公司作出的罚款决定是否构成明显不当？为什么？

3. 法院对 Z 市食药监局负责人未出庭应诉的行为如何处理？
4. G 省食药监局决定吊销 S 药业公司的药品生产许可证，需要经过哪些程序？
5. S 药业公司提起的第二次诉讼的管辖法院如何确定？为什么？
6. 对于 S 药业公司提起的第二次诉讼，法院应当如何作出判决？为什么？

二、案例来源

最高人民法院药品安全典型案例：某药业有限公司诉广东省原食品药品监督管理局、原国家食品药品监督管理总局行政处罚及行政复议案[①]

三、总体命题思路

本题根据真实案例进行了改编，综合考查以下知识点：不属于行政诉讼受案范围的事项、行政处罚明显不当的认定、行政机关负责人出庭应诉制度、行政处罚实施程序、复议维持案件的管辖法院以及裁判方式。正确回答本题相关问题，需要考生既要掌握行政法、行政诉讼法的重点知识点，又要注意认真阅读案例，注意案情交代的细节，然后结合相关立法和司法解释的规定作答。通过本题的设计，意在提醒考生注意主观题所交代的案情细节，并对案件细节有较深入的分析。

四、答案精讲

1. Z 市食药监局责令 S 药业公司提供销售流向统计表等资料的行为是否可诉？为什么？

答案：不可诉。理由：Z 市食药监局责令其提供销售流向统计表等资料的行为属于在作出行政处罚行为过程中实施的调取证据的行为，此时法院受理对该行为的起诉，会影响食药监局正常的执法程序，法院不应受理该起诉。依照《最高人民法院关于适用〈中华人民共和国行政诉讼法〉的解释》（以下简称《行诉法解释》）的规定，该责令行为属于行政机关为作出行政行为而实施准备的过程性行为，依法也不属于行政诉讼受案范围。综上，该行为不可诉。

难度：难

考点：行政诉讼受案范围

命题和解题思路：本题考查考生对行政诉讼受案范围相关规定的理解和掌握程度。《行政诉讼法》和《行诉法解释》对不属于行政诉讼受案范围的规定作出了较为详细的规定，对上述规定如何理解和适用是法考关注的重点，需要反复练习，加强认知。本题侧重于对行政执法过程中的程序性行为是否属于受案范围进行考查，理论性较强，说理也较难，对考生的行政诉讼法知识掌握程度要求较高。

答案解析：从理论上讲，行政执法活动是一个过程，在不同的阶段，行政机关都会作出不同的行为。本题中，Z 市食药监局责令 S 药业公司向其提供销售流向统计表等资料的行为，属于行政处罚行为实施过程中，行政执法机关收集证据的行为，该行为本身是为了最终行政处罚决定的作出，不具有独立存在的意义，即使当事人对该行为提起诉讼，法院基于尊重行政权力行使的考虑，也不会过早介入行政执法过程，否则将有碍后续行政处罚行为的作出。

---

① 最高人民法院发布药品安全典型案例，载最高人民法院网 https://www.court.gov.cn/zixun/xiangqing/357261.html，最后访问日期：2024 年 5 月 31 日。

行政法与行政诉讼法

案情结构图

- 2016年4月，Z市食药监局对S药业公司的胶囊展开调查，责令提供相关资料
  - **基本案情**：Z市食药监局根据国家食药监总局的线索通告，对S药业公司库存的空心胶囊所产胶囊剂药品进行查封和现场抽样检验，发现5个品种共7批次胶囊剂药品检验项目中铬含量超过国家标准
  - **处理结果**：Z市食药监局责令S药业公司提供从胶囊生产企业购进药用空心胶囊的供货方资料、销售流向统计表等资料
  - **公司配合情况**：该公司仅提供了部分药品销售流向表，未提供完整会计账册，且提供的药品销售情况与事实不符

- 2016年6月2日，Z市食药监局作出处理决定
  - **处理决定**
    - **理由**：S药业公司生产的部分药品铬含量超标，依法认定为劣药；全部劣药货值40万元，已获利金额30万元；S药业公司在被食药监部门调查期间，存在拒绝、逃避监督检查和隐匿有关证据材料等情节
    - **结果**：依照《药品管理法》第117条的规定，决定没收S药业公司库存的劣药，没收违法所得30万元，按照S药业公司违法销售的劣药货值金额的15倍，并处罚款600万元
    - 《药品管理法》第一百一十七条：生产、销售劣药的，没收违法生产、销售的药品和违法所得，并处违法生产、销售的药品货值金额十倍以上二十倍以下的罚款；违法生产、批发的药品货值金额不足十万元的，按十万元计算，违法零售的药品货值金额不足一万元的，按一万元计算；情节严重的，责令停产停业整顿直至吊销药品批准证明文件、药品生产许可证、药品经营许可证或者医疗机构制剂许可证。
      生产、销售的中药饮片不符合药品标准，尚不影响安全性、有效性的，责令限期改正，给予警告；可以处十万元以上五十万元以下的罚款

- S药业公司不服，提起行政诉讼
  - **请求**：撤销Z市食药监局的处理决定
  - **法院处理情况**
    - **受理后**：通知Z市食药监局负责人出庭应诉。开庭审理当日，该局负责人没有到庭参加诉讼，也没有说明任何理由，只委托该局工作人员出庭
    - **判决**：法院经审理，判决驳回S药业公司的诉讼请求

- 2017年1月，Z市食药监局认为S药业公司生产劣药情节严重，向G省食药监局提请吊销S药业公司的药品生产许可证

- 2017年6月8日，G省食药监局对S药业公司作出吊销药品生产许可证的处理决定

- 2017年6月12日，S药业公司不服，向国家食药监总局申请行政复议

- 2017年6月12日，国家食药监总局受理，9月10日作出行政复议决定
  - **审理方式**：书面审理
  - **复议决定内容**：维持了G省食药监局的处理决定
  - **当事人**：S药业公司不服，向法院提起行政诉讼，请求撤销被诉的行政行为
  - **法院处理结果**：法院审查认定，G省食药监局作出的处理决定合法

· 285 ·

在此意义上，法院不会受理 S 药业公司对该责令行为的起诉。

《行诉法解释》第 1 条第 2 款规定："下列行为不属于人民法院行政诉讼的受案范围：……（六）行政机关为作出行政行为而实施的准备、论证、研究、层报、咨询等过程性行为；……"对照上述规定，可以认为，Z 市食药监局责令 S 药业公司向其提供销售流向统计表等资料的行为属于行政机关为作出行政行为实施准备的过程性行为，不属于行政诉讼受案范围，法院不应受理对该行为提起的诉讼。

2. Z 市食药监局对 S 药业公司作出的罚款决定是否构成明显不当？为什么？

答案：不构成明显不当。理由：明显不当主要表现为以下形式：第一，行政处罚行为畸轻畸重；第二，行政处罚行为违反"同等情况同等对待、不同情况不同对待"的原则。本题不适用第二种情况，因为没有可以对比的情况。对于第一种情况而言，依照《药品管理法》第 117 条规定，Z 市食药监局对其作出的罚款有裁量权。该局根据 S 药业公司违法销售的货值以及该公司在调查取证期间的表现，决定对该公司处以较高数额的罚款，并不构成处罚畸轻畸重，因此不构成明显不当的违法行为。

难度：难

考点：行政处罚决定

命题和解题思路：本题考查考生对行政处罚行为是否构成明显不当的理解。行政处罚行为明显不当的判断，既涉及行政诉讼判决的适用（撤销判决或者变更判决），也涉及行政处罚的具体适用规则。对行政处罚是否明显不当的判断，应重点结合行政诉讼撤销判决和变更判决的适用展开分析。本题即考查考生对行政处罚明显不当的理解，对考生结合具体案件情况分析行政处罚行为的合法性有极高的挑战。正确回答本题，需要考生结合给定的材料和相关法律规定展开分析。一旦脱离上述资料，又对明显不当的表现形式不太熟悉，极可能作出错误回答。

答案解析：依照《行政诉讼法》第 70 条规定，行政处罚行为存在明显不当的，人民法院有权判决撤销，依照该法第 77 条规定，行政处罚行为明显不当的，人民法院有权判决变更。上述两条都指向明显不当的理解问题。在理论上，行政处罚构成明显不当主要有两种表现形式：一是行政处罚畸轻畸重，违反过罚相当原则；二是行政处罚违反平等原则，同等情况不同处罚，不同情况同样处罚。本题应结合第一种形式来进行分析，即 Z 市食药监局的罚款行为是否构成畸轻畸重。结合本题案情和《药品管理法》的规定可以认为，该局作出的罚款决定不构成畸轻畸重。首先，在 Z 市食药监局调查期间，S 药业公司存在拒绝、逃避监督检查和隐匿有关证据材料等行为，存在从重处罚的情节；其次，依照《药品管理法》第 117 条的规定，Z 市食药监局有权在 S 药业公司违法销售的药品货值金额 10 倍以上 20 倍以下确定罚款数额。本题中，S 药业公司的药品货值为 40 万元，Z 市食药监局确定按照该货值的 15 倍确定罚款数额，并未达到畸重的程度。据此可以认为，该局作出的罚款决定不属于明显不当。

3. 法院对 Z 市食药监局负责人未出庭应诉的行为如何处理？

答案：法院可以作出以下处理：（1）对该情况记录在案并在裁判文书中载明；（2）向监察机关、Z 市食药监局的上一级行政机关提出司法建议。

难度：中

考点：行政诉讼受案范围

命题和解题思路：本题考查考生对行政机关负责人出庭应诉相关规定的掌握程度。《行政诉讼法》明确规定了行政机关负责人出庭应诉制度，为配合该制度的实施，最高法院进一步出台了《关于行政机关负责人出庭应诉若干问题的规定》（以下简称《应诉规定》）。本题重点考查负责人未出庭应诉的法院处理措施。由于相关处理规定的内容比较琐碎，需要考生根据该司法解释规定作出综合分析，一旦有所遗漏，即会影响分数。

答案解析：《应诉规定》对行政机关负责人无正当理由不出庭应诉作出了详细规定，第12条规定："有下列情形之一的，人民法院应当向监察机关、被诉行政机关的上一级行政机关提出司法建议：（一）行政机关负责人未出庭应诉，且未说明理由或者理由不成立的；……有前款情形之一的，人民法院应当记录在案并在裁判文书中载明。"据此，对于被告负责人不出庭应诉的，人民法院应当记录在案，并在裁判文书中载明，然后向监察机关、上一级机关提出司法建议。

4. G省食药监局决定吊销S药业公司的药品生产许可证，需要经过哪些程序？

答案：依照《行政处罚法》第63条规定，吊销S药业公司的药品生产许可证的行为需要经过听证程序，应当告知该公司有要求听证的权利。同时，依照该法第58条规定，作出吊销上述许可证的行为，还需要经过G省食药监局的法制审核人员的法制审核；此外，考虑到本案案情复杂，且对当事人处罚较重的事实，G省食药监局作出吊销S药业公司药品生产许可证的处理决定时，有必要经过机关负责人集体讨论。

难度：难

考点：行政处罚实施程序

命题和解题思路：本题考查考生对《行政处罚法》规定的处罚程序规则的理解和掌握程度。《行政处罚法》修订之后，细化了行政处罚的实施程序，如完善了普通程序（增加了法制审核）、增设了听证程序的适用对象范围等。本题考查考生对上述程序规则的综合应用能力。考生需要结合《行政处罚法》涉及吊销许可证的相关规则，同时结合本案的实际情况，才能作出完整的回答。

答案解析：《行政处罚法》第63条规定："行政机关拟作出下列行政处罚决定，应当告知当事人有要求听证的权利，当事人要求听证的，行政机关应当组织听证：……（三）降低资质等级、吊销许可证件；……"据此，G省食药监局决定吊销S药业公司的药品生产许可证，应当适用听证程序，告知该公司有权要求听证。

《行政处罚法》第58条第1款规定："有下列情形之一，在行政机关负责人作出行政处罚的决定之前，应当由从事行政处罚决定法制审核的人员进行法制审核；未经法制审核或者审核未通过的，不得作出决定：（一）涉及重大公共利益的；（二）直接关系当事人或者第三人重大权益，经过听证程序的；（三）案件情况疑难复杂、涉及多个法律关系的；（四）法律、法规规定应当进行法制审核的其他情形。"由于本案案情复杂，G省食药监局经过听证程序后，还应在作出最终决定前，经过法制审核程序。

《行政处罚法》第57条第2款规定："对情节复杂或者重大违法行为给予行政处罚，行政机关负责人应当集体讨论决定。"结合本题案情可知，本案涉及专业性较强的问题，案情较为复杂，且S药业公司违法行为较为严重，作出对该公司吊销药品生产许可证的处罚，还有必要经过G省食药监局负责人集体讨论决定。

5. S药业公司提起的第二次诉讼的管辖法院如何确定？为什么？

答案：S药业公司提起的第二次诉讼的级别管辖法院是基层法院，地域管辖法院是G省食药监局所在地的法院以及国家食药监总局所在地的法院。理由：本案属于复议维持的案件，就级别管辖法院而言，依照《行诉法解释》第134条第3款规定，复议机关作共同被告的案件，以作出原行政行为的行政机关确定案件的级别管辖。本题原行政行为作出机关是G省食药监局，级别管辖法院为基层法院。就地域管辖法院而言，依照《行政诉讼法》第18条规定，行政案件由最初作出行政行为的行政机关所在地人民法院管辖。经复议的案件，也可以由复议机关所在地人民法院管辖。据此，本案管辖法院既可以是G省食药监局所在地法院，也可以是国家食药监总局所在地的法院。

难度：难

考点：行政诉讼管辖

命题和解题思路：本题考查考生对行政诉讼管辖制度的理解和掌握程度。本题设定为复议维持案件，该类案件管辖法院的确定具有极大的特殊性，既涉及地域管辖的特殊性，也涉及级别管辖的特殊性，考生如果对该类案件的管辖规定掌握不牢固，极容易作出错误判断。正确回答本题，需要考生确定本案属于复议维持案件，在此基础上，再结合《行政诉讼法》和《行诉法解释》的相关规定分别确定案件的级别管辖法院和地域管辖法院。

答案解析：S药业公司提起的第二次诉讼，针对的是国家食药监总局作出的维持复议决定。按照《行政诉讼法》第26条第2款规定，经复议的案件，复议机关决定维持原行政行为的，作出原行政行为的行政机关和复议机关是共同被告。据此，本案的被告为G省食药监局和国家食药监总局。

关于案件的级别管辖法院的确定，《行诉法解释》第134条第3款规定，复议机关作共同被告的案件，以作出原行政行为的行政机关确定案件的级别管辖。据此，本案的级别管辖法院根据G省食药监局的级别确定。依照《行政诉讼法》第15条第1项规定，只有对国务院部门或者县级以上地方人民政府所作的行政行为提起诉讼的案件，才由中级人民法院管辖。据此，本案由基层法院行使管辖权。

关于案件地域管辖法院的确定，《行政诉讼法》第18条第1款规定，行政案件由最初作出行政行为的行政机关所在地人民法院管辖。经复议的案件，也可以由复议机关所在地人民法院管辖。据此，本案经过了行政复议，为此，地域管辖法院或者是G省食药监局所在地法院，或者是国家食药监总局所在地法院。

6. 对于S药业公司提起的第二次诉讼，法院应当如何作出判决？为什么？

答案：法院应作出以下判决：（1）驳回S药业公司撤销G省食药监局行政处罚的诉讼请求；（2）确认国家食药监总局的行政复议决定违法。理由：本案被诉行政行为包括两个，针对G省食药监局的处罚决定，法院审查认定该处罚决定合法，依法应当判决驳回S药业公司的撤销诉讼请求；针对国家食药监总局的复议维持决定，该复议决定虽然实体合法，但超过法定60日复议处理期限，应当依法判决确认该复议决定违法。

难度：难

考点：复议维持案件的判决

命题和解题思路：本题考查考生对复议维持案件判决方式的掌握程度。复议维持案件的判决对象为两个，法院需要根据案件审理的情况，分别对上述行政行为作出相应判决。对此,《行诉法解释》已经作出明确规定。本题中,案情交代下级行政机关的行政行为合法,应当判决驳回原告撤销该行为的诉讼请求,而对于复议决定而言,需要考生注意到复议决定实体合法,但复议超过法定期限,程序违法,对此法院应当判决予以确认。正确回答本题,需要考生认真审题,并熟悉行政复议期限的规定。

答案解析:《行诉法解释》第136条规定:"人民法院对原行政行为作出判决的同时,应当对复议决定一并作出相应判决。……原行政行为合法、复议决定违法的,人民法院可以判决撤销复议决定或者确认复议决定违法,同时判决驳回原告针对原行政行为的诉讼请求。……"本题属于其中规定的"原行政行为合法、复议决定违法的"情形,法院应当根据上述司法解释规定,分别对原行政行为和复议决定作出判决。即法院在审查认定G省食药监局作出的处罚决定合法的情况下,对于原告针对该行为提出的撤销诉讼请求,应当判决驳回。国家食药监总局作出的复议维持决定实体上没有问题,但该局作出行政复议决定的期限已经超过了法定的60日(6月12日受理,9月10日作出复议决定),由此构成复议程序违法。对此,法院应当依法判决确认该复议决定违法。

评分细则(共28分)

1-6题满分为:5分、5分、4分、3分、7分、4分

1. 不可诉(2分)。对于在作出行政处罚行为过程中实施的调取证据的行为,受理诉讼会影响正常执法(2分)。属于行政机关为作出行政行为而实施准备的过程性行为(1分)。
2. 不构成明显不当(2分)。罚款数值根据违法销售的货值以及该公司在调查取证期间的表现(2分),不构成处罚畸轻畸重(1分)。
3. 记录在案并在裁判文书中载明(2分);向监察机关、Z市食药监局的上一级行政机关提出司法建议(2分)。
4. 需要经过听证程序(1分),经过G省食药监局的法制审核人员的法制审核(1分),有必要经过机关负责人集体讨论(1分)。
5. G省食药监局所在地(1分)和国家食药监总局所在地(1分)的基层法院(1分)。复议机关作共同被告的案件,以作出原行政行为的行政机关确定案件的级别管辖(1分),原机关G省食药监局的管辖法院应为基层法院(1分);经复议的案件,原机关所在地和复议机关所在地法院均可以管辖(2分)。
6. 驳回S药业公司撤销G省食药监局行政处罚的诉讼请求(1分);确认国家食药监总局的行政复议决定违法(1分)。G省食药监局行政处罚合法(1分),国家食药监总局的复议维持决定超过法定60日复议处理期限(1分)。

第二题(本题28分)

一、试题

案情:某县徐某的房产被纳入了城中片区棚户区改造项目。在项目实施过程中,徐某于2017年10月5日向县政府提交信息公开申请书,申请公开两份信息:(1)要求县政府向其公开城中片区棚户区改造项目国有土地上房屋征收补偿方案在内的八项内容;(2)要求县政府向其公开窑址大道规划区项目批准文号、资金来源、资金使用情况等五项事项。县政府未

作出答复。11月1日，徐某向法院提起行政诉讼，请求判决县政府作出答复。11月6日，受案法院裁定立案。在案件审理期间，县政府向徐某公开了相关政府信息。徐某以申请的政府信息已公开为由撤回起诉，受案法院审查后，裁定准许撤回。

2017年12月1日，徐某与县政府为实施征收工作而组建的县房屋征收管理办公室签订房屋征收货币补偿协议，协议约定了徐某获得补偿款300万元、双方履行协议期间发生争议由县房屋征收管理办公室所在地的县法院管辖等内容。协议签订后，县房屋征收管理办公室于2017年12月20日、2018年1月20日向徐某支付了共计200万元补偿款，此后未再支付剩余款项。2019年2月26日，徐某向法院提起诉讼，请求判令被告支付余款。法院判决支持了徐某的诉讼请求，县政府随后向徐某支付了剩余补偿款。

2019年6月13日，徐某向县政府申请公开以下信息：（1）关于制定"城中片区棚户区改造项目国有土地上房屋征收补偿方案"的会议纪要；（2）该方案拆迁项目的范围、概况、补偿标准、安置方式以及补助奖励办法和标准等内容。徐某一并向县政府邮寄了政府信息公开申请书等材料。次日，该申请书被县政府签收。2019年6月23日，县政府答复徐某，相关信息已经于2017年向其公开，故对其申请不再重复处理。徐某不服，向法院提起诉讼，请求确认县政府的答复违法，判令被告公开相关信息。法院立案后查明，徐某申请公开的政府信息确实包含在其2017年申请公开的信息内容之中，徐某的行为属于重复申请。

问题：
1. 徐某于2017年10月5日提出的政府信息公开申请应当包含哪些内容？
2. 徐某2017年11月1日起诉时的诉讼请求能否达到直接获得政府信息的目的？为什么？
3. 对于徐某提出的撤诉申请，法院应如何处理？
4. 徐某与县房屋征收管理办公室协议约定管辖法院的内容是否有效？为什么？
5. 徐某向法院起诉追讨房屋补偿款的余款是否超期？为什么？
6. 对于徐某第二次提起的政府信息公开诉讼，法院应如何处理？为什么？

二、案例来源

江西省高级人民法院（2020）赣行终58号行政裁定书：徐某诉某县人民政府政府信息公开案

三、总体命题思路

本题综合考查以下知识点：政府信息公开的程序、行政诉讼起诉与受理、行政诉讼撤诉制度、行政协议案件的受理与审理、政府信息公开案件的审理与裁判。其中关于诉讼请求的提出是一个较新的知识点，对考生的诉讼知识考查程度较深。此外，不作为案件审理中被告改变其行政行为的认定考查较少，认定也较难。正确回答本题的相关问题，需要考生既要熟悉相关法条，又要深刻理解法条，否则即使知道法条内容，也难以作出准确回答。

四、答案精讲

> 1. 徐某于2017年10月5日提出的政府信息公开申请应当包含哪些内容？

答案：根据《政府信息公开条例》第29条第2款规定，徐某提出的政府信息公开申请应当包括下列内容：（1）申请人的姓名或者名称、身份证明、联系方式；（2）申请公开的政府信息的名称、文号或者便于行政机关查询的其他特征性描述；（3）申请公开的政府信息的

行政法与行政诉讼法

```
案情结构图
├─ 2017年10月5日，徐某向县政府提交有关城中片区棚户区改造项目的信息公开申请书
│   ├─ 申请内容
│   │   ├─ ①要求县政府向其公开城中片区棚户区改造项目国有土地上房屋征收补偿方案在内的八项内容
│   │   └─ ②要求县政府向其公开窑址大道规划区项目批准文号、资金来源、资金使用情况等五项事项
│   └─ 处理结果：县政府未作出答复
│
├─ 2017年11月1日，徐某向法院提起诉讼
│   ├─ 请求：判决县政府作出答复
│   └─ 处理结果
│       ├─ 11月6日，受案法院裁定立案
│       ├─ 案件审理期间，县政府向徐某公开了相关政府信息
│       └─ 徐某撤诉：徐某以申请的政府信息已公开为由撤回起诉，受案法院审查后，裁定准许撤回
│
├─ 2017年12月1日，徐某与县房屋征收管理办公室签订房屋征收货币补偿协议
│   ├─ 协议内容：徐某获得补偿款300万元、双方履行协议期间发生争议由房屋征收管理办公室所在地的县法院管辖等
│   ├─ 履约情况：协议签订后，县房屋征收管理办公室于2017年12月20日、2018年1月20日向徐某支付了共计200万元补偿款，此后未再支付剩余款项
│   ├─ 徐某起诉：2019年2月26日，徐某向法院提起诉讼，请求判令被告支付余款
│   └─ 法院处理结果：法院判决支持了徐某的诉讼请求，县政府随后向徐某支付了剩余补偿款
│
└─ 2019年6月13日，徐某向县政府申请公开相关信息
    ├─ 申请内容
    │   ├─ ①关于制定"城中片区棚户区改造项目国有土地上房屋征收补偿方案"的会议纪要
    │   └─ ②该方案拆迁项目的范围、概况、补偿标准、安置方式以及补助奖励办法和标准等内容。并向县政府邮寄了政府信息公开申请书等材料
    │       └─ 次日，该申请书被县政府签收
    └─ 申请结果
        ├─ 2019年6月23日，县政府答复徐某，相关信息已经于2017年向其公开，故对其申请不再重复处理
        ├─ 徐某起诉：徐某不服，向法院提起诉讼，请求确认县政府的答复违法，判令被告公开相关信息
        └─ 法院处理结果：法院立案后查明，徐某申请公开的政府信息确实包含在其2017年申请公开的信息内容之中，徐某的行为属于重复申请
```

形式要求，包括获取信息的方式、途径。

  难度：中

  考点：政府信息公开制度

  命题和解题思路：本题考查考生对依申请公开政府信息相关规定的掌握程度，主要针对依申请公开制度的基本内容。《政府信息公开条例》修订之后，对当事人提交政府信息公开申请的内容作出了与旧条例不同的规定，比如申请人的身份信息等。这些内容需要考生有较

· 291 ·

好的掌握。本题难度适中，正确回答本题，需要考生对《政府信息公开条例》有关申请内容的规定有较为清晰的理解，并能够根据具体案件的情况，作出针对性的回答。

答案解析：对于当事人申请公开政府信息时，其申请应当包括哪些内容，《政府信息公开条例》作出了较为详细的规定。该条例第 29 条规定："公民、法人或者其他组织申请获取政府信息的，应当向行政机关的政府信息公开工作机构提出，并采用包括信件、数据电文在内的书面形式；采用书面形式确有困难的，申请人可以口头提出，由受理该申请的政府信息公开工作机构代为填写政府信息公开申请。政府信息公开申请应当包括下列内容：（一）申请人的姓名或者名称、身份证明、联系方式；（二）申请公开的政府信息的名称、文号或者便于行政机关查询的其他特征性描述；（三）申请公开的政府信息的形式要求，包括获取信息的方式、途径。"本题中，徐某提出政府信息公开申请，应当按照上述规定，在其申请中包含申请人的个人信息、申请公开信息的内容描述以及申请公开信息的形式要求等内容。

> **2. 徐某 2017 年 11 月 1 日起诉时的诉讼请求能否达到直接获得政府信息的目的？为什么？**

答案：不能。理由：对于徐某提出的判令县政府作出答复的诉讼请求，法院仅能在认定县政府不予答复违法的情况下，判决其履行答复义务，但答复的内容具有不确定性。县政府可能以其他理由拒绝向其公开相关信息。

难度：难

考点：政府信息公开诉讼

命题和解题思路：本题考查考生对政府信息公开行政诉讼起诉与受理阶段相关知识的掌握程度。准确回答本题，需要考生对《最高人民法院关于审理政府信息公开行政案件若干问题的规定》（以下简称《信息公开规定》）中的有关判决内容如何理解有相当清晰的认识，对诉讼请求与起诉目的的关系有深刻的体会。同时，还要注意结合政府信息公开案件的特殊情况。本题难度较高，考生如果不熟悉《信息公开规定》有关判决规定的含义，且对政府信息公开案件本身的特点不是非常理解，就很难准确回答本题。

答案解析：依照《信息公开规定》第 10 条规定，被告对原告要求公开政府信息的申请无正当理由逾期不予答复的，人民法院应当判决被告在一定期限内答复。原告一并请求判决被告公开或者更正政府信息且理由成立的，参照第 9 条的规定处理。据此可知，如果徐某在起诉时仅提出判令被告县政府作出答复的诉讼请求，法院原则上只能在认定被告不作为违法的情况下判令其在一定期限内作出答复。至于县政府如何答复，具有高度不确定性。在其拒绝公开的情况下，徐某还需要向法院再次提起政府信息公开诉讼。由此，不利于其知情权的及时保护。为尽快获得相关政府信息，徐某在第一次起诉时，有必要同时提出判决被告公开政府信息的诉讼请求。

> **3. 对于徐某提出的撤诉申请，法院应如何处理？**

答案：依照《最高人民法院关于行政诉讼撤诉若干问题的规定》（以下简称《撤诉规定》）第 2 条规定，法院对于徐某提出的撤诉申请，需要对下列事项进行审查，以最终确定是否准许其撤诉：（1）申请撤诉是当事人真实意思表示；（2）被告改变被诉具体行政行为，不违反法律、法规的禁止性规定，不超越或者放弃职权，不损害公共利益和他人合法权益；

(3) 被告已经改变或者决定改变被诉具体行政行为，并书面告知人民法院；(4) 第三人无异议。因为法院在审理徐某诉县政府不履行答复义务案件过程中，县政府向徐某公开了相关政府信息，依照《撤诉规定》第 4 条，该行为属于被告在行政诉讼期间改变其行政行为的情况。据此，法院需要对相关事项进行审查，以最终确定是否准许其撤诉。

难度：难

考点：行政诉讼撤诉

命题和解题思路：本题考查考生对行政诉讼撤诉制度的理解和掌握程度。对于撤诉问题，《行政诉讼法》有原则规定，最高法院《撤诉规定》又进一步细化。正确回答本题，需要考生注意案情中所述县政府在案件审理期间向徐某公开相关信息意味着什么，再结合《撤诉规定》第 2 条的规定，确定法院的审查内容。

答案解析：《撤诉规定》第 4 条规定："有下列情形之一的，可以视为'被告改变其所作的具体行政行为'：（一）根据原告的请求依法履行法定职责；（二）采取相应的补救、补偿等措施；（三）在行政裁决案件中，书面认可原告与第三人达成的和解。"根据该条规定可以认为，在徐某提起第一次政府信息公开诉讼期间，县政府主动向其公开相关政府信息的行为属于被告改变其所作出的具体行政行为。

《撤诉规定》第 2 条规定："被告改变被诉具体行政行为，原告申请撤诉，符合下列条件的，人民法院应当裁定准许：（一）申请撤诉是当事人真实意思表示；（二）被告改变被诉具体行政行为，不违反法律、法规的禁止性规定，不超越或者放弃职权，不损害公共利益和他人合法权益；（三）被告已经改变或者决定改变被诉具体行政行为，并书面告知人民法院；（四）第三人无异议。"据此，本题中，当徐某申请撤诉时，法院应当根据上述规定，审查徐某的撤诉申请是否合法，并决定是否裁定准许。

> **4. 徐某与县房屋征收管理办公室协议约定管辖法院的内容是否有效？为什么？**

答案：无效。理由：依照《最高人民法院关于审理行政协议案件若干问题的规定》（以下简称《协议规定》）第 7 条规定，徐某与县房屋征收管理办公室协议约定管辖法院的内容违背了《行政诉讼法》有关级别管辖的规定，即在相对人起诉的被告属于县级人民政府的情况下，应当由中级人民法院管辖，因此上述约定应当被认定为无效。

难度：中

考点：行政协议案件的审理

命题和解题思路：本题考查考生对行政协议案件相关审理规则的理解和掌握程度。行政协议案件的审理属于《行政诉讼法》新增内容，最高法院专门出台了《协议规定》进行规范。其中，在确定案件管辖法院的问题上，该司法解释借鉴民事合同原理，允许协议双方当事人对争议发生后的管辖法院作出约定，但也明确规定管辖法院的约定不能违法。本题旨在考查考生是否熟悉此种规定的内容，难度适中。

答案解析：《协议规定》第 7 条规定："当事人书面协议约定选择被告所在地、原告所在地、协议履行地、协议订立地、标的物所在地等与争议有实际联系地点的人民法院管辖的，人民法院从其约定，但违反级别管辖和专属管辖的除外。"据此，最高法院司法解释认可行政协议双方当事人有权事先约定协议争议发生后的案件管辖法院，但同时明确规定，双方的约定不能违反行政诉讼法关于法定管辖的规定。《行政诉讼法》第 15 条规定："中级人民法院管辖下列第一审行政案件：（一）对国务院部门或者县级以上地方人民政府所作的行政行为提起诉讼的案件；……"据此，当被告是县级以上人民政府的情况下，案件应当由中级人

· 293 ·

民法院管辖，这是法定管辖制度。本题中，县房屋征收管理办公室属于临时机构，对其行为承担法律后果的是县政府。由此，徐某与县房屋征收管理办公室对案件管辖法院的约定，实质是其与县政府的约定。依照《协议规定》的签署规定，在县政府作为被告的情况下，应当由中级人民法院管辖，而非双方约定的由县法院管辖。因此，双方的上述约定应当认定为无效。

> 5. 徐某向法院起诉追讨房屋补偿款的余款是否超期？为什么？

答案：不超期。理由：在县政府拒绝支付剩余补偿款的情况下，徐某向法院起诉请求判令其支付剩余款项，属于行使合同请求权，依照《协议规定》第 25 条的规定，该请求权的行使适用民法诉讼时效的规定。按照《民法典》第 188 条第 1 款的规定，该诉讼时效期间原则上为 3 年，徐某在 2019 年 2 月提起行政协议诉讼，并未超过上述诉讼时效期间。

难度：中

考点：行政协议案件的审理

命题和解题思路：本题考查考生对行政协议案件审理规则的理解和掌握程度，重点考查关于提请司法救济期限的规定。在被告县政府迟迟不履行支付补偿款的情况下，徐某有权向法院提起诉讼，该权利属于请求权的行使，依照《协议规定》，应当适用民法诉讼时效制度。考生如果对徐某权利的性质不是十分清楚，对《协议规定》中诉讼时效规定的原理不熟练掌握，即难以作出正确的回答。

答案解析：《协议规定》第 25 条规定："公民、法人或者其他组织对行政机关不依法履行、未按照约定履行行政协议提起诉讼的，诉讼时效参照民事法律规范确定；对行政机关变更、解除行政协议等行政行为提起诉讼的，起诉期限依照行政诉讼法及其司法解释确定。"本题中，县政府在 2018 年 1 月支付完部分补偿款之后，即不再履行支付义务，构成违约行为。对此，徐某有权向法院提起行政诉讼，请求判令被告支付剩余款项。对此，依照前述司法解释规定，适用诉讼时效制度。《民法典》第 188 条规定："向人民法院请求保护民事权利的诉讼时效期间为三年。法律另有规定的，依照其规定。诉讼时效期间自权利人知道或者应当知道权利受到损害以及义务人之日起计算。法律另有规定的，依照其规定。但是，自权利受到损害之日起超过二十年的，人民法院不予保护，有特殊情况的，人民法院可以根据权利人的申请决定延长。"据此，徐某向法院提起诉讼适用的是 3 年诉讼时效期间。其在 2019 年 2 月向法院提起诉讼，并未超过法定救济期限。

> 6. 对于徐某第二次提起的政府信息公开诉讼，法院应如何处理？为什么？

答案：法院应当以被诉行政行为对徐某的合法权益明显不产生实际影响为由，裁定驳回起诉。理由：徐某第二次申请公开的政府信息，已经包含在其 2017 年申请公开的信息之中，县政府对其申请作出的不再处理答复，明显对其知情权不产生实际影响，其向法院提起政府信息公开诉讼，缺乏接受司法保护的利益（诉的利益）。依照《行诉法解释》第 69 条第 8 项规定，在法院已经立案的情况下，应当裁定驳回徐某的起诉。

难度：难

考点：起诉与受理

命题和解题思路：本题考查考生对行政诉讼起诉与受理相关规定的理解和掌握程度。按照《行政诉讼法》规定，相对人只有在其合法权益受到行政行为侵害的情况下，才有向法院起诉的资格，法院才会受理其起诉，给予司法救济。在政府信息公开司法实践中，有的相对人在权益并未受到损害的情况下，只是为了给行政机关制造麻烦，即以行政机关不履行信息公开义务为由向法院起诉，造成司法资源浪费。对此，最高法院在其《行诉法解释》中作出了回应，即当被诉行政行为明显没有侵害相对人权益的情况下，对于当事人起诉，可以直接不予立案或者驳回起诉。考生需要对此类规定有较好的理解和把握，才能准确回答本题。

答案解析：《行诉法解释》第69条规定："有下列情形之一，已经立案的，应当裁定驳回起诉：（一）不符合行政诉讼法第四十九条规定的；（二）超过法定起诉期限且无行政诉讼法第四十八条规定情形的；（三）错列被告且拒绝变更的；（四）未按照法律规定由法定代理人、指定代理人、代表人为诉讼行为的；（五）未按照法律、法规规定先向行政机关申请复议的；（六）重复起诉的；（七）撤回起诉后无正当理由再行起诉的；（八）行政行为对其合法权益明显不产生实际影响的；（九）诉讼标的已为生效裁判或者调解书所羁束的；（十）其他不符合法定起诉条件的情形。前款所列情形可以补正或者更正的，人民法院应当指定期间责令补正或者更正；在指定期间已经补正或者更正的，应当依法审理。人民法院经过阅卷、调查或者询问当事人，认为不需要开庭审理的，可以径行裁定驳回起诉。"该条中第8项规定被认为是缺乏诉的利益的情况，即在行政行为没有侵害相对人合法权益的情况下，该相对人向法院提起行政诉讼，不具有司法救济的必要性。本题中，徐某第二次起诉要求法院判令县政府公开的政府信息，已经在此前的起诉中获得。依照《政府信息公开条例》第36条第6项规定，行政机关已就申请人提出的政府信息公开申请作出答复、申请人重复申请公开相同政府信息的，告知申请人不予重复处理，由此县政府作出不予重复处理的决定正确。该答复并未侵犯徐某的知情权，其向法院起诉请求救济缺乏诉的利益，在法院已经立案的情况下，其应当裁定驳回徐某的起诉。

评分细则（共28分）

1-6题满分为：6分、4分、6分、4分、4分、4分

1. 申请人的姓名或者名称、身份证明、联系方式（2分）；申请公开的政府信息的名称、文号或者便于行政机关查询的其他特征性描述（2分）；申请公开的政府信息的形式要求，包括获取信息的方式、途径（2分）。
2. 不能（2分）。县政府可能以其他理由拒绝向其公开相关信息（2分）。
3. 法院需要审查确定是否准许撤诉（1分）；申请撤诉是当事人真实意思表示（1分）；被告改变被诉具体行政行为，不违反法律、法规的禁止性规定（1分），不超越或者放弃职权，不损害公共利益和他人合法权益（1分）；被告已经改变或者决定改变被诉具体行政行为（1分）；第三人无异议（1分）。
4. 无效（2分）。本案应当由中级人民法院管辖（1分），协议管辖违背了级别管辖的规定（1分）。
5. 不超期（2分）。属于行使合同请求权，适用诉讼时效规定（1分），在2019年2月提起行政协议诉讼未超过诉讼时效（1分）。
6. 裁定驳回起诉（2分）。徐某第二次申请公开的政府信息已经包含在其2017年申请公开的信息之中（2分）。

第三题（本题 28 分）

一、试题

材料一：2018 年 7 月 20 日，董某向省会城市 J 市城市公共客运管理服务中心（以下简称 J 市客管中心）提交了《网络预约出租汽车经营申请表》，申请在 J 市从事网约车经营服务。8 月 2 日，J 市客管中心作出《行政许可申请不予受理通知书》（以下简称《通知书》），内容为：董某车辆初次登记日期为 2016 年 1 月 25 日，转移登记日期为 2018 年 7 月 1 日，车龄已超过 1 年；车辆的轴距为 2600mm，低于 2700mm。董某的申请不符合《J 市网络预约出租汽车经营服务管理实施细则（试行）》（以下简称《网约车细则》）第 11 条规定。同时，董某的申请程序不符合《网约车细则》第 12 条关于个人所有车辆应当通过网约车平台公司申请的规定。因此，决定不予受理董某提出的行政许可申请。

董某不服，以 J 市客管中心为被告向法院提起行政诉讼。其理由为，交通运输部等七部委联合发布的《网络预约出租汽车经营服务管理暂行办法》（以下简称《网约车办法》）在运输证许可条件中并未对车龄、轴距以及申请前置程序作出规定，《网约车细则》上述条款违反《网约车办法》的规定。据此请求：（1）依法撤销被告于 2018 年 8 月 2 日作出的《通知书》，责令其重新作出行政行为；（2）附带对《网约车细则》进行审查。

一审期间，法院向《网约车细则》制定机关 J 市政府发函征询意见并通知其参加庭审，J 市政府未到庭陈述意见。一审法院经审理作出以下判决：一、撤销被告于 2018 年 8 月 2 日作出的《通知书》；二、被告在判决生效之日起 15 日内对原告的《运输证》申请重新作出是否受理的决定。

董某以一审法院未对许可申请作出实体裁判、未对其附带审查《网约车细则》的请求作出回应为由，提起上诉。J 市客管中心以一审法院适用法律错误为由，同时提起上诉。二审期间，董某申请撤回上诉，法院裁定准许。对于 J 市客管中心提出的上诉，二审法院经审理后判决驳回上诉，维持原判。

材料二：《网络预约出租汽车经营服务管理暂行办法》（交通运输部等七部门 2016 年第 60 号令）

第十二条第一款　拟从事网约车经营的车辆，应当符合以下条件：

（一）7 座及以下乘用车；

（二）安装具有行驶记录功能的车辆卫星定位装置、应急报警装置；

（三）车辆技术性能符合运营安全相关标准要求。

第十三条第一款　服务所在地出租汽车行政主管部门依车辆所有人或者网约车平台公司申请，按第十二条规定的条件审核后，对符合条件并登记为预约出租客运的车辆，发放《网络预约出租汽车运输证》。

《J 市网络预约出租汽车经营服务管理实施细则（试行）》（J 市政府 J 政发〔2017〕22 号文）

第十一条　申请从事网约车经营的车辆，应当符合以下条件：

……

（二）符合营运车辆环保、安全技术标准，且车龄从初次注册登记取得机动车行驶证之日至申请日未满 1 年；

（三）新能源汽车轴距大于 2600 毫米，综合工况续航里程大于 250 千米；非新能源汽车轴距大于 2700 毫米且不得与在运普通巡游车车型相同；

……

第十二条 申请《网络预约出租汽车运输证》的，先由申请加入并已取得经营许可资格的网约车平台公司按规定条件初检合格后，再向市道路运输管理机构提出申请，并提交以下资料……

问题：

1. 《网约车细则》和《网约车办法》分别是何种性质的文件？请说明理由。
2. J 市客管中心如认为董某提出的许可申请材料不全，应当如何处理？
3. J 市客管中心作出的《行政许可申请不予受理通知书》是否属于具体行政行为？为什么？
4. 董某申请附带审查《网约车细则》需要满足哪些条件？
5. 一审法院能否适用简易程序审理本案？为什么？
6. 如二审法院判定《网约车细则》违法，应当如何处理？

二、案例来源

1. 山东省济南市市中区人民法院（2018）鲁 0103 行初 248 号行政判决书：董某民诉某市城市公共客运管理服务中心行政许可案
2. 山东济南市中级人民法院（2019）鲁 01 行终 350 号行政判决书：董某民与某市城市公共客运管理服务中心行政许可上诉案

三、总体命题思路

本题重点考查以下知识点：不同规范性文件的性质与效力等级、行政许可的实施程序、具体行政行为的界定、规范性文件一并审查及其审查后的处理，行政诉讼简易程序等。其中，有关规范性文件性质的认定、具体行政行为判断以及简易程序适用情形的考查内容具有一定难度，需要考生结合立法规定和交代的案情提出自己的分析意见，对考生的行政法学理论水平要求较高。通过本题的设计，提醒考生要正确理解相关法律规定的含义，同时还要注意灵活适用，并对主观题交代的案情进行深入的分析。

四、答案精讲

> **1. 《网约车细则》和《网约车办法》分别是何种性质的文件？请说明理由。**

答案：《网约车细则》属于行政规范性文件，《网约车办法》属于部门行政规章。理由：虽然两种文件的制定机关分别享有部门规章制定权和地方政府规章制定权，但因两种文件的公布形式、发文字号存在差别，所以法律性质有别。《网约车细则》是以文件形式下发，发文字号为 J 政发〔2017〕22 号文，而非以政府令的形式发布，因此属于行政规范性文件。《网约车办法》则以国务院部门令的形式公布，符合部门规章制定程序的公布形式要求，因此属于部门行政规章。

难度：中

考点：行政诉讼法律适用

案情结构图

2018年7月20日，董某提交申请表
董某向省会城市J市客管中心提交了《网络预约出租汽车经营申请表》，申请在J市从事网约车经营服务

8月2日，J市客管中心作出《行政许可申请不予受理通知书》

内容

董某车辆初次登记日期为2016年1月25日，转移登记日期为2018年7月1日，车龄已超过1年；车辆的轴距为2600mm，低于2700mm

董某的申请不符合《网约车细则》第11条规定

同时，董某的申请程序不符合《网约车细则》第12条关于个人所有车辆应当通过网约车平台公司申请的规定

《J市网络预约出租汽车经营服务管理实施细则（试行）》（J政发〔2017〕22号文）
第十一条　申请从事网约车经营的车辆，应当符合以下条件：
……
（二）符合营运车辆环保、安全技术标准，且车龄从初次注册登记取得机动车行驶证之日至申请日未满1年；
（三）新能源汽车轴距大于2600毫米，综合工况续航里程大于250千米；非新能源汽车轴距大于2700毫米且不得与在运营通巡游车车型相同；
……
第十二条　申请《网络预约出租汽车运输证》的，先由申请加入并已取得经营许可资格的网约车平台公司按规定条件初检合格后，再向市道路运输管理机构提出申请，并提交以下资料……

处理结果：决定不予受理董某提出的行政许可申请

董某不服行政许可不予受理决定，以J市客管中心为被告向法院提起行政诉讼

理由：交通运输部等七部委联合发布的《网约车办法》在运输证许可条件中并未对车龄、轴距以及申请前置程序作出规定，《网约车细则》的上述条款违反《网约车办法》的规定

《网络预约出租汽车经营服务管理暂行办法》（交通运输部等七部门2016年第60号令）
第十二条第一款　拟从事网约车经营的车辆，应当符合以下条件：
（一）7座及以下乘用车；
（二）安装具有行驶记录功能的车辆卫星定位装置、应急报警装置；
（三）车辆技术性能符合运营安全相关标准要求。
第十三条第一款　服务所在地出租汽车行政主管部门依车辆所有人或者网约车平台公司申请，按第十二条规定的条件审核后，对符合条件并登记为预约出租客运的车辆，发放《网络预约出租汽车运输证》。

请求：① 依法撤销被告于2018年8月2日作出的《通知书》，责令其重新作出行政行为
② 附带对《网约车细则》进行审查

一审法院处理情况

法院向《网约车细则》制定机关J市政府发函征询意见并通知其参加庭审，J市政府未到庭陈述意见

判决：① 撤销被告于2018年8月2日作出的《通知书》；② 被告在判决生效之日起15日内对原告的《运输证》申请重新作出是否受理的决定

当事人不服提出上诉

董某上诉理由：董某以一审法院未对许可申请作出实体裁判、未对其附带审查《网约车细则》的请求作出回应为由，提起上诉

撤诉：二审期间，董某申请撤回上诉，法院裁定准许

J市客管中心上诉理由：J市客管中心以一审法院适用法律错误为由，同时提起上诉

处理结果：对于J市客管中心提出的上诉，二审法院经审理后判决驳回上诉，维持原判

命题和解题思路：本题形式上考查考生对行政规范性文件和部门规章的区别，但因上述文件出现在行政诉讼案件审理期间，且作为原告的董某申请对《网约车细则》进行附带审查，因此本题实质考查考生有关行政诉讼法律适用的相关知识，具体涉及不同性质和效力层级的规范性文件如何区别的问题，对文件的识别有助于后续的法律规范适用。正确回答本题，需要考生熟悉部门规章和普通规范性文件在公布程序、公布形式上的差别。

答案解析：在我国，部门规章和行政规范性文件在公布程序和形式上存在差别，依照《规章制定程序条例》第29条、第30条的规定，法制机构应当根据有关会议审议意见对规章草案进行修改，形成草案修改稿，报请本部门首长或者省长、自治区主席、市长、自治州州长签署命令予以公布。公布规章的命令应当载明该规章的制定机关、序号、规章名称、通过日期、施行日期、部门首长或者省长、自治区主席、市长、自治州州长署名以及公布日期。部门联合规章由联合制定的部门首长共同署名公布，使用主办机关的命令序号。因此，凡属部门规章，必然应以部门命令的形式公布。本题中，《网约车办法》以交通运输部等七部门命令的形式公布，因此属于部门规章。相对而言，行政规范性文件并不采用政府令的形式向社会公布，而是采用文件字号的形式由行政机关发布。本题中，《网约车细则》即采用上述形式发布，因此不属于行政规章。

> **2. J市客管中心如认为董某提出的许可申请材料不全，应当如何处理？**

答案：应当依法当场告知，或者在5日内一次性告知董某需要补正的所有材料。
难度：中
考点：行政许可实施程序

命题和解题思路：本题考查考生对行政许可实施程序相关规定的掌握程度，重点考查行政许可受理环节的便民规定。按照《行政许可法》规定的便民原则，该法在行政许可办理的若干环节规定了便民措施，如许可事项不全时的一次性全部告知、许可听证不收费等。本题考查的知识点在于一次性全部告知需要补正的内容，难度适中，考生如果对《行政许可法》相关规定内容掌握较好，即能作出正确回答。

答案解析：《行政许可法》第32条规定："行政机关对申请人提出的行政许可申请，应当根据下列情况分别作出处理：（一）申请事项依法不需要取得行政许可的，应当即时告知申请人不受理；（二）申请事项依法不属于本行政机关职权范围的，应当即时作出不予受理的决定，并告知申请人向有关行政机关申请；（三）申请材料存在可以当场更正的错误的，应当允许申请人当场更正；（四）申请材料不齐全或者不符合法定形式的，应当当场或者在五日内一次告知申请人需要补正的全部内容，逾期不告知的，自收到申请材料之日起即为受理；（五）申请事项属于本行政机关职权范围，申请材料齐全、符合法定形式，或者申请人按照本行政机关的要求提交全部补正申请材料的，应当受理行政许可申请。行政机关受理或者不予受理行政许可申请，应当出具加盖本行政机关专用印章和注明日期的书面凭证。"依据上述第4项规定可知，本题中，当J市客管中心认为董某提出的许可申请材料不全时，依法应当当场或在5日内一次性告知其需要补正的全部内容。

> **3. J市客管中心作出的《行政许可申请不予受理通知书》是否属于具体行政行为？为什么？**

答案：属于具体行政行为。理由：J市客管中心作出《行政许可申请不予受理通知书》虽然在形式上是不予受理通知，理由中也包含了申请程序的内容，似乎属于程序性决定，但从通知内容、其他理由和实际效果来看，J市客管中心实质上拒绝了董某的许可申请，对董某许可申请权利的实体处置，符合产生实体法律效果的具体行政行为特征，应当属于具体行政行为。

难度：难

考点：具体行政行为的界定

命题和解题思路：本题重点考查考生对具体行政行为"法律效果"特征的理解程度。理论上讲，具体行政行为意味着行政机关对当事人实体权利义务的处分，突出体现在"法律效果"这一特征上。本题的设计即基于此种考虑。回答本题的难度在于，J市客管中心的《通知书》中既包含了实体权利的处置，也包含了程序事项的处置。考生可能对此存在判断上的困难。正确回答本题，需要考生结合具体行政行为"法律效果"特征的理解，并深入分析涉案行政机关作出《通知书》的实质意图。

答案解析：理论上，具体行政行为的界定需要考虑以下因素：主体的行政主体属性；职权的行使特性；特定事件的处理；单方面性；法律效果；外部性。就本题而言，J市客管中心对董某送达的《行政许可申请不予受理通知书》既包含了程序事项的处理，即以董某申请的程序存在问题来支持其不予受理通知，也包含了对董某的许可申请是否符合许可证实质要件的判断，即认为其不符合申请网约车经营的条件，而后者是引发本案争议的关键，也是董某直接起诉的根本原因。因此，对本题中涉及的《行政许可申请不予受理通知书》是否属于具体行政行为的理解，需要从该行为的实质"法律效果"角度来进行理解。当J市客管中心以不符合许可条件为由拒绝董某申请时，实质上构成对董某许可申请权利的处置，该处置具有终局性，也影响到了董某权利的实现。因此，符合具体行政行为"法律效果"的特征，应当认为属于具体行政行为。

> **4. 董某申请附带审查《网约车细则》需要满足哪些条件？**

答案：需要满足以下条件：（1）《网约车细则》属于行政规范性文件；（2）该细则直接作为J市客管中心作出拒绝许可决定的依据；（3）董某应当在第一审开庭审理之前提出附带审查申请，有正当理由的，可在法庭调查阶段提出附带审查申请。

难度：难

考点：规范性文件一并审查

命题和解题思路：本题考查考生对行政规范性文件一并审查申请程序的掌握程度。《行政诉讼法》增加了行政规范性文件一并审查制度，但对于当事人提出一并审查申请又进行了必要的限制。比如规范性文件不包括规章、作为行政行为的直接依据以及在特定时间点提出等。本题的设计在于考查考生对上述规定的整体把握程度，需要考生综合分析相关立法和司法解释规定，尽量作出完整全面的回答。

答案解析：《行政诉讼法》第53条规定："公民、法人或者其他组织认为行政行为所依据的国务院部门和地方人民政府及其部门制定的规范性文件不合法，在对行政行为提起诉讼时，可以一并请求对该规范性文件进行审查。前款规定的规范性文件不含规章。"《行诉法解释》第146条规定："公民、法人或者其他组织请求人民法院一并审查行政诉讼法第五十三条规定的规范性文件，应当在第一审开庭审理前提出；有正当理由的，也可以在法庭调查中提出。"依据上述规定，当董某提出对《网约车细则》的附带审查时，需要依法满足以下条件：（1）《网约车细则》需被认定为行政规范性文件；（2）《网约车细则》必须是J市客管中心作出拒绝许可决定的直接依据；（3）董某提出附带审查申请的时间有两种情形，一是在第一审开庭审理之前；二是有正当理由时，也可在法庭调查阶段提出。

5. 一审法院能否适用简易程序审理本案？为什么？

答案：不能。理由：依照《行政诉讼法》第82条规定，适用简易程序审理的案件应当事实清楚、权利义务关系明确、争议不大。鉴于本案涉及审理对象的性质界定、原告是否符合许可条件双方争议较大，且涉及规范性文件一并审查问题，不符合《行政诉讼法》第82条的上述规定，一审法院不能适用简易程序审理本案。

难度：中

考点：行政诉讼审理程序（简易程序）

命题和解题思路：本题考查考生对行政诉讼简易适用情形的理解和掌握程度。《行政诉讼法》对行政诉讼案件适用简易程序审理的情形作出了规定，其核心是针对事实清楚、权利义务关系明确、争议不大的行政案件。对于如何理解事实清楚、权利义务关系明确、争议不大，需要考生根据法律规定并结合具体案件进行判断。

答案解析：《行政诉讼法》第82条规定："人民法院审理下列第一审行政案件，认为事实清楚、权利义务关系明确、争议不大的，可以适用简易程序：（一）被诉行政行为是依法当场作出的；（二）案件涉及款额二千元以下的；（三）属于政府信息公开案件的。除前款规定以外的第一审行政案件，当事人各方同意适用简易程序的，可以适用简易程序。发回重审、按照审判监督程序再审的案件不适用简易程序。"结合上述规定可知，适用简易程序审理的案件发生在两种情况：一是案件本身简单，如被诉行政行为当场作出、涉及款额较小等；二是虽然不属于第一种情况，但当事人双方同意适用简易程序。不过，适用简易程序审理的案件都需要具备一个基本前提，即案件事实清楚、权利义务关系明确、争议不大。本题中，被诉行政行为本身是否属于具体行政行为尚不清楚，原告是否符合颁发许可证的条件也不明确，且双方围绕着《网约车细则》与《网约车办法》之间的关系还有不同意见，整体而言，未达到《行政诉讼法》规定的适用简易程序的条件。因此，本案一审法院不能适用简易程序进行审理。

6. 如二审法院判定《网约车细则》违法，应当如何处理？

答案：应作以下处理：（1）不将《网约车细则》作为认定J市客管中心被诉行政行为合法性的依据，且在裁判理由中对此加以说明；（2）向该细则制定机关J市政府提出修改或废止该规范性文件的司法建议，同时抄送上一级人民政府、监察机关以及规范性文件的备案机关；（3）在裁判生效后报送上一级人民法院进行备案。

难度：难

考点：规范性文件一并审查

命题和解题思路：本题考查考生对行政规范性文件一并审理制度的理解和掌握程度，重点考查规范性文件被法院认定为违法之后的处理规则。对此，《行政诉讼法》和《行诉法解释》有较为详细的规定。需要注意的是，本题是一道综合题，答案涉及较多内容，需要考生综合前述立法和司法解释的规定全面回答。如果有所遗漏，即会影响得分。

答案解析：《行政诉讼法》第64条规定："人民法院在审理行政案件中，经审查认为本法第五十三条规定的规范性文件不合法的，不作为认定行政行为合法的依据，并向制定机关提出处理建议。"根据《行诉法解释》第149条第1、2款规定，经审查认为规范性文件不合法的，不作为人民法院认定行政行为合法的依据，并在裁判理由中予以阐明。作出生效裁判的人民法院应当向规范性文件的制定机关提出处理建议，并可以抄送制定机关的同级人民政府、上一级行政机关、监察机关以及规范性文件的备案机关。规范性文件不合法的，人民法院可以在裁判生效之日起 3 个月内，向规范性文件制定机关提出修改或者废止该规范性文件的司法建议。该解释第 150 条规定："人民法院认为规范性文件不合法的，应当在裁判生效后报送上一级人民法院进行备案。涉及国务院部门、省级行政机关制定的规范性文件，司法建议还应当分别层报最高人民法院、高级人民法院备案。"依照上述规定，当二审法院认定《网约车细则》违法时，应不作为认定被诉不予许可决定合法的依据，并在裁判理由中说明；同时，应向 J 市政府提出修改或废止的建议，并抄送上一级人民政府、监察机关以及该文件的备案机关；此外，还要向上一级人民法院履行报备程序。

评分细则（共 28 分）

1-6 题满分为：4 分、5 分、4 分、4 分、6 分、5 分

1. 《网约车细则》属于行政规范性文件（1 分），以文件形式下发，而非以政府令的形式发布（1 分）。《网约车办法》属于部门行政规章（1 分），以国务院部门令的形式公布，符合部门规章制定程序的公布形式要求（1 分）。

2. 当场告知（2 分），或者在 5 日内（1 分）一次性（1 分）告知董某需要补正的所有材料（1 分）。

3. 属于具体行政行为（2 分）。《通知书》对董某的许可申请作出了拒绝的决定（1 分），可认定为对董某许可申请权利的实体处置（1 分）。

4. 属于行政规范性文件（1 分）；直接作为具体行政行为的依据（1 分）；在一审开庭审理之前提出申请（1 分），有正当理由的可以在法庭调查阶段提出（1 分）。

5. 不能（2 分）。适用简易程序应当事实清楚、权利义务关系明确、争议不大（2 分），本案双方争议较大（1 分），且涉及规范性文件一并审查问题（1 分）。

6. 不将《网约车细则》作为认定行政行为合法的依据（1 分），且在裁判文书中对此加以说明（1 分）；向该细则制定机关提出修改或废止该规范性文件的司法建议（1 分），同时抄送上一级行政机关、监察机关以及规范性文件的备案机关（1 分）；裁判生效后报送上一级法院备案（1 分）。

第四题（本题 28 分）

扫码看视频

一、试题

案情： 黄甲是 B 直辖市 A 区体育村 12 号房屋所有权人。黄乙是黄甲的父亲，在 12 号房屋内实际居住。2021 年 3 月 10 日，A 区城管执法大队在执法检查中，发现黄甲正在组织施工人员在 12 号房屋屋顶从事建设活动。同日，城管执法大队向区规划和自然资源局发出《关于 A 区体育村 12 号房屋屋顶设施建筑行为是否属于违法建设的函》。3 月 12 日，该局回复：该建设行为没有经过规划许可程序，属于违章建设。3 月 14 日，城管执法大队遂向黄甲送达《责令停止违法建设通知书》，责令其立即停止违法建设，限期自行拆除在建违法建筑，并告知如未停止违法行为或者逾期未拆除，将提请区政府责成街道办事处强制拆除违法建筑。黄甲接到该通知书后，既没有申请行政复议或提起行政诉讼，也没有履行该通知书，而

是组织施工人员继续建设直至完成。

2021年6月30日晚上8点，街道办事处执法人员在未经区政府作出拆除违法建筑公告的情况下，强行将黄乙从屋内架出，对12号房屋屋顶已完成的设施进行了强制拆除。在拆除行为实施过程中，执法人员并未告知黄乙自行搬出室内物品，也未就室内物品进行清点造册。拆除活动结束后，未清理现场及实施屋顶防水处理，相关建筑残渣等均堆放在拆除现场。几天后，A区连续出现暴雨天气，造成12号房屋室内物品出现水蚀损毁情况。

2021年12月2日，黄甲、黄乙向法院提起行政诉讼，请求确认强拆行为违法。法院在审理过程中，告知黄乙可以提出行政赔偿请求。据此，黄乙要求被告赔偿其因强拆行为实施造成的财物损失，包括衣物损失、桌椅损失以及其珍藏的某名人字画损失。法院经审理认为，被告实施的强制拆除行为程序违法。

材料：

1.《B市城乡规划条例》第75条第2项：对在建违法建筑，负有查处职责的主管部门应当责令停止建设并限期自行拆除违法建筑，由乡（镇）人民政府、街道办事处对建设现场实施监管。对拒不停工或者逾期未自行拆除的，可以采取以下措施：……（二）区县（自治县）人民政府作出拆除在建违法建筑的公告，并责成乡（镇）人民政府、街道办事处或者综合执法机构实施强行制止直至拆除在建违法建筑。

2.《B市查处违法建筑若干规定》第15条第2项：行政主管部门在实施强制拆除行为时，应当妥善保管当事人的室内物品，并在拆除后及时依法交付当事人。

问题：

1.《责令停止违法建设通知书》属于何种性质的行政行为？为什么？
2. 本案的被告如何确定？为什么？
3. 黄乙的起诉是否超过起诉期限？为什么？
4. 法院告知黄乙可以提出行政赔偿诉讼是否违背"不告不理原则"？为什么？
5. 如果黄乙提出了行政赔偿请求，如何划分举证责任？
6. 针对被告实施的违法强拆行为，法院应当如何作出判决？

二、总体命题思路

本题考查责令行为的法律性质、行政诉讼被告的确定、起诉期限、行政赔偿案件的审理、确认违法及补救判决的适用等知识点，综合了行政法原理、行政诉讼制度相关内容，尤其是判决方式的适用，具有一定难度。

三、答案精讲

1.《责令停止违法建设通知书》属于何种性质的行政行为？为什么？

答案：属于行政强制措施。理由：责令停止违法建设通知书属于对违法行为的制止，是在行政执法过程中，基于行政相对人违法事实持续存在的事实，在紧急情况下采取的强行制止违法行为的措施，具有暂时性、强制性、非制裁性等特征，符合《行政强制法》对行政强制措施的定义。

难度：难

考点：行政强制措施

命题和解题思路：本题考查考生对不同情况下责令行为法律属性的理解程度。责令行为

案情结构图

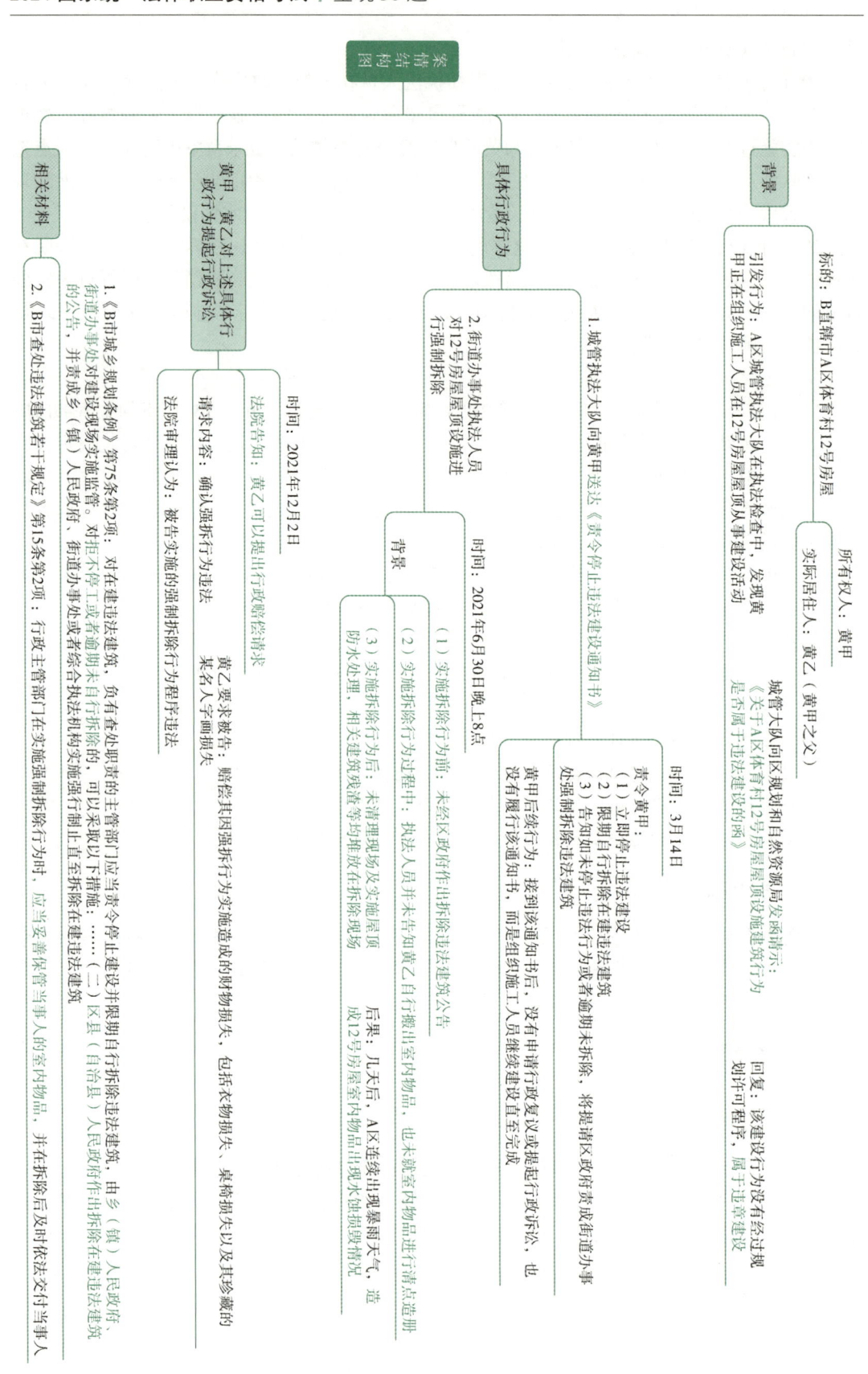

背景
- 标的：B直辖市A区体育村12号房屋
- 所有权人：黄甲
- 实际居住人：黄乙（黄甲之父）
- 引发行为：A区城管执法大队执法检查中，发现黄甲正在组织施工人员在12号房屋屋顶从事建设活动
- 城管大队向A区规划和自然资源局发函请示：《关于A区体育村12号房屋屋顶设施行为是否属于违法建设的函》
  - 回复：该建设行为没有经过规划许可程序，属于违章建设

具体行政行为
1. 城管执法大队向黄甲送达《责令停止违法建设通知书》
   - 时间：3月14日
   - 责令黄甲：
     - (1) 立即停止违法建设
     - (2) 限期自行拆除在建违法建筑
     - (3) 告知如未停止违法建设行为或者逾期未拆除，将提请A区政府责成街道办事处强制拆除违法建筑
   - 黄甲后续行为：接到该通知书后，没有申请行政复议或者提起行政诉讼，也没有履行该通知
2. 街道办事处执法人员对12号房屋屋顶设施进行强制拆除
   - 时间：2021年6月30日晚上8点
   - 背景：
     - (1) 实施拆除行为前，未经A区政府作出拆除违法建筑公告
     - (2) 实施拆除行为过程中，执法人员未告知黄乙自行撤出室内物品
     - (3) 实施拆除行为后，未清理现场及实施屋面防水处理，相关建筑残渣等均堆放在12号房屋室内
   - 后果：几天后，A区连续出现暴雨天气，造成12号房屋室内物品进行浸泡造成损失，也未就室内物品出现水供浸泡情况

黄甲、黄乙对上述具体行政行为提起行政诉讼
- 法院告知：黄乙可以提出行政赔偿请求
- 时间：2021年12月2日
- 请求内容：赔偿其因强拆行为实施造成的财物损失，包括衣物损失、某名人字画损失，相关建筑残渣等均堆放在12号房屋室内物品及其珍藏的
- 法院审理认为：被告实施的强制拆除行为程序违法

相关材料
1. 《B市城乡规划条例》第75条第2款：对在建违法建筑，街道办事处对建设场实施监管。对拒不停工或者通知未自行拆除的，可以采取以下措施：……（二）区县（自治县）人民政府的公告，并责成乡（镇）人民政府、街道办事处或者综合执法机构实施强制制止直至拆除完成
2. 《B市查处违法建筑若干规定》第15条第2款：行政主管部门在实施强制拆除行为时，应当委善保管当事人的室内物品，应当在拆除后及时依法交付当事人

304

在不同的语境下具有不同的法律性质，这是历年法考重点关注的内容。如何区分行政强制措施与行政命令、行政处罚、行政强制执行等行为，考生需要进一步加深理解。本题的设计旨在考查考生对责令行为在不同情况下的性质认识与理解。正确回答本题，考生需要较好地把握行政强制措施、行政命令、行政处罚等行为的核心特征。

答案解析：A区城管执法大队作出的《责令停止违法建设通知书》符合行政强制措施的定义与特征。《行政强制法》第2条第2款规定，行政强制措施，是指行政机关在行政管理过程中，为制止违法行为、防止证据损毁、避免危害发生、控制危险扩大等情形，依法对公民的人身自由实施暂时性限制，或者对公民、法人或者其他组织的财物实施暂时性控制的行为。基于该定义可知，行政强制措施具有行政性、强制性、过程性、暂时性和非制裁性特征。本题中的《责令停止违法建设通知书》发生在黄甲违法建设活动的持续期间，是为及时制止违法行为而作出，后续还有其他进一步的处理措施，符合过程性、暂时性、非制裁性等行政强制措施的特征，应归属于行政强制措施。

> **2. 本案的被告如何确定？为什么？**

答案：被告是街道办事处。理由：本案涉及城乡规划领域实施强拆活动过程中如何确定行政诉讼被告的问题。对此，依照《最高人民法院关于正确确定县级以上地方人民政府行政诉讼被告资格若干问题的规定》，应当以是否存在强制拆除决定书作为判断标准。本题并无行政机关作出的强制拆除决定书，应当以实际实施强拆行为的街道办事处作为被告。

难度：难

考点：行政诉讼被告

命题和解题思路：本题考查考生对城乡规划领域的强拆行为起诉如何确定被告的掌握程度。对此，最高法院专门出台司法解释予以回应。由于是较新的司法解释规定，考生需要对此知识有较好的理解和掌握。如果考生对此没有过多关注，即可能作出错误回答。因此，考生需要在复习行政诉讼被告知识的过程中，注意综合整理相关知识点，不要遗漏特殊情形。

答案解析：对于城乡规划领域的强制拆除行为被提起行政诉讼时，究竟如何确定案件被告的问题，长期以来存在较大争议。基于此问题，《最高人民法院关于正确确定县级以上地方人民政府行政诉讼被告资格若干问题的规定》第2条专门作出了规定：县级以上地方人民政府根据城乡规划法的规定，责成有关职能部门对违法建筑实施强制拆除，公民、法人或者其他组织不服强制拆除行为提起诉讼，人民法院应当根据《行政诉讼法》第26条第1款的规定，以作出强制拆除决定的行政机关为被告；没有强制拆除决定书的，以具体实施强制拆除行为的职能部门为被告。本题中，A区人民政府并未作出强制拆除决定，依照前述司法解释规定，应当以具体实施拆除行为的街道办事处为被告。

> **3. 黄乙的起诉是否超过起诉期限？为什么？**

答案：没有超过。因为被告作出的强拆行为并未告知相对人起诉期限，依照《行诉法解释》的规定，起诉期限应从原告黄乙知道或应当知道之日起计算，最长不超过1年。黄乙的起诉并未超过1年，起诉不超期。

难度：中

考点：行政诉讼起诉期限

命题和解题思路：本题考查考生对行政机关作出行政行为时未告知起诉期限情况下的起

诉期限计算问题的理解和掌握程度。对于此种情况，最高法院司法解释有明确规定，只是将当事人最长的权利保护期限由2年减为1年。本题中，被告实施强拆行为并未告知原告起诉期限，因此，可以适用上述最长权利保护期限。

答案解析：《行诉法解释》第64条规定，行政机关作出行政行为时，未告知公民、法人或者其他组织起诉期限的，起诉期限从公民、法人或者其他组织知道或者应当知道起诉期限之日起计算，但从知道或者应当知道行政行为内容之日起最长不得超过1年。复议决定未告知公民、法人或者其他组织起诉期限的，适用前款规定。据此，街道办事处在作出强拆行为时，并未告知起诉期限，因此，黄乙的起诉期限适用最长1年的规定。结合案情可知，自强拆行为实施至黄乙起诉，并未超过1年时间，其起诉并未超期。

4. 法院告知黄乙可以提出行政赔偿诉讼是否违背"不告不理原则"？为什么？

答案：不违背。因为依照《最高人民法院关于审理行政赔偿案件若干问题的规定》，为彻底解决行政争议，人民法院在受理相对人对行政行为起诉时，如果认为案件涉及行政赔偿问题，应当告知原告可以一并提起行政赔偿诉讼。此种告知并不违背不告不理原则。

难度：难

考点：行政赔偿诉讼

命题和解题思路：本题考查考生对最高法院审理行政赔偿案件司法解释有关起诉与受理条款的理解和掌握程度。从诉讼原理出发，人民法院应当遵循不告不理原则，当事人没有提出的诉讼请求，法院不应主动告知主动进行审理。但行政赔偿案件比较特殊，依照最高法院司法解释，人民法院对相对人仅起诉行政行为的案件，如果认为存在赔偿问题，应当通知原告可以一并提出赔偿申请。考生如对上述规定不了解，即可能作出错误回答。

答案解析：《最高人民法院关于审理行政赔偿案件若干问题的规定》第14条规定："原告提起行政诉讼时未一并提起行政赔偿诉讼，人民法院审查认为可能存在行政赔偿的，应当告知原告可以一并提起行政赔偿诉讼。原告在第一审庭审终结前提起行政赔偿诉讼，符合起诉条件的，人民法院应当依法受理；原告在第一审庭审终结后、宣判前提起行政赔偿诉讼的，是否准许由人民法院决定。原告在第二审程序或者再审程序中提出行政赔偿请求的，人民法院可以组织各方调解；调解不成的，告知其另行起诉。"据此，在行政行为违法涉及行政赔偿问题时，如果相对人仅对行政行为提起行政诉讼，而没有提出行政赔偿诉讼申请，法院经审查认为可能存在赔偿的，应当告知原告可以一并提出行政赔偿诉讼。因此，此种告知并不能被认定为违背不告不理原则。

5. 如果黄乙提出了行政赔偿请求，如何划分举证责任？

答案：本案首先由黄乙就其损失承担举证责任，但因被告在实施强拆过程中并未清点屋内物品而导致原告对其损害情况无法充分举证时，则应当由被告承担举证责任。

难度：难

考点：行政诉讼举证责任

命题和解题思路：本题考查考生对行政赔偿案件举证责任分配相关规定的理解和掌握程度。在行政赔偿案件的审理期间，举证责任是一个非常重要的问题。由于实际执法过程中，行政机关可能因行政执法程序违法，比如本题中的未清点屋内财产，导致原告事后举证而被告不认可的情况发生，在此情况下需要由被告承担举证责任，证明原告损失程度，否则即应承担举证不力的后果。考生如果对上述规定不了解,即可能出现回答错误。

答案解析:《最高人民法院关于审理行政赔偿案件若干问题的规定》第11条规定:"行政赔偿诉讼中,原告应当对行政行为造成的损害提供证据;因被告的原因导致原告无法举证的,由被告承担举证责任。人民法院对于原告主张的生产和生活所必需物品的合理损失,应当予以支持;对于原告提出的超出生产和生活所必需的其他贵重物品、现金损失,可以结合案件相关证据予以认定。"据此,原告黄乙应当对其室内物品的损害情况承担举证责任,但因被告在实施强拆行为时未清点黄乙室内物品,由此造成黄乙对其损害情况无法举证时,应当由被告承担举证责任。

6. 针对被告实施的违法强拆行为,法院应当如何作出判决?

答案:法院应当确认街道办事处实施的强拆行为违法,并责令其及时采取清理现场、实施防水处理等补救措施。

难度:难

考点:行政诉讼判决

命题和解题思路:本题考查考生对行政诉讼确认违法判决及其补救判决的理解和掌握程度。《行政诉讼法》在规定法院对不具有可撤销内容的事实行为作出确认违法判决的同时,还应当判决被告采取相应补救措施。本题符合判令采取补救措施的规定,因为现场尚未清理,且被拆除违建的房屋也没有采取防水措施。因此,法院需要作出补救判决。考生对此如果没有过多关注,即可能作出不完整回答。

答案解析:《行政诉讼法》第74条第2款规定:"行政行为有下列情形之一,不需要撤销或者判决履行的,人民法院判决确认违法:(一)行政行为违法,但不具有可撤销内容的;(二)被告改变原违法行政行为,原告仍要求确认原行政行为违法的;(三)被告不履行或者拖延履行法定职责,判决履行没有意义的。"本题中,街道办事处实施的强拆行为违反了《B市城乡规划条例》第75条第2款规定的法定程序,也违反了《B市查处违法建筑若干规定》第15条规定,对室内物品未尽到妥善保管及依法交付的义务。基于此,对上述行为应当认定违法,但因强拆行为属于事实行为,不具有可撤销内容,法院应当依照《行政诉讼法》的前述规定,判决确认该行为违法。《行政诉讼法》第76条规定,人民法院判决确认违法或者无效的,可以同时判决责令被告采取补救措施;给原告造成损失的,依法判决被告承担赔偿责任。据此,法院还应当判决街道办事处采取相应补救措施,如及时清理现场、实施防水处理等。

评分细则(共28分)

1-6题满分为:4分、5分、5分、5分、5分、4分

1. 行政强制措施(1分)。属于对违法行为的制止(1分),具有暂时性、强制性、非制裁性等特征(2分,答出2个特征即可)。

2. 街道办事处(2分)。无行政机关作出的强制拆除决定书,应当以实际实施强拆行为的主体为被告(3分)。

3. 没有超过(2分)。并未告知相对人起诉期限,起诉期限应从原告知道或应当知道之日起计算(3分)。

4. 不违背（2分）。案件涉及行政赔偿，应当告知原告可以一并提起行政赔偿诉讼（3分）。
5. 黄乙就损失承担举证责任（2分），因被告未清点屋内物品导致原告难以举证的，应当由被告承担举证责任（3分）。
6. 确认街道办事处实施的强拆行为违法（2分），责令采取补救措施（2分）。

第五题（本题28分）

一、试题

案情： Y供销合作社设有生猪定点屠宰场，H市政府于2002年向该社颁发了生猪定点屠宰场标志牌，陈某承包了该屠宰场，从事生猪屠宰业务。2003年4月，Y供销合作社将屠宰场房屋出售给陈某，陈某在此房屋内继续从事生猪屠宰业务。2006年6月，H市政府对定点屠宰场进行清理整顿，对符合条件的屠宰场统一颁发《达标标志牌》《达标证书》，Y供销合作社屠宰场未在其列。2008年8月1日，修改后的《生猪屠宰管理条例》正式实施，同年12月H市换发了生猪定点屠宰证书，Y供销合作社屠宰场未在换发之列。2013年以来，陈某多次向H市农业农村局、生态环境局等部门申请办理生猪定点屠宰证书，均被拒发。

2017年11月27日，陈某以H市政府为被告向法院提起行政诉讼，请求判令市政府履行法定职责，为其颁发生猪定点屠宰证书。2018年5月14日，法院以不符合办证程序为由判决驳回陈某的诉讼请求。陈某不服提起上诉。二审法院以适用法律错误为由，判决撤销一审判决，H市政府在判决生效后10日内对陈某的申请作出回复。

H市政府收到判决书后，向陈某送达了《行政许可补正告知书》，告知其在15个工作日内补正行政许可申请的相关资料。陈某向H市政府邮寄了《关于行政许可补正告知书的复函》，并补充了相关材料。

2019年3月12日，H市政府作出《不予行政许可决定书》，认为陈某提供的材料不符合办理生猪定点屠宰证书和生猪定点屠宰标志牌的法定条件，决定不予许可。陈某不服该决定，向省政府申请行政复议。2019年7月11日，省政府变更H市政府不予许可决定的法律依据后，作出维持的复议决定。

陈某不服，向法院提起行政诉讼，请求判令被告履行法定职责，为其颁发生猪定点屠宰证书。法院经审理认定，陈某的申请符合颁发屠宰证书的条件。

资料：

《生猪屠宰管理条例》第9条第1款：生猪定点屠宰厂（场）由设区的市级人民政府根据生猪屠宰行业发展规划，组织农业农村、生态环境主管部门以及其他有关部门，依照本条例规定的条件进行审查，经征求省、自治区、直辖市人民政府农业农村主管部门的意见确定，并颁发生猪定点屠宰证书和生猪定点屠宰标志牌。

第11条：生猪定点屠宰厂（场）应当具备下列条件：

（一）有与屠宰规模相适应、水质符合国家规定标准的水源条件；

（二）有符合国家规定要求的待宰间、屠宰间、急宰间、检验室以及生猪屠宰设备和运载工具；

（三）有依法取得健康证明的屠宰技术人员；
（四）有经考核合格的兽医卫生检验人员；
（五）有符合国家规定要求的检验设备、消毒设施以及符合环境保护要求的污染防治设施；
（六）有病害生猪及生猪产品无害化处理设施或者无害化处理委托协议；
（七）依法取得动物防疫条件合格证。

问题：
1. 生猪定点屠宰证书是何种类型的行政许可？为什么？
2. 陈某能否针对H市农业农村局提起履行颁发生猪定点屠宰证书的诉讼？为什么？
3. 陈某提起第一次诉讼时，二审法院的判决是否正确？为什么？
4. 陈某能否对H市政府的《行政许可补正告知书》提起行政诉讼？为什么？
5. 陈某提起第二次诉讼时，管辖法院如何确定？为什么？
6. 对于陈某提起的第二次诉讼，法院应如何判决？

二、总体命题思路

本题集中考查以下知识点：行政许可的种类、行政参加人、行政案件审理对象的确定、行政诉讼受案范围、复议维持案件的管辖法院以及判决方式。上述知识点都是法考常考的知识点，考生需要反复练习，加深理解。此外，回答本题考生还需要注意结合案件给定的资料，如果不结合相关资料即无法对有些题目作出完整准确的回答。

三、案例来源

四川省广安市中级人民法院（2019）川16行初29号判决书：陈某某诉某市人民政府行政许可案

四、答案精讲

> **1. 生猪定点屠宰证书是何种类型的行政许可？为什么？**

答案： 普通行政许可。理由：根据《生猪屠宰管理条例》第11条规定，生猪屠宰场必须满足法定条件，才能颁发定点屠宰证书，该条件属于《行政许可法》第12条第1项普通行政许可针对的对象，因此属于普通行政许可。

难度： 中

考点： 行政许可的种类

命题和解题思路： 本题考查考生对行政许可种类的理解和掌握程度。《行政许可法》虽然没有直接规定行政许可的种类，但通过可以设定行政许可事项的规定间接认可了该法所规定的行政许可种类，即普通许可、特许、认可、核准和登记。本题即考查考生对上述不同种类行政许可的区别，难度适中，考生只要根据《行政许可法》规定的设定许可事项内容回答，即可得分。

答案解析：《行政许可法》第12条规定："下列事项可以设定行政许可：（一）直接涉及国家安全、公共安全、经济宏观调控、生态环境保护以及直接关系人身健康、生命财产安全等特定活动，需要按照法定条件予以批准的事项；（二）有限自然资源开发利用、公共资源配置以及直接关系公共利益的特定行业的市场准入等，需要赋予特定权利的事项；（三）提供公众服务并且直接关系公共利益的职业、行业，需要确定具备特殊信誉、特殊条件或者特

案情结构图

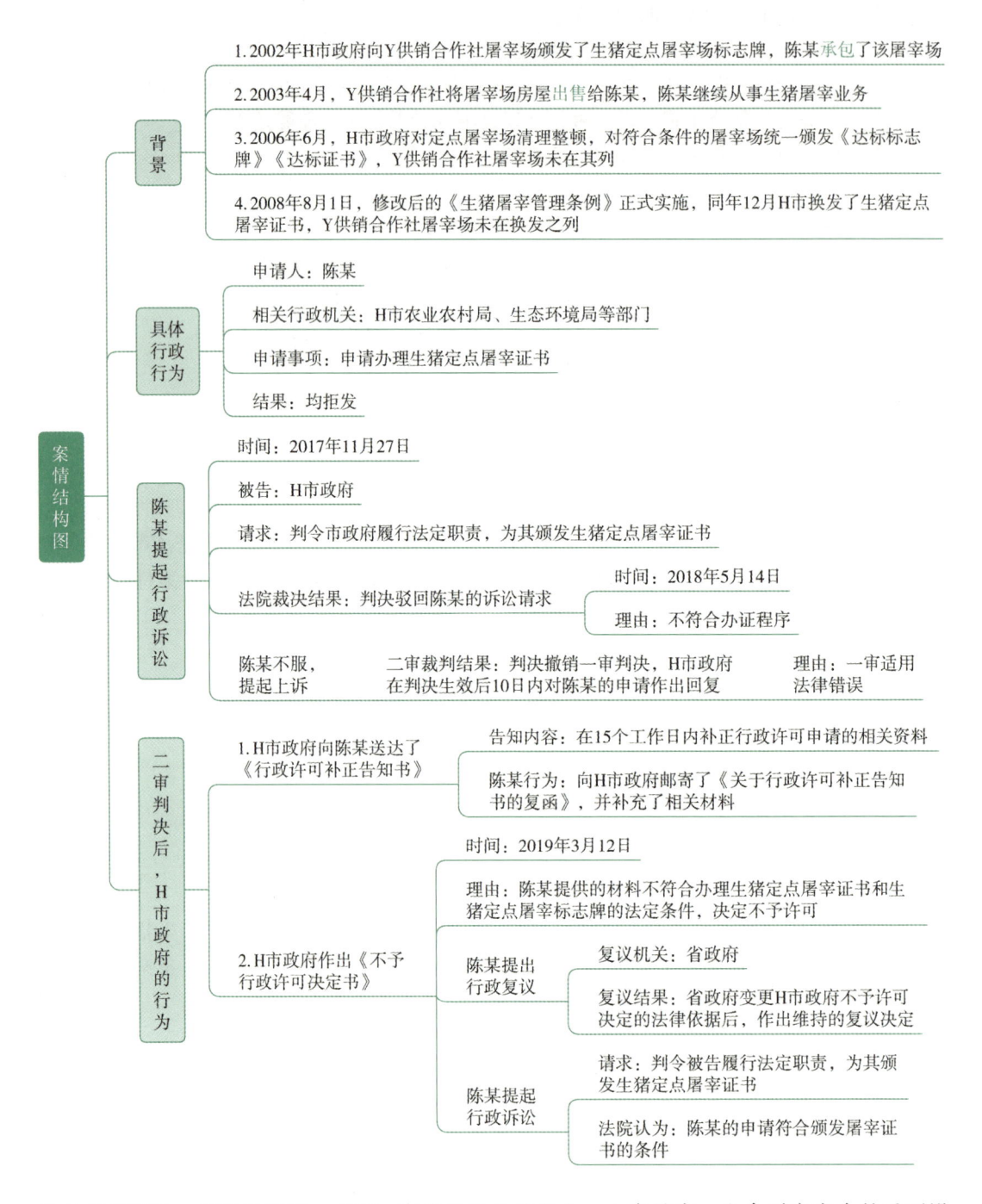

背景：
1. 2002年H市政府向Y供销合作社屠宰场颁发了生猪定点屠宰场标志牌，陈某承包了该屠宰场
2. 2003年4月，Y供销合作社将屠宰场房屋出售给陈某，陈某继续从事生猪屠宰业务
3. 2006年6月，H市政府对定点屠宰场清理整顿，对符合条件的屠宰场统一颁发《达标标志牌》《达标证书》，Y供销合作社屠宰场未在其列
4. 2008年8月1日，修改后的《生猪屠宰管理条例》正式实施，同年12月H市换发了生猪定点屠宰证书，Y供销合作社屠宰场未在换发之列

具体行政行为：
- 申请人：陈某
- 相关行政机关：H市农业农村局、生态环境局等部门
- 申请事项：申请办理生猪定点屠宰证书
- 结果：均拒发

陈某提起行政诉讼：
- 时间：2017年11月27日
- 被告：H市政府
- 请求：判令市政府履行法定职责，为其颁发生猪定点屠宰证书
- 法院裁决结果：判决驳回陈某的诉讼请求
  - 时间：2018年5月14日
  - 理由：不符合办证程序
- 陈某不服，提起上诉
  - 二审裁判结果：判决撤销一审判决，H市政府在判决生效后10日内对陈某的申请作出回复
  - 理由：一审适用法律错误

二审判决后，H市政府的行为：
1. H市政府向陈某送达了《行政许可补正告知书》
   - 告知内容：在15个工作日内补正行政许可申请的相关资料
   - 陈某行为：向H市政府邮寄了《关于行政许可补正告知书的复函》，并补充了相关材料
2. H市政府作出《不予行政许可决定书》
   - 时间：2019年3月12日
   - 理由：陈某提供的材料不符合办理生猪定点屠宰证书和生猪定点屠宰标志牌的法定条件，决定不予许可
   - 陈某提出行政复议
     - 复议机关：省政府
     - 复议结果：省政府变更H市政府不予许可决定的法律依据后，作出维持的复议决定
   - 陈某提起行政诉讼
     - 请求：判令被告履行法定职责，为其颁发生猪定点屠宰证书
     - 法院认为：陈某的申请符合颁发屠宰证书的条件

殊技能等资格、资质的事项；（四）直接关系公共安全、人身健康、生命财产安全的重要设备、设施、产品、物品，需要按照技术标准、技术规范，通过检验、检测、检疫等方式进行审定的事项；（五）企业或者其他组织的设立等，需要确定主体资格的事项；（六）法律、行政法规规定可以设定行政许可的其他事项。"该条依次规定了行政许可的五种主要类型，即普通行政许可、特许、认可、核准和登记，其分别适用于不同的事项。

根据《生猪屠宰管理条例》第11条规定："生猪定点屠宰厂（场）应当具备下列条件：（一）有与屠宰规模相适应、水质符合国家规定标准的水源条件；（二）有符合国家规定要求的待宰间、屠宰间、急宰间、检验室以及生猪屠宰设备和运载工具；（三）有依法取得健康证明的屠宰技术人员；（四）有经考核合格的兽医卫生检验人员；（五）有符合国家规定要求的检验设备、消毒设施以及符合环境保护要求的污染防治设施；（六）有病害生猪及生猪产品无害化处理设施或者无害化处理委托协议；（七）依法取得动物防疫条件合格证。"据此，生猪定点屠宰厂（场）的设置需要符合水源、屠宰技术人员、兽医卫生检验人员、污染防治设施等条件，可归入《行政许可法》第12条第1项规定的事项范围，即关系生态环境保护以及直接关系人身健康、生命财产安全的特定活动，需要按照法定条件予以批准的事项，即普通行政许可。

2. 陈某能否针对H市农业农村局提起履行颁发生猪定点屠宰证书的诉讼？为什么？

答案：不能。理由：根据《生猪屠宰管理条例》第9条第1款规定，H市农业农村局对陈某申请发证的行为属于H市政府发证过程中的一个阶段性行为，最终承担发证职责的是H市政府。故陈某在其颁证申请被拒绝的情况下，应当以H市政府为被告提起行政诉讼。

难度：难

考点：行政诉讼被告

命题和解题思路：本题考查考生对行政诉讼被告资格确定相关知识的理解和掌握程度。虽然《行政诉讼法》明确规定，以作出被诉行政行为的行政机关为被告，但在实际生活中，往往会出现各种复杂的情况。本题中，依照《生猪屠宰管理条例》的规定，定点屠宰证书的发放需要经过H市农业农村局等部门的审查，且需要听取省级农业农村部门的意见，在此情况下究竟谁作为颁发证书的责任主体，需要作出判断。考生要结合《生猪屠宰条例》以及行政诉讼被告资格的规定回答本题。

答案解析：根据《行政诉讼法》第26条第1款规定，公民、法人或者其他组织直接向人民法院提起诉讼的，作出行政行为的行政机关是被告。因此，确定作出行政行为的行政机关即是常规案件的必做功课。本题中，依照《生猪屠宰管理条例》第9条第1款规定，生猪定点屠宰厂（场）由设区的市级人民政府根据生猪屠宰行业发展规划，组织农业农村、生态环境主管部门以及其他有关部门，依照本条例规定的条件进行审查，经征求省、自治区、直辖市人民政府农业农村主管部门的意见确定，并颁发生猪定点屠宰证书和生猪定点屠宰标志牌。据此，H市农业农村局对陈某颁证申请的审查是在H市政府的组织下进行，该审查活动只是H市政府颁证行为实施过程中的一个阶段性行为，有权以自己名义颁发生猪定点屠宰证书的主体应当是设区的市政府。因此，在陈某对拒绝发放该证书行为提起行政诉讼时，应当以具有法定发证职责的H市政府为被告提起诉讼。

3. 陈某提起第一次诉讼时，二审法院的判决是否正确？为什么？

答案：正确。理由：根据《行政诉讼法》规定，二审法院要对一审法院判决和被诉行政行为进行全面审查，并作出裁判。当二审法院认为一审法院适用法律错误时，其有权判决撤销一审判决，并判决H市政府对陈某的申请作出答复。由于陈某的申请是否符合颁证条件还需要进一步调查，二审法院应当根据《行诉法解释》的规定，判令H市政府对陈某的申请作出回复。

难度：难

考点：行政诉讼审理对象、二审判决、履行判决

命题和解题思路：本题考查考生对行政诉讼审理对象、二审判决、履行判决相关内容的理解和掌握程度。依照《行政诉讼法》规定，二审法院的审理对象有二：一审未生效裁判和被诉行政行为。且二审法院认为一审适用法律错误时，有权依法改判。在改判时，既要对一审判决表态，也要对被诉行政行为作出判断。同时，对于法院能否直接作出被告履行法定职责的判决，还需要考虑案件事实是否清楚以及被告是否有裁量权等因素。

答案解析：根据《行政诉讼法》第87条规定，人民法院审理上诉案件，应当对原审人民法院的判决、裁定和被诉行政行为进行全面审查。据此，二审法院的审理对象有二：一审未生效裁判、一审被诉行政行为。《行政诉讼法》第89条规定："人民法院审理上诉案件，按照下列情形，分别处理：（一）原判决、裁定认定事实清楚，适用法律、法规正确的，判决或者裁定驳回上诉，维持原判决、裁定；（二）原判决、裁定认定事实错误或者适用法律、法规错误的，依法改判、撤销或者变更；（三）原判决认定基本事实不清、证据不足的，发回原审人民法院重审，或者查清事实后改判；（四）原判决遗漏当事人或者违法缺席判决等严重违反法定程序的，裁定撤销原判决，发回原审人民法院重审。原审人民法院对发回重审的案件作出判决后，当事人提起上诉的，第二审人民法院不得再次发回重审。人民法院审理上诉案件，需要改变原审判决的，应当同时对被诉行政行为作出判决。"本题中，二审法院审理认为一审法院适用法律错误，应按照前述第2项规定，作出改判。改判时既要撤销一审判决，同时也要对H市政府是否应当履行颁证职责作出判决。

《行诉法解释》第91条规定："原告请求被告履行法定职责的理由成立，被告违法拒绝履行或者无正当理由逾期不予答复的，人民法院可以根据行政诉讼法第七十二条的规定，判决被告在一定期限内依法履行原告请求的法定职责；尚需被告调查或者裁量的，应当判决被告针对原告的请求重新作出处理。"本题中，由于陈某是否具备颁证条件还需要H市政府进行调查，所以二审法院判令H市政府对陈某的申请作出回复符合司法解释规定。

4. 陈某能否对H市政府的《行政许可补正告知书》提起行政诉讼？为什么？

答案：不能。理由：《行政许可补正告知书》属于程序性行为，不具有单独提起诉讼的必要性。陈某如认为其违法，可以在以后针对行政机关拒绝颁发定点屠宰证书的行为提起行政诉讼时一并提出。

难度：难

考点：行政诉讼受案范围

命题和解题思路：本题考查考生对程序性行为是否属于行政诉讼受案范围的理解和掌握程度。程序性行为原则上不具有可诉性，理由在于其对当事人的实体权利没有造成实质不利影响，法院不宜过早介入。除非该程序性行为事实上终止了行政执法流程，导致相对人实体权利不能实现。

答案解析：《行政许可补正告知书》属于行政机关在办理许可过程中为了更好地完成审查工作而要求申请人继续补充申请材料的程序性行为，其本身并未对申请人的申请权利造成实质影响。即使存在违法之处，也不具有单独提起诉讼的必要性，除非该程序告知行为事实上终止了相对人的申请程序，导致其申请权利无法实现。对此，《最高人民法院关于审理行政许可案件若干问题的规定》第3条规定："公民、法人或者其他组织仅就行政许可过程中的告知补正申请材料、听证等通知行为提起行政诉讼的，人民法院不予受理，但导致许可程序对上述主体事实上终止的除外。"本题中，陈某不能直接针对《行政许可补正告知书》提起行政诉讼，其可以在针对H市政府不予许可行为提起诉讼时，一并主张该告知行为的违法性。

行政法与行政诉讼法

5. 陈某提起第二次诉讼时，管辖法院如何确定？为什么？

答案：管辖法院为H市政府所在地的中级人民法院和省政府所在地的中级人民法院。理由：就地域管辖法院而言，依照《行政诉讼法》规定，经过复议的案件，复议机关和原行为作出机关的所在地法院均有管辖权。就级别管辖法院而言，本题属于复议维持案件，依照《行诉法解释》规定，以作出原行为的H市政府的级别确定管辖法院，即由中级人民法院作为管辖法院。

难度：难

考点：行政诉讼管辖

命题和解题思路：本题考查考生对行政诉讼管辖制度的理解和掌握程度。本题的难点在于经过复议的案件地域管辖法院的认定以及复议维持案件级别管辖法院的认定。前者适用原行政行为作出机关和复议机关所在地的法院均有管辖权规定；后者适用以原行为作出机关的级别确定管辖法院级别的规定。

答案解析：根据《行诉法解释》第22条第1款规定，《行政诉讼法》第26条第2款规定的复议机关改变原行政行为，是指复议机关改变原行政行为的处理结果。复议机关改变原行政行为所认定的主要事实和证据、改变原行政行为所适用的规范依据，但未改变原行政行为处理结果的，视为复议机关维持原行政行为。据此，本题属于复议维持案件。

《行政诉讼法》第18条第1款规定，行政案件由最初作出行政行为的行政机关所在地人民法院管辖。经复议的案件，也可以由复议机关所在地人民法院管辖。据此，本题经过复议程序，复议机关省政府和原行为作出机关H市政府所在地的法院均有管辖权。

《行诉法解释》第134条第3款规定，复议机关作共同被告的案件，以作出原行政行为的行政机关确定案件的级别管辖。据此，级别管辖法院以H市政府的级别来确定，应为中级人民法院。

综上，本题中，管辖法院应为H市政府所在地的中级人民法院和省政府所在地的中级人民法院。

6. 对于陈某提起的第二次诉讼，法院应如何判决？

答案：法院应当判决H市政府在一定期限内为陈某颁发生猪定点屠宰证书，并判决撤销省政府的复议维持决定。

难度：中

考点：行政诉讼判决

命题和解题思路：本题考查考生对复议维持案件裁判方式的理解和掌握程度。复议维持案件包含两个审理对象，法院应当分别作出裁判。本题的特殊之处在于下级机关拒绝颁证违法，且法院认定当事人申请完全符合颁证条件。此时，就不宜再判决下级行政机关重新作出处理，而应当直接判决履行许可职责发证即可。当然，对复议决定也要同时作出评价。

答案解析：本题属于复议维持案件，法院需要就H市政府的不予许可行为和省政府的维持复议决定进行审查和裁判。《行诉法解释》第136条规定："人民法院对原行政行为作出判决的同时，应当对复议决定一并作出相应判决。人民法院依职权追加作出原行政行为的行政机关或者复议机关为共同被告的，对原行政行为或者复议决定可以作出相应判决。人民法院判决撤销原行政行为和复议决定的，可以判决作出原行政行为的行政机关重新作出行政行为。人民法院判决作出原行政行为的行政机关履行法定职责或者给付义务的，应当同时判决撤销复议决定。原行政行为合法、复议决定违法的，人民法院可以判决撤销复议决定或者确认复议决定违法，同时判决驳回原告针对原行政行为的诉讼请求。原行政行为被撤销、确认违法或者无效，给原告造成损失的，应当由作出原行政行为的行政机关承担赔偿责任；因复议决定加重损害的，由复议机关对加重部分承担赔偿责任。原行政行为不符合复议或者诉讼受案范围等受理条件，复议机关作出维持决定的，人民法院应当裁定一并驳回对原行政行为和复议决定的起诉。"本题中，当法院认为陈某符合申请条件，H市政府不予许可决定违法时，即应当判决其履行法定职责。同时由于陈某符合申请条件，H市政府已没有是否颁证的裁量权。

根据《行诉法解释》第91条规定，原告请求被告履行法定职责的理由成立，被告违法拒绝履行或者无正当理由逾期不予答复的，人民法院可以根据《行政诉讼法》第72条的规定，判决被告在一定期限内依法履行原告请求的法定职责；尚需被告调查或者裁量的，应当判决被告针对原告的请求重新作出处理。法院应当直接判决H市政府在一定期限内履行颁证职责。省政府的复议决定违法，法院应当判决撤销该复议决定。

评分细则（共28分）

1-6题满分为：5分、4分、5分、4分、6分、4分
1. 普通行政许可（2分），必须满足法定条件才能颁发许可证（3分）。
2. 不能（2分），H市农业农村局的行为只是阶段性行为（2分）。
3. 正确（2分），二审法院认为一审法院适用法律错误时，其有权判决撤销一审判决（2分），并判决H市政府对陈某的申请作出答复（1分）。
4. 不能（2分），属于程序性行为或者阶段性行为（2分）。
5. H市政府所在地的中级人民法院（1分）和省政府所在地的中级人民法院（1分）。经过复议的案件，复议机关和原行为作出机关所在地的法院均有管辖权（2分），复议维持案件根据原行为主体确定级别管辖（2分）。
6. 判决在一定期限内颁发证书（2分），判决撤销省政府的复议维持决定（2分）。

第六题（本题28分）

一、试题

案情：罗某购买了贵BB1619油罐车，欲从事危险货物运输经营，但其不具备资质，遂以其母名义（乙方）与K公司（甲方）签订《货物车辆代管协议》《危险货物运输车辆承包经营合同》等协议，约定：乙方每年向甲方交纳管理费12000元，由甲方办理贵BB1619油罐车的所有权年审及其他事务；油罐车使用甲方营运资质，以甲方名义对外运营。

后罗某聘请周某为贵BB1619油罐车驾驶员。2019年11月19日，周某驾车行至M路B村独木冲砂场路段处时，因操作不当，致使车辆冲下路坎侧翻，造成燃油泄漏的交通事故，周某当场死亡。其妻项某于2019年12月16日向L市人社局提交周某的工伤认定申请。该局受理后，先后分三次要求项某补充提交申请工伤认定的材料。在项某按要求补充完整申请材料后，2020年1月10日，L市人社局作出100036号工伤决定书，以罗某私人车辆挂靠在K

公司运营,其聘用的驾驶员周某与K公司形成事实劳动关系,周某是在工作时间工作场所内因工作原因受到事故伤害为由,认定周某所受伤害构成工伤。K公司不服该决定,以周某是罗某自己找的驾驶员、公司不参与双方运输事务、责任不能全部由公司承担为由,于2020年2月6日向L市政府申请行政复议。2020年3月1日,L市政府以L市人社局的决定违反法定程序为由,撤销该局决定并责令其重新作出行政行为。

2020年3月20日,L市人社局作出100037号工伤认定书,再次认定周某所受伤害构成工伤。K公司不服该决定,以与第一次申请复议相同的理由,于2020年4月1日向L市政府申请行政复议。2020年5月20日,L市政府以周某与K公司不存在劳动关系为由,撤销了L市人社局的100037号决定,并要求L市人社局重新作出行政行为。项某不服该复议决定,于2020年6月2日向法院提起行政诉讼。

案件审理期间,被告未在法定举证期限内移交作出行政行为的相关证据和依据。法院经审理认为,L市政府作出的复议决定违法,L市人社局认定周某所受伤害构成工伤的决定合法。

材料:

1.《最高人民法院关于审理工伤保险行政案件若干问题的规定》第3条 社会保险行政部门认定下列单位为承担工伤保险责任单位的,人民法院应予支持:

(一)职工与两个或两个以上单位建立劳动关系,工伤事故发生时,职工为之工作的单位为承担工伤保险责任的单位;

(二)劳务派遣单位派遣的职工在用工单位工作期间因工伤亡的,派遣单位为承担工伤保险责任的单位;

(三)单位指派到其他单位工作的职工因工伤亡的,指派单位为承担工伤保险责任的单位;

(四)用工单位违反法律、法规规定将承包业务转包给不具备用工主体资格的组织或者自然人,该组织或者自然人聘用的职工从事承包业务时因工伤亡的,用工单位为承担工伤保险责任的单位;

(五)个人挂靠其他单位对外经营,其聘用的人员因工伤亡的,被挂靠单位为承担工伤保险责任的单位。

前款第(四)、(五)项明确的承担工伤保险责任的单位承担赔偿责任或者社会保险经办机构从工伤保险基金支付工伤保险待遇后,有权向相关组织、单位和个人追偿。

2.《工伤保险条例》第18条 提出工伤认定申请应当提交下列材料:

(一)工伤认定申请表;

(二)与用人单位存在劳动关系(包括事实劳动关系)的证明材料;

(三)医疗诊断证明或者职业病诊断证明书(或者职业病诊断鉴定书)。

工伤认定申请表应当包括事故发生的时间、地点、原因以及职工伤害程度等基本情况。

工伤认定申请人提供材料不完整的,社会保险行政部门应当一次性书面告知工伤认定申请人需要补正的全部材料。申请人按照书面告知要求补正材料后,社会保险行政部门应当受理。

问题:

1. 请分析L市人社局作出的工伤认定行为的性质,并说明理由。

2. L市政府能否以L市人社局分三次告知项某补正申请材料为由撤销该局的工伤认定行为?为什么?

3. L市人社局作出的100037号工伤认定与100036号决定内容相同是否违法？为什么？
4. 请分析本案的级别管辖法院，并说明理由。
5. 被告未在法定期限内举证的情况下，K公司为维护自身权益应该如何做？为什么？
6. 一审法院如何作出裁判更有利于实质性解决行政争议？为什么？

二、总体命题思路

本题考查的知识点涉及具体行政行为的性质、法律规范适用、行政行为程序违法的处理、行政诉讼管辖制度、行政诉讼举证责任、行政复议案件裁判方式等实体和程序问题。其中，法律规范适用、程序违法后行政机关作出行为的限制以及复议案件裁判方式具有一定难度，考生需要对法律规范的适用、程序违法与实体违法的关系以及行诉法司法解释的规定背后的考量有较为清晰的认识。通过各种问题设计，本题旨在提升考生对上述实体和程序知识的理解和运用能力。

三、案例来源

项红敏诉六盘水市人民政府改变原行政行为行政复议决定案[1]

四、答案精讲

> **1. 请分析L市人社局作出的工伤认定行为的性质，并说明理由。**

答案：L市人社局作出的工伤认定属于行政确认行为。理由：行政确认是行政机关行使行政职权，针对相对人的法律地位、法律关系和法律事实进行甄别，给予确定、认可、证明并加以宣告的具体行政行为。本题中，L市人社局作出的工伤认定是对周某是否属于工伤这一法律事实的官方认可和证明，符合行政确认行为的上述定义。

难度：中

考点：具体行政行为的性质

命题和解题思路：本题考查考生对具体行政行为性质尤其是行政确认行为的理解。行政确认行为具有特殊性，该行为只是行政机关依法对相对人享有的权利义务状态进行官方的确定、认可和证明，本身并不直接引起权利义务的得丧变更，与行政处罚、强制、许可等行为具有较大差别，考生需要对该行为有更加深入的认识。本题总体难度适中，关键是说明理由。如果考生不能准确掌握行政确认行为的定义和特点，就难以进行充分的说理。

答案解析：本题考查的行政确认行为与常规的处罚、许可、强制措施等典型具体行政行为存在一定差别。按照通行理解，行政确认行为是行政机关依法对相对人的法律地位、法律关系和法律事实进行甄别判断，进行认可、证明并向社会宣告的具体行政行为。该行为的主要特征：（1）间接性。行为的作出不会直接引起相对人权利义务的变化，只是对相对人享有的权利义务进行官方确认，为后续的具体行政行为的作出提供条件和根据。（2）羁束性。行政机关对相对人权利义务状态的确认并无任何裁量余地，只有确认或者不予确认。在此意义上，行政确认行为不同于行政处罚等典型具体行政行为，是一种特殊的具体行政行为。本题中，L市人社局作出的工伤认定是对周某是否属于工伤这一法律事实的官方认可和证明，具备行政确认行为的特征，属于行政确认行为。

---

[1]《最高人民法院公报》2022年第11期。

行政法与行政诉讼法

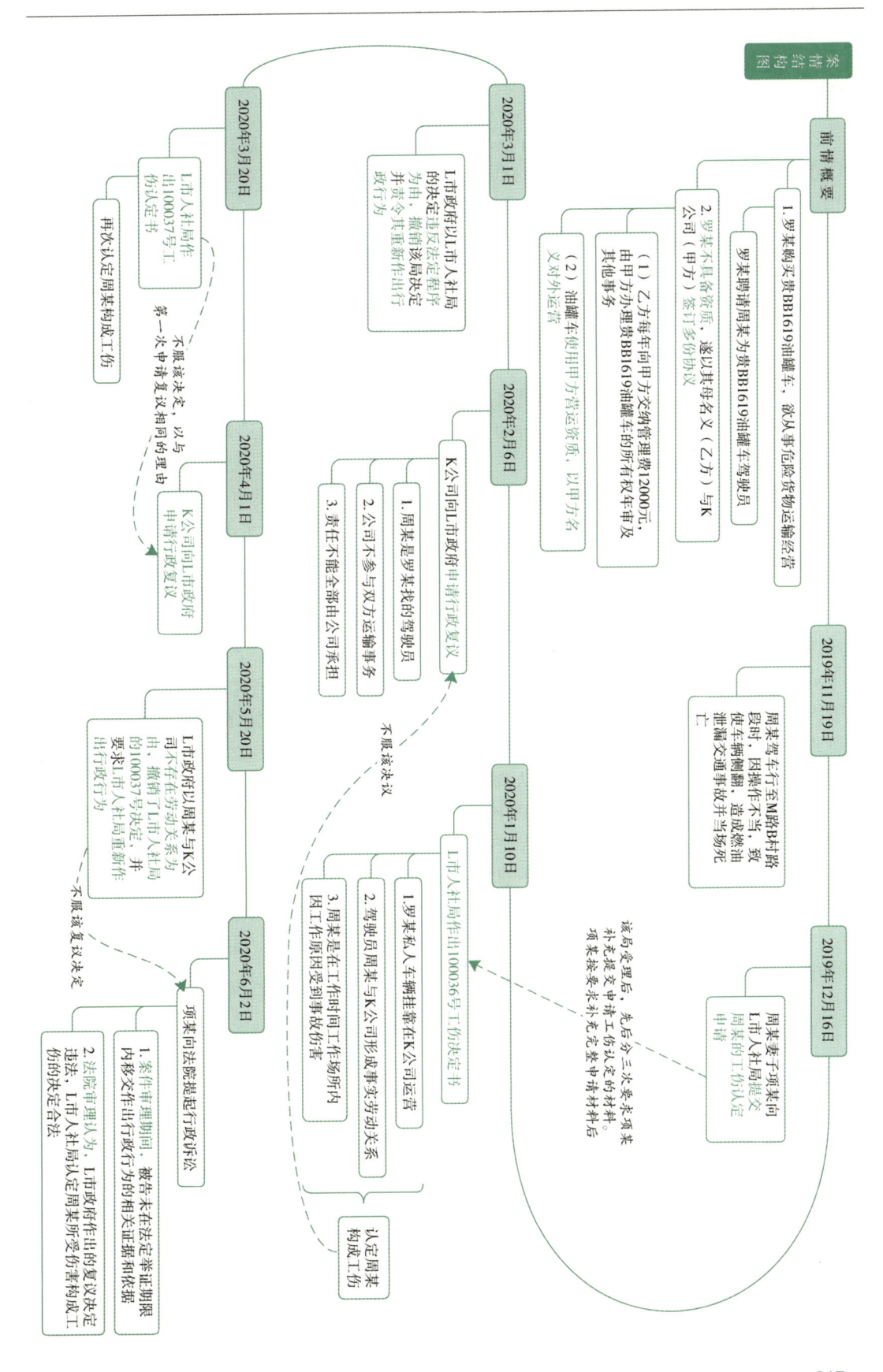

案情结构图

前情概要

2019年11月19日
1. 罗某购买奥奥BB1619油罐车，欲从事危险货物运输经营
2. 罗某聘请周某为奥奥BB1619油罐车驾驶员
3. 罗某不具备资质，遂以其母名义（乙方）与K公司（甲方）签订多份协议
   (1) 乙方每年向甲方交纳管理费12000元，由甲方办理奥奥BB1619油罐车的所有权年审及其他事务
   (2) 油罐车使用甲方营运资质，以甲方名义对外运营

2019年11月19日
周某驾车行至M路B村路段时，因操作不当，致使车辆侧翻，造成燃油泄漏交通事故并当场死亡

2019年12月16日
周某妻子项某向L市人社局提交周某的工伤认定申请
该局受理后，先后分三次要求项某补充提交申请工伤认定的材料，项某按要求补充完整申请材料后

2020年1月10日
L市人社局作出100036号工伤认定书
1. 罗某是私人车辆挂靠在K公司运营
2. 驾驶员周某与K公司形成事实劳动关系
3. 周某是在工作时间、工作场所内因工作原因受到事故伤害
认定周某构成工伤

2020年2月6日
K公司向L市政府申请行政复议
1. 周某是罗某找的驾驶员
2. 公司不参与双方运输事务
3. 责任不能全部由公司承担

2020年3月1日
L市政府以L市人社局的决定违反法定程序为由，撤销该局决定并责令其重新作出行政行为

2020年3月20日
L市人社局作出100037号工伤认定书
再次认定周某构成工伤

不服该决定，第一次申请复议相同的理由

2020年4月1日
K公司向L市政府申请行政复议

2020年5月20日
L市政府以周某与K公司不存在劳动关系为由，撤销100037号决定，并要求L市人社局重新作出行政行为

不服该复议决定

2020年6月2日
项某向法院提起行政诉讼
1. 案件审理期间，内移交作出行政行为的相关证据和依据
2. 法院审理认为，L市人社局认定周某所受伤害构成工伤违法，L市人社局作出认定周某所受伤害构成工伤的决定合法

· 317 ·

2. L 市政府能否以 L 市人社局分三次通知项某补正申请材料为由撤销该局的工伤认定行为？为什么？

答案：不能。理由：L 市人社局分三次通知项某补正申请材料虽然属于程序违法，但该程序违法仅影响项某工伤认定申请权的行使，并不影响 L 市人社局对周某所受伤害是否构成工伤这一实质决定的作出，也不会直接影响到工伤认定行为的效力。对于受理环节的违法告知行为，L 市人社局可以追究相关工作人员的内部行政责任。

难度：难

考点：具体行政行为程序违法的法律后果

命题和解题思路：本题考查对依申请决定作出过程中告知程序环节出现的违法行为是否影响到具体行政行为效力的理解程度，具有一定难度，考生需要正确理解具体行政行为程序违法的不同法律后果。有的程序违法直接导致具体行政行为的撤销，而有的程序违法却未必导致该后果，只需要追究行政执法人员的内部责任。正确回答本题，考生需要区分行政程序违法的不同法律后果。

答案解析：《工伤保险条例》第 18 条第 3 款规定，工伤认定申请人提供材料不完整的，社会保险行政部门应当一次性书面告知工伤认定申请人需要补正的全部材料。申请人按照书面告知要求补正材料后，社会保险行政部门应当受理。本题中，L 市人社局先后分三次通知项某补正申请材料，违反了上述规定，构成程序违法。但是，该程序违法并未对项某就周某死亡问题提出的工伤认定申请产生实质影响，客观上仅影响项某行使工伤认定申请权。对于该程序违法行为，《行政许可法》第 72 条规定："行政机关及其工作人员违反本法的规定，有下列情形之一的，由其上级行政机关或者监察机关责令改正；情节严重的，对直接负责的主管人员和其他直接责任人员依法给予行政处分：（一）对符合法定条件的行政许可申请不予受理的；（二）不在办公场所公示依法应当公示的材料的；（三）在受理、审查、决定行政许可过程中，未向申请人、利害关系人履行法定告知义务的；（四）申请人提交的申请材料不齐全、不符合法定形式，不一次告知申请人必须补正的全部内容的；（五）违法披露申请人提交的商业秘密、未披露信息或者保密商务信息的；（六）以转让技术作为取得行政许可的条件，或者在实施行政许可的过程中直接或者间接地要求转让技术的；（七）未依法说明不受理行政许可申请或者不予行政许可的理由的；（八）依法应当举行听证而不举行听证的。"根据该条第 4 项规定，市政府可以对相关人员给予行政处分，但不构成撤销工伤认定的理由。

3. L 市人社局作出的 100037 号工伤认定与 100036 号工伤认定内容相同是否违法？为什么？

答案：不违法。理由：100036 号工伤认定被市政府以违反法定程序为由撤销，该行为失去效力。L 市人社局在完善执法程序后，有权根据项某提出的工伤认定申请材料，依照《工伤保险条例》的规定重新作出周某所受损害构成工伤的认定。此点与该局的行为被以实体违法为由被市政府撤销之后，再以同一事实和同一理由作出与原具体行政行为内容相同的工伤认定这一违法行为存在本质差别。

难度：难

考点：行政复议决定及其约束力

命题和解题思路：本题考查考生对行政复议决定及其约束力的理解和掌握程度。《行政诉讼法》规定，行政机关的行政行为被法院判决撤销后，行政机关不得以同一事实和理由作出与原行政行为基本相同的行政行为。该规定旨在强调撤销判决对行政机关的约束力。但上述限制存在一个例外，即如果被诉行政行为是因为程序违法被撤销的，行政机关则不受前面规定的限制。原因在于行政机关程序违法未必导致实体违法，如果行政机关重新作出行政行为时规范了行政程序，不排除作出与原行政行为内容相同行为的可能。《行政复议法》虽然没有上述规定，但基本原理相同。准确回答本题，考生需要正确理解行政行为程序违法与实体违法的区别。

答案解析：《行政诉讼法》第71条规定："人民法院判决被告重新作出行政行为的，被告不得以同一的事实和理由作出与原行政行为基本相同的行政行为。"《行诉法解释》第90条第3款规定："行政机关以同一事实和理由重新作出与原行政行为基本相同的行政行为，人民法院应当根据行政诉讼法第七十条、第七十一条的规定判决撤销或者部分撤销，并根据行政诉讼法第九十六条的规定处理。"据此，当行政机关的行政行为被撤销后，原则上不得再以同一事实和理由作出与原行政行为基本相同的行政行为，否则要被追究法律责任。但是，《行诉法解释》第90条第2款规定了例外情况："人民法院以违反法定程序为由，判决撤销被诉行政行为的，行政机关重新作出行政行为不受行政诉讼法第七十一条规定的限制。"据此，当行政机关的行政行为因违反法定程序被撤销的，其可以在完善程序后作出与原行为基本相同的行政行为。本题虽然不是发生在行政诉讼中，但基本原理类似，可以适用前述规定。市政府在行政复议程序中，以违反法定程序为由撤销了L市人社局的100036号工伤认定。该局在完善程序后，仍可依据《工伤保险条例》等相关规定作出周某所受伤害属于工伤的认定结论，故100037号工伤认定不违法。

4. 请分析本案的级别管辖法院，并说明理由。

答案：本案的级别管辖法院是中级人民法院。理由：L市政府作为复议机关，变更了L市人社局的工伤认定行为。依照《行政诉讼法》的规定，其应当作为行政诉讼被告。依照《行政诉讼法》关于中级人民法院一审管辖案件的规定，受理本案的应为中级人民法院。

难度：中

考点：行政诉讼被告、行政诉讼级别管辖

命题和解题思路：本题考查考生对行政复议案件被告的确定以及县级以上人民政府作为被告的级别管辖法院相关规定的理解和掌握程度，总体难度适中。考生需要准确掌握复议改变情况下由复议机关做被告的规定以及县级以上人民政府做被告的由中级法院管辖的规定。

答案解析：《行政诉讼法》第26条第2款规定："经复议的案件，复议机关决定维持原行政行为的，作出原行政行为的行政机关和复议机关是共同被告；复议机关改变原行政行为的，复议机关是被告。"本题中，市政府复议撤销了L市人社局的工伤认定引起诉讼。据此，市政府作为复议机关应当是行政诉讼被告。《行政诉讼法》第15条规定："中级人民法院管辖下列第一审行政案件：（一）对国务院部门或者县级以上地方人民政府所作的行政行为提起诉讼的案件；（二）海关处理的案件；（三）本辖区内重大、复杂的案件；（四）其他法律规定由中级人民法院管辖的案件。"据此，市政府做被告时应由中级人民法院管辖。

5. 被告未在法定期限内举证的情况下，K公司为维护自身权益应该如何做？为什么？

答案：K公司有权向法院提供被告市政府复议决定合法性的证据。理由：依照《行政诉

讼法》规定，当被告消极履行举证责任有可能导致行政诉讼的第三人权益受损的情况下，第三人有权举出证明被诉行政行为合法性的证据。

难度：中

考点：行政诉讼第三人、行政诉讼举证责任

命题和解题思路：本题考查考生对行政诉讼第三人、行政诉讼举证责任相关规定的理解和掌握程度，整体难度不高。正确回答本题，考生需要明确K公司在本案中的法律地位，即与案件审理结果有利害关系的第三人。此外，考生需要明确行政诉讼被告消极举证威胁第三人合法权益的情况下第三人享有的举证权利。

答案解析：《行政诉讼法》第29条第1款规定："公民、法人或者其他组织同被诉行政行为有利害关系但没有提起诉讼，或者同案件处理结果有利害关系的，可以作为第三人申请参加诉讼，或者由人民法院通知参加诉讼。"本题中，当项某针对市政府的复议决定提起行政诉讼时，K公司即与案件的审理结果存在利害关系，其有权作为第三人参加诉讼。《行政诉讼法》第34条规定："被告对作出的行政行为负有举证责任，应当提供作出该行政行为的证据和所依据的规范性文件。被告不提供或者无正当理由逾期提供证据，视为没有相应证据。但是，被诉行政行为涉及第三人合法权益，第三人提供证据的除外。"本题中，市政府并未按照《行政诉讼法》的规定积极履行举证义务，受案法院将会以其行为没有证据为由作出撤销判决，此结果会对K公司不利。为维护自身的合法权益，K公司作为与案件结果有利害关系的第三人有权参加诉讼并向法院举证被诉行政行为合法。

> **6. 法院如何作出裁判更有利于实质性解决行政争议？为什么？**

答案：法院应当判决撤销市政府的复议决定，直接恢复L市人社局第100037号工伤认定行为的效力。理由：依照《行诉法解释》规定，本案法院在认定L市人社局原先作出的工伤认定行为合法而复议决定违法的情况下，为了尽快解决纠纷，实质性化解行政争议，有权在撤销违法复议决定的情况下，直接判决恢复原行政行为的效力。

难度：难

考点：行政复议案件的判决方式

命题和解题思路：本题考查考生对行政诉讼判决尤其是复议改变原行政行为案件的判决方式的理解和掌握程度。实务中经常出现原行政行为合法而被复议机关撤销的情况，如果法院经过审查，判决撤销被诉行政复议决定，并不意味着原行政行为的效力当然恢复。复议机关重新作出复议决定，有时也会出现相对人不满意复议结果而再次引发行政诉讼的情况。案件反复出现会增加当事人的救济成本，也不利于争议的实质性解决。据此，《行诉法解释》专门规定，法院有权在撤销违法复议决定的情况下，直接判决恢复原行政行为的效力。如果考生对此规定不了解，可能会作出错误回答。

答案解析：《行诉法解释》第89条规定："复议决定改变原行政行为错误，人民法院判决撤销复议决定时，可以一并责令复议机关重新作出复议决定或者判决恢复原行政行为的法律效力。"本题中，法院经审理认为，L市人社局作出的工伤认定行为合法，而市政府的复议决定违法。在此情况下，为实质性解决行政争议，减少循环诉讼，法院可以直接依照前述司法解释规定，判决撤销市政府的复议决定，同时判决恢复L市人社局工伤认定行为的效力。事实上，本题涉及的行政行为属于行政确认行为，该行为具有羁束性，法院完全可以判决恢复原工伤认定行为的效力。

评分细则（共28分）

1-6题满分为：4分、4分、4分、6分、4分、6分

1. 行政确认（2分），属于是否构成工伤这一法律事实的官方认可和证明（2分）。
2. 不能（2分），该程序违法不影响所受伤害是否构成工伤这一实质决定（2分）。
3. 不违法（2分），100036号工伤认定被以违反法定程序为由撤销（1分），完善程序后可以作出相同决定（1分）。
4. 中级人民法院（2分）。L市政府变更了行政行为（2分），县级以上政府为被告的，管辖法院为中院（2分）。
5. 有权向法院提供复议决定合法性的证据（2分），被告消极履行举证责任有可能损害第三人权益（2分）。
6. 判决撤销市政府的复议决定（2分），恢复人社局工伤认定行为的效力（2分），原行为合法而复议决定违法（2分）。

桑磊法考
2024主观题网络辅导

咨询电话：400-839-3366　　报名通道：扫描下方二维码

以上内容由桑磊法考提供，为广大考生提供服务，有效期截至2024年12月31日。